통합기본서

NH농협은행 6급

시대에듀

2026 최신판 시대에듀
NH농협은행 6급 온라인 필기전형 통합기본서

Always **with you**

사람의 인연은 길에서 우연하게 만나거나 함께 살아가는 것만을 의미하지는 않습니다.
책을 펴내는 출판사와 그 책을 읽는 독자의 만남도 소중한 인연입니다.
시대에듀는 항상 독자의 마음을 헤아리기 위해 노력하고 있습니다. 늘 독자와 함께하겠습니다.

머리말 PREFACE

사랑받는 일등 민족은행 NH농협은행은 농업인과 고객 모두가 행복한 금융을 만들기 위해 나아가고 있다. NH농협은행은 100% 민족자본으로 설립된 은행으로, 고객·임직원뿐만 아니라 국민 모두에게 사랑받는 신뢰할 수 있는 은행이 되고자 하며, 고객서비스와 은행건전성, 사회공헌 모든 측면에서 일등이 되어 한국을 대표할 수 있는 은행으로 거듭나고자 한다.

NH농협은행은 인재를 채용하기 위해 필기전형을 시행하여 지원자가 업무에 필요한 역량을 갖추고 있는지 평가한다. 신규직원 필기전형은 2023년 상반기부터 온라인으로 시행되고 있으며, 인·적성평가·직무능력평가·직무상식평가로 구성되어 있다.

이에 시대에듀에서는 NH농협은행 6급 온라인 필기전형을 준비하는 수험생들이 시험에 효과적으로 대비할 수 있도록 다음과 같은 특징을 가진 본서를 출간하게 되었다.

도서의 특징

❶ 2024년 하반기 기출복원문제를 수록하여 최근 출제경향을 한눈에 파악할 수 있도록 하였다.

❷ 직무능력평가 출제영역별 대표기출유형과 기출응용문제를 수록하여 체계적인 학습이 가능하도록 하였다.

❸ 직무상식평가 출제범위인 농업·농촌 및 디지털/금융·경제/IT 상식을 수록하여 한 권으로 필기전형을 완벽하게 준비하도록 하였다.

❹ 최종점검 모의고사 2회분과 도서 동형 온라인 실전연습 서비스를 통해 온라인 필기전형 전 자신의 실력을 스스로 평가할 수 있도록 하였다.

❺ NH농협은행 인재상과의 적합 여부를 판별할 수 있는 인·적성평가와 면접 기출 질문을 수록하여 채용 전반에 대비할 수 있도록 하였다.

끝으로 본서가 NH농협은행 6급 온라인 필기전형을 준비하는 여러분 모두에게 합격의 기쁨을 전달하기를 진심으로 바란다.

SDC(Sidae Data Center) 씀

농협은행 기업분석

◇ 비전

사랑받는 일등 민족은행

사랑받는 은행	고객, 임직원뿐만 아니라 국민 모두에게 사랑받는 신뢰할 수 있는 은행
일등은행	고객서비스와 은행건전성, 사회공헌 모든 측면에서 일등이 되는 한국을 대표할 수 있는 은행
민족은행	100% 민족자본으로 설립된 은행으로 진정한 가치를 국민과 공유하는 존경받을 수 있는 은행

◇ 경영목표

전략목표

고객이 먼저 찾는 매력적인 은행

플랫폼 · 기업금융 · WM 경쟁력 강화와 체계적인 인재육성을 통해
고객이 먼저 찾는 매력적인 은행으로 진화

추진전략

고객 맞춤형 서비스 제공	디지털 혁신 주도	차별적 사업역량 구축	지속가능한 신뢰 경영 확립

◇ 윤리경영

사랑과 신뢰를 받는 일등 민족은행

NH농협은행은 경제적, 법적, 윤리적 책임 등을 다함으로써 모든 이해관계자인 고객, 농민조합원, 협력업체, 지역농(축)협, 직원 등 모두가 함께 성장 · 발전하여 사랑과 신뢰를 받는 일등 민족은행을 만든다.

◇ 인재상

NH농협은행은 **사랑받는 일등 민족은행**으로
발돋움하기 위해 다음과 같은 **인재상**을 추구한다.

최고의 금융전문가	최고의 금융서비스를 제공하기 위해 필요한 금융전문지식을 갖추고 부단히 노력하는 사람
소통하고 협력하는 사람	고객 및 조직구성원을 존중하고 소통과 협력에 앞장서는 사람
사회적 책임을 실천하는 사람	도덕성과 정직성을 근간으로 고객과의 약속을 끝까지 책임지는 사람
변화를 선도하는 사람	다양성과 변화를 적극 수용하여 독창적 아이디어와 혁신을 창출하는 사람
고객을 먼저 생각하는 사람	항상 고객의 입장에서 고객을 먼저 생각하고 고객만족에 앞장서는 사람

농협은행 기업분석

◇ ESG 경영

비전 슬로건	미래를 만드는 **시작**, **농협금융**을 만나는 **순간**		
전략 키워드	Make the 'Green' Moment **E**	Make the 'Hope' Moment **S**	Make the 'Right' Moment **G**
전략 방향	2050 탄소중립 달성 기후변화 대응 경영체계 구축	'협동과 혁신'의 가치 확산 농업 · 농촌 · 지역사회 상생 협력	ESG 경영 내재화 지배구조 투명성 제고

◇ 사회공헌

사회공헌 선도은행! NH농협은행!

NH농협은행은 임직원의 정성과 마음을 바탕으로 농업인과 국민이 행복한 아름다운 미래를 만들기 위해 다양한 나눔의 손길을 펼치고 있다.

지역사회/공익	• 일손 부족으로 어려움을 겪는 농가 지원을 위해 임직원 모두가 참여하는 농촌봉사활동 실천 • 산불, 수해 등 지속되는 재난 · 재해에 신속하게 대응하고 복구 작업 등에 적극 동참
서민금융	• 농가경영비 상승으로 어려움을 겪는 농업인에게 대출 우대금리를 제공하여 농가 소득에 기여 • 농식품펀드(PEF) 운용을 통해 성장 잠재력이 높은 유망 농식품 기업 적극 투자 지원
학술/교육	• '초록사다리캠프'를 실시하여 농촌지역 학생들에게 양질의 교육 제공 • '행복채움 금융 교실'을 운영하여 소외계층을 대상으로 한 교육활동 지원
메세나/체육	• '매직 테니스' 프로그램을 통해 인프라가 부족한 지역의 학생에게 스포츠 체험 기회 제공 • 테니스 · 소프트테니스 · 당구 스포츠단 운영 및 비인기 스포츠 유망주 선수 후원
환경/글로벌	• 'NH교실숲' 프로젝트를 실시하여 환경보호의 중요성을 알리고 탄소중립 실천 • NH농협은행 해외영업점을 통해 캄보디아와 인도 등 글로벌 지역사회 발전에 기여
말벗서비스	• '농촌어르신 말벗서비스', '일손나눔', 보이스 피싱 같은 금융사기에 대한 대응법 안내 등 농촌 지역 어르신들을 위한 활동

◇ **CI**

미래를 향한 새 희망, NH농협은행의 CI

시그니처는 심볼과 로고타입을 가장 합리적이고 균형적으로 조화시킨 것으로 NH농협은행의 정식 표기를 의미하며, NH농협은행의 이미지를 인식시키는 가장 직접적인 표현 형식이다.

◇ **올원프렌즈**

NH농협은행은 친근한 캐릭터를 통해 고객에게 금융을 쉽게 이해하고 더 가깝게 소통하기 위해 올원프렌즈를 개발하였다.
농협은행의 금융, 농업, 사회 공헌을 담은 올원프렌즈의 이야기를 농협은행의 온ㆍ오프라인 채널을 통해 만날 수 있다.

신규직원 채용 안내

◇ 지원방법
❶ 농협 홈페이지(www.nonghyup.com)
❷ 당행 채용 홈페이지(www.nhbank-recruit.com)

◇ 지원자격
❶ 연령/성별/학력/전공/어학점수에 따른 제한 없음
❷ 남자의 경우 병역필 또는 면제자
❸ 신규직원 입행 및 계속 근무 가능한 자
❹ 해외여행에 결격사유가 없는 자(외국인의 경우 한국 내 취업에 결격사유가 없는 자)
❺ 당행 내규상 신규채용 결격사유가 없는 자

◇ 채용절차

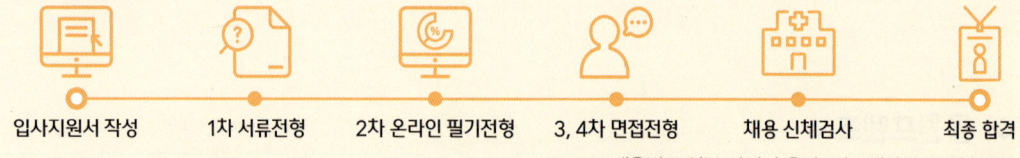

입사지원서 작성　1차 서류전형　2차 온라인 필기전형　3, 4차 면접전형　채용 신체검사　최종 합격

※ 채용별로 일부 과정이 추가 또는 생략될 수 있습니다.

◇ 온라인 필기전형

구분		출제범위	문항 수	시간
직무능력평가		의사소통능력, 문제해결능력, 수리능력, 정보능력, 자원관리능력	45문항	80분
직무상식평가	공통	농업 · 농촌 관련 상식, 디지털 상식 등	25문항	
	일반	금융 · 경제 분야 용어 · 상식 등		
	IT	소프트웨어 설계 · 개발, 데이터베이스 구축, 프로그래밍 언어 활용, 정보시스템 구축관리 등		
인 · 적성평가(Lv.2)		직업윤리, 대인관계능력, 문제해결능력, 조직적합성, 성취잠재력 등	325문항	45분

※ 2024년도 상 · 하반기 NH농협은행 6급 신규직원 채용안내문을 기준으로 구성하였습니다.

❖ 자세한 채용절차는 직무별 채용방침에 따라 변경될 수 있으니 반드시 채용공고를 확인하기 바랍니다.

2024년 하반기 기출분석

총평

2024년 하반기 NH농협은행 6급 필기전형은 온라인으로 시행되었으며, 지난 시험에 비해 전반적으로 난이도가 평이했다. 직무능력평가는 의사소통능력, 문제해결능력, 수리능력, 정보능력, 자원관리능력 5가지 영역으로 출제되었다. 또한 직무상식평가는 공통 영역을 제외하고 일반 또는 IT 분야에 따라 상이한 범위가 출제되나, 이번 시험에서는 IT 분야의 채용이 없는 관계로 IT 상식이 출제되지 않았다. 직무능력평가는 온라인 시험이었음에도 불구하고 대체로 지문이 긴 문제가 출제되어 수험생들이 당황스러움을 느꼈을 것이라고 생각된다. 직무상식평가는 평소 농협 관련 상식이나 금융·경제 관련 상식을 많이 알아두거나 TESAT 공부를 하였다면 고득점을 받는 데 유리했을 것이라고 판단된다.

◆ 영역별 출제비중

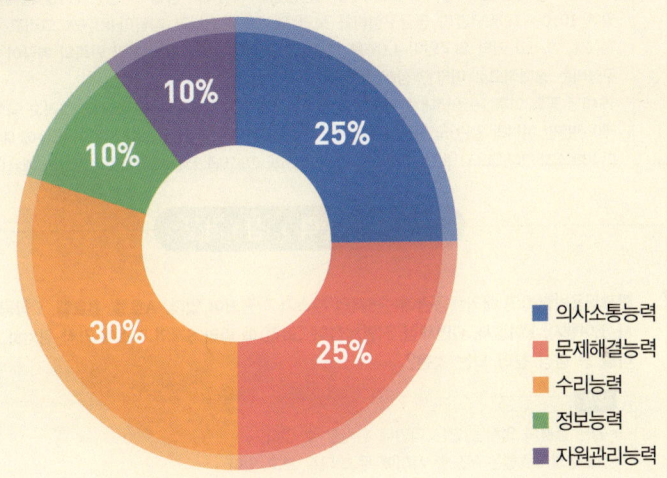

- 의사소통능력 25%
- 문제해결능력 25%
- 수리능력 30%
- 정보능력 10%
- 자원관리능력 10%

◆ 영역별 출제특징

구분	출제특징
의사소통능력	• 금융, 경제 관련 지문에 따른 내용추론 및 내용일치/불일치 문제가 출제됨 • 보고서를 바르게 수정하는 것과 같은 유형의 문제가 출제됨
문제해결능력	• 명제, 참/거짓, 제시된 상황과 조건에 따른 자리 배치, 순서 추론 등의 문제가 출제됨 • SWOT 분석, 급여 계산 등 제시된 상황에 따라 처리하는 유형의 문제가 출제됨
수리능력	• 거리·속력·시간, 확률, 원리금, 이자율 계산 등 특정 공식을 활용하는 응용수리 문제가 출제됨 • 제시된 자료를 보고 해석하거나 추론하는 자료해석 문제의 비중이 높게 출제됨
정보능력	• 엑셀 함수식, 프로그램 결괏값 구하기 등 실무를 처리하는 데 필요한 컴퓨터활용능력을 평가하는 문제가 출제됨
자원관리능력	• 업무 순서 정하기, 절충안 정하기, 인적자원 관련 문제가 출제됨

주요 금융권 적중 문제

NH농협은행 6급

의사소통능력 ▶ 내용일치

02 다음은 우리나라 예금의 역사를 설명한 기사이다. 기사를 읽고 이해한 것으로 적절하지 않은 것은?

> 우리나라에서 예금업무를 보는 민족계 은행이 설립되기 시작한 것은 1894년(고종 31)의 갑오경장 이후이다. 그런데 우리나라에서는 민족계 은행이 설립된 뒤에도 예금이라는 용어는 사용되지 않았으며, 그 대신 임치(任置)라는 말이 사용되고 있었다. 이를테면 1906년 3월에 우리나라에서 제정된 최초의 조례로 은행법의 모체가 되는 '은행 조례'가 공포되었다. 은행 조례에서 '임치'라는 말이 사용되었으며, 당시 예금자는 임주(任主)라고 불렀다.
>
> 1912년 3월 은행설립에 관한 법령을 일원화하기 위하여 '은행령'이 공포되었는데, 여기서 임치 대신 예금이라는 용어가 등장하게 되었다. 일제강점기에는 중앙은행격인 조선은행이나 장기신용은행이라 할 수 있는 조선식산은행도 일반은행과 예금수수에 있어 경쟁적인 관계에 있었다.
>
> 1939년 이후 통계는 작성되지 않았으나, 일반은행의 예금에서 동업자·공공예금을 뺀 일반예금에 있어 1910 ~ 1938년간의 평균구성비를 보면 대체로 우리나라 사람이 21.6% 그리고 일본인이 74.4%, 그리고 기타 외국인이 4.0%를 차지하고 있었다. 이와 같이 우리 민족의 예금이 차지하는 구성비는 상대적으로 미약한 상태였다.
>
> 1945년 광복 이후 1950년대 초까지는 정치적·사회적 혼란과 경제적 무질서, 그리고 극심한 인플레이션뿐만 아니라 일반 국민의 소득도 적었고 은행금리가 실세금리보다 낮았기 때문에 예금실적은 미미한 상태였다. 1954년 '은행법'이 시행되었으며, 1961년 7월 예금금리의 인상과 예금이자에 대

문제해결능력 ▶ 참·거짓

27 관광채용박람회의 해외채용관에는 8개의 부스가 마련되어 있다. A호텔, B호텔, C항공사, D항공사, E여행사, F여행사, G면세점, H면세점이 〈조건〉에 따라 8개의 부스에 각각 위치하고 있을 때, 다음 중 항상 참이 되는 것은?

> **조건**
> • 같은 종류의 업체는 같은 라인에 위치할 수 없다.
> • A호텔과 B호텔은 복도를 사이에 두고 마주 보고 있다.
> • G면세점과 H면세점은 양끝에 위치하고 있다.
> • E여행사 반대편에 위치한 H면세점은 F여행사와 나란히 위치하고 있다.
> • C항공사는 제일 앞번호의 부스에 위치하고 있다.

[부스 위치]

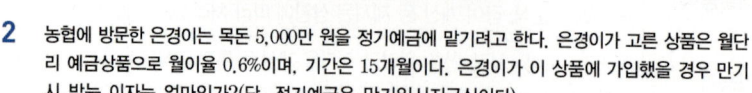

1	2	3	4

복도

5	6	7	8

수리능력 ▶ 금융상품 활용

12 농협에 방문한 은경이는 목돈 5,000만 원을 정기예금에 맡기려고 한다. 은경이가 고른 상품은 월단리 예금상품으로 월이율 0.6%이며, 기간은 15개월이다. 은경이가 이 상품에 가입했을 경우 만기 시 받는 이자는 얼마인가?(단, 정기예금은 만기일시지급식이다)

① 4,500,000원 ② 5,000,000원
③ 5,500,000원 ④ 6,000,000원
⑤ 6,500,000원

지역농협 6급

의사소통능력 ▶ 관계유추

04 다음 제시된 단어에서 공통으로 연상할 수 있는 단어로 가장 적절한 것은?

| 서유럽   예루살렘   탈환 |

① 로마
② 바티칸
③ 십자군
④ 여행

수리능력 ▶ 문자추리

※ 일정한 규칙으로 수 또는 문자를 나열할 때, 빈칸에 들어갈 알맞은 수 또는 문자를 고르시오. [21~22]

21

| ㅁ ㅅ ㅅ ㅊ ㅈ ㅍ ㅋ ( ) |

① ㄴ
② ㅂ
③ ㅈ
④ ㅌ

자원관리능력 ▶ 품목확정

20 N회사의 A대리는 다음 주 분기종합회의를 위해 회의실을 예약하고자 한다. 회의 조건과 세미나실별 다음 주 예약현황, 세미나실별 시설현황이 다음과 같을 때, A대리가 다음 주 분기종합회의를 위해 예약 가능한 세미나실과 요일로 옳은 것은?

〈회의 조건〉
- 회의는 오후 1시부터 오후 4시 사이에 진행되어야 한다.
- 회의는 1시간 30분 동안 연이어 진행되어야 한다.
- 회의 참석자는 24명이다.
- 회의에는 빔프로젝터가 필요하다.

〈세미나실별 다음 주 예약현황〉

구분	월	화	수	목	금
본관 1세미나실		인재개발원 (10:00 ~ 15:00)		조직개발팀 (13:30 ~ 15:00)	기술전략처 (14:00 ~ 15:00)
본관 2세미나실	환경조사과 (10:00 ~ 11:30)	위기관리실 (14:00 ~ 15:00)	남미사업단 (13:00 ~ 16:00)	데이터관리과 (16:00 ~ 17:00)	–
국제관 세미나실A	–	품질보증처 (10:00 ~ 11:30)	건설기술처 (09:00 ~ 10:00)	–	성과관리과 (09:30 ~ 10:30)
국제관 세미나실B	회계세무부 (14:00 ~ 16:00)	글로벌전략실 (13:00 ~ 13:30)	내진기술실 (14:00 ~ 15:30)	글로벌전략실 (10:00 ~ 16:00)	
복지동 세미나실	경영관리실 (09:30 ~ 11:00)	–	법무실 (14:00 ~ 16:30)	–	법무실 (10:00 ~ 11:00)

신한은행

의사소통능력 ▶ 주제·제목찾기

2025년
적중

32 다음 글의 중심 내용으로 가장 적절한 것은?

> 발전된 산업 사회는 인간을 단순한 수단으로 지배하기 위해 새로운 수단을 발전시키고 있다. 여러 사회 과학과 심층 심리학이 이를 위해 동원되고 있다. 목적이나 이념의 문제를 배제하고 가치 판단으로부터의 중립을 표방하는 사회 과학들은 인간 조종을 위한 기술적·합리적인 수단을 개발해 대중 지배에 이바지한다. 마르쿠제는 이런 발전된 산업 사회에서의 도구화된 지성을 비판하면서 이것을 '현대인의 일차원적 사유'라고 불렀다. 비판과 초월을 모르는 도구화된 사유라는 것이다.
> 발전된 산업 사회는 이처럼 사회 과학과 도구화된 지성을 동원해 인간을 조종하고 대중을 지배할 뿐만 아니라 향상된 생산력을 통해 인간을 매우 효율적으로 거의 완전하게 지배한다. 즉, 발전된 산업 사회는 높은 생산력을 통해 늘 새로운 수요들을 창조하고, 모든 선전 수단을 동원하여 이러한 새로운 수요들을 인간의 삶을 위해 불가결한 것으로 만든다. 그리하여 인간이 새로운 수요들을 지향하지 않을 수 없게 한다. 이렇게 사업 사회는 늘 새로운 수요의 창조와 공급을 통해 인간의 삶을

수리능력 ▶ 자료추론

2025년
적중

42 다음은 엔화 대비 원화 환율과 달러화 대비 원화 환율 추이 자료이다. 이에 대한 〈보기〉의 설명 중 옳은 것을 모두 고르면?

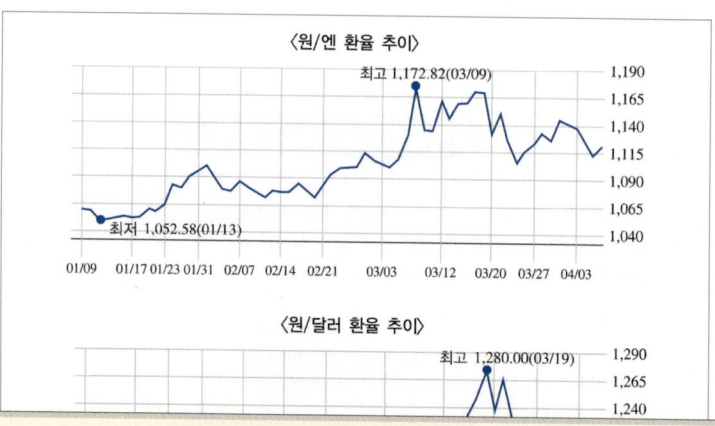

문제해결능력 ▶ 참·거짓

2025년
적중

53 다음 다섯 사람이 얘기를 하고 있다. 이 중 두 사람은 진실만을 말하고, 세 사람은 거짓만을 말하고 있다. 지훈이 거짓을 말할 때, 진실만을 말하는 사람을 짝지은 것은?

> • 동현 : 정은이는 지훈이와 영석이를 싫어해.
> • 정은 : 아니야. 난 둘 중 한 사람은 좋아해.
> • 선영 : 동현이는 정은이를 좋아해.
> • 지훈 : 선영이는 거짓말만 해.
> • 영석 : 선영이는 동현이를 싫어해.
> • 선영 : 맞아. 그런데 정은이는 지훈이와 영석이 둘 다 좋아해.

① 동현, 선영   ② 정은, 영석

KB국민은행

의사소통능력 ▶ 비판 · 반박하기

09 다음 중 ㉠의 입장에서 호메로스의 『일리아스』를 비판한 내용으로 적절하지 않은 것은?

> 기원전 5세기, 헤로도토스는 페르시아 전쟁에 대한 책을 쓰면서 『역사(Historiai)』라는 제목을 붙였다. 이 제목의 어원이 되는 'histor'는 원래 '목격자', '증인'이라는 뜻의 법정 용어였다. 이처럼 어원상 '역사'는 본래 '목격자의 증언'을 뜻했지만, 헤로도토스의 『역사』가 나타난 이후 '진실의 탐구' 혹은 '탐구한 결과의 이야기'라는 의미로 바뀌었다.
>
> 헤로도토스 이전에는 사실과 허구가 뒤섞인 신화와 전설, 혹은 종교를 통해 과거에 대한 지식이 전수되었다. 특히 고대 그리스인들이 주로 과거에 대한 지식의 원천으로 삼은 것은 『일리아스』였다. 『일리아스』는 기원전 9세기의 시인 호메로스가 오래전부터 구전되어 온 트로이 전쟁에 대해 읊은 서사시이다. 이 서사시에서는 전쟁을 통해 신들, 특히 제우스 신의 뜻이 이루어진다고 보았다. 헤로도토스는 바로 이런 신화적 세계관에 입각한 서사시와 구별되는 새로운 이야기 양식을 만들어 내고자 했다. 즉, 헤로도토스는 가까운 과거에 일어난 사건의 중요성을 인식하고, 이를 직접 확인 · 탐구하여 인과적 형식으로 서술함으로써 역사라는 새로운 분야를 개척한 것이다.
>
> 『역사』가 등장한 이후, 사람들은 역사 서술의 효용성이 과거를 통해 미래를 예측하게 하여 후세인(後世人)에게 교훈을 주는 데 있다고 인식하게 되었다. 이러한 인식에는 한 번 일어났던 일이 마치 계절처럼 되풀이하여 다시 나타난다는 순환 사관이 바탕에 깔려 있다. 그리하여 오랫동안 역사는 사람을 올바르고 지혜롭게 가르치는 '삶의 학교'로 인식되었다. 이렇게 교훈을 주기 위해서는 과거에 대한 서술이 정확하고 객관적이어야 했다.
>
> 물론 모든 역사가가 정확성과 객관성을 역사 서술의 우선적 원칙으로 앞세운 것은 아니다. 오히려 헬레니즘과 로마 시대의 역사가들 중 상당수는 수사학적인 표현으로 독자의 마음을 움직이는 것을 목표로 하는 역사 서술에 몰두하였고, 이런 경향은 중세 시대에도 어느 정도 지속되었다. 이들은 이야기를 감동적이고 설득력 있게 쓰는 것이 사실을 객관적으로 기록하는 것보다 더 중요하다고 보

문제해결능력 ▶ 명제

16 제시된 명제가 모두 참일 때, 빈칸에 들어갈 명제로 가장 적절한 것은?

> • 어휘력이 좋지 않으면 책을 많이 읽지 않은 것이다.
> • 글쓰기 능력이 좋지 않으면 어휘력이 좋지 않은 것이다.
> • _____

① 글쓰기 능력이 좋으면 어휘력이 좋은 것이다.
② 책을 많이 읽지 않으면 어휘력이 좋지 않은 것이다.
③ 어휘력이 좋지 않으면 글쓰기 능력이 좋지 않은 것이다.
④ 글쓰기 능력이 좋지 않으면 책을 많이 읽지 않은 것이다.

수리능력 ▶ 거리 · 속력 · 시간

32 일정한 속력으로 달리는 기차가 길이 480m인 터널을 완전히 통과하는 데 걸리는 시간이 36초이고 같은 속력으로 길이 600m인 철교를 완전히 통과하는 데 걸리는 시간이 44초일 때, 기차의 속력은?

① 15m/s
② 18m/s
③ 20m/s
④ 24m/s

도서 200% 활용하기

2024년 하반기 기출복원문제로 출제경향 파악

2024년 하반기 기출복원문제

※ 정답 및 해설은 기출복원문제 바로 뒤 p.014에 있습니다.

01 직무능력평가

01 다음 밑줄 친 단어를 바르게 수정한 것은?

상악 및 하악의 치아가 올바르게 맞물리지 않는 부정교합 등을 개선하기 위해 사용되는 치아교정은 치아 겉면에 브라켓이라는 교정장치를 부착해 물리적인 힘을 가해 치아를 알맞은 자리로 위치시키는 치료이다.
대게 치아교정의 적기는 신체 발달이 활발히 ...
되더라도 치아교정을 통해 부정교합 등을 개...
치아교정을 생각하는 대부분의 성인 환자들은 ...
치아를 알맞은 자리로 이동시켜 심미성을 향상...
올바른 치아 교합을 만들어 구강의 건강과 ...
하지만 환자의 치아와 골격 구조에 대해 정확...
놓치게 된다면 치아의 교정 위치가 지나치게 ...
로 음식을 먹기 어려워질 수 있다. 심각한 ...
또한 치아교정을 진행하게 되면 다시 원래대로 ...
와 턱뼈, 얼굴뼈 등을 정밀하게 진단하여 발치...
야 한다.

① 맞물리지 → 맞물리지
② 물리적인 → 화학적인
③ 되더라도 → 돼더라도
④ 빠돌어진 → 바돌어진
⑤ 세밀이 → 세밀히

2024년 하반기 기출복원문제 정답 및 해설

01 직무능력평가

01	02	03	04	05	06	07	08	09	10	11	12	13	14	15	16	17
⑤	⑤	②	②	③	⑤	④	②	③	④	④	⑤	③	④	①	⑤	④

01   정답 ⑤

'빈틈없이 꼼꼼하고 상세하게'라는 뜻의 '세밀하다'의 부사 형태는 '세밀이'가 아닌 '세밀히'가 올바른 표기법이다.

오답분석
① '물체 사이가 잇닿게 됨'을 뜻하는 동사는 '맞물리다'이므로 '맞물리지'가 올바른 표기법이다.
② 제시문에서 내용상 치아교정은 브라켓이라는 도구를 이용해 힘으로 치아 위치를 바꾸는 것이므로 '화학적인'이 아닌 '물리적인'이 올바른 표기법이다.
③ '돼'는 '되어'의 준말이므로 '돼더라도'가 아닌 '되더라도'가 올바른 표기법이다.
④ '빠돌다'와 '비돌다'는 모두 올바른 표기법으로 수정할 필요가 없다.

02   정답 ⑤

콘테스트는 아이디어 제안 분야와 아이디어 구현 분야로 나누어 진행하고 있다. 따라서 현재 기술로 실현해내기 어렵더라도 창의성이 인정된다면 수상도 가능하다.

오답분석
① 세 번째 문단을 통해 우수 아이디어로 자금세탁 의심거래탐보고 임계치 최적화가 선정되는 등 금융범죄 예방에도 생성형 AI가 효과적인 것임을 알 수 있다.
② 세 번째 문단을 통해 은행이 생성형 AI를 고객과 직원 모두에게 편리함 및 효율성을 주는 방향으로 활용할 것임을 알 수 있다.
③ 첫 번째 문단을 통해 해당 콘테스트는 임직원을 대상으로 개최된 것임을 알 수 있다.
④ 마지막 문단을 통해 사내 콘테스트에서 발굴한 생성형 AI 아이디어를 고객과 직원을 위해 활용하겠다는 내용을 추론할 수 있다.

03   정답 ②

제시문의 첫 번째 문단은 경구용 염증성 장 치료제가 개발되었다고 말하고 있다. 이후 (가) ~ (다) 문단의 내용을 살펴보면, (가) 문단은 과거에도 치료제들이 있었지만, 염증을 줄이거나 없애는 기능이 전부라고 하였으며 (나) 문단은 경구용 장 치료제가 복약이 편리하고, 효과가 뛰어나다고 말하고 있다. 마지막으로 (다) 문단은 이번에 개발된 치료제는 항염 효과는 물론 장점막이 재생하도록 돕는 기능까지도 말하고 있다. (나) 문단과 (다) 문단의 접속사를 보면, 우선 (나) 문단에서는 '또한'이라는 접속부사가 나왔으므로, 앞 내용에도 N사의 치료제에 대한 긍정적인 내용이 나와야 한다. 그러므로 (나) 문단은 (다) 문단 뒤에 이어지는 것이 적절하다. (다) 문단에서는 '하지만'이라는 접속부사가 나왔으므로 (다) 문단의 내용과 상반되는 내용이 앞에 있어야 한다. 그러므로 (다) 문단은 (가) 문단 뒤에 이어지는 것이 적절하다. 따라서 이어지는 문단은 (가) - (다) - (나)순으로 나열하는 것이 적절하다.

▶ 2024년 10월 26~27일 시행된 NH농협은행 6급 온라인 필기전형의 기출복원문제를 수록하였다.
▶ '직무능력평가 + 직무상식평가'의 최근 출제경향을 파악할 수 있도록 하였다.

대표기출유형&기출응용문제로 영역별 체계적 학습

대표기출유형
01 거리 · 속력 · 시간

| 유형분석 |

• (거리)=(속력)×(시간), (속력)=$\frac{(거리)}{(시간)}$, (시간)=$\frac{(거리)}{(속력)}$
• 기차와 터널의 길이, 물과 같이 속력이 있는 장소 등 추가적인 거리·속력·시간에 대한 조건과 결합하여 난도 높은 문제로 출제된다.

A사원은 회사 근처 카페에서 거래처와 미팅을 갖기로 했다. 처음에는 속력 4km/h로 걸어가다가 약속 시간에 늦을 것 같아서 속력 10km/h로 뛰어서 24분 ... 거리가 2.5km일 때, A사원이 뛴 거리는?

① 0.6km
③ 1.2km
⑤ 1.7km

정답 ④

총거리와 총시간이 주어져 있으므로 걸은 거리와 뛴 거리 또는 미지수를 잡기 전에 문제에서 묻는 것을 정확하게 파악해야 ...
문제에서 A사원이 뛴 거리를 물어보았으므로 거리를 미지수로 ...
A사원이 회사에서 카페까지 걸어간 거리를 $x$km, 뛴 거리를 y... 회사에서 카페까지의 거리는 2.5km이므로 걸어간 거리 $x$km와 ...
$x+y=2.5$ … ㉠

A사원이 회사에서 카페까지 24분이 걸렸으므로 걸어간 시간 ...
이때 속력의 시간 단위이므로 '분'으로 바꾸어 계산한다.
$\frac{x}{4}×60+\frac{y}{10}×60=24 → 5x+2y=8$ … ㉡
㉠과 ㉡을 연립하여 ㉡-(2×㉠)을 하면 $x=1$이고, 구한 x의 ...
따라서 A사원이 뛴 거리는 $y$km이므로 1.5km이다.

유형풀이 Tip

• 미지수를 정할 때에는 문제에서 묻는 것을 정확하게 파악해 ...
• 속력과 시간의 단위를 처음부터 정리하여 계산하면 실수 ...
   예 1시간=60분=3,600초
   예 1km=1,000m=100,000cm

대표기출유형 01 기출응용문제

01 길이가 200m인 A열차가 어떤 터널을 속력 60km/h로 통과하였다. 잠시 후 길이가 300m인 B열차가 같은 터널을 속력 90km/h로 통과하였다. A열차와 B열차가 이 터널을 완전히 통과할 때 걸린 시간의 비가 10 : 7일 때, 이 터널의 길이는?

① 1,200m   ② 1,500m
③ 1,800m   ④ 2,100m
⑤ 2,400m

02 경언이는 고향인 진주에서 서울로 올라오려고 한다. 오전 8시에 출발하여 우등버스를 타고 340km를 달려 서울 고속터미널에 도착하였는데, 원래 도착 예정시간보다 2시간이 늦어졌다. 도착 예정시간은 속력 100km/h로 달리고 휴게소에서 30분 쉬는 것으로 계산되었으나 실제로 휴게소에서 36분을 쉬었다고 한다. 이때, 진주에서 서울로 이동하는 동안 경언이가 탄 버스의 평균 속력은?

① 49km/h   ② 53km/h
③ 63km/h   ④ 64km/h
⑤ 70km/h

Easy
03 철수와 영희가 5 : 3 비율의 속력으로 A지점에서 출발하여 B지점으로 향했다. 영희가 30분 먼저 출발했을 때 철수가 영희를 따라잡은 시간은 철수가 출발하고 나서 몇 분 만인가?

① 30분   ② 35분
③ 40분   ④ 45분
⑤ 50분

▶ '의사소통능력 · 문제해결능력 · 수리능력 · 정보능력 · 자원관리능력'의 대표기출유형과 기출응용문제를 수록하였다.
▶ 출제영역별 유형분석과 유형풀이 Tip을 통해 혼자서도 체계적인 학습이 가능하도록 하였다.

도서 200% 활용하기

직무상식평가까지 완벽 준비

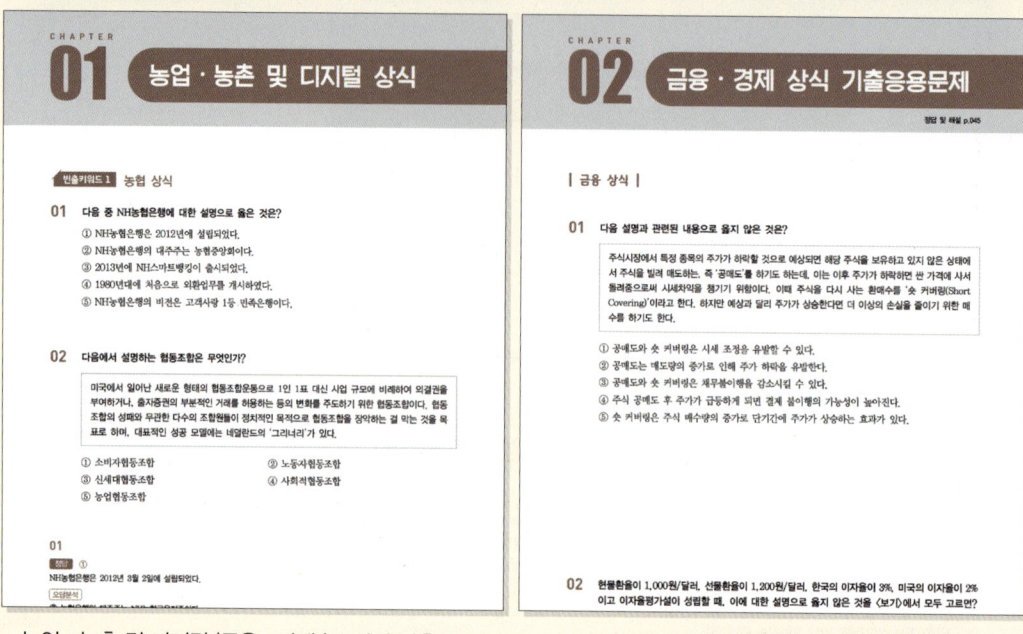

▶ 농업·농촌 및 디지털/금융·경제/IT 상식 빈출키워드 및 기출응용문제로 필기전형을 완벽히 준비하도록 하였다.

최종점검 모의고사로 실전 연습

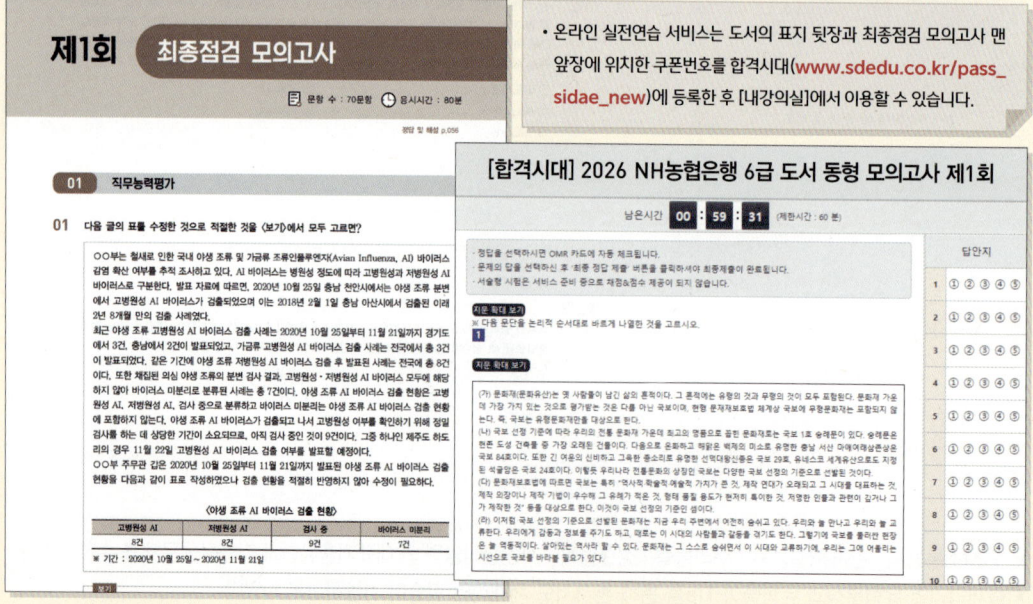

▶ 최종점검 모의고사 2회분과 도서 동형 온라인 실전연습 서비스로 최종 마무리 연습을 하도록 하였다.

인 · 적성평가 + 면접까지 한 권으로 대비

PART 4 인 · 적성평가

CHAPTER 02 NH농협은행 6급 실제 면접

▶ 인 · 적성평가 모의연습과 NH농협은행 면접 기출 질문을 통해 한 권으로 채용 전반에 대비하도록 하였다.

Easy & Hard로 난이도별 시간 분배 연습

Easy 27

Hard 03

▶ Easy & Hard 표시로 문제별 난이도에 따라 시간을 적절하게 분배하여 풀이하는 연습이 가능하도록 하였다.

학습플랜

1주 완성 학습플랜

본서에 수록된 전 영역을 단기간에 끝낼 수 있도록 구성한 학습플랜이다. 한 번에 전 영역을 공부하지 않고, 한 영역을 집중적으로 공부할 수 있도록 하였다. 인·적성평가 및 필기전형에 대한 기초 학습은 되어 있으나, 학습 계획 세우기에 자신이 없는 분들이나 미리 시험에 대비하지 못해 단시간에 많은 분량을 봐야 하는 수험생에게 추천한다.

ONE WEEK STUDY PLAN

	1일 차 ☐	2일 차 ☐	3일 차 ☐
Start!	____월____일	____월____일	____월____일

4일 차 ☐	5일 차 ☐	6일 차 ☐	7일 차 ☐
____월____일	____월____일	____월____일	____월____일

STUDY CHECK BOX

구분	1일 차	2일 차	3일 차	4일 차	5일 차	6일 차	7일 차
기출복원문제							
PART 1							
PART 2							
제1회 최종점검 모의고사							
제2회 최종점검 모의고사							
다회독							
오답분석							

스터디 체크박스 활용법

1주 완성 학습플랜에서 계획한 학습량을 어느 정도 실천하였는지 표시하여 자신의 학습량을 효율적으로 관리한다.

구분	1일 차	2일 차	3일 차	4일 차	5일 차	6일 차	7일 차
PART 1	의사소통능력	X	X	완료			

CONTENTS
이 책의 차례

Add+

2024년 하반기
기출복원문제

01 직무능력평가

01 다음 밑줄 친 단어를 바르게 수정한 것은?

> 상악 및 하악의 치아가 올바르게 맞물리지 않는 부정교합 등을 개선하기 위해 사용되는 치아교정은 치아 겉면에 브라켓이라는 교정장치를 부착해 물리적인 힘을 가해 치아를 알맞은 자리로 위치시키는 치료이다.
>
> 대게 치아교정의 적기는 신체 발달이 활발히 일어나는 청소년기를 추천하나, 이 시기가 지나 성인이 되더라도 치아교정을 통해 부정교합 등을 개선할 수 있다.
>
> 치아교정을 생각하는 대부분의 성인 환자들은 외형적으로 보기 좋지 않은 삐뚤어진 덧니나 벌어진 치아를 알맞은 자리로 이동시켜 심미성을 향상시키려는 목적도 있으나, 그 외에도 치료에 목적으로 올바른 치아 교합을 만들어 구강의 건강과 안모의 골격 성장 문제 등을 해결하려는 경우도 많다. 하지만 환자의 치아와 골격 구조에 대해 정확히 파악하지 못하거나, 진단 시의 사소한 부분이라도 놓치게 된다면 치아의 교정 위치가 지나치게 안쪽으로 들어간다거나 올바르게 교정되지 않아 앞니로 음식을 먹기 어려워질 수 있다. 심각한 경우에는 재교정이 불가피할 수도 있다.
>
> 또한 치아교정을 진행하게 되면 다시 원래대로 되돌리기는 어려우므로, 환자의 구강 내의 모든 치아와 턱뼈, 얼굴뼈 등을 정밀하게 진단하여 발치 및 악궁 확장의 여부들을 세밀이 판단하고 진행하여야 한다.

① 맞물리지 → 맏물리지

② 물리적인 → 화학적인

③ 되더라도 → 돼더라도

④ 삐뚤어진 → 비뚤어진

⑤ 세밀이 → 세밀히

02 다음 글을 읽고 추론한 내용으로 적절하지 않은 것은?

> NH농협은행은 생성형 AI 활용 문화 확산과 비즈니스 모델 발굴 및 구현을 위해 임직원을 대상으로 생성형 AI 활용 콘테스트를 열었다.
>
> 콘테스트에는 임직원 총 100여 개 팀이 참여했으며 4개월간 2개의 분야로 나누어 진행했다. Basic Track이라는 아이디어를 제안하는 분야와 Advanced Track이라는 아이디어를 구현하는 분야가 그 것이다.
>
> 이 콘테스트에서 최우수로 선정된 아이디어는 Basic Track 분야에서는 부동산 담보대출 서류검토 자동화 방안이, Advanced Track 분야에서는 이미지 생성 AI 업무 활용을 위한 모델 및 플랫폼 개발이며, 그 밖에도 우수 아이디어로 대화로 처리하는 AI 금융비서와 자금세탁 의심거래보고 (STR) 임계치 최적화가 창의성 및 실현가능성을 인정받아 선정되었다.
>
> NH농협은행은 고객경험 혁신과 직원 업무효율화를 위해 은행은 생성형 AI를 지향할 것이며, 또 이번 콘테스트에서 발굴한 아이디어를 고객과 직원을 위해 활용하겠다고 말했다.

① 앞으로는 금융범죄를 예방하는 데 생성형 AI가 사용될 수 있다.

② 은행의 생성형 AI 활용은 고객에게는 편리성을 직원에게는 효율성을 가져다준다.

③ 이번 생성형 AI 아이디어 콘테스트는 일반 고객의 아이디어가 포함되지 않는다.

④ 콘테스트의 아이디어는 추후 은행의 다양한 방면에서 고객과 직원을 위해 활용될 수 있다.

⑤ 생성형 AI 아이디어가 우수하더라도 현재 기술로 실현해낼 수 없다면 콘테스트에서 수상은 어렵다.

03 다음 중 제시된 문단 뒤에 이어지는 문단을 논리적 순서대로 바르게 나열한 것은?

> 국내 바이오 기업인 N사가 세계 최초로 경구용 대상 표적 염증성 장 질환 치료제 개발에 성공했으며, 현재 동물 실험에서 약물 동태 시험까지 성공적으로 맞춰 효능 검증까지 완료했다고 밝혔다.
>
> (가) 이전에도 여러 염증성 장 질환 치료제들이 개발되어 왔지만, 이것들은 단순히 염증을 감소시 키거나 제거하는 역할에만 그쳤다.
>
> (나) 또한 복약 편의성까지 우수한데, 1일 1회 투여만으로도 손상된 장점막에 재생 효과를 보이는 등 염증성 장 질환에 탁월한 효능을 보여 주사제보다 오히려 효과가 더 뛰어난 것으로 보고되 었다.
>
> (다) 하지만 이번에 N사가 개발한 치료제는 단순 항염 효과를 넘어서 근본적인 치료가 가능하도록 설계된 펩타이드 치료제로, 이는 염증을 그치게 할 뿐 아니라, 장 점막이 재생할 수 있도록 기 능한다.

① (가) – (나) – (다)　　　　② (가) – (다) – (나)

③ (나) – (가) – (다)　　　　④ (나) – (다) – (가)

⑤ (다) – (가) – (나)

04 다음 빈칸에 들어갈 내용으로 가장 적절한 것은?

지구 온난화가 불러온 기후 위기로 인해 현재 해양생태계는 많은 영향을 받고 있다. 수온이 상승하면서 동해에서도 참치가 잡히기 시작했고, 계속하여 이어진 폭염으로 인해 고수온 현상이 발생하면서 그동안 우리 바다에서 거의 볼 수 없었던 열대 및 아열대 해역의 해양 생물인 파란선문어와 넓은띠큰바다뱀, 청상아리, 해파리 등이 증가하기 시작한 것이다.

특히 이들은 맹독성을 가지거나 사람을 공격하는 특성이 있기 때문에, 많은 어류가 죽고 어민들과 피서객들이 독에 쏘이거나 공격당하는 등 신체적, 경제적인 피해를 받고 있다.

그중에서도 특히 심각한 피해를 주는 생물은 '노무라입깃해파리'로 작년 대비 출몰 수가 10배 이상 급증하면서 올해 국내 유입량은 역대 최대치를 기록했다. 이들의 독성으로 인해 참치 등 어류들이 죽기 시작했음은 물론, 피서객 및 어민의 사고가 이어지면서 막대한 피해가 발생한 것이다.

전문가들은 이 같은 해파리의 증가 원인에 대해 _____와(과) 더불어 연안 개발 및 오염 물질 방류로 인해 해파리의 먹이가 풍부해진 것을 문제로 들며, 우리나라의 현 해안 상황은 해파리에게 있어 최고의 서식지가 되었다고 경고했다.

① 동해 바다에서의 참치의 출몰
② 바다의 수온이 급격히 상승함
③ 해양 생태계의 먹이 사슬의 변화
④ 고수온 현상으로 인한 천적의 감소
⑤ 열대 및 아열대 해양 생물이 증가함

05 A ~ E 5명이 100m 달리기를 했다. 기록 측정 결과가 나오기 전에 그들끼리의 대화를 통해 순위를 예측해 보려고 한다. 그들의 대화는 다음과 같고, 이 중 1명은 항상 거짓말을 하고 있다고 할 때, A ~ E의 순위를 바르게 나열한 것은?

• A : 나는 1등이 아니고, 3등도 아니야.
• B : 나는 1등이 아니고, 2등도 아니야.
• C : 나는 3등이 아니고, 4등도 아니야.
• D : 나는 A와 B보다 늦게 들어왔어.
• E : 나는 C보다는 빠르게 들어왔지만, A보다는 늦게 들어왔어.

① E - C - B - A - D   ② E - A - B - C - D
③ C - E - B - A - D   ④ C - A - D - B - E
⑤ A - C - E - B - D

06 N사의 어느 지점은 A～D 4개의 팀으로 구성되어 있다. 다음 〈조건〉을 고려할 때, 전체 팀 회의가 가능한 시간은?

> **조건**
> - 정규 근무시간은 오전 9시부터 오후 6시까지이며, 12시부터 오후 1시까지는 점심시간이다.
> - 전체 팀 회의는 1시간 동안 진행한다.
> - A팀은 하루에 3시간 동안 외부 업무를 수행해야 한다.
> - B팀은 오전 11시부터 3시간 동안 개별 업무 후 1시간 동안 따로 점심시간을 가진다.
> - C팀은 다른 팀보다 2시간 일찍 출근하고, 2시간 일찍 퇴근한다.
> - D팀은 A팀이 오전에 외부 업무를 수행하면 점심시간 직후 2시간 동안 개별 팀 회의를 진행하고, A팀이 오후에 외부 업무를 수행하면 출근 직후 2시간 동안 개별 팀 회의를 진행한다.

① 오전 9～10시
② 오전 10～11시
③ 오후 1～2시
④ 오후 2～3시
⑤ 오후 3～4시

07 다음은 N은행의 경영지원부에서 근무하는 A씨가 N은행에 대해 분석한 SWOT 분석 결과이다. 빈칸에 들어갈 수 있는 기회요소로 가장 적절한 것은?

〈SWOT 분석 결과〉

구분	세부 내용
S(Strength)	• 안정적인 고객 기반과 신뢰도 • 광범위한 지점 네트워크와 ATM 인프라
W(Weakness)	• 신기술 도입 속도의 지연 • 다지점 운영으로 인한 높은 운영 비용
O(Opportunity)	• _____
T(Threat)	• 핀테크 기업의 시장 진입으로 인한 경쟁 심화 • 저금리 환경으로 인한 수익성의 악화

① 강력한 자본력과 유동성
② 사이버 보안 위협의 증가
③ 성공적인 내부 인사 혁신
④ 국내 탄소배출권 규제 강화
⑤ 시스템 노후로 인한 비효율성

08 다음과 같이 원자재를 투입했을 때, 모든 공정을 거쳐 나오는 정상 완제품의 개수는?

- N공장의 공정은 A공정 → B공정 → C공정 순으로 3단계를 거친다.
- 각 공정에는 불량품을 제거하고 정상품만 투입한다.
- A공정의 불량률은 8%, B공정의 불량률은 7%, C공정의 불량률은 5%이다.
- A공정에 투입한 원자재는 50,000개이다.

① 38,241개   ② 40,641개
③ 41,246개   ④ 46,255개
⑤ 47,500개

09 N은행에서 고객들을 유치하기 위해 새로운 상품들을 내놓았는데, H고객은 그중 두 상품을 선택했다. 첫 번째 상품은 연복리 적금으로 매달 초에 12만 원씩 납입하며 연 2.4%의 금리를 적용하는 3년 만기 적금 상품이고, 두 번째 상품은 400만 원을 예치하는 단리 예금으로 연 2.8%의 금리를 적용하는 2년 만기 예금 상품이다. H고객이 가입한 두 상품이 각각 만기되어 돈을 찾는다고 할 때, 두 상품의 만기 수령액 차이는 얼마인가?$\left(\text{단, 세금은 고려하지 않으며, } 1.024^{\frac{1}{12}}=1.002, \right.$ $1.024^{3}=1.074$로 계산한다$\Big)$

① 214,880원   ② 222,880원
③ 224,880원   ④ 226,800원
⑤ 228,800원

10 다음 중 A씨가 N편의점에서 라면 10개, 음료수 7개, 도시락 2개, 과자 3개를 구매하였다면 실제로 지불해야 하는 금액은?

〈N편의점 물품〉

구분	단가	비고
라면	800원	5개 묶음 구매 시 정가의 10% 할인
음료수	1,500원	2개 구매 시 1개 무료 증정
도시락	4,800원	–
과자	2,200원	2개 이상 구매 시 개당 200원 할인

① 27,200원   ② 28,100원
③ 29,500원   ④ 30,300원
⑤ 31,200원

11 학교에서 집까지는 10km, 우체국에서 집까지는 6km라고 한다. 희선이가 학교에서 6시에 출발하여 우체국까지 걸어서 6km/h로 가다가 우체국에서 집까지는 뛰어서 정확히 7시에 도착했다고 할 때, 희선이가 뛰어가는 속력은 몇 km/h인가?(단, 우체국은 학교와 집 사이에 있다)

① 9km/h   ② 12km/h

③ 15km/h   ④ 18km/h

⑤ 21km/h

12 다음은 국제 대출금리 동향에 대한 자료이다. 이에 대한 설명으로 옳지 않은 것은?

〈국제 대출금리 동향〉

(단위 : %)

구분		2017년	2018년	2019년	2020년	2021년	2022년	2023년
한국	금리	5.59	5.99	6.55	7.17	5.65	5.51	5.76
	지수	85.34	91.45	100.00	109.47	86.26	84.12	87.94
미국	금리	5.86	6.41	6.34	6.04	5.04	4.69	4.46
	지수	92.43	101.10	100.00	95.27	79.50	73.97	70.35
독일	금리	2.09	2.82	3.87	3.86	0.71	0.44	0.87
	지수	54.01	72.87	100.00	99.74	18.35	11.37	22.48
중국	금리	5.58	6.12	7.47	5.31	5.31	5.81	6.56
	지수	74.70	81.93	100.00	71.08	71.08	77.78	87.82
일본	금리	1.68	1.67	1.88	1.91	1.72	1.60	N.A.
	지수	89.36	88.83	100.00	101.60	91.49	85.11	N.A.

※ N.A(Not Available) : 참고 예상 수치 없음

① 조사 기간 중 가장 높은 금리를 기록한 나라는 중국이다.

② 2017년 대비 2019년의 대출금리 증가율이 가장 높은 나라는 독일이다.

③ 2021년에 전년 대비 지수의 등락폭이 가장 큰 나라와 가장 작은 나라와의 지수 차이는 50%p 이상이다.

④ 독일의 대출금리가 일본보다 떨어지기 시작한 해는 2021년이었으며, 2022년에도 일본의 대출금리를 앞지르지 못했다.

⑤ 2017 ~ 2023년 대출금리의 등락폭이 가장 큰 나라는 독일로, 가장 높았을 때와 가장 낮았을 때의 포인트 차이는 3.5%p 이상이다.

13 다음은 국내 대학(원) 재학생 학자금 대출 조건에 대한 자료이다. 이에 대한 〈보기〉의 설명 중 옳은 것을 모두 고르면?[단, 갑~병은 국내 대학(원)의 재학생이다]

〈국내 대학(원) 재학생 학자금 대출 조건〉

구분		X학자금 대출	Y학자금 대출
신청대상	신청 연령	35세 이하	55세 이하
	성적 기준	직전 학기 12학점 이상 이수 및 평균 C학점 이상 ※ 단, 장애인, 졸업학년인 경우, 이수학점 기준 면제	직전 학기 12학점 이상 이수 및 평균 C학점 이상 ※ 단, 대학원생, 장애인, 졸업학년인 경우, 이수학점 기준 면제
	가구소득 기준	소득 1~8분위	소득 9~10분위
	신용 요건	제한 없음	금융채무불이행자, 저신용자 대출 불가
대출한도	등록금	학기당 소요액 전액	학기당 소요액 전액
	생활비	학기당 150만 원	학기당 100만 원
상환사항	상환 방식 (졸업 후)	• 기준소득을 초과하는 소득 발생 이전 : 유예 • 기준소득을 초과하는 소득 발생 이후 : 기준소득 초과분의 20%를 원천 징수 ※ 기준소득 : 연 n천만 원	• 졸업 직후 매월 상환 • 원금균등분할상환과 원리금균등분할상환 중 선택

보기

ㄱ. 34세로 소득 7분위인 대학생 갑이 직전 학기에 14학점을 이수하여 평균 B학점을 받았을 경우 X학자금 대출을 받을 수 있다.

ㄴ. X학자금 대출 대상이 된 을의 한 학기 등록금이 300만 원일 때, 한 학기당 총 450만 원을 대출받을 수 있다.

ㄷ. 50세로 소득 9분위인 대학원생 병(장애인)은 신용 요건에 관계없이 Y학자금 대출을 받을 수 있다.

ㄹ. 대출금액이 동일하고 졸업 후 소득이 발생하지 않았다면, X학자금 대출과 Y학자금 대출의 매월 상환금액은 같다.

① ㄱ, ㄴ ② ㄱ, ㄷ
③ ㄷ, ㄹ ④ ㄱ, ㄴ, ㄹ
⑤ ㄴ, ㄷ, ㄹ

14 다음 스프레드시트에서 판매량이 5 이상, 20 이하인 제품의 총 판매량을 구하는 함수식은?

◢	A	B
1	제품명	판매량
2	A	40
3	B	12
4	C	37
5	D	3
6	E	20

① =SUMIF(B2:B6, ">=5", B2:B6)

② =SUMIF(B2:B6, "<=20", B2:B6)

③ =SUMIF(B2:B6, ">=5 AND <=20", B2:B6)

④ =SUMIF(B2:B6, ">=5 AND <=20", A2:A6)

⑤ =SUMIF(B2:B6, ">=5", B2:B6) - SUMIF(B2:B6, ">20", B2:B6)

15 다음 코드의 출력 결과로 옳은 것은?

```
x=6
if x>5:
    print("큰 값")
else:
    print("작은 값")
```

① 큰 값

② 작은 값

③ None

④ 아무것도 출력되지 않음

⑤ 오류가 발생함

16 현재 시각은 오전 11시이다. 오늘 중으로 끝내야 하는 다음 4가지의 업무가 있다고 할 때, 업무의 우선순위를 바르게 나열한 것은?(단, 업무시간은 오전 9시부터 오후 6시까지이며, 점심시간은 12시부터 1시간이다)

업무 내용	처리 시간
ㄱ. 기한이 오늘까지인 비품 신청	1시간
ㄴ. 오늘 내에 보고해야 하는 보고서 초안을 작성해 달라는 부서장의 지시	2시간
ㄷ. 가능한 빨리 보내 달라는 인접 부서의 협조 요청	1시간
ㄹ. 오전 중으로 고객에게 보내기로 한 자료 작성	1시간

① ㄱ - ㄴ - ㄷ - ㄹ ② ㄴ - ㄱ - ㄷ - ㄹ
③ ㄴ - ㄷ - ㄹ - ㄱ ④ ㄷ - ㄴ - ㄹ - ㄱ
⑤ ㄹ - ㄴ - ㄷ - ㄱ

17 다음은 N사의 10월 해외출장 예상 경비 및 환율정보이다. 원화 기준 가장 많은 경비가 필요한 출장지의 경비를 기준으로 5명에게 출장 경비를 똑같이 지급한다면, 10월 해외출장 경비의 총액은?

〈10월 해외출장 예상 경비 및 환율〉

구분	출장국가	환율	예상 경비
A과장	미국	1USD=1,470KRW	816USD
B과장	프랑스	1EUR=1,546KRW	742EUR
C과장	일본	100JPY=961KRW	114,500JPY
D대리	영국	1GBP=1,848KRW	612GBP
E대리	호주	1AUD=930KRW	1,282AUD

① 5,654,880원 ② 5,477,700원
③ 5,735,660원 ④ 5,997,600원
⑤ 6,161,300원

01 다음 〈보기〉에서 NH농협은행의 비전에 포함되는 단어가 아닌 것을 모두 고르면?

보기

ㄱ. 민족은행   ㄴ. 일등은행
ㄷ. 혁신은행   ㄹ. 매력적인 은행
ㅁ. 사랑받는 은행

① ㄱ, ㄴ   ② ㄱ, ㄹ
③ ㄴ, ㄹ   ④ ㄷ, ㄹ
⑤ ㄹ, ㅁ

02 다음 중 NH농협은행의 경영목표 추진전략으로 옳지 않은 것은?

① 디지털 혁신 주도
② 핀테크 산업 선도
③ 차별적 사업역량 구축
④ 고객 맞춤형 서비스 제공
⑤ 지속가능한 신뢰 경영 확립

03 다음 중 NH농협은행의 인재상으로 옳지 않은 것은?

① 변화를 선도하는 사람
② 소통하고 협력하는 사람
③ 고객을 먼저 생각하는 사람
④ 사회적 책임을 실천하는 사람
⑤ 지역발전을 위해 노력하는 사람

04 다음 중 RFID 시스템에서 금속이 신호에 미치는 영향에 대한 설명으로 옳은 것은?

① RFID 신호는 금속이 있을 때 더 강해진다.
② 금속은 RFID 신호에 영향을 미치지 않는다.
③ 금속은 RFID 태그를 더 빨리 인식하게 도와준다.
④ 금속은 RFID 신호를 반사하여 태그와 리더간의 통신 범위를 증가시킨다.
⑤ 금속은 RFID 신호를 흡수하여 태그와 리더간의 통신 범위를 줄일 수 있다.

05 다음 중 OpenCV는 어떤 분야에서 사용되는 라이브러리인가?

① 웹 개발
② 머신 러닝
③ 데이터 분석
④ 이미지 및 영상 처리
⑤ 모바일 어플리케이션 개발

06 다음 중 예금자보호법에 따라 예금이 보호되는 기관으로 옳지 않은 것은?

① 보험회사   ② 증권회사
③ 수협은행   ④ 산업은행
⑤ 새마을금고

07 다음 중 성격이 다른 금융상품은 무엇인가?

① 적금   ② 주택청약
③ 예금   ④ CMA
⑤ 퇴직연금

08 다음 중 피보험자의 권리에 대한 설명으로 옳지 않은 것은?

① 피보험자가 미성년자인 경우, 친권자가 대신 보험금을 청구할 수 있다.

② 피보험자는 보험사고가 발생하면 보험금을 받을 수 있는 권리를 갖는다.

③ 피보험자는 보험사고 발생 후 최대 3년 이내에 보험금을 청구하여야 한다.

④ 보험계약자가 보험료의 지급을 지체할 경우, 피보험자가 보험료 지급의무를 부담할 수 없다.

⑤ 제3자의 행위로 인해 손해가 발생한 경우, 보험금을 지급한 보험자는 지급한 보험금의 한도만큼 제3자에 대한 보험계약자 또는 피보험자의 권리를 취득한다.

09 다음 중 보험가입에 따른 역선택 문제에 해당하지 않는 것은?

① 건강보험에 가입한 사람이 이미 여러 질병에 걸려있었다.

② 평소 규칙적인 생활로 매우 건강한 사람이 여러 건의 연금보험을 가입하였다.

③ 자동차보험에 가입한 운전자가 운전을 난폭하게 하여 여러 건의 사고가 발생했다.

④ A질병에 대한 보장을 목적으로 보험에 가입하였으나 해당 보험은 A질병을 보장하지 않는 보험이었다.

⑤ A상해보험에 가입한 보험가입자가 알고 보니 보상조건이 동일한 B상해보험보다 더 많은 보험료를 내고 있었다.

10 다음을 참고하여 레버리지율을 계산하면?

- 총 투자자금 12억 원
- 대출금 4억 원
- 자본금 8억 원

① 25%　　　　　　　　② 50%

③ 100%　　　　　　　④ 150%

⑤ 200%

2024년 하반기 기출복원문제 정답 및 해설

01 직무능력평가

01	02	03	04	05	06	07	08	09	10	11	12	13	14	15	16	17			
⑤	⑤	②	②	③	⑤	④	②	③	④	④	⑤	①	⑤	①	⑤	④			

01
정답 ⑤

'빈틈없이 꼼꼼하고 상세하게'라는 뜻의 '세밀하다'의 부사 형태는 '세밀이'가 아닌 '세밀히'가 올바른 표기이다.

오답분석

① '물체 사이가 잇닿게 됨'을 뜻하는 동사는 '맞물리다'이므로 '맞물리지'가 올바른 표기이다.
② 제시문의 내용상 치아교정은 브라켓이라는 도구를 이용해 힘으로 치아 위치를 바꾸는 것이므로 '화학적인'이 아닌 '물리적인'이 올바른 표기이다.
③ '돼'는 '되어'의 준말이므로 '돼더라도'가 아닌 '되더라도'가 올바른 표기이다.
④ '삐뚤다'와 '비뚤다'는 모두 올바른 표기로 수정할 필요가 없다.

02
정답 ⑤

콘테스트는 아이디어 제안 분야와 아이디어 구현 분야로 나누어 진행하고 있다. 따라서 현재 기술로 실현해내기 어렵더라도 창의성이 인정된다면 수상도 가능하다.

오답분석

① 세 번째 문단을 통해 우수 아이디어로 자금세탁 의심거래보고 임계치 최적화가 선정되는 등 금융범죄 예방에도 생성형 AI가 효과적인 것임을 알 수 있다.
② 세 번째 문단을 통해 은행이 생성형 AI를 고객과 직원 모두에게 편리함 및 효율성을 주는 방향으로 활용할 것임을 알 수 있다.
③ 첫 번째 문단을 통해 해당 콘테스트는 임직원을 대상으로 개최된 것임을 알 수 있다.
④ 마지막 문단을 통해 사내 콘테스트에서 발굴한 생성형 AI 아이디어를 고객과 직원을 위해 활용하겠다는 내용을 추론할 수 있다.

03
정답 ②

제시문의 첫 번째 문단은 경구용 염증성 장 치료제가 개발되었다고 말하고 있다. 이후 (가) ~ (다) 문단의 내용을 살펴보면, (가) 문단은 과거에도 치료제들이 있었지만, 염증을 줄이거나 없애는 기능이 전부라고 하였으며 (나) 문단은 경구용 장 치료제가 복약이 편리하고, 효과가 뛰어나다고 말하고 있다. 마지막으로 (다) 문단은 이번에 개발된 치료제는 항염 효과는 물론 장점막이 재생하도록 돕는 기능까지 있다고 말하고 있다. (나) 문단과 (다) 문단의 접속사를 보면, 우선 (나) 문단에서는 '또한'이라는 접속부사가 나왔으므로, 앞 내용에도 N사의 치료제에 대한 긍정적인 내용이 나와야 한다. 그러므로 (나) 문단은 (다) 문단 뒤에 이어지는 것이 적절하다. (다) 문단에서는 '하지만'이라는 접속부사가 나왔으므로 (다) 문단의 내용과 상반되는 내용이 앞에 있어야 한다. 그러므로 (다) 문단은 (가) 문단 뒤에 이어지는 것이 적절하다. 따라서 이어지는 문단은 (가) – (다) – (나) 순으로 나열하는 것이 적절하다.

04

제시문은 지구 온난화로 인해 수온이 상승하면서 우리나라에서 드물었던 고수온 지역 해양 생물들의 출몰이 시작되었다고 말한다. 그 예시로 참치와 같은 거의 드물었던 어류는 물론 독성과 공격성이 있는 파란선문어, 넓은띠큰바다뱀, 청상아리, 해파리 등이 증가함을 들었다. 따라서 빈칸에 들어갈 내용으로 가장 적절한 것은 '바다의 수온이 급격히 상승함'이다.

[오답분석]
① 동해 바다에서의 참치의 출몰은 해파리의 증가와 연관이 없다.
③ 해파리의 증가 원인은 오염 물질로 인해 해파리의 먹이가 풍부해진 데 있다.
④ 지구 온난화로 인한 고수온 현상으로 인해 해파리의 천적이 감소했음은 제시문을 통해 알 수 없다.
⑤ 지구 온난화로 인해 수온이 상승함으로써 열대 및 아열대 해양 생물이 증가한 것은 알 수 있으나 이 생물의 증가로 해파리가 증가하였는지는 알 수 없다.

05

1명만 거짓말을 하고 있기 때문에 모두의 말을 참이라고 가정하고, 모순이 어디서 발생하는지 생각해 본다. 5명의 말에 따르면, 1등을 할 수 있는 사람은 C밖에 없으므로 E의 진술과 모순이 생기는 것을 알 수 있다. 만약 C의 진술이 거짓이라고 가정하면 1등을 할 수 있는 사람이 없게 되므로 모순이다.
따라서 E의 진술이 거짓이므로 나올 수 있는 순위는 C − E − B − A − D이다.

06

D팀은 A팀의 외부 업무에 따라 출근 직후 2시간(09:00 ~ 11:00)이나, 점심시간 직후 2시간(13:00 ~ 15:00) 동안 개별 팀 회의를 진행해야 한다. 2가지 경우를 정리하면 다음과 같다.
ⅰ) D팀이 출근 직후 개별 팀 회의를 하는 경우(A팀이 오후에 외부 업무를 나가는 경우)
　　D팀은 9시부터 11시까지 개별 팀 회의를 하고, B팀이 11시부터 개별 업무에 들어가므로 오전에는 전체 팀 회의를 할 시간이 없다. 또한 오후의 경우 B팀의 점심시간이 15시에 끝나고, C팀이 16시에 퇴근하므로 A팀이 외부 업무를 오후에 나가게 되면 전체 팀 회의를 할 시간이 없다. 따라서 이 경우 전체 팀 회의는 불가능하다.
ⅱ) D팀이 점심시간 직후 개별 팀 회의를 하는 경우(A팀이 오전에 외부 업무를 나가는 경우)
　　A팀은 오전 내내 외부 업무를 나가고, D팀은 15시까지 개별 팀 회의를 가진다. 이 경우 모든 팀이 15시에서 16시까지 비는 시간이 생기므로 이때 전체 팀 회의를 1시간 동안 진행할 수 있다.
따라서 전체 팀 회의가 가능한 시간은 오후 3 ~ 4시이다.

07

SWOT 분석에서 기회(Opportunity)는 기업 외부 환경에서 발생하는 유리한 상황이나 조건을 의미한다. 이는 기업의 성장이나 경쟁력 향상에 도움이 될 수 있는 요소로 새로운 시장 개척 가능성, 기술 혁신, 규제 완화 등을 뜻한다. 따라서 국내 탄소배출권 규제 강화는 일반적인 기업에서는 외부에서 발생한 불리한 상황이지만, 은행과 같이 금융기관의 입장에서는 녹색금융상품, 전환금융 등 새로운 사업모델을 창출할 수 있는 외부의 유리한 상황 조건으로 작용한다.

[오답분석]
① 강력한 자본력과 유동성은 N은행 내부의 긍정적인 특성이나 능력을 의미하므로 강점(Strength)에 해당한다.
② 사이버 보안 위협의 증가는 N은행 외부에서 발생하는 불리한 조건이므로 위협(Threat)에 해당한다.
③ 성공적인 내부 인사 혁신은 N은행 내부의 긍정적인 특성이나 능력을 의미하므로 강점(Strength)에 해당한다.
⑤ 시스템 노후로 인한 비효율성은 N은행 내부의 부정적인 특성이나 한계를 의미하므로 약점(Weakness)에 해당한다.

08

각 공정에는 정상품만 투입되므로 불량률을 바탕으로 정상품이 나올 확률은 A공정이 92%, B공정이 93%, C공정이 95%이다. 그러므로 각 공정을 완료했을 때, 산출되는 정상품의 개수는 다음과 같다.

• A공정 : 50,000×0.92=46,000개
• B공정 : 46,000×0.93=42,780개
• C공정 : 42,780×0.95=40,641개

따라서 모든 공정을 거쳐 나오는 정상 완제품의 개수는 40,641개이다.

09

두 상품의 만기 수령액을 구하면 다음과 같다.

• 연복리 적금 : $\dfrac{120,000(1+0.024)^{\frac{1}{12}}\left\{(1+0.024)^{\frac{36}{12}}-1\right\}}{(1+0.024)^{\frac{1}{12}}-1}=\dfrac{120,000\times1.002\times(1.074-1)}{1.002-1}=4,448,880$원

• 단리 예금 : 4,000,000+4,000,000×0.028×2=4,000,000+224,000=4,224,000원

따라서 연복리 적금 상품이 단리 예금 상품보다 4,448,880−4,224,000=224,880원을 더 받는다.

10

A씨의 구매 내역은 다음과 같다.

• 라면 : 5개 묶음(800×5×0.9=3,600원)으로 2묶음 구매 → 3,600×2=7,200원
• 음료수 : 5개 구매하여 2개를 증정받음 → 1,500×5=7,500원
• 도시락 : 2개 구매 → 4,800×2=9,600원
• 과자 : 할인된 가격(2,200−200=2,000원)으로 3개 구매 → 2,000×3=6,000원

따라서 A씨가 실제로 지불할 금액은 7,200+7,500+9,600+6,000=30,300원이다.

11

희선이가 학교에서 우체국까지 4km의 거리를 6km/h로 간 것이므로 걸린 시간은 $\dfrac{4}{6}$시간이다.

따라서 우체국에서 집까지의 거리 6km를 남은 시간인 $\dfrac{2}{6}$시간에 가야 하므로 구하고자 하는 속력은 $6\times\dfrac{6}{2}=18$km/h이다.

12

2017~2023년 대출금리의 등락폭이 가장 높은 나라는 독일이지만 포인트 차이는 3.87−0.44=3.43%p이므로 옳지 않은 설명이다.

[오답분석]
① 중국은 2019년에 7.47%의 가장 높은 금리를 기록했다.
② 독일의 대출금리는 2017년 대비 2019년에 85%가량 상승했다.
③ 2021년에 전년 대비 등락폭이 가장 큰 나라는 독일로 지수는 18.35%이며, 가장 작은 나라는 중국으로 전년 대비 보합세인 71.08%이다. 따라서 그 차이는 52.73%p이므로 50% 이상이다.
④ 독일은 2017~2020년까지는 대출금리가 일본보다 높았으나 2021년과 2022년에는 일본보다 낮은 금리를 보이고 있다.

13

ㄱ. 34세로 소득 7분위인 갑의 경우 X학자금의 대출 조건인 신청 연령(35세 이하)과 가구소득 기준(1 ~ 8분위)을 만족하고, 직전 학기에 14학점을 이수하여 평균 B학점을 받았다. 따라서 성적 기준(직전 학기 12학점 이상 이수 및 평균 C학점 이상)까지 모두 만족하여 X학자금 대출을 받을 수 있다.

ㄴ. X학자금 대출의 한 학기당 대출한도는 소요되는 등록금 전액과 생활비 150만 원이므로 을은 한 학기의 등록금 300만 원과 생활비 150만 원을 더한 총 450만 원을 대출받을 수 있다.

[오답분석]

ㄷ. Y학자금 대출 신청대상의 신용 요건에 따르면 금융채무불이행자나 저신용자는 대출이 불가능하므로 옳지 않다.

ㄹ. X학자금 대출의 경우 졸업 후 기준소득을 초과하는 소득이 발생하지 않았다면 상환이 유예되나, Y학자금 대출의 경우는 소득과 관계없이 졸업직후 매월 대출금을 상환해야 한다. 따라서 졸업 후 소득 발행 전, X학자금 대출과 Y학자금 대출의 매월 상환금액이 같다는 설명은 옳지 않다.

14

SUMIF 함수는 하나의 조건만 처리하므로 5 이상인 값에서 20 초과인 값을 빼는 방식으로 두 조건을 만족하는 값을 합하면 된다. 따라서 「=SUMIF(B2:B6,">=5",B2:B6)-SUMIF(B2:B6,">20",B2:B6)」가 옳은 함수식이다.

15

변수 x는 6으로 초기화되었고, if x>5: 조건문에서 x가 5보다 크기 때문에 if 블록이 실행되어 "큰 값"이 출력된다.

16

현재 시각이 오전 11시이므로 오전 중으로 처리하기로 한 업무를 가장 먼저 처리해야 한다. 따라서 오전 중으로 고객에게 보내기로 한 자료 작성(ㄹ)을 가장 먼저 처리한다. 다음으로 오늘까지 처리해야 하는 업무 두 가지(ㄱ, ㄴ) 중 비품 신청(ㄱ)보다 부서장이 지시한 부서 업무 사항(ㄴ)을 먼저 처리하는 것이 적절하다. 그리고 특별한 상황이 없는 한 개인의 단독 업무보다는 타인·타 부서와 협조된 업무를 우선적으로 처리해야 한다. 따라서 '고객에게 보내기로 한 자료 작성 – 부서 업무 사항 – 인접 부서의 협조 요청 – 단독 업무인 비품 신청' 순서로 업무를 처리해야 한다.

17

각 출장지의 예상 경비와 환율을 바탕으로 필요한 경비를 구하면 다음과 같다.

- 미국 : 1,470×816=1,199,520원
- 프랑스 : 1,546×742=1,147,132원
- 일본 : (961÷100)×114,500=1,100,345원
- 영국 : 1,848×612=1,130,976원
- 호주 : 930×1,282=1,192,260원

따라서 가장 많은 경비가 필요한 출장지는 미국이므로 5명에게 지급할 해외출장 경비는 1,199,520×5=5,997,600원이다.

01	02	03	04	05	06	07	08	09	10
④	②	⑤	⑤	④	⑤	②	④	③	④

01

정답 ④

NH농협은행의 비전은 사랑받는 일등 민족은행으로 세부 비전은 다음과 같다.
• 사랑받는 은행 : 고객, 임직원뿐만 아니라 국민 모두에게 사랑받는 신뢰할 수 있는 은행
• 일등은행 : 고객서비스와 은행건전성, 사회공헌 모든 측면에서 일등이 되는 한국을 대표할 수 있는 은행
• 민족은행 : 100% 민족자본으로 설립된 은행으로 진정한 가치를 국민과 공유하는 존경받을 수 있는 은행
따라서 NH농협은행 비전에 포함되는 단어가 아닌 것은 ㄷ, ㄹ이다.

02

정답 ②

NH농협은행은 경영목표 추진전략으로 다음의 4가지를 정하였다.
• 고객 맞춤형 서비스 제공
• 디지털 혁신 주도
• 차별적 사업역량 구축
• 지속가능한 신뢰 경영 확립

03

정답 ⑤

NH농협은행은 사랑받는 일등 민족은행으로 발돋움하기 위하여 다음의 인재상을 가진 농협人을 추구하고 있다.
• 최고의 금융전문가 : 최고의 금융서비스를 제공하기 위해 필요한 금융전문지식을 갖추고 부단히 노력하는 사람
• 소통하고 협력하는 사람 : 고객 및 조직구성원을 존중하고 소통과 협력에 앞장서는 사람
• 사회적 책임을 실천하는 사람 : 도덕성과 정직성을 근간으로 고객과의 약속을 끝까지 책임지는 사람
• 변화를 선도하는 사람 : 다양성과 변화를 적극 수용하여 독창적 아이디어와 혁신을 창출하는 사람
• 고객을 먼저 생각하는 사람 : 항상 고객의 입장에서 고객을 먼저 생각하고 고객만족에 앞장서는 사람

04

정답 ⑤

금속은 전자기파를 반사하거나 흡수하는 성질이 있어 RFID 신호가 금속에 의해 방해를 받을 수 있다. 이로 인해 태그와 리더 간의 통신 범위가 줄어들 수 있다. 따라서 금속이 있을 때 신호가 약해지는 경우가 많아 통신 범위가 줄어들 가능성이 크다.

05

정답 ④

OpenCV(Open Source Computer Vision Library)는 주로 이미지 처리와 영상 처리에 사용할 수 있는 오픈 라이브러리이며, 이 라이브러리는 다양한 이미지 및 영상 처리 작업, 얼굴인식, 모션추적과 같은 기능을 제공한다.

06

정답 ⑤

새마을금고의 예금은 새마을금고법에 따라 새마을금고중앙회가 보호하며, 예금자 1인당 1억 원까지 보호받을 수 있다. 나머지 선택지는 모두 예금자보호법에 따라 예금자 1인당 1억 원까지 예금을 보호받을 수 있다. 참고로 예금자보호법과 새마을금고법 모두 25년 9월 1일부터 예금자보호한도가 기존 5천만 원에서 1억 원으로 24년 만에 상향 조정되었다.

07

정답 ②

예금, 적금, CMA, 퇴직연금 등은 자금 필요 시 또는 법에서 정한 사유에 해당할 경우 중도인출이 가능하지만, 주택청약은 중도인출이 불가능한 금융상품이다.

08

정답 ④

보험계약자가 보험료의 지급을 지체하거나 파산 등 특정한 사유가 있는 경우 피보험자는 보험료 지급의무를 부담할 수 있다.

09

정답 ③

자동차 보험에 가입한 운전자가 운전을 난폭하게 하는 것은 보험을 믿고 사고예방 노력을 소홀히 하는 도덕적 해이에 해당한다.

오답분석
①·②·④·⑤ 보험가입 전 정보가 제대로 파악되지 않아 발생하는 역선택 문제에 해당한다.

10

정답 ④

레버리지율은 자기자본에 대한 총자산의 비율로 계산하므로 $12 \div 8 \times 100 = 150\%$이다.

MEMO

PART 1

직무능력평가

CHAPTER 01

의사소통능력

합격 CHEAT KEY

의사소통능력을 평가하지 않는 금융권이 없을 만큼 필기시험에서 중요도가 높은 영역이다. 또한, 의사소통능력의 문제 출제 비중은 가장 높은 편이다. 이러한 점을 볼 때, 의사소통능력은 NCS를 준비하는 수험생이라면 반드시 정복해야 하는 과목이다.

국가직무능력표준에 따르면 의사소통능력의 세부 유형은 문서이해, 문서작성, 의사표현, 경청, 기초외국어로 나눌 수 있다. 문서이해·문서작성과 같은 제시문에 대한 주제찾기, 내용일치 문제의 출제 비중이 높으며, 공문서·기획서·보고서·설명서 등 문서의 특성을 파악하는 문제도 출제되고 있다. 따라서 이러한 분석을 바탕으로 전략을 세우는 것이 매우 중요하다.

01 문제에서 요구하는 바를 먼저 파악하라!

의사소통능력에서 가장 중요한 것은 제한된 시간 안에 빠르고 정확하게 답을 찾아내는 것이다. 그러기 위해서는 우리가 의사소통능력을 공부하는 이유를 잊지 말아야 한다. 우리는 지식을 쌓기 위해 의사소통능력 지문을 보는 것이 아니다. 의사소통능력에서는 지문이 아니라 문제가 주인공이다! 지문을 보기 전에 문제를 먼저 파악해야 한다. 주제찾기 문제라면 첫 문장과 마지막 문장 또는 접속어를 주목하자! 내용일치 문제라면 지문과 문항의 일치 / 불일치 여부만 파악한 뒤 빠져나오자! 지문에 빠져드는 순간 소중한 시험 시간은 속절없이 흘러 버린다!

02 잠재되어 있는 언어능력을 발휘하라!

의사소통능력에는 끝이 없다! 의사소통의 방대함에 포기한 적이 있는가? 세상에 글은 많고 우리가 학습할 수 있는 시간은 한정적이다. 이를 극복할 수 있는 방법은 다양한 글을 접하는 것이다. 실제 시험장에서 어떤 내용의 지문이 나올지 아무도 예측할 수 없다. 따라서 평소에 신문, 소설, 보고서 등 여러 글을 접하는 것이 필요하다. 잠재되어 있는 글에 대한 안목이 시험장에서 빛을 발할 것이다.

03　상황을 가정하라!

업무 수행에 있어 상황에 따른 언어 표현은 중요하다. 같은 말이라도 상황에 따라 다르게 해석될 수 있기 때문이다. 그런 의미에서 자신의 의견을 효과적으로 전달할 수 있는 능력을 평가하는 것은 당연하다. 따라서 다양한 상황에서의 언어표현능력을 함양하기 위한 연습의 과정이 요구된다. 업무를 수행하면서 발생할 수 있는 여러 상황을 가정하고 그에 따른 올바른 언어표현을 정리하는 것이 필요하다. 의사표현 영역의 경우 출제 빈도가 높지는 않지만 상황에 따른 판단력을 평가하는 문항인 만큼 대비하는 것이 필요하다.

04　말하는 이의 입장에서 생각하라!

잘 듣는 것 또한 하나의 능력이다. 상대방의 이야기에 귀 기울이고 공감하는 태도는 업무를 수행하는 관계 속에서 필요한 요소이다. 그런 의미에서 다양한 상황에서의 듣는 능력을 평가하는 것이다. 말하는 이가 요구하는 듣는 이의 태도를 파악하고, 이에 따른 판단을 할 수 있도록 언제나 말하는 사람의 입장이 되는 연습이 필요하다.

05　반복만이 살길이다!

학창 시절 외국어를 공부하던 때를 떠올려 보자! 셀 수 없이 많은 표현들을 익히기 위해 얼마나 많은 반복의 과정을 거쳤는가? 의사소통능력 역시 그러하다. 하나의 문제 유형을 마스터하기 위해 가장 중요한 것은 바로 여러 번, 많이 풀어 보는 것이다.

01 문장삽입

| 유형분석 |

- 논리적인 흐름에 따라 글을 이해할 수 있는지 평가한다.
- 한 문장뿐 아니라 여러 개의 문장이나 문단을 삽입하는 문제가 출제될 가능성이 있다.

다음 글의 빈칸에 들어갈 문장을 〈보기〉에서 골라 순서대로 바르게 나열한 것은?

21세기는 각자의 개성이 존중되는 다원성의 시대이다. 역사 분야에서도 역사를 바라보는 관점에 따라 다양한 역사 서술들이 이루어지고 있다. 이렇게 역사 서술이 다양해질수록 역사 서술에 대한 가치 판단의 요구는 증대될 수밖에 없다. 그렇다면 이 시대의 역사 서술은 어떤 기준으로 평가되어야 할까?

역사 서술 방법 중에 가장 널리 알려진 것은 근대 역사가들이 표방한 객관적인 역사 서술 방법일 것이다. 이들에게 역사란 과거의 사실을 어떤 주관도 개입시키지 않은 채 객관적으로만 서술하는 것이다. 하지만 역사가는 특정한 국가와 계층에 속해 있고 이에 따라 특정한 이념과 가치관을 가지므로 객관적일 수 없다. 역사가의 주관적 관점은 사료를 선별하는 과정에서부터 이미 개입되기 시작하며 사건의 해석과 평가라는 역사 서술에 지속적으로 영향을 주게 된다. _____(가)_____

이러한 역사 서술의 주관성 때문에 역사가 저마다의 관점에 따른 다양한 역사 서술이 존재하게 된다. _____(나)_____ 역사학자 카(E. H. Carr)는 역사 서술에 대해 '역사는 과거와 현재의 대화이다.'라는 말을 남겼다. 이 말은 현재를 거울삼아 과거를 통찰하고 과거를 거울삼아 현재를 바라보며 더 나은 미래를 창출하는 것으로 해석할 수 있다. 이러한 견해에 의하면 역사 서술의 가치는 과거와 현재의 합리적인 소통 가능성에 따라 판단될 수 있다.

_____(다)_____ 이 기준을 지키지 못한 역사 서술은 과거나 현재를 왜곡할 우려가 있으며, 결과적으로 미래를 올바르게 바라보지 못하게 만드는 원인이 될 수 있다. 이를테면 수많은 반증 사례가 있음에도 자신의 관점에 부합하는 사료만을 편파적으로 선택한 역사 서술은 '사실성'의 측면에서 신뢰받기 어렵다. 사료를 배열하고 이야기를 구성하는 과정이 지나치게 자의적이라면 '타당성'의 측면에서 비판받을 것이다. 또한 사료의 선택과 해석의 방향이 과거의 잘못을 미화하기 위한 것이라면 '진정성'의 측면에서도 가치를 인정받지 못하게 될 것이다.

> **보기**
>
> ㉠ 이에 따라 우리는 다양한 역사 서술 속에서 우리에게 가치 있는 역사 서술이 무엇인지를 판단할 필요가 있다.
> ㉡ 따라서 역사 서술에 역사가의 주관은 개입될 수밖에 없으므로 완전히 객관적인 역사 서술은 불가능한 일이다.
> ㉢ 과거와 현재의 합리적 소통 가능성은 역사 서술의 사실성, 타당성, 진정성 등을 준거로 판단할 수 있다.

	(가)	(나)	(다)			(가)	(나)	(다)
①	㉠	㉡	㉢		②	㉠	㉢	㉡
③	㉡	㉠	㉢		④	㉡	㉢	㉠
⑤	㉢	㉠	㉡					

정답 ③

(가) : 빈칸 앞의 내용에서는 역사가가 특정한 이념과 가치관을 가지므로 객관적일 수 없으며, 역사가의 주관적 관점이 역사 서술에 지속적으로 영향을 준다고 하였다. 따라서 빈칸에는 완전히 객관적인 역사 서술은 불가능하다는 내용의 ㉡이 적절함을 알 수 있다.

(나) : 빈칸 앞 문장의 '다양한 역사 서술이 존재'한다는 내용을 통해 빈칸에는 이러한 '다양한 역사 서술' 속에서 가치 있는 역사 서술이 무엇인지를 판단할 필요가 있다는 내용의 ㉠이 적절함을 알 수 있다.

(다) : 빈칸 뒤 문장의 '이 기준'은 ㉢의 '역사 서술의 사실성, 타당성, 진정성'을 의미하며, 빈칸 뒤에서는 이러한 '역사 서술의 사실성, 타당성, 진정성' 측면에 대해 각각 이야기하고 있다. 따라서 빈칸에 들어갈 내용은 ㉢이 적절함을 알 수 있다.

유형풀이 Tip

• 보기를 먼저 읽고, 선택지로 주어진 빈칸의 앞·뒤 문장을 읽어 본다. 그리고 빈칸 부분에 보기를 넣었을 때 그 흐름이 어색하지 않은 위치를 찾는다.
• 보기 문장의 중심이 되는 단어가 빈칸의 앞뒤에 언급되어 있는지 확인하도록 한다.

※ 다음 중 빈칸 (가) ~ (다)에 들어갈 문장을 〈보기〉에서 골라 바르게 연결한 것을 고르시오. **[1~2]**

01

_____(가)_____ 저축은 미래의 소비를 위해 현재의 소비를 억제하는 것을 의미하는데, 이때 그 대가로 주어지는 것이 이자이다. 하지만 저금리 상황에서는 현재의 소비를 포기하는 대가로 보상받는 비용인 이자가 적기 때문에 사람들은 저축을 신뢰하지 못하게 되는 것이다.

화폐의 효용성과 합리적인 손익을 따져 본다면 저금리 시대의 저축률은 줄어드는 것이 당연하다. 물가 상승에 비해 금리가 낮을 때에는 시간이 경과할수록 화폐의 가치가 떨어지게 되어 저축으로부터 얻을 수 있는 실질적인 수익이 낮아지거나 오히려 손해를 입을 수 있기 때문이다.

_____(나)_____ 2012년에 3.4%였던 가계 저축률이 2014년에는 6.1%로 상승한 것이다. 왜 그럴까? 사람들이 저축을 하는 데에는 단기적인 금전상의 이익 이외에 또 다른 요인이 작용하기 때문이다. 살아가다 보면 예기치 않은 소득 감소나 질병 등으로 인해 갑자기 돈이 필요한 상황이 생길 수 있다. 이자율이 낮다고 해서 돈이 필요한 상황에 대비할 필요가 없어지는 것은 아니다. 이런 점에서 볼 때 금리가 낮음에도 불구하고 사람들이 저축을 하는 것은 장래에 닥칠 위험을 대비하기 위한 적극적인 의지의 반영인 것이다.

저금리 상황 속에서 저축을 하지 않는 것이 당장은 경제적인 이득을 얻는 것처럼 보일 수 있다. _____(다)_____ 또한 고령화가 급격하게 진행되는 추세 속에서 노후 생활을 위한 소득 보장의 안전성을 저해하는 등 사회 전반의 불안감을 높일 수도 있다. 따라서 눈앞에 보이는 이익에만 치우쳐서 저축이 가지는 효용 가치를 단기적인 측면으로 한정해서 바라보아서는 안 된다.

우리의 의사 결정은 대개 미래가 불확실한 상황에서 이루어지며 우리가 직면하는 불확실성은 확률적으로도 파악하기 힘든 것이 대부분이다. 따라서 저축의 효용성은 단기적 이익보다 미래의 불확실성에 대비하기 위한 거시적 관점에서 그 중요성을 생각해야 한다.

보기

㉠ 그런데 한국은행이 발표한 최근 자료를 보면, 금리가 낮은 수준에 머물고 있을 때에도 저축률이 상승하였음을 알 수 있다.

㉡ 저금리가 유지되고 있는 사회에서는 저축에 대한 사람들의 인식이 상당히 회의적이다.

㉢ 하지만 이는 미래에 쓸 수 있는 경제 자원을 줄어들게 만들고, 개인의 경제적 상황을 오히려 악화시킬 수도 있다.

	(가)	(나)	(다)			(가)	(나)	(다)
①	㉠	㉡	㉢		②	㉠	㉢	㉡
③	㉡	㉠	㉢		④	㉡	㉢	㉠
⑤	㉢	㉡	㉠					

Hard
02

근대와 현대가 이어지는 지점에서 많은 사상가들은 지식과 이해가 인간의 삶에 미치는 영향 그리고 그것이 형성되는 과정들을 포착하려고 노력했다. 그러한 입장들은 여러 가지가 있겠지만, 그중 세 가지 정도를 소개하고자 한다.

첫 번째 입장은 다음과 같이 말한다. 진보적 사유라는 가장 포괄적인 의미에서 계몽은 예로부터 공포를 몰아내고 인간을 주인으로 세운다는 목표를 추구해왔다. 그러나 완전히 계몽된 지구에는 재앙만이 승리를 구가하고 있다. 인간은 더 이상 알지 못하는 것이 없다고 느낄 때 무서울 것이 없다고 생각한다. 이러한 생각이 신화와 계몽주의의 성격을 규정한다. 신화가 죽은 것을 산 것과 동일시한다면, 계몽은 산 것을 죽은 것과 동일시한다. 계몽주의는 신화적 삶이 더욱 더 철저하게 이루어진 것이다. 계몽주의의 최종적 산물인 실증주의의 순수한 내재성은 보편적 금기에 불과하다. ____(가)____

두 번째 입장은 다음과 같이 말한다. 인간의 이해라는 것은 인간 현존재의 사실성, 즉 우리가 처해 있는 역사적 상황과 문화적 전통의 근원적인 제약 속에 있는 현존재가 부단히 미래의 가능성으로 기획하여 나아가는 자기 이해이다. 따라서 이해는 탈역사적, 비역사적인 것, 즉 주관 내의 의식적이고 심리적인 과정 또는 이를 벗어나 객관적으로 존재하는 것을 파악하는 사건이 아니다. ____(나)____ 인간은 시간 속에 놓여 있는 존재로서, 그의 이해 역시 전승된 역사와 결별하여 어떤 대상을 순수하게 객관적으로 인식하는 것이 아니라 전통과 권위의 영향 속에서 이루어진다. 따라서 선(先)판단은 이해에 긍정적인 기능을 한다.

세 번째 입장은 다음과 같이 말한다. 우리는 권력의 관계가 중단된 곳에서만 지식이 있을 수 있다는 그리고 지식은 권력의 명령, 요구, 관심의 밖에서만 발전될 수 있다는 전통적인 생각을 포기해야 한다. 그리고 아마도 권력이 사람을 미치도록 만든다고 하여, ____(다)____ 오히려 권력은 지식을 생산한다는 것을 인정해야 한다. 권력과 지식은 서로를 필요로 하는 관계에 놓여 있다. 결과적으로 인식하는 주체, 인식해야 할 대상 그리고 인식의 양식들은 모두 '권력, 즉 지식'에 근본적으로 그만큼 연루되어 있다. 따라서 권력에 유용하거나 반항적인 지식을 생산하는 것도 인식 주체의 자발적 활동의 산물이 아니다. 인식의 가능한 영역과 형태를 결정하는 것은 그 주체를 관통하고, 그 주체가 구성되는 투쟁과 과정 그리고 권력 및 지식이다.

보기

㉠ 이해는 어디까지나 시간과 역사 속에서 가능하며, 진리라는 것도 이미 역사적 진리이다.

㉡ 바로 이 권력을 포기할 경우에만 학자가 될 수 있다는 이와 같은 믿음도 포기해야 한다.

㉢ 내가 알지 못하는 무언가가 바깥에 있다고 하는 것은 바로 공포의 원인이 되기 때문에 내가 관계하지 못하는 무언가가 바깥에 머물러 있는 상태를 허용할 수 없다.

	(가)	(나)	(다)		(가)	(나)	(다)
①	㉠	㉡	㉢	②	㉡	㉠	㉢
③	㉡	㉢	㉠	④	㉢	㉠	㉡
⑤	㉢	㉡	㉠				

Hard
03

(가) 나는 하나의 생각하는 것이다. 즉, 의심하고, 긍정하고, 부정하고, 약간의 것을 알고 많은 것을 모르며, 바라고 바라지 않으며, 또 상상하고, 감각하는 어떤 것이다. 왜냐하면 앞서 내가 깨달은 바와 같이 설사 내가 감각하고 상상하는 것들이 내 밖에서는 아마도 무(無)라고 할지라도 내가 감각 및 상상이라고 부르는 이 사고방식만큼은, 그것이 하나의 사고방식인 한, 확실히 내 속에 있음을 내가 확신하기 때문이다. 그리고 이 몇 마디 말로써 나는 내가 참으로 알고 있는 것을 혹은 지금까지 알고 있다고 생각한 모든 것을 요약했다고 믿는다.

(나) 하지만 전에 내가 매우 확실하고 명백하다고 인정한 것으로서 그 후 의심스러운 것이라고 알게 된 것이 많다. 무엇이 이런 것들이었는가? 그것은 땅, 하늘, 별들, 이밖에 내가 감각을 통하여 알게 된 모든 것이었다. (다) 그러면 나는 이것들에 대해서 무엇을 명석하게 지각하고 있었는가? 물론 이것들의 관념 자체, 즉 이것들에 대한 생각이 내 정신에 나타났었다고 하는 것이다. 그리고 이러한 관념들이 내 속에 있다는 것에 대해서는 나는 지금도 부정하지 않는다.

(라) 그러나 한편 나는, 내가 아주 명석하게 지각하는 것들을 바라볼 때마다 다음과 같이 외치지 않을 수 없다. 누구든지 나를 속일 수 있거든 속여 보라. 그러나 내가 나를 어떤 무엇이라고 생각하고 있는 동안은 결코 나를 무(無)이게끔 할 수는 없을 것이다. 혹은 내가 있다고 하는 것이 참이라고 할진대 내가 현존한 적이 없었다고 하는 것이 언젠가 참된 것이 될 수는 없을 것이다. 또 혹은 2에 3을 더할 때 5보다 크게 되거나 작게 될 수 없으며, 이 밖에 이와 비슷한 일, 즉 거기서 내가 명백한 모순을 볼 수 있는 일이 생길 수는 없을 것이라고. 그리고 확실히 나에게는 어떤 하느님이 기만자라고 보아야 할 아무 이유도 없고, 또 도대체 한 하느님이 있는지 없는지도 아직 충분히 알려져 있지 않으므로 그저 저러한 선입견에 기초를 둔 의심의 이유는 매우 박약하다. (마)

보기

그러나 산술이나 기하학에 대하여 아주 단순하고 쉬운 것, 가령 2에 3을 더하면 5가 된다고 하는 것 및 이와 비슷한 것을 내가 고찰하고 있었을 때, 나는 적어도 이것들을 참되다고 긍정할 만큼 명료하게 직관하고 있었던 것은 아닐까? 확실히 나는 나중에 이것들에 대해서도 의심할 수 있다고 판단하기는 했으나 이것은 하느님과 같은 어떤 전능자라면, 다시없이 명백하다고 여겨지는 것들에 대해서도 속을 수 있는 본성을 나에게 줄 수 있었다고 하는 생각이 내 마음에 떠올랐기 때문일 따름이었다.

① (가)   ② (나)
③ (다)   ④ (라)
⑤ (마)

04

(가) 피타고라스학파는 사실 학파라기보다는 오르페우스(Orpheus)교라는 신비주의 신앙을 가진 하나의 종교 집단이었다 한다. 피타고라스가 살던 당시 그리스에서는 막 철학적 사유가 싹트고 있었다. 당시 철학계에서는 이 세상의 다양한 사물과 변화무쌍한 현상 속에서 변하지 않는 어떤 '근본적인 것(Arkhe)'을 찾는 것이 유행이었다. 어떤 사람은 그것을 '물'이라 하고, 어떤 사람은 '불'이라 했다. 그런데 피타고라스는 특이하게도 그런 눈에 보이는 물질이 아니라 추상적인 것, 곧 '수(數)'가 만물의 근원이라고 생각했다.

(나) 피타고라스학파가 신봉하던 오르페우스는 인류 최초의 음악가였다. 이 때문에 그들은 음악에서도 수적 비례를 찾아냈다. 음의 높이는 현(絃)의 길이와의 비례 관계로 설명된다. 현의 길이를 1/3만 줄이면 음은 정확하게 5도 올라가고 반으로 줄이면 한 옥타브 올라간다. 여러 음 사이의 수적 비례는 아름다운 화음을 만들어 낸다.

(다) 이 신비주의자들이 밤하늘에 빛나는 별의 신비를 그냥 지나쳤을 리 없다. 하늘에도 수의 조화가 지배하고 있다. 별은 예정된 궤도를 따라 움직이고 일정한 시간에 나타나 일정한 시간에 사라진다. 그래서 그들에게 별의 움직임은 리드미컬한 춤이었다. 재미있게도 그들은 별들이 현악기 속에 각자의 음을 갖고 있다고 믿었다. 그렇다면 천체의 운행 자체가 거대한 교향곡이 아닌가.

(라) 아득한 옛날 사람들은 우리와는 다른 태도로 자연과 세계를 대했다. 그들은 세상의 모든 것에 생명이 있다고 믿었고, 그 생명과 언제든지 교감할 수 있었다. 무정한 밤하늘에서조차 그들은 별들이 그려내는 아름다운 그림을 보고, 별들이 연주하는 장엄한 곡을 들었다.

(마) 언제부터인가 우리는 불행하게도 세계를 이렇게 느끼길 그만두었다. 다시 그 시절로 되돌아갈 수는 없을까? 물론 그럴 수는 없다. 하지만 놀랍게도 우리 삶의 한구석엔 고대인들의 심성이 여전히 남아 있다. 여기서는 아직도 그들처럼 세계를 보고 느낄 수 있다. 바로 예술의 세계이다.

보기

세상의 모든 것은 '수(數)'로 표시된다. 수를 갖지 않는 사물은 없다. 그러면 모든 것에 앞서 존재하는 것이 바로 수가 아닌가. 수는 모든 것에 앞서 존재하며 혼돈의 세계에 질서를 주고 형체 없는 것에 형상을 준다. 따라서 수를 연구하는 것이 바로 존재의 가장 깊은 비밀을 탐구하는 것이었다. 그러므로 수학 연구는 피타고라스 교단에서 지켜야 할 계율 가운데 가장 중요한 것으로 여겨졌다.

① (가) 문단의 뒤
② (나) 문단의 뒤
③ (다) 문단의 뒤
④ (라) 문단의 뒤
⑤ (마) 문단의 뒤

02 빈칸추론

| 유형분석 |

- 글의 전반적인 흐름을 파악하고 있는지 평가한다.
- 첫 문장, 마지막 문장 또는 글의 중간 등 다양한 위치에 빈칸이 주어질 수 있다.

다음 글의 빈칸에 들어갈 내용으로 가장 적절한 것은?

상품을 만들어 파는 사람이 그 수고의 대가를 받고 이익을 누리는 것은 당연하다. 하지만 그 이익이 다른 사람의 고통을 무시하고 얻어진 경우에는 정당하지 않을 수 있다. 제3세계에 사는 많은 환자가 신약 가격을 개발국인 선진국의 수준으로 유지하는 거대 제약회사의 정책 때문에 고통 속에서 죽어가고 있다. 그 약값을 감당할 수 있는 선진국이 보기에도 이는 이익이란 명분 아래 발생하는 끔찍한 사례이다. 이러한 비난의 목소리가 높아지자 제약회사의 대규모 투자자 중 일부는 자신들의 행동이 윤리적인지 고민하기 시작했다. 사람들이 약값 때문에 약을 구할 수 없다는 것은 분명히 잘못된 일이다. 하지만 그렇다고 해서 국가가 제약회사들에게 손해를 감수하라는 요구를 할 수는 없다는 데 사태의 복잡성이 있다.

신약을 개발하는 일에는 막대한 비용과 시간이 들며, 그 안전성 검사가 법으로 정해져 있어서 추가 비용이 발생한다. 이를 상쇄하기 위해 제약회사들은 시장에서 최대한 이익을 뽑아내려 한다. 얼마나 많은 환자가 신약을 통해 고통에서 벗어나는가에 대한 관심을 이들에게 기대하긴 어렵다. 그러나 만약 제약회사들이 존재하지 않는다면 신약개발도 없을 것이다.

그렇다면 상업적 고려와 인간의 건강 사이에 존재하는 긴장을 어떻게 해소해야 할까? 제3세계의 환자를 치료하는 일은 응급사항이며, 제약회사들이 자선하리라고 기대하는 것은 비현실적이다. 그렇다면 그 대안은 명백하다. _____ 물론 여기에도 문제는 있다. 이 대안이 왜 실현되기 어려운 걸까? 그 이유가 무엇인지는 우리가 자신의 주머니에 손을 넣어 거기에 필요한 돈을 꺼내는 순간 분명해질 것이다.

① 제3세계에 제공되는 신약 가격을 선진국과 같게 해야 한다.

② 제3세계 국민에게 필요한 신약을 선진국 국민이 구매하여 전달해야 한다.

③ 선진국들은 자국의 제약회사가 제3세계에 신약을 저렴하게 공급하도록 강제해야 한다.

④ 각국 정부는 거대 제약회사의 신약 가격 결정에 자율권을 주어 개발 비용을 보상받을 수 있게 해야 한다.

⑤ 거대 제약회사들이 제3세계 국민을 위한 신약 개발에 주력하도록 선진국 국민이 압력을 행사해야 한다.

빈칸을 채우는 문제는 빈칸 앞뒤의 진술에 유의할 필요가 있다. 빈칸 앞에서는 제3세계 환자들과 제약회사 간의 신약 가격에 대한 딜레마를 이야기하며 제3의 대안이 필요하다고 한다. 또한 빈칸 뒤에서는 그 대안이 실현되기 어려운 이유를 '자신의 주머니에 손을 넣어 거기에 필요한 비용을 꺼내는 순간 알게 될 것'이라고 하였으므로 개인 차원의 대안을 제시했음을 추측할 수 있다. 따라서 빈칸에 들어갈 내용으로 ②가 적절하다.

유형풀이 Tip

- 글을 모두 읽고 풀기에는 시간이 부족하다. 따라서 빈칸의 앞·뒤 문장만을 통해 내용을 파악할 수 있어야 한다.
- 주어진 문장을 각각 빈칸에 넣었을 때 그 흐름이 어색하지 않은지 확인하도록 한다.

※ 다음 글의 빈칸에 들어갈 내용으로 가장 적절한 것을 고르시오. [1~2]

Easy

01

일반적으로 물체, 객체를 의미하는 프랑스어 오브제(Objet)는 라틴어에서 유래된 단어로, 어원적으로는 앞으로 던져진 것을 의미한다. 미술에서 대개 인간이라는 '주체'와 대조적인 '객체'로서의 대상을 지칭할 때 사용되는 오브제가 미술사 전면에 나타나게 된 것은 입체주의 이후이다.

20세기 초 입체파 화가들이 화면에 나타나는 공간을 자연의 모방이 아닌 독립된 공간으로 인식하기 시작하면서 회화는 재현미술로서의 단순한 성격을 벗어나기 시작한다. 즉, '미술은 그 자체가 실재이다. 또한 그것은 객관세계의 계시 혹은 창조이지 그것의 반영이 아니다.'라는 세잔의 사고에 의하여 공간의 개방화가 시작된 것이다. 이는 평면에 실제 사물이 부착되는 콜라주 양식의 탄생과 함께 일상의 평범한 재료들이 회화와 자연스레 연결되는 예술과 비예술의 결합으로 차츰 변화하게 된다. 이러한 오브제의 변화는 다다이즘과 쉬르리얼리즘에서 '일용의 기성품과 자연물 등을 원래의 그 기능이나 있어야 할 장소에서 분리하고, 그대로 독립된 작품으로서 제시하여 일상적 의미와는 다른 상징적 · 환상적인 의미를 부여하는' 것으로 일반화된다. 그리고 동시에, 기존 입체주의에서 단순한 보조 수단에 머물렀던 오브제를 캔버스와 대리석의 대체하는 확실한 표현 방법으로 완성시켰다. 이후 오브제는 그저 예술가가 지칭하는 것만으로도 우리의 일상생활과 환경 그 자체가 곧 예술작품이 될 수 있음을 주장한다. _____ 거기에서 더 나아가 오브제는 일상의 오브제를 다양하게 전환시켜 다양성과 대중성을 내포하고, 오브제의 진정성과 상징성을 제거하는 팝아트에서 다시 한 번 새롭게 변화하기에 이른다.

① 화려하게 채색된 소변기를 통해 일상성에 환상적인 의미를 부여한 것이다.

② 무너진 베를린 장벽의 조각을 시내 한복판에 장식함으로써 예술과 비예술이 결합한 것이다.

③ 폐타이어나 망가진 금관악기 등으로 제작된 자동차를 통해 일상의 비일상화를 나타낸 것이다.

④ 평범한 세면대일지라도 예술가에 의해 오브제로 정해진다면 일상성을 간직한 미술과 일치되는 것이다.

⑤ 기존의 수프 통조림을 실크 스크린으로 동일하게 인쇄하여 손쉽게 대량생산되는 일상성을 풍자하는 것이다.

태양은 지구의 생명체가 살아가는 데 필요한 빛과 열을 공급해 준다. 어떻게 이런 막대한 에너지를 계속 내놓을 수 있을까?

16세기 이전까지는 태양을 포함한 별들이 지구상의 물질을 이루는 네 가지 원소와 다른 불변의 '제5원소'로 이루어졌다고 생각했다. 하지만 밝기가 변하는 신성(新星)이 별 가운데 하나라는 사실이 알려지면서 별이 불변이라는 통념은 무너지게 되었다. 또한, 태양의 흑점 활동이 관측되면서 태양 역시 불덩어리일지도 모른다고 생각하기 시작했다. 그 후 섭씨 5,500℃로 가열된 물체에서 노랗게 보이는 빛이 나오는 것을 알게 되면서 유사한 빛을 내는 태양의 온도도 비슷할 것이라고 추측하게 되었다.

19세기에는 에너지 보존 법칙이 확립되면서 새로운 에너지 공급이 없다면 태양의 온도가 점차 낮아져야 한다는 결론을 내렸다. 그렇다면 과거에는 태양의 온도가 훨씬 높았어야 했고, 지구의 바다가 펄펄 끓었어야 했을 것이다. 하지만 실제로는 그렇지 않았고, 사람들은 태양의 온도를 일정하게 유지해 주는 에너지원이 무엇인지에 대해 생각하게 되었다.

20세기 초 방사능이 발견되면서 방사능 물질의 붕괴에서 나오는 핵분열 에너지를 태양의 에너지원으로 생각하였다. 그러나 태양빛의 스펙트럼을 분석한 결과 태양에는 우라늄 등의 방사능 물질 대신 수소와 헬륨이 있다는 것을 알게 되었다. 즉, 방사능 물질의 붕괴에서 나오는 핵분열 에너지가 태양의 에너지원이 아니었던 것이다.

현재 태양의 에너지원은 수소 원자핵 네 개가 헬륨 원자핵 하나로 융합하는 과정의 질량 결손으로 인해 생기는 핵융합 에너지로 알려져 있다. 태양은 엄청난 양의 수소 기체가 중력에 의해 뭉쳐진 것으로, 그 중심으로 갈수록 밀도와 압력, 온도가 증가한다. 태양에서의 핵융합은 천만℃ 이상의 온도를 유지하는 중심부에서만 일어난다. 높은 온도에서만 원자핵들은 높은 운동 에너지를 가지게 되며, 그 결과로 원자핵들 사이의 반발력을 극복하고 융합되기에 충분히 가까운 거리로 근접할 수 있기 때문이다. 태양빛이 핵융합을 통해 나온다는 사실은 태양으로부터 온 중성미자가 관측됨으로써 더 확실해졌다.

중심부의 온도가 올라가 핵융합 에너지가 늘어나면 그 에너지로 인한 압력으로 수소를 밖으로 밀어내 중심부의 밀도와 온도를 낮추게 된다. 이렇게 온도가 낮아지면 방출되는 핵융합 에너지가 줄어들며, 그 결과 압력이 낮아져서 수소가 중심부로 들어오게 되고 중심부의 밀도와 온도를 다시 높인다. 이렇듯 태양 내부에서 중력과 핵융합 반응의 평형 상태가 유지되기 때문에 _____ 태양은 이미 50억 년간 빛을 냈고, 앞으로도 50억 년 이상 더 빛날 것이다.

① 태양이 일정한 크기를 유지할 수 있었다.

② 태양이 오랫동안 안정적으로 빛을 낼 수 있게 된다.

③ 과거와 달리 태양이 일정한 온도를 유지할 수 있게 된다.

④ 태양의 핵융합 에너지가 폭발적으로 증가할 수 있게 된다.

⑤ 태양 외부의 밝기가 내부 상태에 따라 변할 수 있게 된다.

03 다음 대화의 빈칸에 들어갈 내용으로 가장 적절한 것은?

> 갑 : 2025년에 A보조금이 B보조금으로 개편된다고 들었습니다. 2024년에 A보조금을 수령한 민원인이 B보조금의 신청과 관련하여 문의하였습니다. 민원인이 중앙부처로 바로 연락하였다는데 B보조금 신청 자격을 알 수 있을까요?
>
> 을 : B보조금 신청 자격은 A보조금과 같습니다. 해당 지자체에 농업경영정보를 등록한 농업인이어야 하고 지급 대상 토지도 해당 지자체에 등록된 농지 또는 초지여야 합니다.
>
> 갑 : 네. 민원인의 자격 요건에 변동 사항이 없다는 것을 확인했습니다. 그 외에 다른 제한 사항은 없을까요?
>
> 을 : 대상자 및 토지 요건을 모두 충족하더라도 과년도에 A보조금을 부정한 방법으로 수령했다고 판정된 경우에는 B보조금을 신청할 수가 없어요. 다만 부정한 방법으로 수령했다고 해당 지자체에서 판정하더라도 수령인은 일정 기간 동안 중앙부처에 이의를 제기할 수 있습니다. 이의 제기 심의 기간에는 수령인이 부정한 방법으로 수령하지 않은 것으로 봅니다.
>
> 갑 : 우리 중앙부처의 2024년 A보조금 부정 수령 판정 현황이 어떻게 되죠?
>
> 을 : 2024년 A보조금 부정 수령 판정 이의 제기 신청 기간은 만료되었습니다. 부정 수령 판정이 총 15건 있었는데, 그중 11건에 대한 이의 제기 신청이 들어왔고 1건은 심의 후 이의 제기가 받아들여져 인용되었습니다. 9건은 이의 제기가 받아들여지지 않아 기각되었고 나머지 1건은 아직 이의 제기 심의 절차가 진행 중입니다.
>
> 갑 : 그렇다면 제가 추가로 ＿＿＿＿＿＿＿＿＿＿＿＿＿만 확인하고 나면 다른 사유를 확인하지 않고서도 민원인이 B보조금 신청 자격이 되는지를 바로 알 수 있겠네요.

① 민원인의 부정 수령 판정 여부, 민원인의 이의 제기 여부, 이의 제기 심의 절차 진행 중인 건이 민원인이 제기한 건인지 여부

② 민원인의 부정 수령 판정 여부, 민원인의 이의 제기 여부, 이의 제기 기각 건에 민원인이 제기한 건이 포함되었는지 여부

③ 민원인의 농업인 및 농지 등록 여부, 민원인의 이의 제기 여부, 이의 제기 심의 절차 진행 중인 건의 심의 완료 여부

④ 민원인의 부정 수령 판정 여부, 민원인의 이의 제기 여부, 이의 제기 인용 건이 민원인이 제기한 건인지 여부

⑤ 민원인의 농업인 및 농지 등록 여부, 민원인의 부정 수령 판정 여부, 민원인의 이의 제기 여부

Hard

04 다음 글의 빈칸 ㉠, ㉡에 들어갈 내용으로 가장 적절한 것은?

> 애덤 스미스의 '보이지 않는 손'이라는 가정은 시장에서 개인의 이익 추구 활동을 제한하지 않는 것이 전체 이윤을 극대화하는 최선의 방책임을 보여주는 것으로 간주되었다. 그렇다면 다음의 경우는 어떠한가?
>
> 공동 소유의 목초지에 양을 치기에 알맞은 풀이 자라고 있다고 생각해 보자. 일정 넓이의 목초지에 방목할 수 있는 가축 두수에는 일정한 한계가 있기 마련이다. 즉, '수용 한계'가 존재하는 것이다. 그 목초지에 한 마리를 더 방목한다고 해서 다른 가축들이 갑자기 죽거나 병에 걸리는 것은 아니다. 하지만 목초지의 수용 한계를 넘어 양을 키울 경우 목초가 줄어들어 그 목초지에서 양을 키워 얻을 수 있는 전체 생산량이 줄어든다. 나아가 수용 한계를 과도하게 초과할 정도로 사육 두수가 늘어날 경우 목초지 자체가 거의 황폐화된다.
>
> 예를 들어 수용 한계가 양 20마리인 공동 목초지에서 4명의 농부가 각각 5마리의 양을 키우고 있다고 해 보자. 그 목초지의 수용 한계에 이미 도달한 상태이지만, 그중 한 농부가 자신의 이익을 늘리고자 방목하는 양의 두수를 늘리려 한다. 그러면 5마리를 키우고 있는 농부들은 목초지의 수용 한계로 인하여 기존보다 이익이 줄어들지만, 두수를 늘린 농부의 경우 그의 이익이 기존보다 조금 늘어난다. 손실을 만회하기 위해 다른 농부들도 사육 두수를 늘리고자 할 것이다. 이러한 상황이 장기화될 경우 _____ ㉠ _____ 이와 같이 애덤 스미스의 '보이지 않는 손'에 시장을 맡겨 둘 경우 _____ ㉡ _____ 결과가 나타날 것이다.

① ㉠ : 농부들의 총이익은 기존보다 증가할 것이다.
  ㉡ : 한 사회의 공공 영역이 확장되는

② ㉠ : 농부들의 총이익은 기존보다 감소할 것이다.
  ㉡ : 한 사회의 전체 이윤이 감소하는

③ ㉠ : 농부들의 총이익은 기존보다 감소할 것이다.
  ㉡ : 한 사회의 전체 이윤이 유지되는

④ ㉠ : 농부들의 총이익은 기존과 동일하게 될 것이다.
  ㉡ : 한 사회의 전체 이윤이 감소되는

⑤ ㉠ : 농부들의 총이익은 기존과 동일하게 될 것이다.
  ㉡ : 한 사회의 공공 영역이 보호되는

03 내용일치

- 짧은 시간 안에 글의 내용을 정확하게 이해할 수 있는지 평가한다.
- 은행 금융상품 관련 글을 읽고 이해하기, 고객 문의에 답변하기 등의 유형이 빈번하게 출제된다.

다음 글의 내용으로 적절하지 않은 것은?

스마트폰을 사용할 줄 알면 은행에 갈 일이 없다. 은행에 가도 은행원이 해주는 건 스마트폰이 해줄 수 있는 일이다. 즉, 스마트폰이 은행원의 일을 한다. 송금도 다 스마트폰으로 가능하며, 심지어 쉽다. 예를 들어, 핀테크 간편 송금 앱을 사용하면 1개의 비밀번호로 3단계만 거쳐도 송금이 완료된다. 이전의 송금 절차에는 평균적으로 5개의 암호와 약 37회의 클릭이 필요했지만 이제 다 사라진 것이다. 이것이 핀테크이다. 핀테크(FinTech)란 금융(Finance)과 기술(Technology)의 합성어로, 금융과 IT의 결합을 통한 금융서비스를 의미한다.

핀테크의 가장 강력한 장점은 지급과 결제의 간편성으로 볼 수 있다. 그냥 앱을 열고 기기에 갖다 대기만 하면 된다. 스마트폰에 저장된 신용카드나 계좌정보가 NFC 결제 기기와 자연스럽게 반응하여 처리된다. 송금 서비스는 더 쉽다. 공동인증서가 당신에게 선사했던 절망의 시간을 떠올려 보라. 핀테크의 물결 속에서 보수적이었던 금융권 역시 오픈 뱅킹으로 속속 전환하고 있다. 외환 송금 또한 무리 없다. 심지어 수수료도 절감할 수 있다. 여기에 우리나라 핀테크의 꽃이라고 할 수 있는 인터넷 전문은행도 있다. 가입부터 개설까지 10분도 걸리지 않는다. 100년 후에 지갑이라는 물건은 조선 시대 상투처럼 사라질지도 모른다.

핀테크는 리스크 관리 수준 또한 끌어올리고 있다. 과거의 경우 통장을 만들기 위해서는 은행 창구 방문이 필수였다. 신분증을 내밀고 본인 확인을 거쳐야만 했다. 지금은 어떤가? 비대면 실명 인증이라는 기술이 금융을 만나 핀테크로 완성되었다. 더 이상 은행에 가지 않아도 된다. 인터넷 전문은행 또한 비대면 실명 인증을 통해 실현된 핀테크이다. 물론 여전히 보안 문제라는 걱정이 남아 있다. 개인정보를 캐내는 해킹 수법도 날이 갈수록 발전하고 있다. 하지만 핀테크는 기존의 방식을 넘어 발전하고 있다. 이미 스마트폰에는 지문 인식, 안면 인식을 통한 본인 인증 기술이 쓰이고 있다. 조만간 핀테크는 간편성을 넘어 보이스피싱과 같은 금융 범죄를 근본적으로 방지하는 형태로 발전할 것이다.

다음으로 핀테크는 이상적인 금융 플랫폼을 실현하고 있다. 과거에는 수수료를 당연하게 여기던 때가 있었다. 마치 문자 하나에 50원의 가격을 매기는 것처럼 말이다. 어떤 거래에 있어 은행이나 금융기관의 매개 비용은 당연한 대가였다. 이제 핀테크는 그 당연함을 지웠다. 또한 핀테크는 온라인 플랫폼을 통해 새로운 형태의 대출을 만들어 냈다. 바로 P2P(Peer to Peer)대출이다. P2P대출은 공급자(투자)와 수요자(대출)가 금융기관의 개입 없이도 직접 자금을 주고받을 수 있게끔 만들었다. 크라우드 펀딩도 하나의 핀테크다. 크라우드 펀딩은 사업자 등이 익명의 다수(Crowd)로부터 SNS를 통해 후원을 받거나 특정 목적으로 인터넷과 같은 플랫폼을 통해 자금을 모으는 투자 방식이다. 실험적이고 번뜩이는 아이템을 가졌지만, 수익성을 이유로 투자받지 못했던 창업가에게는 기적 같은 통로가 생긴 것이다.

① 핀테크는 수수료 절감을 통해 이상적인 금융 플랫폼을 실현하고 있다.

② 핀테크의 보안 기술은 금융 범죄에 대비하여 계속해서 발전할 것이다.

③ 핀테크의 크라우드 펀딩은 자금력이 부족한 창업자들에게 기회가 될 수 있다.

④ 핀테크는 비대면 실명 인증을 가능하게 하여 고객들은 은행에 가지 않아도 된다.

⑤ 핀테크를 활용한 P2P대출은 금융기관의 개입을 통한 투자와 대출을 가능하게 한다.

정답 ⑤

P2P대출은 공급자(투자)와 수요자(대출)가 금융기관의 개입 없이도 직접 자금을 주고받을 수 있다.

유형풀이 Tip

• 글을 읽기 전에 문제와 선택지를 먼저 읽어보고 글의 주제를 대략적으로 파악해야 한다.

• 선택지를 통해 글에서 찾아야 할 정보가 무엇인지 먼저 인지한 후 글을 읽어야 문제 풀이 시간을 단축할 수 있다.

Easy

01 다음은 부당이득징수업무 처리규정의 일부이다. 이에 대한 〈보기〉의 설명 중 적절한 것을 모두 고르면?

제6조(부당이득 징수금 납입고지) 지역본부장은 제5조에 따른 부당이득 관리 수관 즉시 납부의무자에게 그 금액과 납부기한을 별지 제28호서식에 따라 납입고지하여야 한다. 이 경우 납부기한은 고지서 발급일부터 10일 이상 30일 이내로 하여야 한다.

제7조(독촉장 발급) 지역본부장은 납입고지서상에 기재된 납부기한까지 완납하지 아니하였을 때에는 별지 제29호서식에 따라 납부기한이 지난 후 10일 이내에 독촉장을 발급하여야 하며, 납부기한은 독촉장 발급일부터 10일 이상 20일 이내로 한다.

제9조(체납자의 행방조사)
지역본부장은 체납자가 주민등록지에 거주하는지 여부를 확인하여야 하며, 체납자가 주민등록지에 거주하지 아니하는 경우 담당자는 관계공부열람복명서를 작성하거나 체납자의 주민등록지 관할 동(읍·면)장의 행방불명확인서를 발급받는다.

제10조(재산 및 행방조사 시기 등)
① 지역본부장은 체납자에 대한 재산조사 및 행방조사 업무를 체납이 발생할 때마다 수시로 실시하여 체납정리의 신속을 도모하고 특정한 시기에 집중적으로 조회하여 상대기관(협조기관)의 업무폭주에 따른 처리지연, 미회신 등의 사례가 발생하지 않도록 하여야 한다.
② 지역본부장은 체납자의 주소 및 등록기준지가 다른 소속기관 관할인 경우에는 그 관할 지역본부장에게 제8조, 제9조 제1항 및 제2항에 따른 조사를 직접 수행하도록 의뢰할 수 있으며, 이 경우 의뢰를 받은 지역본부장은 조사사항을 의뢰일부터 15일 이내에 송부하여야 한다.

보기

ㄱ. 지역본부장이 1월 3일에 납부의무자 A에 대한 부당이득 관리를 수관하였다면 A는 고지된 금액을 늦어도 2월 2일 이내에 납부하여야 한다.

ㄴ. 지역본부장이 4월 2일에 납부의무자 B에게 4월 16일을 납부기한으로 하는 고지서를 발급하였으나 B가 납부하지 않은 경우, 지역본부장의 독촉장에 따른 B의 납부기한은 늦어도 5월 26일이다.

ㄷ. 체납자가 주민등록지에 거주하지 않는 경우, 지역본부장은 관계공부열람복명서를 작성하거나 관계기관에서 행방불명확인서를 발급받을 수 있다.

ㄹ. 관할 지역본부장은 상시적 업무부담 가중을 피하기 위해 재산조사 및 행방조사를 월말에 일괄적으로 실시해야 한다.

---

① ㄱ
② ㄱ, ㄷ
③ ㄴ, ㄷ
④ ㄴ, ㄹ
⑤ ㄷ, ㄹ

02 다음은 직장인 월 복리 적금에 대한 자료이다. 행원인 귀하가 이 상품을 고객에게 설명한다고 할 때, 잘못 설명한 것은?

〈가입현황〉

성별		연령대		신규금액		계약기간	
여성	63%	20대	20%	5만 원 이하	21%	1년 이하	60%
		30대	31%	10 ~ 50만 원	36%	1 ~ 2년	17%
남성	37%	40대	28%	50 ~ 100만 원	22%	2 ~ 3년	21%
		기타	21%	기타	21%	기타	2%

※ 현재 이 상품을 가입 중인 고객의 계좌 수 : 138,736개

〈상품설명〉

상품특징	급여이체 및 교차거래 실적에 따라 우대금리를 제공하는 직장인재테크 월 복리 적금상품
가입대상	만 18세 이상 개인(단, 개인사업자 제외)
가입기간	1년 이상 ~ 3년 이내(월 단위)
가입금액	• 초입금 및 매회 입금 1만 원 이상(원 단위) • 1인당 분기별 3백만 원 이내 • 계약기간 3/4 경과 후 적립할 수 있는 금액은 이전 적립누계액의 1/2 이내
적립방법	자유적립식
금리안내	기본금리+최대 0.8%p ※ 기본금리 : 신규가입일 당시의 직장인 월 복리 적금 고시금리
우대금리	가입기간 동안 1회 이상 당행에 건별 50만 원 이상 급여를 이체한 고객 中 ① 가입기간 중 '3개월 이상' 급여이체 0.3%p ② 당행의 주택청약종합저축(청약저축 포함) 또는 적립식펀드 중 '1개 이상' 가입 0.2%p ③ 당행 신용·체크카드의 결제실적이 100만 원 이상 0.2%p ④ 인터넷 또는 스마트뱅킹으로 본 적금에 가입 시 0.1%p
이자지급방법	월 복리식(단, 중도해지이율 및 만기 후 이율은 단리 계산)
가입 / 해지안내	비과세종합저축으로 가입 가능
예금자보호	있음

① 이 상품은 남성분들보다 고객님처럼 여성분이 더 많이 가입하는 상품으로, 주로 1년 이하 단기로 가입합니다.

② 인터넷뱅킹이나 스마트뱅킹으로 이 적금에 가입하신 후 급여를 3개월 이상 이체하시면 0.4%p의 금리를 더 받으실 수 있어요.

③ 아쉽게도 중도해지를 하시면 복리가 아닌 단리로 이율이 계산됩니다.

④ 1년 만기 상품인데 지금이 8개월째이기 때문에 이전 적립누계액의 반이 넘는 금액은 적립할 수 없습니다.

⑤ 기본금리는 가입한 시점에 따라 다를 수 있습니다.

03 다음은 농협중앙회의 채용과 관련한 인사규정 개정사항이다. 이에 대한 설명으로 적절하지 않은 것은?

<〈농협중앙회 인사규정 개정사항〉>

1. 일반직 신규채용 시 시·군(도) 단위 공동선발 채용 원칙 명시

현행	개정
– 지역농협은 '시·군(도) 단위 공동선발' 원칙 – 다만, 축협·품목농협(인삼협 포함)의 경우 개별 '조합단위 선발' 채용 가능	'일반직 신규채용 시 시·군(도) 공동선발' 원칙 명시 ※ 지역농협·축협, 품목농협(인삼협 포함) 공통

※ 시·군(도) 단위 동시선발·채용은 채용 단계별 과정(공고, 서류심사, 필기고시, 면접)을 중앙회가 위임 받아 지역본부(시·도) 단위 전국 동시채용 실시

2. 전형채용 대상 축소 및 채용 자격요건 강화
• 영농지도직 및 여성복지직 신규채용 금지

현행	개정
일정 경력자 또는 자격증 소지자의 영농지도직 및 여성복지직 전형채용 가능	영농지도직 및 여성복지직 신규채용 금지 ※ 일반직이 지도 업무 수행

• 기능직(운전) 직종 채용 자격요건 강화

현행	개정
1종 보통 운전면허 소지자	1종 대형면허 또는 특수면허 소지자

※ 필기시험 여부에 따라 '고시채용'(서류심사 – 필기 – 면접)과 '전형채용'(서류심사 – 면접)으로 구분

3. 비정규직 중 시간제업무보조원 폐지
시간제업무보조원을 폐지하고 단순 파트타이머로 대체·운용

4. 조합원 자녀 가산점 제도 폐지

현행	개정
조합원 자녀에 대한 필기고시 가산점 : 배점의 5%	삭제

5. 면접 제도 개선

현행	개정
면접위원 선정·통보는 면접 전일까지 실시	면접위원 선정·통보는 면접 당일 실시

① 시·군(도) 단위 동시선발·채용의 채용 단계별 과정은 중앙회가 위임받는다.
② 영농지도직 및 여성복지직 신규채용이 금지되었다.
③ 기능직은 반드시 1종 대형면허 또는 특수면허 소지자여야 한다.
④ 시간제업무보조원을 폐지하고 일반직으로 대체·운용한다.
⑤ 조합원 자녀에게 제공하는 필기고시의 가산점을 폐지한다.

04 다음은 농협의 상호금융 신용평가 및 신용리스크 측정요소 관리준칙의 일부이다. 이에 대한 설명으로 적절하지 않은 것은?

제7조(비소매 신용평가 원칙)
① 비소매 신용평가자는 차주에 대하여 재무, 경영진 및 주주, 영업활동과 관련된 최신정보를 입수하고 이를 신용평가에 적용한다.
② 비소매 신용평가자는 경기변동이 반영된 1년 이상의 장기간을 대상으로 신용평가를 실시한다.
③ 비소매 신용평가자는 차주에 대한 정보가 부족할수록 보수적으로 신용평가를 실시한다.

제8조(비소매 신용평가 구분)
① 비소매 신용평가는 일반신용평가, 정기신용평가, 수시신용평가로 구분하여 운영한다.
② 일반신용평가는 차주여신거래 발생 시에 대한 신용평가를 말하며 여신거래 발생 이전에 실시한다.
③ 정기신용평가는 기존 차주에 대하여 매년 정기적으로 1회 이상 실시하는 신용평가를 말하며 신용등급 유효기간 이내에서 최근 결산재무제표로 실시한다.
④ 수시신용평가는 신용리스크에 중요한 변화가 발생하였거나 현재의 신용등급이 적절하지 않다고 판단되는 차주에 대하여 실시하는 신용평가를 말하며 사유발생일 또는 사유를 안 날로부터 1개월 이내에 실시한다.

제9조(비소매 신용평가 방법)
① 비소매 신용평가모형은 일반기업 신용평가모형, 전문가판단 신용평가모형으로 구분하여 운영한다.
② 일반기업 신용평가모형은 통계모형과 전문가판단 신용평가모형이 결합된 혼합모형을 말하며 신용평가 방법은 다음 각 호에 따른다.
　1. 재무정보 및 대표자정보를 활용하여 통계모형에서 재무점수와 대표자점수를 산출한다.
　2. 추정재무정보를 통하여 통계모형에서 추정재무점수를 산출한다.
　3. 산업, 경영, 영업과 관련된 비재무정보를 활용하여 전문가판단 신용평가모형에서 평가항목별로 평가자가 정성적으로 판단하여 비재무점수를 산출한다.
　4. 일반기업 신용평가모형별로 정해진 결합비율에 따라 재무점수, 대표자점수, 추정재무점수, 비재무점수를 결합하여 최종점수를 산출하고 이에 할당된 차주등급 및 추정PD를 부여한다.
③ 전문가판단 신용평가모형은 평가자의 정성적인 판단에 따라 신용평점을 산출하는 모형을 말하며 신용평가 방법은 다음 각 호에 따른다.
　1. 신용평가모형별로 개별적 위험요인 특성에 따라 평가항목을 다르게 구성할 수 있다.
　2. 재무정보 및 산업, 경영, 영업과 관련된 비재무정보를 활용하여 평가항목별로 평가자가 정성적으로 판단하여 신용평점을 산출하고 이에 할당된 차주등급 및 추정PD를 부여한다.

제10조(비소매 신용등급)
① 비소매 신용등급은 차주의 부도위험을 등급화한 차주등급을 운영한다.
② 동일 차주에 대해서는 1개의 차주등급을 산출한다.
③ 차주등급은 부도위험에 따라 특정 등급에 과도하게 집중되지 않도록 정상차주에 대하여 7개 이상, 부도차주에 대하여 1개 이상으로 등급을 세분화한다.

---

① 비소매 신용평가자의 신용평가는 1년 이상의 기간을 대상으로 실시된다.
② 일반신용평가는 여신거래 발생 전에 실시한다.
③ 전문가판단 신용평가모형은 정성적 평가에 따라 신용평점을 산출한다.
④ 일반기업 신용평가모형은 복수의 모형을 결합한 모형이다.
⑤ 정상차주에 대한 차주등급 개수와 부도차주에 대한 차주등급 개수는 항상 동일하지 않다.

05 다음은 N은행의 문서작성에 대한 자료이다. 〈보기〉의 ㉠~㉤ 중 수정이 필요하지 않은 것은?

〈문서작성 원칙〉

① 문서는 「국어기본법」 제3조 제3호에 따른 어문규범에 맞게 한글로 작성하되, 뜻을 정확하게 전달하기 위하여 필요한 경우에는 괄호 안에 한자 또는 그 밖의 외국어를 함께 적을 수 있으며, 특별한 사유가 없으면 가로로 쓴다.

② 문서의 내용은 간결하고 명확하게 표현하고 일반화되지 않은 약어와 전문용어 등의 사용을 피하여 이해하기 쉽게 작성하여야 한다.

③ 문서에는 음성정보나 영상정보 등이 수록되거나 연계된 바코드 등을 표기할 수 있다.

④ 문서에 쓰는 숫자는 특별한 사유가 없으면 아라비아 숫자를 쓴다.

⑤ 문서에 쓰는 날짜는 숫자로 표기하되, 연·월·일의 글자는 생략하고 그 자리에 온점(.)을 찍어 표시하며, 시·분은 24시각제에 따라 숫자로 표기하되, 시·분의 글자는 생략하고 그 사이에 쌍점(:)을 찍어 구분한다.

⑥ 문서에 다른 서식 등이 첨부되는 경우에는 본문의 내용이 끝난 줄 다음에 "붙임" 표시를 하고 첨부물의 명칭과 수량을 적되, 첨부물이 두 가지 이상인 경우에는 항목을 구분하여 순서대로 표시하여야 한다.

⑦ 본문의 마지막에는 다음 각 호에 따라 "끝" 표시 등을 한다.

　1. 본문의 내용(본문에 붙임이 있는 경우에는 붙임을 말한다)의 마지막 글자에서 한 글자 띄우고 "끝" 표시를 한다. 다만, 본문의 내용이나 붙임에 적은 사항이 오른쪽 한계선에 닿은 경우에는 다음 줄의 왼쪽 한계선에서 한 글자 띄우고 "끝" 표시를 한다.

　2. 제1호에도 불구하고, 본문의 내용이 표 형식으로 끝나는 경우에는 표의 마지막 칸까지 작성되면 표 아래 왼쪽 한계선에서 한 글자를 띄운 후 "끝" 표시를 하고, 표의 중간까지만 작성된 경우에는 "끝" 표시를 하지 않고 마지막으로 작성된 칸의 다음 칸에 "이하 빈칸"으로 표시한다.

N은행

수신자   ○○○ 부장
(경유)
제목   ○○행사 진행 관련 업무협조 요청

1. ㉠ <u>2025년 07월 29일</u> 진행하는 ○○행사 진행 관련 업무협조를 요청합니다.
2. 행사는 ㉡ <u>09시 30분부터 18시 30분까지</u> 진행되며 세부 일정이 변경되었습니다.
3. 행사 참여자는 ㉢ <u>단톡방에 참여하여</u> 안내를 받으시기 바랍니다.
4. 자세한 내용은 ㉣ <u>행사진행계획표를 참고해주시기 바랍니다. 끝.</u>

㉤ <u>붙임. 행사진행계획표 1부. 끝.</u>

N은행 은행장

기안자 ○○○   검토자 ○○○   결재권자 ○○○
협조자 ○○○

시행   ○○부-○○○○(2019.00.00)   접수   ○○부-○○○○(2025.00.00)
우   주소   / 홈페이지 주소
전화(000)000-0000   전송(000)000-0000 / 기안자의 공식 전자우편주소 / 공개

① ㉠   ② ㉡
③ ㉢   ④ ㉣
⑤ ㉤

| 유형분석 |

- 글의 논리적인 전개 구조를 파악할 수 있는지 평가한다.
- 첫 문단(단락)이 제시되지 않은 문제가 출제될 가능성이 있다.

다음 문단을 논리적 순서대로 바르게 나열한 것은?

(가) 물론 이전과 달리 노동 시장에서 여성이라서 채용하지 않는 식의 직접적 차별은 많이 감소했지만 실질적으로 고학력 여성들이 면접 과정에서 많이 탈락하거나 회사에 들어가고 나서도 승진을 잘 하지 못하고 있다. 이는 여성이 육아 휴직 등을 사용하는 경우가 많아 회사가 여성을 육아와 가사를 신경 써야 하는 존재로 간주해 여성의 생산성을 낮다고 판단하고 있기 때문이다.

(나) 한국은 직종(Occupation), 직무(Job)와 사업장(Establishment)이 같은 남녀 사이의 임금 격차 또한 다른 국가들에 비해 큰 것으로 나타났는데, 영국의 한 보고서의 따르면 한국은 조사국 14개국 중 직종, 직무, 사업장별 남녀 임금 격차에서 상위권에 속했다. 즉, 한국의 경우 같은 직종에 종사하며 같은 직장에 다니면서 같은 업무를 수행하더라도 성별에 따른 임금 격차가 다른 국가들에 비해 상대적으로 높다는 이야기다.

(다) OECD가 공개한 '성별 간 임금 격차(Gender Wage Gap)'에 따르면 지난해 기준 OECD 38개 회원국들의 평균 성별 임금격차는 12%였다. 이 중 한국의 성별 임금격차는 31.1%로 조사국들 중 가장 컸으며, 이는 남녀 근로자를 각각 연봉 순으로 줄 세울 때 정중앙인 중위 임금을 받는 남성이 여성보다 31.1%를 더 받았다는 뜻에 해당한다. 한국은 1996년 OECD 가입 이래 26년 동안 줄곧 회원국들 중 성별 임금 격차 1위를 차지해 왔다.

(라) 이처럼 한국의 남녀 사이의 성별 임금 격차가 크게 유지되는 이유로 노동계와 여성계는 연공서열제와 여성 경력 단절을 꼽고 있다. 이에 대해 A교수는 노동 시장 문화에는 여성 경력 단절이 일어나도록 하는 여성 차별이 있어, 여성이 중간에 떨어져 나가거나 승진을 못하는 것이 너무나 자연스러운 일처럼 보인다고 말했다.

이에 정부는 여성 차별적 노동 문화의 체질을 바꾸기 위해서는 정책적으로 여성에게만 혜택을 더 주는 것으로 보이는 시혜적 정책은 지양하되 여성 정책이 여성한테 무언가를 해주기보다는 남녀 간 평등을 촉진하는 방향으로 나아갈 수 있도록 해야 할 것이다.

① (나) - (가) - (다) - (라)
② (나) - (다) - (가) - (라)
③ (나) - (다) - (라) - (가)
④ (다) - (나) - (가) - (라)
⑤ (다) - (나) - (라) - (가)

먼저 글의 서두는 흥미를 유도하거나 환기시킬 수 있는 내용이 오는 것이 적절하다. 따라서 (다) OECD가 조사한 성별 간 임금 격차 내용 – (나) 영국의 보고서에 따른 한국의 성별 간 임금 격차 – (라) 성별 간 임금 격차가 유지되는 이유 – (가) 성별 간 임금 격차가 유지되는 구체적 내용 순으로 나열하는 것이 적절하다.

유형풀이 Tip

- 각 문단에 위치한 지시어와 접속어를 살펴본다. 문두에 접속어가 오거나 문장 중간에 지시어가 나오는 경우 글의 첫 번째 문단이 될 수 없다.
- 각 문단의 첫 문장과 마지막 문장에 집중하면서 글의 순서를 하나씩 맞춰 나간다.
- 선택지를 참고하여 문단의 순서를 생각해 보는 것도 시간을 단축하는 좋은 방법이 될 수 있다.

※ 다음 글을 논리적 순서대로 바르게 나열한 것을 고르시오. **[1~2]**

01

(가) 이러한 수평적 연결은 사물인터넷 서비스로 새로운 성장 동력을 모색할 수 있다. 예를 들어, 스마트 컵인 프라임베실(개인에게 필요한 수분 섭취량을 알려줌), 스마트 접시인 탑뷰(음식의 양을 측정함), 스마트 포크인 해피포크(식사 습관개선을 돕는 스마트 포크. 식사 속도와 시간, 1분간 떠먹는 횟수 등을 계산해 식사 습관을 분석함)를 연결하면 식생활 습관을 관리할 수 있을 것이다. 이를 식당, 병원, 헬스케어 센터에서 이용하면 고객의 식생활을 부가 서비스로 관리할 수 있다.

(나) 마치 100m 달리기를 하듯 각자의 트랙에서 목표를 향해 전력 질주하던 시대가 있었다. 선택과 집중의 논리로 수직 계열화를 통해 효율을 확보하고, 성능을 개선하고자 했었다. 그런데 세상이 변하고 있다. 고객 혹은 사용자를 중심으로 기존의 제품과 서비스가 재정의되고 있는 것이다. 이러한 산업의 패러다임적 전환을 신성장 동력이라 말한다.

(다) 기존의 가스 경보기를 만들려면 미세한 가스도 놓치지 않는 센서의 성능, 오래 지속되는 배터리, 크게 알릴 수 있는 알람 소리, 인테리어에 잘 어울리는 멋진 제품 디자인이 필요하다. 그런데 아무리 좋은 가스 경보기를 만들어도 사람의 안전을 담보하지는 못한다. 만약 집에서 가스 경보기가 울리면 아마 창문을 열어 환기시키고, 가스 밸브를 잠그고, 119에 신고를 해야 할 것이다. 사람의 안전을 담보하는, 즉 연결 지배성이 높은 가스 경보기는 이런 일을 모두 해내야 한다. 이런 가스 경보기를 만들려면 전기, 전자, 통신, 기계, 인테리어, 디자인 등의 도메인들이 사용자 경험을 중심으로 연결돼야 한다. 이를 수평적 연결이라 부른다.

(라) 똑똑한 사물인터넷은 점점 더 다양해진다. A사의 '알렉사'나 K사의 '기가지니' 같은 스마트 스피커는 사용자가 언제 어디든, 일상에서 인공 비서로 사용되는 시대가 되었다. 그리고 K보일러의 사물인터넷 서비스는 보일러 쪽으로 직접 가지 않아도 스마트폰 전용 앱으로 보일러를 관리한다. 이제 보일러가 언제, 얼마나, 어떻게 쓰이는지, 그리고 보일러의 상태는 어떠한지, 사용하는 방식과 에너지 소모 등의 정보도 얻을 수 있다. 4차 산업혁명의 전진기지 역할을 하는 사물인터넷 서비스는 이제 거스를 수 없는 대세이다.

① (나) – (가) – (다) – (라)
② (나) – (다) – (가) – (라)
③ (다) – (가) – (라) – (나)
④ (다) – (나) – (가) – (라)
⑤ (다) – (라) – (나) – (가)

(가) 이와 같이 임베디드 금융의 개선을 위해서는 효과적인 보안 시스템과 프라이버시 보호 방안을 도입하여 사용자의 개인정보를 안전하게 관리하는 것이 필요하다. 또한 디지털 기기의 접근성을 개선하고 사용자들이 편리하게 이용할 수 있는 환경을 조성해야 한다.

(나) 임베디드 금융은 기업과 소비자 모두에게 이점을 제공한다. 기업은 제품과 서비스에 금융 기능을 통합함으로써 자사 플랫폼 의존도를 높이고, 수집한 고객의 정보를 통해 매출을 증대시킬 수 있으며, 고객들에게 편리한 금융 서비스를 제공할 수 있다. 소비자의 경우는 모바일 앱을 통해 간편하게 금융 거래를 할 수 있고, 스마트기기 하나만으로 다양한 금융 상품에 접근할 수 있어 편의성과 접근성이 크게 향상된다.

(다) 그러나 임베디드 금융은 개인정보 보호와 안전성에 대한 관리가 필요하다. 사용자의 금융 데이터와 개인정보가 디지털 플랫폼이나 기기에 저장되므로 해킹이나 데이터 유출과 같은 사고가 발생할 수 있다. 이는 사용자의 프라이버시 침해와 금융 거래 안전성에 대한 심각한 위협이 될 수 있다. 또한 모든 사람들이 안정적인 인터넷 연결과 임베디드 금융이 포함된 최신 기기를 보유하고 있지는 않기 때문에 디지털 기기에 익숙하지 않은 사람들은 임베디드 금융 서비스를 제공받는 데 제한이 있을 수 있다.

(라) 임베디드 금융은 비금융 기업이 자신의 플랫폼이나 디지털 기기에 금융 서비스를 탑재하는 것을 뜻한다. 삼성페이나 애플페이 같은 결제 서비스부터 대출이나 보험까지 임베디드 금융은 제품과 서비스에 금융 기능을 통합하여 사용자에게 편의성과 접근성을 높여준다.

① (가) - (다) - (라) - (나)

② (나) - (가) - (다) - (라)

③ (나) - (라) - (다) - (가)

④ (라) - (나) - (다) - (가)

⑤ (라) - (다) - (나) - (가)

PART 1

Hard

03

자유 무역과 시장 개방이 크게 확대되고 있지만, 여전히 많은 국가들은 국내 산업 보호를 위해 노력을 기울이고 있다. 특히 세계적으로 경쟁이 치열해지고 거대 다국적 기업의 위협이 커지면서 최근 들어 세계 각국의 국내 산업 보호를 위한 움직임이 강화되고 있다. 일반적으로 정부가 국내 산업 보호를 위해 사용할 수 있는 조치들은 크게 관세 조치와 비관세 조치로 나누어 볼 수 있다.

(가) 관세 조치는 같은 수입품이라도 수입품의 종류와 가격, 수량 등에 따라 관세 부과 방법을 선택적으로 사용함으로써 관세 수입을 늘려 궁극적으로 국내 산업을 보호할 수 있다. 관세의 부과 방법에는 크게 종가세 방식과 종량세 방식이 있다. 먼저 종가세란 가격을 기준으로 세금을 부과하는 관세를 말한다. 즉, 종가세는 수입 상품 하나하나에 세금을 부과하는 것이 아니라 수입품 가격이 설정된 기준 가격을 넘을 때마다 정해진 세금을 부과하는 것이다. 따라서 종가세 방식은 상품의 종류에 따라 기준 가격을 달리함으로써 관세 부담을 조절할 수 있고, 수입품의 가격 변동에 대한 대응이 용이하다는 장점이 있다. 그래서 종가세는 주로 고가의 상품이나 사치품들의 수입을 억제하고 관련 제품을 제조하는 국내 산업을 보호하는 효과가 있다.

(나) 먼저 관세 조치는 국경을 통과하는 재화에 대해 부과하는 조세인 관세를 조절하여 국내 산업을 보호하는 방식이다. 일반적으로 수입품에 관세를 부과하면 그 수입품은 수입 시 부과된 관세만큼 가격이 인상되기 때문에 국내에서 생산된 제품에 비해 가격 경쟁력이 낮아져 수입이 억제된다. 반면에 국내에서 생산된 제품은 가격 경쟁력이 상승하게 되어 판매량이 유지되거나 늘어나고 결과적으로 관련 국내 산업이 보호된다.

(다) 이에 비해 종량세는 수입품의 중량, 용적, 면적 또는 개수 등 재화의 수량을 기준으로 세율을 화폐액으로 명시해 부과하는 관세이다. 종량세 방식은 수입품 단위당 일정 금액의 관세를 부과하므로 세액 결정이 용이하고, 수입품 하나하나에 관세를 부과함으로써 수입품의 양을 직접적으로 규제할 수 있는 장점이 있다. 그래서 종량세는 주로 외국으로부터 저가에 대량 유입되는 공산품이나 농수산물의 수입을 억제하여 해당 분야의 국내 산업을 보호하는 효과가 있다.

(라) 국내 산업 보호를 위해 사용되는 또 다른 조치로 비관세 조치를 들 수 있다. 전 세계적으로 자유 무역 협정이 확대되면서 무역 상대국 간의 관세가 철폐되거나 매우 낮은 수준에 머물러 관세를 통한 국내 산업 보호 기능이 약화되고 있다. 그래서 최근에는 국내 산업 보호를 위한 비관세 조치가 정교화되거나 강화되고 있는 추세이다. 국내 산업 보호를 위해 활용되고 있는 비관세 조치로는 위생 및 식물 검역 조치와 기술 장벽, 통관 지연 등이 있다. 먼저 위생 및 식물 검역 조치는 식음료나 식물 수입 시 국민의 건강 보호라는 명분을 내세워 검역 기준이나 조건을 까다롭게 함으로써 수입을 제한하는 조치를 말한다. 또 기술 장벽은 제품의 기술 표준을 국내산 제품에 유리하게 설정하거나 기술 적합성 평가 절차 등을 까다롭게 하여 수입을 제한하거나 수입품의 제조비용을 상승시켜 가격 경쟁력을 낮추는 조치이다. 마지막으로 통관 지연은 수입품에 대한 통관 절차와 서류 등을 복잡하게 하고 선적 검사나 전수 조사 등의 까다로운 검사 방법 등을 통해 수입품의 통관을 지연하는 것으로 수입품의 판매시기를 늦춰 수입품의 경쟁력을 저하시키는 기능을 한다.

(마) 또 종가세와 종량세를 혼합 적용하여 두 가지 세금 부과 방식의 장점을 동시에 추구하는 복합세 부과 방식도 있다. 일반적으로 관세 수입이 클수록 수입품의 가격 경쟁력이 낮아져 국내산업을 보호하는 효과도 커진다. 그런데 종량세는 수입품의 가격이 낮은 경우에, 종가세는 수입품의 가격이 높은 경우에 관세 수입이 늘어나는 효과가 있으므로, 수입품의 가격이 일정 수준에 이르기까지는 종량세를 부과하고 가격이 일정 수준을 넘어서는 경우에는 종가세를 부과하여 관세 수입을 극대화하기도 한다. 또 가격이 비싼 제품의 경우 종가세를 먼저 적용한 후 수입품의 가격이 하락할 경우 종량세를 적용하여 관세 수입을 극대화하기도 하는데, 이러한 관세 부과의 방법을 복합세 부과 방식이라고 한다.

① (가) – (다) – (나) – (마) – (라) ② (가) – (라) – (나) – (마) – (다)
③ (나) – (가) – (다) – (마) – (라) ④ (나) – (다) – (라) – (마) – (가)
⑤ (라) – (나) – (가) – (다) – (마)

04

한국 농업이 나아갈 방향과 향후 과제에 대한 논란이 분분하다. 개방화와 국내 시장 한계를 감안해 농정 목표를 재정립해야 한다거나 소득증대와 복지정책 중점 추진, 유통개선, 친환경 농업 육성, 전문 인력 양성을 강조하기도 한다. 부분적으로 일리가 있으나 시대상황과 맞는가, 단기간에 실천 가능한가, 입체적으로 분석했는가 하는 점에서 보면 회의가 든다.

(가) 농업이 민족의 생존권을 사수하고 시대·국가적 과제를 해결하기 위해 해야 할 일은 너무나 많다. 국민에게 희망을 주는 새 활력 산업으로 우리 농업의 미래를 열어 가자.
(나) 우리 농업의 향후 방향을 세울 때 이러한 유럽 선진국의 정책을 상당 부분 벤치마킹할 필요가 있다. 먼저 시대 변화에 맞는 정책 목표를 세우되 선택과 집중을 해야 하며, 연구개발의 효율화와 산학연 협력체계를 강화하여 우리 농업의 핵심 과제인 비용 절감 문제를 해결해야 한다. 조직 개편에 허송세월하지 말고 산학연이 연계해 생산비용 절감을 위한 새 기술 개발을 이루는 것이 우리 농업의 경쟁력을 높이는 길이다.
(다) 한편 유럽 경제는 침체되고 있으나 농식품 소비는 활기를 띠고 있다. 최근 유럽 젊은이들은 기성세대와 달리 한국 등 아시아 식품에 대한 호기심이 많아 소비가 크게 늘어난 점이 인상적이다. 특히 네덜란드는 농지 면적이 우리나라와 비슷하고 기후나 토양 조건은 불리하지만, 농식품 수출이 820억 달러에 이르는 등 성공적으로 농업 정책을 추진하고 있다.

① (가) – (나) – (다) ② (나) – (가) – (다)
③ (나) – (다) – (가) ④ (다) – (가) – (나)
⑤ (다) – (나) – (가)

| 유형분석 |

- 글의 목적이나 핵심 주장을 정확하게 구분할 수 있는지 평가한다.
- 문단별 주제·화제, 글쓴이의 주장·생각, 표제와 부제 등 다양한 유형으로 출제될 수 있다.

다음 글의 중심 내용으로 가장 적절한 것은?

최근에 사이버공동체를 중심으로 한 시민의 자발적 정치 참여 현상이 많은 관심을 끌고 있다. 이러한 현상과 관련하여 A의 연구가 새삼 주목 받고 있다. A의 연구에 따르면 공동체의 구성원이 됨으로써 얻게 되는 '사회적 자본'이 시민사회의 성숙과 민주주의 발전을 가져오는 원동력이다. A의 이론에서는 공동체에 대한 자발적 참여를 통해 사회 구성원 간의 상호 의무감과 신뢰, 구성원들이 공유하는 규칙과 관행, 사회적 유대 관계와 같은 사회적 자본이 늘어나면, 사회 구성원 간의 협조적인 행위가 가능하게 된다고 보았다. 더 나아가 A는 자원봉사자와 같이 공동체 참여도가 높은 사람이 투표할 가능성이 높고 정부 정책에 대한 의견 개진도 활발해지는 등 정치 참여도가 높아진다고 주장하였다.

몇몇 학자들은 A의 이론을 적용하여 면대면 접촉에 따른 인간관계의 산물인 사회적 자본이 사이버공동체에서도 충분히 형성될 수 있다고 보았다. 그리고 사이버공동체에서 사회적 자본의 증가는 곧 정치 참여도 활성화시킬 것으로 기대했다. 하지만 이러한 기대와는 달리 정치 참여가 활성화되지 않았다. 요즘 젊은이들을 보면 각종 사이버공동체에 자발적으로 참여하는 수준은 높지만 투표나 다른 정치 활동에는 무관심하거나 심지어 정치를 혐오하기도 한다. 이런 측면에서 A의 주장은 사이버공동체가 활성화된 오늘날에는 잘 맞지 않는다.

이러한 이유 때문에 오늘날 사이버공동체를 중심으로 한 정치 참여를 더 잘 이해하기 위해서 '정치적 자본' 개념의 도입이 필요하다. 정치적 자본은 사회적 자본의 구성 요소와는 달리 정치 정보의 습득과 이용, 정치적 토론과 대화, 정치적 효능감 등으로 구성된다. 정치적 자본은 사회적 자본과 마찬가지로 공동체 참여를 통해서 획득되지만, 정치 과정에의 관여를 촉진한다는 점에서 사회적 자본과는 구분될 필요가 있다. 사회적 자본만으로 정치 참여를 기대하기 어렵고, 사회적 자본과 정치 참여 사이를 정치적 자본이 매개할 때 비로소 정치 참여가 활성화된다.

① 사이버공동체에의 자발적 참여 증가는 정치 참여를 활성화시킨다.
② 사이버공동체의 특수성으로 인해 시민들의 정치 참여가 어렵게 되었다.
③ 사회적 자본이 많은 사회는 정치 참여가 활발하기 때문에 민주주의가 실현된다.
④ 사회적 자본은 정치적 자본을 포함하기 때문에 그 자체로 정치 참여의 활성화를 가져온다.
⑤ 사이버공동체를 통해 축적된 사회적 자본에 정치적 자본이 더해질 때 정치 참여가 활성화된다.

⑤

제시문의 첫 번째 문단에서는 '사회적 자본'이 늘어나면 정치 참여도가 높아진다는 주장을 하였고, 두 번째 문단에서는 '사회적 자본'의 개념을 사이버공동체에 도입하였으나 현실과 잘 맞지 않는다고 하면서 '사회적 자본'의 한계를 서술했다. 그리고 마지막 문단에서는 이 같은 사회적 자본만으로는 정치 참여가 늘어나기 어렵고 이른바 '정치적 자본'의 매개를 통해서만이 가능하다는 주장을 하고 있다. 따라서 제시문의 중심 내용으로 ⑤가 가장 적절하다.

유형풀이 Tip

- 글의 중심이 되는 내용은 주로 글의 맨 앞이나 맨 뒤에 위치한다. 따라서 글의 첫 문단과 마지막 문단을 먼저 확인한다.
- 첫 문단과 마지막 문단에서 실마리가 잡히지 않은 경우 그 문단을 뒷받침해주는 부분을 읽어가면서 제목이나 주제를 파악해 나간다.

01 다음 글의 제목으로 가장 적절한 것은?

> 일반적으로 소비자들은 합리적인 경제 행위를 추구하기 때문에 최소 비용으로 최대 효과를 얻으려한다는 것이 소비의 기본 원칙이다. 그들은 '보이지 않는 손'이라고 일컬어지는 시장 원리 아래에서 생산자와 만난다. 그러나 이러한 일차적 의미의 합리적 소비가 언제나 유효한 것은 아니다. 생산보다는 소비가 화두가 된 소비 자본주의 시대에 소비는 단순히 필요한 재화, 그리고 경제학적으로 유리한 재화를 구매하는 행위에 머물지 않는다. 최대 효과 자체에 정서적이고 사회 심리학적인 요인이 개입하면서, 이제 소비는 개인이 세계와 만나는 다분히 심리적인 방법이 되어버린 것이다. 곧 인간의 기본적인 생존 욕구를 충족시켜 주는 합리적 소비 수준에 머물지 않고, 자신을 표현하는 상징적 행위가된 것이다. 이처럼 오늘날의 소비문화는 물질적 소비 차원이 아닌 심리적 소비 형태를 띠게 된다.
> 소비 자본주의의 화두는 과소비가 아니라 '과시 소비'로 넘어간 것이다. 과시 소비의 중심에는 신분의 논리가 있다. 신분의 논리는 유용성의 논리, 나아가 시장의 논리로 설명되지 않는 것들을 설명해준다. 혈통으로 이어지던 폐쇄적 계층 사회는 소비 행위에 대해 계급에 근거한 제한을 부여했다. 먼 옛날 부족 사회에서 수장들만이 걸칠 수 있었던 장신구에서부터, 제아무리 권문세가의 정승이라도 아흔아홉 칸을 넘을 수 없던 집이 좋은 예이다. 권력을 가진 자는 힘을 통해 자기의 취향을 주위 사람들과 분리시킴으로써 경외감을 강요하고, 그렇게 자기 취향을 과시함으로써 잠재적 경쟁자들을 통제한 것이다.
> 가시적 신분 제도가 사라진 현대 사회에서도 이러한 신분의 논리는 여전히 유효하다. 이제 개인은 소비를 통해 자신의 물질적 부를 표현함으로써 신분을 과시하려 한다.

① 계층별 소비 규제의 필요성
② 신분사회에서 의복 소비와 계층의 관계
③ 소비가 곧 신분이 되는 과시 소비의 원리
④ 소득을 고려하지 않은 무분별한 과소비의 폐해
⑤ '보이지 않는 손'에 의한 합리적 소비의 필요성

Easy

02 다음은 N은행 홈페이지에 게시된 금융소비자 보호의 의미를 설명하는 자료이다. 빈칸 (가) ~ (라)
에 들어갈 소제목으로 적절하지 않은 것은?

금융소비자 보호란?	
소비자의 권익을 보호하고 금융거래에서 불이익을 받지 않도록 하기 위한 전반적인 활동을 말한다.	
(가)	(나)
- 정보보호 표준관리체계 마련 - 전산시스템 및 데이터 보호를 위한 보안 조치 및 위험 관리	- 상품판매 절차와 운영기준 마련 - 판매직원에 대한 모니터링, 교육 등 예방 활동 - 상품개발 및 마케팅 등 금융소비자 권익 침해요소 점검
(다)	(라)
- 전자금융사기 방어장치 마련 - 각종 사기유형 대고객 안내 - 대포통장 발생 방지 - 전화사기 피해금 환급	- 신속한 민원처리 및 개선 - 원활한 금융소비자 피해구제를 위한 분쟁조정심의회 운영 - 금융소비자 중심의 적극적 제도개선을 위한 금융소비자 보호 협의회 운영

① 불완전판매 예방

② 재무현황 안내

③ 개인정보 보호

④ 금융사기로부터 보호

⑤ 적극적인 피해구제

03 다음 글의 논지로 가장 적절한 것은?

근대적 공론장의 형성을 중시하는 연구자들은 아렌트와 하버마스의 공론장 이론을 적용하여 한국적 근대 공론장의 원형을 찾는다. 이들은 유럽에서 18 ~ 19세기에 우후죽순처럼 등장한 신문, 잡지 등이 시민들의 대화와 토론에 의거한 부르주아 공론장을 형성하였다는 사실에 착안하여『독립신문』이 근대적 공론장의 역할을 하였다고 주장한다. 또한 만민공동회라는 새로운 정치 권력이 만들어낸 근대적 공론장을 통해, 공화정의 근간인 의회와 한국 최초의 근대적 헌법이 등장하는 결정적 계기가 마련되었다고 인식한다.

그런데 공론장의 형성을 근대 이행의 절대적 특징으로 이해하는 태도는 근대 이행의 다른 길들에 대한 불신과 과소평가로 이어지기도 한다. 당시 사회의 개혁을 위해서는 갑신정변과 같은 소수 엘리트 주도의 혁명이나 동학농민운동과 같은 민중봉기가 아니라, 만민공동회와 같은 다수 인민에 의한 합리적인 토론과 공론에 의거한 민주적 개혁이 올바른 길이라고 주장하는 것이 대표적 예이다. 나아가 이러한 태도는 당시 고종이 만민공동회의 주장을 수용하여 입헌군주제나 공화제를 채택했더라면 국권박탈이라는 비극만은 면할 수 있었으리라는 비약으로 이어진다.

이러한 생각의 배경에는 개인의 자각에 근거한 공론장과 평화적 토론을 통한 공론의 형성 그리고 공론을 정치에 실현시킬 제도적 장치가 마련되어 있는 체제가 바로 '근대'라는 확고한 인식이 자리 잡고 있다. 그들은 시민세력으로 성장할 가능성을 지닌 인민들의 행위가 근대적 정치를 표현하고 있었다는 점만 중시하고, 공론 형성의 주체인 시민이 아직 형성되지 못한 시대 상황은 특수한 것으로 평가한다. 또한, 근대적 정치 행위가 실패한 것은 인민들의 한계가 아니라, 전제황실 권력의 탄압이나 개혁파 지도자 내부의 권력투쟁 때문이라고 설명한다.

이러한 인식으로는 농민들을 중심으로 한 반봉건 민중운동의 지향점 그리고 토지문제 해결을 통한 근대 이행이라는 고전적 과제에 답할 수가 없다. 또한 근대적 공론장에 기반한 근대국가가 수립되었을지라도 제국주의 열강들의 위협을 극복할 수 있었겠는지, 그 극복이 농민들의 지지 없이 가능했을지에 대한 문제의식은 들어설 여지가 없게 된다. 더 큰 문제는 이런 인식이 농민운동을 근대 이행을 방해하는 역사의 반역으로 왜곡할 소지가 있다는 것이다. 이러한 의문들이 적극적으로 해명되지 않는다면 근대 공론장 이론은 설득력을 갖기 어려울 것이다.

① 『독립신문』은 근대적 공론장의 역할을 하지 못하였다.

② 농민운동이 한국의 근대 이행을 방해했다고 볼 수 없다.

③ 제국주의 열강의 위협이 한국의 근대 공론장 형성을 가속화하였다.

④ 고종이 만민공동회의 주장을 채택하였다면 국권박탈의 비극은 없었을 것이다.

⑤ 근대 공론장 이론의 한국적 적용은 몇 가지 한계가 있지만 근대 이행의 문제를 효과적으로 설명하였다.

04 다음 글의 주제로 가장 적절한 것은?

유전학자들의 최종 목표는 결함이 있는 유전자를 정상적인 유전자로 대체하는 것이다. 이렇게 가장 기본적인 세포 내 차원에서 유전병을 치료하는 것을 '유전자 치료'라 일컫는다. 유전자 치료를 하기 위해서는 이상이 있는 유전자를 찾아야 한다. 이를 위해 과학자들은 DNA의 특성을 이용한다. DNA는 두 가닥이 나선형으로 꼬여 있는 이중 나선 구조로 이루어진 분자이다. 그런데 이 두 가닥에 늘어서 있는 염기들은 임의적으로 배열되어 있는 것이 아니다. 한쪽에 늘어선 염기에 따라 다른 쪽 가닥에 늘어선 염기들의 배열이 결정되는 것이다. 즉, 한쪽에 A염기가 존재하면 거기에 연결되는 반대쪽에는 반드시 T염기 그리고 C염기에 대응해서는 반드시 G염기가 존재하게 된다. 염기들이 짝을 지을 때 나타나는 이러한 선택적 특성을 이용하여 유전병을 일으키는 유전자를 찾아낼 수 있다. 유전자를 찾기 위해 사용하는 첫 번째 도구는 DNA 한 가닥 중 극히 일부이다. '프로브(Probe)'라 불리는 이 DNA 조각은 염색체상의 위치가 알려져 있는 이십여 개의 염기들로 이루어진다. 한 가닥으로 이루어져 있는 특성으로 인해 프로브는 자신의 염기 배열에 대응하는 다른 쪽 가닥의 DNA 부분에 가서 결합할 것이다. 대응하는 두 가닥의 DNA가 이렇게 결합하는 것을 '교잡'이라고 일컫는다. 조사 대상인 염색체로부터 추출한 많은 한 가닥의 염색체 조각들과 프로브를 섞어 놓았을 때 프로브는 신비스러울 정도로 자신의 짝을 정확하게 찾아 교잡한다. 두 번째 도구는 '겔 전기영동'이라는 방법이다. 생물을 구성하고 있는 단백질·핵산 등 많은 분자들은 전하를 띠고 있어서 전기장 속에서 각 분자마다 독특하게 이동을 한다. 이러한 성질을 이용해 생물을 구성하고 있는 물질의 분자량, 각 물질의 전하량이나 형태의 차이를 이용하여 물질을 분리하는 것이 전기영동법이다. 이를 활용하여 DNA를 분리하려면 우선 DNA 조각들을 전기장에서 이동시키고, 이것을 젤라틴 판을 통과하게 함으로써 분리하면 된다.

이러한 조사 도구들을 갖추고서, 유전학자들은 유전병을 일으키는 유전자를 추적하는 데 나섰다. 유전학자들은 먼저 겔 전기영동법으로 유전병을 일으키는 유전자로 의심되는 부분과 동일한 부분에 존재하는 프로브를 건강한 사람에게서 떼어내었다. 그리고 건강한 사람에게서 떼어낸 프로브에 방사성이나 형광성을 띠게 하였다. 그 후에 유전병 환자들에게서 채취한 DNA 조각들과 함께 교잡 실험을 반복하였다. 유전병과 관련된 유전 정보가 담긴 부분의 염기 서열이 정상인과 다르므로 이 부분은 프로브와 교잡하지 않는다는 점을 이용하는 것이다. 교잡이 일어난 후 프로브가 위치하는 곳은 X선 필름을 통해 쉽게 찾아낼 수 있고, 이로써 DNA의 특정 조각은 염색체상에서 프로브와 같은 위치에 존재한다는 것을 알 수 있다.

언뜻 보기에는 대단한 진보를 이룬 것 같지 않지만, 유전자 치료는 최근 들어 공상 과학을 방불케 하는 첨단 의료 기술의 대표적인 주자로 부각되고 있다. DNA 연구 결과로 인해 우리는 지금까지 절망적이라고 여겨 온 질병들을 치료할 수 있다는 희망을 갖게 되었다.

① 유전자의 종류와 기능
② 유전자 추적의 도구와 방법
③ 유전자 치료의 의의와 한계
④ 유전자 치료의 상업적 가치
⑤ 유전 질환의 종류와 발병 원인

06 비판 · 반박하기

| 유형분석 |

- 글의 주장과 논점을 파악하고, 이에 대립하는 내용을 판단할 수 있는지 평가한다.
- 서로 상반되는 주장 두 개를 제시하고, 하나의 관점에서 다른 하나를 비판 · 반박하는 문제 유형이 출제될 수 있다.

다음 글에 대한 반박으로 적절하지 않은 것은?

쾌락주의는 모든 쾌락이 그 자체로서 가치가 있으며 쾌락의 증가와 고통의 감소를 통해 최대의 쾌락을 산출하는 행위를 올바른 것으로 간주하는 윤리설이다. 쾌락주의에 따르면 쾌락만이 내재적 가치를 지니며, 모든 것은 이러한 쾌락을 기준으로 가치 평가되어야 한다.

그런데 쾌락주의자는 단기적이고 말초적인 쾌락만을 추구함으로써 결국 고통에 빠지게 된다는 오해를 받기도 한다. 하지만 쾌락주의적 삶을 순간적이고 감각적인 쾌락만을 추구하는 방탕한 삶과 동일시하는 것은 옳지 않다. 쾌락주의는 일시적인 쾌락의 극대화가 아니라 장기적인 쾌락의 극대화를 목적으로 하므로 단기적, 말초적 쾌락만을 추구하는 것은 아니다. 예를 들어 사회적 성취가 장기적으로 더 큰 쾌락을 가져다준다면 쾌락주의자는 단기적 쾌락보다는 사회적 성취를 우선으로 추구한다.

또한 쾌락주의는 쾌락 이외의 것은 모두 무가치한 것으로 본다는 오해를 받기도 한다. 하지만 쾌락주의가 쾌락만을 가치 있는 것으로 보는 것은 아니다. 세상에는 쾌락 말고도 가치 있는 것들이 있으며, 심지어 고통조차도 가치 있는 것으로 볼 수 있다. 발이 불구덩이에 빠져서 통증을 느껴 곧바로 발을 빼낸 상황을 생각해보자. 이때의 고통은 분명히 좋은 것임에 틀림없다. 만약 고통을 느끼지 못했다면, 불구덩이에 빠진 발을 꺼낼 생각을 하지 못해서 큰 부상을 당했을 수도 있기 때문이다. 물론 이때 고통이 가치 있다는 것은 도구인 의미에서 그런 것이지 그 자체가 목적이라는 의미는 아니다.

쾌락주의는 고통을 도구가 아닌 목적으로 추구하는 것을 이해할 수 없다고 본다. 금욕주의자가 기꺼이 감내하는 고통조차도 종교적 · 도덕적 성취와 만족을 추구하기 위한 도구인 것이지 고통 그 자체가 목적인 것은 아니기 때문이다. 대부분의 세속적 금욕주의자들은 재화나 명예와 같은 사회적 성취를 위해 당장의 쾌락을 포기하며, 종교적 금욕주의자들은 내세의 성취를 위해 현세의 쾌락을 포기하는데, 그것이 사회적 성취이든 내세적 성취이든지 간에 모두 광의의 쾌락을 추구하고 있는 것이다.

① 과연 쾌락이나 고통만으로 가치를 규정할 수 있는가?

② 쾌락의 원천은 다양한데, 서로 다른 쾌락을 같은 것으로 볼 수 있는가?

③ 쾌락의 질적 차이를 인정한다면, 이질적인 쾌락을 어떻게 서로 비교할 수 있는가?

④ 순간적이고 감각적인 쾌락만을 추구하는 삶을 쾌락주의적 삶이라고 볼 수 있는가?

⑤ 식욕의 충족에서 비롯된 쾌락과 사회적 명예의 획득에서 비롯된 쾌락은 같은 것인가?

정답 ④

제시문의 쾌락주의자들은 최대의 쾌락을 산출하는 행위를 올바른 것으로 간주하고, 쾌락을 기준으로 가치를 평가하였다. 또한 이들은 장기적인 쾌락을 추구하였으며, 순간적이고 감각적인 쾌락만을 추구하는 삶은 쾌락주의적 삶으로 여기지 않았다. 따라서 이러한 쾌락주의자들의 주장에 대한 반박으로 적절하지 않은 것은 ④이다.

유형풀이 Tip

• 대립하는 두 의견의 쟁점을 찾은 후, 제시문 또는 보기에서 양측 주장의 근거를 찾아 각 주장에 연결하며 답을 찾는다.
• 문제의 난도를 높이기 위해 글의 후반부에 주장을 뒷받침할 수 있는 근거를 제시하고 선택지에 그 근거에 대한 반박을 실어 놓는 경우도 있다. 하지만 주의할 점은 글의 '주장'에 대한 반박을 찾는 것이지, 이를 뒷받침하기 위해 제시된 '근거'에 대한 반박을 찾는 것이 아니라는 것이다.

01 다음 글에 대한 반박으로 가장 적절한 것은?

> 우리는 우리가 생각한 것을 말로 나타낸다. 또 다른 사람의 말을 듣고, 그 사람이 무슨 생각을 가지고 있는가를 짐작한다. 그러므로 생각과 말은 서로 떨어질 수 없는 깊은 관계를 가지고 있다.
>
> 그러면 말과 생각이 얼마만큼 깊은 관계를 가지고 있을까? 이 문제를 놓고 사람들은 오랫동안 여러 가지 생각을 하였다. 그 가운데 가장 두드러진 것이 두 가지 있다. 그 하나는 말과 생각이 서로 꼭 달라붙은 쌍둥이인데 한 놈은 생각이 되어 속에 감추어져 있고 다른 한 놈은 말이 되어 사람 귀에 들리는 것이라는 생각이다. 다른 하나는 생각이 큰 그릇이고 말은 생각 속에 들어가는 작은 그릇이어서 생각에는 말 이외에도 다른 것이 더 있다는 생각이다.
>
> 이 두 가지 생각 가운데서 앞의 것은 조금만 깊이 생각해 보면 틀렸다는 것을 즉시 깨달을 수 있다. 우리가 생각한 것은 거의 대부분 말로 나타낼 수 있지만, 누구든지 가슴 속에 응어리진 어떤 생각이 분명히 있기는 한데 그것을 어떻게 말로 표현해야 할지 애태운 경험을 가지고 있을 것이다. 이것 한 가지만 보더라도 말과 생각이 서로 안팎을 이루는 쌍둥이가 아님은 쉽게 판명된다.
>
> 인간의 생각이라는 것은 매우 넓고 큰 것이며, 말이란 결국 생각의 일부분을 주워 담는 작은 그릇에 지나지 않는다. 그러나 아무리 인간의 생각이 말보다 범위가 넓고 큰 것이라고 하여도 그것을 가능한 한 말로 바꾸어 놓지 않으면 그 생각의 위대함이나 오묘함이 다른 사람에게 전달되지 않기 때문에 생각이 형님이요, 말이 동생이라고 할지라도 생각은 동생의 신세를 지지 않을 수가 없게 되어 있다.

① 말은 생각이 바탕이 되어야 생산될 수 있다.
② 생각을 드러내는 가장 직접적인 수단은 말이다.
③ 말이 통하지 않아도 생각은 얼마든지 전달될 수 있다.
④ 사회적・문화적 배경이 우리의 생각에 영향을 끼친다.
⑤ 말과 생각은 서로 영향을 주고받는 긴밀한 관계를 유지한다.

02 다음 글의 '나'의 입장에서 비판할 수 있는 것을 〈보기〉에서 모두 고르면?

어떤 사람이 내게 말했다.

"어제 저녁, 어떤 사람이 몽둥이로 개를 때려죽이는 것을 보았네. 그 모습이 불쌍해 마음이 너무 아팠네. 그래서 이제부터는 개고기나 돼지고기를 먹지 않을 생각이네."

그 말을 듣고, 내가 말했다.

"어제 저녁, 어떤 사람이 화로 옆에서 이를 잡아 태워 죽이는 것을 보고 마음이 무척 아팠네. 그래서 다시는 이를 잡지 않겠다고 맹세를 하였네."

그러자 그 사람은 화를 내며 말했다.

"이는 하찮은 존재가 아닌가? 나는 큰 동물이 죽는 것을 보고 불쌍한 생각이 들어 말한 것인데, 그대는 어찌 그런 사소한 것이 죽는 것과 비교하는가? 그대는 지금 나를 놀리는 것인가?"

나는 좀 구체적으로 설명할 필요를 느꼈다.

"무릇 살아 있는 것은 사람으로부터 소, 말, 돼지, 양, 곤충, 개미에 이르기까지 모두 사는 것을 원하고 죽는 것을 싫어한다네. 어찌 큰 것만 죽음을 싫어하고 작은 것은 싫어하지 않겠는가? 그렇다면 개와 이의 죽음은 같은 것이겠지. 그래서 이를 들어 말한 것이지, 어찌 그대를 놀리려는 뜻이 있었겠는가? 내 말을 믿지 못하거든, 그대의 열손가락을 깨물어 보게나. 엄지손가락만 아프고 나머지 손가락은 안 아프겠는가? 우리 몸에 있는 것은 크고 작은 마디를 막론하고 그 아픔은 모두 같은 것일세. 더구나 개나 이나 각기 생명을 받아 태어났는데, 어찌 하나는 죽음을 싫어하고 하나는 좋아하겠는가? 그대는 눈을 감고 조용히 생각해 보게. 그리하여 달팽이의 뿔을 소의 뿔과 같이 보고, 메추리를 큰 붕새와 동일하게 보도록 노력하게나. 그런 뒤에야 내가 그대와 더불어 도(道)를 말할 수 있을 걸세."

– 이규보, 『슬견설』

보기

ㄱ. 중동의 분쟁에는 관심을 집중하지만, 아프리카에서 굶주림으로 죽어가는 아이들에게는 침묵하는 세계 여론

ㄴ. 우리의 역사를 객관적인 관점에서 평가해야 한다고 주장하는 한 대학의 교수

ㄷ. 집안일은 전통적으로 여자들이 해야 하는 일이므로, 남자는 집안일을 할 필요가 없다고 생각하는 우리 아빠

ㄹ. 외국인 노동자들에게 적절한 임금과 근로조건을 제공해주지 않으려 하는 한 기업의 대표

ㅁ. 구체적인 자료를 통해 범죄 사실을 입증하려는 검사

① ㄱ, ㄴ, ㄹ   ② ㄱ, ㄷ, ㄹ

③ ㄴ, ㄷ, ㄹ   ④ ㄴ, ㄹ, ㅁ

⑤ ㄷ, ㄹ, ㅁ

03

전통적인 경제학에 따른 통화 정책에서는 정책 금리를 활용하여 물가를 안정시키고 경제 안정을 도모하는 것을 목표로 한다. 중앙은행은 경기가 과열되었을 때 정책 금리 인상을 통해 경기를 진정시키고자 한다. 정책 금리 인상으로 시장 금리도 높아지면 가계 및 기업에 대한 대출 감소로 신용 공급이 축소된다. 신용 공급의 축소는 경제 내 수요를 줄여 물가를 안정시키고 경기를 진정시킨다. 반면 경기가 침체되었을 때는 반대의 과정을 통해 경기를 부양시키고자 한다.

금융을 통화 정책의 전달 경로로만 보는 전통적인 경제학에서는 금융감독 정책이 개별 금융 회사의 건전성 확보를 통해 금융 안정을 달성하고자 하는 미시 건전성 정책에 집중해야 한다고 보았다. 이러한 관점은 금융이 직접적인 생산 수단이 아니므로 단기적일 때와는 달리 장기적으로는 경제 성장에 영향을 미치지 못한다는 인식과 자산 시장에서는 가격이 본질적 가치를 초과하여 폭등하는 버블이 존재하지 않는다는 효율적 시장 가설에 기인한다. 미시 건전성 정책은 개별 금융 회사의 건전성에 대한 예방적 규제 성격을 가진 정책 수단을 활용하는데, 그 예로는 향후 손실에 대비하여 금융 회사의 자기자본 하한을 설정하는 최저 자기자본 규제를 들 수 있다.

① 경기가 침체된 상황에서는 처방적 규제보다 예방적 규제에 힘써야 한다.
② 금융은 단기적일 때와 달리 장기적으로는 경제 성장에 별다른 영향을 미치지 못한다.
③ 금융 회사에 대한 최저 자기자본 규제를 통해 금융 회사의 건전성을 확보할 수 있다.
④ 시장의 물가가 지나치게 상승할 경우 국가는 적극적으로 개입하여 물가를 안정시켜야 한다.
⑤ 중앙은행의 정책이 자산 가격 버블에 따른 금융 불안을 야기하여 경제 안정이 훼손될 수 있다.

사회 현상을 볼 때는 돋보기로 세밀하게 그리고 때로는 멀리 떨어져서 전체 속에 어떻게 위치하고 있는가를 동시에 봐야 한다. 숲과 나무는 서로 다르지만 따로 떼어 생각할 수 없기 때문이다. 현대 사회 현상의 최대 쟁점인 과학 기술에 대해 평가할 때도 마찬가지이다. 로봇 탄생의 숲을 보면 그 로봇 개발에 투자한 사람과 로봇을 개발한 사람들의 의도가 드러난다. 그리고 나무인 로봇을 세밀히 보면 그 로봇이 생산에 이용되는지 아니면 감옥의 죄수들을 감시하기 위한 것인지 그 용도를 알 수가 있다. 이 광범한 기술의 성격을 객관적이고 물질적이어서 가치관이 없다고 쉽게 생각하면 로봇에 당하기 십상이다.

자동화는 자본주의의 실업을 늘려 실업자에 대해 생계의 위협을 가하는 측면뿐 아니라 기존 근로자에 대한 감시를 더욱 효율적으로 해내는 역할도 수행한다. 자동화를 적용하는 기업 측에서는 자동화가 인간의 삶을 증대시키는 이미지로 일반 사람들에게 인식되기를 바란다. 그래야 자동화 도입에 대한 노동자의 반발을 무마하고 기업가의 구상을 관철시킬 수 있기 때문이다. 그러나 자동화나 기계화 도입으로 인해 실업을 두려워하고, 업무 내용이 바뀌는 것을 탐탁해 하지 않았던 유럽의 노동자들은 자동화 도입에 대해 극렬히 반대했던 경험들을 갖고 있다.

지금도 자동화 · 기계화는 좋은 것이라는 고정관념을 가진 사람들이 많고, 현실에서 이러한 고정관념이 가져오는 파급 효과는 의외로 크다. 예를 들어 은행에 현금을 자동으로 세는 기계가 등장하면서 은행원들이 현금을 세는 작업량은 줄어들었다. 손님들도 기계가 현금을 재빨리 세는 것을 보고 감탄해 하면서 행원이 세는 것보다 더 많은 신뢰를 보냈다. 그러나 현금 세는 기계의 도입에는 이익 추구라는 의도가 숨어 있다. 현금 세는 기계는 행원의 수고를 덜어 준다. 그러나 현금 세는 기계를 들여옴으로써 실업자가 생기고 만다. 사람이 잘만 이용하면 잘 써먹을 수 있을 것만 같은 기계가 엄청나게 혹독한 성품을 지닌 프랑켄슈타인으로 돌변하는 것이다.

자동화와 정보화를 추진하는 핵심 조직이 기업이란 것에서도 알 수 있듯이 기업은 이윤 추구에 도움이 되지 않는 행위는 무가치하다고 판단한다. 그러므로 자동화는 그 계획 단계에서부터 기업의 의도가 스며들어 탄생된다. 또한 그 의도대로 자동화나 정보화가 진행되면 다른 한편으로 의도하지 않은 결과를 초래한다. 자동화와 같은 과학 기술이 풍요를 생산하는 수단이라고 생각하는 것은 하나의 고정관념에 불과하다.

채플린이 제작한 영화 〈모던 타임즈〉에 나타난 것처럼 초기 산업화 시대에는 기계에 종속된 인간의 모습이 가시적으로 드러날 수밖에 없었다. 그래서 이러한 종속에 저항하고자 하는 인간의 노력도 적극적인 모습을 보였다. 그러나 현대의 자동화기기는 그 첨병이 정보 통신기기로 바뀌면서 문제는 질적으로 달라진다. 무인 생산까지 진전된 자동화나 정보 통신화는 인간에게 단순 노동을 반복시키는 모습을 보이지 않는다. 그래서인지는 몰라도 정보 통신은 별 무리 없이 어느 나라에서나 급격하게 개발 · 보급되고 보편화되어 있다. 그런데 문제는 이 자동화기기가 생산에만 이용되는 것이 아니라 노동자를 감시하거나 관리하는 데도 이용될 수 있다는 것이다. 오히려 정보 통신의 발달로 사람들은 이전보다 더 많은 감시와 통제를 받게 되었다.

① 기업의 이윤 추구가 사회 복지 증진과 직결될 수 있음을 간과하고 있다.
② 기계화 · 정보화가 인간의 삶의 질 개선에 기여하고 있음을 경시하고 있다.
③ 기계화를 비판하는 주장만 되풀이할 뿐 구체적인 근거를 제시하지 않고 있다.
④ 화제의 부분적 측면에 관계된 이론을 소개하여 편향적 시각을 갖게 하고 있다.
⑤ 현대의 기술 문명이 가져다 줄 수 있는 긍정적인 측면을 과장하여 강조하고 있다.

07 추론하기

| 유형분석 |

- 문맥을 통해 글에 명시적으로 드러나 있지 않은 내용을 유추할 수 있는지 평가한다.
- 글 뒤에 이어질 내용 찾기, 글을 뒷받침할 수 있는 근거 찾기 등 다양한 유형으로 출제될 수 있다.

다음 글을 읽고 추론할 수 있는 내용으로 가장 적절한 것은?

최근 환경에 대한 관심이 증가하면서 상표에도 '에코, 녹색' 등 '친환경'을 표방하는 상표 출원이 꾸준히 증가하는 것으로 나타났다. 특허청에 따르면, '친환경' 관련 상표 출원은 최근 10여 년간 연평균 1,200여 건이 출원돼 꾸준한 관심을 받아온 것으로 나타났다. '친환경' 관련 상표는 제품의 '친환경을 나타내는 대표적인 문구인 '친환경, 에코, ECO, 녹색, 그린, 생태' 등의 문자를 포함하고 있는 상표이며 출원건수는 상품류를 기준으로 한다. 즉, 단류 출원은 1건, 2개류에 출원된 경우 2건으로 계산한다.

지난해 친환경 상표가 가장 많이 출원된 제품은 화장품(79건)이었으며, 그다음으로 세제(50건), 치약(48건), 샴푸(47건) 순으로 조사됐다. 특히, 출원건수 상위 10개 제품 중 7개가 일상생활에서 흔히 사용하는 미용, 위생 등 피부와 관련된 상품인 것으로 나타나 깨끗하고 순수한 환경에 대한 관심이 친환경제품으로 확대되고 있는 것으로 분석됐다.

'친환경' 관련 상표의 출원실적을 보면, 영문자 'ECO'가 4,820건으로 가장 많이 사용되어 기업이나 개인은 제품의 '친환경'을 나타내는 상표 문구로 'ECO'를 가장 선호하는 것으로 드러났다. 다음으로는 '그린'이 3,862건, 한글 '에코'가 3,156건 사용됐고 '초록', '친환경', '녹색', '생태'가 각각 766건, 687건, 536건, 184건으로 그 뒤를 이었다. 특히, '저탄소·녹색성장'이 국가 주요 정책으로 추진되면서 '녹색'을 사용한 상표출원이 매우 증가한 것으로 나타났고, 친환경·유기농 먹거리 등에 대한 수요가 늘어나면서 '초록'이 포함된 상표 출원이 상대적으로 증가한 것으로 조사됐다.

최근 환경과 건강에 대한 관심이 증가하면서 이러한 '친환경' 관련 상표를 출원하여 등록받는 것이 소비자들의 안전한 구매를 촉진하는 길이 될 수 있다.

① 국가 주요 정책이나 환경에 대한 관심이 상표 출원에 많은 영향을 미친다.

② 친환경 상표가 가장 많이 출원된 제품인 화장품의 경우 대부분 안전하다고 믿고 사용해도 된다.

③ 환경과 건강에 대한 관심이 증가하지만 '친환경'을 강조하는 상표출원의 증가세가 주춤할 것으로 전망된다.

④ 영문 'ECO'와 한글 '에코'의 의미가 동일하므로 한글 '에코'의 상표 문구 출원이 높아져 영문 'ECO'를 역전할 가능성이 높다.

⑤ 친환경 세제를 개발한 P사는 ECO 달세제, ECO 별세제 2개의 상품을 모두 '표백제 및 기타 세탁용 제제'의 상품류로 등록하여 출원건수는 2건으로 계산될 수 있다.

정답 ①

제시문을 통해 국가 주요 정책이나 환경에 대한 관심이 상표 출원에 많은 영향을 미치고 있음을 추론할 수 있다.

오답분석

② 두 번째 문단에 따르면 친환경 상표가 가장 많이 출원된 제품이 화장품인 것은 맞지만 그 안전성에 대해서는 언급하고 있지 않기 때문에 추론하기 어렵다.

③ 환경과 건강에 대한 관심이 증가하면서 앞으로도 친환경 관련 상표 출원은 증가할 것으로 추론할 수 있다.

④ 최근 10년간 영문자 ECO가 상표 출원실적이 가장 높았으며 그다음은 그린, 에코 순이다. 따라서 제시문의 내용만으로는 추론하기 어렵다.

⑤ 출원건수는 상품류를 기준으로 한다. ECO 달세제, ECO 별세제는 모두 친환경 세제라는 상품류에 속하므로 단류 출원 1건으로 계산한다.

유형풀이 Tip

글에 명시적으로 드러나 있지 않은 부분을 추론하여 답을 도출해야 하는 유형이기 때문에 자신의 주관적인 판단보다는 제시된 글에 대한 이해를 기반으로 문제를 풀어야 한다.

추론하기 문제는 다음 두 가지 유형으로 구분할 수 있다.

1) 세부적인 내용을 추론하는 유형 : 주어진 선택지를 먼저 읽고 지문을 읽으면서 답이 아닌 선택지를 지워나가는 방법이 효율적이다.

2) 글쓴이의 주장 / 의도를 추론하는 유형 : 글에 나타난 주장·근거·논증 방식을 파악하는 유형으로, 주장의 타당성을 평가하여 글쓴이의 관점을 이해하며 읽는다.

Easy

01 다음 중 밑줄 친 ㉠의 사례로 적절하지 않은 것은?

> 농협이 연중 전개하는 ㉠'깨끗하고 아름다운 농촌 마을 가꾸기' 캠페인이 또 하나의 결실을 맺었다. 농협은 제1회 깨끗하고 아름다운 농촌 마을 가꾸기 경진대회를 열고, 경남 거창의 빙곡마을 등 24 개 마을을 선정하여 시상했다. 마을 가꾸기에 참여한 농촌 마을 가운데 우수한 사례를 뽑아 격려하고 그들의 성과를 널리 알린 것이다.
>
> 깨끗하고 아름다운 농촌 마을 가꾸기 캠페인은 농협이 범 농업계와 함께 올해 4월부터 농업의 공익적 가치를 높이고자 벌이는 운동이다. 기존의 깨끗한 농촌 마을 만들기 운동이 주로 폐비닐이나 농약 빈 병 등 폐영농자재를 거둬들이는 데 초점을 맞췄다면, 이 캠페인은 아름다운 농촌의 정주 공간, 깨끗한 농업의 생산 공간, 다시 찾고 싶은 도농 교류 공간 등 농업·농촌을 둘러싼 공간 전체를 가꾸는 개념으로 질적 전환을 시도한 것이 특징이다. 이를 통해 농업·농촌을 살기 좋은 공간으로 가꾸고, 안전한 먹거리 생산을 위한 청정 환경으로 만드는 것이 캠페인의 취지다. 이번 경진대회는 캠페인의 중간 평가 성격을 갖는다. 특히 경진대회는 농업계가 먼저 농업의 공익적 가치를 높이는 데 힘쓰는 사례를 국민에게 구체적으로 제시했다는 점에서 의미가 크다.
>
> 깨끗하고 쾌적한 농촌 마을과 농업의 공익적 가치 제고에 대한 국민의 관심은 점점 높아지고 있다. 농협이 농업의 공익적 가치를 헌법에 담기 위해 추진한 범국민 서명운동에 한 달여 만에 1,100만여 명의 국민이 찬성표를 던진 것이 그 방증이다. 그러나 아직도 우리 농업·농촌에는 폐비닐이 굴러다니고, 방치된 빈집과 각종 쓰레기로 아름다운 농촌 경관이 훼손된 곳이 적지 않다. 이런 점에서 깨끗하고 아름다운 농촌 마을 가꾸기 캠페인과 경진대회는 용두사미가 되거나 중단되어서는 안 된다.

① 노후주택 개보수
② 농지에 상가 유치
③ 하천 주변 정화 활동
④ 축사 주변 나무 심기
⑤ 농촌 마을 벽화그리기

02 다음 글을 읽고 난 후의 반응으로 가장 적절한 것은?

우리는 개인에 따라 선호하는 정보 처리 방식이 다르다. 어떤 사람은 사태를 논리적으로 파악하는 것을 선호하나, 어떤 사람은 감성적으로 파악하는 것을 선호한다. 어떤 사람은 스스로 고심하여 문제해결 방안을 찾는 것을 좋아하지만, 어떤 사람은 다른 사람이 명확한 답을 내려주길 바란다. 어떤 사람은 혼자서 일할 때 훌륭한 성과를 내지만, 어떤 사람은 다른 사람과 협력할 때 좋은 성과를 낸다. 이처럼 개인이 선호하는 정보 처리 방식을 인지 양식이라고 하는데, 위트킨(H. A. Witkin)은 인지 양식 유형을 장독립성과 장의존성으로 나누어 설명한다.

장독립성은 사물을 인식할 때 그 사물을 둘러싼 배경, 즉 장의 영향을 별로 받지 않는 인지 양식을 말한다. 즉, 장독립적인 사람은 주변 상황에서 자신을 잘 분리할 수 있다. 이에 반해 장의존성은 장의 영향을 많이 받는 인지 양식을 말한다. 다시 말해, 장의존적인 사람은 주변 상황에서 자신을 분리하는 것이 쉽지 않다.

이와 같은 장독립성, 장의존성은 개인의 학습에 영향을 미친다. 장의존적인 사람은 사회적 내용을 다룬 자료를 잘 이해한다. 또 구조화되지 않은 자료를 학습하거나 주어진 자료를 재조직하는 데 어려움을 겪으며, 문제 해결을 위해 명료한 지시를 필요로 하고, 다른 사람의 비판에 영향을 많이 받는다. 이처럼 장의존적인 학습자에게는 장독립적인 교사가 어울린다. 왜냐하면 장독립적인 교사는 구조화되고 명료한 강의식 교수법을 선호하기 때문에 구조화된 자료의 제공을 필요로 하는 장의존적 학습자에게 도움이 될 수 있다.

반면 장독립적인 사람은 사회적 내용을 다룬 자료에 집중하는 것을 어려워하며 수학이나 과학처럼 분석적 능력을 요구하는 과목을 선호한다. 또 구조화되지 않은 것을 구조화하거나, 자료를 재조직하는 능력이 뛰어나다. 외부의 비판에 영향을 적게 받고, 외부의 지시보다는 자신이 설정한 목표에 따라 문제를 해결하는 경향이 있다. 장독립적 학습자에게는 장의존적 교사가 어울린다. 장의존적 교사는 학습자 중심의 수업을 선호하고, 분위기를 잘 살피며 융통성이 있어서 다양한 교수 방법들을 동원하여 수업을 진행하기 때문이다.

① 학습자는 같은 인지 유형을 지닌 교사에게 배울 때 더 높은 학업 성취를 보이겠군.

② 같은 인지 유형을 지닌 학습자끼리 학습하면 혼자 학습할 때보다 학습 능률이 높아지겠군.

③ 장의존적인 사람보다 장독립적인 사람이 숨은 그림 찾기에서 더 뛰어난 능력을 보여주겠군.

④ 장의존적인 학습자는 다양한 방법을 시도하면서 스스로 문제 해결의 답을 구하는 것을 선호하 겠군.

⑤ 장의존적인 학습자에게는 칭찬이, 장독립적인 학습자에게는 비판이 학습 능률을 높이는 데 효과적이겠군.

다음 글에서 추론할 수 있는 내용을 〈보기〉에서 모두 고르면?

두 입자만으로 이루어지고 이들이 세 가지의 양자 상태 1, 2, 3 중 하나에만 있을 수 있는 계 (System)가 있다고 하자. 여기서 양자 상태란 입자가 있을 수 있는 구별 가능한 어떤 상태를 지시하며, 입자는 세 가지 양자 상태 중 하나에 반드시 있어야 한다. 이때 그 계에서 입자들이 어떻게 분포할 수 있는지 경우의 수를 세는 문제는 각 양자 상태에 대응하는 세 개의 상자 $\boxed{1}\,\boxed{2}\,\boxed{3}$ 에 두 입자가 있는 경우의 수를 세는 것과 같다. 경우의 수는 입자들끼리 서로 구별 가능한지와 여러 개의 입자가 하나의 양자 상태에 동시에 있을 수 있는지에 따라 달라진다.

두 입자가 구별 가능하고, 하나의 양자 상태에 여러 개의 입자가 있을 수 있다고 가정하자. 이것을 'MB 방식'이라고 부르며, 두 입자는 각각 a, b로 표시할 수 있다. a가 1의 양자 상태에 있는 경우는 $\boxed{ab}\,\boxed{\,}\,\boxed{\,}$, $\boxed{a}\,\boxed{b}\,\boxed{\,}$, $\boxed{a}\,\boxed{\,}\,\boxed{b}$ 의 세 가지이고, a가 2의 양자 상태에 있는 경우와 a가 3의 양자 상태에 있는 경우도 각각 세 가지이다. 그러므로 MB 방식에서 경우의 수는 9이다.

두 입자가 구별되지 않고, 하나의 양자 상태에 여러 개의 입자가 있을 수 있다고 가정하자. 이것을 'BE 방식'이라고 부른다. 이때에는 두 입자 모두 a로 표시하게 되므로 $\boxed{aa}\,\boxed{\,}\,\boxed{\,}$, $\boxed{\,}\,\boxed{aa}\,\boxed{\,}$, $\boxed{\,}\,\boxed{\,}\,\boxed{aa}$, $\boxed{a}\,\boxed{a}\,\boxed{\,}$, $\boxed{a}\,\boxed{\,}\,\boxed{a}$, $\boxed{\,}\,\boxed{a}\,\boxed{a}$ 가 가능하다. 그러므로 BE 방식에서 경우의 수는 6이다.

두 입자가 구별되지 않고, 하나의 양자 상태에 하나의 입자만 있을 수 있다고 가정하자. 이것을 'FD 방식'이라고 부른다. 여기에서는 BE 방식과 달리 하나의 양자 상태에 두 개의 입자가 동시에 있는 경우는 허용되지 않으므로 $\boxed{a}\,\boxed{a}\,\boxed{\,}$, $\boxed{a}\,\boxed{\,}\,\boxed{a}$, $\boxed{\,}\,\boxed{a}\,\boxed{a}$ 만 가능하다. 그러므로 FD 방식에서 경우의 수는 3이다.

양자 상태의 가짓수가 다를 때에도 MB, BE, FD 방식 모두 위에서 설명한 대로 입자들이 놓이게 되고, 이때 경우의 수는 달라질 수 있다.

보기

ㄱ. 두 개의 입자에 대해 양자 상태가 두 가지이면 BE 방식에서 경우의 수는 2이다.

ㄴ. 두 개의 입자에 대해 양자 상태의 가짓수가 많아지면 FD 방식에서 두 입자가 서로 다른 양자 상태에 각각 있는 경우의 수는 커진다.

ㄷ. 두 개의 입자에 대해 양자 상태가 두 가지 이상이면 경우의 수는 BE 방식에서보다 MB 방식에서 언제나 크다.

① ㄱ   ② ㄷ

③ ㄱ, ㄴ   ④ ㄴ, ㄷ

⑤ ㄱ, ㄴ, ㄷ

04 다음은 A국에 대한 정치·경제 동향 자료이다. 이에 대하여 적절하지 않은 추론을 하고 있는 사람은?

- 작년 말 실시된 대선에서 여당 후보가 67%의 득표율로 당선되었고, 집권 여당이 250석 중 162석의 과반 의석을 차지해 재집권에 성공하면서 집권당 분열 사태는 발생하지 않을 전망
- 불확실한 선거 결과 및 선거 이후 행정부의 정책 방향 미정으로 해외 투자자들은 A국에 대한 투자를 계속 미뤄왔으며, 최근 세계 천연가스의 공급 초과 우려가 제기되면서 관망을 지속하는 중
- 2000년대 초반까지는 종교 및 지역 간의 갈등이 심각했지만, 현재는 거의 종식된 상태
- 민주주의 정착으로 안정적인 사회 체제를 이뤄가는 중이나, 빈부격차의 심화로 인한 불안 요인은 잠재되어 있는 편임
- 주 사업 분야인 석유와 천연가스 개발 붐이 몇 년간 지속되면서 인프라 확충에도 투자가 많이 집행되어 경제 성장이 지속되어 왔음
- A국 중앙은행의 적절한 대처로 A국 통화 가치의 급격한 하락은 나타나지 않을 전망
- 지난 3년간의 경제 지표는 다음과 같음(뒤의 숫자일수록 최근 연도를 나타내며 Tm은 A국의 통화 단위)
  - 경제성장률(%) : 6.1, 5.8, 6.6
  - 물가상승률(%) : 3.2, 2.8, 3.4
  - 달러당 환율(Tm/USD) : 31.7, 32.5, 33.0
  - 외채 잔액(억 달러) : 100, 104, 107
  - 외채 상환 비율(%) : 4.9, 5.1, 5.0

---

① 갑 : 외채 상환 비율이 비슷한데도 외채 잔액이 증가한 것은 인프라 확충을 위한 설비 투자 때문일 수도 있겠어.

② 을 : 집권 여당의 재집권으로 정치적 안정이 기대되지만, 빈부격차가 심화된다면 사회적 갈등이 커질 수도 있겠네.

③ 병 : A국의 경제성장률에 비하면 물가상승률은 낮은 편이라서 중앙은행이 물가 관리를 비교적 잘하고 있다고 보여져.

④ 정 : 지난 3년간 A국의 달러당 환율을 보면 A국에서 외국으로 수출하는 기업들은 대부분 환차손을 피하기 어려웠겠어.

⑤ 무 : 해외 투자자를 위해 일관된 정책을 유지한다 해도 천연가스 가격이 하락한다면 A국의 경제는 상당한 영향을 받을 거야.

CHAPTER 02

문제해결능력

문제해결능력은 업무를 수행하면서 여러 가지 문제 상황이 발생하였을 때, 창의적이고 논리적인 사고를 통하여 이를 올바르게 인식하고 적절히 해결하는 능력을 말한다. 하위능력으로는 사고력과 문제처리능력이 있다.

문제해결능력은 NCS 기반 채용을 진행하는 대다수의 금융권에서 채택하고 있으며, 문항 수는 평균 24% 정도로 상당히 많이 출제되고 있다. 하지만 많은 수험생들은 더 많이 출제되는 다른 영역에 몰입하고 문제해결능력은 집중하지 않는 실수를 하고 있다. 다른 영역보다 더 많은 노력이 필요할 수는 있지만 그렇기에 차별화를 할 수 있는 득점 영역이므로 포기하지 말고 꾸준하게 노력해야 한다.

01 질문의 의도를 정확하게 파악하라!

문제해결능력은 문제에서 무엇을 묻고 있는지 정확하게 파악하여 먼저 풀이 방향을 설정하는 것이 가장 효율적인 방법이다. 특히, 조건이 주어지고 답을 찾는 창의적·분석적인 문제가 주로 출제되고 있기 때문에 처음에 정확한 풀이 방향이 설정되지 않는다면 시간만 허비하고 결국 문제도 풀지 못하게 되므로 첫 번째로 출제의도 파악에 집중해야 한다.

02 중요한 정보는 반드시 표시하라!

위에서 말한 출제의도를 정확히 파악하기 위해서는 문제의 중요한 정보는 반드시 표시나 메모를 하여 하나의 조건, 단서도 잊고 넘어가는 일이 없도록 해야 한다. 실제 시험에서는 시간의 압박과 긴장감으로 정보를 잘못 적용하거나 잊어버리는 실수가 많이 발생하므로 사전에 충분한 연습이 필요하다.

가령 명제 문제의 경우 주어진 명제와 그 명제의 대우를 본인이 한눈에 파악할 수 있도록 기호화, 도식화하여 메모하면 흐름을 이해하기가 더 수월하다. 이를 통해 자신만의 풀이 순서와 방향, 기준 또한 생길 것이다.

03   반복 풀이를 통해 취약 유형을 파악하라!

길지 않은 한정된 시간 동안 모든 문제를 다 푸는 것은 조금은 어려울 수도 있다. 따라서 고득점을 할 수 있는 효율적인 문제 풀이 방법을 찾아야 한다. 이때, 반복적인 문제 풀이를 통해 자신이 취약한 유형을 파악하는 것이 중요하다. 취약 유형 파악은 종료 시간이 임박했을 때 빛을 발할 것이다. 풀 수 있는 문제부터 빠르게 풀고 취약한 유형은 나중에 푸는 효율적인 문제 풀이를 통해 최대한의 고득점을 하는 것이 중요하다. 그러므로 본인의 취약 유형을 파악하기 위해서는 많은 문제를 풀어 봐야 한다.

04   타고나는 것이 아니므로 열심히 노력하라!

대부분의 수험생들이 문제해결능력은 공부해도 실력이 늘지 않는 영역이라고 생각한다. 하지만 그렇지 않다. 문제해결능력이야말로 노력을 통해 충분히 고득점이 가능한 영역이다. 정확한 질문 의도 파악, 취약한 유형의 반복적인 풀이, 빈출유형 파악 등의 방법으로 충분히 실력을 향상시킬 수 있다. 자신감을 갖고 공부하기 바란다.

01 명제

| 유형분석 |

• 연역추론을 활용해 주어진 문장을 치환하여 성립하지 않는 내용을 찾는 문제이다.

다음 〈조건〉이 모두 참일 때, 반드시 참인 명제는?

<u>조건</u>
• 재현이가 춤을 추면 서현이나 지훈이가 춤을 춘다.
• 재현이가 춤을 추지 않으면 종열이가 춤을 춘다.
• 종열이가 춤을 추지 않으면 지훈이도 춤을 추지 않는다.
• 종열이는 춤을 추지 않았다.

① 재현이만 춤을 추었다.　　　　　　　② 서현이만 춤을 추었다.
③ 지훈이만 춤을 추었다.　　　　　　　④ 재현이와 서현이 모두 춤을 추었다.
⑤ 아무도 춤을 추지 않았다.

<u>정답</u>　④

먼저 이름의 첫 글자만 이용하여 명제를 도식화한다. 재 ○ → 서 or 지 ○, 재 × → 종 ○, 종 × → 지 ×, 종 ×
세 번째, 네 번째 명제에 따라 종열이와 지훈이는 춤을 추지 않았다. 종 × → 지 ×
또한, 두 번째 명제의 대우(종 × → 재 ○)에 따라 재현이가 춤을 추었다.
마지막으로, 첫 번째 명제에 따라 서현이가 춤을 추었다.
따라서 재현이와 서현이 모두 춤을 추었다.

<u>유형풀이 Tip</u>

• 명제 유형의 문제에서는 항상 '명제의 역은 성립하지 않지만, 대우는 항상 성립한다.'
• 단어의 첫 글자나 알파벳을 이용하여 명제를 도식화한 후 명제의 대우를 활용하여 각 명제들을 연결하여 답을 찾는다.
예 채식주의자라면 고기를 먹지 않을 것이다.
→ (역) 고기를 먹지 않으면 채식주의자이다.
→ (이) 채식주의자가 아니라면 고기를 먹을 것이다.
→ (대우) 고기를 먹는다면 채식주의자가 아닐 것이다.

명제의 역, 이, 대우

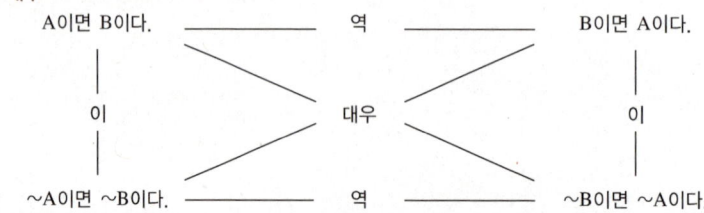

※ 다음 명제가 모두 참일 때, 빈칸에 들어갈 명제로 가장 적절한 것을 고르시오. **[1~2]**

01

> • 모든 손님들은 A와 B 중에서 하나만을 주문했다.
> • A를 주문한 손님 중에서 일부는 C를 주문했다.
> • B를 주문한 손님들만 추가로 주문할 수 있는 D도 많이 판매되었다.
> • _____

① B와 C를 동시에 주문하는 손님도 있었다.
② B를 주문한 손님은 C를 주문하지 않았다.
③ D를 주문한 손님은 C를 주문하지 않았다.
④ D를 주문한 손님은 A를 주문하지 않았다.
⑤ C를 주문한 손님은 모두 A를 주문했다.

02

> • 환율이 하락하면 국가 경쟁력이 떨어졌다는 것이다.
> • _____
> • 수출이 감소했다는 것은 GDP가 감소했다는 것이다.
> • 수출이 감소하면 국가 경쟁력이 떨어진다.

① 환율이 상승하면 GDP가 증가한다.
② 환율이 하락해도 GDP는 감소하지 않는다.
③ GDP가 감소해도 국가 경쟁력은 떨어지지 않는다.
④ 국가 경쟁력이 떨어지면 수출이 감소했다는 것이다.
⑤ 수출이 증가했다는 것은 GDP가 증가했다는 것이다.

※ 다음 명제가 모두 참일 때, 반드시 참인 명제를 고르시오. [3~4]

03

> • 연차를 쓸 수 있으면 제주도 여행을 한다.
> • 배낚시를 하면 회를 좋아한다.
> • 다른 계획이 있으면 배낚시를 하지 않는다.
> • 다른 계획이 없으면 연차를 쓸 수 있다.

① 연차를 쓸 수 있으면 배낚시를 한다.
② 제주도 여행을 하면 다른 계획이 없다.
③ 다른 계획이 있으면 연차를 쓸 수 없다.
④ 배낚시를 하지 않으면 제주도 여행을 하지 않는다.
⑤ 제주도 여행을 하지 않으면 배낚시를 하지 않는다.

04

> • 어떤 마케팅팀 사원은 산을 좋아한다.
> • 산을 좋아하는 사원은 여행 동아리 소속이다.
> • 모든 여행 동아리 소속은 솔로이다.

① 어떤 마케팅팀 사원은 솔로이다.
② 여행 동아리 소속은 마케팅팀 사원이다.
③ 모든 마케팅팀 사원은 여행 동아리 소속이다.
④ 산을 좋아하는 모든 사원은 마케팅팀 사원이다.
⑤ 산을 좋아하는 어떤 사원은 여행 동아리 소속이 아니다.

05 N은행은 A ~ D행원 4명을 미국, 영국, 중국, 프랑스에 1년에 한 번, 1명씩 새로운 국가로 파견한다고 한다. 다음 〈조건〉을 참고할 때, 반드시 참인 것은?

> **조건**
> • 두 번 연속 같은 국가에 파견될 수는 없다.
> • A는 작년에 영국에 파견되어 있었다.
> • C와 D는 이번에 프랑스에 파견되지는 않는다.
> • D는 작년에 중국에 파견되어 있었다.
> • C가 작년에 파견된 나라는 미국이다.
> • B가 이번에 파견된 국가는 중국이다.

① C가 이번에 파견된 국가는 미국이다.
② D가 이번에 파견된 국가는 프랑스다.
③ A가 이번에 파견된 국가는 영국이다.
④ A는 영국, 또는 미국에 파견되었을 것이다.
⑤ B가 작년에 파견된 국가는 프랑스일 것이다.

Hard
06 다음 〈조건〉을 통해 N은행에 재직 중인 A씨의 사원번호를 추론할 때, 항상 참인 것은?

> **조건**
> • 사원번호는 0부터 9까지 정수로 이루어져 있다.
> • N은행에 입사한 사원에게 부여되는 사원번호는 여섯 자리이다.
> • 2020년 상반기에 입사한 N은행 신입사원의 사원번호 앞의 두 자리는 20이다.
> • 사원번호 앞의 두 자리를 제외한 나머지 자리에는 0이 올 수 없다.
> • 2020년 상반기 N은행에 입사한 A씨의 사원번호는 앞의 두 자리를 제외하면 세 번째, 여섯 번째 자리의 수만 같다.
> • 사원번호 여섯 자리의 합은 9이다.

① A씨의 사원번호는 '201321'이다.
② A씨의 사원번호는 '201231'이 될 수 없다.
③ A씨 사원번호의 세 번째 자리 수는 '1'이다.
④ A씨의 사원번호 앞의 두 자리가 '20'이 아닌 '21'이 부여된다면 A씨의 사원번호는 '211231'이다.
⑤ A씨의 사원번호 네 번째 자리의 수가 다섯 번째 자리의 수보다 작다면 A씨의 사원번호는 '202032'이다.

| 유형분석 |

- 주어진 문장을 토대로 논리적으로 추론하여 참 또는 거짓을 구분하는 문제이다.

어느 호텔 라운지에 둔 화분이 투숙자 중의 1명에 의하여 깨진 사건이 발생했다. 이 호텔에는 A ~ D 4명의 투숙자가 있었으며, 각 투숙자는 다음과 같이 세 가지 사실을 진술하였다. 4명의 투숙자 중 3명은 진실을 말하고, 1명이 거짓을 말하고 있다면 화분을 깬 사람은 누구인가?

- A : 나는 깨지 않았다. B도 깨지 않았다. C가 깨뜨렸다.
- B : 나는 깨지 않았다. C도 깨지 않았다. D도 깨지 않았다.
- C : 나는 깨지 않았다. D도 깨지 않았다. A가 깨뜨렸다.
- D : 나는 깨지 않았다. B도 깨지 않았다. C도 깨지 않았다.

① A   ② B
③ C   ④ D
⑤ 알 수 없음

정답 ①

- A가 거짓말을 한다면 A가 깨뜨린 것이 된다.
- B가 거짓말을 한다면 1명은 C가 깼다고 말하고, 2명은 깨지 않았다고 말한 것이 된다.
- C가 거짓말을 한다면 1명은 C가 깼다고 말하고, 2명은 깨지 않았다고 말한 것이 된다.
- D가 거짓말을 한다면 1명은 C가 깼다고 말하고, 1명은 깨지 않았다고 말한 것이 된다.
따라서 A가 거짓말을 하였고, A가 화분을 깨뜨렸다.

유형풀이 Tip

참 · 거짓 유형의 90% 이상은 다음 두 가지 방법으로 풀 수 있다.
주어진 진술을 빠르게 훑으며 다음 두 가지 중 어떤 경우에 해당하는지 확인한 후 문제를 풀어나간다.
1) 2명 이상의 발언 중 한쪽이 진실이면 다른 한쪽이 거짓인 경우
　① A가 진실이고 B가 거짓인 경우, B가 진실이고 A가 거짓인 경우 두 가지로 나눌 수 있다.
　② 두 가지 경우에서 각 발언의 진위 여부를 판단한다.
　③ 주어진 조건과 비교한다(범인의 숫자가 맞는지, 진실 또는 거짓을 말한 인원수가 조건과 맞는지 등).
2) 2명 이상의 발언 중 한쪽이 진실이면 다른 한쪽도 진실인 경우와 한쪽이 거짓이면 다른 한쪽도 거짓인 경우
　① A와 B가 모두 진실인 경우, A와 B가 모두 거짓인 경우 두 가지로 나눌 수 있다.
　② 두 가지 경우에서 각 발언의 진위 여부를 판단하여 범인을 찾는다.
　③ 주어진 조건과 비교한다(범인의 숫자가 맞는지, 진실 또는 거짓을 말한 인원수가 조건과 맞는지 등).

01 체육 수업으로 인해 한 학급의 학생들이 모두 교실을 비운 사이 도난 사고가 발생했다. 담임 선생님은 체육 수업에 참여하지 않은 A ~ E 5명과 상담을 진행하였고, 이들은 다음과 같이 진술하였다. 이 중 2명의 학생은 거짓말을 하고 있으며 거짓말을 하는 1명의 학생이 범인이라고 할 때, 다음 중 범인은 누구인가?

- A : 저는 그 시간에 교실에 간 적이 없어요. 저는 머리가 아파 양호실에 누워있었어요.
- B : A의 말은 사실이에요. 제가 넘어져서 양호실에 갔었는데, A가 누워있는 것을 봤어요.
- C : 저는 정말 범인이 아니에요. A가 범인이에요.
- D : B의 말은 모두 거짓이에요. B는 양호실에 가지 않았어요.
- E : 사실 저는 C가 다른 학생의 가방을 열어 물건을 훔치는 것을 봤어요.

① A   ② B
③ C   ④ D
⑤ E

Easy

02 A ~ E사원이 강남, 여의도, 상암, 잠실, 광화문 다섯 지역에 각각 출장을 간다. 다음 대화에서 A ~ E 중 1명은 거짓말을 하고 나머지 4명은 진실을 말하고 있을 때, 반드시 거짓인 것은?

- A : B는 상암으로 출장을 가지 않는다.
- B : D는 강남으로 출장을 간다.
- C : B는 진실을 말하고 있다.
- D : C는 거짓말을 하고 있다.
- E : C는 여의도, A는 잠실로 출장을 간다.

① A는 광화문으로 출장을 가지 않는다.
② B는 여의도로 출장을 가지 않는다.
③ C는 강남으로 출장을 가지 않는다.
④ D는 잠실로 출장을 가지 않는다.
⑤ E는 상암으로 출장을 가지 않는다.

03 운동선수인 A ~ D 4명은 각자 하는 운동이 모두 다르다. 농구를 하는 사람은 늘 진실을 말하고, 축구를 하는 선수는 늘 거짓을 말하며, 야구와 배구를 하는 사람은 진실과 거짓을 1개씩 말한다. 이들이 다음과 같이 진술했을 때, 선수와 운동이 일치하는 것은?

• A : C는 농구를 하고, B는 야구를 한다.
• B : C는 야구, D는 배구를 한다.
• C : A는 농구, D는 배구를 한다.
• D : B는 야구, A는 축구를 한다.

---

① A – 야구 　　　　　　　　② A – 배구
③ B – 축구 　　　　　　　　④ C – 농구
⑤ D – 배구

04 A기업 사무실에 도둑이 들었다. 범인은 2명이고, 용의자로 지목된 A ~ E가 다음과 같이 진술했다. 이 중 2명이 거짓말을 하고 있다고 할 때, 동시에 범인이 될 수 있는 사람으로 짝지어진 것은?

• A : B나 C 중에 1명만 범인이에요.
• B : 저는 확실히 범인이 아닙니다.
• C : 제가 봤는데 E가 범인이에요.
• D : A가 범인이 확실해요.
• E : 사실은 제가 범인이에요.

---

① A, B 　　　　　　　　　② B, C
③ B, D 　　　　　　　　　④ C, E
⑤ D, E

05 N은행 신입행원인 A ~ E 5명은 각각 영업팀, 기획팀, 홍보팀 중 한 곳에 속해있다. 각 팀은 모두 같은 날, 같은 시간에 회의가 있고, N은행은 3층과 5층에 회의실이 2개씩 있어 세 팀이 모두 한 층에서 회의를 할 수는 없다. A ~ E행원의 진술 중 2명은 참을 말하고 3명은 거짓을 말한다고 할 때, 〈보기〉 중 항상 참인 것은?

- A행원 : 기획팀은 3층에서 회의를 한다.
- B행원 : 영업팀은 5층에서 회의를 한다.
- C행원 : 홍보팀은 5층에서 회의를 한다.
- D행원 : 나는 3층에서 회의를 한다.
- E행원 : 나는 3층에서 회의를 하지 않는다.

보기

ㄱ. 영업팀과 홍보팀이 같은 층에서 회의를 한다면 E행원은 기획팀이다.
ㄴ. 기획팀이 3층에서 회의를 한다면, D행원과 E행원은 같은 팀일 수 있다.
ㄷ. 두 팀이 5층에서 회의를 하는 경우가 3층에서 회의를 하는 경우보다 많다.

① ㄱ
② ㄴ
③ ㄱ, ㄷ
④ ㄴ, ㄷ
⑤ ㄱ, ㄴ, ㄷ

Hard

06 N기업이 해외공사에 사용될 설비를 구축할 업체 두 곳을 선정하려고 한다. 구축해야 할 설비는 중동, 미국, 서부, 유럽에 2개씩 총 8개이며, 경쟁업체는 A ~ C업체이다. 다음 주어진 정보가 참 또는 거짓이라고 할 때, 〈보기〉 중 참을 말하는 직원은 누구인가?

- A업체는 최소한 3개의 설비를 구축할 예정이다.
- B업체는 중동, 미국, 서부, 유럽에 설비를 하나씩 구축할 예정이다.
- C업체는 중동지역 2개, 유럽지역 2개의 설비를 구축할 예정이다.

보기

- 이사원 : A업체가 참일 경우, B업체는 거짓이 된다.
- 김주임 : B업체가 거짓일 경우, A업체는 참이 된다.
- 장대리 : C업체가 참일 경우, A업체도 참이 된다.

① 이사원
② 김주임
③ 장대리
④ 이사원, 김주임
⑤ 김주임, 장대리

| 유형분석 |

- 조건을 토대로 순서·위치 등을 추론하여 배열·배치하는 문제이다.
- 방·숙소 배정하기, 부서 찾기, 날짜 찾기, 테이블 위치 찾기 등 다양한 유형의 문제가 출제된다.

A ~ E 5명이 다음 〈조건〉과 같이 일렬로 나란히 자리에 앉는다고 할 때, 바르게 추론한 것은?(단, 자리의 순서는 왼쪽을 기준으로 첫 번째 자리로 한다)

조건

- D는 A의 바로 왼쪽에 있다.
- B와 D 사이에 C가 있다.
- A는 마지막 자리가 아니다.
- A와 B 사이에 C가 있다.
- B는 E의 바로 오른쪽에 앉는다.

① D는 두 번째 자리에 앉을 수 있다.　　② E는 네 번째 자리에 앉을 수 있다.
③ C는 두 번째 자리에 앉을 수 있다.　　④ C는 E의 오른쪽에 앉을 수 있다.
⑤ B는 E의 왼쪽에 앉을 수 있다.

정답 ②

첫 번째 조건에서 D는 A의 바로 왼쪽에 앉으며, 마지막 조건에서 B는 E의 바로 오른쪽에 앉으므로 'D - A', 'E - B'를 각각 한 묶음으로 생각할 수 있다. 두 번째 조건에서 C는 세 번째 자리에 앉아야 하며, 세 번째 조건에 따라 'D - A'는 각각 첫 번째, 두 번째 자리에 앉아야 한다. 이를 정리하면 다음과 같다.

첫 번째 자리	두 번째 자리	세 번째 자리	네 번째 자리	다섯 번째 자리
D	A	C	E	B

오답분석

① D는 첫 번째 자리에 앉는다.
③ C는 세 번째 자리에 앉는다.
④ C는 E의 왼쪽에 앉는다.
⑤ B는 E의 오른쪽에 앉는다.

유형풀이 Tip

- 주어진 명제를 자신만의 방법으로 도식화하여 빠르게 문제를 해결한다.
- 경우의 수가 여러 개인 명제보다 1 ~ 2개인 명제를 먼저 도식화하면, 그만큼 경우의 수가 줄어들어 문제를 빠르게 해결할 수 있다.

Easy

01 현수, 주현, 지연, 재현, 형호는 한 유명 가수의 첫 공연을 보기 위해 각자 표를 예매하기로 했다. 모두 서로 다른 열의 좌석을 예매했을 때, 다음 〈조건〉을 읽고 바르게 추론한 것은?(단, 앞 열일수록 무대와 가깝다)

> **조건**
> • 현수의 좌석은 지연이와 주현이의 좌석보다 무대와 가깝다.
> • 재현이의 좌석은 지연이의 좌석보다 앞이고, 형호의 좌석보다는 뒤이다.
> • 무대와 형호의 좌석 간 거리는 무대와 현수의 좌석 간 거리보다 길다.
> • 주현이의 좌석이 무대와 가장 멀리 떨어져 있다.

① 형호는 현수 바로 뒤의 좌석을 예매했다.
② 재현이는 지연 바로 앞의 좌석을 예매했다.
③ 형호는 현수와 재현 사이의 좌석을 예매했다.
④ 형호는 재현이와 지연 사이의 좌석을 예매했다.
⑤ 현수는 다섯 중 가장 뒤쪽 열의 좌석을 예매했다.

02 N은행 직원 A ~ D는 각각 다른 팀에 근무하고 있으며, 각 팀은 2층, 3층, 4층, 5층에 위치하고 있다. 다음 〈조건〉을 참고할 때, 항상 참인 것은?

> **조건**
> • A, B, C, D 중 2명은 부장, 1명은 과장, 1명은 대리이다.
> • 대리의 사무실은 B보다 높은 층에 있다.
> • B는 과장이다.
> • A는 대리가 아니다.
> • A의 사무실이 가장 높다.

① C는 대리이다.
② A는 부장이다.
③ B는 2층에 근무한다.
④ 대리는 4층에 근무한다.
⑤ 부장 중 1명은 반드시 2층에 근무한다.

03 A ~ E 5명의 직원이 원탁에 앉아 저녁을 먹기로 했다. 다음 〈조건〉에 따라 원탁에 앉을 때, C가 앉는 자리를 첫 번째로 하여 시계 방향으로 세 번째 자리에 앉는 사람은?

> **조건**
> • C 바로 옆 자리에 E가 앉고, B는 앉지 못한다.
> • D가 앉은 자리와 B가 앉은 자리 사이에 1명 이상 앉아 있다.
> • A가 앉은 자리의 바로 오른쪽은 D가 앉는다.
> • 좌우 방향은 원탁을 바라보고 앉은 상태를 기준으로 한다.

① A   ② B
③ C   ④ D
⑤ E

04 회장실, 응접실, 탕비실과 재무회계팀, 홍보팀, 법무팀, 연구개발팀, 인사팀의 위치가 다음 〈조건〉에 따를 때, 인사팀의 위치는?

	A	B	C	D	회의실 1
출입문	복도				
	E	F	G	H	회의실 2

> **조건**
> • A ~ H에는 빈 곳 없이 회장실, 응접실, 탕비실, 모든 팀 중 하나가 위치해 있다.
> • 회장실은 출입문과 가장 가까운 위치에 있다.
> • 회장실 맞은편은 응접실이다.
> • 재무회계팀은 회장실 옆에 있고, 응접실 옆에는 홍보팀이 있다.
> • 법무팀은 항상 홍보팀 옆에 있다.
> • 연구개발팀은 회의실 2와 같은 줄에 있다.
> • 탕비실은 법무팀 맞은편에 있다.

① B   ② C
③ D   ④ G
⑤ H

05 N기업의 사내 기숙사 3층에는 다음과 같이 크기가 동일한 10개의 방이 일렬로 나열되어 있다. 〈조건〉을 바탕으로 5명의 신입사원 A∼E를 10개의 방 중 5개의 방에 각각 배정하였을 때, 항상 참인 것은?(단, 신입사원이 배정되지 않은 방은 모두 빈방이다)

1	2	3	4	5	6	7	8	9	10

조건

- A와 B의 방 사이에 빈방이 아닌 방은 하나뿐이다.
- B와 C의 방 사이의 거리는 D와 E의 방 사이의 거리와 같다.
- C와 D의 방은 나란히 붙어 있다.
- B와 D의 방 사이에는 3개의 방이 있다.
- D는 7호실에 배정되었다.

① 1호실은 빈방이다.
② 4호실은 빈방이다.
③ 9호실은 빈방이다.
④ C는 6호실에 배정되었다.
⑤ E는 10호실에 배정되었다.

06 다음 〈조건〉에 따라 A∼F 6명이 100m 달리기 시합을 하였다고 할 때, C가 들어온 순서는?

조건

- A보다 늦게 들어온 사람이 빨리 들어온 사람보다 많다.
- D와 E는 A보다 빨리 들어왔다.
- B와 F는 연달아 들어오지 않았다.

① 2등
② 3등
③ 4등
④ 5등
⑤ 6등

04 문제처리

| 유형분석 |

- 상황과 정보를 토대로 조건에 적절한 것을 찾는 문제이다.
- 자원관리능력 영역과 결합한 계산 문제가 출제될 가능성이 있다.

다음은 N은행에서 진행하고 있는 이벤트 포스터이다. N은행의 행원인 귀하가 해당 이벤트를 고객에게 추천하기 전 사전에 확인해야 할 사항으로 옳지 않은 것은?

〈N은행 가족사랑 패키지 출시 기념 이벤트〉

▲ 이벤트 기간 : 2025년 5월 1일(목) ~ 30일(금)

▲ 세부내용

대상	응모요건	경품
가족사랑 통장 · 적금 · 대출 신규 가입고객	① 가족사랑 통장 신규 ② 가족사랑 적금 신규 ③ 가족사랑 대출 신규	가입고객 모두에게 OTP 또는 보안카드 무료 발급
가족사랑 고객	가족사랑 통장 가입 후 다음 중 1가지 이상 충족 ① 급여이체 신규 ② 가맹점 결제대금 이체 신규 ③ 신용(체크)카드 결제금액 20만 원 이상 ④ 가족사랑 대출 신규(1천만 원 이상)	• 여행상품권(200만 원, 1명) • 최신 핸드폰(3명) • 한우세트(300명) • 연극 티켓 2매(전 고객)
농협행복카드 가입고객	농협행복카드 신규+당행 결제계좌 등록 (동 카드로 임신 출산 바우처 결제 1회 이상 사용)	어쩌다 엄마(도서, 500명)

▲ 당첨자 발표 : 2025년 6월 중순, 홈페이지 공지 및 영업점 통보
 - 제세공과금은 N은행이 부담하며 본 이벤트는 당행의 사정으로 변경 또는 중단될 수 있습니다.
 - 당첨고객은 추첨일 현재 대상상품 유지고객에 한하며, 당첨자 명단은 추첨일 기준 금월 중 N은행 홈페이지에서 확인하실 수 있습니다.
 - 기타 자세한 내용은 인터넷 홈페이지(www.Nbank.com)를 참고하시거나 가까운 영업점, 고객센터(0000-0000)에 문의하시기 바랍니다.
 ※ 유의사항 : 상기이벤트 당첨자 중 핸드폰 등 연락처 불능, 수령 거절 등의 고객 사유로 1개월 이상 경품 미수령 시 당첨이 취소될 수 있음

---

① 가족사랑 패키지 출시 기념 이벤트는 5월 한 달 동안 진행되는구나.

② 가족사랑 대출을 신규로 가입했을 경우에 OTP나 보안카드를 무료로 발급받을 수 있구나.

③ 가족사랑 통장을 신규로 가입한 후, 급여이체를 설정하면 OTP가 무료로 발급되고 연극 티켓도 받을 수 있구나.

④ 2025년 6월에 이벤트 당첨자를 발표하는데, 별도의 통보가 없으니 영업점을 방문하시라고 설명해야 겠구나.

⑤ 경품 미수령 시 당첨이 취소될 수 있으므로 가족사랑 이벤트 관련 안내 시 연락처를 정확하게 기재하라고 안내해야겠구나.

정답 ④

이벤트 포스터에 당첨자 명단은 홈페이지에 공지된다고 명시되어 있다.

오답분석

① '이벤트 기간'에서 확인할 수 있다.

② '세부내용' 내 '가족사랑 통장·적금·대출 신규 가입고객'의 '경품'란에서 확인할 수 있다.

③ '세부내용' 내 '가족사랑 고객'의 '응모요건' 및 '경품'란에서 확인할 수 있다.

⑤ '당첨자 발표' 내 유의사항에서 확인할 수 있다.

유형풀이 Tip

- 문제에서 묻는 것을 파악한 후, 필요한 상황과 정보를 활용하여 문제를 풀어간다.
- 전체적으로 적용되는 공통 조건과 추가로 적용되는 조건이 동시에 제시될 수 있다. 따라서 공통 조건이 무엇인지 먼저 판단한 후 경우에 따라 추가 조건을 고려하여 풀이한다.
- 추가 조건은 표 하단에 작은 글자로 제시될 수 있으며, 문제를 해결하는 데 중요한 변수가 될 수 있으므로 유의한다.

01 N은행은 다음과 같이 예·적금 상품을 판매하고 있다. 고객의 요청 사항이 제시된 바와 같을 때, 추천할 상품으로 가장 적절한 것은?

〈N은행 예·적금 상품〉

구분	특징
스마트폰 적금	• 가입기간 : 6개월 ~ 12개월 • 가입금액 : 매일 핸드폰으로 1,000원씩 자동입금 • 복잡한 우대금리 조건이 없는 스마트폰 전용 적금
나라지킴이 적금	• 가입기간 : 24개월 • 가입금액 : ~ 최대 50만 원 • 군인인 경우에만 들 수 있음
우리 아이 정기예금	• 가입기간 : 12 ~ 36개월 • 가입금액 : 처음 예치 시 1,000만 원 이상 • 우대금리 : 신규 고객으로 한정하며, 최초 통장 개설 시 200만 원 이상 예치금이 있어야 함
우리 집 만들기 예금	• 가입기간 : 12개월 ~ 24개월 • 가입금액 : 제한 없음 • 우대금리 : 해당 은행 계열사 카드 전월 실적 30만 원 이상 은행 신규 고객을 대상으로 하며, 통장에 300만 원 이상 보유
청년 적금	• 가입기간 : 36개월 • 가입금액 : 월 1,000원 ~ 300만 원 • 우대금리 : 만 19세 ~ 28세 이하인 경우 우대

저는 이번에 N은행 금융상품을 들고자 합니다. 가입기간은 24개월로 하고 싶습니다. 저는 N은행 계열사 카드를 매달 40만 원씩 쓰고 있고 통장에 500만 원 정도 있습니다. 현재 N은행에 가입한 이력이 없습니다. 제대는 이미 오래전에 했고요, 지금 나이는 30살입니다. 가입금액은 월 10만 원씩 넣고 싶습니다.

① 스마트폰 적금   ② 나라지킴이 적금
③ 우리아이 정기예금   ④ 우리 집 만들기 예금
⑤ 청년 적금

02 다음은 N기업 A직원의 퇴직금 관련 자료이다. 이에 따라 A직원이 받을 퇴직금을 구하면?(단, A직원은 퇴직금 조건을 모두 만족하고, 주어진 조건 외에는 고려하지 않으며, 1,000원 미만은 절사한다)

<N기업 퇴직금 산정 기준>

- 근무한 개월에 따라 1년 미만이라도 정해진 기준에 따라 지급한다.
- 평균임금에는 기본급과 상여금, 기타 수당 등이 포함된다.
- 실비에는 교통비, 식비, 출장비 등이 포함된다.
- 1일 평균임금은 퇴직일 이전 3개월간 지급받은 임금총액을 퇴직일 이전 3개월간의 근무일수의 합으로 나눠서 구한다.
- 1일 평균임금 산정기간과 총근무일수 중 육아휴직 기간이 있는 경우에 그 기간과 그 기간 중에 지급된 임금은 평균임금 산정기준이 되는 기간과 임금의 총액에서 각각 뺀다.
- 실비는 평균임금에 포함되지 않는다.
- (퇴직금)=(1일 평균임금)×(30일)×$\dfrac{(총근무일수)}{360}$

<A직원의 월급 명세서>

(단위 : 만 원)

구분	월 기본급	상여금	교통비	식비	기타수당	근무일수	기타
1월	160	–	20	20	25	31일	–
2월	160	–	20	20	25	28일	–
3월	160	–	20	20	25	31일	–
4월	160	–	20	20	25	22일	–
5월	160	–	20	20	–	16일	육아휴직(10일)
6월	160	160	20	20	25	22일	7월 1일 퇴직

① 1,145,000원 ② 1,289,000원
③ 1,376,000원 ④ 1,596,000원
⑤ 1,613,000원

〈은행별 외화 송금수수료〉

(단위 : 만 원)

은행명	A은행		B은행		C은행		D은행		E은행		F은행	
구분	창구	인터넷	창구	인터넷	창구	인터넷	창구	인터넷	창구	인터넷	창구	인터넷
500달러 미만			0.5					0.25	0.35		0.5	
500달러 ~ 2,000달러 미만	1			0.2	0.7		1.5				0.7	0.4
2,000달러 ~ 5,000달러 미만	1.5	면제	1			0.35		0.35	1.5		1	
5,000달러 ~ 1만 달러 미만	2			0.4	1.5		3			면제	1.5	
1만 달러 ~ 2만 달러 미만	2.5		2			0.5		0.55	2		2	0.8
2만 달러 이상			2.5	0.6	2.5						3	
전신료	0.7	0.5	0.7		0.7		0.6		0.7		0.6	

※ 송금금액은 달러를, 송금수수료는 원화를 기준으로 함
※ (총수수료)＝(송금수수료)＋(전신료)＋(통화수수료)
※ 통화수수료는 어떤 외화를 송금하느냐에 따라 다르며, 달러의 경우 송금금액에 상관없이 원화 20,000원임

03 다음 중 위 자료에 대한 설명으로 옳지 않은 것은?

① 1,500달러를 인터넷으로 송금할 때 가장 비싼 총수수료의 가격은 10,500원이다.
② 인터넷 이용 시 금액에 상관없이 A와 E은행의 송금수수료가 가장 저렴하다.
③ 1만 달러를 창구를 통해 송금할 때 총수수료는 C은행이 가장 저렴하다.
④ 총수수료가 가장 비싸게 나올 수 있는 금액은 56,000원이다.
⑤ 창구 이용으로 8,000달러를 송금할 때 송금수수료가 가장 저렴한 은행은 C, E, F은행이다.

04 A ~ F은행은 당행 카드를 사용하면 다음과 같은 수수료 혜택을 주고 있다. 7,000달러를 창구를 통해 송금할 때, 총송금수수료가 가장 높은 은행과 가장 낮은 은행을 바르게 연결한 것은?

〈은행별 수수료 혜택〉

- A카드 : 송금수수료의 30% 면제
- B카드 : 혜택 없음
- C카드 : 통화수수료의 50% 할인
- D카드 : 전신료의 20% 할인
- E카드 : 통화수수료 면제
- F카드 : 총수수료 4,000원 할인

	가장 높은 은행	가장 낮은 은행
①	B	C
②	B	E
③	D	C
④	D	E
⑤	D	F

Hard

05 K씨는 미국에 유학 중인 아내와 아들에게 돈을 송금하려고 한다. 8,000달러는 창구에서 4,000달러는 인터넷으로 송금할 때, 가장 저렴한 송금수수료는 총 얼마인가?(단, 창구나 인터넷 송금수수료 둘 중 하나라도 면제인 은행은 고려하지 않고, 전신료와 통화수수료는 은행당 한 번만 계산한다)

① 39,000원   ② 40,500원

③ 43,000원   ④ 45,000원

⑤ 45,500원

05 환경분석

| 유형분석 |

- 상황에 대한 환경분석을 통해 주요 과제 및 해결방안을 도출하는 문제이다.
- SWOT 분석뿐 아니라 3C 분석을 활용하는 문제가 출제될 수 있으므로, 해당 분석 도구에 대한 사전 학습이 요구된다.

국내 금융그룹의 SWOT 분석 결과가 다음과 같을 때, 분석 결과에 대응하는 전략과 그 내용이 바르게 짝지어진 것은?

<table>
<tr><td colspan="2" align="center">〈SWOT 분석 결과〉</td></tr>
<tr><td align="center">강점(Strength)</td><td align="center">약점(Weakness)</td></tr>
<tr><td>
• 탄탄한 국내시장 지배력
• 뛰어난 위기관리 역량
• 우수한 자산건전성 지표
• 수준 높은 금융 서비스
</td><td>
• 은행과 이자수익에 편중된 수익구조
• 취약한 해외 비즈니스와 글로벌 경쟁력
• 낙하산식 경영진 교체와 관치금융 우려
• 외화 자금 조달 리스크
</td></tr>
<tr><td align="center">기회(Opportunity)</td><td align="center">위협(Threat)</td></tr>
<tr><td>
• 해외 금융시장 진출 확대
• 기술 발달에 따른 핀테크의 등장
• IT 인프라를 활용한 새로운 수익 창출
• 계열사 간 협업을 통한 금융 서비스
</td><td>
• 새로운 금융 서비스의 등장
• 은행의 영향력 약화 가속화
• 글로벌 금융사와의 경쟁 심화
• 비용 합리화에 따른 고객 신뢰 저하
</td></tr>
</table>

① SO전략 : 해외 비즈니스TF팀 신설로 상반기 해외 금융시장 진출 대비
② ST전략 : 금융 서비스를 다방면으로 확대해 글로벌 금융사와의 경쟁에서 우위 차지
③ WO전략 : 국내의 탄탄한 시장점유율을 기반으로 핀테크 사업 진출
④ WT전략 : 국내 금융사의 우수한 자산건전성 지표를 홍보하여 고객 신뢰 회복
⑤ WT전략 : 해외 금융시장 진출을 확대하여 안정적인 외화 자금 조달을 통한 위기관리

수준 높은 금융 서비스를 통해 글로벌 경쟁에서 우위를 차지하는 것은 강점을 이용해 글로벌 금융사와의 경쟁 심화라는 위협을 극복하는 ST전략이다.

오답분석

① 해외 비즈니스TF팀을 신설해 해외 금융시장 진출을 확대하는 것은 글로벌 경쟁력이 낮다는 약점을 극복하고 해외 금융시장 진출 확대라는 기회를 활용하는 WO전략이다.
③ 탄탄한 국내 시장점유율이 국내 금융그룹의 핀테크 사업 진출의 기반이 되는 것은 강점을 통해 기회를 살리는 SO전략이다.
④ 우수한 자산건전성 지표를 홍보하여 고객 신뢰를 회복하는 것은 강점으로 위협을 극복하는 ST전략이다.
⑤ 외화 자금 조달 리스크가 약점이므로 기회를 통해 약점을 보완하는 WO전략이다.

유형풀이 Tip

SWOT 분석

기업의 내부환경과 외부환경을 분석하여 강점(Strength), 약점(Weakness), 기회(Opportunity), 위협(Threat) 요인을 규정하고 이를 토대로 경영전략을 수립하는 기법으로, 미국의 경영컨설턴트인 알버트 험프리(Albert Humphrey)에 의해 고안되었다. SWOT 분석의 가장 큰 장점은 기업의 내·외부환경 변화를 동시에 파악할 수 있다는 것이다. 기업의 내부환경을 분석하여 강점과 약점을 찾아내며, 외부환경 분석을 통해서는 기회와 위협을 찾아낸다. SWOT 분석은 외부로부터의 기회는 최대한 살리고 위협은 회피하는 방향으로 자신의 강점은 최대한 활용하고 약점은 보완한다는 논리에 기초를 두고 있다. SWOT 분석에 의한 경영전략은 다음과 같이 정리할 수 있다.

Strength 강점 기업 내부환경에서의 강점	S	W	Weakness 약점 기업 내부환경에서의 약점
Opportunity 기회 기업 외부환경으로부터의 기회	O	T	Threat 위협 기업 외부환경으로부터의 위협

3C 분석

자사(Company)	고객(Customer)	경쟁사(Competitor)
• 자사의 핵심역량은 무엇인가? • 자사의 장단점은 무엇인가? • 자사의 다른 사업과 연계되는가?	• 주 고객군은 누구인가? • 그들은 무엇에 열광하는가? • 그들의 정보 습득 / 교환은 어디에서 일어나는가?	• 경쟁사는 어떤 회사가 있는가? • 경쟁사의 핵심역량은 무엇인가? • 잠재적인 경쟁사는 어디인가?

01 다음은 농민·농촌을 사업 근거로 하는 특수은행인 N은행의 SWOT 분석 결과를 정리한 것이다.
㉠ ~ ㉢ 중 SWOT 분석에 들어갈 내용으로 적절하지 않은 것은?

〈SWOT 분석 결과〉

강점 (Strength)	• 공적 기능을 수행하는 농민·농촌의 은행이라는 위상은 대체 불가능함 • 전국에 걸친 국내 최대의 영업망을 기반으로 안정적인 사업 기반 및 수도권 이외의 지역에서 우수한 사업 지위를 확보함 • 지자체 시금고 예치금 등 공공금고 예수금은 안정적인 수신 기반으로 작용함 • ㉠ 은행권 최초로 보이스피싱 차단을 위해 24시간 '대포통장 의심 계좌 모니터링' 도입 • BIS자기자본비율, 고정이하여신비율, 고정이하여신 대비 충당금커버리지비율 등 자산 건전성 지표가 우수함 • 디지털 전환(DT)을 위한 중장기 전략을 이행 중이며, 메타버스·인공지능(AI)을 활용한 개인 맞춤형 상품 등 혁신 서비스 도입 추진
약점 (Weakness)	• ㉡ 수수료 수익 등 비이자 이익의 감소 및 이자 이익에 편중된 수익 구조 • N중앙회에 매년 지급하는 농업지원 사업비와 상존하는 대손 부담으로 인해 시중은행보다 수익성이 낮음 • ㉢ 인터넷전문은행의 활성화 및 빅테크의 금융업 진출 확대 추세 • 금리 상승, 인플레이션, 경기 둔화 등의 영향으로 차주의 상환 부담이 높아짐에 따라 일정 수준의 부실여신비율 상승이 불가피할 것으로 예상
기회 (Opportunity)	• ㉣ 마이데이터(Mydata)로 제공할 수 있는 정보 범위의 확대 및 암호화폐 시장의 성장 • 2023년 홍콩, 중국, 호주, 인도에서 최종 인가를 획득하는 등 해외 영업망 확충 • 금융 당국의 유동성 지원 정책과 정책자금 대출을 기반으로 유동성 관리가 우수함 • 법률에 의거해 농업금융채권의 원리금 상환을 국가가 전액 보증하는 등 유사시 정부의 지원 가능성이 높음 • 귀농·귀촌 인구의 증가 및 농촌에 대한 소비자의 인식 변화로 새로운 사업 발굴 가능
위협 (Threat)	• 자산관리 시장에서의 경쟁 심화 • 사이버 위협에 대응해 개인정보 보안 대책 및 시스템 마련 시급 • ㉤ 이자 이익 의존도가 높은 은행의 수익 구조에 대한 비판 여론 • 금리 및 물가 상승 영향에 따른 자산 건전성 저하 가능성 존재 • 주택 시장 침체, 고금리 지속 등으로 가계여신 수요 감소 전망 • 경기 침체, 투자 심리 위축으로 기업여신 대출 수요 감소 전망 • 보험사, 증권사, 카드사 등의 은행업(지급 결제, 예금·대출) 진입 가능성 • 은행에 있던 예금·적금을 인출해 주식·채권으로 이동하는 머니무브의 본격화 조짐

① ㉠

② ㉡

③ ㉢

④ ㉣

⑤ ㉤

02 금융기업에 지원하여 최종 면접을 앞둔 K씨는 성공적인 PT 면접을 위해 회사에 대한 정보를 파악하고 그에 따른 효과적인 전략을 알아보고자 한다. K씨가 분석한 SWOT 결과가 다음과 같을 때, 분석 결과에 대응하기 위한 전략과 그 내용의 연결이 적절하지 않은 것은?

<table>
<tr><td colspan="2" align="center">〈SWOT 분석 결과〉</td></tr>
<tr><td align="center">강점(Strength)</td><td align="center">약점(Weakness)</td></tr>
<tr><td>• 우수한 역량의 인적자원 보유
• 글로벌 네트워크 보유
• 축적된 풍부한 거래 실적</td><td>• 고객 니즈 대응에 필요한 특정 분야별 전문성 미흡
• 신흥시장 진출 증가에 따른 경영 리스크</td></tr>
<tr><td align="center">기회(Opportunity)</td><td align="center">위협(Threat)</td></tr>
<tr><td>• 융·복합화를 통한 정부의 일자리 창출 사업
• 해외사업을 위한 협업 수요 확대
• 수요자 맞춤식 서비스 요구 증대</td><td>• 타사와의 경쟁 심화
• 정부의 예산 지원 감소
• 금융시장에 대한 일부 부정적 인식 존재</td></tr>
</table>

① SO전략 – 우수한 인적자원을 활용한 융·복합 사업 추진

② WO전략 – 분야별 전문 인력 충원을 통한 고객 맞춤형 서비스 제공 확대

③ ST전략 – 글로벌 네트워크를 통한 해외시장 진출

④ ST전략 – 풍부한 거래 실적을 바탕으로 시장에서의 경쟁력 확보

⑤ WT전략 – 리스크 관리를 통한 안정적 재무역량 확충

03 A전력공사는 필리핀의 신재생에너지 시장에 진출하려고 한다. 전략기획팀의 K대리는 3C 분석 방법을 통해 다음과 같은 결과를 도출하였다. 이에 따른 A전력공사의 필리핀 시장 진출에 대한 판단으로 가장 적절한 것은?

3C	상황분석
고객(Customer)	• 아시아국가 중 전기요금이 높은 편에 속함 • 태양광, 지열 등 훌륭한 자연환경 조건 기반 • 신재생에너지 사업에 대한 정부의 적극적 추진 의지
경쟁사(Competitor)	• 필리핀 민간 기업의 투자 증가 • 중국 등 후발국의 급속한 성장 • 체계화된 기술 개발 부족
자사(Company)	• 필리핀 화력발전사업에 진출한 이력 • 필리핀의 태양광 발전소 지분 인수 • 현재 미국, 중국 등 4개국에서 풍력과 태양광 발전소 운영 중

① 필리핀은 전기요금이 높아 국민들의 전력 사용량이 많지 않을 것으로 예상되며, 열악한 전력 인프라로 신재생에너지 시장의 발전 가능성 또한 낮을 것으로 예상되므로 자사의 필리핀 시장 진출은 바람직하지 않다.

② 필리핀은 정부의 적극적 추진 의지로 신재생에너지 시장이 급성장하고 있으나, 민간 기업의 투자와 다른 아시아국가의 급속한 성장으로 경쟁이 치열하므로 자사는 비교적 경쟁이 덜한 중국 시장으로 진출하는 것이 바람직하다.

③ 풍부한 자연환경 조건을 가진 필리핀 신재생에너지 시장의 성장 가능성은 높지만, 경쟁사에 비해 체계적이지 못한 자사의 기술 개발 역량이 필리핀 시장 진출에 걸림돌이 될 것이다.

④ 훌륭한 자연환경 조건과 사업에 대한 정부의 추진 의지를 바탕으로 한 필리핀의 신재생에너지 시장에서는 필리핀 민간 기업이나 후발국과의 치열한 경쟁이 예상되나, 자사의 진출 이력을 바탕으로 경쟁력을 확보할 수 있을 것이다.

⑤ 필리핀 시장에 대한 정보가 부족한 자사가 성장 가능성이 높은 신재생에너지 시장에 진출하기 위해서는 현재 급속한 성장을 보이고 있는 중국 등과 협력하여 함께 진출하는 것이 바람직하다.

04 다음은 SWOT 분석에 대한 설명과 유전자 관련 업무를 수행 중인 A사의 SWOT 분석 결과 자료이다. 자료를 참고하여 〈보기〉의 ㉠ ∼ ㉣ 중 빈칸 (가), (나)에 들어갈 내용으로 적절한 것을 고르면?

SWOT 분석은 기업의 내부환경과 외부환경을 분석하여 강점(Strength), 약점(Weakness), 기회(Opportunity), 위협(Threat) 요인을 규정하고 이를 토대로 경영전략을 수립하는 기법으로, 미국의 경영컨설턴트인 알버트 험프리(Albert Humphrey)에 의해 고안되었다.
- 강점(Strength) : 내부환경(자사 경영자원)의 강점
- 약점(Weakness) : 내부환경(자사 경영자원)의 약점
- 기회(Opportunity) : 외부환경(경쟁, 고객, 거시적 환경)에서 비롯된 기회
- 위협(Threat) : 외부환경(경쟁, 고객, 거시적 환경)에서 비롯된 위협

〈SWOT 분석 결과〉

강점(Strength)	약점(Weakness)
• 유전자 분야에 뛰어난 전문가로 구성 • _____ (가)	• 유전자 실험의 장기화
기회(Opportunity)	**위협(Threat)**
• 유전자 관련 업체 수가 적음 • _____ (나)	• 고객들의 실험 부작용에 대한 두려움 인식

보기
㉠ 투자 유치의 어려움
㉡ 특허를 통한 기술 독점 가능
㉢ 점점 증가하는 유전자 의뢰
㉣ 높은 실험 비용

	(가)	(나)
①	㉠	㉡
②	㉠	㉣
③	㉡	㉠
④	㉡	㉢
⑤	㉢	㉣

CHAPTER 03
수리능력

수리능력은 사칙연산·통계·확률의 의미를 정확하게 이해하고 이를 업무에 적용하는 능력으로, 기초연산과 기초통계, 도표분석 및 작성의 문제 유형으로 출제된다. 수리능력 역시 채택하지 않는 금융권이 거의 없을 만큼 필기시험에서 중요도가 높은 영역이다.

수리능력은 NCS 기반 채용을 진행한 거의 모든 기업에서 다루었으며, 문항 수는 전체의 평균 16% 정도로 많이 출제되었다. 특히, 난도가 높은 금융권의 시험에서는 도표분석, 즉 자료해석 유형의 문제가 많이 출제되고 있고, 응용수리 역시 꾸준히 출제하는 기업이 많기 때문에 기초연산과 기초통계에 대한 공식의 암기와 자료해석능력을 기를 수 있는 꾸준한 연습이 필요하다.

01 응용수리능력의 공식은 반드시 암기하라!

응용수리능력은 지문이 짧지만, 풀이 과정은 긴 문제도 자주 볼 수 있다. 그렇기 때문에 응용수리능력의 공식을 반드시 암기하여 문제의 상황에 맞는 공식을 적절하게 적용하여 답을 도출해야한다. 따라서 문제에서 묻는 것을 정확하게 파악하여 그에 맞는 공식을 적절하게 적용하는 꾸준한 노력과 공식을 암기하는 연습이 필요하다.

02 통계에서의 사건이 동시에 발생하는지 개별적으로 발생하는지 구분하라!

통계에서는 사건이 개별적으로 발생했을 때, 경우의 수는 합의 법칙, 확률은 덧셈정리를 활용하여 계산하며, 사건이 동시에 발생했을 때, 경우의 수는 곱의 법칙, 확률은 곱셈정리를 활용하여 계산한다. 특히, 기초통계능력에서 출제되는 문제 중 순열과 조합의 계산 방법이 필요한 문제도 다수이므로 순열(순서대로 나열)과 조합(순서에 상관없이 나열)의 차이점을 숙지하는 것 또한 중요하다. 통계 문제에서의 사건 발생 여부만 잘 판단하여도 계산과 공식을 적용하기가 수월하므로 문제의 의도를 잘 파악하는 것이 중요하다.

03 자료의 해석은 자료에서 즉시 확인할 수 있는 지문부터 확인하라!

대부분의 수험생들이 어려워 하는 영역이 수리영역 중 도표분석, 즉 자료해석능력이다. 자료는 표 또는 그래프로 제시되고, 쉬운 지문은 증가 혹은 감소 추이, 간단한 사칙연산으로 풀이가 가능한 문제 등이 있고, 자료의 조사기간 동안 전년 대비 증가율 혹은 감소율이 가장 높은 기간을 찾는 문제들도 있다. 따라서 일단 증가·감소 추이와 같이 눈으로 확인이 가능한 지문을 먼저 확인한 후 복잡한 계산이 필요한 지문을 확인하는 방법으로 문제를 풀이한다면, 시간을 조금이라도 아낄 수 있다. 특히, 그래프와 같은 경우에는 그래프에 대한 특징을 알고 있다면, 그래프의 길이 혹은 높낮이 등으로 대강의 수치를 빠르게 확인이 가능하므로 이에 대한 숙지도 필요하다. 또한, 여러 가지 보기가 주어진 문제 역시 지문을 잘 확인하고 문제를 풀이한다면 불필요한 계산을 생략할 수 있으므로 항상 지문부터 확인하는 습관을 들이기를 바란다.

04 도표작성능력에서 지문에 작성된 도표의 제목을 반드시 확인하라!

도표작성은 하나의 자료 혹은 보고서와 같은 수치가 표현된 자료를 도표로 작성하는 형식으로 출제되는데, 대체로 표보다는 그래프를 작성하는 형태로 많이 출제된다. 지문을 살펴보면 각 지문에서 주어진 도표에도 소제목이 있는 경우가 대부분이다. 이때, 자료의 수치와 도표의 제목이 일치하지 않는 경우 함정이 존재하는 문제일 가능성이 높으므로 도표의 제목을 반드시 확인하는 것이 중요하다. 도표작성의 경우 대부분 비율 계산이 많이 출제되는데, 도표의 제목과는 다른 수치로 작성된 도표가 존재하는 경우가 있다. 그렇기 때문에 지문에서 작성된 도표의 소제목을 먼저 확인하는 연습을 하여 간단하지 않은 비율 계산을 두 번 하는 일이 없도록 해야 한다.

| 유형분석 |

- (거리)=(속력)×(시간), (속력)=$\dfrac{(거리)}{(시간)}$, (시간)=$\dfrac{(거리)}{(속력)}$
- 기차와 터널의 길이, 물과 같이 속력이 있는 장소 등 추가적인 거리·속력·시간에 대한 조건과 결합하여 난도 높은 문제로 출제된다.

A사원은 회사 근처 카페에서 거래처와 미팅을 갖기로 했다. 처음에는 속력 4km/h로 걸어가다가 약속 시간에 늦을 것 같아서 속력 10km/h로 뛰어서 24분 만에 미팅 장소에 도착했다. 회사에서 카페까지의 거리가 2.5km일 때, A사원이 뛴 거리는?

① 0.6km   ② 0.9km

③ 1.2km   ④ 1.5km

⑤ 1.7km

정답 ④

총거리와 총시간이 주어져 있으므로 걸은 거리와 뛴 거리 또는 걸은 시간과 뛴 시간을 미지수로 잡을 수 있다.

미지수를 잡기 전에 문제에서 묻는 것을 정확하게 파악해야 나중에 답을 구할 때 헷갈리지 않는다.

문제에서 A사원이 뛴 거리를 물어보았으므로, 거리를 미지수로 놓는다.

A사원이 회사에서 카페까지 걸어간 거리를 $x$km, 뛴 거리를 $y$km라고 하면,

회사에서 카페까지의 거리는 2.5km이므로 걸어간 거리 $x$km와 뛴 거리 $y$km를 합하면 2.5km이다.

$x+y=2.5 \cdots \bigcirc$

A사원이 회사에서 카페까지 24분이 걸렸으므로 걸어간 시간$\left(\dfrac{x}{4}\ 시간\right)$과 뛰어간 시간$\left(\dfrac{y}{10}\ 시간\right)$을 합치면 24분이다.

이때 속력은 시간 단위이므로 '분'으로 바꾸어 계산한다.

$\dfrac{x}{4}\times60+\dfrac{y}{10}\times60=24 \rightarrow 5x+2y=8 \cdots \bigcirc$

$\bigcirc$과 $\bigcirc$을 연립하여 $\bigcirc-(2\times\bigcirc)$을 하면 $x=1$이고, 구한 x의 값을 $\bigcirc$에 대입하면 $y=1.5$이다.

따라서 A사원이 뛴 거리는 $y$km이므로 1.5km이다.

유형풀이 Tip

- 미지수를 정할 때에는 문제에서 묻는 것을 정확하게 파악해야 한다.
- 속력과 시간의 단위를 처음부터 정리하여 계산하면 실수 없이 풀이할 수 있다.
  예 1시간=60분=3,600초
  예 1km=1,000m=100,000cm

01 길이가 200m인 A열차가 어떤 터널을 속력 60km/h로 통과하였다. 잠시 후 길이가 300m인 B열차가 같은 터널을 속력 90km/h로 통과하였다. A열차와 B열차가 이 터널을 완전히 통과할 때 걸린 시간의 비가 10 : 7일 때, 이 터널의 길이는?

① 1,200m   ② 1,500m

③ 1,800m   ④ 2,100m

⑤ 2,400m

02 경언이는 고향인 진주에서 서울로 올라오려고 한다. 오전 8시에 출발하여 우등버스를 타고 340km를 달려 서울 고속터미널에 도착하였는데, 원래 도착 예정시간보다 2시간이 늦어졌다. 도착 예정시간은 속력 100km/h로 달리고 휴게소에서 30분 쉬는 것으로 계산되었으나 실제로 휴게소에서 36분을 쉬었다고 한다. 이때, 진주에서 서울로 이동하는 동안 경언이가 탄 버스의 평균 속력은?

① 49km/h   ② 53km/h

③ 63km/h   ④ 64km/h

⑤ 70km/h

Easy

03 철수와 영희가 5 : 3 비율의 속력으로 A지점에서 출발하여 B지점으로 향했다. 영희가 30분 먼저 출발했을 때 철수가 영희를 따라잡은 시간은 철수가 출발하고 나서 몇 분 만인가?

① 30분   ② 35분

③ 40분   ④ 45분

⑤ 50분

02 농도

| 유형분석 |

- $(농도)=\dfrac{(용질의 \ 양)}{(용액의 \ 양)}\times100$
- (소금물의 양)=(물의 양)+(소금의 양)이라는 것에 유의하고, 더해지거나 없어진 것을 미지수로 두고 풀이한다.

소금물 500g이 있다. 이 소금물에 농도가 3%인 소금물 200g을 온전히 섞었더니 소금물의 농도는 7%가 되었다. 500g의 소금물에 녹아 있던 소금의 양은?

① 31g   ② 37g

③ 43g   ④ 49g

⑤ 51g

정답 ③

문제에서 구하고자 하는 500g의 소금물에 녹아 있던 소금의 양을 미지수로 놓는다.

500g의 소금물에 녹아 있던 소금의 양을 xg이라고 하면,

농도가 3%인 소금물 200g에 녹아 있던 소금의 양은 $\dfrac{3}{100}\times200=6$g이다.

소금물 500g에 농도가 3%인 소금물 200g을 섞었을 때 소금물의 농도가 주어졌으므로 농도를 기준으로 식을 세우면 다음과 같다.

$\dfrac{x+6}{500+200}\times100=7$

→ $(x+6)\times100=7\times(500+200)$

→ $(x+6)\times100=4,900$

→ $100x+600=4,900$

→ $100x=4,300$

∴ $x=43$

따라서 500g의 소금물에 녹아 있던 소금의 양은 43g이다.

유형풀이 Tip

- 숫자의 크기를 최대한 간소화해야 한다. 특히, 농도의 경우 분수와 정수가 같이 제시되고, 최근에는 비율을 활용한 문제가 많이 출제되고 있으므로 통분이나 약분을 통해 수를 간소화시켜 계산 실수를 줄일 수 있도록 한다.
- 항상 미지수를 구해서 그 값을 계산하여 풀이해야 하는 것은 아니다. 문제에서 원하는 값은 정확한 미지수를 구하지 않아도 풀이 과정에서 답이 제시되는 경우가 있으므로 문제에서 묻는 것을 명확히 해야 한다.

01   N사원은 물 200g과 녹차 가루 50g을 가지고 있다. N사원은 같은 부서 동료인 A사원과 B사원에게 농도가 다른 녹차를 타주려고 한다. A사원의 녹차는 물 65g과 녹차 가루 35g으로 만들어 주었고, B사원에게는 남은 물과 녹차 가루로 녹차를 타준다고 할 때, B사원이 마시는 녹차의 농도는?(단, 모든 물과 녹차 가루를 남김없이 사용한다)

① 10%   ② 11%

③ 12%   ④ 13%

⑤ 14%

02   설탕물 200g이 들어있는 비커에서 물 50g을 증발시킨 후 설탕 5g을 더 녹였더니 농도가 처음의 3배가 되었다. 처음 설탕물의 농도는 약 몇 %인가?

① 약 0.5%   ② 약 1.2%

③ 약 1.9%   ④ 약 2.1%

⑤ 약 2.6%

Hard

03   농도가 15%인 소금물을 5% 증발시킨 후 농도가 30%인 소금물 200g을 섞어서 농도가 20%인 소금물을 만들었다. 증발 전 농도가 15%인 소금물의 양은?

① 350g   ② 400g

③ 450g   ④ 500g

⑤ 550g

03 일의 양

| 유형분석 |

- (일률)=$\dfrac{(작업량)}{(작업기간)}$, (작업기간)=$\dfrac{(작업량)}{(일률)}$, (작업량)=(일률)×(작업기간)
- 전체 일의 양을 1로 두고 풀이하는 유형이다.
- 분이나 초 단위 계산이 가장 어려운 유형으로 출제되고 있다.

한 공장에서는 기계 2대를 운용하고 있다. 이 공장의 전체 작업을 수행할 때 A기계로는 12시간이 걸리며, B기계로는 18시간이 걸린다. 이미 절반의 작업이 수행된 상태에서 A기계로 4시간 동안 작업하다가 이후로는 A, B 두 기계를 모두 동원해 작업을 수행했다고 할 때 A, B 두 기계로 작업을 수행하는 데 소요된 시간은?

① 1시간
② 1시간 12분
③ 1시간 20분
④ 1시간 24분
⑤ 1시간 30분

정답 ②

전체 일의 양을 1이라고 하면, A기계가 한 시간 동안 작업할 수 있는 일의 양은 $\dfrac{1}{12}$ 이고, B기계가 한 시간 동안 작업할 수 있는 일의 양은 $\dfrac{1}{18}$ 이다. 이미 절반의 작업이 수행되었으므로 남은 일의 양은 $1-\dfrac{1}{2}=\dfrac{1}{2}$ 이다.

이 중 A기계로 4시간 동안 작업을 수행했으므로 A기계와 B기계가 함께 작업해야 하는 일의 양은 $\dfrac{1}{2}-\left(\dfrac{1}{12}\times4\right)=\dfrac{1}{6}$ 이다.

따라서 A, B 두 기계를 모두 동원해 남은 $\dfrac{1}{6}$ 을 수행하는 데는 $\dfrac{\dfrac{1}{6}}{\left(\dfrac{1}{12}+\dfrac{1}{18}\right)}=\dfrac{\dfrac{1}{6}}{\dfrac{5}{36}}=\dfrac{6}{5}$ 시간, 즉 1시간 12분이 걸린다.

유형풀이 Tip

- 전체의 값을 모르는 상태에서 비율을 묻는 문제의 경우 전체를 1이라고 하면 쉽게 풀이할 수 있다.

  예 1개의 빵을 만드는 데 3시간이 걸린다. 1개의 빵을 만드는 일의 양을 1이라고 하면 한 시간에 $\dfrac{1}{3}$ 만큼의 빵을 만든다.

- 난이도가 있는 일의 양 문제를 접근할 때 전체 일의 양을 막대 그림으로 표현하면서 풀이하면 한눈에 파악할 수 있다.

  예

$\dfrac{1}{2}$ 수행됨	A기계로 4시간 동안 작업	A, B 두 기계를 모두 동원해 작업

Easy

01 N빌딩 시설관리팀에서 건물 화단 보수를 위해 두 개의 팀을 구성했다. 한 팀은 작업 하나를 마치는 데 15분이 걸리지만, 작업을 마치면 도구 교체를 위해 5분이 걸리고 다른 한 팀은 작업 하나를 마치는 데 30분이 걸리지만, 한 작업을 마치면 도구 교체 없이 바로 다음 작업을 시작한다고 한다. 오후 1시부터 두 팀이 쉬지 않고 작업한다고 할 때, 두 팀이 세 번째로 동시에 작업을 시작하는 시각은?

① 오후 3시 30분   ② 오후 4시

③ 오후 4시 30분   ④ 오후 5시

⑤ 오후 5시 30분

02 어느 큰 물통에 물을 넣고자 한다. A호스와 B호스로 5분 동안 물을 채운 후 A호스로만 3분 동안 채우면 물통을 가득 채울 수 있고, A호스와 B호스로 4분 동안 물을 채운 후 B호스로만 6분 동안 채우면 물통을 가득 채울 수 있다고 한다. 이때, A호스로만 물통을 가득 채우는 데 걸리는 시간은?

① 10분   ② 12분

③ 14분   ④ 16분

⑤ 18분

03 정대리는 박주임보다 일을 처리하는 시간이 20% 적게 걸린다. 박주임이 프로젝트를 혼자 처리할 때 10일 걸린다면, 정대리와 함께 프로젝트를 처리할 때 걸리는 기간은?

① $\frac{38}{9}$ 일   ② $\frac{40}{9}$ 일

③ $\frac{14}{3}$ 일   ④ $\frac{44}{9}$ 일

⑤ $\frac{16}{3}$ 일

| 유형분석 |

- (정가)=(원가)+(이익), (이익)=(정가)−(원가)

  a원에서 $b\%$ 할인한 가격$=a\times\left(1-\dfrac{b}{100}\right)$

- 원가, 정가, 할인가, 판매가 등의 개념을 명확히 한다.
- 난이도가 어려운 편은 아니지만 비율을 활용한 계산 문제이기 때문에 실수하기 쉽다.

원가의 20%를 추가한 금액을 정가로 하는 제품을 15% 할인해서 50개를 판매한 금액이 127,500원일 때, 이 제품의 원가는?

① 1,500원   ② 2,000원
③ 2,500원   ④ 3,000원
⑤ 3,500원

정답 ③

제품의 원가를 x원이라고 하면, 제품의 정가는 $(1+0.2)x=1.2x$원이고, 판매가는 $1.2x(1-0.15)=1.02x$원이다. 50개를 판매한 금액이 127,500원이므로, 다음과 같은 식이 성립한다.

$1.02x\times50=127,500$

$1.02x=2,550$

$\therefore\ x=2,500$

따라서 제품의 원가는 2,500원이다.

유형풀이 Tip

- 전체 금액을 구하는 것이 아니라 할인된 금액을 구하면 수의 크기도 작아지고, 풀이 과정을 단축시킬 수 있다.

Hard

01   효민이와 준우는 돈을 3회로 나누어 내기로 하고 제습기를 공동으로 구매하였다. 1회에는 둘 중한 사람이 다른 사람보다 많이 내기로 하고, 2회, 3회에는 1회에 많이 낸 사람이 1회보다 25%적게 내고, 적게 낸 사람은 1회보다 2,000원 더 많은 금액을 내기로 했더니 효민이와 준우가 각각부담한 총액이 같았다. 2회에 준우가 낸 금액이 효민이보다 5,000원 많았을 때, 제습기 가격은얼마인가?

① 13만 원   ② 17만 원
③ 19만 원   ④ 26만 원
⑤ 32만 원

02   N씨는 저가항공을 이용하여 비수기에 제주도 출장을 가려고 한다. 1인 기준으로 작년에 비해 비행기 왕복 요금은 20% 내렸고, 1박 숙박비는 15% 올라서 올해의 비행기 왕복 요금과 1박 숙박비합계는 작년보다 10% 증가한 금액인 308,000원이라고 한다. 이때, 1인 기준으로 올해의 비행기왕복 요금은?

① 31,000원   ② 32,000원
③ 33,000원   ④ 34,000원
⑤ 35,000원

03   가정에서 전기를 사용하는데 100kW 단위로 누진세가 70%씩 증가한다. 누진세가 붙지 않게 사용하였을 때 1시간에 300원이라면, 240kW까지 전기를 사용할 때, 얼마를 내야 하는가?(단, 10분에20kW씩 증가하며, 처음에는 0kW로 시작한다)

① 963원   ② 964원
③ 965원   ④ 966원
⑤ 967원

| 유형분석 |

- 1일＝24시간＝1,440(＝24×60)분＝86,400(＝1,440×60)초
- 월별 일수 : 31일－1, 3, 5, 7, 8, 10, 12월
  30일－4, 6, 9, 11월
  28일 또는 29일(윤년, 4년에 1회)－2월
- 날짜 · 요일 단위별 기준이 되는 숫자가 다르므로 실수하지 않도록 유의한다.

어느 해의 3월 2일은 금요일일 때, 한 달 후인 4월 2일은 무슨 요일인가?

① 월요일
② 화요일
③ 수요일
④ 목요일
⑤ 금요일

정답 ①

3월은 31일까지 있고 일주일은 7일이므로, 31÷7＝4 ⋯ 3
따라서 4월 2일은 금요일부터 3일이 지난 월요일이다.

유형풀이 Tip

- 일주일은 7일이므로, 전체 일수를 구한 뒤 7로 나누면 빠르게 해결할 수 있다.
- 날짜와 요일의 단위를 처음부터 정리하여 계산하면 실수 없이 풀이할 수 있다.

01 선웅이는 4일 일한 후 하루 쉬고 정호는 5일 일하고 3일 쉰다고 한다. 500일 동안 두 사람의 휴무일이 같은 날은 모두 며칠인가?(단, 공휴일은 고려하지 않는다)

① 34일   ② 35일
③ 36일   ④ 37일
⑤ 38일

Easy
02 A회사와 B회사의 휴무 간격은 각각 5일, 7일이다. 일요일인 오늘 두 회사가 함께 휴일을 맞았다면, 앞으로 4번째로 함께하는 휴일은 무슨 요일인가?

① 수요일   ② 목요일
③ 금요일   ④ 토요일
⑤ 일요일

03 서진, 현미, 주희는 각각 9일, 11일, 14일 일하고 그 다음 날 하루 쉰다고 한다. 4월 1일에 세 사람이 동시에 쉬었고 그 이후로 세 사람이 처음으로 동시에 쉬는 날 같이 영화를 보기로 하였다. 세 사람이 동시에 영화를 볼 수 있는 날은?

① 5월 31일   ② 5월 30일
③ 5월 29일   ④ 5월 28일
⑤ 5월 27일

| 유형분석 |

- $_nP_m = n \times (n-1) \times \cdots \times (n-m+1)$

  $_nC_m = \dfrac{_nP_m}{m!} = \dfrac{n \times (n-1) \times \cdots \times (n-m+1)}{m!}$
- 벤 다이어그램을 활용한 문제가 출제되기도 한다.

N행은 토요일에 2명의 사원이 당직 근무를 서도록 사칙으로 규정하고 있다. N은행의 A팀에는 8명의 사원이 있다. A팀이 앞으로 3주 동안 토요일 당직 근무를 선다고 할 때, 가능한 모든 경우의 수는?(단, 모든 사원은 당직 근무를 2번 이상 서지 않는다)

① 1,520가지

② 2,520가지

③ 5,040가지

④ 10,080가지

⑤ 20,160가지

정답 ②

8명을 2명씩 3개의 그룹으로 나누는 경우의 수는 $_8C_2 \times _6C_2 \times _4C_2 \times \dfrac{1}{3!} = 28 \times 15 \times 6 \times \dfrac{1}{6} = 420$가지이다.

3개의 그룹을 각각 A, B, C라 하면, 3주 동안 토요일에 근무자를 배치하는 경우의 수는 A, B, C를 일렬로 나열하는 경우의 수와 같으므로 3개의 그룹을 일렬로 나열하는 경우의 수는 $3 \times 2 \times 1 = 6$가지이다.

따라서 가능한 모든 경우의 수는 $420 \times 6 = 2,520$가지이다.

유형풀이 Tip

경우의 수의 합의 법칙과 곱의 법칙 등에 대해 명확히 한다.
1) 합의 법칙
   ① 두 사건 A, B가 동시에 일어나지 않을 때, A가 일어나는 경우의 수를 m, B가 일어나는 경우의 수를 n이라고 하면, 사건 A 또는 B가 일어나는 경우의 수는 $m+n$이다.
   ② '또는', '~이거나'라는 말이 나오면 합의 법칙을 사용한다.
2) 곱의 법칙
   ① A가 일어나는 경우의 수를 m, B가 일어나는 경우의 수를 n이라고 하면, 사건 A와 B가 동시에 일어나는 경우의 수는 $m \times n$이다.
   ② '그리고', '동시에'라는 말이 나오면 곱의 법칙을 사용한다.

01 1 ~ 9까지의 숫자 중에서 서로 다른 3개의 숫자를 택할 때, 각 자리의 수 중 어떤 두 수의 합도 9가 아닌 수를 만들려고 한다. 예를 들어 217은 조건을 만족시키지 않는다고 할 때, 조건을 만족시키는 세 자리 자연수의 개수는?

① 144개   ② 168개
③ 250개   ④ 336개
⑤ 420개

02 A, B 2명이 호텔에 묵으려고 한다. 선택할 수 있는 호텔 방이 301, 302, 303호 3개일 때, 호텔 방을 선택할 수 있는 경우의 수는?(단, 1명당 1개의 방만 선택할 수 있고, 2명 중 1명이 방을 선택을 하지 않거나 2명 모두 방을 선택하지 않을 수도 있다)

① 10가지   ② 11가지
③ 12가지   ④ 13가지
⑤ 14가지

Easy
03 N은행의 마케팅부, 영업부, 영업지원부에서 2명씩 대표로 회의에 참석하기로 하였다. 원탁에 같은 부서 사람이 옆자리에 앉는 방식으로 자리배치를 한다고 할 때, 6명이 앉을 수 있는 경우의 수는?

① 15가지   ② 16가지
③ 17가지   ④ 18가지
⑤ 19가지

PART 1

| 유형분석 |

- 순열(P)과 조합(C)을 활용하는 문제가 많다.
- 조건부 확률 문제가 출제되기도 한다.

주머니에 1부터 10까지의 숫자가 적힌 카드 10장이 들어있다. 주머니에서 카드를 세 번 뽑는다고 할 때, 1, 2, 3이 적힌 카드 중 하나 이상을 뽑을 확률은?(단, 꺼낸 카드는 다시 넣지 않는다)

① $\dfrac{5}{6}$

② $\dfrac{3}{4}$

③ $\dfrac{17}{24}$

④ $\dfrac{11}{24}$

⑤ $\dfrac{7}{24}$

정답 ③

(1, 2, 3이 적힌 카드 중 하나 이상을 뽑을 확률)=1−(세 번 모두 4~10이 적힌 카드를 뽑을 확률)

세 번 모두 4~10이 적힌 카드를 뽑을 확률은 $\dfrac{7}{10} \times \dfrac{6}{9} \times \dfrac{5}{8} = \dfrac{7}{24}$ 이다.

따라서 1, 2, 3이 적힌 카드 중 하나 이상을 뽑을 확률은 $1 - \dfrac{7}{24} = \dfrac{17}{24}$ 이다.

유형풀이 Tip

1) 여사건의 확률
   ① 사건 A가 일어날 확률이 p일 때, 사건 A가 일어나지 않을 확률은 $(1-p)$이다.
   ② '적어도'라는 말이 나오면 주로 사용한다.
2) 확률의 덧셈
   두 사건 A, B가 동시에 일어나지 않을 때, A가 일어날 확률을 p, B가 일어날 확률을 q라고 하면, 사건 A 또는 B가 일어날 확률은 $p+q$이다.
3) 확률의 곱셈
   A가 일어날 확률을 p, B가 일어날 확률을 q라고 하면, 사건 A와 B가 동시에 일어날 확률은 $p \times q$이다.

01 N사는 A, B사로부터 동일한 양의 부품을 공급받는다. A사가 공급하는 부품의 0.1%는 하자가 있는 제품이고, B사가 공급하는 부품은 0.2%가 하자가 있는 제품이다. N사는 공급받은 부품 중 A사로부터 공급받은 부품 50%와 B사로부터 공급받은 부품 80%를 선별하였다. 이 중 한 부품을 검수하였는데 하자가 있는 제품일 때, 그 제품이 B사 부품일 확률은?(단, 선별 후에도 제품의 불량률은 변하지 않는다)

① $\dfrac{15}{21}$ ② $\dfrac{16}{21}$

③ $\dfrac{17}{21}$ ④ $\dfrac{18}{21}$

⑤ $\dfrac{19}{21}$

Easy

02 어느 학교의 3학년 학생은 A과목과 B과목 중 한 과목만을 선택하여 수업을 받는다고 한다. A과목과 B과목을 선택한 학생의 비율이 각각 전체의 40%, 60%이고, A과목을 선택한 학생 중 여학생은 30%, B과목을 선택한 학생 중 여학생은 40%이다. 이 학교의 3학년 학생 중에서 임의로 뽑은 학생이 여학생일 때, 그 학생이 B과목을 선택한 학생일 확률은?

① $\dfrac{3}{4}$ ② $\dfrac{2}{3}$

③ $\dfrac{1}{3}$ ④ $\dfrac{1}{4}$

⑤ $\dfrac{1}{5}$

03 예방접종을 한 사람의 X바이러스 감염률은 0.5%이고 예방접종을 하지 않은 사람의 X바이러스 미감염률은 95%라고 한다. 예방접종률이 80%일 때 X바이러스의 전체 감염률은?

① 3.6% ② 2.5%

③ 1.4% ④ 0.7%

⑤ 0.2%

08 환율

| 유형분석 |

- (환율)$=\dfrac{\text{(자국 화폐 가치)}}{\text{(외국 화폐 가치)}}$
- (자국 화폐 가치)=(환율)×(외국 화폐 가치)
- (외국 화폐 가치)$=\dfrac{\text{(자국 화폐 가치)}}{\text{(환율)}}$

수인이는 베트남 여행을 위해 환전하기로 하였다. 다음은 A환전소의 환전 당일 환율 및 수수료를 나타낸 자료이다. 수인이가 한국 돈으로 베트남 현금 1,670만 동을 환전한다고 할 때, 수수료까지 포함하여 필요한 돈은 얼마인가?(단, 모든 계산과정에서 구한 값은 일의 자리에서 버림한다)

〈A환전소 환율 및 수수료〉

- 베트남 환율 : 483원/만 동
- 수수료 : 0.5%
- 우대사항 : 50만 원 이상 환전 시 70만 원까지 수수료 0.4%로 인하 적용
         100만 원 이상 환전 시 총금액 수수료 0.4%로 인하 적용

① 808,840원 ② 808,940원
③ 809,840원 ④ 809,940원
⑤ 810,040원

정답 ④

베트남 현금 1,670만 동을 환전하기 위해 필요한 한국 돈은 수수료를 제외하고 1,670만 동×483원/만 동=806,610원이다.
우대사항에 따르면 50만 원 이상 환전 시 70만 원까지 수수료가 0.4%로 낮아진다.
그러므로 70만 원에는 수수료가 0.4% 적용되고 나머지는 0.5%가 적용되어 총수수료를 구하면 700,000×0.004+(806,610−700,000)×0.005=2,800+533.05≒3,330원이다.
따라서 수수료를 포함하여 수인이가 원하는 금액을 환전하는 데 필요한 총금액은 806,610+3,330=809,940원이다.

유형풀이 Tip

- 수수료나 우대사항 등 문제에서 요구하는 조건을 놓치지 않도록 주의한다.

01 농구화가 필요한 철수는 현재 한국에서 농구화 가격을 알아보니 250,000원이었고, 너무 비싸다고 생각하여 해외 쇼핑몰에서 직접 구매하려고 한다. 철수가 미국, 중국, 일본, 프랑스, 영국 5개국에서 판매하는 농구화의 가격과 환율을 조사해보니 다음과 같았을 때, 철수는 어느 국가에서 농구화를 가장 저렴하게 구매할 수 있는가?

구분	미국	중국	일본	프랑스	영국
가격	210달러	1,300위안	21,000엔	200유로	170파운드
환율	1달러=1,100원	1위안=160원	100엔=960원	1유로=1,200원	1파운드=1,400원

① 미국   ② 중국
③ 일본   ④ 프랑스
⑤ 영국

02 K씨는 지난 영국출장 때 사용하고 남은 1,400파운드를 주거래 은행인 N은행에서 환전해 이번 독일출장 때 가지고 가려고 한다. N은행에서 고시한 환율은 1파운드당 1,500원, 1유로당 1,200원일 때, K씨가 환전한 유로화는 얼마인가?(단, 국내 은행에서 파운드화에서 유로화로 환전 시 이중환전을 해야 하며, 환전 수수료는 고려하지 않는다)

① 1,700유로   ② 1,750유로
③ 1,800유로   ④ 1,850유로
⑤ 1,900유로

Easy
03 A씨는 태국에서 신용카드로 15,000바트의 기념품을 구매하였다. 카드사에서 적용하는 환율 및 수수료가 다음과 같을 때, A씨가 기념품 비용으로 내야 할 카드 금액은 얼마인가?

〈적용 환율 및 수수료〉

• 태국 환율 : 38.1원/바트
• 해외서비스 수수료 : 0.2%

※ 십 원 미만 절사

① 584,720원   ② 572,640원
③ 566,230원   ④ 561,280원
⑤ 558,110원

| 유형분석 |

- 금융상품을 정확하게 이해하고 문제에서 요구하는 답을 도출해낼 수 있는지 평가한다.
- 단리식, 복리식, 이율, 우대금리, 중도해지, 만기해지 등 조건에 유의해야 한다.

N은행은 '더 커지는 적금'을 새롭게 출시하였다. A씨는 이 적금의 모든 우대금리 조건을 만족하여 이번 달부터 이 상품에 가입하려고 한다. 만기 시 A씨가 받을 수 있는 이자는 얼마인가?(단, 이자 소득에 대한 세금은 고려하지 않으며, $1.025^{\frac{1}{12}} = 1.002$로 계산한다)

〈더 커지는 적금〉

- 가입기간 : 12개월
- 가입금액 : 매월 초 200,000원 납입
- 적용금리 : 기본금리(연 2.1%)+우대금리(최대 연 0.4%p)
- 저축방법 : 정기적립식
- 이자지급방식 : 만기일시지급, 연복리식
- 우대금리 조건
  - 당행 입출금통장 보유 시 : +0.1%p
  - 연 500만 원 이상의 당행 예금상품 보유 시 : +0.1%p
  - 급여통장 지정 시 : +0.1%p
  - 이체실적이 20만 원 이상 시 : +0.1%p

---

① 105,000원   ② 107,000원

③ 108,000원   ④ 111,000원

⑤ 113,000원

모든 우대금리 조건을 만족하므로 최대 연 0.4%p가 기본금리에 적용되어 2.1+0.4=2.5%가 된다.

n개월 후 연복리 이자는 (월납입금)$\times\dfrac{(1+r)^{\frac{1}{12}}\left\{(1+r)^{\frac{n}{12}}-1\right\}}{(1+r)^{\frac{1}{12}}-1}$ —(적립원금)이므로, 다음과 같은 식이 성립한다.

$$200,000\times\dfrac{1.025^{\frac{1}{12}}(1.025-1)}{\left(1.025^{\frac{1}{12}}-1\right)}-200,000\times12$$

$$=200,000\times1.002\times\dfrac{(1.025-1)}{0.002}-2,400,000$$

$$=2,505,000-2,400,000$$

$$=105,000원$$

유형풀이 Tip

1) 단리
   ① 개념 : 원금에만 이자가 발생
   ② 계산 : 이율이 r%인 상품에 원금 a를 총 n번 이자가 붙는 동안 예치한 경우 $a(1+nr)$
2) 복리
   ① 개념 : 원금과 이자에 모두 이자가 발생
   ② 계산 : 이율이 r%인 상품에 원금 a를 총 n번 이자가 붙는 동안 예치한 경우 $a(1+r)^n$
3) 이율과 기간
   ① (월이율)$=\dfrac{(연이율)}{12}$

   ② n개월$=\dfrac{n}{12}$년

4) 예치금의 원리합계
   원금 a원, 연이율 r%, 예치기간 n개월일 때,

   • 단리 예금의 원리합계 : $a\left(1+\dfrac{r}{12}n\right)$

   • 월복리 예금의 원리합계 : $a\left(1+\dfrac{r}{12}\right)^n$

   • 연복리 예금의 원리합계 : $a(1+r)^{\frac{n}{12}}$

5) 적금의 원리합계
   월초 a원씩, 연이율 r%일 때, n개월 동안 납입한다면

   • 단리 적금의 n개월 후 원리합계 : $an+a\times\dfrac{n(n+1)}{2}\times\dfrac{r}{12}$

   • 월복리 적금의 n개월 후 원리합계 : $\dfrac{a\left(1+\dfrac{r}{12}\right)\left\{\left(1+\dfrac{r}{12}\right)^n-1\right\}}{\left(1+\dfrac{r}{12}\right)-1}$

   • 연복리 적금의 n개월 후 원리합계 : $\dfrac{a(1+r)^{\frac{1}{12}}\left\{(1+r)^{\frac{n}{12}}-1\right\}}{(1+r)^{\frac{1}{12}}-1}=\dfrac{a\left\{(1+r)^{\frac{n+1}{12}}-(1+r)^{\frac{1}{12}}\right\}}{(1+r)^{\frac{1}{12}}-1}$

01 한결이가 연이율 1.8%인 1년 만기 월복리 적금 상품에 매월 초 60만 원씩 납입할 때, 만기 시 받는 이자는?(단, $1.0015^{12}=1.018$로 계산하며, 이자 소득에 대한 세금은 고려하지 않는다)

① 10,000원

② 10,200원

③ 10,400원

④ 10,600원

⑤ 10,800원

02 사회초년생인 A씨는 집을 구매하기 위해 매년 말에 1,000만 원씩 저축을 하였다. 그런데 가입 후 6년 초에 사정이 생겨 목돈이 필요하게 되어 저축한 돈을 찾으려고 한다. 이 상품이 연이율 8%, 단리로 계산된다면 A씨가 일시에 받을 수 있는 금액은?

① 5,200만 원

② 5,400만 원

③ 5,800만 원

④ 6,400만 원

⑤ 6,600만 원

`Easy`

03 A고객은 N은행 정기예금을 만기 납입했다. 〈조건〉이 다음과 같을 때, A고객이 받을 이자는 얼마인가?(단, 이자 소득에 대한 세금은 고려하지 않는다)

> **조건**
> • 상품명 : N은행 정기예금
> • 가입자 : 본인
> • 계약기간 : 24개월(만기)
> • 저축방법 : 거치식
> • 저축금액 : 2,000만 원
> • 이자지급방식 : 만기일시지급식, 단리식
> • 기본금리 : 연 0.5%
> • 우대금리 : 거치금액 1,000만 원 이상 시 0.3%p

① 320,000원

② 325,000원

③ 328,500원

④ 330,000원

⑤ 342,000원

04 연 실수령액을 다음과 같이 계산할 때, 연봉이 3,480만 원인 A씨의 실수령액은?(단, 십 원 단위 미만은 절사한다)

- (연 실수령액)=(월 실수령액)×12
- (월 실수령액)=(월 급여)-[(국민연금)+(건강보험료)+(고용보험료)+(장기요양보험료)+(소득세)+(지방세)]
- (국민연금)=(월 급여)×4.5%
- (건강보험료)=(월 급여)×3.12%
- (고용보험료)=(월 급여)×0.65%
- (장기요양보험료)=(건강보험료)×7.38%
- (소득세)=68,000원
- (지방세)=(소득세)×10%

---

① 30,944,400원 ② 31,078,000원

③ 31,203,200원 ④ 32,150,800원

⑤ 32,850,800원

Hard

05 K씨는 주택 구입 자금을 마련하기 위해 N은행의 다양한 예금상품을 살펴보고 있으며 다음은 예금상품에 따른 세부사항이다. 제시된 예금상품 중 세 번째로 높은 금액을 받을 수 있는 상품은 무엇이며, 그 금액의 현재가치는 얼마인가?(단, 세금은 고려하지 않으며 인플레이션 비율은 매년 5%이고 최종 금액은 현재가치로 계산한다. $1.03^3=1.1$, $0.95^2=0.9$, $0.95^3=0.85$이다)

〈예금상품별 세부사항〉

구분	예치금액	가입기간	기본금리
갑 예금	2,000만 원	12개월	연 5%(단리)
을 예금	3,000만 원	24개월	연 2%(단리)
병 예금	2,000만 원	12개월	연 3%(단리)
정 예금	3,000만 원	24개월	연 3%(연복리)
무 예금	2,000만 원	36개월	연 3%(연복리)

	예금 상품	현재가치 금액
①	갑 예금	1,890만 원
②	무 예금	1,870만 원
③	갑 예금	1,870만 원
④	병 예금	1,890만 원
⑤	무 예금	1,890만 원

10 자료계산

| 유형분석 |

- 문제에 주어진 조건과 정보를 활용하여 빈칸에 알맞은 수를 계산해낼 수 있는지 평가한다.

다음은 국내 스포츠 경기 수 현황에 대한 자료이다. 빈칸에 들어갈 수치로 옳은 것은?(단, 각 수치는 매년 일정한 규칙으로 변화한다)

〈연도별 국내 스포츠 경기 수〉

(단위 : 경기)

구분	2019년	2020년	2021년	2022년	2023년	2024년
농구	450	460	420	450	440	460
야구	410	420	400	430	420	
배구	350	360	340	350	340	360
축구	380	390	370	380	370	380

① 400
② 405
③ 410
④ 420
⑤ 425

정답 ⑤

4개 종목 모두 2020년부터 2024년까지 전년 대비 경기 수 추이가 '증가 – 감소 – 증가 – 감소 – 증가'를 반복하고 있으므로 빈칸에 들어갈 수는 420보다 큰 425이다.

유형풀이 Tip

- 빈칸이 여러 개인 경우 계산이 간단한 한두 개의 빈칸의 값을 먼저 찾고, 역으로 대입하여 풀이 시간을 단축한다.
- 금융권 NCS 수리능력의 경우 마지막 자리까지 정확하게 계산하는 것을 요구한다. 따라서 선택지에 주어진 값의 차이가 크지 않다면 어림값을 활용하는 것이 오히려 풀이 속도를 지연시킬 수 있으므로 주의해야 한다.

01 다음은 N은행의 2025년도 1분기 민원 건수를 나타낸 자료이다. 신용카드 민원 건수를 제외한 N은행의 금분기 자체민원과 대외민원의 민원 건수 증감률이 전분기와 비교하여 각각 80%, −40%라고 할 때, 빈칸 (가), (나)에 들어갈 수치의 합으로 옳은 것은?

〈N은행 2025년도 1분기 민원 건수〉

(단위 : 건)

구분		민원 건수	
		금분기	전분기
자체민원	전체 민원	99	71
	신용카드 민원	9	(가)
대외민원	전체 민원	8	13
	신용카드 민원	(나)	3

① 23 ② 24
③ 25 ④ 26
⑤ 27

Easy

02 지수는 백화점에서 60만 원짜리 코트를 7개월 할부로 구매하였다. 할부수수료 및 조건이 다음과 같을 때, 지수가 내야 할 총할부수수료는?(단, 매월 내는 할부금액은 동일한 것으로 가정한다)

〈신용카드 할부수수료〉

(단위 : 연 %)

구분	3개월 미만	3 ~ 5개월	6 ~ 9개월	10 ~ 12개월
수수료율	11	13	15	16

※ (할부수수료)=(할부잔액)×(할부수수료율)÷12

※ (총할부수수료)=(할부원금)×(할부수수료율)×$\left[\dfrac{(\text{할부 개월 수})+1}{2}\right]$÷12

① 20,000원 ② 25,000원
③ 30,000원 ④ 35,000원
⑤ 40,000원

03 다음은 A, B, C학과의 입학 및 졸업자 인원 현황에 대한 자료이다. 빈칸에 들어갈 수치로 옳은 것은?(단, 각 수치는 매년 일정한 규칙으로 변화한다)

〈학과별 입학 및 졸업자 추이〉

(단위 : 명)

구분	A학과		B학과		C학과	
	입학	졸업	입학	졸업	입학	졸업
2020년	70	57	63	50	52	39
2021년	79	66	65	52	56	43
2022년	90	77	58		60	47
2023년	85	72	60	47	50	37
2024년	95	82	62	49	53	40

① 37   ② 45
③ 46   ④ 47
⑤ 49

Hard

04 2025년 상반기 N은행 상품기획팀 입사자 수는 2024년 하반기에 비해 20% 감소하였으며, 2025년 상반기 인사팀 입사자 수는 2024년 하반기 마케팅팀 입사자 수의 2배이고, 영업팀 입사자는 2024년 하반기보다 30명이 늘었다. 2025년 상반기 마케팅팀의 입사자 수는 2025년 상반기 인사팀의 입사자 수와 같다. 2025년 상반기 전체 입사자가 2024년 하반기 대비 25% 증가했을 때, 2024년 하반기 대비 2025년 상반기 인사팀 입사자의 증감률은?

〈N은행 입사자 수〉

(단위 : 명)

구분	마케팅	영업	상품기획	인사	합계
2024년 하반기 입사자 수	50		100		320

① −15%   ② 0%
③ 15%   ④ 25%
⑤ 30%

Easy

05 다음은 외국인 직접투자의 투자건수 비율과 투자금액 비율을 투자규모별로 나타낸 자료이다. 투자 규모 100만 달러 이상인 투자금액 비율과 투자규모 50만 달러 미만인 투자건수 비율을 각각 구하면?

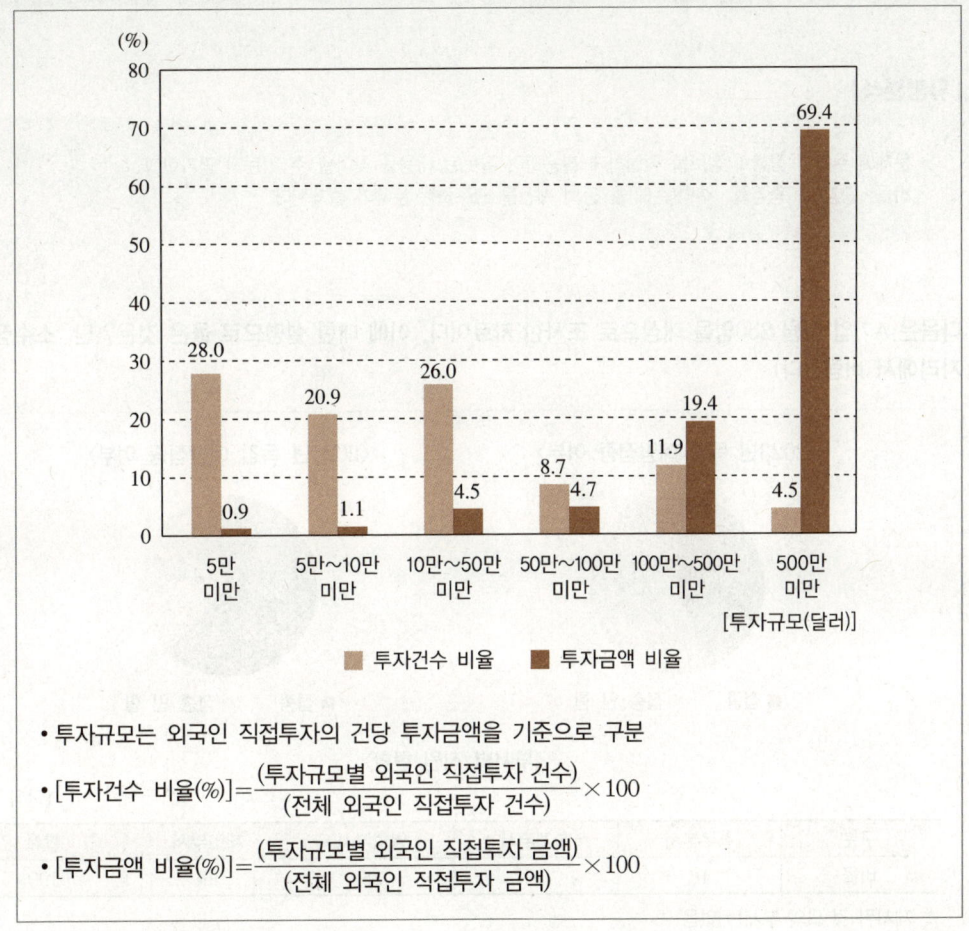

- 투자규모는 외국인 직접투자의 건당 투자금액을 기준으로 구분
- $[투자건수\ 비율(\%)] = \dfrac{(투자규모별\ 외국인\ 직접투자\ 건수)}{(전체\ 외국인\ 직접투자\ 건수)} \times 100$
- $[투자금액\ 비율(\%)] = \dfrac{(투자규모별\ 외국인\ 직접투자\ 금액)}{(전체\ 외국인\ 직접투자\ 금액)} \times 100$

① 66.6%, 62.8%   ② 77.7%, 62.8%

③ 77.7%, 68.6%   ④ 88.8%, 74.9%

⑤ 88.8%, 76.2%

| 유형분석 |

- 문제에 주어진 상황과 정보를 적절하게 활용하여 잘못된 내용을 찾아낼 수 있는지 평가한다.
- 비율·증감폭·증감률·수익(손해)율 등의 계산을 요구하는 문제가 출제된다.

다음은 A기업 직원 250명을 대상으로 조사한 자료이다. 이에 대한 설명으로 옳은 것은?(단, 소수점 첫째 자리에서 버림한다)

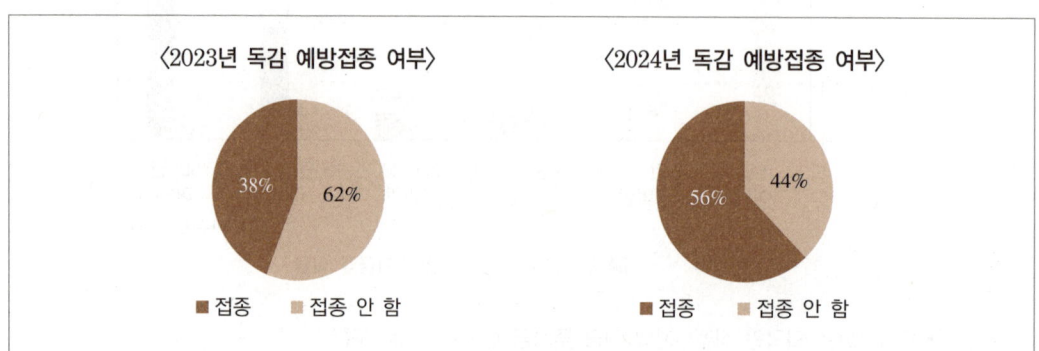

〈2023년 독감 예방접종 여부〉

38% 62%

■ 접종 ■ 접종 안 함

〈2024년 독감 예방접종 여부〉

56% 44%

■ 접종 ■ 접종 안 함

〈부서별 직원 현황〉

(단위 : %)

구분	총무부서	회계부서	영업부서	제조부서	합계
비율	16	12	28	44	100

※ 제시된 것 외의 부서는 없음
※ 2023년과 2024년 부서별 직원 현황은 변동이 없음

① 2023년의 독감 예방접종자가 모두 2024년에도 예방접종을 했다면, 2023년에는 예방접종을 하지 않았지만 2024년에 예방접종을 한 직원은 총 54명이다.
② 2023년 대비 2024년에 예방접종을 한 직원의 수는 49% 이상 증가했다.
③ 2023년의 예방접종을 하지 않은 직원들을 대상으로 2024년의 독감 예방접종 여부를 조사한 자료라고 한다면, 2023년과 2024년 모두 예방접종을 하지 않은 직원은 총 65명이다.
④ 2023년과 2024년의 독감 예방접종 여부가 총무부서에 대한 자료라고 한다면, 총무부서 직원 중 예방접종을 한 직원은 2023년 대비 2024년에 약 7명 증가했다.
⑤ 제조부서를 제외한 모든 부서에서는 직원들이 모두 2024년에 예방접종을 했다고 할 때, 제조부서 직원 중 예방접종을 한 직원의 비율은 2%이다.

정답 ④

총무부서 직원은 총 $250 \times 0.16 = 40$명이다. 2023년과 2024년의 독감 예방접종 여부가 총무부서에 대한 자료라면, 총무부서 직원 중 2023년과 2024년의 예방접종자 수의 비율 차는 $56 - 38 = 18\%$p이다. 따라서 $40 \times 0.18 = 7.2$이므로 2023년 대비 2024년에 약 7명 증가했다.

오답분석

① 2023년 독감 예방접종자 수는 $250 \times 0.38 = 95$명, 2024년 독감 예방접종자 수는 $250 \times 0.56 = 140$명이므로, 2023년에는 예방 접종을 하지 않았지만, 2024년에는 예방접종을 한 직원은 총 $140 - 95 = 45$명이다.

② 2023년의 예방접종자 수는 95명이고, 2024년의 예방접종자 수는 140명이다. 따라서 $\dfrac{140 - 95}{95} \times 100 = 47\%$ 증가했다.

③ 2023년의 예방접종을 하지 않은 직원들을 대상으로 2024년의 독감 예방접종 여부를 조사한 자료라고 한다면, 2023년과 2024년 모두 예방접종을 하지 않은 직원은 총 $250 \times 0.62 \times 0.44 = 68$명이다.

⑤ 제조부서를 제외한 직원은 $250 \times (1 - 0.44) = 140$명이고, 2024년에 예방접종을 한 직원은 $250 \times 0.56 = 140$명이다. 따라서 제조부서 직원 중 예방접종을 한 직원은 없다.

유형풀이 Tip

- $[증감률(\%)] = \dfrac{(비교값) - (기준값)}{(기준값)} \times 100$

  예 N은행의 작년 신입사원 수는 500명이고, 올해는 700명이다. N은행의 전년 대비 올해 신입사원 수의 증가율은?

  $\dfrac{700 - 500}{500} \times 100 = \dfrac{200}{500} \times 100 = 40\%$ → 전년 대비 40% 증가하였다.

  예 N은행의 올해 신입사원 수는 700명이고, 내년에는 350명을 채용할 예정이다. N은행의 올해 대비 내년 신입사원 수의 감소율은?

  $\dfrac{350 - 700}{700} \times 100 = -\dfrac{350}{700} \times 100 = -50\%$ → 올해 대비 50% 감소할 것이다.

01 다음은 N은행에 근무 중인 귀하가 자사의 성과를 평가하기 위해 퇴직연금 시장의 현황을 파악하고자 조사한 퇴직연금사업장 취급실적 현황에 대한 자료이다. 이에 대한 설명으로 옳지 않은 것은?

〈퇴직연금사업장 취급실적 현황〉

(단위 : 건)

구분		합계	확정급여형 (DB)	확정기여형 (DC)	확정급여·기여형 (DB&DC)	IRP 특례
2022년	1/4	152,910	56,013	66,541	3,157	27,199
	2/4	167,458	60,032	75,737	3,796	27,893
	3/4	185,689	63,150	89,571	3,881	29,087
	4/4	203,488	68,031	101,086	4,615	29,756
2023년	1/4	215,962	70,868	109,820	4,924	30,350
	2/4	226,994	73,301	117,808	5,300	30,585
	3/4	235,716	74,543	123,650	5,549	31,974
	4/4	254,138	80,107	131,741	6,812	35,478
2024년	1/4	259,986	80,746	136,963	6,868	35,409
	2/4	263,373	80,906	143,450	6,886	32,131
	3/4	272,455	83,003	146,952	7,280	35,220
	4/4	275,547	83,643	152,904	6,954	32,046

① 퇴직연금을 도입한 사업장 수는 매 분기 꾸준히 증가하고 있다.

② 퇴직연금제도 형태별로는 확정기여형이 확정급여형보다 계약 건수가 많은 것으로 나타난다.

③ 2022 ~ 2024년 분기별 확정급여형 퇴직연금 취급실적은 동기간 IRP 특례의 2배 이상이다.

④ 2024년 4/4분기에 IRP 특례를 제외한 나머지 퇴직연금 취급실적은 모두 전년 동분기 대비 증가하였다.

⑤ 2023년 중 전년 동분기 대비 확정기여형 퇴직연금을 도입한 사업장 수가 가장 많이 증가한 시기는 2/4분기이다.

02 N씨는 퇴직 후 네일아트 전문 뷰티숍을 개점하려고 평소 눈여겨본 지역의 고객 분포를 알아보기 위해 지난 1개월간 네일아트를 받아본 20 ~ 35세 여성 120명을 대상으로 뷰티숍 방문횟수와 직업에 대해 조사하였다. 설문조사 결과가 다음과 같을 때, N씨가 이해한 내용으로 옳은 것은?(단, 복수응답과 무응답은 없다)

〈응답자의 연령대별 방문횟수〉

(단위 : 명)

방문횟수 \ 연령대	20 ~ 25세	26 ~ 30세	31 ~ 35세	합계
1회	22	12	3	37
2 ~ 3회	30	30	4	64
4 ~ 5회	7	5	2	14
6회 이상	1	3	1	5
합계	60	50	10	120

〈응답자의 직업 분포〉

(단위 : 명)

구분	학생	회사원	공무원	전문직	자영업	가정주부	합계
응답자 수	49	47	5	7	9	3	120

① 31 ~ 35세 응답자의 1인당 평균 방문횟수는 2회 미만이다.

② 전체 응답자 중 20 ~ 25세 응답자가 차지하는 비율은 50% 미만이다.

③ 26 ~ 30세 응답자 중 4회 이상 방문한 응답자가 차지하는 비율은 10% 이상이다.

④ 전체 응답자 중 직업이 학생 또는 공무원인 응답자가 차지하는 비율은 50% 이상이다.

⑤ 31 ~ 35세 응답자 중 1회 방문한 응답자가 차지하는 비율은 26 ~ 30세 응답자 중 1회 방문한 응답자가 차지하는 비율보다 5%p 높다.

다음은 2025년 상반기 경상수지 및 무역수지에 대한 자료이다. 이를 바르게 해석한 사람을 모두 고르면?

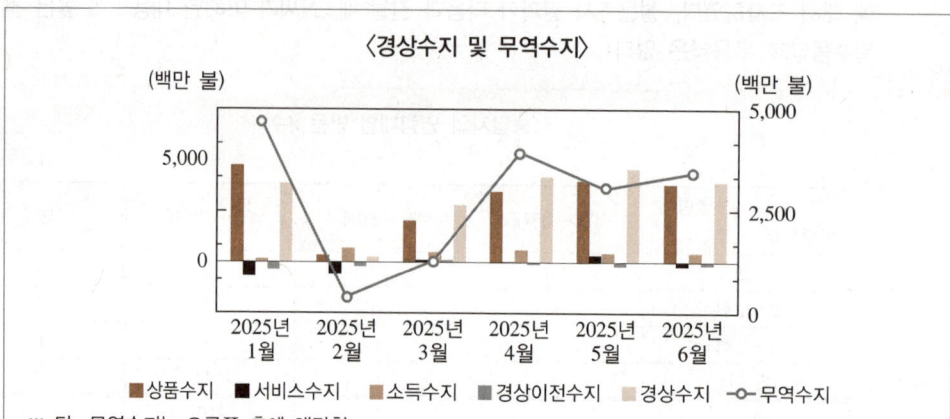

〈경상수지 및 무역수지〉

■ 상품수지 ■ 서비스수지 ■ 소득수지 ■ 경상이전수지 ■ 경상수지 ─○─ 무역수지

※ 단, 무역수지는 오른쪽 축에 해당함

• 상품수지 : 상품 수출과 수입의 차이로, 소유권 이전 기준으로 작성되며 가격조건은 수출입 모두 FOB로 평가 – 일반상품, 가공용 재화, 비화폐용금수지로 세분
• 서비스수지 : 서비스 수출과 수입의 차이로, 운수, 여행, 통신서비스, 보험서비스, 특허권 등 사용료, 사업서비스, 정부서비스 및 기타수지로 세분
• 소득수지 : 비거주자 노동자에게 지급되는 급료 및 임금, 대외 금융자산 및 부채와 관련된 투자소득이 포함
• 경상이전수지 : 개인송금, 국제기구 출연금 및 구호를 위한 식량, 의약품 등의 무상원조가 포함

난정 : 미국에서 유학 중인 수현이가 부모님으로부터 학비를 받았다면, 이는 소득수지에 해당한다.
희수 : 조사기간 동안 상품수지는 항상 흑자였다.
소정 : 대외 금융자산 및 부채와 관련된 투자소득이 0이라고 할 때, 우리나라에 있는 외국인 노동자에게 지급되는 임금 총량보다 외국에 있는 우리나라 노동자에게 지급되는 임금 총량이 더 크다.
만호 : 2025년 2월에 무역수지는 적자였다.

① 난정, 희수
② 난정, 소정
③ 희수, 소정
④ 희수, 만호
⑤ 소정, 만호

04 다음은 2019 ~ 2024년 관광통역 안내사 자격증 취득 현황에 대한 자료이다. 이에 대한 〈보기〉의 설명 중 옳지 않은 것을 모두 고르면?

<관광통역 안내사 자격증 취득 현황>

(단위 : 명)

구분	영어	일어	중국어	불어	독어	스페인어	러시아어	베트남어	태국어
2019년	150	353	370	2	2	1	5	2	3
2020년	165	270	698	2	2	2	3	–	12
2021년	235	245	1,160	3	4	3	5	4	8
2022년	380	265	2,469	3	2	4	6	14	35
2023년	345	137	1,963	7	3	4	5	5	17
2024년	460	150	1,350	6	2	3	6	5	15
합계	1,735	1,420	8,010	23	15	17	30	30	90

보기

ㄱ. 영어와 스페인어 관광통역 안내사 자격증 취득자 수는 2020년부터 2024년까지 매년 증가하였다.

ㄴ. 2024년 중국어 관광통역 안내사 자격증 취득자 수는 일어 관광통역 안내사 자격증 취득자 수의 9배이다.

ㄷ. 2021년과 2022년의 태국어 관광통역 안내사 자격증 취득자 수 대비 베트남어 관광통역 안내사 자격증 취득자 수의 비율 차이는 10%p이다.

ㄹ. 불어 관광통역 안내사 자격증 취득자 수와 독어 관광통역 안내사 자격증 취득자 수는 2020년부터 2024년까지 전년 대비 증감 추이가 같다.

① ㄱ, ㄴ
② ㄱ, ㄹ
③ ㄴ, ㄹ
④ ㄱ, ㄷ, ㄹ
⑤ ㄴ, ㄷ, ㄹ

| 유형분석 |

- 그래프의 형태별 특징을 파악하고, 다양한 종류로 변환하여 표현할 수 있는지 평가한다.
- 수치를 일일이 확인하기보다 증감 추이를 먼저 판단한 후 그래프 모양이 크게 차이 나는 곳의 수치를 확인하는 것이 효율적이다.

다음은 2020 ~ 2024년 N기업의 매출표에 대한 자료이다. 이를 변환한 그래프로 옳은 것은?

⟨N기업 매출표⟩

(단위 : 억 원)

구분	2020년	2021년	2022년	2023년	2024년
매출액	1,485	1,630	1,410	1,860	2,055
매출원가	1,360	1,515	1,280	1,675	1,810
판관비	30	34	41	62	38

※ (영업이익)=(매출액)−[(매출원가)+(판관비)]
※ (영업이익률)=(영업이익)÷(매출액)×100

① 2020 ~ 2024년 영업이익

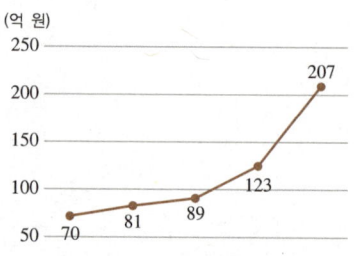

② 2020 ~ 2024년 영업이익

③ 2020 ~ 2024년 영업이익률

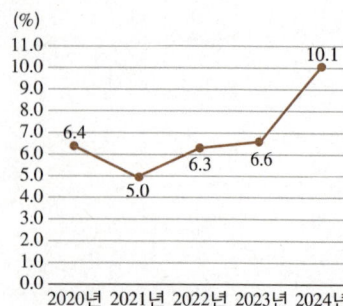

④ 2020 ~ 2024년 영업이익률

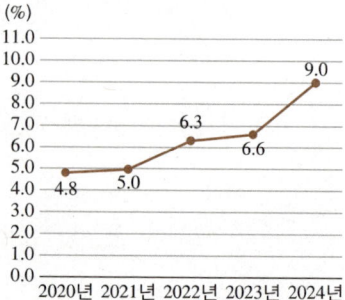

⑤ 2020 ~ 2024년 영업이익률

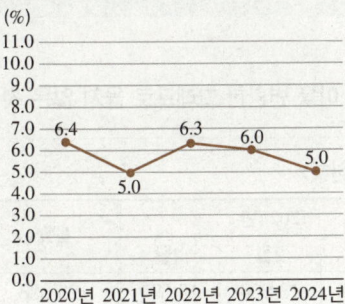

정답 ③

연도별 영업이익과 영업이익률은 다음과 같다.

(단위 : 억 원)

구분	2020년	2021년	2022년	2023년	2024년
매출액	1,485	1,630	1,410	1,860	2,055
매출원가	1,360	1,515	1,280	1,675	1,810
판관비	30	34	41	62	38
영업이익	95	81	89	123	207
영업이익률	6.4%	5.0%	6.3%	6.6%	10.1%

따라서 연도별 영업이익률을 그래프로 바르게 변환한 것은 ③이다.

유형풀이 Tip

그래프의 종류

종류	내용
선 그래프	시간적 추이(시계열 변화)를 표시하고자 할 때 적합 예 연도별 매출액 추이 변화
막대 그래프	수량 간의 대소관계를 비교하고자 할 때 적합 예 영업소별 매출액
원 그래프	내용의 구성비를 분할하여 나타내고자 할 때 적합 예 제품별 매출액 구성비
층별 그래프	합계와 각 부분의 크기를 백분율로 나타내고 시간적 변화를 보고자 할 때 적합 예 상품별 매출액 추이
점 그래프	지역분포를 비롯한 기업 등의 평가나 위치, 성격을 표시하고자 할 때 적합 예 광고비율과 이익률의 관계
방사형 그래프	다양한 요소를 비교하고자 할 때 적합 예 매출액의 계절변동

01 다음은 월별 장병내일준비적금 가입 현황에 대한 자료이다. 이를 변환한 그래프로 옳지 않은 것은?

<장병내일준비적금 가입 현황>

구분	2023년			2024년			합계
	10월	11월	12월	1월	2월	3월	
가입자 수(명)	18,127	30,196	24,190	16,225	18,906	15,394	123,038
가입계좌 수(개)	23,315	39,828	32,118	22,526	25,735	20,617	164,139
가입금액(백만 원)	4,361	7,480	5,944	4,189	4,803	3,923	30,700

① 2023년 10월 ~ 2024년 3월 동안 적금 가입자 수와 가입금액 현황

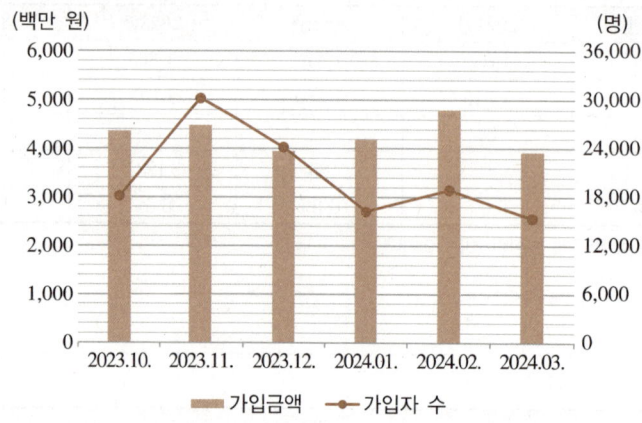

② 2023년 10월 ~ 2024년 3월 동안 적금 가입자 수와 가입계좌 수 현황

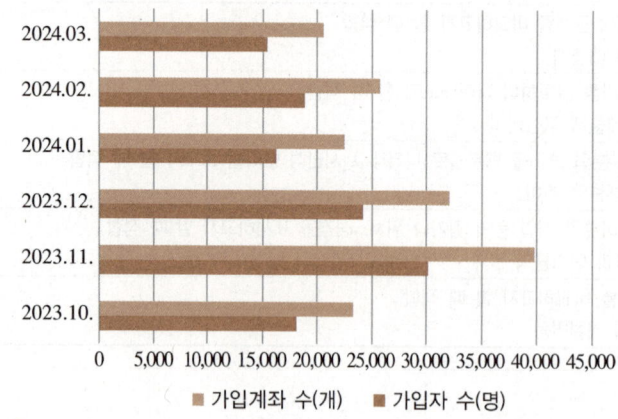

③ 2023년 10월~2024년 3월 동안 적금 가입계좌 수와 가입금액 현황

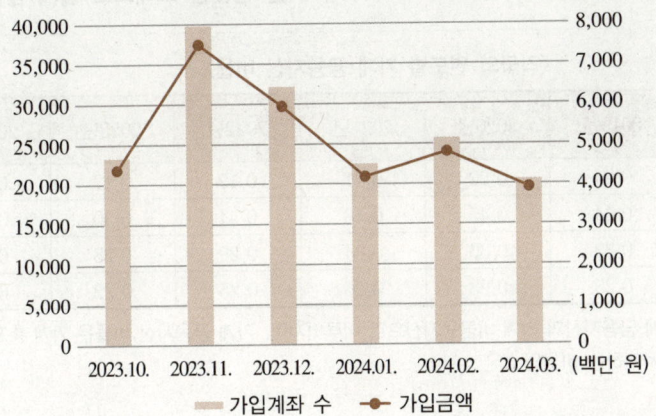

④ 2023년 10월~2023년 12월 동안 적금 가입자 수, 가입계좌 수, 가입금액 현황

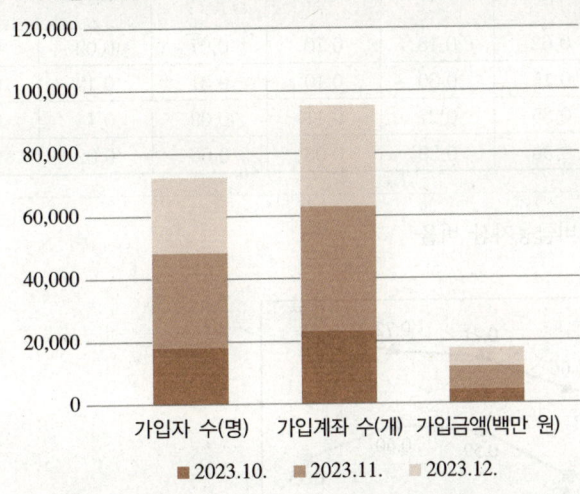

⑤ 2024년 1월~2024년 3월 동안 적금 가입자 수, 가입계좌 수, 가입금액 현황

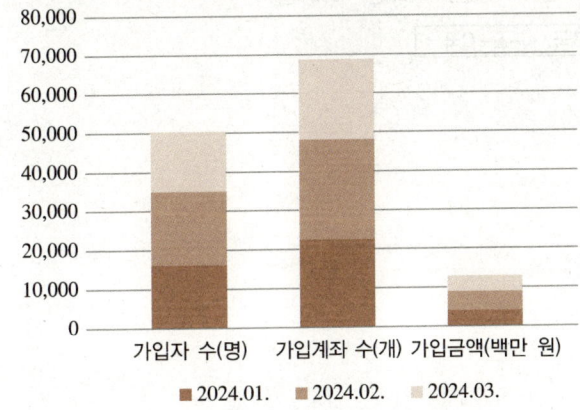

다음은 가계 금융자산에 대한 국가별 비교 자료이다. 이를 변환한 그래프로 옳지 않은 것은?

〈각국의 연도별 가계 금융자산 비율〉

국가＼연도	2019년	2020년	2021년	2022년	2023년	2024년
A	0.24	0.22	0.21	0.19	0.17	0.16
B	0.44	0.45	0.48	0.41	0.40	0.45
C	0.39	0.36	0.34	0.29	0.28	0.25
D	0.25	0.28	0.26	0.25	0.22	0.21

※ 가계 총자산은 가계 금융자산과 가계 비금융자산으로 이루어지며, 가계 금융자산 비율은 가계 총자산 대비 가계 금융자산이 차지하는 비율임

〈2024년 각국의 가계 금융자산 구성비〉

국가＼가계 금융자산	예금	보험	채권	주식	투자신탁	기타
A	0.62	0.18	0.10	0.07	0.02	0.01
B	0.15	0.30	0.10	0.31	0.12	0.02
C	0.35	0.27	0.11	0.09	0.14	0.04
D	0.56	0.29	0.03	0.06	0.02	0.04

① 연도별 B국과 C국 가계 비금융자산 비율

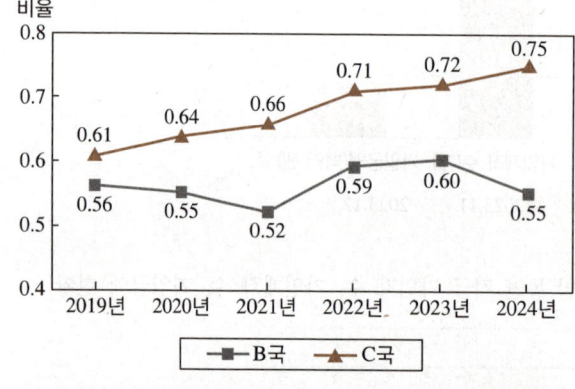

② 2021년 각국의 가계 총자산 구성비

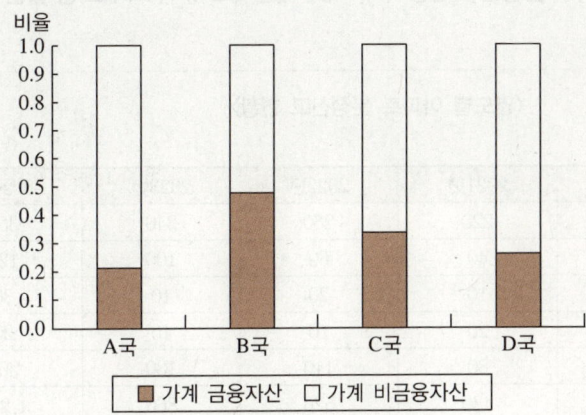

③ 2024년 C국의 가계 금융자산 구성비

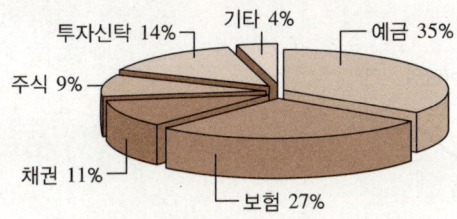

④ 2024년 각국의 가계 총자산 대비 예금 구성비

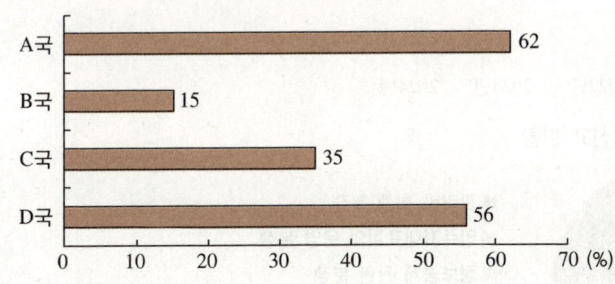

⑤ 2024년 A국과 D국의 가계 금융자산 대비 보험, 채권, 주식 구성비

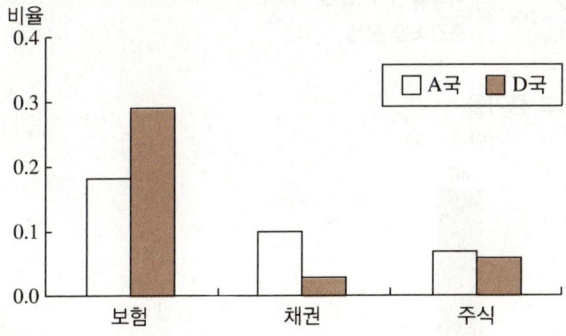

03 다음은 N지역의 연도별 아파트 분쟁신고 현황이다. 이에 대한 〈보기〉의 그래프 중 옳은 것을 모두 고르면?

〈연도별 아파트 분쟁신고 현황〉

(단위 : 건)

구분	2021년	2022년	2023년	2024년
관리비 회계 분쟁	220	280	340	350
입주자대표회의 운영 분쟁	40	60	100	120
정보공개 관련 분쟁	10	20	10	30
하자처리 분쟁	20	10	10	20
여름철 누수 분쟁	80	110	180	200
층간소음 분쟁	430	520	860	1,280

보기

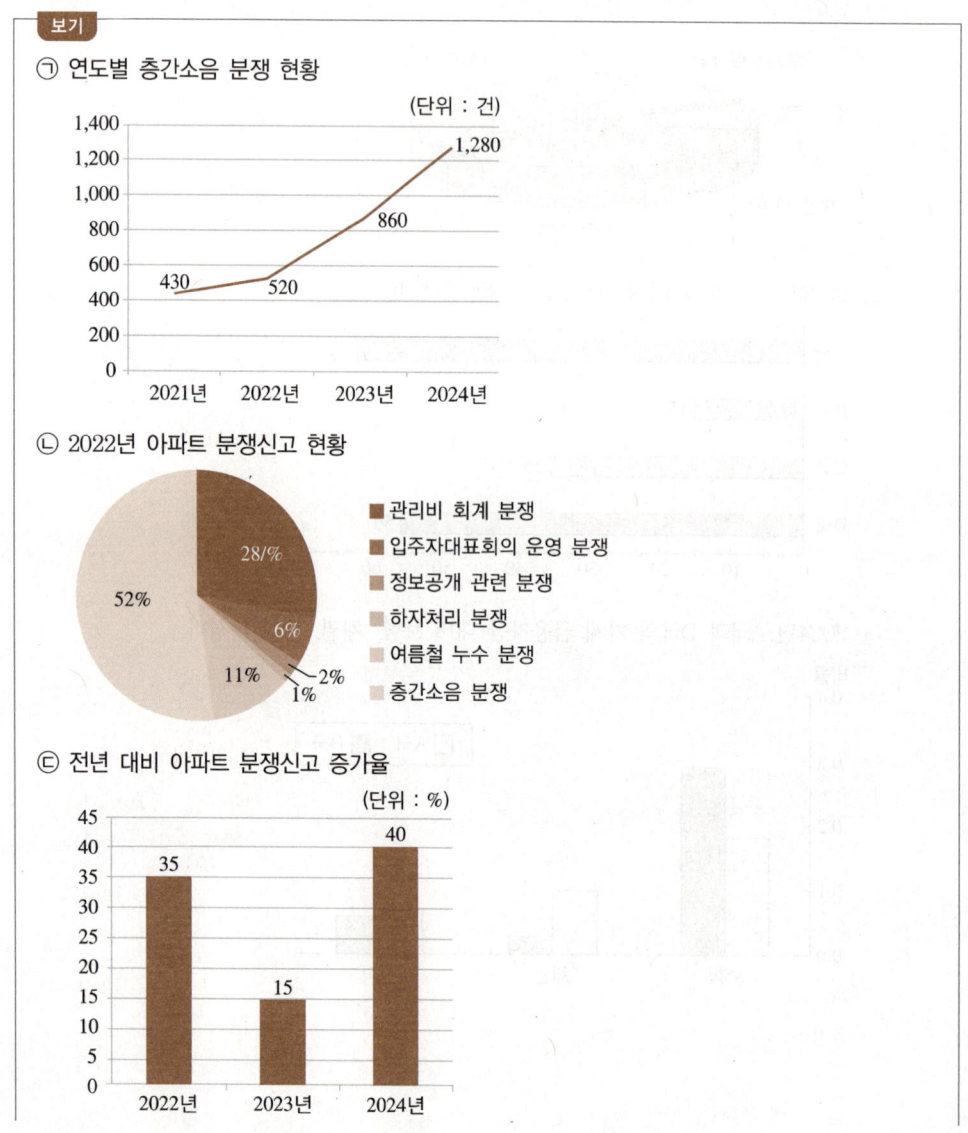

㉠ 연도별 층간소음 분쟁 현황

㉡ 2022년 아파트 분쟁신고 현황

㉢ 전년 대비 아파트 분쟁신고 증가율

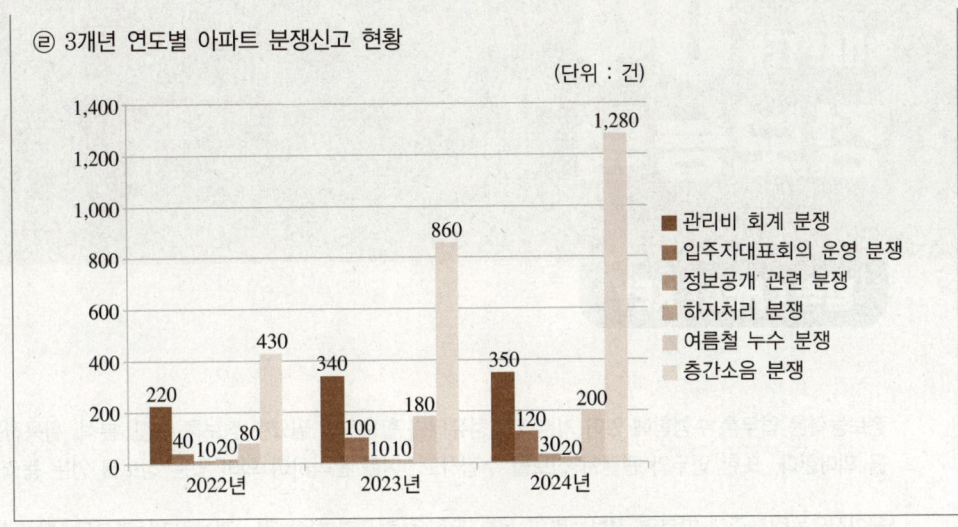

ⓔ 3개년 연도별 아파트 분쟁신고 현황

(단위 : 건)

■ 관리비 회계 분쟁
■ 입주자대표회의 운영 분쟁
■ 정보공개 관련 분쟁
■ 하자처리 분쟁
■ 여름철 누수 분쟁
■ 층간소음 분쟁

① ㉠, ㉡
② ㉠, ㉢
③ ㉡, ㉢
④ ㉡, ㉣
⑤ ㉢, ㉣

CHAPTER 04
정보능력

합격 CHEAT KEY

정보능력은 업무를 수행함에 있어 기본적인 컴퓨터를 활용하여 필요한 정보를 수집, 분석, 활용하는 능력을 의미한다. 또한 업무와 관련된 정보를 수집하고, 이를 분석하여 의미 있는 정보를 얻는 능력이다.

국가직무능력표준에 따르면 정보능력의 세부 유형은 컴퓨터활용능력·정보처리능력으로 나눌 수 있다.

정보능력은 NCS 기반 채용을 진행한 기업 중 52% 정도가 다뤘으며, 문항 수는 전체에서 평균 약 6% 출제되었다.

01 평소에 컴퓨터활용 스킬을 틈틈이 익혀라!

윈도우(OS)에서 어떠한 설정을 할 수 있는지, 응용프로그램(엑셀 등)에서 어떠한 기능을 활용할 수 있는지를 평소에 직접 사용해 본다면 문제를 보다 수월하게 해결할 수 있다. 여건이 된다면 컴퓨터활용능력에 관련된 자격증 공부를 하는 것도 이론과 실무를 익히는 데 도움이 될 것이다.

02 문제의 규칙을 찾는 연습을 하라!

일반적으로 코드체계나 시스템 논리체계를 제공하고 이를 분석하여 문제를 해결하는 유형이 출제된다. 이러한 문제는 문제해결능력과 같은 맥락으로 규칙을 파악하여 접근하는 방식으로 연습이 필요하다.

03　**현재 보고 있는 그 문제에 집중하자!**

정보능력의 모든 것을 공부하려고 한다면 양이 너무나 방대하다. 그렇기 때문에 수험서에서 본인이 현재 보고 있는 문제들을 집중적으로 공부하고 기억하려고 해야 한다. 또한 엑셀의 함수 수식, 연산자 등 암기를 필요로 하는 부분들은 필수로 암기하여 출제가 되었을 때 오답률을 낮출 수 있도록 해야 한다.

04　**사진 · 그림을 기억하자!**

컴퓨터활용능력을 파악하는 영역이다 보니 컴퓨터 속 옵션, 기능, 설정 등의 사진 · 그림이 문제에 같이 나오는 경우들이 있다. 그런 부분들은 직접 컴퓨터를 통해서 하나하나 확인을 하면서 공부한다면 더 기억에 잘 남게 된다. 조금 귀찮더라도 한 번씩 클릭하면서 확인해 보도록 한다.

01 정보이해

| 유형분석 |

- 정보능력 전반에 대한 이해를 확인하는 문제이다.
- 정보능력 이론이나 새로운 정보 기술에 대한 문제가 자주 출제된다.

다음 중 정보처리 절차에 대한 설명으로 옳지 않은 것은?

① 정보처리는 '기획 – 수집 – 활용 – 관리'의 순서로 이루어진다.

② 다양한 정보원으로부터 목적에 적합한 정보를 수집해야 한다.

③ 정보 활용 시에는 합목적성 외에도 합법성이 고려되어야 한다.

④ 정보 관리 시에 고려해야 할 3요소는 목적성, 용이성, 유용성이다.

⑤ 정보의 기획은 정보의 입수대상, 주제, 목적 등을 고려하여 전략적으로 이루어져야 한다.

정답 ①

정보처리는 '기획 – 수집 – 관리 – 활용' 순서로 이루어진다.

오답분석

② 다양한 정보원으로부터 합목적적 정보를 수집하는 것이 바람직하다.

③ 정보윤리가 강조되고 있는 만큼 합목적성과 합법성을 모두 고려해야 한다.

④ 정보 관리 시 고려 요소 3가지는 목적성, 용이성, 유용성이다.

⑤ 전략적 기획은 정보수집의 첫 단계로서 정보처리 과정 전반에 필요한 전략적 계획수립 단계이다.

유형풀이 Tip

- 자주 출제되는 정보능력 이론을 확인하고, 확실하게 암기해 두어야 한다.
- 4차 산업혁명과 관련된 새로운 ICT 기술 이슈를 틈틈이 체크해 두어야 한다.

01 다음 중 SQL 및 NoSQL에 대한 설명으로 옳지 않은 것은?

① NoSQL 데이터베이스에는 구조화되지 않은 데이터를 위한 동적 스키마가 있다.

② SQL 데이터베이스는 구조화 쿼리 언어(SQL)를 사용하며 미리 정의된 스키마가 있다.

③ SQL 데이터베이스는 수직적 확장이 가능한 반면, NoSQL 데이터베이스는 수평적 확장이 가능하다.

④ SQL 데이터베이스는 관계형 데이터베이스이고, NoSQL 데이터베이스는 비관계형 데이터베이스이다.

⑤ SQL 데이터베이스는 문서나 JSON과 같은 비정형 데이터에 더 적합한 반면, NoSQL은 다중 행 트랜잭션에 더 적합하다.

02 다음 빈칸에 공통으로 들어갈 용어로 옳은 것은?

> _____은/는 '언제 어디에나 존재한다.'는 뜻의 라틴어로, 사용자가 컴퓨터나 네트워크를 의식하지 않고 장소에 상관없이 자유롭게 네트워크에 접속할 수 있는 환경을 말한다. 그리고 컴퓨터 관련 기술이 생활 구석구석에 스며들어 있음을 뜻하는 '퍼베이시브 컴퓨팅(Pervasive Computing)'과 같은 개념이다.
> _____화가 이루어지면 가정 · 자동차는 물론, 심지어 산 꼭대기에서도 정보기술을 활용할 수 있고, 네트워크에 연결되는 컴퓨터 사용자의 수도 늘어나 정보기술산업의 규모와 범위도 그만큼 커지게 된다. 그러나 _____ 네트워크가 이루어지기 위해서는 광대역통신과 컨버전스 기술의 일반화, 정보기술 기기의 저가격화 등 정보기술의 고도화가 전제되어야 한다. _____은/는 휴대성과 편의성뿐 아니라 시간과 장소에 구애받지 않고도 네트워크에 접속할 수 있다는 장점 때문에 현재 세계적인 개발 경쟁이 일고 있다.

① 유비쿼터스(Ubiquitous)　　　　② AI(Artificial Intelligence)

③ 딥 러닝(Deep Learning)　　　　④ 블록체인(Block Chain)

⑤ P2P(Peer to Peer)

유형분석

- 업무수행에 필요한 스프레드 시트(엑셀)의 사용법을 이해하고 활용할 수 있는지 평가한다.
- 주로 스프레드 시트의 기능, 함수와 관련된 문제가 출제된다.
- 대표적인 엑셀 함수(COUNTIF, ROUND, MAX, SUM, COUNT, AVERAGE …)에 대한 사전 학습이 요구된다.

다음 중 엑셀에 제시된 함수식의 결괏값으로 옳지 않은 것은?

	A	B	C	D	E	F
1						
2		120	200	20	60	
3		10	60	40	80	
4		50	60	70	100	
5						
6		함수식			결괏값	
7		=MAX(B2:E4)			A	
8		=MODE(B2:E4)			B	
9		=LARGE(B2:E4,3)			C	
10		=COUNTIF(B2:E4,E4)			D	
11		=ROUND(B2,−1)			E	
12						

① A=200
② B=60
③ C=100
④ D=1
⑤ E=100

정답 ⑤

ROUND 함수는 지정한 자릿수를 반올림하는 함수이다. 함수식에서 '−1'은 일의 자리를 뜻하며, '−2'는 십의 자리를 뜻한다. 여기서 '−' 기호를 빼면 소수점 자리로 인식한다. 따라서 일의 자리를 반올림하기 때문에 결괏값은 120이다.

유형풀이 Tip

- 문제 상황에 필요한 엑셀 함수가 무엇인지 파악한 후 선택지에서 적절한 함수식을 골라 식을 만들어야 한다.
- 대표적인 엑셀 함수와 풀이 방법에 대해 사전에 학습해두면 문제를 빠르게 해결할 수 있다.

01 다음은 A국과 B국의 매월 물가지수 동향에 대한 자료이다. [E2] 셀에 "=ROUND(D2,−1)"을 입력하였을 때, 출력되는 값은?

◢	A	B	C	D	E
1		A국	B국	평균 판매지수	
2	2024년 1월	122.313	112.36	117.3365	
3	2024년 2월	119.741	110.311	115.026	
4	2024년 3월	117.556	115.379	116.4675	
5	2024년 4월	124.739	118.652	121.6955	
6	⋮	⋮	⋮	⋮	
7					

① 100

② 105

③ 110

④ 115

⑤ 120

Hard

02 N사에 근무하는 D사원은 다음 시트와 같이 [D2:D7] 영역에 사원들의 업무지역별 코드번호를 입력하였다. D사원이 [D2] 셀에 입력한 수식으로 옳은 것은?

◢	A	B	C	D	E	F	G
1	성명	부서	업무지역	코드번호		업무지역별 코드번호	
2	김수로	총무부	서울	1		서울	1
3	이경제	인사부	부산	4		경기	2
4	박선하	영업부	대구	5		인천	3
5	이지현	인사부	광주	8		부산	4
6	김일수	총무부	울산	6		대구	5
7	서주완	기획부	인천	3		울산	6
8						대전	7
9						광주	8

① =VLOOKUP(C2,$F$2:$G$9,1,0)

② =VLOOKUP(C2,$F$2:$G$9,2,0)

③ =HLOOKUP(C2,$F$2:$G$9,1,0)

④ =HLOOKUP(C2,$F$2:$G$9,2,0)

⑤ =INDEX($F$2:$G$9,2,1)

※ 병원에서 근무하는 A씨는 건강검진 관리 현황을 정리하고 있다. 이어지는 질문에 답하시오. [3~4]

◢	A	B	C	D	E	F
1	〈건강검진 관리 현황〉					
2	이름	검사구분	주민등록번호	검진일	검사항목 수	성별
3	강민희	종합검진	960809-2******	2024-11-12	18	
4	김범민	종합검진	010323-3******	2024-03-13	17	
5	조현진	기본검진	020519-3******	2024-09-07	10	
6	최진석	추가검진	871205-1******	2024-11-06	6	
7	한기욱	추가검진	980228-1******	2024-04-22	3	
8	정소희	종합검진	001015-4******	2024-02-19	17	
9	김은정	기본검진	891025-2******	2024-10-14	10	
10	박미옥	추가검진	011002-4******	2024-07-21	5	

Easy

03 다음 중 2024년 하반기에 검진받은 사람의 수를 확인하고자 할 때, 사용해야 할 함수는?

① COUNT
② COUNTA
③ SUMIF
④ MATCH
⑤ COUNTIF

04 다음 중 주민등록번호를 통해 성별을 구분하려고 할 때, 각 셀에 필요한 함수식으로 옳은 것은?

① F3 : =IF(AND(MID(C3,8,1)="2",MID(C3,8,1)="4"),"여자","남자")
② F4 : =IF(AND(MID(C4,8,1)="2",MID(C4,8,1)="4"),"여자","남자")
③ F6 : =IF(OR(MID(C6,8,1)="2",MID(C6,8,1)="3"),"남자","여자")
④ F7 : =IF(OR(MID(C7,8,1)="2",MID(C7,8,1)="4"),"여자","남자")
⑤ F9 : =IF(OR(MID(C9,8,1)="1",MID(C9,8,1)="3"),"여자","남자")

Hard

05 다음 〈조건〉에 따라 작성된 엑셀 시트에 사용된 수식에 대한 설명으로 옳은 것을 〈보기〉에서 모두 고르면?

조건

- 평균 [G4:G8]은 3 ~ 7월까지의 사원 상점의 평균이다.
- 순위 [H4:H8]은 평균을 기준으로 내림차순으로 구한 등수이다.
- 비고 [I4:I8]은 순위가 1 ~ 3이면 "우수 사원"이고, 그 외에는 공백이다.
- 합계 [B9:F9]는 월별 사원 상점의 합이다.
- 누적 합계 [B10:F10]은 합계의 누적이다.
- [G4:I8] 셀은 [G4:I4] 셀에 수식을 각각 입력한 후 '자동 채우기'를 실행한다.
- [B9:F10] 셀은 [B9:B10] 셀에 수식을 각각 입력한 후 '자동 채우기'를 실행한다.

▲	A	B	C	D	E	F			
1				〈우수 사원 현황〉					
3	이름	3월	4월	5월	6월	7월	평균	순위	비고
4	○준범	2	14	5	5	20	9.2	2	우수 사원
5	○지연	5	20	8	6	2	8.2	4	
6	○민호	4	20	7	4	1	7.2	5	
7	○예진	4	12	10	7	15	9.6	1	우수 사원
8	○윤성	5	10	10	8	10	8.6	3	우수 사원
9	합계	20	76	40	30	48			
10	누적 합계	20	96	136	166	214			

보기

ㄱ. [G4] 셀은 '=AVERAGE(B4:F8)'로 구할 수 있다.

ㄴ. [H4] 셀은 '=RANK(G4,$G$4:$G$8)'로 구할 수 있다.

ㄷ. [I4] 셀은 '=IF(H4>=3, "우수 사원", "")'로 구할 수 있다.

ㄹ. [B10] 셀은 '=SUM($B$9:B9)'로 구할 수 있다.

① ㄱ, ㄴ   ② ㄱ, ㄷ

③ ㄴ, ㄷ   ④ ㄴ, ㄹ

⑤ ㄷ, ㄹ

03 프로그램 언어(코딩)

| 유형분석 |

- 업무수행에 필요한 프로그램 언어(코딩)을 정확하게 이해하고 있는지 평가한다.
- 주로 주어진 규칙을 적용하여 새로운 코드번호를 만들거나 만들어진 코드번호를 해석하는 등의 문제가 출제된다.
- 기출복원문제를 통해 빈번하게 출제되는 프로그램 언어(코딩) 문제 유형에 대한 사전 학습이 요구된다.

다음 프로그램의 실행 결과가 0이 되기 위해 빈칸 A에 들어갈 수는?

```
#include ⟨stdio.h⟩

Int main( ) {
    Int i;
    Int n=37;

    I=n%10;
    I −=[   A   ]
    }
    Printf("%dWn", i);

Return 0;
}
```

① 1   ② 3
③ 5   ④ 7
⑤ 9

정답 ④

n이 37이고, 10으로 나눈 나머지(i)는 7이다.
i−=A는 i=i−A를 의미한다.
i=7−A가 0이 되려면 A는 7이 되어야 한다.

유형풀이 Tip

- 주어진 실행 프로그램을 확인한 후 핵심 키워드를 파악한 다음 문제에서 요구하는 내용을 도출해낸다.
- 대표적인 프로그램 언어와 풀이 방법에 대해 사전에 학습해두면 문제를 빠르게 해결할 수 있다.

01 다음 프로그램의 실행 결과로 옳은 것은?

```
public class test {
        public static void main(String[ ] args) {
                int i=0;
                int sum=0;

                while(i<10) {
                        i++;
                        if(i%2==1)
                                continue;
                        sum +=i;
                }
                System.out.println(sum);
        }
}
```

① 10   ② 20

③ 30   ④ 40

⑤ 50

`Easy`

02 다음 중첩 반복문을 실행할 때 "Do all one can"이 출력되는 횟수는 총 몇 번인가?

```
for ( i=0; i<4; i++)
{
for ( j=0; j<6; j++)
{
printf("Do all one can₩n");
}
}
```

① 4번   ② 6번

③ 18번   ④ 21번

⑤ 24번

03 다음 C 프로그램의 실행 결과 p의 값으로 옳은 것은?

```c
#include <stdio.h>
int main()
{
    int x, y, p;
    x=3;
    y=x++;
    printf("x=%d y=%d\n", x, y);
    x=10;
    y=++x;
    printf("x=%d y=%d\n", x, y);
    y=++;
    p=x+y;
    printf("x=%d y=%d\n", x, y);
    printf("p=%d\n", p);
    return 0;
}
```

① p=22   ② p=23
③ p=24   ④ p=25
⑤ p=26

04 다음 파이썬 프로그램의 실행 결과로 옳은 것은?

```python
a=0
for i in range(1, 11, 2):
    a +=i
print (a)
```

① 1   ② 2
③ 11   ④ 21
⑤ 25

05 다음 프로그램의 실행 결과로 옳은 것은?

```c
#include <stdio.h>

int main(){
        int i=4;
        int k=2;
        switch(i) {
                case 0:
                case 1:
                case 2:
                case 3: k=0;
                case 4: k+=5;
                case 5: k-=20;
                default: k++;
        }
        printf("%d", k);
}
```

① 12   ② -12

③ 10   ④ -10

⑤ -11

CHAPTER 05
자원관리능력

합격 CHEAT KEY

자원관리능력은 현재 NCS 기반 채용을 진행하는 많은 금융권에서 핵심영역으로 자리 잡아, 일부를 제외한 대부분의 시험에서 출제 영역으로 꼽히고 있다. 전체 문항수의 10 ~ 15% 비중으로 출제되고 있고, 난이도가 상당히 높기 때문에 NCS를 치를 수험생이라면 반드시 준비해야 할 필수 과목이다.

실제 시험 기출 키워드를 살펴보면 비용 계산, 해외파견 지원금 계산, 주문 제작 단가 계산, 일정 조율, 일정 선정, 행사 대여 장소 선정, 최단거리 구하기, 시차 계산, 소요시간 구하기, 해외파견 근무 기준에 부합한 또는 부합하지 않는 직원 고르기 등 크게 자원계산, 자원관리 문제유형이 출제된다. 대표유형을 바탕으로 응용되는 방식의 문제가 출제되고 있기 때문에 비슷한 유형을 계속해서 풀어보면서 감을 익히는 것이 중요하다.

01 시차를 먼저 계산하자!

시간자원관리문제의 대표유형 중 시차를 계산하여 일정에 맞는 항공권을 구입하거나 회의시간을 구하는 문제에서는 각각의 나라 시간을 한국 시간으로 전부 바꾸어 계산하는 것이 편리하다. 조건에 맞는 나라들의 시간을 전부 한국 시간으로 바꾸고 한국 시간과의 시차만 더하거나 빼면 시간을 단축하여 풀 수 있다.

02 선택지를 활용하자!

예산자원관리문제의 대표유형에서는 계산을 해서 값을 요구하는 문제들이 있다. 이런 문제유형에서는 문제 선택지를 먼저 본 후 자리 수가 몇 단위로 끝나는지 확인한다. 예를 들어 412,300원, 426,700원, 434,100원, 453,800원인 선택지가 있다고 할 때, 이 선택지는 100원 단위로 끝나기 때문에 제시된 조건에서 100원 단위로 나올 수 있는 항목을 찾아 그 항목만 계산하여 시간을 단축시키는 방법이 있다.

또한, 일일이 계산하는 문제가 많다. 예를 들어 640,000원, 720,000원, 810,000원 등의 수를 이용해 푸는 문제가 있다고 할 때, 만 원 단위를 절사하고 계산하여 64, 72, 81처럼 요약하여 적는 것도 시간을 단축하는 방법이다.

03 최적의 값을 구하는 문제인지 파악하자!

물적자원관리문제의 대표유형에서는 제한된 자원 내에서 최대의 만족 또는 이익을 얻을 수 있는 방법을 강구하는 문제가 출제된다. 이때, 구하고자 하는 값을 x, y로 정하고 연립방정식을 이용해 x, y 값을 구한다. 최소 비용으로 목표생산량을 달성하기 위한 업무 및 인력 할당, 정해진 시간 내에 최대 이윤을 낼 수 있는 업체 선정, 정해진 인력으로 효율적 업무 배치 등을 구하는 문제에서 사용되는 방법이다.

04 각 평가항목을 비교해 보자!

인적자원관리문제의 대표유형에서는 각 평가항목을 비교하여 기준에 적합한 인물을 고르거나, 저렴한 업체를 선정하거나, 총점이 높은 업체를 선정하는 문제가 출제된다. 이런 문제를 해결할 때는 평가항목에서 가격이나 점수 차이에 영향을 많이 미치는 항목을 찾아 지우면 1~2개의 선택지를 삭제하고 3~4개의 선택지만 계산하여 시간을 단축할 수 있다.

05 문제의 단서를 이용하자!

자원관리능력은 계산문제가 많기 때문에, 복잡한 계산은 딱 떨어지게끔 조건을 제시하는 경우가 많다. 단서를 보고 부합하지 않는 선택지를 1~2개 먼저 소거한 뒤 계산을 하는 것도 시간을 단축하는 방법이다.

시간계획

| 유형분석 |

- 시간 자원과 관련된 다양한 정보를 활용하여 풀어가는 문제이다.
- 대체로 교통편 정보나 국가별 시차 정보가 제공되며, 이를 근거로 현지 도착시간 또는 약속된 시간 내에 도착하기 위한 방안을 고르는 문제가 출제된다.

한국은 뉴욕보다 16시간 빠르고, 런던은 한국보다 8시간 느리다. 다음 비행기가 현지에 도착할 때의 시간 (㉠, ㉡)으로 옳은 것은?

구분	출발 일자	출발 시간	비행 시간	도착 시간
뉴욕행 비행기	6월 6일	22:20	13시간 40분	㉠
런던행 비행기	6월 13일	18:15	12시간 15분	㉡

	㉠	㉡
①	6월 6일 09시	6월 13일 09시 30분
②	6월 6일 20시	6월 13일 22시 30분
③	6월 7일 09시	6월 14일 09시 30분
④	6월 7일 13시	6월 14일 15시 30분
⑤	6월 7일 20시	6월 14일 20시 30분

정답 ②

㉠ 뉴욕행 비행기는 한국에서 6월 6일 22시 20분에 출발하고, 13시간 40분 동안 비행하기 때문에 6월 7일 12시에 도착한다. 따라서 한국 시간은 뉴욕보다 16시간 빠르므로 현지에 도착하는 시간은 6월 6일 20시가 된다.
㉡ 런던행 비행기는 한국에서 6월 13일 18시 15분에 출발하고, 12시간 15분 동안 비행하기 때문에 현지에 6월 14일 6시 30분에 도착한다. 따라서 한국 시간은 런던보다 8시간이 빠르므로 현지에 도착하는 시간은 6월 13일 22시 30분이 된다.

유형풀이 Tip

- 문제에서 묻는 것을 정확히 파악한 후 제시된 상황과 정보를 활용하여 문제를 풀어간다.
- 추가 조건이나 제한사항은 문제를 해결하는 데 중요한 변수가 될 수 있으므로 유의한다.

01 한국의 A사, 오스트레일리아의 B사, 아랍에미리트의 C사, 러시아의 D사는 상호협력프로젝트를 추진하고자 화상회의를 하려고 한다. 한국 시각을 기준해 화상회의 가능 시각으로 옳은 것은?

<국가별 시간>

국가(도시)	현지시각
대한민국(서울)	2024. 06. 20 08:00am
오스트레일리아(캔버라)	2024. 06. 20 10:00am
아랍에미리트(두바이)	2024. 06. 20 03:00am
러시아(모스크바)	2024. 06. 20 02:00am

※ 각 회사의 위치는 위 자료에 있는 도시에 있음
※ 모든 회사의 근무시간은 현지시각으로 오전 9시 ~ 오후 6시임
※ A, B, D사의 식사시간은 현지시각으로 오후 12시 ~ 오후 1시임
※ C사의 식사시간은 오전 11시 30분 ~ 오후 12시 30분이고, 오후 12시 30분부터 오후 1시까지 전 직원이 종교활동을 함
※ 화상회의의 소요시간은 1시간임

① 오후 1시 ~ 2시　　　　　　　　② 오후 2시 ~ 3시
③ 오후 3시 ~ 4시　　　　　　　　④ 오후 4시 ~ 5시
⑤ 오후 5시 ~ 6시

`Easy`

02 N기업 영업팀이 다음 <조건>에 따라 회의가 가능한 시간에 맞춰 회의실을 예약하고자 할 때, 회의실 예약이 가능한 시간은?

`조건`
• 영업팀은 강부장, 성과장, 양과장, 김주임, 민사원, 신사원, 한사원으로 구성되어 있다.
• 전 팀원이 회의에 참석한다.
• 회의 진행 시간은 1시간이다.
• 근무시간은 10:00 ~ 19:00이고 점심시간은 13:00 ~ 14:00이며, 식사시간에는 회의를 하지 않는다.
• 강부장은 외부 업체와 협업에 대한 논의 사항이 있어 외근을 나가 점심식사 후에 사무실에 들어온다.
• 성과장은 신규 브랜드 론칭으로 외부 협력업체와 점심식사 약속이 있어 13:00부터 3시간 동안 부재이다.
• 양과장은 어머니 건강검진 건으로 오전 반차를 신청하여 점심식사 후에 출근한다.
• 김주임과 민사원은 타 부서와의 협업 진행 건으로 11:00 ~ 13:00에 회의 진행 예정이다.
• 신사원과 한사원은 시장조사 건으로 17:00에 외근을 나간 뒤 바로 퇴근할 예정이다.

① 11:00 ~ 12:00　　　　　　　　② 12:00 ~ 13:00
③ 14:00 ~ 15:00　　　　　　　　④ 16:00 ~ 17:00
⑤ 18:00 ~ 19:00

03 다음 근로조건과 직원정보를 근거로 판단할 때, N회사 김과장이 18시부터 시작하는 시간 외 근로를 요청하면 오늘 내로 A프로젝트를 완수할 수 있는 직원은?(단, 현재는 금요일 17시 50분이다)

〈근로조건〉

가. N회사의 근로자는 9시에 근무를 시작해 18시에 마치며, 중간에 1시간 휴게시간을 갖는다. 근로시간은 휴게시간을 제외하고 1일 8시간, 1주 40시간이다.

나. 시간 외 근로는 1주 12시간을 초과하지 못한다. 단, 출산 이후 1년이 지나지 않은 여성에 대하여는 1일 2시간, 1주 6시간을 초과하는 시간 외 근로를 시키지 못한다.

다. 시간 외 근로를 시키기 위해서는 근로자 본인의 동의가 필요하다. 단, 여성의 경우에는 야간근로에 대해서 별도의 동의를 요한다.

※ 시간 외 근로 : 근로조건 '가.'의 근로시간을 초과하여 근로하는 것
※ 야간근로 : 22시에서 다음 날 6시 사이에 근로하는 것
※ 시간 외 근로시간에 휴게시간은 없음

〈직원정보〉

이름	성별	이번 주 일일근로시간					A프로젝트 완수 소요시간	시간 외 근로 동의 여부	야간근로 동의 여부
		월요일	화요일	수요일	목요일	금요일			
김상형	남자	8	8	8	8	8	5	×	−
전지연	여자	−	10	10	10	8	2	○	×
차효인	여자	9	8	13	9	8	3	○	○
조경은	여자	8	9	9	9	8	5	○	×
심현석	남자	10	11	11	11	8	1	○	−

※ 출산 여부 : 전지연은 4개월 전에 둘째 아이를 출산하고 이번 주 화요일에 복귀하였고, 나머지 여성직원은 출산 경험이 없음

① 김상형, 차효인
② 차효인, 심현석
③ 차효인, 조경은
④ 전지연, 조경은
⑤ 전지연, 심현석

04 다음은 N은행 직원들의 주말 당직 일정표이다. 오전 9시부터 오후 4시까지 반드시 1명 이상이 사무실에 당직을 서야 하며, 토요일과 일요일을 연속하여 당직을 설 수는 없다. 또한 월 2회 이상 월 최대 10시간 미만으로 당직을 서야 한다고 할 때, 당직 일정을 수정해야 하는 사람은 누구인가? (단, 점심시간 12 ~ 13시는 당직시간에서 제외한다)

〈주말 당직 일정표〉

당직일	당직자	당직일	당직자
첫째 주 토요일	유지선 9 – 14시 이윤미 12 – 16시	첫째 주 일요일	임유리 9 – 16시 서유진 13 – 16시 이준혁 10 – 14시
둘째 주 토요일	정지수 9 – 13시 이윤미 12 – 16시 길민성 12 – 15시	둘째 주 일요일	이선옥 9 – 12시 최기태 10 – 16시 김재욱 13 – 16시
셋째 주 토요일	최기태 9 – 12시 김재욱 13 – 16시	셋째 주 일요일	유지선 9 – 12시 이준혁 10 – 16시
넷째 주 토요일	이윤미 9 – 13시 임유리 10 – 16시 서유진 9 – 16시	넷째 주 일요일	이선옥 9 – 12시 길민성 9 – 14시 정지수 14 – 16시

① 유지선
② 이준혁
③ 임유리
④ 서유진
⑤ 길민성

02 비용계산

| 유형분석 |

- 예산 자원과 관련된 다양한 정보를 활용하여 해결하는 문제이다.
- 주로 한정된 예산 내에서 수행할 수 있는 업무 및 예산 가격을 묻는 문제가 출제된다.

A사원은 이번 출장을 위해 KTX 승차권을 미리 40% 할인된 가격에 구매하였으나, 출장 일정이 바뀌는 바람에 하루 전날 승차권을 취소하였다. 다음 환불 규정에 따라 16,800원을 돌려받았을 때, 할인되지 않은 KTX 승차권의 가격은 얼마인가?

<KTX 승차권 환불 규정>

출발 2일 전	출발 1일 전 ~ 열차 출발 전	열차 출발 후
100%	70%	50%

① 40,000원   ② 48,000원
③ 56,000원   ④ 67,200원
⑤ 70,000원

정답 ①

할인되지 않은 KTX 승차권 가격을 x원이라 하면, 표를 40% 할인된 가격으로 구매하였으므로 구매 가격은 $(1-0.4)x=0.6x$원이다.

환불 규정에 따르면 하루 전에 표를 취소하는 경우 70%의 금액을 돌려받을 수 있으므로 다음과 같은 식이 성립한다.

$0.6x \times 0.7 = 16,800$

$\rightarrow 0.42x = 16,800$

$\therefore x = 40,000$

따라서 할인되지 않은 KTX표의 가격은 40,000원이다.

유형풀이 Tip

- 제한사항인 예산을 고려하여, 문제에 제시된 정보에서 필요한 것을 선별해 문제를 풀어간다.

01 다음은 N은행에서 근무하는 A사원의 4월 근태기록이다. 제시된 규정을 참고할 때, A사원이 받을 시간외근무수당은 얼마인가?(단, 정규근로시간은 09:00 ∼ 18:00이다)

〈시간외근무 규정〉

- 시간외근무(조기출근 포함)는 1일 4시간, 월 57시간을 초과할 수 없다.
- 시간외근무수당은 1일 1시간 이상 시간외근무를 한 경우에 발생하며, 1시간을 공제한 후 매분 단위까지 합산하여 계산한다(단, 월 단위 계산 시 1시간 미만은 절사함).
- 시간외근무수당 지급단가 : 사원(7,000원), 대리(8,000원), 과장(10,000원)

〈A사원의 4월 근태기록(출근시간 / 퇴근시간)〉

- 4월 1일부터 4월 15일까지의 시간외근무시간은 12시간 50분(1일 1시간 공제 적용)이다.

18일(월)	19일(화)	20일(수)	21일(목)	22일(금)
09:00 / 19:10	09:00 / 18:00	08:00 / 18:20	08:30 / 19:10	09:00 / 18:00
25일(월)	26일(화)	27일(수)	28일(목)	29일(금)
08:00 / 19:30	08:30 / 20:40	08:30 / 19:40	09:00 / 18:00	09:00 / 18:00

※ 주말 특근은 고려하지 않음

① 112,000원
② 119,000원
③ 126,000원
④ 133,000원
⑤ 140,000원

02 공사는 올해 4분기 성과급을 지급하고자 한다. 성과급 지급 기준과 김대리의 성과평가가 다음과 같을 때, 김대리가 4분기에 지급받을 성과급으로 옳은 것은?

〈성과급 지급 기준〉

• 성과급은 직원의 성과평가 점수에 따라 지급한다.
• 성과평가는 다음 항목들이 아래의 비율로 구성되어 있다.

구분	성과평가				
	분기실적	직원평가	연수내역	조직기여도	계
일반직	70%	30%	20%	10%	100%
	총점의 70% 반영				
특수직	60%	40%	20%	30%	100%
	총점의 50% 반영				

• 각 평가등급에 따른 가중치

(단위 : 점)

구분	분기실적	직원평가	연수내역	조직기여도
최우수	10	10	10	10
우수	8	6	8	8
보통	6	4	5	6
미흡	4	2	3	4

• 성과평가 점수에 따른 성과급 지급액

(단위 : 만 원)

구분	성과급 지급액	
	일반직	특수직
8.4 이상	120	150
7.6 이상 8.4 미만	105	115
6.8 이상 7.6 미만	95	100
6.0 이상 6.8 미만	80	85
6.0 미만	65	75

〈성과평가〉

구분	부서	분기실적	직원평가	연수내역	조직기여도
김대리	시설관리 (특수직)	우수	최우수	보통	보통

① 115만 원
② 105만 원
③ 100만 원
④ 95만 원
⑤ 75만 원

03 다음은 신용등급에 따른 아파트 보증률에 대한 사항이다. 이를 참고할 때, K씨와 Q씨의 보증료 차이는 얼마인가?(단, 2명 모두 대지비 보증금액은 5억, 건축비 보증금액은 3억이며 보증서발급일로부터 분양광고 안에 기재된 입주예정 월의 다음 달 말일까지의 해당일수는 365일이다)

<신용등급에 따른 아파트 보증률>

1. (신용등급별 보증료)=(대지비 부분 보증료)+(건축비 부분 보증료)
2. 신용평가등급별 보증료율

(단위 : %)

구분	대지비 부분	건축비 부분				
		1등급	2등급	3등급	4등급	5등급
AAA, AA	0.138	0.178	0.185	0.192	0.203	0.221
A+		0.194	0.208	0.215	0.226	0.236
A-, BBB+		0.216	0.225	0.231	0.242	0.261
BBB-		0.232	0.247	0.255	0.267	0.301
BB+ ~ CC		0.254	0.276	0.296	0.314	0.335
C, D		0.404	0.427	0.461	0.495	0.531

※ (대지비 부분 보증료)=(대지비 부분 보증금액)×(대지비 부분 보증료율)×(보증서발급일로부터 입주자 모집공고 안에 기재된 입주예정 월의 다음 달 말일까지의 해당일수)÷365
※ (건축비 부분 보증료)=(건축비 부분 보증금액)×(건축비 부분 보증료율)×(보증서발급일로부터 입주자 모집공고 안에 기재된 입주예정 월의 다음 달 말일까지의 해당일수)÷365

3. 기여고객 할인율 : 보증료, 거래기간 등을 기준으로 기여도에 따라 6개 군으로 분류하며, 건축비 부분요율에서 할인 가능

(단위 : %)

구분	1군	2군	3군	4군	5군	6군
할인율	0.058	0.050	0.042	0.033	0.025	0.017

<입주예정자 정보>

- K씨 : 신용등급은 A+이며, 3등급 아파트 보증금을 내야 한다. 기여고객 할인율에서는 2군으로 선정되었다.
- Q씨 : 신용등급은 C이며, 1등급 아파트 보증금을 내야 한다. 기여고객 할인율은 3군으로 되어있다.

① 554,000원
② 566,000원
③ 582,000원
④ 591,000원
⑤ 623,000원

| 유형분석 |

- 물적 자원과 관련된 다양한 정보를 활용하여 풀어가는 문제이다.
- 주로 공정도 · 제품 · 시설 등에 대한 가격 · 특징 · 시간 정보가 제시되며, 이를 종합적으로 고려하는 문제가 출제된다.

N은행은 신축 본사에 비치할 사무실 명패를 제작하기 위해 다음과 같은 팸플릿을 참고하고 있다. 신축 본사에 비치할 사무실 명패는 사무실마다 국문과 영문을 함께 주문했고, 주문 비용이 총 80만 원이라면 사무실에 최대 몇 개의 국문과 영문 명패를 함께 비치할 수 있는가?(단, 추가 구입 가격은 1SET를 구입할 때 한 번씩만 적용된다)

〈명패 제작 가격〉

- 국문 명패 : 1SET(10개)에 10,000원, 5개 추가 시 2,000원
- 영문 명패 : 1SET(5개)에 8,000원, 3개 추가 시 3,000원

---

① 345개   ② 350개
③ 355개   ④ 360개
⑤ 365개

정답 ④

국문 명패 최저가는 15개에 12,000원이고, 영문 명패 최저가는 8개에 11,000원이다. 각 명패를 최저가에 구입하는 개수의 최소공배수를 구하면 120개이다. 이때의 비용은 $(12,000 \times 8) + (11,000 \times 15) = 96,000 + 165,000 = 261,000$원이다.
따라서 한 사무실에 국문과 영문 명패를 함께 비치한다면 120개의 사무실에 명패를 비치하는 비용은 261,000원이다.
360개의 사무실에 명패를 비치한다면 783,000원이 필요하고, 남은 17,000원으로 국문 명패와 영문 명패를 동시에 구입할 수 없다.
따라서 80만 원으로 최대 360개의 국문 명패와 영문 명패를 동시에 비치할 수 있다.

유형풀이 Tip

- 문제에서 제시한 물적 자원의 정보를 문제의 의도에 맞게 선별하면서 풀어간다.

01 N사원은 사내 점심시간에 커피를 마시러 카페에 가려고 한다. 다음은 시중 주요 커피전문점 A ~ E카페에 대한 소비자 만족도를 조사한 자료이다. 제시된 자료와 N사원의 결정조건을 참고할 때, N사원이 커피를 마시러 갈 카페는?

〈커피전문점 소비자 만족도〉

(단위 : 점)

구분	직원서비스	매장접근성	매장이용 관리성	맛, 메뉴	가격, 부가혜택	서비스 호감도
A카페	3.97	3.96	3.72	3.84	3.17	3.71
B카페	3.85	3.87	3.73	3.7	3.16	3.64
C카페	3.81	3.87	3.75	3.61	3.13	3.66
D카페	3.83	3.76	3.66	3.65	3.14	3.63
E카페	3.75	3.81	3.63	3.42	3.56	3.67

〈N사원의 결정조건〉

• 커피의 맛, 메뉴 점수가 평균 이상인 카페를 선정한다.
• 사내 점심시간이 얼마 남지 않아 매장접근성 점수가 평균 이상인 카페를 선정한다.
• 종합만족도가 가장 높은 카페를 선정한다.
• 종합만족도는 모든 부문 점수의 평균을 뜻한다.
• 위에서 차례대로 조건에 맞는 카페를 선정한다.

① A카페
② B카페
③ C카페
④ D카페
⑤ E카페

N공사는 신축 체육관 건설을 위해 입찰 공고를 하였다. 다음은 입찰에 참여한 업체들의 항목별 점수를 나타낸 자료이다. 제시된 〈조건〉에 따라 업체를 선정할 때, 선정될 업체는?

〈업체별 점수 현황〉

(단위 : 점)

구분	점수(만점) 기준	A업체	B업체	C업체	D업체	E업체
디자인	15	6	8	7	7	9
건축안정성	30	23	25	21	17	24
경영건전성	20	16	17	17	19	16
시공실적	20	11	16	15	17	14
입찰가격	15	11	9	12	12	10

〈업체별 내진설계 포함 여부〉

구분	A업체	B업체	C업체	D업체	E업체
내진설계	○	○	×	○	○

조건

• 선정점수가 가장 높은 업체를 선정한다.
• 선정점수는 항목별 점수를 동일한 가중치로 합산하여 산출한다.
• 건축안정성 점수가 17점 미만인 업체는 입찰에서 제외한다.
• 반드시 입찰가격 점수가 10점 이상인 업체 중에서 선정한다.
• 내진설계를 포함하는 업체를 선정한다.

① A업체
② B업체
③ C업체
④ D업체
⑤ E업체

03 최대리는 노트북을 사고자 S전자제품 홈페이지에 방문하였다. 노트북 A ~ E 5개를 최종 후보로 선정 후 〈보기〉에 따라 점수를 부여하여 점수가 가장 높은 제품을 고를 때, 최대리가 고른 노트북은?

〈노트북 최종 후보〉

구분	A노트북	B노트북	C노트북	D노트북	E노트북
저장용량 / 저장매체	512GB / HDD	128GB / SDD	1,024GB / HDD	128GB / SDD	256GB / SDD
배터리 지속시간	최장 10시간	최장 14시간	최장 8시간	최장 13시간	최장 12시간
무게	2kg	1.2kg	2.3kg	1.5kg	1.8kg
가격	120만 원	70만 원	135만 원	90만 원	85만 원

보기
- 항목별 만점은 5점이며 그 다음 순위에는 4점, 3점, …을 부여한다.
- 순위가 같으면 같은 점수를 부여하며, 그 다음 순위는 더 낮은 점수를 부여한다.
  예 4위가 2개면 2개 모두 4점을 부여하고 그 다음은 2점을 부여한다.
- 저장용량이 가장 많은 노트북에 만점을 부여한다.
- 저장매체가 SDD일 경우 3점을 추가로 부여한다.
- 배터리 지속시간이 가장 긴 노트북에 만점을 부여한다.
- 무게가 가장 가벼운 노트북에 만점을 부여한다.
- 가격이 가장 저렴한 노트북에 만점을 부여한다.

① A ② B
③ C ④ D
⑤ E

04 인원선발

| 유형분석 |

- 인적 자원과 관련된 다양한 정보를 활용하여 풀어가는 문제이다.
- 주로 근무명단, 휴무일, 업무할당 등의 주제로 다양한 정보를 활용하여 종합적으로 풀어가는 문제가 출제된다.

다음 글의 내용이 참일 때, N은행의 신입사원으로 채용될 수 있는 지원자들의 최대 인원은?

> 금년도 신입사원 채용에서 N은행이 요구하는 자질은 이해능력, 의사소통능력, 대인관계능력, 실행능력이다. N은행은 이 4가지 자질 중 적어도 3가지 자질을 지닌 사람을 채용하고자 한다. 지원자는 갑, 을, 병, 정 4명이며, 이들이 지닌 자질을 평가한 결과 다음과 같은 정보가 주어졌다.
> ㉠ 갑이 지닌 자질과 정이 지닌 자질 중 적어도 2가지는 일치한다.
> ㉡ 대인관계능력은 병만 가진 자질이다.
> ㉢ 만약 지원자가 의사소통능력을 지녔다면 그는 대인관계능력의 자질도 지닌다.
> ㉣ 의사소통능력의 자질을 지닌 지원자는 1명뿐이다.
> ㉤ 갑, 병, 정은 이해능력이라는 자질을 지니고 있다.

① 1명   ② 2명
③ 3명   ④ 4명
⑤ 없음

정답 ①

㉡, ㉢, ㉣에 따라 의사소통능력과 대인관계능력을 지닌 사람은 오직 병뿐이라는 사실을 알 수 있다. 또한 ㉤에 따라 병이 이해능력도 가지고 있음을 알 수 있다. 이처럼 병은 4가지 자질 중에 3가지를 갖추고 있으므로 N은행의 신입사원으로 채용될 수 있다. 신입사원으로 채용되기 위해서는 적어도 3가지 자질이 필요한데, 4가지 자질 중 의사소통능력과 대인관계능력은 병만 지닌 자질임이 확인되었으므로 나머지 갑, 을, 정은 채용될 수 없다. 따라서 신입사원으로 채용될 수 있는 최대 인원은 병 1명이다.

유형풀이 Tip

- 주어진 규정 혹은 규칙을 근거로 하여 선택지를 하나씩 검토하며 소거해 나간다.

대표기출유형 04 기출응용문제

Easy

01 다음은 N회사의 승진 규정과 승진후보자 정보이다. 이에 따를 때, 2025년 현재 직급이 대리인 직원은?

〈승진 규정〉

• 2024년까지 근속연수가 3년 이상인 자를 대상으로 한다.
• 출산휴가 및 병가 기간은 근속연수에서 제외한다.
• 평가연도 업무평가 점수가 80점 이상인 자를 대상으로 한다.
• 평가연도 업무평가 점수는 직전연도 업무평가 점수에서 벌점을 차감한 점수이다.
• 벌점은 결근 1회당 −10점, 지각 1회당 −5점이다.
• 직급은 사원 → 주임 → 대리 → 과장 순으로 높아진다.

〈승진후보자 정보〉

구분	근무기간	작년 업무평가	근태현황		기타
			지각	결근	
A사원	1년 4개월	79	1	−	−
B주임	3년 1개월	86	−	1	출산휴가 35일
C대리	7년 1개월	89	1	1	병가 10일
D과장	10년 3개월	82	−	−	−
E차장	12년 7개월	81	2	−	−

---

① A사원

② B주임

③ C대리

④ D과장

⑤ E차장

02 N기업은 사원들에게 사택을 제공하고 있다. 사택 신청자 A ~ E 중 2명만이 사택을 제공받을 수 있고 추첨은 조건별 점수에 따라 진행된다고 할 때, 〈보기〉 중 사택을 제공받을 수 있는 사람이 바르게 연결된 것은?

〈사택 제공 조건별 점수〉

직급	점수	직종	점수	근속연수	점수	부양가족 수	점수
차장	5점	연구직	10점	1년 이상	1점	5명 이상	10점
과장	4점	기술직	10점	2년 이상	2점	4명	8점
대리	3점	영업직	5점	3년 이상	3점	3명	6점
주임	2점	서비스직	5점	4년 이상	4점	2명	4점
사원	1점	사무직	3점	5년 이상	5점	1명	2점

※ 근속연수는 휴직기간을 제외하고 1년마다 1점씩 적용하여 최대 5점까지 받을 수 있음. 단, 해고 또는 퇴직 후 일정 기간을 경과하여 재고용된 경우에는 이전에 고용되었던 기간(개월)을 통산하여 근속연수에 포함함
※ 근속연수 산정은 2025.01.01을 기준으로 함
※ 부양가족 수의 경우 배우자는 제외됨
※ 무주택자의 경우 10점의 가산점을 가짐
※ 동점일 경우 부양가족 수가 많은 사람이 우선순위로 선발됨

보기

구분	직급	직종	입사일	가족 구성	주택 유무	비고
A	대리	영업직	2021.08.20	남편	무주택자	–
B	사원	기술직	2023.09.17	아내, 아들 1명, 딸 1명	무주택자	–
C	과장	연구직	2020.02.13	어머니, 남편, 딸 1명	유주택자	• 2021.12.17 퇴사 • 2022.05.15 재입사
D	주임	사무직	2023.03.03	아내, 아들 1명, 딸 2명	무주택자	–
E	차장	영업직	2018.05.06	아버지, 어머니, 아내, 아들 1명	유주택자	• 2020.05.03 퇴사 • 2021.06.08 재입사

① A대리, C과장
② A대리, E차장
③ B사원, C과장
④ B사원, D주임
⑤ D주임, E차장

03 N기업은 체육대회를 맞이하여 본부 대표를 뽑기 위해 투표를 하였다. 다음은 후보로 선정된 A ~ E에 대한 부서별 선호를 투표로 나타낸 것이다. 대표 선출 방식에 따라 대표를 선정한다고 할 때, N기업 대표로 선정될 사람은?

〈대표 선출 방식〉

• 1차 투표로 다득표자 3명을 선출하고, 2차 투표를 하여 다득표자 2명을 선출한다. 이 2명의 후보를 대상으로 최종 투표하여 다득표자를 본부 대표로 선출한다.
• 각 부서에서 상의하여 후보 순위를 정한 다음, 1순위 후보자에게 부서 인원만큼 표를 준다.
• 1・2・3차 투표를 할 때까지 부서별 선호 순위를 사용한다.
• 만일 1순위로 선호하는 사람이 후보에 없는 경우, 차순위로 선호하는 사람 중 후보에 해당되는 사람에게 투표한다.
• 후보자 중에 1 ~ 4순위의 선호자가 1명도 포함되지 않은 경우, 그 부서는 기권한다.

〈부서별 인원현황〉

(단위 : 명)

기획개발과	경영지원과	아동청소년과	보육지원과	대외협력과
7	9	4	5	6

〈부서별 선호〉

구분	1순위	2순위	3순위	4순위
기획개발과	A	C	E	D
경영지원과	B	E	C	A
아동청소년과	C	B	D	A
보육지원과	E	B	D	A
대외협력과	C	D	B	E

① A ② B
③ C ④ D
⑤ E

MEMO

PART 2

직무상식평가

농업·농촌 및 디지털 상식

빈출키워드 1 농협 상식

01 다음 중 NH농협은행에 대한 설명으로 옳은 것은?

① NH농협은행은 2012년에 설립되었다.
② NH농협은행의 대주주는 농협중앙회이다.
③ 2013년에 NH스마트뱅킹이 출시되었다.
④ 1980년대에 처음으로 외환업무를 개시하였다.
⑤ NH농협은행의 비전은 고객사랑 1등 민족은행이다.

02 다음에서 설명하는 협동조합은 무엇인가?

> 미국에서 일어난 새로운 형태의 협동조합운동으로 1인 1표 대신 사업 규모에 비례하여 의결권을
> 부여하거나, 출자증권의 부분적인 거래를 허용하는 등의 변화를 주도하기 위한 협동조합이다. 협동
> 조합의 성패와 무관한 다수의 조합원들이 정치적인 목적으로 협동조합을 장악하는 걸 막는 것을 목
> 표로 하며, 대표적인 성공 모델에는 네덜란드의 '그리너리'가 있다.

① 소비자협동조합   ② 노동자협동조합
③ 신세대협동조합   ④ 사회적협동조합
⑤ 농업협동조합

01

정답 ①

NH농협은행은 2012년 3월 2일에 설립되었다.

오답분석
② 농협은행의 대주주는 NH농협금융지주이다.
③ NH스마트뱅킹은 농협은행이 출범하기 전 2010년에 서비스를 시작했다.
④ 외환업무는 1969년 7월에 취급·개시하였다.
⑤ NH농협은행의 비전은 사랑받는 1등 민족은행이다.

02

정답 ③

제시문은 신세대협동조합(New Generation Cooperatives)에 대한 설명이다.

농협 상식의 경우 협동조합에 대한 문제가 지속적으로 출제되고 있고, NH농협은행과 지역농협에 대한 문제가 주로 출제되고 있다. 따라서 시험에 응시하기 전 농협 홈페이지에 있는 내용은 전부 숙지하고 시험에 응시하도록 한다.

협동조합의 개념

① 개념 : 국제협동조합연맹은 협동조합을 '공동으로 소유하고 민주적으로 운영되는 사업체를 통해 공동의 경제·사회·문화적 필요와 욕구를 충족시키고자 하는 사람들이 자발적으로 결성한 자율적인 인적 결합체'라고 정의한다.

② 원칙
- 사업의 목적이 영리에 있지 않고 조합원 간의 상호부조에 있다.
- 조합원의 가입과 탈퇴가 자유로워야 한다.
- 조합원은 출자액과 상관없이 1인 1표의 평등한 의결권을 갖는다.
- 잉여금을 조합원에게 분배할 때에는 출자액의 크기와 상관없이 조합사업의 이용 분량에 따라 나눈다.

③ 세계의 협동조합
- 프랑스의 협동조합은 전 세계 협동조합 매출의 28%를 차지한다.
- 미국의 AP통신과 선키스트, 스페인의 축구클럽 FC바르셀로나 등이 대표적인 협동조합이다.

협동조합의 역사

① 로치데일 협동조합 : 세계 최초의 협동조합으로 1844년에 설립되었다. 산업혁명과 함께 영국의 자본주의가 급속하게 발달하면서 자본가들의 횡포에 노동자들이 생활에 어려움을 겪자 이를 해결하기 위해 만들어진 협동조합이다. 공업도시인 로치데일 직물공장의 노동자 27명이 1년에 1파운드씩 출자하여 생필품인 밀이나 버터 등을 공동으로 구입하기 위한 점포를 만들기 위해 설립되었다. 이들은 운영원칙도 만들었는데, 1인 1표제, 정치 및 종교상의 중립, 조합에 의한 교육, 이자의 제한 및 신용거래 금지, 구매액에 따른 배당, 시가 판매 등이었다. 현재는 4,500개의 도매점과 700만 명이 넘는 회원을 가진 세계 최대의 소비자협동조합이다.

② 사회적 협동조합 : 1974년 이탈리아 볼로냐에서 처음 생긴 형태의 협동조합이다. 사회경제적 약자인 조합원들이 힘을 모아 공동의 이익을 추구하는 방향에서 사회경제적 약자들의 문제점을 해결해 나가는 공익을 추구하려는 방향으로 확대되었다. 이를 사회적 협동조합이라고 하는데, CADIAI는 최초의 사회적 협동조합이었다. 가사도우미나 병간호 일을 하던 27명의 여성들이 비정규 노동 문제를 해결하기 위해 만들어진 CADIAI는 이탈리아의 사회적협동조합법이 만들어지고 공적 기관과 계약을 체결하며 사업영역이 확대되었다.

③ 새로운 협동조합 : 1945년 이후로 금융자본주의가 세계시장의 경제질서로 자리 잡으면서 작은 협동조합들은 합병을 통해 규모의 경제를 추구하기도 하고, 필요한 자본금을 확보하기 위해 자회사를 만들기도 했다. 이에 따라 신세대협동조합이나 생활협동조합 등의 새로운 협동조합이 생겨나고 있다.

협동조합의 유형

① 소비자협동조합 : 주로 조합원이 직접 사용하거나 그들에게 재판매하기 위한 재화나 서비스를 구매하기 위하여 조직된 최종소비자 조합으로 영국의 로치데일 협동조합이 대표적이다.

② 신용협동조합 : 19세기 독일에서 농민의 고리채 자본을 해결하기 위해 시작한 라이파이젠 협동조합을 시초로 지역이나 종교 등의 상호유대를 가진 개인이나 단체 간의 협동 조직을 기반으로 하여 자금의 조성과 이용을 도모하는 비영리 금융기관이다.

③ 생산자협동조합(농업협동조합) : 생산자들이 모여서 조직한 조합으로 농민이 자신의 권익을 위하여 조직한 농업협동조합(농협)이 대표적이다. 시장에서의 교섭력을 강화해 상품의 제값을 받고 팔기 위해 노력하고, 각종 부자재의 공동구매를 통해 원재료의 단가와 마케팅 비용을 낮추기 위한 노력을 한다.

④ 노동자협동조합 : 노동자가 주체가 되어 근로조건의 유지, 개선을 목적으로 하는 조직이다.

⑤ 생활협동조합 : 생산자와 소비자의 직거래를 통해 중간마진을 없앤 것이 특징으로, 생활협동조합이 직접 생산자를 찾아 공급량과 가격을 사전에 결정하여 판매가격이 비교적 안정적이다.

⑥ 사회적협동조합 : 정부 지원만으로 사회복지를 수행하는 데 한계를 느낀 비영리 단체들이 시장에서 경제활동을 병행하는 협동조합으로 사회적기업에 해당한다.

⑦ 신세대협동조합 : 1970년 이후 미국에서 일어난 새로운 형태의 협동조합으로 1인 1표의 의결권 대신, 사업 이용 규모에 비례한 의결권을 부여하거나 출자증권의 부분적인 거래를 허용하는 등의 변화를 주도하는 운동이다. 이는 외부자본 조달의 어려움을 해소하고, 의사결정 과정의 왜곡을 해소하고자 하는 시도이다. 대표적으로 선키스트가 있다.

국제협동조합연맹(ICA; International Cooperative Alliance)

① 개념 : 전 세계 10억 명의 협동조합인들이 단합과 결속을 다지고 있는 세계 최대의 비정부기구(NGO)로 1895년 협동조합의 국제적 연합체로 발족하였다. ICA의 목적은 자본주의의 폐해를 극복하고 보다 나은 공동체 사회를 지향하는 데 있다.

② 특징

- 자본에 대응하여 상대적 약자인 조합원의 경제적 · 사회적 권익을 보호하고, 동종 · 이종 · 지역의 협동조합 간 협력체계 구축, 협동조합 발전을 위한 국제적인 활동 등이 있다.
- 우리나라는 1963년에 농협중앙회가 가입했으며, 1972년에 정회원으로 승격되었다. 현재 신용협동조합, 새마을금고, 농협, 산림조합, 수산업협동조합, ICOOP생협이 회원으로 가입되어 있다.

농업협동조합법

제19조(조합원의 자격)

① 조합원은 지역농협의 구역에 주소, 거소(居所)나 사업장이 있는 농업인이어야 하며, 둘 이상의 지역농협에 가입할 수 없다.

② 〈농어업경영체 육성 및 지원에 관한 법률〉 제16조 및 제19조에 따른 영농조합법인과 농업회사법인으로서 그 주된 사무소를 지역농협의 구역에 두고 농업을 경영하는 법인은 지역농협의 조합원이 될 수 있다.

③ 특별시 또는 광역시의 자치구를 구역의 전부 또는 일부로 하는 품목조합은 해당 자치구를 구역으로 하는 지역농협의 조합원이 될 수 있다.

④ 제1항에 따른 농업인의 범위는 대통령령으로 정한다.

⑤ 지역농협이 정관으로 구역을 변경하는 경우 기존의 조합원은 변경된 구역에 주소, 거소나 사업장, 주된 사무소가 없더라도 조합원의 자격을 계속하여 유지한다. 다만, 정관으로 구역을 변경하기 이전의 구역 외로 주소, 거소나 사업장, 주된 사무소가 이전된 경우에는 그러하지 아니하다.

제20조(준조합원)

① 지역농협은 정관으로 정하는 바에 따라 지역농협의 구역에 주소나 거소를 둔 자로서 그 지역농협의 사업을 이용함이 적당하다고 인정되는 자를 준조합원으로 할 수 있다.

② 지역농협은 준조합원에 대하여 정관으로 정하는 바에 따라 가입금과 경비를 부담하게 할 수 있다.

③ 준조합원은 정관으로 정하는 바에 따라 지역농협의 사업을 이용할 권리를 가진다.

④ 지역농협이 정관으로 구역을 변경하는 경우 기존의 준조합원은 변경된 구역에 주소나 거소가 없더라도 준조합원의 자격을 계속하여 유지한다. 다만, 정관으로 구역을 변경하기 이전의 구역 외로 주소나 거소가 이전된 경우에는 그러하지 아니하다.

제24조(조합원의 책임)

① 조합원의 책임은 그 출자액을 한도로 한다.

② 조합원은 지역농협의 운영과정에 성실히 참여하여야 하며, 생산한 농산물을 지역농협을 통하여 출하(出荷)하는 등 그 사업을 성실히 이용하여야 한다.

제28조(가입)

① 지역농협은 정당한 사유 없이 조합원 자격을 갖추고 있는 자의 가입을 거절하거나 다른 조합원보다 불리한 가입 조건을 달 수 없다. 다만, 제30조 제1항 각 호의 어느 하나에 해당되어 제명된 후 2년이 지나지 아니한 자에 대하여는 가입을 거절할 수 있다.

② 제19조 제1항에 따른 조합원은 해당 지역농협에 가입한 지 1년 6개월 이내에는 같은 구역에 설립된 다른 지역농협에 가입할 수 없다.

③ 새로 조합원이 되려는 자는 정관으로 정하는 바에 따라 출자하여야 한다.

④ 지역농협은 조합원 수를 제한할 수 없다.

⑤ 사망으로 인하여 탈퇴하게 된 조합원의 상속인(공동상속인 경우에는 공동상속인이 선정한 1명의 상속인을 말한다)이 제19조 제1항에 따른 조합원 자격이 있는 경우에는 피상속인의 출자를 승계하여 조합원이 될 수 있다.

⑥ 제5항에 따라 출자를 승계한 상속인에 관하여는 제1항을 준용한다.

농지법 시행령

제3조(농업인의 범위)

"대통령령으로 정하는 자"란 다음 각 호의 어느 하나에 해당하는 자를 말한다.

1. 1,000m² 이상의 농지에서 농작물 또는 다년생식물을 경작 또는 재배하거나 1년 중 90일 이상 농업에 종사하는 자
2. 농지에 330m² 이상의 고정식온실 · 버섯재배사 · 비닐하우스, 그 밖의 농림축산식품부령으로 정하는 농업생산에 필요한 시설을 설치하여 농작물 또는 다년생식물을 경작 또는 재배하는 자
3. 대가축 2두, 중가축 10두, 소가축 100두, 가금(家禽, 집에서 기르는 날짐승) 1,000수 또는 꿀벌 10군 이상을 사육하거나 1년 중 120일 이상 축산업에 종사하는 자
4. 농업경영을 통한 농산물의 연간 판매액이 120만 원 이상인 자

도농상생기금

도농상생기금은 도농 간 균형 발전을 위해 2012년부터 도시 농·축협이 신용사업 수익의 일부를 출연하여 조성하는 기금으로, 조성된 기금을 농촌 지역 농·축협에 무이자로 지원하게 된다. 도농상생기금은 농축산물 수급 불안, 가격 등락 등에 따른 경제사업의 손실을 보전함으로써 농축산물 판매·유통사업을 활성화하고 경쟁력을 강화하는 것을 목표로 한다. 이와 함께 전국의 도시 농·축협은 도농 간 균형 발전을 위해 무이자 출하선급금을 산지농협에 지원해 안정적으로 농산물을 수매할 수 있도록 돕고 있으며, 매년 도농상생한마음 전달식을 통해 영농 자재를 지원하고 있다.

주택도시보증공사 위탁보증 업무

금융기관에서 중도대출, 이주비대출 등 집단대출을 취급할 때 주택도시보증공사(HUG) 보증서 발행을 통해 대출 취급을 용이하게 해주는 것으로, 국내에서 주택도시보증공사 보증서를 담보로 한 집단대출 취급액은 연간 약 94조 원 규모이다. 농협은 2021년 7월 주택도시보증공사와 상호금융업권 보증 취급기관 확대를 위한 업무협약을 체결하였고, 이 일환으로 2022년 11월 보증서취급 위탁업무 협약을 맺었으며, 이에 따라 농협상호금융은 2022년 12월 12일부터 전국의 농·축협에서 주택도시보증공사 위탁보증 업무를 개시했다. 이로써 전국 5,000여 개의 본점·지점을 갖춘 네트워크망을 통해 농협은 주택수요가 필요한 고객들에게 신속한 금융 지원을 할 수 있게 되었다.

농·축협 RPA 확산모델

RPA(Robotic Process Automation, 로봇프로세스자동화)는 소프트웨어 로봇을 이용하여 반복적인 업무를 자동화하는 것을 의미하는데, 농협은 2019년 중앙회 공통업무 적용을 시작으로 계열사로 적용 범위를 확대하고 있으며, 2022년 2월부터는 전국 1,115개 농·축협을 대상으로 업무 자동화 서비스를 제공하고 있다. 특히, 농협중앙회는 2022년 2월 농·축협 RPA포털을 오픈한 이후 44개 자동화 과제를 적용하고, 사용자 친화적인 인터페이스를 적용하여 현장의 업무 효율성을 높이고 있으며, RPA 서비스 개발 및 운영 거버넌스에 대하여 2022년 9월에 ISO9001 인증을 획득하는 등 디지털 혁신 관련 많은 성과를 거두고 있다. 또한 NH농협은행은 2022년부터 매년 업무담당 직원들을 대상으로 'RPA 빅리그'를 개최하는 등 업무 자동화 활성화에 힘쓰고 있다.

NH디지털매니저

'NH디지털매니저'는 급변하는 금융환경 속에서 금융기관의 연이은 점포 폐쇄 등으로 금융서비스 이용의 어려움, 디지털 수준 격차 등이 사회적 문제로 부각되자 이를 해소하기 위해 농협이 출범시킨 교육 전담인력으로, 2022년 6월부터 전국 농협 본부의 매니저들이 고령층·농업인 등 디지털 소외계층을 대상으로 현장 교육을 진행하고 있다. 이와 함께 농협은 주요 기능을 큰 글씨로 한눈에 확인할 수 있게 하고, 보이스피싱 예방을 위한 안내 자료를 동영상으로 제공하는 등 고령의 고객을 위해 모바일뱅킹을 몇 차례에 걸쳐 전면 개편했다.

농협 '전기차·수소차 충전 사업' 승인 취득

농협경제지주는 농림축산식품부로부터 2023년 1월에 전기차·수소차 충전소 사업 승인을 취득했으며, 이에 따라 본격적으로 농촌에 친환경차 충전 인프라를 확충할 계획이다. 이전에는 주유소 내 부대시설로만 충전소를 설치할 수 있었으나, 사업 승인을 취득함에 따라 독자적으로 '친환경 자동차 충전 시설과 수소연료 공급 시설 설치' 사업을 수행할 수 있게 된 것이다. 현재 전기차 보급의 증가로 인해 전기 화물차·농기계를 이용하는 농업인들이 증가하고 있으며, 농촌을 찾는 전기차 이용자들을 위한 인프라 확대가 절실한 상황이다. 향후 농협주유소뿐만 아니라 하나로마트, 자재센터 등으로 전기자·수소차 충전소를 확충해 나갈 방침이다.

'한국형 농협체인본부' 구축 추진

농협이 유통 혁신의 핵심 추진 동력으로 제시한 '한국형 농협체인본부'는 경제 사업과 관련한 범농협 조직의 시설·조직·인력 운영을 효율화하여 농협 경제 사업의 경제적·농업적 가치를 극대화하는 밸류 체인 시스템으로, 산지 중심의 생산·유통 인프라를 강화하는 한편 도소매 조직 간 유기적인 연계를 도모해 농업인에게는 농산물의 안정적인 판로를 보장하고, 소비자에게는 믿을 수 있는 먹거리를 공급하려는 계획이다.

이에 앞서 농협은 2020년부터 농축산물 유통 혁신을 100년 농협 구현을 위한 핵심 전략으로 삼고, 올바른 유통구조 확립과 농업인·소비자 실익 증진에 매진한 결과 조직 통합(김치 가공공장 전국 단위 통합, 농산물 도매 조직 통합, 4개의 유통 자회사 통합), 스마트화(스마트 APC·RPC 구축, 보급형 스마트팜 개발·적용), 온라인 도소매 사업 추진(상품 소싱 오픈플랫폼 구축 및 온라인 지역센터 80개소 설치, 온라인 농산물거래소·식자재몰 사업 개시), 농업인·소비자 부담 완화[무기질 비료 가격 상승분의 80%(3,304억 원) 농가 지원, 살맛나는 가격 행사] 등을 이루었다. 더 나아가 2024년 농협경제지주는 '한국형 농협체인본부' 추진체계를 고도화하는 데 중점을 둔다는 방침을 밝혔고, '한국형 농협체인본부' 구축을 통해 산지와 소비자가 상생하는 유통 체계 구현이 가능할 것으로 기대하고 있다.

정부에서 매년 정하는 공공비축용 벼 매입 가격은 농가 소득의 증감에 큰 영향을 끼친다. 다음 중 공공비축제에 대한 설명으로 옳지 않은 것은?

① 공공비축제는 우루과이라운드에서 합의한 쌀시장 개방 유예 기간 종료 이후인 2015년에 도입됐다.

② 공공비축제에 따른 쌀 매입가격은 10 ~ 12월, 즉 수확기의 산지 가격의 전국 평균값에 따라 결정된다.

③ 산물벼가 포대벼에 비해 등급별로 가격이 조금씩 낮은 것은 포대벼 기준 매입가격에서 포장비(자재비+임금)을 빼기 때문이다.

④ 식량 위기에 대비해 일정 물량의 식량을 비축하는 제도로서, 비축 규모는 연간소비량의 17 ~ 18% 수준(2개월분)으로 결정된다.

⑤ 농가 자금 유동성을 위해 일정 금액을 농가가 수매한 달의 말일에 지급하고(중간정산), 쌀값이 확정되면 최종정산한다.

정답 ①

공공비축제는 2005년 양정개혁을 단행하면서 추곡수매제를 폐지한 뒤 쌀 직불제와 함께 도입되었다. 따라서 우루과이라운드의 합의에 따라 2014년까지 쌀시장 개방이 유예됐으며, 2015년부터 쌀시장이 전면 개방됨에 따라 관세(513%)만 물면 누구나 외국산 쌀을 수입할 수 있다.

오답분석

② 80kg들이 기준 산지 쌀값에서 가공임을 뺀 후 도정수율 및 벼 40kg당 가격을 뜻하는 0.5를 곱해 최종 매입가격을 정한다.

고향사랑기부제

지방재정 보완, 지역경제 활성화, 지방소멸 우려 완화, 국가 균형발전 도모 등을 위해 2021년 10월 제정된 〈고향사랑 기부금에 관한 법률〉(약칭 "고향사랑기부금법")에 의거해 2023년 1월부터 전격 시행된 제도로, 개인이 고향 또는 원하는 지방자치단체에 금전을 기부하면 지자체는 주민 복리 등에 사용하고 기부자에게는 세제 공제 등의 혜택과 기부액의 일정액을 답례품(지역 농특산품, 지역 상품권 등)으로 제공할 수 있다.

고향사랑기부금의 기부자는 자신의 주소지 관할 자치단체 이외의 자치단체에 기부가 가능하다. 이는 해당 지자체와 주민 사이에 업무, 재산상의 권리와 이익 등의 이해관계 등으로 강제 모금이 이루어질 가능성을 막기 위한 조치이다. 기부 주체를 개인으로 한정한 것도 지방자치단체가 개발 등에 따른 인허가권을 빌미로 기업에 모금을 강요하는 것을 방지하기 위함이다. 고향사랑기부금은 정부가 운영하는 종합정보시스템(고향사랑e음)을 비롯해 전국 농협·축협, 농협은행 등의 창구를 통해 납부할 수 있다. 한편 농협은 고향사랑기부제 특화 금융상품으로 'NH고향사랑기부 예·적금'을 출시한 바 있다.

지방소멸대응기금

저출산·고령화로 인한 인구구조 악화, 수도권·대도시로의 인구 집중 등으로 인해 지방소멸에 대한 위기감이 고조됨에 따라 2021년 정부(행정안전부)는 인구감소지역(89곳)을 지정하고 지방소멸대응기금을 투입하기로 결정했다. 이 기금의 목적은 지역 주도의 지방소멸 대응 사업 추진을 위한 재정 지원을 목적으로 하며, 2022년부터 2031년까지 매년 1조 원씩 모두 10조 원을 투입(광역자치단체 25%, 기초자치단체 75%)한다(22년은 준비기간 등을 고려하여 총 0.75조원 규모로 지원).

지원 대상은 서울시·세종시를 제외한 광역자치단체(15곳), 인구감소지역(89곳)과 관심지역(18곳) 등의 기초자치단체로 모두 107곳에 이른다. 광역자치단체는 인구감소지수, 재정·인구 여건 등을 고려해 기금을 배분하며, 기초자치단체는 지자체가 제출한 투자계획을 기금관리조합의 투자계획 평가단이 평가한 결과에 따라 차등 배분한다. 또한 기금관리조합(17개 시·도로 구성)이 기금을 관리·운용하되, 전문성 제고를 위해 한국지방재정공제회가 업무를 위탁받아 수행한다.

한편 지방소멸 위기에 대응해 농협중앙회는 농촌 소멸이라는 국가적 위기 해결에 동참하고 활기찬 농촌을 만들기 위한 역할 강화 방안으로 '활기찬 농촌, 튼튼한 농업, 잘사는 농민, 신뢰받는 농협 구현' 등 4대 목표 실현을 위한 실천 과제를 수립해 2022년 7월에 발표했다. 또한 농협 미래전략연구소는 2024년 8월에 내놓은 '지방소멸 대응을 위한 농촌 디지털 전환 사례와 발전 방향' 보고서에서 농업·농촌 디지털 전환 사례를 분석하고 성공적인 디지털화를 위한 방안을 제시했다.

농민수당 지급 사업

농업인의 소득안정을 도모함으로써 농업인의 삶의 질을 향상시키고 농업·농촌의 지속 가능한 발전, 공익적 기능 증진, 지역 경제 활성화 등을 위해 농업인에게 지원하는 수당이다. 이는 농촌인구 감소 최소화 및 농가소득 보장이라는 취지에서 지자체마다 해당 지역의 농가에게 경영면적 등에 상관없이 일정 금액을 주는 제도로, 지자체의 인구 구조와 재정 여건 등을 감안해 지자체마다 자체적으로 추진하고 있다. 따라서 각 지자체의 조례에 따라 시행되기 때문에 지급액(2025년 기준 연간 30 ~ 120만 원), 지급 방법(현금 / 지역화폐), 지급 대상 단위(개인 / 가구) 등이 지자체마다 다르다. 또한 보통 사업 연도 12월 31일까지 농민수당을 사용할 수 있으며, 기한 종료 후 잔액은 자동 소멸된다.

다만 농업 외의 종합소득 금액이 3,700만 원 이상인 자를 비롯해 신청일 현재 〈국민건강보험법〉상 건강보험 직장가입자(단, 영농조합 및 농업회사법인 직장가입자, 임의계속가입자 제외) 또는 지방세 체납자, 보조금(중앙정부 직불금 등) 부정 수급자 등은 지급 대상에서 제외된다. 구체적인 내용은 해당 지자체의 조례를 확인하는 것이 좋다.

농업인 법률구조

농업인 무료법률구조사업은 농협과 대한법률구조공단이 공동으로 농업인의 법률적 피해에 대한 구조와 예방활동을 전개함으로써 농업인의 경제적·사회적 지위향상을 도모하는 농업인 무료법률복지사업이다.

농협은 소송에 필요한 비용을 대한법률구조공단에 출연하여 법률구조에 필요한 증거수집 등 중계활동을 진행하고, 공단은 법률 상담 및 소송 등 법률구조 활동을 농협과 공동으로 진행하여 농촌 현지 법률상담 등의 피해예방 활동을 한다. 농업인 무료법률구조 대상자는 기준 중위소득 150% 이하인 농업인 및 별도의 소득이 없는 농업인의 배우자, 미성년 직계비속, 주민등록상 동일 세대를 구성하는 직계존속 및 성년의 직계비속으로 한다. 공단에서 소송 수행시 지출되는 비용은 전액 무료(농협의 출연금으로 충당)이다.

농업 일자리 활성화를 위한 범정부 협업

농업 인력 수요가 증가하는 추세이지만 농촌 지역 인구 감소와 고령화 등으로 인하여 농촌 일손이 충분하지 않은 상황이다. 2024년 4월 통계청이 발표한 〈2023년 농림어업조사〉에 따르면 농가의 65세 이상 고령자 비율은 52.6%로, 전년보다 2.8%p 증가해 역대 최고치를 경신했다.

또한 지난 몇 년간 농업 일자리 사업은 정부기관 간, 지자체 간 연계 없이 단절되어 시행됨에 따라 구인난 해결에 한계가 있었고, 농업 근무 여건·환경 등도 농촌 일손 부족 문제를 심화시켰다. 이에 2023년 1월 농림축산식품부와 고용노동부는 농업 일자리 활성화를 위한 범정부 사업 업무협약을 체결하였다. 부처별로 시행됐던 농업 일자리 사업을 연계해 '국가기관 간 협업, 도농 상생, 일자리 구조 개선'을 기본 체계로 하여 범정부 협업 사업을 시행하기로 한 것이다. 또 2024년 10월에는 중소벤처기업부, 법무부, 행정안전부, 농림축산식품부가 지방소멸 위기 대응에 힘을 모았다. 2025년에 이어 '2026년 시군구 연고산업육성 협업프로젝트' 모집도 진행하고 있다. 협업 프로젝트는 89개 인구감소 지역과 18개 관심지역 등 107개 지자체 및 농촌지역 139개 기초지자체를 대상으로 한다. 정부는 농업 일자리가 활성화되어 농촌 인구가 증가하고 농촌이 발전하는 선순환의 구조가 만들어져 지역소멸 위기 극복에 이바지할 것으로 기대하고 있다.

〈농업 일자리 활성화를 위한 범정부 사업 개요〉

구분	내용
주체	농림축산식품부, 고용노동부, 지방자치단체 등 농업 일자리와 관련된 모든 국가기관이 '농업 일자리 지원 협의체'를 구성해 이를 중심으로 공동으로 사업 추진
운영	• 농촌에 더해 도시 지역에까지 광범위하게 취업자를 발굴 • 도시 비경제활동인구를 집중적으로 구인, 이들의 노동시장 유입 또한 촉진 • 내국인의 농업 일자리 취업 및 농촌 정착도 확대될 것으로 기대
지원	• 취업자에게 교통편의·숙박비·식비·작업교육 등 지원 • 취업자에게 안전교육, 상해보험료 및 보호장비를 제공하여 안전관리 강화 • 전자근로계약서 서비스를 도입, 취업자 권익 보호 강화
관리	• 농업 일자리 온라인 시스템을 구축, 농작업, 구인·구직 정보 등을 공유 • 취업 알선 및 근로계약 체결 지원
지역	• 2023년 : 경상북도·전라북도를 대상으로 추진 • 2024년 이후 : 전국으로 확대 실시

※ 출처 : 2023년 1월, 관계부처합동 보도자료

공익직불제

농업 활동을 통해 환경보전, 농촌공동체 유지, 식품안전 등의 공익기능을 증진하도록 농업인에게 보조금을 지원하는 제도이다. 기존에는 6개의 직불제(쌀고정·쌀변동·밭농업·조건불리·친환경·경관보전)로 분리되었으나 〈농업·농촌 공익기능 증진 직접지불제도 운영에 관한 법률〉(약칭 "농업농촌공익직불법") 시행령이 2020년 5월 1일 시행됨에 따라 이를 개편해 선택형 공익직불(친환경농업직불제, 친환경축산안전직불제, 경관보전직불제, 전략작물직불제)과 기본형 공익직불(면적직불금, 소농직불금)로 나누게 되었다.

외국인 근로자 고용허가제도

〈외국인 근로자의 고용 등에 관한 법률〉에 따라 기업체가 외국인 근로자를 고용할 수 있게 하는 제도로, 농가는 고용허가 절차를 직접 수행하거나 농협에 대행을 신청할 수 있다(사업주가 고용센터에 내국인 구인노력을 한 뒤 14일 이후 고용허가 신청을 하여 '고용허가서'를 발급 받은 후 가까운 농협중앙회, 지역농협에 업무대행 신청하는 방식이다). 농축산업·어업의 경우 원칙적으로 14일 이상 내국인 구인 노력을 하였음에도 구인 신청한 내국인 근로자의 전부 또는 일부를 채용하지 못한 경우, 내국인 신청일 전 2월부터 고용허가 신청일까지 고용조정으로 내국인근로자를 이직시키지 않은 경우, 내국인 구인신청을 한 날의 5개월 전부터 고용허가서 발급일까지 임금체불 사실이 없는 경우 고용보험 및 산재보험 가입 사업장에서 고용을 허가받을 수 있다.

구분(구간신설)	내용
젖소 900 ~ 1,400m² 미만	고용허용인원 2명, 신규 고용한도는 1명 인정
한육우 1,500 ~ 3,000m² 미만	고용허용인원 2명, 신규 고용한도는 1명 인정
시설원예·특작 2,000 ~ 4,000m² 미만	고용허용인원 및 신규 고용한도 모두 2명 인정

국가중요농업유산 지정제도(NIAHS)

국가중요농업유산은 보전할 가치가 있다고 인정하여 국가가 지정한 농업유산으로, 농업유산이란 농업인이 해당 지역에서 환경과 사회, 풍습 등에 적응하며 오랜 기간 형성시켜 온 유형과 무형의 농업자원을 말한다. 국제연합식량농업기구(FAO)는 2002년부터 세계 각지의 전통적 농업활동 등을 보전하고 계승하고자 하는 취지로 세계중요농업유산 제도를 실시하고 있다. 국가중요농업유산 지정 대상은 농업 · 농촌의 다원적 자원 중 100년 이상의 전통성을 가진 농업유산으로, 보전하고 전승할 만한 가치가 있는 것 또는 특별한 생물다양성 지역이다. 지정 기준에는 ① 역사성과 지속성, ② 생계 유지, ③ 고유한 농업기술, ④ 전통 농업문화, ⑤ 특별한 경관, ⑥ 생물다양성, ⑦ 주민 참여 등이 있다.

공공비축제도

추곡수매제가 WTO 체제에서 감축보조에 해당되어 축소 · 폐지가 불가피하게 됨에 따라 2005년도에 양정제도를 시장친화적으로 개편하면서 비상시 안정적 식량 확보를 위해 공공비축제도를 도입하였다. 2013년에 공공비축 대상을 쌀에서 쌀, 밀, 콩으로 확대하였다.
연간 소비량의 17 ~ 18% 수준을 비축하며 농민으로부터 수확기(10 ~ 12월) 산지 전국 평균 쌀 가격으로 매입하되 농가의 자금 유동성을 위해 일정금액을 농가가 수매한 달의 말일에 지급하고(중간정산), 쌀값이 확정되면 최종 정산한다.

농산물우수관리제도(GAP)

우수 농산물에 대한 체계적 관리와 안정성 인증을 위해 2006년부터 시행된 제도이다. 농산물의 생산 · 수확 · 포장 · 판매 단계에 이르기까지 농약 · 중금속 · 미생물 등 위해요소를 종합적으로 관리하는 국제적 규격제도이다. 농림축산식품부장관은 농산물 우수관리의 기준을 정하여 고시하고, 우수관리인증에 필요한 인력과 시설 등을 갖춘 기관에 대해 심사를 거쳐 우수관리인증기관으로 지정할 수 있으며, 우수관리인증기관으로부터 농산물우수관리인증을 받은 자는 우수관리기준에 따라 우수관리인증 표시를 할 수 있다. 표지도형의 기본 색상은 녹색으로 하되, 포장재의 색깔 등을 고려하여 파란색 또는 빨간색으로 할 수 있으며, 표지도형 밑에 인증기관명과 인증번호를 표시한다.

축산물이력제

소 · 돼지 · 닭 · 오리 · 계란 등 축산물의 도축부터 판매에 이르기까지의 정보를 기록 · 관리하여 위생 · 안전의 문제를 사전에 방지하고, 문제가 발생할 경우 그 이력을 추적하여 신속하게 대처하기 위해 시행하고 있는 제도이다. 축산물의 사육 · 도축 · 가공 · 판매에 이르기까지의 과정을 이력번호를 통해 조회할 수 있도록 하여, 위생 · 안전의 문제를 사전에 방지하고, 문제가 발생할 경우에 신속하게 대처할 수 있다.
축산물이력제에 따라 해당하는 축산물을 키우는 농장 경영자는 축산물품질평가원에 농장등록을 해야 하며, 가축을 이동시키는 경우에는 반드시 이동 사실을 신고해야 한다. 또한, 도축업자와 축산물 포장처리 · 판매업자 등 축산물의 유통에 관련이 있는 사람은 도축 처리 결과나 거래 내역 등을 신고해야 한다. 이런 의무사항을 위반하는 경우 최대 500만 원의 과태료가 부과된다.

농약허용물질 목록관리제도(PLS)

농산물을 재배하는 과정에서 사용이 가능한 농약들을 목록으로 만들어 미리 설정된 잔류 기준 내에서의 사용을 허가하고, 목록에 포함되어 있지 않은 농약은 잔류 허용기준을 0.01mg/kg으로 설정하여 사실상 사용을 금지하는 제도이다. 농약 잔류 허용기준은 농약 안전사용방법에 따라 올바르게 사용하였을 때 농산물 등에 법적으로 허용된 농약의 양을 정하는 기준을 말한다. 만약 국외에서 합법적으로 사용되는 농약을 새로 지정하고 싶은 경우에는 식품의약품안전처에 수입식품 중 잔류 허용기준 설정 신청을 할 수 있다.

농약관리법

농약의 제조 · 수입 · 판매 및 사용에 관한 사항을 규정함으로써 농약의 품질향상, 유통질서의 확립 및 안전사용을 도모하고 농업생산과 생활환경보전에 이바지하기 위해 제정한 법률이다. 농약의 제조업 · 원제업 또는 수입업을 하고자 하는 자는 농촌진흥청장에게, 농약의 판매업을 하고자 하는 사람은 업소의 소재지를 관할하는 시장 · 군수 및 구청장에게 등록하여야 한다(제3조 제1 ~ 2항). 수출입식물방제업을 하고자 하는 사람은 국립식물검역기관의 장에게 신고하여야 한다(제3조의2 제1항). 농약의 제조업자 · 원제업자 · 수입업자는 품목별로 농촌진흥청장에게 등록하여야 한다(제8조 제1항). 농림축산식품부장관은 농약의 수급 안정 등을 위해 제조업자 · 원제업자 · 수입업자 또는 판매업자에 대하여 농약의 수급 조절과 유통 질서의 유지를 요청할 수 있다(제18조).

친환경안전축산직불제

친환경축산 실천 농업인에게 초기 소득 감소분 및 생산비 차이를 보전함으로써 친환경축산의 확산을 도모하고, 환경보전을 통하여 지속가능한 축산기반을 구축하기 위한 제도이다.

저탄소 농축산물 인증제 사업

저탄소 농업기술을 활용하여 생산 전과정에서 온실가스 배출을 줄인 농축산물에 저탄소 인증을 부여하는 제도로, 농업인의 온실가스 감축을 유도하고 소비자에게 윤리적 소비선택권을 제공하는 사업이다. 농업인을 대상으로 인증 교육, 온실가스 산정 보고서 작성을 위한 컨설팅 및 인증취득 지원, 그린카드 연계 및 인증 농산물 유통지원 등의 사업을 진행한다.

토종벌 육성사업

낭충봉아부패병(SD) 저항성 토종벌을 농가에 보급하여 토종벌 산업의 안정화 및 농가소득 증대를 유도하기 위한 제도이다. 토종벌을 10군 이상 보유한 토종벌 분야의 농업경영체 등록 농가와 토종벌 사육경력이 5년 이상인 농가가 신청할 수 있다. 시·도는 사업대상자의 신청 물량·금액 이내에서 각 농가당 지원액을 결정하며, 정부에서 SD 저항성 토종벌 및 벌통 구입비를 지원받을 수 있다.

청년 창업농 선발 및 영농정착 지원사업

기술·경영 교육과 컨설팅, 농지은행의 매입비축 농지 임대 및 농지 매매를 연계 지원하여 건실한 경영체로의 성장을 유도하고, 이를 통해 젊고 유능한 인재의 농업 분야 진출을 촉진하는 선순환 체계 구축, 농가 경영주의 고령화 추세 완화 등 농업 인력구조 개선을 하기 위한 사업이다.

사업 시행년도 기준 만 18세 이상에서 만 40세 미만인 사람, 영농경력이 3년 이하, 사업 신청을 하는 시·군·광역시에 실제 거주하는 사람만 신청할 수 있다. 독립경영 1년 차에는 월 100만 원, 2년 차는 월 90만 원, 3년 차는 월 80만 원을 지원받을 수 있다.

농촌공동체 회사 우수사업 지원제도(농촌자원복합산업화지원)

농촌 지역 주민이 주도하는 농촌공동체 회사 사업을 지원해 농가 소득 증대 및 일자리 창출, 농촌에 필요한 각종 서비스 제공 등 농촌 지역 사회 활성화에 기여하기 위한 제도이다. 농촌공동체 회사 활성화에 필요한 기획, 개발, 마케팅, 홍보 비용을 사업 유형에 따라 3∼5년까지 지원받을 수 있으며, 개소당 최대 5,000만 원(지자체별 상이)을 지원받을 수 있다.

농촌 지역 주민 5인 이상이 자발적으로 결성한 조직으로, 지역 주민 비율이 50% 이상 구성되어 있고, 민법상 법인·조합, 상법상 회사, 농업법인, 협동조합기본법상 협동조합 등이 지원대상이다.

농업경영체 등록제

농업문제의 핵심인 구조 개선과 농가 소득 문제를 해결하기 위해서 마련된 제도로, 평준화된 지원정책에서 탈피하여 맞춤형 농정을 추진하기 위해 도입되었다. 농업경영체 등록제를 통해 경영체 단위의 개별 정보를 통합·관리하고 정책사업과 재정 집행의 효율성을 제고하게 되었다.

농촌현장 창업보육 사업

농산업·농식품·BT(바이오 기술) 분야 예비창업자 및 창업초기기업을 대상으로 기술·경영 컨설팅을 통해 벤처기업으로의 성장을 지원하는 제도이다. 농업·식품 분야에 6개월 이내로 창업 가능한 예비창업자 및 5년 미만의 창업초기기업이 신청할 수 있으며, 지식재산권 출원, 디자인 개발, 시제품 제작, 전시회 참가 등을 지원받을 수 있다.

농업보조금제도

WTO 농업협정상 농업보조금은 국내보조금과 수출보조금 두 가지로 나뉜다. 이 협정에서 보조금 규정은 다른 협정상의 규정보다 우선적으로 적용되며, 그 개념 또한 통상적인 보조금의 의미보다 넓은 개념으로 쓰인다.

- 국내보조금 : 규율하는 대상이 일반적인 재정지출을 통한 지원보다 넓은 범위의 실질적인 지원의 개념이다. 불특정 다수의 농민에게 혜택을 주는 방식과 같이 정부가 직접적으로 행하는 사업 등을 포함한다.
- 수출보조금 : 감축을 해야 할 보조를 여섯 가지 형태로 말하고 있으며, 재정지출을 통한 직접적인 보조뿐만 아니라 공공재고를 싸게 판매하고 운송비를 깎아주는 등 실질적인 지원을 포함하도록 정하고 있다.

종자산업 기술 혁신으로 고부가 종자 수출산업 육성(제3차 종자산업육성 5개년 계획)

농림축산식품부는 "제3차(2023~2027년) 종자산업 육성 종합계획"을 발표하면서 종자산업 규모를 1.2조 원으로 키우고, 종자 수출액을 1.2억 달러까지 확대하기 위한 5대 전략을 제시했다. 이에 따라 농림축산식품부는 2023년부터 5년 동안 1조 9,410억 원을 투자할 계획이라고 밝혔다.

- 전략 1. 디지털 육종 등 신육종 기술 상용화 : 작물별 디지털 육종 기술 개발 및 상용화, 신육종 기술 및 육종 소재 개발
- 전략 2. 경쟁력 있는 핵심 종자 개발 집중 : 세계 시장 겨냥 10대 종자 개발 강화, 국내 수요 맞춤형 우량 종자 개발
- 전략 3. 3대 핵심 기반 구축 강화 : 육종 – 디지털 융합 전문인력 양성, 공공 육종데이터 민간 활용성 강화, '종자산업혁신단지(K-Seed Vally)' 구축 및 국내 채종 확대
- 전략 4. 기업 성장·발전에 맞춘 정책 지원 : 정부 주도 연구개발(R&D) 방식에서 기업 주도로 개편, 기업 수요에 맞춘 장비·서비스 제공, 제도 개선 및 민·관 협력(거버넌스) 개편
- 전략 5. 식량종자 공급 개선 및 육묘산업 육성 : 식량안보용 종자 생산·보급 체계 개선, 식량종자·무병묘 민간시장 활성화, 육묘업의 신성장 산업화

다음 도시농업에 대한 〈보기〉의 설명 중 옳은 것을 모두 고르면?

보기

ㄱ. 도시농업 사업은 현재 먹거리 재배뿐만 아니라 미래 먹거리 개발도 추진하고 있다.

ㄴ. 도시농업은 청년층을 대상으로 도시농업 전문인력을 양성하기 위해 전문교육을 실시하고 있다.

ㄷ. 도시농업의 추진 목적은 귀농·귀촌하는 도시민들의 농촌지역에서의 성공적인 정착을 위한 경제적 지원에 있다.

ㄹ. 코로나19 이후 도시농업은 도시에서 직접 작물을 재배하여 판매함으로써 수익을 극대화하는 경제 사업으로 인식이 변화되었다.

① ㄱ
② ㄷ
③ ㄱ, ㄴ
④ ㄱ, ㄹ
⑤ ㄷ, ㄹ

정답 ①

도시농업 사업은 농산물 재배와 더불어 미래 먹거리 개발에도 힘쓰고 있으며, 이밖에도 전문인력 양성, 일자리 창출, 귀농·귀촌 교육, 치유농업 프로그램 등 다양한 프로그램을 함께 추진하고 있다.

오답분석

ㄴ. 도시농업은 전문인력 양성을 위해 전문교육을 실시하고 있으며, 이는 청년층에 국한된 것이 아니라 다양한 계층의 시민을 대상으로 진행되고 있다.

ㄷ. 도시농업의 추진 목적은 도시에서도 농업을 육성하여 건강한 먹거리를 직접 생산하기 위함에 있다.

ㄹ. 코로나19 이후 도시농업은 도시에서 직접 작물을 재배하면서 육체적·정신적 건강을 도모하는 여가문화로 인식이 변화되었다.

애그테크

'농업'을 뜻하는 'Agriculture'와 'Technology'의 조합어로, 생산성의 획기적인 향상을 위해 첨단 기술을 농업 현장에 적용하는 것을 뜻한다. 이를 위해 적용되고 있는 기술 분야로는 인공지능(AI), 사물인터넷(IoT), 빅데이터, 드론 · 로봇 등이 있다. 전 세계적으로 기후 변화, 농촌 노동력 부족, 소비자 기호 변화 등과 같은 농업 환경 변화의 효과적 대응 수단으로 애그테크가 급부상하며 관련 애그테크 시장도 급성장함에 따라 농림축산식품부는 2018년부터 스마트팜 확산을 위한 노력을 지속적으로 강화하고 있으며, 2022년 10월 발표한 "스마트농업 확산을 통한 농업혁신 방안"에서 '스마트농업 민간 혁신 주체 육성, 품목별 스마트농업 도입 확산, 스마트농업 성장 기반 강화' 등의 3대 추진 전략과 함께 농업 생산의 30% 스마트농업 전환, 유니콘 기업 5개 육성 등을 목표로 제시했다.

스마트농업 육성 대책에는 AI 예측, AI 온실관리, 온실용 로봇, 축산 IoT, AI 축사관리, 가변관수 · 관비기술(VRT), 자율주행, 노지수확 로봇 등과 같은 국내 애그테크 산업 경쟁력 강화 방안이 상당수 포함되어 있다.

또한 농업과 첨단 정보통신기술 등의 융합을 통하여 농업의 자동화 · 정밀화 · 무인화 등을 촉진함으로써 농업인의 소득증대와 농업 · 농촌의 성장 · 발전에 이바지함을 목적으로 하는 〈스마트농업 육성 및 지원에 관한 법률〉(약칭 "스마트농업법")이 2023년 7월 25일 제정(2024년 7월 26일 시행)됨에 따라 체계적인 애그테크 산업 육성을 위한 법적 근거가 마련되었다. 한편 이에 앞서 농협은 2022년 10월에 애그테크 상생혁신펀드 출범식을 개최한 바 있다.

애그리비즈니스

농업과 관련된 전후방 산업을 일컫는다. 최근 생겨난 '농기업'이란 새로운 개념은 '농업'을 가축이나 농작물의 생산에 한정하는 것이 아니라 농산물 생산을 포함하여 생산된 농산물의 가공과 유통, 수출입은 물론 비료, 농약, 농기계, 사료, 종자 등 농자재산업까지 포함한 농업 관련 산업(Agribusiness)으로 사업영역을 확장한다는 의미를 포함하고 있다.

유전자 변형 농산물(GMO; Genetically Modified Organism)

유전자 재조합기술(Biotechnology)로 생산된 농산물로, 미국 몬산토사가 1995년 유전자 변형 콩을 상품화하면서 대중에게 알려지기 시작했다. 유전자 변형은 작물에 없는 유전자를 인위적으로 결합시켜 새로운 특성의 품종을 개발하는 유전공학적 기술을 말한다. 어떤 생물의 유전자 중 추위, 병충해, 살충제, 제초제 등에 강한 성질 등 유용한 유전자만을 취하여 새로운 품종을 만드는 방식이다.

공식적인 용어는 LGMO(Living Genetically Modified Organisms)이다. LMO(Living Modified Organism)는 살아있음(Living)을 강조하여 동물 · 식물 · 미생물 등과 같이 생식 · 번식이 가능한 생명체를 한정하며, GMO는 생식이나 번식을 하지 못하는 것도 포함되어 있어 LMO보다 좀 더 포괄적인 범위를 통칭한다.

농산물 종자나 미생물 농약, 환경정화용 미생물 등 LMO의 활용 영역이 날로 넓어지면서 LMO의 안전성 논란이 높아지자 국제기구, 선진국 정부기관, 민간단체 등에서는 LMO와 관련된 정보들을 수집 분석하여 일반인에게 공개하고 있으며, 나아가 세계 각국은 2000년 1월 '바이오 안전성에 관한 카르타헤나 의정서(The Cartagena Protocol on Biosafety)'를 채택하고, 이에 따라 LMO의 국가 간 이동에 관련된 법률을 제정하여 LMO를 관리하고 있다.

국제연합식량농업기구(FAO; Food and Agriculture Organization)

국제연합 전문기구의 하나로 식량과 농산물의 생산 및 분배 능률 증진, 농민의 생활수준 향상 등을 목적으로 한다. 1945년 10월 캐나다 퀘벡에서 개최된 제1회 식량농업회의에서 채택된 FAO헌장에 의거해 설립됐다. 농업 · 임업 · 수산업 분야의 유엔 기구 중 최대 규모이다. 본부에 3,500명, 세계 각지에 2,000여 명의 직원이 있다. 세계식량계획(WFP)과 함께 식량원조와 긴급구호 활동을 전개하며 국제연합개발계획(UNDP)과 함께 기술원조를 확대하고 있다.

농가소득

경상소득과 비경상소득을 합한 총액을 말한다. 농가의 경상소득은 농업소득, 농외소득, 이전소득을 합산한 총액을 말하며, 농가의 비경상소득은 정기적이지 않고 우발적인 사건에 의해 발생한 소득을 말한다.

스팁(STEEP)소비

상품이나 서비스를 공유하는 공유형(Sharing) 소비, 건강을 고려하는 웰빙형(Toward the health) 소비, 기능성 상품을 선호하는 실속형(cost-Effective) 소비, 직접 체험할 수 있는 경험형(Experience) 소비, 삶의 질을 높이는 현재형(Present) 소비의 앞 글자를 딴 신조어다.

수경재배

흙을 사용하지 않고 물과 수용성 영양분으로 만든 배양액 속에서 식물을 키우는 방법을 일컫는 말로, 물재배 또는 물가꾸기라고 한다. 수경재배를 할 수 있는 식물은 대부분 수염뿌리로 되어 있는 외떡잎식물이다. 식물이 정상적으로 위를 향해 자라도록 지지해주거나 용액에 공기를 공급해주어야 하는 어려움 때문에 수경재배는 자갈재배로 대체되었는데, 이때 자갈은 물이 가득한 묘판에서 식물이 넘어지지 않도록 지지해준다.

수경재배는 뿌리의 상태와 성장 모습을 직접 관찰할 수 있고, 오염되지 않은 깨끗한 채소나 작물을 생산해낼 수 있으며 집안에서 손쉽게 재배가 가능하다는 장점이 있다.

윤작

돌려짓기라고도 하며, 같은 땅에서 일정한 순서에 따라 종류가 다른 작물을 재배하는 경작방식으로 형태에 따라 곡초식, 삼포식, 개량삼포식, 윤재식 등으로 나뉜다. 식용작물을 재배하는 곳이면 어느 곳에서나 어떤 형태로든지 윤작이 행해지고 있으며, 윤작의 장점은 토지이용도를 높일 수 있고, 반복된 재배에도 균형 잡힌 토질을 유지할 수 있으며, 누적된 재배로 인한 특정 질병재해를 사전에 방지할 수 있다는 것이다.

콜드체인 시스템

콜드체인(Cold Chain) 시스템이란 농산물을 수확한 후 선별포장하여 예냉하고 저온 저장하거나 냉장차로 저온 수송하여 도매시장에서 저온 상태로 경매되어 시장이나 슈퍼에서 냉장고에 보관하면서 판매하는 시스템이다. 전 유통 과정을 제품의 신선도 유지에 적합한 온도로 관리하여 농산물을 생산 또는 수확 직후의 신선한 상태 그대로 소비자에게 공급하는 유통체계로, 신선도 유지, 출하 조절, 안전성 확보 등을 위해서 중요한 시스템이다.

친환경농업

지속 가능한 농업 또는 지속농업(Sustainable Agriculture)으로, 농업과 환경을 조화시켜 농업의 생산을 지속 가능하게 하는 농업형태이며 농업생산의 경제성 확보, 환경보존 및 농산물의 안전성을 동시에 추구하는 농업이다. 유기합성농약과 화학비료를 일절 사용하지 않고 재배하거나 유기합성농약은 사용하지 않고, 화학비료는 권장 시비량의 1/3 이내를 사용하거나, 1/2 이내를 사용하고, 농약 살포 횟수는 '농약안전사용기준'의 1/2 이하를 사용해야 한다.

생산 농가가 희망하는 경우에 인증기준적합 여부를 심사하며, 인증 여부를 통보해주고, 인증받은 농산물에 한해 인증표시 후 출하한다.

석회비료

칼슘을 주성분으로 하는 비료로, 토양의 성질을 개선하여 작물에 대한 양분의 공급력을 높인다. 직접적으로 양분의 역할을 하지는 못하기 때문에 '간접 비료'로 불린다.

아프리카돼지열병(ASF; African Swine Fever)

동물 감염의 비율이 높고, 고병원성 바이러스에 전염될 경우 치사율이 거의 100%에 이르는 바이러스성 돼지 전염병으로, '돼지 흑사병'이라고도 불린다. 아프리카 지역에서 빈번하게 발생하여 '아프리카돼지열병'이라는 이름으로 주로 불린다. 우리나라에서는 이 질병을 〈가축전염병 예방법〉상 제1종 가축전염병으로 지정하여 관리하고 있다.

주로 감염된 돼지의 분비물 등에 의해 직접 전파되며, 잠복 기간은 약 4~19일이다. 인체와 다른 동물에게는 영향을 주지 않으며, 오직 돼짓과의 동물에만 감염된다. 이 병에 걸린 돼지는 보통 10일 이내에 폐사한다.

조류인플루엔자

닭이나 오리와 같은 가금류 또는 야생조류에서 생기는 바이러스의 하나로, 일종의 동물전염병이다. 일반적으로 인플루엔자 바이러스는 A, B, C형으로 구분되는데, A형과 B형은 인체감염의 우려가 있으며, 그중 A형이 대유행을 일으킨다. 바이러스에 감염된 조류의 콧물, 호흡기 분비물, 대변에 접촉한 조류들이 다시 감염되는 형태로 전파되고, 특히 인플루엔자에 오염된 대변이 구강을 통해 감염을 일으키는 경우가 많다.

이베리코

스페인의 돼지 품종으로, 스페인 이베리아 반도에서 생산된 돼지라는 뜻이다. 긴 머리와 긴 코, 길고 좁은 귀, 검은색 가죽과 검은색 발톱이 특징이다. 이베리코는 사육 기간과 방식, 먹이에 따라 최고 등급인 '베요타(Bellota)'부터 중간 등급인 '세보 데 캄포(Cebo de campo)', 하위 등급인 '세보(Cebo)'로 나뉜다. 이 중 베요타의 경우 '데헤사(Dehesa)'라 불리는 목초지에서 자연 방목으로 사육하는데, 방목 기간 동안 풀과 도토리 등 자연 산물을 먹여 키운다.

귀농인의 집

'귀농인의 집'은 귀농 · 귀촌 희망자의 안정적 농촌 정착을 위해 이루어지고 있는 주거 공간 지원 사업으로, 〈농업 · 농촌 및 식품산업 기본법〉을 근거로 한다. 이는 귀농귀촌 희망자가 일정 기간 동안 영농기술을 배우고 농촌체험 후 귀농할 수 있도록 임시 거처인 '귀농인의 집'을 제공하는 것이다. 귀농인의 집 입지는 지역 내 제반 여건을 감안해 귀농인의 집 운영을 희망하는 마을과 시 · 군이 협의하여 자율 선정한다. 재원은 국고보조(농특회계) 50%와 지방비 50%로 구성되며, 세대당 3,000만 원 이내로 지원이 이루어진다. 그리고 입주자는 월 10 ~ 20만 원 또는 일 1 ~ 2만 원의 임차비용을 지급하게 된다. 기간은 1년 범위 내 이용을 원칙으로 하고, 추가 이용자가 없고 기존 귀농인이 희망하는 경우에는 1년 이용기간 종료 후 3개월 이내의 범위에서 추가 이용이 가능하다.

특산식물(고유식물)

특정한 지역에서만 생육(生育)하는 고유한 식물을 말한다. 생육되는 환경에 스스로 적응하면서 다른 곳에서는 볼 수 없는 독특한 특징으로 진화하는 특산식물은, 결과적으로 해당 지역의 고유식물로 존재하게 된다. 그러므로 고유식물이 지니는 정보는 그 지역에 분포하는 해당 식물의 기원과 진화 과정을 밝히는 중요한 요인이 된다. 특산식물은 작은 환경 변화에도 민감하게 반응하며 세계적으로 가치 있고 희귀한 식물이 대부분이므로 적극적으로 보호하지 않으면 멸종되기 쉽다.

녹색혁명

녹색혁명은 20세기 후반 전통적 농법이 아닌 새로운 기술인 품종개량, 수자원 공급시설 개발, 화학비료 및 살충제 사용 등의 새로운 기술을 적용하여 농업생산량이 크게 증대된 일련의 과정 및 그 결과를 의미한다. 녹색혁명의 핵심은 새로운 기술의 적용으로 생산성을 크게 증대시키는 것에 있기 때문에 유전학, 분자생물학, 식물생리학 등의 과학기술 발전을 통해 작물의 생산성을 증대시키는 것을 2차 녹색혁명이라고도 부른다.

식물공장

최첨단 고효율 에너지 기술을 결합해 실내에서 다양한 고부가가치의 농산물을 대량 생산할 수 있는 농업 시스템이다. 식물공장은 빛, 온도 · 습도, 이산화탄소 농도 및 배양액 등의 환경을 인위적으로 조절해 농작물을 계획 생산한다. 계절, 장소 등과 관계없이 자동화를 통한 공장식 생산이 가능하다. 식물공장은 주로 LED와 분무장치에 의한 실내 식물재배 시스템을 이용하여 전형적인 저탄소 녹색 사업을 가능하게 하는 곳이다.

작목반

강원도 삼척 지역 농촌에서 작목별 · 지역별 공동 생산, 공동 출하로 소득을 높이기 위하여 조직한 농민단체로, 채소 · 원예 · 축산 · 과일 등 작목에서 많이 운영된다. 작목반별로 다소 차이는 있지만 작목반 또는 조합 단위로 영농에 필요한 비료나 농약 시설 자재 등을 공동으로 저렴하게 구입하여 공급하는 영농 자재의 공동 구매, 작목반 단위의 영농 계획에 의한 공동 작업 실시로 작업 능률을 향상시키기 위한 공동 작업, 농산물의 등급별 선별을 통한 규격화 · 표준화로 상품성 제고, 공동 출하 · 공동 이용시설의 설치와 운영, 공동 기금 조성 등의 활동을 한다. 대부분의 작목반은 지역의 단위농업협동조합과 연계되어 있다.

로컬푸드

로컬푸드 운동은 생산자와 소비자 사이의 이동거리를 단축시켜 식품의 신선도를 극대화시키자는 취지로 출발했다. 즉, 먹을거리에 대한 생산자와 소비자 사이의 이동거리를 최대한 줄임으로써 농민과 소비자에게 이익이 돌아가도록 하는 것이다. 북미의 100마일 다이어트 운동, 일본의 지산지소(地産地消) 운동 등이 대표적인 예다. 국내의 경우 전북 완주군이 2008년 국내 최초로 로컬푸드 운동을 정책으로 도입한 바 있다.

로컬푸드지수

지역에서 이루어지고 있는 로컬푸드 소비체계 구축활동에 대한 노력과 성과를 평가하기 위한 지표이다. 2021년부터 본격적으로 시행되는 로컬푸드 평가기준으로, 미국의 '로커보어지수(Locavore Index)'에 필적할 만한 지수이다. 계량적 수치 위주의 로커보어지수와 달리 로컬푸드지수는 지역에 미치는 사회적 · 경제적 가치까지도 반영하고 있다.

할랄 푸드

과일 · 야채 · 곡류 등 모든 식물성 음식과 어류 · 어패류 등 모든 해산물이 이슬람 율법하에 무슬림이 먹고 쓸 수 있도록 허용된 제품을 총칭한다. 육류 중에서는 이슬람의 신 알라의 이름으로 도살된 고기(주로 염소고기, 닭고기, 쇠고기 등), 이를 원료로 한 화장품 등이 할랄 제품에 해당한다. 반면 술과 마약류처럼 정신을 흐리게 하는 것, 돼지고기 · 개 · 고양이 등의 동물, 자연 사했거나 인간에 의해 도살된 짐승의 고기 등과 같이 무슬림에게 금지된 음식의 경우는 '하람(Haram)' 푸드라고 한다.

01 다음 중 28GHz(39GHz)의 초고대역 주파수를 사용하여 무선으로 통신 서비스를 제공하는 이동통신 기술은?

① 2G

② 3G

③ 4G

④ 5G

⑤ LTE-A

02 다음 중 통신망 제공사업자는 모든 콘텐츠를 동등하고 차별 없이 다루어야 한다는 원칙을 뜻하는 용어는?

① 제로 레이팅

② 망 중립성

③ MARC

④ 멀티 캐리어

⑤ 화이트 박스

01

정답 ④

5G FWA는 유선 대신 무선으로 각 가정에 초고속 통신 서비스를 제공하는 기술이다. 2018년 삼성전자는 미국 최대 이동통신 사업자인 버라이즌과 5G 기술을 활용한 통신 장비 공급 계약을 체결하였다.

02

정답 ②

망 중립성(Network Neutrality)은 통신사 등 인터넷서비스사업자(ISP)가 특정 콘텐츠나 인터넷 기업을 차별·차단하는 것을 금지하는 정책으로, 인터넷 기업인 구글, 페이스북, 아마존, 넷플릭스 등이 거대 기업으로 성장할 수 있었던 주된 배경 중 하나이다.

오답분석

① 제로 레이팅 : 콘텐츠 사업자가 이용자의 데이터 이용료를 면제 또는 할인해 주는 제도이다.

③ MARC(MAchine Readable Cataloging) : 컴퓨터가 목록 데이터를 식별하여 축적·유통할 수 있도록 코드화한 일련의 메타데이터 표준 형식이다.

④ 멀티 캐리어(Multi Carrier) : 2개 주파수를 모두 사용해 통신 속도를 높이는 서비스이다.

⑤ 화이트 박스(White Box) : 제조자와 판매자 상표를 부착하지 않은 언브랜드 단말기를 일컫는 말이며, 인텔이 자사의 CPU 수요를 확대하기 위한 목적으로 기획했다.

4차 산업혁명

2010년대부터 물리적 세계, 디지털 및 생물학적 세계가 융합되어 모든 학문·경제·산업 등에 전반적으로 충격을 주게 된 새로운 기술 영역의 등장을 뜻하는 4차 산업혁명은 독일의 경제학 박사이자 세계경제포럼(WEF)의 회장인 클라우스 슈밥이 2016년 다보스 포럼(WEF)에서 제시한 개념이다.

클라우스 슈밥은 인공지능, 로봇공학, 사물인터넷, 3D프린팅, 자율주행 자동차, 양자 컴퓨팅, 클라우드 컴퓨팅, 나노테크, 빅데이터 등의 영역에서 이루어지는 혁명적 기술 혁신을 4차 산업혁명의 특징으로 보았다. 4차 산업혁명은 초연결성·초지능, 더 빠른 속도, 더 많은 데이터 처리 능력, 더 넓은 파급 범위 등의 특성을 지니는 '초연결 지능 혁명'으로 볼 수 있다.

그러나 인공지능 로봇의 작업 대체로 인한 인간의 일자리 감소, 인간과 인공지능(로봇)의 공존, 개인정보·사생활 보호, 유전자 조작에 따른 생명윤리 등 여러 과제가 사회적 문제로 떠오르고 있다.

빅데이터(Big Data)

빅데이터는 다양하고 복잡한 대규모의 데이터 세트 자체는 물론, 이러한 데이터 세트로부터 정보를 추출한 결과를 분석하여 더 큰 가치를 창출하는 기술을 뜻한다. 기존의 정형화된 정보뿐만 아니라 이미지, 오디오, 동영상 등 여러 유형의 비정형 정보를 데이터로 활용한다. 저장 매체의 가격 하락, 데이터 관리 비용의 감소, 클라우드 컴퓨팅의 발전 등으로 인해 데이터 처리·분석 기술 또한 진보함에 따라 빅데이터의 활용 범위와 환경이 꾸준히 개선되고 있다.

빅데이터의 특징으로 3V로 제시되는 것은 'Volume(데이터의 크기), Velocity(데이터의 속도), Variety(데이터의 다양성)' 등이다. 여기에 'Value(가치)' 또는 'Veracity(정확성)' 중 하나를 더해 4V로 보기도 하고, 둘 다 더해 5V로 보기도 한다. 또한 5V에 Variability(가변성)을 더해 6V로 정리하기도 한다. 한편 기술의 진보에 따라 빅데이터의 특징을 규명하는 'V'는 더욱 늘어날 수 있다.

합성데이터(Synthetic Data)

합성데이터는 실제 수집·측정으로 데이터를 획득하는 것이 아니라 시뮬레이션·알고리즘 등을 이용해 인공적으로 생성한 인공의 가상 데이터를 뜻한다. 즉, 현실의 데이터가 아니라 인공지능(AI)을 교육하기 위해 통계적 방법이나 기계학습 방법을 이용해 생성한 가상 데이터를 말한다.

고품질의 실제 데이터 수집이 어렵거나 불가능함, AI 시스템 개발에 필수적인 대규모 데이터 확보의 어려움, 인공지능 훈련에 드는 높은 수준의 기술·비용, 실제 데이터의 이용에 수반되는 개인정보·저작권 보호 및 윤리적 문제 등에 대한 해결 대안으로 등장한 것이 합성데이터이다.

VR, AR, MR, XR, SR

• VR(Virtual Reality, 가상현실) : 어떤 특정한 상황·환경을 컴퓨터로 만들어 이용자가 실제 주변 상황·환경과 상호작용하고 있는 것처럼 느끼게 하는 인간과 컴퓨터 사이의 인터페이스이다. 즉, VR은 실존하지 않지만 컴퓨터 기술로 이용자의 시각·촉각·청각을 자극해 실제로 있는 것처럼 느끼게 하는 가상의 현실을 말한다.

• AR(Augmented Reality, 증강현실) : 머리에 착용하는 방식의 컴퓨터 디스플레이 장치는 인간이 보는 현실 환경에 컴퓨터 그래픽 등을 겹쳐 실시간으로 시각화함으로써 AR을 구현한다. AR이 실제의 이미지·배경에 3차원의 가상 이미지를 겹쳐서 하나의 영상으로 보여주는 것이라면, VR은 자신(객체)과 환경·배경 모두 허구의 이미지를 사용하는 것이다.

• MR(Mixed Reality, 혼합현실) : VR과 AR이 전적으로 시각에 의존한다면, MR은 시각에 청각·후각·촉각 등 인간의 감각을 접목할 수 있다. VR과 AR의 장점을 융합함으로써 한 단계 더 진보한 기술로 평가받는다.

• XR(eXtended Reality, 확장현실) : VR, AR, MR 등을 아우르는 확장된 개념으로, 가상과 현실이 매우 밀접하게 연결되어 있고, 현실 공간에 배치된 가상의 물체를 손으로 만질 수 있는 등 극도의 몰입감을 느낄 수 있는 환경 혹은 그러한 기술을 뜻한다.

• SR(Substitutional Reality, 대체현실) : VR, AR, MR과 달리 하드웨어가 필요 없으며, 스마트 기기에 광범위하고 자유롭게 적용될 수 있다. SR은 가상현실과 인지 뇌과학이 융합된 한 단계 업그레이드된 기술이라는 점에서 VR의 연장선상에 있는 기술로 볼 수 있다.

스니핑(Sniffing)

'Sniffing'은 '코를 킁킁거리기, 냄새 맡기'라는 뜻으로, 네트워크 통신망에서 오가는 패킷(Packet)을 가로채 사용자의 계정과 암호 등을 알아내는 해킹 수법이다. 즉, 스니핑은 네트워크 트래픽을 도청하는 행위로서, 사이버 보안의 기밀성을 침해하는 대표적인 해킹 수법이다. 그리고 이러한 스니핑을 하기 위해 쓰이는 각종 프로그램 등의 도구를 '스니퍼'라 부른다.

원래는 네트워크 상태를 체크하는 데 사용되었으나, 해커들은 원격에서 로그인하는 사용자들이 입력하는 개인정보를 중간에서 가로채는 수법으로 악용한다. 스니핑은 네트워크에 접속하는 시스템의 상대방 식별 방식의 취약점을 악용하는 것이다. 네트워크에 접속하는 모든 시스템에는 설정된 IP 주소와 고유한 MAC 주소가 있으며, 통신을 할 때 네트워크 카드는 IP 주소와 MAC 주소를 이용해 수신하고 저장할 신호를 선별한다. 스니핑 공격은 이러한 선별 장치를 해체해 타인의 신호까지 수신할 수 있는 환경을 구성하는 방식으로 구현된다. 이러한 원리를 통해 해커는 이메일 트래픽, 웹 트래픽, FTP 비밀번호, 텔넷 비밀번호, 공유기 구성, 채팅 세션, DNS 트래픽 등을 스니핑할 수 있다.

한편, 스니핑이 다른 사람의 대화를 도청·엿탐하는 소극적 공격이라면, '스푸핑'은 다른 사람으로 위장해 정보를 탈취하는 적극적 공격이다. 즉, 스니핑은 시스템 자체를 훼손·왜곡할 수 없는 수동적 공격이고, 스푸핑은 시스템을 훼손·왜곡할 수 있는 능동적 공격이다.

스테이블 코인(Stable Coin)

법정화폐와 일대일(1코인＝1달러)로 가치가 고정되게 하거나(법정화폐 담보 스테이블 코인) 다른 암호화폐와 연동하는(가상자산 담보 스테이블 코인) 등의 담보 방식 또는 알고리즘을 통한 수요−공급 조절(알고리즘 기반 스테이블 코인)로 가격 변동성이 최소화되도록 설계된 암호화폐(가상자산)이다. 다른 가상화폐와 달리 변동성이 낮기 때문에 다른 가상화폐 거래, 탈중앙화 금융(De−Fi) 등에 이용되므로 '기축코인'이라고 볼 수 있다.

우리나라와 달리 대부분 해외 가상자산 거래소에서는 법정화폐가 아닌 스테이블 코인으로 가상화폐를 거래하는데, 이렇게 하면 다른 나라의 화폐로 환전해 다시 가상화폐를 구매하는 불편을 해소하고, 환율의 차이에 따른 가격의 변동으로부터 자유롭다. 아울러 디파이를 통해 이자 보상을 받을 수 있으며, 계좌를 따로 개설할 필요가 없고, 휴일에도 송금이 가능하며 송금의 속도 또한 빠르고, 수수료도 거의 없다.

스테이블 코인은 기본적으로 가격이 안정되어 있기 때문에 안정적인 투자 수익을 얻을 수 있으나 단기적인 매매 차익을 기대하기 어렵다. 아울러 자금세탁이나 사이버 보안 등의 문제점을 보완하기 위한 법적 규제와 기술적 장치가 반드시 필요하다.

디파이(De−Fi)

디파이는 '금융(Finance)의 탈중앙화(Decentralized)'라는 뜻으로, 기존의 정부·은행 같은 중앙기관의 개입·중재·통제를 배제하고 거래 당사자들끼리 송금·예금·대출·결제·투자 등의 금융 거래를 하자는 게 주요 개념이다. 디파이는 거래의 신뢰를 담보하기 위해 높은 보안성, 비용 절감 효과, 넓은 활용 범위를 자랑하는 블록체인 기술을 기반으로 한다.

디파이는 서비스를 안정적으로 제공하기 위해 기존의 법정화폐에 연동되거나 비트코인 같은 가상자산을 담보로 발행된 스테이블 코인(가격 변동성을 최소화하도록 설계된 암호화폐)을 거래 수단으로 주로 사용한다. 디파이는 거래의 속도를 크게 높일 수 있고, 거래 수수료 등 부대비용이 거의 들지 않기 때문에 비용을 절감할 수 있다는 것이 가장 큰 특징이다.

디파이는 블록체인 자체에 거래 정보를 기록하기 때문에 중개자가 필요 없을 뿐만 아니라 위조·변조 우려가 없어 신원 인증 같은 복잡한 절차도 없고, 휴대전화 등으로 인터넷에 연결되기만 하면 언제든지, 어디든지, 누구든지 디파이에 접근할 수 있으며, 응용성·결합성이 우수해 새로운 금융 서비스를 빠르게 개발할 수 있다. 다만, 디파이는 아직 법적 규제와 이용자 보호장치가 미비하여 금융사고 발생 가능성이 있고 상품 안정성 또한 높지 않다는 한계가 있다.

인터넷 전문은행(Direct Bank, Internet−only Bank)

영업점을 통해 대면거래를 하지 않고, 금융자동화기기(ATM)나 인터넷·모바일 응용프로그램(앱) 같은 전자매체를 통해 온라인으로 사업을 벌이는 은행이다.

서비스형 블록체인(BaaS; Blockchain as a Service)

서비스형 블록체인은 개발 환경을 클라우드로 서비스하는 개념이다. 블록체인 네트워크에 노드를 추가하고 제거하는 일이 간단해져서 블록체인 개발 및 구축을 쉽고 빠르게 할 수 있다. 현재 마이크로소프트나 IBM, 아마존, 오라클 등에서 도입하여 활용하고 있으며, 우리나라의 경우 KT, 삼성 SDS, LG CNS에서 자체적인 BaaS를 구축하고 있다.

데이터 리터러시(Data Literacy)

정보활용 능력을 일컫는 용어로 빅데이터 속에서 목적에 맞게 필요한 정보를 취합하고 해석하여 적절하게 활용할 수 있는 능력을 말한다.

데이터 레이블링(Data Labeling)
인공지능을 만드는 데 필요한 데이터를 입력하는 작업이다. 높은 작업 수준을 요구하지는 않으며, 각 영상에서 객체를 구분하고, 객체의 위치와 크기 등을 기록해야 한다. 인공지능이 쉽게 사물을 알아볼 수 있도록 영상 속의 사물에 일일이 명칭을 달아주는 작업이다.

이노드비(eNodB; Evolved Node B)
이동통신 사실 표준화 기구인 3GPP에서 사용하는 공식 명칭으로, 기존 3세대(3G) 이동통신 기지국의 이름 'Node B'와 구별하여 LTE의 무선 접속망 E-UTRAN(Evolved UTRAN) 기지국을 'E-UTRAN Node B' 또는 'Evolved Node B'라 한다. 모바일 헤드셋(UE)과 직접 무선으로 통신하는 휴대전화망에 연결되는 하드웨어이며, 주로 줄임말 eNodeB(eNB)로 사용한다.

5세대 이동통신(5G; 5th Generation mobile communications)
국제전기통신연합(ITU)이 정의한 5G는 최대 다운로드 속도가 20Gbps, 최저 다운로드 속도가 100Mbps인 이동통신 기술이다. 4세대 이동통신에 비해 속도가 20배가량 빠르고 처리 용량은 100배가 많아져 4차 산업혁명의 핵심 기술인 가상현실(VR·AR), 자율주행, 사물인터넷(IoT) 기술 등을 구현할 수 있다.

만리방화벽(GFW; Great Firewall of China)
만리방화벽(GFW)은 만리장성(Great Wall)과 컴퓨터 방화벽(Firewall)의 합성어로, 중국 정부의 인터넷 감시·검열 시스템을 의미한다. 중국 내에서 일부 외국 사이트에 접속할 수 없도록 하여 사회 안정을 이루는 것이 목적이다.

와이선(Wi-SUN)
사물인터넷(IoT)의 서비스 범위가 확대되면서 블루투스나 와이파이 등 근거리 무선통신을 넘어선 저전력 장거리(LPWA; Low-Power Wide Area) IoT 기술이다.

라이파이(Li-Fi; Light-Fidelity)
무선랜인 와이파이(초속 100Mb)의 100배, 무선통신 중 가장 빠르다는 LTE-A(초속 150Mb)보다 66배나 빠른 속도를 자랑하는 무선통신기술이다.

디지털세(Digital Tax)
구글이나 페이스북, 아마존과 같이 국경을 초월해 사업하는 인터넷 기반 글로벌 기업에 부과하는 세금을 지칭한다. 물리적 사업장이 없어도 매출이 발생한 국가에서 부과하는 세금 제도로, 프랑스·영국 등은 매출의 2~3%를 과세하는 디지털서비스세(DST)를 시행하고 있다. 이에 OECD와 G20은 국가 간 과세권 재배분(Pillar 1)과 글로벌 최저세(Pillar 2)를 도입하기로 합의했으며, 한국은 2022년 Pillar 2를 세계 최초로 입법했다. Pillar 1은 2025년 시행을 목표로 하지만 미국 비준이 관건이며, 실제 적용은 2026년 또는 2027년이 예상된다. 한국은 별도의 DST 없이 2015년부터 해외 사업자의 음악·영상·게임·클라우드 등 전자서비스에 부가가치세 10%를 부과하고 있다. B2C 거래는 해외 사업자가 직접 납부하고, B2B 거래는 역진과세를 적용한다.

프롭테크(Proptech)
부동산(Property)과 기술(Technology)의 합성어로, 기존 부동산 산업과 IT의 결합으로 볼 수 있다. 프롭테크의 산업 분야는 크게 중개 및 임대, 부동산 관리, 프로젝트 개발, 투자 및 자금조달 부분으로 구분할 수 있다. 프롭테크 산업 성장을 통해 부동산 자산의 고도화와 신기술 접목으로 편리성이 확대되고, 이를 통한 삶의 질이 향상될 전망이다. 무엇보다 공급자 중심의 기존 부동산 시장을 넘어 정보 비대칭이 해소되어 고객 중심의 부동산 시장이 형성될 것으로 보인다.

디지털 뉴딜(Digital New Deal)
2020년 7월 14일에 확정한 정부의 한국판 뉴딜 정책 중 하나이다. 핵심내용은 현재 세계 최고 수준인 전자정부 인프라나 서비스 등의 ICT를 기반으로 디지털 초격차를 확대하는 것이다. 디지털 뉴딜의 내용으로는 DNA(Data, Network, AI) 생태계 강화, 교육인프라 디지털 전환, 비대변 사업 육성, SOC 디지털화가 있다.

바이오컴퓨터(Biocomputer)
생물의 세포에 들어 있는 단백질이나 효소를 사용한 바이오칩을 컴퓨터 내부 반도체 소자와 교체하여 조립한다. 인간의 뇌와 유사한 기능을 하도록 설계되어 최종적으로 인간의 두뇌 기능을 구현하기 위한 목적을 갖는다.

다크 데이터(Dark Data)
정보를 수집한 후 저장만 하고 분석에 활용하고 있지 않은 다량의 데이터로, 처리되지 않은 채 미래에 사용할 가능성이 있다는 이유로 삭제되지 않고 방치되고 있었다. 하지만 최근 빅데이터와 인공지능이 발달하면서 방대한 양의 자료가 필요해졌고, 이에 유의미한 정보를 추출하고 분석할 수 있게 되면서 다양한 분야에 활용될 전망이다.

무어의 법칙(Moore's Law)

반도체 집적회로의 성능이 18개월마다 2배씩 증가한다는 법칙이다. 인텔 및 페어 차일드 반도체의 창업자인 고든 무어가 1965년에 설명한 것이다. 당시에는 일시적일 것이라 무시당하기도 했으나, 30년 간 비교적 정확하게 그의 예측이 맞아 떨어지면서 오늘날 반도체 산업의 중요한 지침이 되고 있다. 이와 함께 언급되는 규칙으로 '황의 법칙(반도체 메모리의 용량이 1년마다 2배씩 증가한다는 이론)'이 있다.

튜링 테스트(Turing Test)

기계가 인공지능을 갖추었는지를 판별하는 실험으로 1950년에 영국의 수학자인 앨런 튜링이 제안한 인공지능 판별법이다. 기계의 지능이 인간처럼 독자적인 사고를 하거나 의식을 가졌는지 인간과의 대화를 통해 확인할 수 있는데, 아직 튜링 테스트를 통과한 인공지능이 드문 것으로 알려져 있다.

메칼프의 법칙(Metcalfe's Law)

인터넷 통신망이 지니는 가치는 망에 가입한 사용자 수의 제곱에 비례한다는 법칙이다. 1970년대 네트워크 기술인 이더넷을 개발한 로버트 메칼프에 의해 처음 언급되었다. 예를 들어 사용자 수가 2명인 A통신망의 가치는 2의 제곱인 4인 반면, 사용자 수가 4명인 B통신망의 가치는 4의 제곱인 16인 것이다. 이는 통신망을 이용하는 개개인이 정보의 연결을 통해 향상된 능력을 발휘할 수 있게 되면서 네트워크의 효과가 증폭되기 때문이다.

PBV(Purpose Built Vehicle)

우리말로는 '목적 기반 모빌리티'라고 부른다. 2020년 열린 세계 최대 소비자 가전·IT(정보기술) 전시회인 미국 CES(Consumer Electronics Show)에서 발표됐다. 차량이 단순한 이동수단 역할을 넘어서 승객이 필요한 서비스를 누릴 수 있는 공간으로 확장된 것이다. 개인화 설계 기반의 친환경 이동수단으로, 식당, 카페, 호텔 등 여가 공간부터 병원, 약국 등 사회 필수 시설까지 다양한 공간으로 연출돼 고객이 맞춤형 서비스를 누릴 수 있도록 해준다.

클라우드 컴퓨팅(Cloud Computing)

정보처리를 자신의 컴퓨터가 아닌 인터넷으로 연결된 다른 컴퓨터로 처리할 수 있는 기술을 말한다. 클라우드 컴퓨팅의 핵심 기술은 가상화와 분산처리로 어떠한 요소를 기반으로 하느냐에 따라 소프트웨어 서비스, 플랫폼 서비스, 인프라 서비스로 구분한다.

SOAR(Security Orchestration, Automation and Response)

가트너가 2017년에 발표한 용어로 보안 오케스트레이션 및 자동화(SOA; Security Orchestration and Automation), 보안 사고 대응 플랫폼(SIRP; Security Incident Response Platforms), 위협 인텔리전스 플랫폼(TIP; Threat Intelligence Platforms)의 세 기능을 통합한 개념이다. 보안 사고 대응 플랫폼은 보안 이벤트별 업무 프로세스를 정의하고, 보안 오케스트레이션 및 자동화는 다양한 IT 보안 시스템을 통합하고 자동화하여 업무 프로세스 실행의 효율성을 높일 수 있다. 마지막으로 위협 인텔리전스 플랫폼은 보안 위협을 판단해 분석가의 판단을 보조할 수 있다.

| 농업·농촌 상식 |

01 농협미래농업지원센터에서는 미래농업농촌을 이끌어 나갈 예비 청년 농업인들을 육성하기 위한 '청년농부사관학교'를 운영하고 있다. 다음 중 청년농부사관학교에 대한 설명으로 옳지 않은 것은?

① 드론 및 농기계 국가자격증 취득을 지원한다.

② 총 6개월의 교육기간을 거쳐 진행된다.

③ 기수별로 100명의 인원을 모집한다.

④ 만 30세 이하 창농 희망자를 대상으로 한다.

⑤ 졸업 후에도 사후케어링 시스템을 운영한다.

02 이 농장은 치매와 노인성 질환, 발달장애인, 자폐증, 알콜 중독 등 다양한 사람들이 이를 이용할 수 있도록 국가가 지원하는 사업으로, 농가 소득 창출과 복지 실현 및 농촌에 새로운 활기를 불어넣기 위해 도입되었다. 다음 중 이것의 명칭은?

① 시범농장   ② 집단농장

③ 협동농장   ④ 케어팜

⑤ 케이팜

03 농협이 하는 일 중 경제 부문에 속하지 않는 것은?

① 규모화·전문화를 통한 농산물 산지유통 혁신
② 영농에 필요한 자재를 저렴하고 안정적으로 공급
③ 혁신적 물류체계 구축으로 농산물 도매유통 선도
④ 안전 농식품 공급으로 국민 건강에 기여
⑤ 맞춤형 금융상품을 통해 서민경제 활성화에 기여

04 다음에서 설명하는 농협 추진사업의 명칭은?

> 최근 온라인을 통한 소비·유통 거래의 활성화와 더불어 코로나19로 인한 농산물의 비대면 거래 활성화로 농림축산식품부와 농협은 농산물을 도매 유통하기 위해 온라인 거래 시스템을 만들었다. 이 시스템은 대량으로 거래되는 농산물 도매유통에 온라인 거래방식을 도입하는 것으로, 시간·장소 제약 없이 거래할 수 있음은 물론, 중간 유통비용을 절감하여 농업인의 실익에 기여하며, 물량 집중 현상을 완화해 가격 급등락을 줄이는 효과가 있다. 농업계에서는 이를 통해 농산물이 제값을 받고 소비자 가격이 안정될 수 있는 농산물 유통환경이 정착될 것임을 기대하고 있다.

① 농협몰   ② 농민마켓
③ 로컬푸드 직매장   ④ 온라인농산물거래소
⑤ 농수산물사이버거래소

05 다음 중 농협의 연혁에 대한 설명으로 옳지 않은 것은?

① NH스마트뱅킹은 2010년에 출시되었다.
② 범농협 NH멤버스가 2018년에 출범하였다.
③ 농협 상호금융 인공지능(AI) 투자 시스템은 2016년에 최초 도입되었다.
④ 2019년에 농협금융 DT(Digital Transformation) 비전 선포식을 진행하였다.
⑤ 농업인에게 문화와 복지 서비스를 종합 제공하는 농업인 행복버스가 2013년에 출범하였다.

06 다음 중 농협의 인재상으로 옳지 않은 것은?

① 시너지 창출가
② 행복의 파트너
③ 매사에 적극적인 프로 금융인
④ 정직과 도덕성을 갖춘 인재
⑤ 진취적 도전가

07 보전 가치를 인정해 국가가 지정한 농업유산의 보호를 위해 정부는 '국가중요농업유산 지정 제도'를 운영하고 있다. 다음 중 이 제도에 대한 설명으로 옳지 않은 것은?

① 보전할 가치가 있는 유형·무형의 농업자원을 국가중요농업유산으로 지정해 농촌 가치 창출 및 국민의 삶의 질 향상을 도모함을 목표로 한다.

② 국가중요농업유산의 지정 기준은 역사성과 지속성, 생계유지, 고유한 농업기술, 전통 농업문화 등 총 4가지로 구성된다.

③ 지자체에서 신청하면 신청서 검토 및 농업유산자문위원회의 자문을 거쳐 현장조사를 한 후 농림축산식품부에서 지정 여부를 최종 결정한다.

④ 2013년 '완주 청산도 구들장 논'을 시작으로 '청양 구기자 전통농업' 등 2023년까지 모두 19종이 국가중요농업유산으로 지정됐다.

⑤ 국가농업유산으로 지정된 지역은 사업대상지로 선정되어 유산자원의 발굴, 보전·관리 및 활용을 위한 예산 지원을 받을 수 있다.

08 농촌 지역의 환경보호를 위해 우리나라는 농약관리법을 시행하고 있다. 다음 중 농약관리법에 대한 설명으로 옳지 않은 것은?

① 법에서 정하는 농약의 종류에는 살균제, 살충제, 제초제 외에도 농작물의 생리 기능을 증진하거나 억제하는 데에 사용하는 약제도 포함된다.

② '천연식물보호제'는 진균, 세균, 바이러스 또는 원생동물 등 살아 있는 미생물을 유효 성분으로 하여 제조한 농약을 포함한다.

③ 영업의 등록을 하지 않고 농약을 판매해 사람에게 위해를 가해 다치거나 죽게 하면 10년 이하의 징역에 처해질 수 있다.

④ 용기의 크기가 50mL 이하인 소포장 농약을 판매한 판매업자는 구매자의 이름을 전자적으로 기록하지 않아도 된다.

⑤ 농약의 안전사용기준을 위반해 농약을 사용한 방제업자는 100만 원 이하의 벌금에 처한다.

09 다음에서 설명하는 제도는?

> 국내에서 사용되거나 수입식품에 사용되는 농약성분 등록과 잔류허용기준이 설정된 농약을 제외한 기타 농약에 대하여 잔류허용기준을 0.01mg/kg으로 일률적 관리하는 제도로, 다양한 농약의 개발과 함께 현장에서 농약의 사용이 증가됨에 따라 잔류기준이 없는 농약에 대한 안전관리 강화 방안의 요구가 증가됨에 따라 2019년부터 시행된 제도이다.

① CODEX   ② IT
③ PLS   ④ PPM
⑤ 유사농산물기준

10 다음 중 협동조합에 대한 설명으로 옳지 않은 것은?

① 협동조합이란 재화 또는 용역의 구매·생산·판매·제공 등을 협동으로 영위함으로써 조합원의 권익을 향상하고 지역 사회에 공헌하고자 하는 사업조직을 말한다.

② 협동조합연합회란 협동조합의 공동이익을 도모하기 위하여 협동조합의 정의에 따라 설립된 협동조합의 연합회를 말한다.

③ 사회적협동조합이란 조직원의 권익·복리 증진과 관련된 사업을 수행하거나 어려운 상황에 처한 조직원에게 사회적서비스 또는 일자리를 제공하는 등 조합원의 영리를 목적으로 하는 협동조합을 말한다.

④ 협동조합 기본법에 따라 설립되는 협동조합과 협동조합연합회는 대통령령으로 정하는 바에 따라 다른 협동조합 등이나 협동조합연합회 등과 중복되는 명칭을 사용해서는 안 된다.

⑤ 협동조합연합회나 사회적협동조합연합회는 그 명칭에 국가나 시·도의 명칭을 사용하여 국가나 지역에 대한 대표성이 있는 것으로 일반인의 오해나 혼동을 일으켜서는 안 된다.

01 다음 빈칸에 공통으로 들어갈 용어로 옳은 것은?

> _____은/는 인공지능(AI)과 사물인터넷(IoT), 빅데이터, 머신러닝, 드론, 로봇 등과 같은 첨단기술을 농산물의 파종부터 수확까지의 전 과정에 적용하는 것을 뜻한다. 식량 부족 시대의 도래에 대비하기 위해 첨단기술을 활용해 최소 면적에서 최대 생산량을 얻는 것이 목적이다.
> _____을/를 적용하면 작물에 최적화되도록 온도, 습도, 일조량, 풍향 등의 환경이 자동으로 조절되고, 작물에 어떤 비료를 언제 줬는지 등의 상세한 정보를 확인해 수확 시기를 예측하거나 당도도 높일 수 있다. 바퀴와 팔이 달린 로봇이 농장의 잡초를 제거하거나 고해상도 카메라가 탑재된 드론을 날려 하늘에서 해충을 포착할 수도 있다.
> 한편, _____ 시장은 구글, 마이크로소프트 등 미국 기업들이 장악하고 있는데, 중국에서도 열풍이 불면서 _____ 사업에 뛰어든 대표 인터넷 기업인 알리바바, 텐센트, 징둥닷컴 3곳을 지칭하는 농예산궈(農業三國; 농업삼국)라는 신조어가 등장했다.

① 리걸테크(LegalTech) 　　② 섭테크(SupTech)
③ 애그테크(AgTech) 　　④ 프롭테크(PropTech)
⑤ 레그테크(RegTech)

02 다음 중 미국의 오픈AI가 2024년 2월 발표한 인공지능 시스템으로, 텍스트 입력으로 명령을 하면 영상을 제작해주는 시스템의 이름은?

① AI 동맹 　　② AI 워싱
③ AI 소라 　　④ AI 얼라이언스
⑤ AI 챗봇

03 다음 빈칸에 들어갈 용어로 옳은 것은?

> 경기도 성남시에 있는 인터넷 보안업체 S사의 본부에서 담당자의 도움을 받아 실습 홈페이지에 해킹을 시도한 결과 개인정보를 탈취하는 데 걸린 시간은 불과 수십 초 남짓이었다. 한 해킹툴을 실행해 몇 번의 명령어 입력과 클릭으로 이용자들의 아이디와 비밀번호 같은 로그인 정보가 화면에 고스란히 출력된 것이다. 이날 이용한 해킹 수법은 ARP _____이다. 이 수법은 랜 카드의 고유한 MAC 주소를 같은 네트워크에 접속된 다른 PC에 꽂힌 랜 카드의 MAC 주소로 위장한 다음, 다른 PC에 전달되는 정보를 탈취하는 것이다. 그 결과 로그인 정보를 포함한 해킹 대상의 데이터 패킷을 손쉽게 탈취할 수 있었다. 실습을 도와준 담당자는 통신 내용을 보호하려면 HTTPS 웹사이트가 필수라며 "HTTPS 웹사이트를 사용하면 데이터 패킷이 암호화되어 보이기 때문에 해커가 실제 아이디와 비밀번호를 알 수 없다"고 설명했다.

① 팹리스(Fabless) ② 스푸핑(Spoofing)
③ 온톨로지(Ontology) ④ 에고서핑(Ego-surfing)
⑤ 맵리듀스(Map-Reduce)

Hard
04 다음 중 대칭 암호화 기법과 비대칭 암호화 기법을 비교한 내용으로 옳지 않은 것을 〈보기〉에서 모두 고르면?

> 보기
> ㄱ. 대칭 암호화 기법은 비대칭 암호화 기법보다 키의 길이가 길고 암호화·복호화 속도가 느리다.
> ㄴ. 대칭 암호화 기법은 알고리즘이 내부적으로 치환과 전치의 간단한 구조를 이루기 때문에 알고리즘을 개발하기 용이하다.
> ㄷ. 대칭 암호화 기법으로 데이터를 암호화·복호화하려면 2개(1쌍)의 키가 필요한 것과 달리 비대칭 암호화 기법은 1개의 키가 필요하다.
> ㄹ. 송수신되는 데이터의 기밀성을 높이고 신뢰할 만한 인증을 가능하게 하려면 대칭 암호화 기법이 아니라 비대칭 암호화 기법을 사용하는 알고리즘을 선택해야 한다.
> ㅁ. 데이터의 암호화와 복호화에 필요한 키를 생성하고 전달하는 등 교환·공유·관리함에 있어 비대칭 암호화 기법은 대칭 암호화 기법보다 더 큰 어려움이 뒤따른다.

① ㄱ, ㄴ ② ㄴ, ㄹ
③ ㄷ, ㄹ ④ ㄱ, ㄷ, ㅁ
⑤ ㄷ, ㄹ, ㅁ

05 다음 내용에서 설명하는 것에 대한 특징으로 옳지 않은 것은?

> 은행의 송금·결제망을 표준화시키고 개방해서 하나의 애플리케이션으로 모든 은행의 계좌 조회, 결제, 송금 등을 할 수 있는 금융 서비스를 말한다.

① 새로운 핀테크 기업의 시장진입이 가능해진다.
② 오픈뱅킹은 사파리나 오페라 등의 웹브라우저에서는 사용이 어렵다.
③ 은행의 독점적인 서비스 제공 방식에서 종합 금융 플랫폼으로 발전한다.
④ 은행이 가진 고객 데이터를 타 은행이나 핀테크 기업과 공유하여 이용하도록 하는 제도이다.
⑤ 소비자는 여러 애플리케이션이나 보안 프로그램을 설치할 필요 없이 다양한 금융 서비스를 하나로 통합하여 사용할 수 있다.

06 각종 디지털 기기나 인터넷에 있는 데이터를 수집·분석하여 범죄의 증거를 확보하는 수사 기법은?

① 딥 페이크　　　　　　　　　② 디지털 포렌식
③ 리버스 엔지니어링　　　　　④ 디지털 노마드
⑤ 안티 포렌식

07 다음 중 인공 지능과 관련된 용어와 그에 대한 설명이 잘못 연결된 것은?

① AI – 인간의 학습능력, 지각능력, 이해능력 등을 컴퓨터 프로그램으로 실현한 기술
② 딥 러닝 – 인간이 가르친 다양한 정보를 학습한 결과에 따라 새로운 것을 예측하는 기술
③ 머신 러닝 – 데이터를 분석하고 스스로 학습하는 과정을 통해 패턴을 인식하는 기술
④ 딥 페이크 – 인공 지능을 기반으로 한 인간의 이미지 합성 기술
⑤ 블록체인 – 가상 화폐 거래 시 발생할 수 있는 해킹을 막기 위한 공공 거래 장부

08 다음 중 인공지능이 인간의 지능을 넘어서는 기점을 의미하는 용어로 옳은 것은?

① 세렌디피티　　　　　　　　　　② 싱귤래리티
③ 어모털리티　　　　　　　　　　④ 리니어리티
⑤ 모라벡의 역설

09 다음 중 메칼프의 법칙(Metcalfe's Law)에 대한 설명으로 옳은 것은?

① 마이크로칩의 밀도는 24개월마다 2배로 늘어난다.
② 네트워크의 가치는 사용자 수의 제곱에 비례한다.
③ 조직은 거래 비용이 적게 드는 쪽으로 계속하여 변화한다.
④ 통신 네트워크의 대역폭은 매년 50%씩 10년 동안 약 57배 증가한다.
⑤ 인터넷 이용자의 90%는 관망하며, 9%는 재전송이나 댓글로 확산에 기여하고, 1%만이 콘텐츠를 창출한다.

10 다음 중 빅데이터에 대한 설명으로 옳은 것을 모두 고르면?

> ㄱ. 빅데이터는 정형화된 수치 자료뿐만 아니라 비정형의 문자, 영상, 위치 데이터도 포함한다.
> ㄴ. 빅데이터는 클라우드 컴퓨팅 등 비용 효율적인 장비의 활용이 가능하다.
> ㄷ. 빅데이터의 소프트웨어 분석 방법으로는 통계패키지(SAS), 데이터 마이닝 등이 대표적이다.
> ㄹ. 빅데이터는 크기(Volume), 속도(Velocity), 다양성(Variety), 가치(Value), 복잡성(Complexity) 의 특징을 가지고 있다.

① ㄱ, ㄹ　　　　　　　　　　　　② ㄴ, ㄷ
③ ㄱ, ㄴ, ㄷ　　　　　　　　　　④ ㄱ, ㄴ, ㄹ
⑤ ㄴ, ㄷ, ㄹ

빈출키워드 1 수요와 공급의 법칙, 탄력성

다음 중 수요의 탄력성에 대한 설명으로 옳은 것은?

① 수요곡선의 기울기가 −1인 직선일 경우 수요곡선상의 어느 점에서나 가격탄력성은 동일하다.

② 수요의 가격탄력성이 탄력적이라면 가격인하는 총수입을 증가시키는 좋은 전략이다.

③ X재의 가격이 5% 인상되자 Y재 수요가 10% 상승했다면 수요의 교차탄력성은 $\frac{1}{2}$ 이고, 두 재화는 보완재이다.

④ 가격이 올랐을 때 시간이 경과될수록 적응이 되기 때문에 수요의 가격탄력성은 작아진다.

⑤ 수요의 소득탄력성이 비탄력적인 재화는 열등재이다.

정답 ②

수요의 가격탄력성이 1보다 크다면 가격이 1% 하락할 때, 판매량은 1%보다 크게 증가하므로 판매자의 총수입은 증가한다. 따라서 수요의 가격탄력성이 탄력적이라면 가격인하는 총수입을 증가시키는 좋은 전략이다.

오답분석

① 수요곡선이 우하향하는 직선이면 수요곡선상에서 우하방으로 이동할수록 수요의 가격탄력성이 점점 작아진다.

③ X와 Y 두 재화 수요의 교차탄력성은 $\varepsilon_{XY} = \dfrac{\dfrac{\triangle Q_Y}{Q_Y}}{\dfrac{\triangle P_X}{P_X}} = \dfrac{10}{5} = 2\%$ 이고, 두 재화는 대체재이다.

④ 장기가 될수록 대체재가 생겨날 가능성이 크기 때문에 수요의 가격탄력성이 커진다.

⑤ 열등재는 수요의 소득탄력성이 1보다 작은 재화가 아니라 수요의 소득탄력성이 음수(−)인 재화이다.

수요의 법칙

수요의 법칙이란 가격이 상승하면 수요량이 감소하는 것을 말한다. 수요의 법칙이 성립하는 경우 수요곡선은 우하향한다. 단, 기펜재의 경우와 베블런효과가 존재하는 경우는 성립하지 않는다.

수요량의 변화와 수요의 변화

① 수요량의 변화 : 당해 재화의 가격변화로 인한 수요곡선상의 이동을 의미한다.
② 수요의 변화 : 당해 재화가격 이외의 다른 요인의 변화로 수요곡선 자체가 이동하는 경우를 의미한다. 수요가 증가하면 수요곡선이 우측으로 이동하고, 수요가 감소하면 수요곡선이 좌측으로 이동한다.

공급의 법칙

다른 조건이 일정할 때 가격이 상승하면 공급량이 증가하는 것을 말한다.

공급량의 변화와 공급의 변화

① 공급량의 변화 : 당해 재화가격의 변화로 인한 공급곡선상의 이동을 의미한다.
② 공급의 변화 : 당해 재화가격이 다른 요인의 변화로 공급곡선 자체가 이동하는 것을 말한다. 공급이 증가하면 공급곡선이 우측으로 이동하고 공급이 감소하면 공급곡선이 좌측으로 이동한다.

수요의 가격탄력성

① 의의 : 수요량이 가격에 얼마나 민감하게 반응하는지를 나타낸다.
② 가격탄력성의 도출

$$\varepsilon_P = \frac{\text{수요량의 변화율}}{\text{가격의 변화율}} = \frac{\dfrac{\Delta Q}{Q}}{\dfrac{\Delta P}{P}} = \left(\frac{\Delta Q}{\Delta P}\right)\left(\frac{P}{Q}\right) \quad (\text{단, } \Delta \text{은 변화율, Q는 수요량, P는 가격})$$

③ 가격탄력성과 판매수입

구분	$\varepsilon_P > 1$ (탄력적)	$\varepsilon_P = 1$ (단위탄력적)	$0 < \varepsilon_P < 1$ (비탄력적)	$\varepsilon_P = 0$ (완전 비탄력적)
가격 상승	판매 수입 감소	판매 수입 변동 없음	판매 수입 증가	판매 수입 증가
가격 하락	판매 수입 증가	판매 수입 변동 없음	판매 수입 감소	판매 수입 감소

공급의 가격탄력성

① 의의 : 공급량이 가격에 얼마나 민감하게 반응하는지를 나타낸다.
② 가격탄력성의 도출

$$\varepsilon_P = \frac{\text{공급량의 변화율}}{\text{가격의 변화율}} = \frac{\dfrac{\Delta Q}{Q}}{\dfrac{\Delta P}{P}} = \left(\frac{\Delta Q}{\Delta P}\right)\left(\frac{P}{Q}\right) \quad (\text{단, } \Delta \text{은 변화율, Q는 공급량, P는 가격})$$

③ 공급의 가격탄력성 결정요인 : 생산량 증가에 따른 한계비용 상승이 완만할수록, 기술수준 향상이 빠를수록, 유휴설비가 많을수록, 측정시간이 길어질수록 공급의 가격탄력성은 커진다.

01　밀턴 프리드만은 '공짜 점심은 없다(There is no such thing as a free lunch).'라는 말을 즐겨했다고 한다. 이 말을 설명할 수 있는 경제 원리는?

① 규모의 경제　　　　　　　　　② 긍정적 외부성
③ 기회비용　　　　　　　　　　　④ 수요공급의 원리
⑤ 매몰비용

02　다음 내용에 대한 〈보기〉의 설명 중 옳은 것을 모두 고르면?

> 우리나라에 거주 중인 광성이는 ㉠ 여름휴가를 앞두고 휴가 동안 발리로 서핑을 갈지, 빈 필하모닉 오케스트라의 3년 만의 내한 협주를 들으러 갈지 고민하다가 ㉡ 발리로 서핑을 갔다. 그러나 화산폭발의 위험이 있어 안전의 위협을 느끼고 ㉢ 환불이 불가능한 숙박비를 포기한 채 우리나라로 돌아왔다.

보기
가. ㉠의 고민은 광성이의 주관적 희소성 때문이다.
나. ㉠의 고민을 할 때는 기회비용을 고려한다.
다. ㉡의 기회비용은 빈 필하모닉 오케스트라 내한 협주이다.
라. ㉡은 경제재이다.
마. ㉢은 비합리적 선택 행위의 일면이다.

① 가, 나, 라　　　　　　　　　　② 나, 다, 마
③ 나, 다, 라　　　　　　　　　　④ 가, 나, 다, 라
⑤ 나, 다, 라, 마

01

정답 ③

'공짜 점심은 없다.'라는 의미는 무엇을 얻고자 하면 보통 그 대가로 무엇인가를 포기해야 한다는 뜻으로 해석할 수 있다. 즉, 어떠한 선택에는 반드시 포기하게 되는 다른 가치가 존재한다는 의미이다. 따라서 시간이나 자금의 사용은 다른 활동에의 시간 사용, 다른 서비스나 재화의 구매를 불가능하게 만들어 기회비용을 유발하며 정부의 예산배정, 여러 투자상품 중 특정 상품의 선택, 경기활성화와 물가안정 사이의 상충관계 등이 기회비용의 사례가 될 수 있다.

02

정답 ④

오답분석

마. 환불 불가한 숙박비는 회수 불가능한 매몰비용이므로 선택 시 고려하지 않은 ㉢의 행위는 합리적 선택 행위의 일면이라고 할 수 있다.

경제재와 자유재

경제재(Economic Goods)	자유재(Free Goods)
• 경제재란 희소성을 가지고 있는 자원으로 합리적인 의사결정으로 선택을 해야 하는 재화를 말한다. • 우리가 일상생활에서 돈을 지불하고 구입하는 일련의 재화 또는 서비스를 모두 포함한다.	• 자유재란 희소성을 가지고 있지 않아 값을 지불하지 않고도 누구나 마음대로 쓸 수 있는 물건을 말한다. • 공기나 햇빛같이 우리의 욕구에 비해 자원의 양이 풍부해서 경제적 판단을 요구하지 않는 재화를 모두 포함한다.

기회비용(Opportunity Cost)

① 개념
- 여러 선택 대안들 중 한 가지를 선택함으로써 포기해야 하는 다른 선택 대안 중에서 가장 가치가 큰 것을 의미한다.
- 경제학에서 사용하는 비용은 전부 기회비용 개념이며, 합리적인 선택을 위해서는 항상 기회비용의 관점에서 의사결정을 내려야 한다.
- 기회비용은 객관적으로 나타난 비용(명시적 비용) 외에 포기한 대안 중 가장 큰 순이익(암묵적 비용)까지 포함한다.
- 편익(매출액)에서 기회비용을 차감한 이윤을 경제적 이윤이라고 하는데, 이는 기업 회계에서 일반적으로 말하는 회계적 이윤과 다르다. 즉, 회계적 이윤은 매출액에서 명시적 비용(회계적 비용)만 차감하고 암묵적 비용(잠재적 비용)은 차감하지 않는다.

경제적 비용 (기회비용)	명시적 비용 (회계적 비용)	기업이 생산을 위해 타인에게 실제적으로 지불한 비용 예 임금, 이자, 지대
	암묵적 비용 (잠재적 비용)	기업 자신의 생산 요소에 대한 기회비용 예 귀속 임금, 귀속 이자, 귀속 지대

② 경제적 이윤과 회계적 이윤

경제적 이윤	회계적 이윤
• 매출액에서 기회비용을 차감한 이윤을 말한다. • 사업주가 자원배분이 합리적인지 판단하기 위한 지표이다. • 경제적 이윤은 경제적 부가가치(EVA)로 나타내기도 한다. • 경제학에서 장기적으로 기업의 퇴출 여부 판단의 기준이 된다.	• 매출액에서 명시적 비용만 차감한 이윤을 말한다. • 사업주가 외부 이해관계자(채권자, 주주, 금융기관 등)에게 사업성과를 보여주기 위한 지표이다. • 즉, 회계적 이윤에는 객관적으로 측정 가능한 명시적 비용만을 반영한다.

매몰비용(Sunk Cost)

이미 투입된 비용으로서 사업을 중단하더라도 회수할 수 없는 비용으로, 매몰비용은 사업을 중단하더라도 회수할 수 없기 때문에 사업 중단에 따른 기회비용은 0이다. 그러므로 합리적인 선택을 위해서는 이미 지출되었으나 회수가 불가능한 매몰비용은 고려하지 않는다.

01 다음 중 최고가격제에 대한 설명으로 옳은 것을 모두 고르면?

> ㄱ. 암시장을 출현시킬 가능성이 있다.
> ㄴ. 초과수요를 야기한다.
> ㄷ. 사회적 후생을 증대시킨다.
> ㄹ. 최고가격은 시장의 균형가격보다 높은 수준에서 설정되어야 한다.

① ㄱ, ㄴ   ② ㄱ, ㄷ
③ ㄴ, ㄷ   ④ ㄴ, ㄹ
⑤ ㄷ, ㄹ

02 가격이 10% 상승할 때 수요량이 12% 감소하는 재화에 최저가격제가 적용되어 가격이 10% 상승하였다. 매출의 변화로 올바르게 짝지어진 것은?

	매출량	매출액
①	증가	증가
②	증가	감소
③	감소	증가
④	감소	감소
⑤	불변	불변

01

정답 ①

오답분석

ㄷ·ㄹ. 최고가격은 시장의 균형가격보다 낮은 수준에서 설정되어야 하며, 최고가격제가 실시되면 사회적 후생 손실이 발생한다.

02

정답 ④

수요의 가격탄력성은 가격의 변화율에 대한 수요량의 변화율이므로 1.2이다. 이는 탄력적이라는 것을 암시하며, 최저가격제는 가격의 상승을 가져오므로 매출량과 매출액이 감소한다.

최고가격제(가격상한제)

① 개념 : 물가를 안정시키고, 소비자를 보호하기 위해 시장가격보다 낮은 수준에서 최고가격을 설정하는 규제이다.

　예 아파트 분양가격, 금리, 공공요금

② 특징

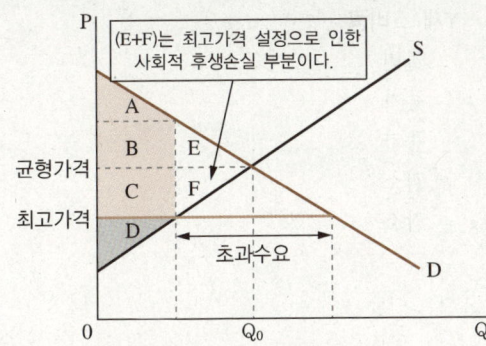

- 소비자들은 시장가격보다 낮은 가격으로 재화를 구입할 수 있다.
- 초과수요가 발생하기 때문에 암시장이 형성되어 균형가격보다 높은 가격으로 거래될 위험이 있다.
- 재화의 품질이 저하될 수 있다.
- 그래프에서 소비자 잉여는 A+B+C, 생산자 잉여는 D, 사회적 후생손실은 E+F만큼 발생한다.
- 공급의 가격탄력성이 탄력적일수록 사회적 후생손실이 커진다.

최저가격제(최저임금제)

① 개념 : 최저가격제란 공급자를 보호하기 위하여 시장가격보다 높은 수준에서 최저가격을 설정하는 규제를 말한다.

　예 최저임금제

② 특징

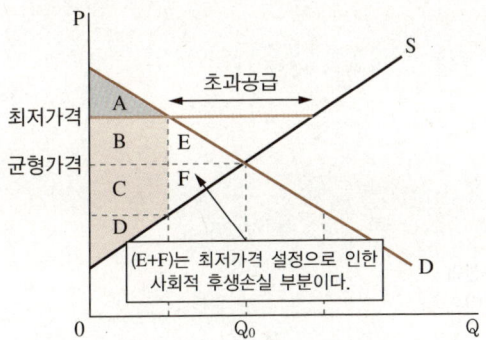

- 최저가격제를 실시하면 생산자는 균형가격보다 높은 가격을 받을 수 있다.
- 소비자의 지불가격이 높아져 소비자의 소비량을 감소시키기 때문에 초과공급이 발생하고, 실업, 재고 누적 등의 부작용이 발생한다.
- 그래프에서 소비자 잉여는 A, 생산자 잉여는 B+C+D, 사회적 후생손실은 E+F만큼 발생한다.
- 수요의 가격탄력성이 탄력적일수록 사회적 후생손실이 커진다.

01 두 재화 X와 Y를 소비하여 효용을 극대화하는 소비자 A의 효용함수는 U=X+2Y이고, X재 가격이 2, Y재 가격이 1이다. X재 가격이 1로 하락할 때 소비량의 변화는?

	X재 소비량	Y재 소비량
①	불변	불변
②	증가	증가
③	감소	증가
④	증가	감소
⑤	감소	감소

02 다음 중 재화의 성질 및 무차별곡선에 대한 설명으로 옳지 않은 것은?

① 모든 기펜재(Giffen Goods)는 열등재이다.
② 두 재화가 대체재인 경우 두 재화 간 교차탄력성은 양(+)의 값을 가진다.
③ X축에는 홍수를, Y축에는 쌀을 나타내는 경우 무차별곡선은 우하향한다.
④ 두 재화가 완전보완재인 경우 무차별곡선은 L자 모형이다.
⑤ 두 재화가 완전대체재인 경우 두 재화의 한계대체율은 일정하다.

01

정답 ①

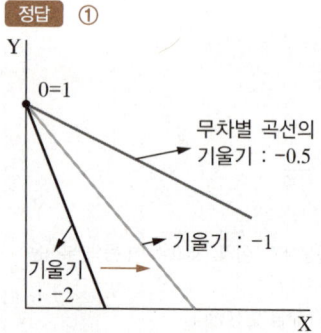

가격이 변하기 전 예산선의 기울기는 −2, 무차별곡선의 기울기는 −0.5이므로 소비자 A는 자신의 소득 전부를 Y재를 구매하는 데에 사용한다. 그런데 X재 가격이 1로 하락하더라도 예산선의 기울기는 −1이므로 여전히 Y재만을 소비하는 것이 효용을 극대화한다. 따라서 가격이 변하더라도 X재와 Y재의 소비량은 변화가 없다.

02

정답 ③

X재가 한계효용이 0보다 작은 비재화이고 Y재가 정상재인 경우 X재의 소비가 증가할 때 효용이 동일한 수준으로 유지되기 위해서는 Y재의 소비가 증가하여야 한다. 따라서 무차별곡선은 우상향의 형태로 도출된다.

효용함수(Utility Function)
재화소비량과 효용 간의 관계를 함수형태로 나타낸 것을 의미한다.

무차별곡선(Indifference Curve)
① 개념 : 동일한 수준의 효용을 가져다주는 모든 상품의 묶음을 연결한 궤적을 말한다.

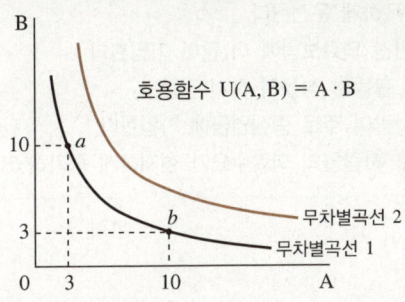

효용함수 $U(A, B) = A \cdot B$

무차별곡선 2
무차별곡선 1

② 무차별곡선의 성질
- A재와 B재 모두 재화라면 무차별곡선은 우하향하는 모양을 갖는다(대체가능성).
- 원점에서 멀어질수록 높은 효용수준을 나타낸다(강단조성).
- 두 무차별곡선은 서로 교차하지 않는다(이행성).
- 모든 점은 그 점을 지나는 하나의 무차별곡선을 갖는다(완비성).
- 원점에 대하여 볼록하다(볼록성).

③ 예외적인 무차별곡선

구분	두 재화가 완전 대체재인 경우	두 재화가 완전 보완재인 경우	두 재화가 모두 비재화인 경우
그래프	효용의 크기 IC_0 IC_1 IC_2	효용의 크기 IC_2 IC_1 IC_0	IC_0 IC_1 효용의 크기 IC_2
효용함수	$U(X, Y) = aX + bY$	$U(X, Y) = \min\left(\dfrac{X}{a}, \dfrac{Y}{b}\right)$	$U(X, Y) = \dfrac{1}{X^2 + Y^2}$
특징	한계대체율(MRS)이 일정하다.	두 재화의 소비비율이 $\dfrac{b}{a}$로 일정하다.	X재와 Y재 모두 한계효용이 0보다 작다. ($MU_X < 0$, $MU_Y < 0$)
사례	(X, Y) = (10원짜리 동전, 50원짜리 동전)	(X, Y) = (왼쪽 양말, 오른쪽 양말)	(X, Y) = (매연, 소음)

소비자균형

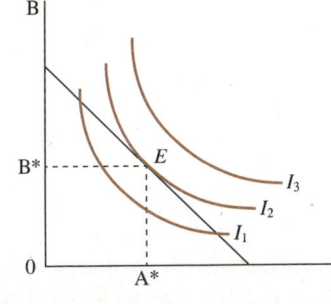

무차별곡선 기울기의 절댓값인 MRS_{AB}, 즉 소비자의 A재와 B재의 주관적인 교환비율과 시장에서 결정된 A재와 B재의 객관적인 교환비율인 상대가격 $\dfrac{P_A}{P_B}$ 가 일치하는 점에서 소비자균형이 달성된다(E).

다음 사례를 역선택(Adverse Selection)과 도덕적 해이(Moral Hazard)의 개념에 따라 바르게 구분한 것은?

가. 자동차 보험 가입 후 더 난폭하게 운전한다.

나. 건강이 좋지 않은 사람이 민간 의료보험에 더 많이 가입한다.

다. 실업급여를 받게 되자 구직 활동을 성실히 하지 않는다.

라. 사망 확률이 낮은 건강한 사람이 주로 종신연금에 가입한다.

마. 의료보험제도가 실시된 이후 사람들의 의료수요가 현저하게 증가하였다.

	역선택	도덕적 해이
①	가, 나	다, 라, 마
②	나, 라	가, 다, 마
③	다, 마	가, 나, 라
④	나, 다, 라	가, 마
⑤	나, 다, 마	가, 다

 정답 ②

역선택이란 감추어진 특성의 상황에서 정보 수준이 낮은 측이 사전적으로 바람직하지 않은 상대방을 만날 가능성이 높아지는 현상을 의미한다. 반면, 도덕적 해이는 감추어진 행동의 상황에서 어떤 거래 이후에 정보를 가진 측이 바람직하지 않은 행동을 하는 현상을 의미한다. 따라서 나·라는 역선택, 가·다·마는 도덕적 해이에 해당한다.

역선택(Adverse Selection)

① 개념 : 거래 전에 감추어진 특정한 상황에서 정보가 부족한 구매자가 바람직하지 못한 상대방과 품질이 낮은 상품을 거래하게 되는 가격왜곡현상을 의미한다.

② 사례
- 중고차를 판매하는 사람은 그 차량의 결점에 대해 알지만 구매자는 잘 모르기 때문에 성능이 나쁜 중고차만 거래된다. 즉, 정보의 비대칭성으로 인해 비효율적인 자원 배분 현상이 나타나며, 이로 인해 사회적인 후생손실이 발생한다.
- 보험사에서 평균적인 사고확률을 근거로 보험료를 산정하면 사고 발생 확률이 높은 사람이 보험에 가입할 가능성이 큰 것을 의미한다. 이로 인해 평균적인 위험을 기초로 보험금과 보험료를 산정하는 보험회사는 손실을 보게 된다.

③ 해결방안
- 선별(Screening) : 정보를 갖지 못한 사람이 상대방의 정보를 알기 위해 노력하는 것이다.
- 신호 보내기(Signaling) : 정보를 가진 측에서 정보가 없는 상대방에게 자신을 알림으로써 정보의 비대칭을 해결하는 것이다.
- 정부의 역할 : 모든 당사자가 의무적으로 수행하게 하는 강제집행과 정보흐름을 촉진할 수 있는 정보정책 수립 등이 있다.

도덕적 해이(Moral Hazard)

① 개념 : 어떤 계약 거래 이후에 대리인의 감추어진 행동으로 인해 정보격차가 존재하여 상대방의 향후 행동을 예측할 수 없거나 본인이 최선을 다한다 해도 자신에게 돌아오는 혜택이 별로 없는 경우에 발생한다.

② 사례
- 화재보험에 가입하고 나면 화재예방노력에 따른 편익이 감소하므로 노력을 소홀히 하는 현상이 발생한다.
- 의료보험에 가입하면 병원 이용에 따른 한계비용이 낮아지므로 그 전보다 병원을 더 자주 찾는 현상이 발생한다.
- 금융기관에서 자금을 차입한 이후에 보다 위험이 높은 투자 상품에 투자하는 현상이 발생한다.

③ 해결방안
- 보험회사가 보험자 손실의 일부만을 보상해주는 공동보험제도를 채택한다.
- 금융기관이 기업의 행동을 주기적으로 감시한다(예 사회이사제도, 감사제도).
- 금융기관은 대출 시 담보를 설정하여 위험이 높은 투자를 자제하도록 한다.

역선택과 도덕적 해이 비교

구분	역선택	도덕적 해이
정보의 비대칭 발생시점	계약 이전	계약 이후
정보의 비대칭 유형	숨겨진 특성	숨겨진 행동
해결 방안	선별, 신호발송, 신용할당, 효율성임금, 평판, 표준화, 정보정책, 강제집행 등	유인설계(공동보험, 기초동제제도, 성과급지급 등), 효율성 임금, 평판, 담보설정 등

다음 중 밑줄 친 부분이 나타내는 용어로 바르게 연결된 것은?

> 국방은 한 국가가 현존하는 적국이나 가상의 적국 또는 내부의 침략에 대응하기 위하여 강구하는 다양한 방위활동을 말하는데 이러한 국방은 ㉠ 많은 사람들이 누리더라도 다른 사람이 이용할 수 있는 몫이 줄어들지 않는다. 또한 국방비에 대해 ㉡ 가격을 지급하지 않는 사람들이 이용하지 못하게 막기가 어렵다. 따라서 국방은 정부가 담당하게 된다.

	㉠	㉡
①	공공재	외부효과
②	배제성	경합성
③	무임승차	비배제성
④	비경합성	비배제성
⑤	경합성	배제성

정답 ④

배제성이란 어떤 특정한 사람이 재화나 용역을 사용하는 것을 막을 수 있는 가능성을 말한다. 반대로 그렇지 못한 경우는 비배제성이 있다고 한다. 경합성이란 재화나 용역을 한 사람이 사용하게 되면 다른 사람의 몫은 그만큼 줄어든다는 것으로 희소성의 가치에 의해 발생하는 경제적인 성격의 문제이다. 일반적으로 접하는 모든 재화나 용역이 경합성이 있으며, 반대로 한 사람이 재화나 용역을 소비해도 다른 사람의 소비를 방해하지 않는다면 비경합성에 해당한다.
따라서 비경합성과 비배제성 모두 동시에 가지고 있는 재화나 용역은 국방, 치안 등과 같은 공공재이다.

재화의 종류

구분	배재성	비배재성
경합성	**사유재** 음식, 옷, 자동차	**공유자원** 산에서 나는 나물, 바닷속의 물고기
비경합성	**클럽재(자연 독점 재화)** 케이블 TV방송, 전력, 수도	**공공재** 국방, 치안

공공재

① 개념 : 모든 사람들이 공동으로 이용할 수 있는 재화 또는 서비스로 비경쟁성과 비배제성이라는 특징을 갖는다.

② 성격
  • 비경합성 : 소비하는 사람의 수에 관계없이 모든 사람이 동일한 양을 소비한다. 비경합성에 기인하여 1인 추가 소비에 따른 한계비용은 0이다. 공공재의 경우 양의 가격을 매기는 것은 바람직하지 않음을 의미한다.
  • 배제불가능성 : 재화 생산에 대한 기여 여부에 관계없이 소비가 가능한 특성을 의미한다.

③ 종류
  • 순수 공공재 : 국방, 치안 서비스 등
  • 비순수 공공재 : 불완전한 비경합성을 가진 클럽재(혼합재), 지방공공재

무임승차자 문제

① 공공재는 배재성이 없으므로 효율적인 자원 분배가 이루어지지 않는 현상이 발생할 수 있다. 이로 인해 시장실패가 발생하게 되는데 구체적으로 두 가지 문제를 야기시킨다.
  • 무임승차자의 소비로 인한 공공재나 공공 서비스의 공급부족 현상
  • 공유자원의 남용으로 인한 사회문제 발생으로 공공시설물 파괴, 환경 오염

② 기부금을 통해 공공재를 구입하거나, 공공재를 이용하는 사람에게 일정의 요금을 부담시키는 방법, 국가가 강제로 조세를 거두어 무상으로 공급하는 방법 등으로 해결 가능하다.

공유자원

① 개념 : 소유권이 어느 개인에게 있지 않고, 사회 전체에 속하는 자원이다.

② 종류
  • 자연자본 : 공기, 하천, 국가 소유의 땅
  • 사회간접자본 : 공공의 목적으로 축조된 항만, 도로

공유지의 비극(Tragedy of Commons)

경합성은 있지만 비배제성은 없는 공유자원의 경우, 공동체 구성원이 자신의 이익에만 따라 행동하여 결국 공동체 전체가 파국을 맞이하게 된다는 이론이다.

01 다음 국내총생산(GDP)에 대한 설명으로 옳은 것을 모두 고르면?

> 가. 여가가 주는 만족은 삶의 질에 매우 중요한 영향을 미치므로 GDP에 반영된다.
> 나. 환경오염으로 파괴된 자연을 치유하기 위해 소요된 지출은 GDP에 포함된다.
> 다. 우리나라의 지하경제 규모는 엄청나기 때문에 한국은행은 이를 포함하여 GDP를 측정한다.
> 라. 가정주부의 가사노동은 GDP에 불포함되지만 가사도우미의 가사노동은 GDP에 포함된다.

① 가, 다   ② 가, 라
③ 나, 다   ④ 나, 라
⑤ 다, 라

02 다음 중 국민총소득(GNI), 국내총생산(GDP), 국민총생산(GNP)에 대한 설명으로 옳지 않은 것은?

① GNI는 한 나라 국민이 국내외 생산활동에 참여한 대가로 받은 소득의 합계이다.
② 명목GNI는 명목GNP와 명목 국외순수취요소소득의 합이다.
③ 실질GDP는 생산활동의 수준을 측정하는 생산지표인 반면, 실질GNI는 생산활동을 통하여 획득한 소득의 실질 구매력을 나타내는 소득지표이다.
④ 원화표시 GNI에 아무런 변동이 없더라도 환율변동에 따라 달러화표시 GNI는 변동될 수 있다.
⑤ 국외수취 요소소득이 국외지급 요소소득보다 크면 명목GNI가 명목GDP보다 크다.

01

정답 ④

오답분석
가. 여가, 자원봉사 등의 활동은 생산활동이 아니므로 GDP에 포함되지 않는다.
다. GDP는 마약밀수 등의 지하경제를 반영하지 못한다는 한계점이 있다.

02

정답 ②

과거에는 국민총생산(GNP)이 소득지표로 사용되었으나 수출품과 수입품의 가격변화에 따른 실질소득의 변화를 제대로 반영하지 못했기 때문에 현재는 국민총소득(GNI)을 소득지표로 사용한다.
반면, 명목GNP는 명목GDP에 국외순수취요소소득을 더하여 계산하는데, 명목GDP는 당해연도 생산량에 당해연도의 가격을 곱하여 계산하므로 수출품과 수입품의 가격변화에 따른 실질소득 변화가 모두 반영된다. 즉, 명목으로 GDP를 집계하면 교역조건변화에 따른 실질무역손익이 0이 된다. 따라서 명목GNP는 명목GNI와 동일하다.

GDP(국내총생산)

① 정의 : GDP(국내총생산)란 일정기간 한 나라의 국경 안에서 생산된 모든 최종 재화와 서비스의 시장가치를 시장가격으로 평가하여 합산한 것이다.

② GDP의 계산 : 가계소비(C)+기업투자(I)+정부지출(G)+순수출(NX)

  ※ 순수출(NX) : 수출−수입

③ 명목GDP와 실질GDP

명목GDP	• 당해의 생산량에 당해연도 가격을 곱하여 계산한 GDP이다. • 명목GDP는 물가가 상승하면 상승한다. • 당해 연도의 경제활동 규모와 산업구조를 파악하는 데 유용하다.
실질GDP	• 당해의 생산량에 기준연도 가격을 곱하여 계산한 GDP이다. • 실질GDP는 물가의 영향을 받지 않는다. • 경제성장과 경기변동 등을 파악하는 데 유용하다.

④ GDP디플레이터 : $\dfrac{\text{명목GDP}}{\text{실질GDP}} \times 100$

⑤ 실재GDP와 잠재GDP

실재GDP	한 나라의 국경 안에서 실제로 생산된 모든 최종 생산물의 시장가치를 의미한다.
잠재GDP	• 한 나라에 존재하는 노동과 자본 등 모든 생산요소를 정상적으로 사용할 경우 달성할 수 있는 최대 GDP를 의미한다. • 잠재GDP=자연산출량=완전고용산출량

GNP(국민총생산)

① 개념 : GNP(국민총생산)란 일정기간 동안 한 나라의 국민이 소유하는 노동과 자본으로 생산된 모든 최종생산물의 시장가치를 의미한다.

② GNP의 계산 : GDP+대외순수취요소소득=GDP+(대외수취요소소득−대외지급요소소득)

  ※ 대외수취요소소득 : 우리나라 기업이나 근로자가 외국에서 일한 대가

  ※ 대외지급요소소득 : 외국의 기업이나 근로자가 우리나라에서 일한 대가

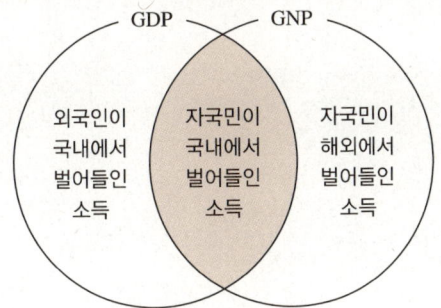

GNI(국민총소득)

① 개념 : 한 나라의 국민이 국내외 생산 활동에 참가하거나 생산에 필요한 자산을 제공한 대가로 받은 소득의 합계이다.

② GNI의 계산 : GDP+교역조건변화에 따른 실질무역손익+대외순수취요소소득

  =GDP+교역조건변화에 따른 실질무역손익+(대외수취요소소득−대외지급요소소득)

다음은 A국과 B국의 2016년과 2024년 자동차와 TV 생산에 대한 생산가능곡선을 나타낸 자료이다. 이에 대한 설명으로 옳은 것은?

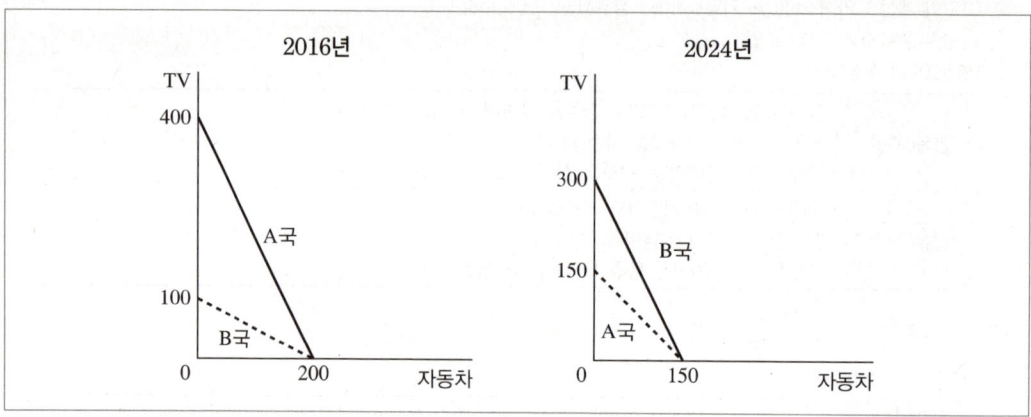

① 2016년도 자동차 수출국은 A국이다.

② B국의 자동차 1대 생산 기회비용은 감소하였다.

③ 두 시점의 생산가능곡선 변화 원인은 생산성 향상 때문이다.

④ 2024년에 자동차 1대가 TV 2대와 교환된다면 무역의 이익은 B국만 갖게 된다.

⑤ 2016년도 A국이 생산 가능한 총 생산량은 TV 400대와 자동차 200대이다.

 ③

오답분석

① 2016년도에 A국이 자동차 1대를 생산하기 위한 기회비용은 TV 2대이며, B국이 자동차 1대를 생산하기 위한 기회비용은 TV $\frac{1}{2}$ 대이므로 상대적으로 자동차 생산에 대한 기회비용이 적은 B국에서 자동차를 수출해야 한다.

② 2016년 B국의 자동차 1대 생산에 대한 기회비용은 TV $\frac{1}{2}$ 대인 반면, 2024년 B국의 자동차 1대 생산에 대한 기회비용은 TV 2대이므로 기회비용은 증가하였다.

④ 2024년도에 A국은 비교우위가 있는 자동차 생산에 특화하고, B국은 비교우위가 있는 TV 생산에 특화하여 교환한다. 이 경우 교환 비율이 자동차 1대당 TV 2대이면, B국은 아무런 무역이익을 가지지 못하고, A국만 무역의 이익을 갖는다.

⑤ 2016년도에 A국의 생산 가능한 총생산량은 TV 400대 또는 자동차 200대이다.

이론 더하기

애덤 스미스의 절대우위론
절대우위론이란 각국이 절대적으로 생산비가 낮은 재화생산에 특화하여 그 일부를 교환함으로써 상호이익을 얻을 수 있다는 이론이다.

리카도의 비교우위론
① 개념
- 비교우위란 교역 상대국보다 낮은 기회비용으로 생산할 수 있는 능력으로 정의된다.
- 비교우위론이란 한 나라가 두 재화생산에 있어서 모두 절대우위에 있더라도 양국이 상대적으로 생산비가 낮은 재화생산에 특화하여 무역을 할 경우 양국 모두 무역으로부터 이익을 얻을 수 있다는 이론을 말한다.
- 비교우위론은 절대우위론의 내용을 포함하고 있는 이론이다.

② 비교우위론의 사례

구분	A국	B국
X재	4명	5명
Y재	2명	5명

- A국이 X재와 Y재 생산에서 모두 절대우위를 갖는다.

구분	A국	B국
X재 1단위 생산의 기회비용	Y재 2단위	Y재 1단위
Y재 1단위의 기회비용	X재 $\frac{1}{2}$ 단위	X재 1단위

- A국은 Y재에, B국은 X재에 비교우위가 있다.

헥셔 – 오린 정리모형(Heckscher – Ohlin Model, H – O Model)
① 개념
- 각국의 생산함수가 동일하더라도 각 국가에서 상품 생산에 투입된 자본과 노동의 비율이 차이가 있으면 생산비의 차이가 발생하게 되고, 각국은 생산비가 적은 재화에 비교우위를 갖게 된다는 정리이다.
- 각국은 노동풍부국은 노동집약재, 자본풍부국은 자본집약재 생산에 비교우위가 있다.

② 내용
- A국은 B국에 비해 노동풍부국이고, X재는 Y재에 비해 노동집약재라고 가정할 때 A국과 B국의 생산가능곡선은 아래와 같이 도출된다.

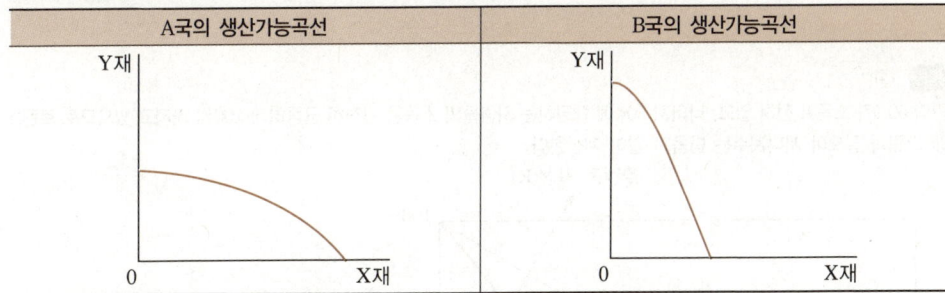

- 헥셔 – 오린 정리에 따르면 A국은 노동이 B국에 비해 상대적으로 풍부하기 때문에 노동집약재인 X재에 비교우위를 가지고 X재를 생산하여 B국에 수출하고 Y재를 수입한다.
- 마찬가지로 B국은 자본이 A국에 비해 상대적으로 풍부하기 때문에 자본집약재인 Y재에 비교우위를 가지고 Y재를 생산하여 A국에 수출하고 X재를 수입한다.

01 다음 중 소득격차를 나타내는 지표가 아닌 것은?

① 10분위 분배율   ② 로렌츠 곡선

③ 지니계수   ④ 엥겔지수

⑤ 앳킨슨지수

02 어느 나라 국민의 50%는 소득이 전혀 없고, 나머지 50%는 모두 소득 100을 균등하게 가지고 있다면 지니계수의 값은 얼마인가?

① 0   ② 1

③ $\dfrac{1}{2}$ ④ $\dfrac{1}{4}$

⑤ $\dfrac{1}{5}$

01

정답 ④

엥겔지수는 전체 소비지출 중에서 식료품비가 차지하는 비중을 표시하는 지표로써 특정 계층의 생활 수준만을 알 수 있다.

02

정답 ③

국민의 50%가 소득이 전혀 없고, 나머지 50%에 해당하는 사람들의 소득은 완전히 균등하게 100씩 가지고 있으므로 로렌츠 곡선은 아래 그림과 같으며 지니계수는 다음과 같이 계산한다.

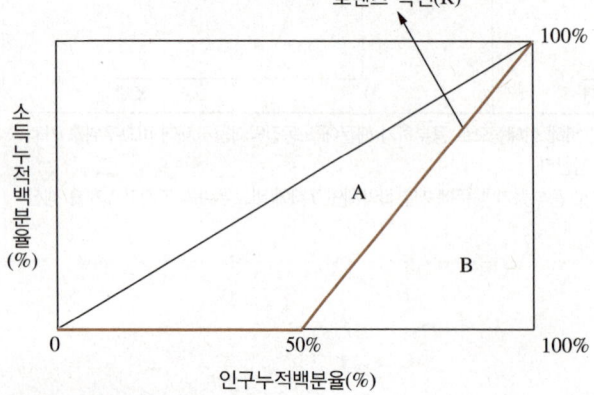

따라서 지니계수는 $\dfrac{1}{2}$ 이다.

로렌츠 곡선(Lorenz Curve)

① 개념 및 측정방법
- 인구의 누적점유율과 소득의 누적점유율 간의 관계를 나타내는 곡선이다.
- 로렌츠 곡선은 소득분배가 균등할수록 대각선에 가까워진다. 즉, 로렌츠 곡선이 대각선에 가까울수록 평등한 분배상태이며, 직각에 가까울수록 불평등한 분배상태이다.
- 로렌츠 곡선과 대각선 사이의 면적의 크기가 불평등도를 나타내는 지표가 된다.

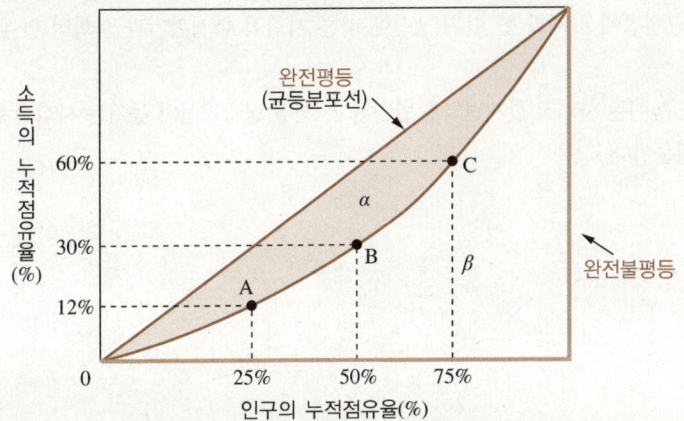

- 로렌츠 곡선상의 점 A는 소득액 하위 25% 인구가 전체 소득의 12%를, 점 B는 소득액 하위 50% 인구가 전체 소득의 30%를, 점 C는 소득액 하위 75% 인구가 전체 소득의 60%를 점유하고 있음을 의미한다.

② 평가
- 로렌츠 곡선이 서로 교차하는 경우에는 소득분배상태를 비교할 수 없다.
- 소득별 분배상태를 한눈에 볼 수 있으나, 비교하고자 하는 수만큼 그려야 하는 단점이 있다.

지니계수

① 개념 및 측정방법
- 지니계수란 로렌츠 곡선이 나타내는 소득분배상태를 하나의 숫자로 나타낸 것을 말한다.
- 지니계수는 완전균등분포선과 로렌츠 곡선 사이에 해당하는 면적(α)을 완전균등분포선 아래의 삼각형 면적($\alpha+\beta$)으로 나눈 값이다.
- 지니계수는 $0 \sim 1$ 사이의 값을 나타내며, 그 값이 작을수록 소득분배가 균등함을 의미한다.
- 즉, 소득분배가 완전히 균등하면 $\alpha=0$이므로 지니계수는 0이 되고, 소득분배가 완전히 불균등하면 $\beta=0$이므로 지니계수는 1이 된다.

② 평가
- 지니계수는 전 계층의 소득분배를 하나의 숫자로 나타내므로 특정 소득계층의 소득분배상태를 나타내지 못한다는 한계가 있다.
- 또한 특정 두 국가의 지니계수가 동일하더라도 각 소득구간별 소득격차의 차이가 모두 동일한 것은 아니며, 전반적인 소득분배의 상황만을 짐작하게 하는 한계가 있다.

상품시장을 가정할 때, 다음 중 완전경쟁시장의 균형점이 파레토 효율적인 이유로 옳지 않은 것은?

① 완전경쟁시장 균형점에서 가장 사회적 잉여가 크기 때문이다.

② 완전경쟁시장 균형점에서 사회적 형평성이 극대화되기 때문이다.

③ 완전경쟁시장 균형점에서 소비자는 효용 극대화, 생산자는 이윤 극대화를 달성하기 때문이다.

④ 완전경쟁시장 균형점에서 재화 한 단위 생산에 따른 사회적 한계편익과 사회적 한계비용이 같기 때문이다.

⑤ 시장수요곡선의 높이는 사회적 한계편익을 반영하고, 시장 공급곡선의 높이는 사회적 한계비용을 완전하게 반영하기 때문이다.

정답 ②

파레토 효율성이란 하나의 자원배분 상태에서 다른 사람에게 손해가 가지 않고서는 어떤 한 사람에게 이득이 되는 변화를 만들어내는 것이 불가능한 배분 상태를 의미한다. 즉, 파레토 효율성은 현재보다 더 효율적인 배분이 불가능한 상태를 의미한다. 완전경쟁시장의 균형점에서는 사회적 효율이 극대화되지만, 파레토 효율적이라고 하여 사회 구성원 간에 경제적 후생을 균등하게 분배하는 것은 아니기 때문에 사회적 형평성이 극대화되지는 않는다.

이론 더하기

파레토 효율성

파레토 효율(＝파레토 최적)이란 하나의 자원배분상태에서 다른 어떤 사람에게 손해가 가도록 하지 않고서는 어떤 한 사람에게 이득이 되는 변화를 만들어 내는 것이 불가능한 상태, 즉 더 이상의 파레토 개선이 불가능한 자원배분 상태를 말한다.

소비에서의 파레토 효율성

① 생산물시장이 완전경쟁시장이면 개별소비자들은 가격수용자이므로 두 소비자가 직면하는 예산선의 기울기$\left(-\dfrac{P_X}{P_Y}\right)$는 동일하다.

② 예산선의 기울기가 동일하므로 두 개인의 무차별곡선 기울기도 동일하다.

$$MRS^A_{XY}=MRS^B_{XY}$$

③ 그러므로 생산물시장이 완전경쟁이면 소비에서의 파레토 효율성 조건이 충족된다.

④ 계약곡선상의 모든 점에서 파레토 효율이 성립하고, 효용곡선상의 모든 점에서 파레토 효율이 성립한다.

생산에서의 파레토 효율성

① 생산요소시장이 완전경쟁이면 개별생산자는 가격수용자이므로 두 재화가 직면하는 등비용선의 기울기$\left(-\dfrac{w}{r}\right)$가 동일하다.

② 등비용선의 기울기가 동일하므로 두 재화의 등량곡선의 기울기도 동일하다.

$$MRS^X_{LK}=MRS^Y_{LK}$$

③ 그러므로 생산요소시장이 완전경쟁이면 생산에서의 파레토 효율성 조건이 충족된다.

④ 생산가능곡선이란 계약곡선을 재화공간으로 옮겨 놓은 것으로 생산가능곡선상의 모든 점에서 파레토효율이 이루어진다.

⑤ 한계변환율은 X재의 생산량을 1단위 증가시키기 위하여 감소시켜야 하는 Y재의 수량으로 생산가능곡선 접선의 기울기이다.

종합적인 파레토 효율성

시장구조가 완전경쟁이면 소비자의 효용극대화와 생산자의 이윤극대화 원리에 의해 종합적인 파레토 효율성 조건이 성립한다.

$$MRS_{xy}=\frac{M_X}{M_Y}=\frac{P_X}{P_Y}=\frac{MC_X}{MC_Y}=MRT_{xy}$$

파레토 효율성의 한계

① 파레토 효율성 조건을 충족하는 점은 무수히 존재하기 때문에 그중 어떤 점이 사회적으로 가장 바람직한지 판단하기 어렵다.

② 파레토 효율성은 소득분배의 공평성에 대한 기준을 제시하지 못한다.

01 다음 대화에서 밑줄 친 부분에 해당하는 사례로 옳은 것은?

> 선생님 : 실업에는 어떤 종류가 있는지 한 번 말해볼까?
> 학생 : 네, 선생님. 실업은 발생하는 원인에 따라 <u>경기적 실업</u>과 계절적 실업, 그리고 구조적 실업과 마찰적 실업으로 분류할 수 있습니다.

① 총수요의 부족으로 실업이 발생했다.
② 더 나은 직업을 탐색하기 위해 기존에 다니던 직장을 그만두었다.
③ 남해바다 해수욕장의 수영 강사들이 겨울에 일자리가 없어서 쉬고 있다.
④ 산업구조가 제조업에서 바이오기술산업으로 재편되면서 대량실업이 발생하였다.
⑤ 디지털 카메라의 대중화로 필름회사 직원들이 일자리를 잃었다.

02 다음 빈칸 ㉠ ~ ㉣에 들어갈 용어로 바르게 짝지어진 것은?

> • ___㉠___ : 구직활동 과정에서 일시적으로 실업 상태에 놓이는 것을 의미한다.
> • ___㉡___ : 실업률과 GDP갭(국민생산손실)은 정(+)의 관계이다.
> • ___㉢___ : 실업이 높은 수준으로 올라가고 나면 경기확장정책을 실시하더라도 다시 실업률이 감소하지 않는 경향을 의미한다.
> • ___㉣___ : 경기침체로 인한 총수요의 부족으로 발생하는 실업이다.

	㉠	㉡	㉢	㉣
①	마찰적 실업	오쿤의 법칙	이력현상	경기적 실업
②	마찰적 실업	경기적 실업	오쿤의 법칙	구조적 실업
③	구조적 실업	이력현상	경기적 실업	마찰적 실업
④	구조적 실업	이력현상	오쿤의 법칙	경기적 실업
⑤	경기적 실업	오쿤의 법칙	이력현상	구조적 실업

01

정답 ①

경기적 실업이란 경기침체로 인한 총수요의 부족으로 발생하는 실업이다. 따라서 경기적 실업을 감소시키기 위해서는 총수요를 확장시켜 경기를 활성화시키는 경제안정화정책이 필요하다.

오답분석
② 마찰적 실업
③ 계절적 실업
④ · ⑤ 구조적 실업

02

㉠ 마찰적 실업이란 직장을 옮기는 과정에서 일시적으로 실업상태에 놓이는 것을 의미하며, 자발적 실업으로서 완전고용상태에서도 발생한다.
㉡ 오쿤의 법칙이란 한 나라의 산출량과 실업 간에 경험적으로 관찰되는 안정적인 음(−)의 상관관계가 존재한다는 것을 의미한다.
㉢ 이력현상이란 경기침체로 인해 한번 높아진 실업률이 일정기간이 지난 이후에 경기가 회복되더라도 낮아지지 않고 계속 일정한 수준을 유지하는 현상을 의미한다.
㉣ 경기적 실업이란 경기침체로 유효수요가 부족하여 발생하는 실업을 의미한다.

이론 더하기

실업
① 실업이란 일할 의사와 능력을 가진 사람이 일자리를 갖지 못한 상태를 의미한다.
② 실업은 자발적 실업과 비자발적 실업으로 구분된다.
③ 자발적 실업에는 마찰적 실업이 포함되고, 비자발적 실업에는 구조적, 경기적 실업이 포함된다.

마찰적 실업(Frictional Unemployment)
① 노동시장의 정보불완전성으로 노동자들이 구직하는 과정에서 발생하는 자발적 실업을 말한다.
② 마찰적 실업의 기간은 대체로 단기이므로 실업에 따르는 고통은 크지 않다.
③ 마찰적 실업을 감소시키기 위해서는 구인 및 구직 정보를 적은 비용으로 찾을 수 있는 제도적 장치를 마련하여 경제적·시간적 비용을 줄여주어야 한다.

구조적 실업(Structural Unemployment)
① 경제가 발전하면서 산업구조가 변화하고 이에 따라 노동수요 구조가 변함에 따라 발생하는 실업을 말한다.
② 기술발전과 지식정보화 사회 등에 의한 산업구조 재편이 수반되면서 넓은 지역에서 동시에 발생하는 실업이다.
③ 구조적 실업을 감소시키기 위해서는 직업훈련, 재취업교육 등 인력정책이 필요하다.

경기적 실업(Cyclical Unemployment)
① 경기침체로 인한 총수요의 부족으로 발생하는 실업이다.
② 경기적 실업을 감소시키기 위해서는 총수요를 확장시켜 경기를 활성화시키는 경제안정화정책이 필요하다.
③ 한편, 실업보험제도나 고용보험제도도 경기적 실업을 해소하기 위한 좋은 대책이다.

실업관련지표
① 경제활동참가율
  • 생산가능인구 중에서 경제활동인구가 차지하는 비율을 나타낸다.
  • $경제활동참가율 = \dfrac{경제활동인구}{생산가능인구} \times 100 = \dfrac{경제활동인구}{경제활동인구 + 비경제활동인구} \times 100$

② 실업률
  • 경제활동인구 중에서 실업자가 차지하는 비율을 나타낸다.
  • $실업률 = \dfrac{실업자\ 수}{경제활동인구} \times 100 = \dfrac{실업자\ 수}{취업자\ 수 + 실업자\ 수} \times 100$
  • 정규직의 구분 없이 모두 취업자로 간주하므로 고용의 질을 반영하지 못한다.

③ 고용률
  • 생산가능인구 중에서 취업자가 차지하는 비율로 한 경제의 실질적인 고용창출능력을 나타낸다.
  • $고용률 = \dfrac{취업자\ 수}{생산가능인구} \times 100 = \dfrac{취업자\ 수}{경제활동인구 + 비경제활동인구} \times 100$

01 다음 중 인플레이션에 의해 나타날 수 있는 현상으로 보기 어려운 것은?

① 구두창비용의 발생
② 메뉴비용의 발생
③ 통화가치 하락
④ 단기적인 실업률 하락
⑤ 총요소생산성의 상승

02 다음 글을 읽고 이 같은 현상에 대한 설명으로 옳지 않은 것은?

> 베네수엘라의 중앙은행은 지난해 물가가 무려 9,586% 치솟았다고 발표했다. 그야말로 살인적인 물가 폭등이다. 베네수엘라는 한때 1위 산유국으로 부유했던 국가 중 하나였다. 이를 바탕으로 베네수엘라의 대통령이었던 니콜라스 마두로 대통령은 국민들에게 무상 혜택을 강화하겠다는 정책을 발표하고, 부족한 부분은 국가의 돈을 찍어 국민 생활의 많은 부분을 무상으로 전환했다. 그러나 2010년 원유의 가격이 바닥을 치면서 무상복지로 제공하던 것들을 유상으로 전환했고, 이에 따라 급격히 물가가 폭등하여 현재 돈의 가치가 없어지는 상황까지 왔다. 베네수엘라에서 1,000원짜리 커피를 한 잔 마시려면 150만 원을 지불해야 하며, 한 달 월급으로 계란 한 판을 사기 어려운 수준에 도달했다. 이를 견디지 못한 베네수엘라 국민들은 자신의 나라를 탈출하고 있으며, 정부는 화폐개혁을 예고했다.

① 상품의 퇴장 현상이 나타나며 경제는 물물교환에 의해 유지된다.
② 화폐 액면 단위를 변경시키는 디노미네이션으로 쉽게 해소된다.
③ 정부가 재정 확대 정책을 장기간 지속했을 때도 이런 현상이 나타난다.
④ 전쟁이나 혁명 등 사회가 크게 혼란한 상황에서 나타난다.
⑤ 물가상승이 통제를 벗어난 상태로 수백퍼센트의 인플레이션율을 기록하는 상황을 말한다.

01

 정답 ⑤

인플레이션은 구두창비용, 메뉴비용, 자원배분의 왜곡, 조세왜곡 등의 사회적 비용을 발생시켜 경제에 비효율성을 초래한다. 특히 예상하지 못한 인플레이션은 소득의 자의적인 재분배를 가져와 채무자와 실물자산소유자가 채권자와 화폐자산소유자에 비해 유리하게 만든다. 인플레이션으로 인한 사회적 비용 중 구두창비용이란 인플레이션으로 인해 화폐가치가 하락한 상황에서 화폐보유의 기회비용이 상승하는 것을 나타내는 용어이다. 이는 사람들이 화폐보유를 줄이게 되면 금융기관을 자주 방문해야 하므로 거래비용이 증가하게 되는 것을 의미한다. 메뉴비용이란 물가가 상승할 때 물가 상승에 맞추어 기업들이 생산하는 재화나 서비스의 판매가격을 조정하는 데 지출되는 비용을 의미한다. 또한 예상하지 못한 인플레이션이 발생하면 기업들은 노동의 수요를 증가시키고, 노동의 수요가 증가하게 되면 일시적으로 생산량과 고용량이 증가하게 된다. 하지만 인플레이션으로 총요소생산성이 상승하는 것은 어려운 일이다.

02

정답 ②

제시문은 하이퍼인플레이션에 대한 설명으로 하이퍼인플레이션은 대부분 전쟁이나 혁명 등 사회가 크게 혼란한 상황 또는 정부가 재정을 지나치게 방만하게 운용해 통화량을 대규모로 공급할 때 발생한다. 디노미네이션은 화폐의 가치를 유지하면서 액면 단위만 줄이는 화폐개혁의 방법으로 화폐를 바꾸는 데 많은 비용이 소요되고, 시스템이나 사람들이 적응하는 데 많은 시간이 필요하기 때문에 효과는 서서히 발생한다.

이론 더하기

물가지수

① 개념 : 물가의 움직임을 구체적으로 측정한 지표로서 일정 시점을 기준으로 그 이후의 물가변동을 백분율(%)로 표시한다.

② 물가지수의 계산 : $\dfrac{\text{비교시의 물가수준}}{\text{기준시의 물가수준}} \times 100$

③ 물가지수의 종류
- 소비자물가지수(CPI) : 가계의 소비생활에 필요한 재화와 서비스의 소매가격을 기준으로 환산한 물가지수로서 라스파이레스 방식으로 통계청에서 작성한다.
- 생산자물가지수(PPI) : 국내시장의 제1차 거래단계에서 기업 상호 간에 거래되는 모든 재화와 서비스의 평균적인 가격변동을 측정한 물가지수로서 라스파이레스 방식으로 한국은행에서 작성한다.
- GDP디플레이터 : 명목GNP를 실질가치로 환산할 때 사용하는 물가지수로서 GNP를 추계하는 과정에서 산출된다. 가장 포괄적인 물가지수로서 사후적으로 계산되며 파세방식으로 한국은행에서 작성한다.

인플레이션

① 개념 : 물가수준이 지속적으로 상승하여 화폐가치가 하락하는 현상을 말한다.

② 인플레이션의 발생원인

구분	수요견인 인플레이션	비용인상 인플레이션
고전학파	통화공급(M)의 증가	통화주의는 물가수준에 대한 적응적 기대를 하는 과정에서 생긴 현상으로 파악
통화주의학파		
케인즈학파	정부지출 증가, 투자증가 등 유효수요증가와 통화량증가	임금인상 등의 부정적 공급충격

③ 인플레이션의 경제적 효과
- 예상치 못한 인플레이션은 채권자에서 채무자에게로 소득을 재분배하며, 고정소득자와 금융자산을 많이 보유한 사람에게 불리하게 작용한다.
- 인플레이션은 물가수준의 상승을 의미하므로 수출재의 가격이 상승하여 경상수지를 악화시킨다.
- 인플레이션은 실물자산에 대한 선호를 증가시켜 저축이 감소하여 자본축적을 저해하고 결국 경제의 장기적인 성장가능성을 저하시킨다.

④ 인플레이션의 종류
- 하이퍼인플레이션 : 인플레이션의 범위를 초과하여 경제학적 통제를 벗어난 인플레이션이다.
- 스태그플레이션 : 경기침체기에서의 인플레이션으로, 저성장 고물가의 상태이다.
- 애그플레이션 : 농산물 상품의 가격 급등으로 일반 물가도 덩달아 상승하는 현상이다.
- 보틀넥인플레이션 : 생산요소의 일부가 부족하여, 생산의 증가속도가 수요의 증가속도를 따르지 못해 발생하는 물가상승 현상이다.
- 디맨드풀인플레이션 : 초과수요로 인하여 일어나는 인플레이션이다.
- 디스인플레이션 : 인플레이션을 극복하기 위해 통화증발을 억제하고 재정·금융긴축을 주축으로 하는 경제조정정책이다.

01 다음 중 게임이론에 대한 설명으로 옳지 않은 것은?

① 순수전략들로만 구성된 내쉬균형이 존재하지 않는 게임도 있다.

② 우월전략이란 상대 경기자들이 어떤 전략들을 사용하든지 상관없이 자신의 전략들 중에서 항상 가장 낮은 보수를 가져다주는 전략을 말한다.

③ 죄수의 딜레마 게임에서 두 용의자 모두가 자백하는 것은 우월전략균형이면서 동시에 내쉬균형이다.

④ 참여자 모두에게 상대방이 어떤 전략을 선택하는가에 관계없이 자신에게 더 유리한 결과를 주는 전략이 존재할 때 그 전략을 참여자 모두가 선택하면 내쉬균형이 달성된다.

⑤ 커플이 각자 선호하는 취미활동을 따로 하는 것보다 동일한 취미를 함께 할 때 더 큰 만족을 줄 수 있는 상황에서는 복수의 내쉬균형이 존재할 수 있다.

02 양씨네 가족은 주말에 여가 생활을 하기로 했다. 양씨 부부는 영화 관람을 원하고, 양씨 자녀들은 놀이동산에 가고 싶어 한다. 하지만 부부와 자녀들은 모두 따로 여가 생활을 하는 것보다는 함께 여가 생활을 하는 것을 더 선호한다. 다음 중 내쉬균형은?(단, 내쉬전략이란 상대방의 전략이 정해져 있을 때 자신의 이익을 극대화시키는 전략을 말하며, 내쉬균형이란 어느 누구도 이러한 전략을 변경할 유인이 없는 상태를 말한다)

> 가. 가족 모두 영화를 관람한다.
> 나. 가족 모두 놀이동산에 놀러간다.
> 다. 부부는 영화를 관람하고, 자녀들은 놀이동산에 놀러간다.
> 라. 부부는 놀이동산에 놀러가고, 자녀들은 영화를 관람한다.

① 가   ② 나

③ 다   ④ 가, 나

⑤ 가, 나, 다

01

정답 ②

우월전략은 상대방의 전략에 관계없이 항상 자신의 보수가 가장 크게 되는 전략을 말한다.

02

정답 ④

부모가 영화를 관람한다고 가정할 때 자녀들이 놀이동산에 놀러가기로 결정하는 경우 따로 여가 생활을 해야 하므로 자녀들의 이익은 극대화되지 않는다. 마찬가지로 자녀들이 놀이동산에 놀러가기로 결정할 때 부부가 영화를 관람하기로 결정한다면 부부의 이익도 역시 극대화되지 않는다. 따라서 가족 모두가 영화를 관람하거나 놀이동산에 놀러갈 때 내쉬균형이 달성된다.

게임이론

한 사람이 어떤 행동을 취하기 위해서 상대방이 그 행동에 어떻게 대응할지 미리 생각해야 하는 전략적인 상황(Strategic Situation)하에서 자기의 이익을 효과적으로 달성하는 의사결정과정을 분석하는 이론을 말한다.

우월전략균형

① 개념
- 우월전략이란 상대방의 전략에 상관없이 자신의 전략 중 자신의 보수를 극대화하는 전략이다.
- 우월전략균형은 경기자들의 우월전략의 배합을 말한다.
  예 A의 우월전략(자백), B의 우월전략(자백) → 우월전략균형(자백, 자백)

② 평가
- 각 경기자의 우월전략은 비협조전략이다.
- 각 경기자의 우월전략배합이 열위전략의 배합보다 파레토 열위상태이다.
- 자신만이 비협조전략(이기적인 전략)을 선택하는 경우 보수가 증가한다.
- 효율적 자원배분은 협조전략하에 나타난다.
- 각 경기자가 자신의 이익을 극대화하는 행동이 사회적으로 바람직한 자원배분을 실현하는 것은 아니다(개인적 합리성이 집단적 합리성을 보장하지 못한다).

내쉬균형(Nash Equilibrium)

① 개념 및 특징
- 내쉬균형이란 상대방의 전략을 주어진 것으로 보고 자신의 이익을 극대화하는 전략을 선택할 때 이 최적전략의 짝을 내쉬균형이라 한다. 내쉬균형은 존재하지 않을 수도, 복수로 존재할 수도 있다.
- '유한한 경기자'와 '유한한 전략'의 틀을 가진 게임에서 혼합전략을 허용할 때 최소한 하나 이상의 내쉬균형이 존재한다.
- 우월전략균형은 반드시 내쉬균형이나, 내쉬균형은 우월전략균형이 아닐 수 있다.

② 사례
- 내쉬균형이 존재하지 않는 경우

A \ B	T	H
T	3, 2	1, 3
H	1, 1	3, −1

- 내쉬균형이 1개 존재하는 경우(자백, 자백)

A \ B	자백	부인
자백	−5, −5	−1, −10
부인	−10, −1	−2, −2

- 내쉬균형이 2개 존재하는 경우(야구, 야구) (영화, 영화)

A \ B	야구	영화
야구	3, 2	1, 1
영화	1, 1	2, 3

③ 한계점
- 경기자 모두 소극적 추종자로 행동, 적극적으로 행동할 때의 균형을 설명하지 못한다.
- 순차게임을 설명하지 못한다.
- 협력의 가능성이 없으며 협력의 가능성이 있는 게임을 설명하지 못한다.

01 A국의 통화량은 현금통화 150, 예금통화 450이며, 지급준비금이 90이라고 할 때 통화승수는?
(단, 현금통화비율과 지급준비율은 일정하다)

① 2.5

② 3

③ 4.5

④ 5

⑤ 5.5

02 다음 정책에 대한 설명으로 옳지 않은 것은?

> 중앙은행의 정책으로 금리 인하를 통한 경기부양 효과가 한계에 다다랐을 때 중앙은행이 국채매입 등을 통해 유동성을 시중에 직접 푸는 정책을 뜻한다.

① 경기후퇴를 막음으로써 시장의 자신감을 향상시킨다.

② 디플레이션을 초래할 수 있다.

③ 수출 증대의 효과가 있다.

④ 유동성을 무제한으로 공급하는 것이다.

⑤ 중앙은행은 이율을 낮추지 않고 돈의 흐름을 늘릴 수 있다.

01

정답 ①

$M = \dfrac{1}{c + \gamma(1-c)} B$[단, 현금통화비율($c$), 지급준비율($\gamma$), 본원통화(B), 통화량(M)]

여기서 $c = 150/600 = 0.25$, $\gamma = 90/450 = 0.2$이므로, 통화승수는 $\dfrac{1}{c + \gamma(1-c)} = \dfrac{1}{0.25 + 0.2(1-0.25)} = 2.5$이다.

한편, 통화량＝민간보유현금통화＋예금통화＝150＋450＝600, 본원통화＝민간보유현금통화＋지급준비금＝150＋90＝240이다.
따라서 통화승수＝통화량÷본원통화＝600÷240＝2.5이다.

02

정답 ②

양적완화
· 금리중시 통화정책을 시행하는 중앙은행이 정책금리가 0%에 근접하거나, 혹은 다른 이유로 시장경제의 흐름을 정책금리로 제어할 수 없는 이른바 유동성 저하 상황하에서 유동성을 충분히 공급함으로써 중앙은행의 거래량을 확대하는 정책이다.
· 수출 증대의 효과가 있는 반면 인플레이션을 초래할 수도 있다.
· 자국의 경제에는 소기의 목적을 달성하더라도 타국의 경제에 영향을 미쳐 자산 가격을 급등시킬 수도 있다.

중앙은행

① 중앙은행의 역할
- 화폐를 발행하는 발권은행으로서의 기능을 한다.
- 은행의 은행으로서의 기능을 한다.
- 통화가치의 안정과 국민경제의 발전을 위한 통화금융정책을 집행하는 기능을 한다.
- 국제수지 불균형의 조정, 환율의 안정을 위하여 외환관리업무를 한다.
- 국고금 관리 등의 업무를 수행하며 정부의 은행으로서의 기능을 한다.

② 중앙은행의 통화정책 운영체계
한국은행은 통화정책 운영체계로서 물가안정목표제(Inflation Targeting)를 채택하고 있다.

③ 물가안정목표제란 '통화량' 또는 '환율' 등 중간목표를 정하고 이에 영향을 미쳐 최종목표인 물가안정을 달성하는 것이 아니라, 최종목표인 '물가' 자체에 목표치를 정하고 중기적 시기에 이를 달성하려는 방식이다.

금융정책

정책수단		운용목표		중간목표		최종목표
공개시장조작 지급준비율	→	콜금리 본원통화 재할인율	→	통화량 이자율	→	완전고용 물가안정 국제수지균형

① 공개시장조작정책
- 중앙은행이 직접 채권시장에 참여하여 금융기관을 상대로 채권을 매입하거나 매각하여 통화량을 조절하는 통화정책수단을 의미한다.
- 중앙은행이 시중의 금융기관을 상대로 채권을 매입하는 경우 경제 전체의 통화량은 증가하게 되고 이는 실질이자율을 낮춰 총수요를 증가시킨다.
- 중앙은행이 시중의 금융기관을 상대로 채권을 매각하는 경우 경제 전체의 통화량은 감소하게 되고 이는 실질이자율을 상승과 투자의 감소로 이어져 총수요가 감소하게 된다.

② 지급준비율정책
- 법정지급준비율이란 중앙은행이 예금은행으로 하여금 예금자 예금인출요구에 대비하여 총 예금액의 일정비율 이상을 대출할 수 없도록 규정한 것을 말한다.
- 지급준비율정책이란 법정지급준비율을 변경시킴으로써 통화량을 조절하는 것을 말한다.
- 지급준비율이 인상되면 통화량이 감소하고 실질이자율을 높여 총수요를 억제한다.

③ 재할인율정책
- 재할인율정책이란 일반은행이 중앙은행으로부터 자금을 차입할 때 차입규모를 조절하여 통화량을 조절하는 통화정책수단을 말한다.
- 재할인율 상승은 실질이자율을 높여 경제 전체의 통화량을 줄이고자 할 때 사용하는 통화정책의 수단이다.
- 재할인율 인하는 실질이자율을 낮춰 경제 전체의 통화량을 늘리고자 할 때 사용하는 통화정책의 수단이다.

다음은 경제 지표의 추이를 나타낸 그래프이다. 이와 같은 추이가 계속된다고 할 때, 나타날 수 있는 현상으로 옳은 것을 〈보기〉에서 모두 고르면?(단, 지표 외 다른 요인은 고려하지 않는다)

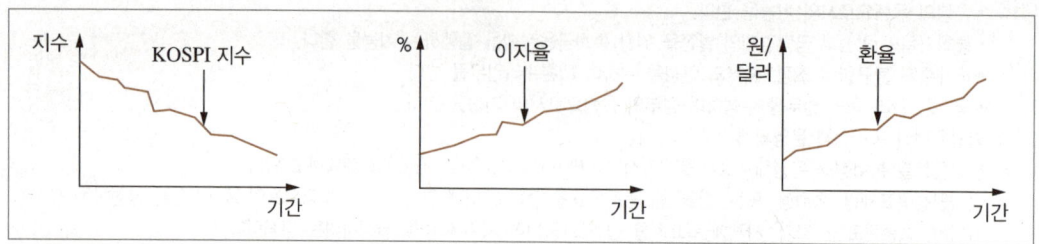

보기

ㄱ. KOSPI 지수 추이를 볼 때, 기업은 주식시장을 통한 자본 조달이 어려워질 것이다.
ㄴ. 이자율 추이를 볼 때, 은행을 통한 기업의 대출 수요가 증가할 것이다.
ㄷ. 환율 추이를 볼 때, 수출제품의 가격 경쟁력이 강화될 것이다.

① ㄱ　　　　　　　　　　　　　　　　　② ㄴ
③ ㄷ　　　　　　　　　　　　　　　　　④ ㄱ, ㄷ
⑤ ㄴ, ㄷ

정답 ④

ㄱ. KOSPI 지수가 지속적으로 하락하고 있기 때문에 주식시장이 매우 침체되어 있다고 볼 수 있다. 이 경우 주식에 대한 수요와 증권시장의 약세 장세 때문에 주식 발행을 통한 자본 조달은 매우 어려워진다.
ㄷ. 원 · 달러 환율이 지속적으로 상승하게 되면 원화의 약세로 수출제품의 외국에서의 가격은 달러화에 비해 훨씬 저렴하게 된다. 따라서 상대적으로 외국제품에 비하여 가격 경쟁력이 강화되는 효과가 발생한다.

오답분석
ㄴ. 이자율이 지속적으로 상승하면 대출 금리도 따라 상승하게 되어 기업의 부담이 커지게 되고 이에 따라 기업의 대출 수요는 감소하게 된다.

금리

① 개념 : 원금에 지급되는 이자를 비율로 나타낸 것으로 '이자율'이라는 표현을 사용하기도 한다.

② 특징
- 자금에 대한 수요와 공급이 변하면 금리가 변동한다. 즉, 자금의 수요가 증가하면 금리가 올라가고, 자금의 공급이 증가하면 금리는 하락한다.
- 중앙은행이 금리를 낮추겠다는 정책목표를 설정하면 금융시장의 국채를 매입하게 되고 금리의 영향을 준다.
- 가계 : 금리가 상승하면 소비보다는 저축이 증가하고, 금리가 하락하면 저축보다는 소비가 증가한다.
- 기업 : 금리가 상승하면 투자비용이 증가하므로 투자가 줄어들고, 금리가 하락하면 투자가 증가한다.
- 국가 간 자본의 이동 : 본국과 외국의 금리 차이를 보고 상대적으로 외국의 금리가 높다고 판단되면 자금은 해외로 이동하고, 그 반대의 경우 국내로 이동한다.

③ 금리의 종류
- 기준금리 : 중앙은행이 경제활동 상황을 판단하여 정책적으로 결정하는 금리로, 경제가 과열되거나 물가상승이 예상되면 기준금리를 올리고, 경제가 침체되고 있다고 판단되면 기준금리를 하락시킨다.
- 시장금리 : 개인의 신용도나 기간에 따라 달라지는 금리이다.

1년 미만 단기 금리	콜금리	영업활동 과정에서 남거나 모자라는 초단기자금(콜)에 대한 금리이다.
	환매조건부채권(RP)	일정 기간이 지난 후에 다시 매입하는 조건으로 채권을 매도함으로써 수요자가 단기자금을 조달하는 금융거래방식의 하나이다.
	양도성예금증서(CD)	은행이 발행하고 금융시장에서 자유로운 매매가 가능한 무기명의 정기예금증서이다.
1년 이상 장기 금리	국채, 회사채, 금융채	

환율

국가 간 화폐의 교환비율로, 우리나라에서 환율을 표시할 때에는 외국돈 1단위당 원화의 금액으로 나타낸다.

예 1,193.80원/$, 170.76원/¥

주식과 주가

① 주식 : 주식회사의 자본을 이루는 단위로서 금액 및 이를 전제한 주주의 권리와 의무단위이다.

② 주가 : 주식의 시장가격으로, 주식시장의 수요와 공급에 의해 결정된다.

01 다음 중 변동환율제도에 대한 설명으로 옳지 않은 것은?

① 원화 환율이 오르면 물가가 상승하기 쉽다.

② 원화 환율이 오르면 수출업자가 유리해진다.

③ 원화 환율이 오르면 외국인의 국내 여행이 많아진다.

④ 환율의 변동이 심한 경우에는 통화 당국이 시장에 개입하기도 한다.

⑤ 국가 간 자본거래가 활발하게 이루어진다면 독자적인 통화정책을 운용할 수 없다.

02 다음 빈칸 ㈀ ~ ㈂에 들어갈 경제 용어로 바르게 짝지어진 것은?

> 구매력평가 이론(Purchasing Power Parity Theory)은 모든 나라의 통화 한 단위의 구매력이 같도록 환율이 결정되어야 한다는 것이다. 구매력평가 이론에 따르면 양국통화의 ㈀ 은 양국의 ㈁ 에 의해 결정되며, 구매력평가 이론이 성립하면 ㈂ 은 불변이다.

	㈀	㈁	㈂
①	실질환율	물가수준	명목환율
②	명목환율	경상수지	실질환율
③	실질환율	경상수지	명목환율
④	명목환율	물가수준	실질환율
⑤	실질환율	자본수지	명목환율

01

정답 ⑤

변동환율제도에서는 중앙은행이 외환시장에 개입하여 환율을 유지할 필요가 없고, 외환시장의 수급 상황이 국내 통화량에 영향을 미치지 않으므로 독자적인 통화정책의 운용이 가능하다.

02

정답 ④

일물일가의 법칙을 가정하는 구매력평가설에 따르면 두 나라에서 생산된 재화의 가격이 동일하므로 명목환율은 두 나라의 물가수준의 비율로 나타낼 수 있다. 한편, 구매력평가설이 성립하면 실질환율은 불변한다.

환율

① 개념 : 국내화폐와 외국화폐가 교환되는 시장을 외환시장(Foreign Exchange Market)이라고 한다. 그리고 여기서 결정되는 두 나라 화폐의 교환비율을 환율이라고 한다. 즉, 환율이란 자국화폐단위로 표시한 외국화폐 1단위의 가격이다.

② 환율의 변화

환율의 상승을 환율 인상(Depreciation), 환율의 하락을 환율 인하(Appreciation)라고 한다. 환율이 인상되는 경우 자국화폐의 가치가 하락하는 것을 의미하며 환율이 인하되는 경우는 자국화폐가치가 상승함을 의미한다.

평가절상 (=환율 인하, 자국화폐가치 상승)	평가절하 (=환율 인상, 자국화폐가치 하락)
• 수출 감소 • 수입 증가 • 경상수지 악화 • 외채부담 감소	• 수출 증가 • 수입 감소 • 경상수지 개선 • 외채부담 증가

③ 환율제도

구분	고정환율제도	변동환율제도
국제수지불균형의 조정	정부개입에 의한 해결(평가절하, 평가절상)과 역외국에 대해서는 독자관세 유지	시장에서 환율의 변화에 따라 자동적으로 조정
환위험	적음	환율의 변동성에 기인하여 환위험에 크게 노출되어 있음
환투기의 위험	적음	높음(이에 대해 프리드먼은 환투기는 환율을 오히려 안정시키는 효과가 존재한다고 주장)
해외교란요인의 파급 여부	국내로 쉽게 전파됨	환율의 변화가 해외교란요인의 전파를 차단(차단효과)
금융정책의 자율성 여부	자율성 상실(불가능성 정리)	자율성 유지
정책의 유효성	금융정책 무력	재정정책 무력

01 다음 중 서킷 브레이커(Circuit Breakers)에 대한 설명으로 옳지 않은 것은?

① 장 종료 40분 전 이후에도 발동될 수 있다.

② 코스피 또는 코스닥지수가 전일 종가 대비 10% 이상 하락한 상태가 1분 이상 지속되면 모든 주식 거래를 20분간 정지한다.

③ 거래를 중단한 지 20분이 지나면 10분간 호가를 접수해서 매매를 재개시킨다.

④ 주식시장에서 주가가 급등 또는 급락하는 경우 주식매매를 일시 정지하는 제도이다.

⑤ 단계별로 2번씩 발동할 수 있다.

02 다음 중 주가가 떨어질 것을 예측해 주식을 빌려 파는 공매도를 했으나, 반등이 예상되면서 빌린 주식을 되갚자 주가가 오르는 현상은?

① 사이드카   ② 디노미네이션
③ 서킷브레이커   ④ 숏커버링
⑤ 공매도

01

정답 ⑤

서킷 브레이커

- 원래 전기 회로에 과부하가 걸렸을 때 자동으로 회로를 차단하는 장치를 말하는데 주식시장에서 주가가 급등 또는 급락하는 경우 주식매매를 일시 정지하는 제도이다.
- 서킷 브레이커 발동조건
  - 1단계 : 종합주가지수가 전 거래일보다 8% 이상 하락하여 1분 이상 지속되는 경우
  - 2단계 : 종합주가지수가 전 거래일보다 15% 이상 하락하여 1분 이상 지속되는 경우
  - 3단계 : 종합주가지수가 전 거래일보다 20% 이상 하락하여 1분 이상 지속되는 경우
- 서킷 브레이커 발동 시 효과
  - 서킷 브레이커가 발동되면 매매가 20분간 정지되고, 20분이 지나면 10분간 동시호가, 단일가매매 전환이 이루어진다.
- 서킷 브레이커 유의사항
  - 총 3단계로 이루어진 서킷 브레이커의 각 단계는 하루에 한 번만 발동할 수 있다.
  - 1~2단계는 주식시작 개장 5분 후부터 종료 40분전까지만 발동한다. 단, 3단계 서킷 브레이커는 40분 이후에도 발동될 수 있고, 3단계 서킷 브레이커가 발동하면 장이 종료된다.

02

정답 ④

없는 주식이나 채권을 판 후 보다 싼 값으로 주식이나 그 채권을 구해 매입자에게 넘기는데, 예상을 깨고 강세장이 되어 해당 주식이 오를 것 같으면 손해를 보기 전에 빌린 주식을 되갚게 된다. 이때 주가가 오르는 현상을 숏커버링이라 한다.

주가지수

① 개념 : 주식가격의 상승과 하락을 판단하기 위한 지표(Index)가 필요하므로 특정 종목의 주식을 대상으로 평균적으로 가격이 상승했는지 하락했는지를 판단한다. 때문에 주가지수의 변동은 경제상황을 판단하게 해주는 지표가 될 수 있다.

② 주가지수 계산 : $\dfrac{\text{비교시점의 시가총액}}{\text{기준시점의 시가총액}} \times 100$

③ 주요국의 종합주가지수

구분	지수명	기준시점	기준지수
한국	코스피	1980년	100
	코스닥	1996년	1,000
미국	다우존스 산업평균지수	1896년	100
	나스닥	1971년	100
	S&P 500	1941년	10
일본	니케이 225	1949년	50
중국	상하이종합	1990년	100
홍콩	항셍지수	1964년	100
영국	FTSE 100지수	1984년	1,000
프랑스	CAC 40지수	1987년	1,000

주가와 경기 변동

① 주식의 가격은 장기적으로 기업의 가치에 따라 변동한다.

② 주가는 경제성장률이나 이자율, 통화량과 같은 경제변수에 영향을 받는다.

③ 통화공급의 증가와 이자율이 하락하면 소비와 투자가 늘어나서 기업의 이익이 커지므로 주가는 상승한다.

주식관련 용어

① 서킷브레이커(CB) : 주식시장에서 주가가 급등 또는 급락하는 경우 주식매매를 일시정지하는 제도이다.

② 사이드카 : 선물가격이 전일 종가 대비 5%(코스피), 6%(코스닥) 이상 급등 혹은 급락상태가 1분간 지속될 경우 주식시장의 프로그램 매매 호가를 5분간 정지시키는 것을 의미한다.

③ 네 마녀의 날 : 주가지수 선물과 옵션, 개별 주식 선물과 옵션 등 네 가지 파생상품 만기일이 겹치는 날이다. '쿼드러플위칭 데이'라고도 한다.

④ 레드칩 : 중국 정부와 국영기업이 최대주주로 참여해 홍콩에 설립한 우량 중국 기업들의 주식을 일컫는 말이다.

⑤ 블루칩 : 오랜 시간동안 안정적인 이익을 창출하고 배당을 지급해온 수익성과 재무구조가 건전한 기업의 주식으로 대형 우량주를 의미한다.

⑥ 숏커버링 : 외국인 등이 공매도한 주식을 되갚기 위해 시장에서 주식을 다시 사들이는 것으로, 주가 상승 요인으로 작용한다.

⑦ 공매도 : 주식을 가지고 있지 않은 상태에서 매도 주문을 내는 것이다. 3일 안에 해당 주식이나 채권을 구해 매입자에게 돌려주면 되기 때문에, 약세장이 예상되는 경우 시세차익을 노리는 투자자가 주로 활용한다.

다음 중 유로채와 외국채에 대한 설명으로 옳지 않은 것은?

① 유로채는 채권의 표시통화 국가에서 발행되는 채권이다.

② 유로채는 이자소득세를 내지 않는다.

③ 외국채는 감독 당국의 규제를 받는다.

④ 외국채는 신용 평가가 필요하다.

⑤ 아리랑본드는 외국채, 김치본드는 유로채이다.

정답 ①

외국채는 채권의 표시통화 국가에서 발행되는 채권이고, 유로채는 채권의 표시통화 국가 이외의 국가에서 발행되는 채권이다.

오답분석

② 외국채는 이자소득세를 내야 하지만, 유로채는 세금을 매기지 않는다.

③ 외국채는 감독 당국의 규제를 받지만, 유로채는 규제를 받지 않는다.

④ 외국채는 신용 평가가 필요하지만, 유로채는 필요하지 않다.

⑤ 한국에서 한국 원화로 발행된 채권은 아리랑본드이며, 한국에서 외화로 발행된 채권은 김치본드이다.

채권

정부, 공공기관, 특수법인과 주식회사 형태를 갖춘 사기업이 일반 대중 투자자들로부터 비교적 장기의 자금을 조달하기 위해 발행하는 일종의 차용증서로, 채권을 발행한 기관은 채무자, 채권의 소유자는 채권자가 된다.

발행주체에 따른 채권의 분류

국채	• 국가가 발행하는 채권으로 세금과 함께 국가의 중요한 재원 중 하나이다. • 국고채, 국민주택채권, 국채관리기금채권, 외국환평형기금채권 등이 있다.
지방채	• 지방자치단체가 지방재정의 건전한 운영과 공공의 목적을 위해 재정상의 필요에 따라 발행하는 채권이다. • 지하철공채, 상수도공채, 도로공채 등이 있다.
특수채	• 공사와 같이 특별법에 따라 설립된 법인이 자금조달을 목적으로 발행하는 채권으로 공채와 사채의 성격을 모두 가지고 있다. • 예금보험공사 채권, 한국전력공사 채권, 리스회사의 무보증 리스채, 신용카드회사의 카드채 등이 있다.
금융채	• 금융회사가 발행하는 채권으로 발생은 특정한 금융회사의 중요한 자금조달수단 중 하나이다. • 산업금융채, 장기신용채, 중소기업금융채 등이 있다.
회사채	• 상법상의 주식회사가 발행하는 채권으로 채권자는 주주들의 배당에 우선하여 이자를 지급받게 되며 기업이 도산하는 경우에도 주주들을 우선하여 기업자산에 대한 청구권을 갖는다. • 전환사채(CB), 신주인수권부사채(BW), 교환사채(EB) 등이 있다.

이자지급방법에 따른 채권의 분류

이표채	액면가로 채권을 발행하고, 이자지급일이 되면 발행할 때 약정한 대로 이자를 지급하는 채권이다.
할인채	이자가 붙지는 않지만, 이자 상당액을 미리 액면가격에서 차감하여 발행가격이 상환가격보다 낮은 채권이다.
복리채(단리채)	정기적으로 이자가 지급되는 대신에 복리(단리) 이자로 재투자되어 만기상환 시에 원금과 이자를 지급하는 채권이다.
거치채	이자가 발생한 이후에 일정기간이 지난 후부터 지급되는 채권이다.

상환기간에 따른 채권의 분류

단기채	통상적으로 상환기간이 1년 미만인 채권으로, 통화안정증권, 양곡기금증권 등이 있다.
중기채	상환기간이 1 ~ 5년인 채권으로 우리나라의 대부분의 회사채 및 금융채가 만기 3년으로 발행된다.
장기채	상환기간이 5년 초과인 채권으로 국채가 이에 해당한다.

특수한 형태의 채권

일반사채와 달리 계약 조건이 다양하게 변형된 특수한 형태의 채권으로 다양한 목적에 따라 발행된 채권이다.

전환사채 (CB; Convertible Bond)	발행을 할 때에는 순수한 회사채로 발행되지만, 일정기간이 경과한 후에는 보유자의 청구에 의해 발행회사의 주식으로 전환될 수 있는 사채이다.
신주인수권부사채 (BW; Bond with Warrant)	발행 이후에 일정기간 내에 미리 약정된 가격으로 발행회사에 일정한 금액에 해당하는 주식을 매입할 수 있는 권리가 부여된 사채이다.
교환사채 (EB; Exchangeable Bond)	투자자가 보유한 채권을 일정 기간이 지난 후 발행회사가 보유 중인 다른 회사 유가증권으로 교환할 수 있는 권리가 있는 사채이다.
옵션부사채	• 콜옵션과 풋옵션이 부여되는 사채이다. • 콜옵션은 발행회사가 만기 전 조기상환을 할 수 있는 권리이고, 풋옵션은 사채권자가 만기중도상환을 청구할 수 있는 권리이다.
변동금리부채권 (FRN; Floating Rate Note)	• 채권 지급 이자율이 변동되는 금리에 따라 달라지는 채권이다. • 변동금리부채권의 지급이자율은 기준금리에 가산금리를 합하여 산정한다.
자산유동화증권 (ABS; Asset Backed Security)	유동성이 없는 자산을 증권으로 전환하여 자본시장에서 현금화하는 일련의 행위를 자산유동화라고 하는데, 기업 등이 보유하고 있는 대출채권이나 매출채권, 부동산 자산을 담보로 발행하여 제3자에게 매각하는 증권이다.

01 다음 중 주가지수 상승률이 미리 정해놓은 수준에 단 한 번이라도 도달하면 만기 수익률이 미리 정한 수준으로 확정되는 ELS는?

① 녹아웃형(Knock-out)

② 불스프레드형(Bull-spread)

③ 리버스컨버터블형(Reverse Convertible)

④ 디지털형(Digital)

⑤ 데이터형(Data)

02 주식이나 ELW를 매매할 때 보유시간을 통상적으로 2 ~ 3분 단위로 짧게 잡아 하루에 수십 번 또는 수백 번씩 거래를 하며 박리다매식으로 매매차익을 얻는 초단기매매자들이 있다. 이들을 가르키는 용어는?

① 스캘퍼(Scalper)

② 데이트레이더(Day Trader)

③ 스윙트레이더(Swing Trader)

④ 포지션트레이더(Position Trader)

⑤ 나이트트레이더

01

정답 ①

주가지수연계증권(ELS)의 유형

• 녹아웃형(Knock-out) : 주가지수 상승률이 미리 정해놓은 수준에 단 한 번이라도 도달하면 만기 수익률이 미리 정한 수준으로 확정되는 상품

• 불스프레드형(Bull-spread) : 만기 때 주가지수 상승률에 따라 수익률이 결정되는 상품

• 리버스컨버터블형(Reverse Convertible) : 미리 정해 놓은 하락폭 밑으로만 빠지지 않는다면 주가지수가 일정부분 하락해도 약속한 수익률을 지급하는 상품

• 디지털형(Digital) : 만기일의 주가지수가 사전에 약정한 수준 이상 또는 이하에 도달하면 확정 수익을 지급하고 그렇지 못하면 원금만 지급하는 상품

02

정답 ①

스캘퍼(Scalper)는 ELW시장 등에서 거액의 자금을 갖고 몇 분 이내의 초단타 매매인 스캘핑(Scalping)을 구사하는 초단타 매매자를 말한다. 속칭 '슈퍼 메뚜기'로 불린다.

오답분석

② 데이트레이더 : 주가의 움직임만 보고 차익을 노리는 주식투자자

③ 스윙트레이더 : 선물시장에서 통상 2 ~ 3일 간격으로 매매 포지션을 바꾸는 투자자

④ 포지션트레이더 : 몇 주간 또는 몇 개월 동안 지속될 가격 변동에 관심을 갖고 거래하는 자로서 비회원거래자

ELS(주가연계증권) / ELF(주가연계펀드)

① 개념 : 파생상품 펀드의 일종으로 국공채 등과 같은 안전자산에 투자하여 안전성을 추구하면서 확정금리 상품 대비 고수익을 추구하는 상품이다.

② 특징

ELS (주가연계증권)	• 개별 주식의 가격이나 주가지수에 연계되어 투자수익이 결정되는 유가증권이다. • 사전에 정한 2 ~ 3개 기초자산 가격이 만기 때까지 계약 시점보다 40 ~ 50% 가량 떨어지지 않으면 약속된 수익을 지급하는 형식이 일반적이다. • 다른 채권과 마찬가지로 증권사가 부도나거나 파산하면 투자자는 원금을 제대로 건질 수 없다. • 상품마다 상환조건이 다양하지만 만기 3년에 6개월마다 조기상환 기회가 있는 게 일반적이다. 수익이 발생해서 조기상환 또는 만기상환되거나, 손실을 본채로 만기상환된다. • 녹아웃형, 불스프레드형, 리버스컨버터블형, 디지털형 등이 있다.
ELF (주가연계펀드)	• 투자신탁회사들이 ELS 상품을 펀드에 편입하거나 자체적으로 원금보존 추구형 펀드를 구성해 판매하는 형태의 상품이다. • ELF는 펀드의 수익률이 주가나 주가지수 움직임에 의해 결정되는 구조화된 수익구조를 갖는다. • 베리어형, 디지털형, 조기상환형 등이 있다.

ELW(주식워런트증권)

① 개념 : 자산을 미리 정한 만기에 미리 정해진 가격에 사거나(콜) 팔 수 있는 권리(풋)를 나타내는 증권이다.

② 특징
- 주식워런트증권은 상품특성이 주식옵션과 유사하나 법적 구조, 시장구조, 발행주체와 발행조건 등에 차이가 있다.
- 주식처럼 거래가 이루어지며, 만기시 최종보유자가 권리를 행사하게 된다.
- ELW 시장에서는 투자자의 환금성을 보장할 수 있도록 호가를 의무적으로 제시하는 유동성공급자(LP; Liquidity Provider) 제도가 운영된다.

PART 2

| 금융 상식 |

01 다음 설명과 관련된 내용으로 옳지 않은 것은?

> 주식시장에서 특정 종목의 주가가 하락할 것으로 예상되면 해당 주식을 보유하고 있지 않은 상태에서 주식을 빌려 매도하는, 즉 '공매도'를 하기도 하는데, 이는 이후 주가가 하락하면 싼 가격에 사서 돌려줌으로써 시세차익을 챙기기 위함이다. 이때 주식을 다시 사는 환매수를 '숏 커버링(Short Covering)'이라고 한다. 하지만 예상과 달리 주가가 상승한다면 더 이상의 손실을 줄이기 위한 매수를 하기도 한다.

① 공매도와 숏 커버링은 시세 조정을 유발할 수 있다.
② 공매도는 매도량의 증가로 인해 주가 하락을 유발한다.
③ 공매도와 숏 커버링은 채무불이행을 감소시킬 수 있다.
④ 주식 공매도 후 주가가 급등하게 되면 결제 불이행의 가능성이 높아진다.
⑤ 숏 커버링은 주식 매수량의 증가로 단기간에 주가가 상승하는 효과가 있다.

02 현물환율이 1,000원/달러, 선물환율이 1,200원/달러, 한국의 이자율이 3%, 미국의 이자율이 2%이고 이자율평가설이 성립할 때, 이에 대한 설명으로 옳지 않은 것을 〈보기〉에서 모두 고르면?

> **보기**
> ㉠ 한국의 이자율이 상승할 것이다.   ㉡ 미국의 이자율이 상승할 것이다.
> ㉢ 현물환율이 상승할 것이다.   ㉣ 현재 한국에 투자하는 것이 유리하다.

① ㉠, ㉡
② ㉠, ㉢
③ ㉡, ㉢
④ ㉡, ㉣
⑤ ㉢, ㉣

03 화폐유통속도가 일정하고 통화량증가율, 실질경제성장률, 실질이자율이 각각 30%, 20%, 10%라고 가정할 때, 다음 중 화폐수량설과 피셔효과를 이용하여 도출한 내용으로 옳은 것은?

① 인플레이션율과 명목이자율은 모두 10%이다.
② 인플레이션율과 명목이자율은 모두 20%이다.
③ 인플레이션율은 10%이고, 명목이자율은 20%이다.
④ 인플레이션율은 10%이고, 명목이자율은 30%이다.
⑤ 인플레이션율은 20%이고, 명목이자율은 10%이다.

Hard

04 법정지급준비율이 40%라고 가정하고 어떤 개인이 현금 7,000원을 한 은행에 예금하였다. 만약 예금창조의 과정에서 4번째 대출받은 고객까지는 현금유출이 전혀 없다가 5번째 대출받은 고객이 대출금을 모두 현금유출한다면, 이때 은행조직 전체에 의한 순예금창조액의 최대 규모는 얼마나 되는가?

① 9,139원   ② 11,667원
③ 15,232원   ④ 17,500원
⑤ 18,407원

05 다음 중 본원통화에 대한 설명으로 옳지 않은 것은?

① 본원통화는 화폐발행액과 예금은행의 중앙은행에 대한 지급준비예치금의 합으로 나타낼 수 있다.
② 국제수지가 적자이면 본원통화가 줄어든다.
③ 중앙은행이 환율하락을 방지하기 위해 외환시장에 개입을 시작하면 본원통화는 감소한다.
④ 중앙은행이 공개시장에서 국공채를 매각하면 본원통화가 감소한다.
⑤ 중앙은행이 예금은행에 대한 대출을 늘리면 본원통화가 증가한다.

06 다음 중 토빈의 q이론에 대한 설명으로 옳지 않은 것은?

① q값이 1보다 크면 순투자가 이루어진다.

② 실질이자율이 상승하면 q값은 감소한다.

③ 자본의 한계생산이 증가하면 q값은 감소한다.

④ 토빈의 q값은 주식시장에서 평가된 기업의 시장가치를 기업의 실물자본 대체비용으로 나누어서 계산한다.

⑤ 현재 및 장래 기대이윤이 증가하면 q값이 증가한다.

07 대부자금의 공급이 실질이자율의 증가함수이고 대부자금의 수요는 실질이자율의 감소함수인 대부자금 시장모형에서 정부가 조세삭감을 시행했을 때 소비자들이 조세삭감만큼 저축을 늘리는 경우 다음 중 옳은 것은?(단, 정부지출은 일정 수준으로 주어져 있다고 가정한다)

① 자금수요가 증가하고 균형이자율은 상승한다.

② 자금수요가 감소하고 균형이자율은 하락한다.

③ 자금공급이 증가하고 균형이자율은 하락한다.

④ 자금공급이 감소하고 균형이자율은 상승한다.

⑤ 균형이자율은 변하지 않는다.

08 금융회사는 자신의 서비스가 자금세탁 등의 불법행위에 이용되지 않도록 여러 제도를 도입하고 있다. 다음 중 이와 관련이 없는 것은 무엇인가?

① BIB
② CDD
③ CTR
④ EDD
⑤ STR

09 다음 〈보기〉의 내용에 따라 A기업의 주당 배당금을 구하면?

> **보기**
> • A기업 주가 : 20,000원   • 배당수익률 : 10%

① 1,000원   ② 1,500원
③ 2,000원   ④ 3,000원
⑤ 4,000원

10 다음 중 구매력평가(PPP)에 대한 설명으로 옳지 않은 것은?

① 한 나라의 화폐가 모든 나라에서 동일 수량의 재화를 구입할 수 있어야 한다는 환율 결정이론이다.
② 양국의 물가를 기준으로 환율이 결정된다고 보기 때문에 일물일가의 법칙과는 관계가 없다.
③ 현실적으로 국가 간에 교역이 어려운 품목들이 있어서 구매력평가는 일정한 한계를 갖고 있다.
④ 구매력평가로 계산한 원화의 달러당 환율이 1,100원일 때 미국의 물가만 10% 오르게 되면 환율은 1,000원이 된다.
⑤ 단기적인 환율의 움직임은 잘 나타내지 못하지만 장기적인 환율의 변화추세는 잘 반영한다.

11 다음 중 우선주의 종류에 대한 설명으로 옳지 않은 것은?

① 참가적 우선주 : 소정비율의 우선배당을 받고도 이익이 남는 경우 우선주주가 다시 보통주주와 함께 배당에 참가할 수 있다.
② 비참가적 우선주 : 배당에 참가할 수 있는 자격이 없으므로 보통주주만이 배당에 참가한다.
③ 누적적 우선주 : 당해 영업년도에 소정비율의 우선배당을 받지 못한 경우, 그 미지급배당액을 다음 영업년도 이후에 우선하여 보충 배당받는다.
④ 비누적적 우선주 : 당해 영업년도에 우선배당을 받지 못하고 그 미지급배당액을 다음 영업년도에도 보충 배당받지 못한다.
⑤ 상환우선주 : 특정기간 동안 우선주의 성격을 가지고 있다가 기간이 만료되면 발행회사에서 이를 되사도록 한다.

12 다음 중 주식의 발행시장과 유통시장에 대한 설명으로 옳지 않은 것은?

① 발행시장은 발행주체가 유가증권을 발행하고, 중간 중개업자가 인수하여 최종 자금 출자자에게 배분하는 시장이다.

② 유통시장은 투자자 간의 수평적인 이전기능을 담당하는 시장으로 채권의 매매가 이루어지는 시장이다.

③ 자사주 매입은 발행시장에서 이루어진다.

④ 50명 이하의 소수투자자와 사적으로 교섭하여 채권을 매각하는 방법을 사모라고 한다.

⑤ 유통시장은 채권의 공정한 가격을 형성하게 하는 기능이 있다.

13 다음 중 시장이자율과 채권가격에 대한 설명으로 옳은 것은?

① 다른 조건은 동일하다고 가정할 경우 표면이자율이 높을수록 이자율의 변동에 따른 채권가격의 변동률이 크다.

② 만기일 채권가격은 액면가와 항상 일치한다.

③ 채권가격은 시장이자율과 같은 방향으로 움직인다.

④ 만기가 정해진 상태에서 이자율 하락에 따른 채권가격 상승폭과 이자율 상승에 따른 채권가격 하락폭은 항상 동일하다.

⑤ 다른 조건은 동일하다고 가정할 경우 만기가 짧은 채권일수록 이자율의 변동에 따른 채권가격의 변동폭이 크다.

14 다음 중 기업들이 환율변동 위험을 피하기 위해 하는 거래 중 하나인 선물환거래에 대한 설명으로 옳지 않은 것은?

① 기업들은 달러화 가치가 하락할 것으로 예상하는 경우 선물환을 매수하게 된다.

② 선물환거래란 미래에 특정 외화의 가격을 현재 시점에서 미리 계약하고 이 계획을 약속한 미래 시점에 이행하는 금융거래이다.

③ 선물환거래에는 외국환은행을 통해 고객 간에 이루어지는 대고객선물환거래와 외환시장에서 외국은행 사이에 이루어지는 시장선물환거래가 있다.

④ 선물환거래는 약정가격의 차액만을 주고받는 방식이어서 NDF(역외선물환)거래라고도 한다.

⑤ 만기가 되면 수출업체는 수출대금으로 받은 달러를 금융회사에 미리 정한 환율로 넘겨주고 금융회사는 이를 해외 달러 차입금 상환에 활용하게 된다.

15 다음에서 설명하는 금융 개념으로 옳은 것은?

> 이것은 두 거래 당사자가 계약일에 약정된 환율에 따라 해당 통화를 일정 시점에서 상호 교환하는 외환거래이다. 단기적인 환리스크의 헤징보다는 주로 중장기적인 헤징 수단으로 이용되고 있다. 당초 통화담보부대출, 상호대출 형태로 출발하여 장기선물환계약, 직접통화스와프 및 채무스와프 형태로 발전하였다. 특히 채무 간 스와프에는 이종통화표시 고정금리 채무 간 스와프, 이종통화표시 고정금리 채무와 변동금리 채무 간 스와프, 이종통화표시 변동금리 간 스와프, 혼합스와프 등 거래 목적에 따라 다양한 방법이 개발·이용되고 있다.
> 한편 이는 중장기적 환리스크의 헤징기능뿐만 아니라 차입비용의 절감과 자금관리의 효율성을 높여주고 새로운 시장에 대한 접근 수단으로 이용되는 등 다양한 기능을 제공하고 있다. 또한 장부외 거래의 성격을 갖고 있어 금융기관의 경우 자본·부채비율의 제한을 받지 않고 이들 거래를 이용할 수 있는 이점도 갖고 있다.

① 금리스와프   ② 통화스와프
③ 스윙서비스   ④ 외환스와프
⑤ 통화옵션

01 다음 빈칸 ㉠～㉢에 들어갈 사람의 이름이 바르게 짝지어진 것은?

> ____㉠____ 정리에 따르면 각국은 자국에 상대적으로 풍부한 부존 요소를 집약적으로 사용하는 재화를 생산하여 수출한다. 또한 ____㉡____ 정리에 따르면 자유무역이 이루어지면 각국에서 풍부한 생산요소의 실질소득은 증가하나, 희소한 생산요소의 실질소득은 감소한다. 그러나 1947년 ____㉢____ 은/는 미국의 수출입 자료를 이용하여 실증 분석을 한 결과 자본풍부국으로 여겨지는 미국이 오히려 자본집약재를 수입하고 노동집약재를 수출하는 현상을 발견하였다.

	㉠	㉡	㉢
①	헥셔 – 오린	립진스키	레온티에프
②	립진스키	레온티에프	스톨퍼 – 사무엘슨
③	스톨퍼 – 사무엘슨	헥셔 – 오린	립진스키
④	헥셔 – 오린	스톨퍼 – 사무엘슨	레온티에프
⑤	립진스키	헥셔 – 오린	스톨퍼 – 사무엘슨

02 어느 중고차 시장에 대한 다음 자료를 참고할 때, 이 중고차 시장의 균형에 대한 설명으로 옳은 것은?

> • 총 1,000대의 자동차 매물 중 70%는 성능이 좋은 자동차, 30%는 성능이 나쁜 자동차이다.
> • 판매자는 모든 자동차의 품질에 대한 정확한 정보를 가지고 있다.
> • 구매자는 모든 자동차의 품질에 대한 정확한 정보는 모르지만, 전체 매물 중 성능이 좋은 차와 성능이 나쁜 차의 비율은 알고 있다.
> • 판매자의 최소요구금액과 구매자의 최대지불용의액은 다음과 같으며, 이 정보는 판매자와 구매자가 모두 가지고 있다.
>
> | 구분 | 판매자의 최소요구금액 | 구매자의 최대지불용의액 |
> |---|---|---|
> | 성능이 좋은 차 | 1,400만 원 | 1,500만 원 |
> | 성능이 나쁜 차 | 1,000만 원 | 800만 원 |

① 성능이 좋은 차는 1,400만 원과 1,500만 원 사이에서 거래된다.
② 성능이 나쁜 차는 800만 원과 1,000만 원 사이에서 거래된다.
③ 성능이 좋은 차는 1,500만 원 이상으로 거래된다.
④ 모든 자동차는 1,280만 원에 거래된다.
⑤ 모든 자동차는 거래되지 않는다.

03 다음 중 경제성장모형에 대한 설명으로 옳은 것을 모두 고르면?[단, Y는 총생산, A는 생산성수준을 나타내는 양(+)의 상수이고, K는 자본을 나타낸다]

> ㄱ. 다른 조건이 일정할 때 솔로우(Solow) 모형에서 기술진보는 장기적으로 일인당 산출량의 성장률을 증가시킨다.
> ㄴ. 솔로우 모형에서 국가 간 일인당 소득수준이 수렴한다는 주장은 기본적으로 한계수확체감의 법칙에 기인한다.
> ㄷ. 로머(P. Romer)는 기술진보를 내생화한 성장모형을 제시하였다.
> ㄹ. 총생산함수가 $Y=AK$인 경우 K의 한계생산물은 일정하다.

① ㄱ, ㄴ   ② ㄱ, ㄴ, ㄷ
③ ㄱ, ㄷ, ㄹ   ④ ㄴ, ㄷ, ㄹ
⑤ ㄱ, ㄴ, ㄷ, ㄹ

04 다음 중 임금결정이론에 대한 설명으로 옳지 않은 것은?

① 중첩임금계약 모형은 실질임금이 경직적인 이유를 설명한다.
② 효율임금이론에 따르면 실질임금이 근로자의 생산성 또는 근로의욕에 영향을 미친다.
③ 효율임금이론에 따르면 높은 임금이 근로자의 도덕적 해이를 억제하는 데 기여한다.
④ 내부자 – 외부자 모형에 따르면 내부자의 실질임금이 시장균형보다 높아져서 비자발적 실업이 발생한다.
⑤ 내부자 – 외부자 모형에서 외부자는 실업상태에 있는 노동자로서 기업과 임금협상을 할 자격이 없는 사람을 말한다.

Easy
05 다음 중 시장균형에서 X재의 가격을 상승시키는 요인이 아닌 것은?(단, 모든 재화는 정상재이다)

① 인구의 증가
② 소득수준의 상승
③ X재 생산기술의 향상
④ X재의 대체재 가격 상승
⑤ X재 생산에 사용되는 원료가격 상승

06 다음 두 그래프는 케인스 모형에서 정부지출의 증가(ΔG)로 인한 효과를 나타내고 있다. 이에 대한 〈보기〉의 설명 중 옳은 것을 모두 고르면?(단, 그림에서 C는 소비, I는 투자, G는 정부지출이다)

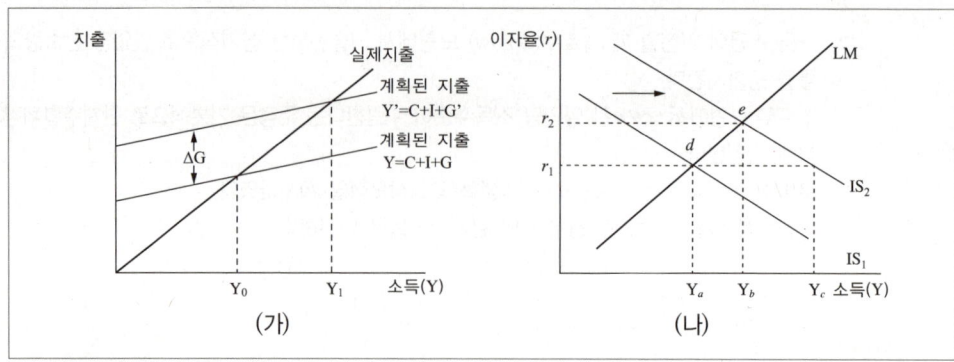

(가)   (나)

보기

ㄱ. (가)에서 $Y_0 \rightarrow Y_1$의 크기는 한계소비성향의 크기에 따라 달라진다.
ㄴ. (가)에서 $Y_0 \rightarrow Y_1$의 크기는 (나)에서 $Y_a \rightarrow Y_b$의 크기와 같다.
ㄷ. (나)의 새로운 균형점 e는 구축효과를 반영하고 있다.
ㄹ. (가)에서 정부지출의 증가는 재고의 예기치 않은 증가를 가져온다.

① ㄱ, ㄴ   ② ㄱ, ㄷ
③ ㄴ, ㄷ   ④ ㄴ, ㄹ
⑤ ㄷ, ㄹ

07 다음 빈칸에 들어갈 용어를 순서대로 나열한 것은?

기업들에 대한 투자세액공제가 확대되면, 대부자금에 대한 수요가 _____한다. 이렇게 되면 실질이 자율이 _____하고 저축이 늘어난다. 그 결과 대부자금의 균형거래량은 _____한다(단, 실질이자율 에 대하여 대부자금 수요곡선은 우하향하고, 대부자금 공급곡선은 우상향한다).

① 증가, 상승, 증가   ② 증가, 하락, 증가
③ 증가, 상승, 감소   ④ 감소, 하락, 증가
⑤ 감소, 하락, 감소

08 다음은 애덤 스미스의 『국부론』에 나오는 구절이다. (가)가 나타내는 경제체제의 특징으로 옳지 않은 것은?

> 개인은 오직 자신의 이득을 추구함으로써 (가) 보이지 않는 손에 이끌려 그가 전혀 의도하지 않았던 사회적 이득을 증진시키게 된다.

① 국민들의 정치·경제적 자유가 보장된다.
② 공급자와 수요자 모두 공급과 수요를 스스로 창출한다.
③ 사람들이 원하는 것을 되도록 싸고 충분하게 생산한다.
④ 의료와 복지 서비스는 국가에서 무상으로 제공한다.
⑤ '공유지의 비극'은 이 경제체제가 실패하는 사례이다.

09 다음 중 실업률을 하락시키는 변화로 옳은 것을 모두 고르면?(단, 취업자 수와 실업자 수는 0보다 크다)

> ㄱ. 취업자가 비경제활동인구로 전환
> ㄴ. 실업자가 비경제활동인구로 전환
> ㄷ. 비경제활동인구가 취업자로 전환
> ㄹ. 비경제활동인구가 실업자로 전환

① ㄱ, ㄴ   ② ㄱ, ㄷ
③ ㄴ, ㄷ   ④ ㄴ, ㄹ
⑤ ㄷ, ㄹ

10 효용을 극대화하는 소비자 A는 X재와 Y재 두 재화만 소비한다. 다른 조건이 일정하고 X재의 가격만 하락하였을 경우, A의 X재에 대한 수요량이 변하지 않았다. 이에 대한 설명으로 옳은 것을 모두 고르면?

> ㄱ. 두 재화는 완전보완재이다.
> ㄴ. X재는 열등재이다.
> ㄷ. Y재는 정상재이다.
> ㄹ. X재의 소득효과와 대체효과가 서로 상쇄된다.

① ㄱ, ㄴ   ② ㄱ, ㄴ, ㄷ
③ ㄱ, ㄷ, ㄹ   ④ ㄴ, ㄷ, ㄹ
⑤ ㄱ, ㄴ, ㄷ, ㄹ

11 다음 중 기업의 이윤 극대화 조건을 가장 적절하게 표현한 것은?(단, MR은 한계수입, MC는 한계비용, TR은 총수입, TC는 총비용이다)

① MR=MC, TR>TC

② MR=MC, TR<TC

③ MR>MC, TR>TC

④ MR>MC, TR<TC

⑤ MR<MC, TR>TC

12 다음 중 어떤 산업이 자연독점화되는 이유로 옳은 것은?

① 고정비용의 크기가 작은 경우

② 최소효율규모의 수준이 매우 큰 경우

③ 다른 산업에 비해 규모의 경제가 작게 나타나는 경우

④ 생산량이 증가함에 따라 평균비용이 계속 늘어나는 경우

⑤ 기업 수가 증가할수록 산업의 평균 생산비용이 감소하는 경우

13 다음 중 국제경제에 대한 설명으로 옳은 것은?

① 만일 한 나라의 국민소득이 목표치를 넘을 경우 지출축소정책은 타국과 정책마찰을 유발한다.

② 경상수지적자의 경우 자본수지적자가 발생한다.

③ 중간재가 존재할 경우 요소집약도가 변하지 않으면 요소가격균등화가 이루어진다.

④ 재정흑자와 경상수지적자의 합은 0이다.

⑤ 규모에 대한 수확이 체증하는 경우 이종산업 간 교역이 활발하게 발생한다.

14 A국의 2023년 명목GDP는 100억 원이었고, 2024년 명목GDP는 150억 원이었다. 기준연도인 2022년 GDP 디플레이터가 100이고, 2024년 GDP 디플레이터는 120인 경우, 2023년의 전년 대비 실질GDP 증가율은?

① 10%
② 15%
③ 20%
④ 25%
⑤ 30%

15 다음은 어느 나라의 조세수입 비중 변화와 소득분배 지표 변화를 나타낸 그래프이다. 이에 대한 〈보기〉의 설명 중 옳은 것을 모두 고르면?

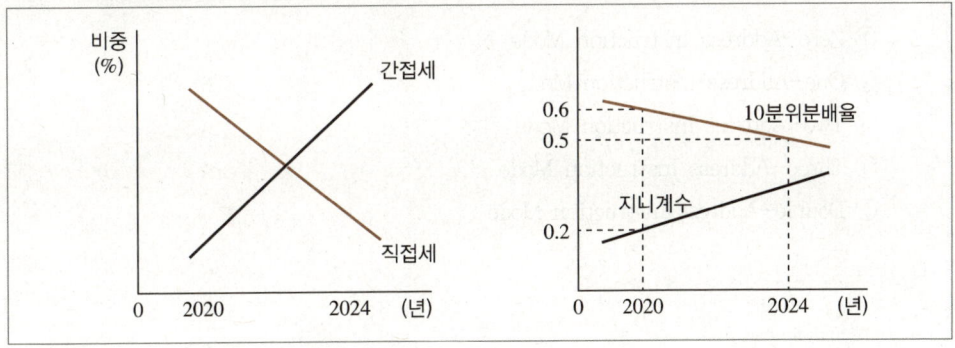

보기

ㄱ. 조세부담의 역진성은 점점 강화되고 있다.
ㄴ. 소득불평등 상태가 점점 심해지고 있다.
ㄷ. 2020년에는 상위 20% 계층의 소득이 하위 40% 계층 소득의 5배이다.
ㄹ. 2024년에는 상위 20% 계층의 소득이 하위 40% 계층 소득의 2배이다.
ㅁ. 조세수입 비중 변화는 소득분배 지표를 변화시키는 하나의 요인으로 작용한다.

① ㄱ, ㄴ, ㄹ
② ㄴ, ㄷ, ㅁ
③ ㄴ, ㄹ, ㅁ
④ ㄱ, ㄴ, ㄹ, ㅁ
⑤ ㄴ, ㄷ, ㄹ, ㅁ

빈출키워드 1 **논리게이트**

01 다음과 같은 논리식으로 구성되는 회로는?[단, S는 합(Sum), C는 자리올림(Carry)]

$$S = \overline{A}B + A\overline{B}$$
$$C = AB$$

① 반가산기(Half Adder)   ② 전가산기(Full Adder)

③ 전감산기(Full Subtracter)   ④ 부호기(Encoder)

⑤ 병렬가산기(Parallel Adder)

02 다음 〈보기〉와 같이 명령어에 오퍼랜드 필드를 사용하지 않고, 명령어만 사용하는 명령어의 형식은?

보기

AND : (덧셈), MUL : (곱셈)

① Zero-Address Instruction Mode

② One-Address Instruction Mode

③ Two-Address Instruction Mode

④ Three-Address Instruction Mode

⑤ Double-Address Instruction Mode

01

정답 ①

반가산기는 두 개의 비트를 더해 합(S)과 자리 올림수(C)를 구하는 회로로, 하나의 AND 회로와 하나의 XOR 회로로 구성된다.

02

정답 ①

제로 어드레스 명령어 형식(Zero-Address Instruction Mode)
명령어 내에서 피연산자의 주소 지정을 하지 않아도 되는 명령어 형식이다. 명령어에 나타난 연산자의 실행 시에 입력 자료의 출처와 연산의 결과를 기억시킬 장소가 고정되어 있기 때문이다.

논리게이트(Logic Gate)

게이트	기호	의미	진리표	논리식
AND		입력 신호가 모두 1일 때만 1 출력	A B Y 0 0 0 0 1 0 1 0 0 1 1 1	$Y = A \cdot B$ $Y = AB$
OR		입력 신호 중 1개만 1이어도 1 출력	A B Y 0 0 0 0 1 1 1 0 1 1 1 1	$Y = A + B$
BUFFER		입력 신호를 그대로 출력	A Y 0 0 1 1	$Y = A$
NOT (인버터)		입력 신호를 반대로 변환하여 출력	A Y 0 1 1 0	$Y = A'$ $Y = \overline{A}$
NAND		NOT+AND 즉, AND의 부정	A B Y 0 0 1 0 1 1 1 0 1 1 1 0	$Y = \overline{A \cdot B}$ $Y = \overline{AB}$ $Y = \overline{A} + \overline{B}$
NOR		NOT+OR 즉, OR의 부정	A B Y 0 0 1 0 1 0 1 0 0 1 1 0	$Y = \overline{A + B}$ $Y = \overline{A} \cdot \overline{B}$
XOR		입력 신호가 같으면 0, 다르면 1 출력	A B Y 0 0 0 0 1 1 1 0 1 1 1 0	$Y = A \oplus B$ $Y = A'B + AB'$ $Y = (A + B)(A' + B')$ $Y = (A + B)(AB)'$
XNOR		NOT+XOR 입력 신호가 같으면 1, 다르면 0 출력	A B Y 0 0 1 0 1 0 1 0 0 1 1 1	$Y = A \odot B$ $Y = \overline{A \oplus B}$

다음은 스케줄링에 대한 자료이다. 빈칸 ㉠과 ㉡에 해당하는 알고리즘을 〈보기〉에서 찾아 바르게 연결한 것은?

〈스케줄링〉

- 스케줄링이란?
  다중 프로그래밍을 지원하는 운영체제에서 CPU 활용의 극대화를 위해 프로세스를 효율적으로 CPU에게 할당하는 것
- 스케줄링 알고리즘
  - _____㉠_____ 스케줄링 : 한 프로세스가 CPU를 점유하고 있을 때 다른 프로세스가 CPU를 빼앗을 수 있는 방식
  - _____㉡_____ 스케줄링 : 한 프로세스에 CPU가 할당되면 작업이 완료되기 전까지 CPU를 다른 프로세스에 할당할 수 없는 방식

보기

가. FIFO(First In First Out)　　　　나. 우선순위
다. R-R(Round Robin)　　　　　　　라. 마감시간
마. MLQ(Multi-Level Queue)

	㉠	㉡
①	가, 다	나, 라, 마
②	나, 라	가, 다, 마
③	다, 마	가, 나, 라
④	다, 라	가, 나, 마
⑤	라, 마	가, 나, 다

정답　③

㉠ 선점형(Preemption)
- 다. R-R(Round Robin) : 먼저 들어온 프로세스가 먼저 실행되나, 각 프로세스는 정해진 시간 동안만 CPU를 사용하는 방식
- 마. MLQ(Multi-Level Queue) : 서로 다른 작업을 각각의 큐에서 타임 슬라이스에 의해 처리
㉡ 비선점형(Non-Preemption)
- 가. FIFO(First In First Out) : 요구하는 순서에 따라 CPU를 할당하는 방식
- 나. 우선순위 : 우선순위가 높은 프로세스에 CPU를 할당하는 방식
- 라. 마감시간 : 제한된 시간 내에 프로세스가 반드시 완료되도록 하는 방식

비선점형 스케줄링

① FIFO(First Input First Output, =FCFS)
- 먼저 입력된 작업을 먼저 처리하는 방식으로 가장 간단한 방식이다.
- 디스크 대기 큐에 들어온 순서대로 처리하기 때문에 높은 우선순위의 요청이 입력되어도 순서가 바뀌지 않지만 평균 반환 시간이 길다.

② SJF(Shortest Job First, 최단 작업 우선)
- 작업이 끝나기까지의 실행 시간 추정치가 가장 작은 작업을 먼저 실행시키는 방식이다.
- 긴 작업들을 어느 정도 희생시키면서 짧은 작업들을 우선적으로 처리하기 때문에 대기 리스트 안에 있는 작업의 수를 최소화하면서 평균 반환 시간을 최소화할 수 있다.

③ HRN(Highest Response-ratio Next)
- 서비스 시간(실행 시간 추정치)과 대기 시간의 비율을 고려한 방식으로 SJF의 무한 연기 현상을 극복하기 위해 개발되었다.
- 대기 리스트에 있는 작업들에게 합리적으로 우선순위를 부여하여 작업 간 불평등을 해소할 수 있다.
- 프로그램의 처리 순서는 서비스 시간의 길이뿐만 아니라 대기 시간에 따라 결정된다.
- (우선순위)={(대기 시간)+(서비스 시간)}÷(서비스 시간)이다.

④ 우선순위(Priority)
- 대기 중인 작업에 우선순위를 부여하여 CPU를 할당하는 방식이다.
- 우선순위가 가장 빠른 작업부터 순서대로 수행한다.

⑤ 기한부(Deadline)
- 제한된 시간 내에 반드시 작업이 종료되도록 스케줄링하는 방식이다.
- 작업이 완료되는 시간을 정확히 측정하여 해당 시간 만큼에 CPU의 사용 시간을 제한한다.
- 동시에 많은 작업이 수행되면 스케줄링이 복잡해지게 된다는 단점이 있다.

선점형 스케줄링

① 라운드 로빈(RR; Round-Robin)
- 여러 개의 프로세스에 시간 할당량이라는 작은 단위 시간이 정의되어 시간 할당량만큼 CPU를 사용하는 방식으로 시분할 시스템을 위해 고안되었다.
- FIFO 스케줄링을 선점형으로 변환한 방식으로 먼저 입력된 작업이더라도 할당된 시간 동안만 CPU를 사용할 수 있다.
- 프로세스가 CPU에 할당된 시간이 경과될 때까지 작업을 완료하지 못하면 CPU는 다음 대기 중인 프로세스에게 사용 권한이 넘어가고, 현재 실행 중이던 프로세스는 대기 리스트의 가장 뒤에 배치된다.
- 적절한 응답 시간을 보장하는 대화식 사용자에게 효과적이다.

② SRT(Shortest Remaining Time)
- 작업이 끝나기까지 남아 있는 실행 시간의 추정치 중 가장 작은 프로세스를 먼저 실행하는 방식으로 새로 입력되는 작업까지도 포함한다.
- SJF는 한 프로세스가 CPU를 사용하면 작업이 모두 끝날 때까지 계속 실행되지만 SRT는 남아 있는 프로세스의 실행 추정치 중 더 작은 프로세스가 있다면 현재 작업 중인 프로세스를 중단하고, 작은 프로세스에게 CPU의 제어권을 넘겨준다.
- 임계치(Threshold Value)를 사용한다.

③ 다단계 큐(MQ; Multi-level Queue)
- 프로세스를 특정 그룹으로 분류할 경우 그룹에 따라 각기 다른 큐(대기 리스트)를 사용하며, 선점형과 비선점형을 결합한 방식이다.
- 각 큐(대기 리스트)들은 자신보다 낮은 단계의 큐보다 절대적인 우선순위를 갖는다(각 큐는 자신보다 높은 단계의 큐에게 자리를 내주어야 함).

④ 다단계 피드백 큐(MFQ; Multi-level Feedback Queue)
- 특정 그룹의 준비 상태 큐에 들어간 프로세스가 다른 준비 상태 큐로 이동할 수 없는 다단계 큐 방식을 준비 상태 큐 사이를 이동할 수 있도록 개선한 방식이다.
- 각 큐마다 시간 할당량이 존재하며, 낮은 큐일수록 시간 할당량이 커진다.
- 마지막 단계에서는 라운드 로빈(RR) 방식으로 처리한다.

01 다음 정규화 과정에서 A → B이고, B → C일 때 A → C인 관계를 제거하는 관계는?

① 1NF → 2NF
② 2NF → 3NF
③ 3NF → BCNF
④ BCNF → 4NF
⑤ 4NF → BCNF

02 다음 중 데이터베이스 설계 시 정규화(Normalization)에 대한 설명으로 옳지 않은 것은?

① 데이터의 이상(Anomaly) 현상이 발생하지 않도록 하는 것이다.
② 정규형에는 제1정규형에서부터 제5정규형까지 있다.
③ 릴레이션 속성들 사이의 종속성 개념에 기반을 두고 이들 종속성을 제거하는 과정이다.
④ 정규화는 데이터베이스의 물리적 설계 단계에서 수행된다.
⑤ 데이터베이스를 설계한 후 설계 결과물을 검증하기 위해 사용하기도 한다.

01

정답 ②

3정규화(3NF)은 1정규형, 2정규형을 만족하고, 이행 함수적 종속(A → B, B → C, A → C)을 제거한다.

02

정답 ④

정규화는 데이터베이스의 물리적 설계 단계가 아닌 논리적 설계 단계에서 수행된다.

정규화

① 개념

- 릴레이션에 데이터의 삽입·삭제·갱신 시 발생하는 이상 현상이 발생하지 않도록 릴레이션을 보다 작은 릴레이션으로 표현하는 과정이다.
- 현실 세계를 표현하는 관계 스키마를 설계하는 작업으로 개체, 속성, 관계성들로 릴레이션을 만든다.
- 속성 간 종속성을 분석해서 하나의 종속성은 하나의 릴레이션으로 표현되도록 분해한다.

② 목적

- 데이터 구조의 안정성을 최대화한다.
- 중복 데이터를 최소화한다.
- 수정 및 삭제 시 이상 현상을 최소화한다.
- 테이블 불일치 위험을 간소화한다.

함수의 종속에 따른 추론 규칙

구분	추론 이론
반사 규칙	A⊇B이면, A → B
첨가 규칙	A → B이면, AC → BC, AC → B
이행 규칙	A → B, B → C이면, A → C
결합 규칙	A → B, A → C이면, A → BC
분해 규칙	A → BC이면, A → B, A → C

정규형의 종류

구분	특징
제1정규형 (1NF)	• 모든 도메인이 원자의 값만으로 된 릴레이션으로 모든 속성값은 도메인에 해당된다. • 기본 키에서 부분 함수가 종속된 속성이 존재하므로 이상 현상이 발생할 수 있다. • 하나의 항목에는 중복된 값이 입력될 수 없다.
제2정규형 (2NF)	• 제1정규형을 만족하고 모든 속성들이 기본 키에 완전 함수 종속인 경우이다(부분 함수 종속 제거). • 기본 키가 아닌 애트리뷰트 모두가 기본 키에 완전 함수 종속이 되도록 부분 함수적 종속에 해당하는 속성을 별도 테이블로 분리한다.
제3정규형 (3NF)	• 제1, 2정규형을 만족하고, 모든 속성들이 기본 키에 이행적 함수 종속이 아닌 경우이다. • 무손실 조인 또는 종속성 보존을 방해하지 않고도 항상 3NF를 얻을 수 있다. • 이행 함수적 종속(A → B, B → C, A → C)을 제거한다.
보이스-코드 정규형 (BCNF)	• 모든 BCNF 스킴은 3NF에 속하게 되므로 BCNF가 3NF보다 한정적 제한이 더 많다. • 제3정규형에 속하지만 BCNF에 속하지 않는 릴레이션이 있다. • 릴레이션 R의 모든 결정자가 후보 키이면 릴레이션 R은 BCNF에 속한다. • 결정자가 후보 키가 아닌 함수 종속을 제거하며, 모든 BCNF가 종속성을 보존하는 것은 아니다. • 비결정자에 의한 함수 종속을 제거하여 모든 결정자가 후보 키가 되도록 한다.
제4정규형 (4NF)	• 릴레이션에서 다치 종속(MVD)의 관계가 성립하는 경우이다(다중치 종속 제거). • 릴레이션 R(A, B, C)에서 다치 종속 A → B가 성립하면, A → C도 성립하므로 릴레이션 R의 다치 종속은 함수 종속 A → B의 일반 형태이다.
제5정규형 (5NF)	• 릴레이션 R에 존재하는 모든 조인 종속성이 오직 후보 키를 통해서만 성립된다. • 조인 종속이 후보 키로 유추되는 경우이다.

01 다음 중 통신 경로에서 오류 발생 시 수신측은 오류의 발생을 송신측에 통보하고, 송신측은 오류가 발생한 프레임을 재전송하는 오류 제어 방식은?

① 순방향 오류 수정(FEC)

② 역방향 오류 수정(BEC)

③ 에코 점검

④ ARQ(Automatic Repeat reQuest)

⑤ 해밍 코드(Hamming Code)

02 다음 중 전진 에러 수정(FEC; Forward Error Correction) 방식에서 에러를 수정하기 위해 사용하는 방식은?

① 해밍 코드(Hamming Code)의 사용

② 압축(Compression)방식 사용

③ 패리티 비트(Parity Bit)의 사용

④ Huffman Coding 방식 사용

⑤ Go-Back-N ARQ

01

 ④

자동 반복 요청(ARQ)은 가장 널리 사용되는 에러 제어 방식으로, 에러 검출 후 송신측에 에러가 발생한 데이터 블록을 다시 재전송해 주도록 요청함으로써 에러를 정정한다. 또한, 송신측에서 긍정 응답 신호가 도착하지 않으면 데이터를 수신측으로 재전송한다.

02

 ①

전진 에러 수정(FEC)

송신측에서 정보 비트에 오류 정정을 위한 제어 비트를 추가하여 전송하면 수신측에서 해당 비트를 사용하여 에러를 검출하고 수정하는 방식으로 해밍 코드(Hamming Code)와 상승 코드 등의 알고리즘이 해당된다.

오류(에러) 수정 방식

구분	특징
전진 에러 수정 (FEC)	• 에러 검출과 수정을 동시에 수행하는 에러 제어 기법이다. • 연속된 데이터 흐름이 가능하지만 정보 비트 외에 잉여 비트가 많이 필요하므로 널리 사용되지 않는다. • 역 채널을 사용하지 않으며, 오버헤드가 커서 시스템 효율을 저하시킨다. • 해밍 코드(Hamming Code)와 상승 코드 등의 알고리즘이 해당된다.
후진 에러 수정 (BEC)	• 송신측에서 전송한 프레임 중 오류가 있는 프레임을 발견하면 오류가 있음을 알리고, 다시 재전송하는 방식으로 역 채널을 사용한다. • 자동 반복 요청(ARQ), 순환 잉여 검사(CRC) 등의 알고리즘이 해당된다.
자동 반복 요청 (ARQ)	• 통신 경로의 오류 발생 시 수신측은 오류 발생을 송신측에 통보하고, 송신측은 오류가 발생한 프레임을 재전송하는 방식이다. • 전송 오류가 발생하지 않으면 쉬지 않고 송신이 가능하다. • 오류가 발생한 부분부터 재송신하므로 중복 전송의 위험이 있다.
정지 대기 (Stop-and-Wait) ARQ	• 송신측에서 하나의 블록을 전송하면 수신측에서 에러 발생을 점검한 후 에러 발생 유무 신호를 보내올 때까지 기다리는 가장 단순한 방식이다. • 수신측의 에러 점검 후 제어 신호를 보내올 때까지 오버헤드(Overhead)의 부담이 크다. • 송신측은 최대 프레임 크기의 버퍼를 1개만 가져도 되지만 송신측이 ACK를 수신할 때까지 다음 프레임을 전송할 수 없으므로 전송 효율이 떨어진다.
연속적(Continuous) ARQ	정지 대기 ARQ의 오버헤드를 줄이기 위하여 연속적으로 데이터 블록을 전송하는 방식이다.
Go-Back-N ARQ	• 송신측에서 데이터 프레임을 연속적으로 전송하다가 NAK(부정응답)를 수신하면 에러가 발생한 프레임을 포함하여 그 이후에 전송된 모든 데이터 프레임을 재전송하는 방식이다. • 송신측은 데이터 프레임마다 일련번호를 붙여서 전송하고, 수신측은 오류 검출 시 오류 발생 이루의 모든 블록을 재전송한다. • 중복전송의 위험이 있다.
선택적(Selective) ARQ	• 송신측에서 블록을 연속적으로 보낸 후 에러가 발생한 블록만 다시 재전송하는 방식이다. • 원래 순서에 따라 배열하므로 그 사이에 도착한 모든 데이터 프레임을 저장할 수 있는 대용량의 버퍼와 복잡한 논리회로가 필요하다.
적응적(Adaptive) ARQ	• 전송 효율을 최대로 하기 위하여 프레임 블록 길이를 채널 상태에 따라 변경하는 방식이다. • 통신 회선의 품질이 좋지 않아 에러 발생율이 높을 경우는 프레임 길이를 짧게 하고, 에러 발생율이 낮을 경우는 프레임 길이를 길게 한다. • 전송 효율이 가장 높으나 제어 회로가 복잡하여 거의 사용되지 않는다.

01 다음 중 이진 트리 검색(Binary Tree Search)의 특징으로 옳지 않은 것은?

① 데이터의 값에 따라 자리가 정해져, 자료의 탐색·삽입·삭제가 효율적이다.

② 데이터가 입력되는 순서에 따라 첫 번째 데이터가 근노드가 된다.

③ 데이터는 근노드와 비교하여 값이 작으면 우측으로 연결하고, 값이 크면 좌측으로 연결하여 이진 검색 트리로 구성한다.

④ 정렬이 완료된 데이터를 이진 검색 트리로 구성할 경우 사향 이진 트리가 되어 비교 횟수가 선형 검색과 동일해진다.

⑤ 중회 순회의 방향은 왼쪽 서브 트리 방문 → 노드 방문 → 오른쪽 서브 트리 방문 순이다.

02 다음의 Infix로 표현된 수식을 Postfix 표기로 옳게 변환한 것은?

$$A=(B-C) * D+E$$

① ABC$-$D $*$ E$+$= ② =$+$ ABC$-$D $*$ E

③ ABCDE$+-$=$*$ ④ ABC$-$D $*$ $+$E$=$

⑤ A$+$B$-$C$=$E $*$

01

정답 ③

이진 트리 검색의 특징

• 데이터의 값에 따라 자리가 정해져, 자료의 탐색·삽입·삭제가 효율적이다.

• 데이터가 입력되는 순서에 따라 첫 번째 데이터가 근노드가 된다.

• 다음 데이터는 근노드와 비교하여 값이 작으면 좌측으로 연결하고, 값이 크면 우측으로 연결하여 이진 검색 트리로 구성한다.

• 정렬이 완료된 데이터를 이진 검색 트리로 구성할 경우 사향 이진 트리가 되어 비교 횟수가 선형 검색과 동일해진다.

02

정답 ①

중위식을 후위식으로 변환하려면 순번에 따라 (대상, 연산자, 대상)을 (대상, 대상, 연산자)로 바꾸어 표현한다. 즉, 순번을 매기면서 괄호로 묶은 후 연산자를 오른쪽으로 보낸다.

A=[{(B$-$C) $*$ D}$+$E] → A=[{(BC$-$) $*$ D}$+$E] → A=[{(BC$-$)D $*$ }$+$E]

→ A=[{(BC$-$)D $*$ }E$+$] → A[{(BC$-$)D $*$ }E$+$]$=$

따라서 괄호를 제거하면 ABC$-$D $*$ E$+$=가 된다.

트리(Tree)

① 1 : N 또는 1 : 1 대응 구조로 노드(Node, 정점)와 선분(Branch)으로 되어 있고, 정점 사이에 사이클이 형성되지 않으며, 자료 사이의 관계성이 계층 형식으로 나타나는 구조이다.

② 노드 사이의 연결 관계가 계급적인 구조로 뻗어나간 정점들이 다른 정점들과 연결되지 않는다(1 : N 또는 1 : 1 대응 구조라 함).

트리 운행법

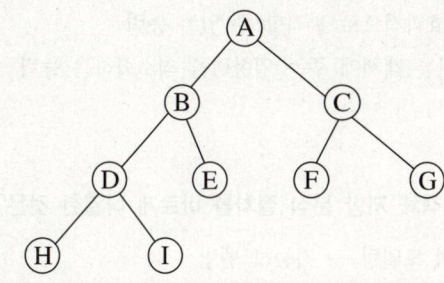

전위 운행, 중위 운행, 후위 운행의 기준은 근노드(Root Node)의 위치이다. 순서에서 근노드가 앞쪽이면 전위, 중간이면 중위, 뒤쪽이면 후위가 된다. 좌측과 우측의 순서는 전위든 중위든 후위든 상관없이 항상 좌측이 먼저이고 우측이 나중이다.

① 전위 운행(Preorder Traversal) : 근 → 좌측 → 우측(Root → Left → Right) 순서로 운행하는 방법으로 먼저 근노드를 운행하고 좌측 서브 트리를 운행한 후 우측 서브 트리를 운행한다. 따라서 순서대로 나열하면 A, B, D, H, I, E, C, F, G가 된다.

② 중위 운행(Inorder Traversal) : 좌측 → 근 → 우측(Left → Root → Right) 순서로 운행하는 방법으로 먼저 좌측 서브 트리를 운행한 후 근노드를 운행하고, 우측 서브 트리를 운행한다. 따라서 순서대로 나열하면 H, D, I, B, E, A, F, C, G가 된다.

③ 후위 운행(Postorder Traversal) : 좌측 → 우측 → 근(Left → Right → Root) 순서로 운행하는 방법으로 먼저 좌측 서브 트리를 운행한 후 우측 서브 트리를 운행하고, 마지막으로 근노드를 운행한다. 따라서 순서대로 나열하면 H, I, D, E, B, F, G, C, A가 된다.

수식의 표기법

① 전위식(Prefix) : 연산자(+, -, *, /)가 맨 앞에 놓인다(연산자 - 피연산자 - 피연산자). 예 +AB

② 중위식(Infix) : 연산자가 피연산자 중간에 놓인다(피연산자 - 연산자 - 피연산자). 예 A+B

③ 후위식(Postfix) : 연산자가 맨 뒤에 놓인다(피연산자 - 피연산자 - 연산자). 예 AB+

01 다음 객체 지향 기법에서 상속성(Inheritance)의 결과로서 얻을 수 있는 가장 중요한 이점은?

① 모듈 라이브러리의 재이용

② 객체 지향 DB를 사용할 수 있는 능력

③ 클래스와 오브젝트를 재사용할 수 있는 능력

④ 프로젝트들을 보다 효과적으로 관리할 수 있는 능력

⑤ 각 객체의 수정이 다른 객체에 주는 영향력을 최소화하는 능력

02 럼바우(Rumbaugh)의 객체 지향 분석 절차를 바르게 나열한 것은?

① 객체 모델링 → 동적 모델링 → 기능 모델링

② 객체 모델링 → 기능 모델링 → 동적 모델링

③ 기능 모델링 → 동적 모델링 → 객체 모델링

④ 기능 모델링 → 객체 모델링 → 동적 모델링

⑤ 동적 모델링 → 객체 모델링 → 기능 모델링

01

정답 ③

상속성(Inheritance)은 상위 클래스의 메소드(연산)와 속성을 하위 클래스가 물려받는 것으로 클래스를 체계화할 수 있어 기존 클래스로부터 확장이 용이하며, 클래스와 오브젝트를 재사용할 수 있는 능력을 얻을 수 있다.

02

정답 ①

럼바우의 객체 지향 분석 절차는 객체 모델링 → 동적 모델링 → 기능 모델링이다.

객체 모델링 (Object Modeling)	• 객체, 속성, 연산 등의 식별 및 객체 간의 관계를 정의한다. • 객체도(객체 다이어그램) 작성
동적 모델링 (Dynamic Modeling)	• 객체들의 제어 흐름, 상호 반응, 연산 순서를 나타낸다. • 상태도 작성
기능 모델링 (Functional Modeling)	입·출력 결정 → 자료 흐름도 작성 → 기능의 내용 상세 기술 → 제약사항 결정 및 최소화

객체 지향 분석의 개발 방법

객체 지향 분석 (OOA; Object Oriented Analysis)	• 모델링의 구성 요소인 클래스, 객체, 속성, 연산 등을 이용하여 문제를 모형화시키는 것이다. • 모형화 표기법 관계에서 객체의 분류, 속성의 상속, 메시지의 통신 등을 결합한다. • 객체를 클래스로부터 인스턴스화 하거나 클래스를 식별하는 것이 주요 목적이다.
객체 지향 설계 (OOD; Object Oriented Design)	• 객체의 속성과 자료 구조를 표현하며, 개발 속도의 향상으로 대규모 프로젝트에 적합하다. • 시스템을 구성하는 개체, 속성, 연산을 통해 유지 보수가 용이하고, 재사용이 가능하다. • 시스템 설계는 성능 및 전략을 확정하고, 객체 설계는 자료 구조와 알고리즘을 상세화한다. • 객체는 순차적으로 또는 동시적으로 구현될 수 있다. • 서브 클래스와 메시지 특성을 세분화하여 세부 사항을 정제화한다.
객체 지향 프로그래밍 (OOP; Object Oriented Programming)	• 설계 모형을 특정 프로그램으로 번역하고, 객체 클래스 간에 상호 작용할 수 있다. • 객체 모델의 주요 요소에는 추상화, 캡슐화, 모듈화, 계층 등이 있다. • 객체 지향 프로그래밍 언어에는 Smalltalk, C++ 등이 있다. • 설계 시 자료 사이에 가해지는 프로세스를 묶어 정의하고, 관계를 규명한다.

코드(Coad)와 요든(Yourdon)의 객체 지향 분석

① 객체와 클래스 사이의 관계를 상속과 집단화의 관계로 표현한다.
② E-R 다이어그램으로 객체를 모형화하며, 소규모 시스템 개발에 적합하다.
③ 모델링 표기법과 분석 모형이 간단하며, 하향식 방법으로 설계에 접근한다.
④ 객체에 대한 속성 및 관계 정의와 시스템의 수행 역할을 분석한다.

럼바우(Rumbaugh)의 객체 지향 분석

① OMT(Object Modeling Technical)의 3가지(객체 → 동적 → 기능) 모형을 개발한다.
② 코드에 대한 연결성이 높기 때문에 중규모 프로젝트에 적합하다.
③ 분석 설계, 시스템 설계, 객체 – 수준 설계 등 객체 모형화 시 그래픽 표기법을 사용한다.
④ 문제 정의, 모형 제작, 실세계의 특성을 나타내며, 분석 단계를 상세하게 표현한다.

구분	설명
객체(Object) 모델링	객체와 클래스 식별, 클래스 속성, 연산 표현, 객체 간의 관계 정의 등을 처리하며, 객체 다이어그램을 작성한다.
동적(Dynamic) 모델링	객체들의 제어 흐름, 상호 반응 연산 순서를 표시하며 상태도, 시나리오, 메시지 추적 다이어그램 등이 해당된다.
기능(Functional) 모델링	입출력을 결정한 후 자료 흐름도를 작성하고, 기능 내용을 기술하며, 입출력 데이터 정의, 기능 정의 등이 해당된다.

부치(Booch)의 객체 지향 분석

① 모든 설계가 이루어질 때까지 문제 정의, 비공식 전략 개발, 전략 공식화를 적용한다.
② 프로그램의 구성 요소는 명세 부분과 외부로부터 감추어진 사각 부분으로 표시한다.
③ 클래스와 객체를 구현한다.

야콥슨(Jacobson)의 객체 지향 분석

① Usecase 모형을 사용하여 시스템 사용자에 대한 전체 책임을 파악한다.
② Usecase 모형을 검토한 후 객체 분석 모형을 작성한다.

01 다음 중 화이트 박스 시험(White Box Testing)에 대한 설명으로 옳지 않은 것은?

① 프로그램의 제어 구조에 따라 선택, 반복 등의 부분들을 수행함으로써 논리적 경로를 제어한다.

② 모듈 안의 작동을 직접 관찰할 수 있다.

③ 소프트웨어 산물의 각 기능별로 적절한 정보 영역을 정하여 적합한 입력에 대한 출력의 정확성을 점검한다.

④ 원시 코드의 모든 문장을 한 번 이상 수행함으로써 수행된다.

⑤ 응용 프로그램의 내부 구조와 동작을 검사하는 소프트웨어 테스트이다.

02 다음 중 블랙 박스 테스트를 이용하여 발견할 수 있는 오류의 경우로 옳지 않은 것은?

① 비정상적인 자료를 입력해도 오류 처리를 수행하지 않는 경우

② 정상적인 자료를 입력해도 요구된 기능이 제대로 수행되지 않는 경우

③ 반복 조건을 만족하는데도 루프 내의 문장이 수행되지 않는 경우

④ 경계 값을 입력할 경우 요구된 출력 결과가 나오지 않는 경우

⑤ 입력 데이터 간의 관계가 출력에 미치는 영향을 그래프로 나타내지 못하는 경우

01

정답 ③

소프트웨어 산물의 기능별로 적절한 정보 영역을 정하여 적합한 입력에 대한 출력의 정확성을 점검하는 것은 블랙 박스(Black Box) 검사에 대한 설명이다.

02

정답 ③

화이트 박스 테스트에 대한 내용이다. 화이트 박스 테스트는 프로그램 내부 구조의 타당성 여부를 시험하는 방식으로, 내부 구조를 해석해서 프로그램의 모든 처리 루틴에 대해 시험하는 기본 사항이다. 따라서 가끔 발생하는 조건도 고려해서 처리 루틴을 검증하기 위한 시험 데이터를 작성하여 시험을 실시할 필요가 있다.

소프트웨어 검사(Test)

① 요구사항 분석, 설계, 구현 결과를 최종 점검하는 단계이다.
② 문제점을 찾는 데 목적을 두고, 해당 문제점을 어떻게 수정해야 하는지도 제시한다.

화이트 박스(White Box) 검사

① 소프트웨어 테스트에 사용되는 방식으로 모듈의 논리적 구조를 체계적으로 점검하며, 프로그램 구조에 의거하여 검사한다.
② 원시 프로그램을 하나씩 검사하는 방법으로 모듈 안의 작동 상태를 자세히 관찰할 수 있다.
③ 검사 대상의 가능 경로는 어느 정도 통과하는지의 적용 범위성을 측정 기준으로 한다.
④ 검증 기준(Coverage)을 바탕으로 원시 코드의 모든 문장을 한 번 이상 수행한다.
⑤ 프로그램의 제어 구조에 따라 선택, 반복 등을 수행함으로써 논리적 경로를 제어한다.
⑥ Nassi-Shneiderman 도표를 사용하여 검정 기준을 작성할 수 있다.
⑦ 화이트 박스 검사의 오류에는 세부적 오류, 논리 구조상의 오류, 반복문 오류, 수행 경로 오류 등이 있다.

화이트 박스 검사의 종류

검사 방법에는 기초 경로(Basic Path) 검사, 조건 기준(Condition Coverage) 검사, 구조(Structure) 검사, 루프(Roof) 검사, 논리 위주(Logic Driven) 검사, 데이터 흐름(Data Flow) 검사 등이 있다.

기초 경로 검사	원시 코드로 흐름 도표와 복잡도를 구하고, 검사 대상을 결정한 후 검사를 수행한다.
루프(반복문) 검사	• 루프를 벗어나는 값 대입 → 루프를 한 번 수행하는 값 대입 → 루프를 두 번 수행하는 값 대입의 과정을 통해 검사를 수행한다. • 검사 형태에는 단순 루프, 중첩 루프, 접합 루프가 있다.

블랙 박스(Black Box) 검사

① 소프트웨어 인터페이스에서 실시되는 검사로 설계된 모든 기능이 정상적으로 수행되는지 확인한다.
② 기초적 모델 관점과 데이터 또는 입출력 위주의 검사 방법이다.
③ 소프트웨어의 기능이 의도대로 작동하고 있는지, 입력은 적절하게 받아들였는지, 출력은 정확하게 생성되는지를 보여주는 데 사용된다.
④ 블랙 박스 검사의 오류에는 성능 오류, 부정확한 기능 오류, 인터페이스 오류, 자료 구조상의 오류, 초기화 오류, 종료 오류 등이 있다.

블랙 박스 검사의 종류

검사 방법에는 균등(동치) 분할(Equivalence Partitioning) 검사, 경계 값(Boundary Value Analysis) 검사, 오류 예측 (Error Guessing) 검사, 원인 – 결과 그래프(Cause-Effect Graph) 검사, 비교(Comparison) 검사 등이 있다.

균등(동등) 분할 검사	정상 자료와 오류 자료를 동일하게 입력하여 검사한다.
경계(한계) 값 검사	경계(한계)가 되는 값을 집중적으로 입력하여 검사한다.
오류 예측 검사	오류가 수행될 값을 입력하여 검사한다.
원인 – 결과 그래프 검사	테스트 케이스를 작성하고, 검사 경우를 입력하여 검사한다(원인과 결과를 결정하여 그래프를 작성).

다음은 숫자를 처리하는 C프로그램이다. 프로그램에서 ㉠과 ㉡에 들어갈 내용과 3 2 1 4를 입력하였을 때의 출력결과를 바르게 짝지은 것은?(단, 다음 프로그램에 문법적 오류는 없다고 가정한다)

```
#include ⟨stdio.h⟩
#include ⟨stdlib.h⟩

void a (int n, int *num) {
    for (int i=0; i<n; i++)
        scanf("%d", &(num[i]));
}
void c(int *a, int *b) {
    int t;
    t=*a; *a=*b; *b=t;
}
void b(int n, int *lt) {
    int a, b;
    for (a=0; a<n-1; a++)
        for (b=a+1; b<n; b++)
            if (lt[a]>lt[b]) c ( ㉠ , ㉡ ) ;
}
int main( ) {
    int n;
    int *num;
    printf("How many numbers?");
    scanf("%d", &n);
    num=(int *)malloc(sizeof(int) *n);
    a(n, num);
    b(n, num);
    for (int i=0; i<n; i++)
        printf("%d ", num[i]);
}
```

	㉠	㉡	출력 결과
①	lt+a	lt+b	1 2 3 4
②	lt+a	lt+b	1 2 4
③	lt[a]	lt[b]	4 3 2 1
④	lt[a]	lt[b]	4 2 1
⑤	lt[a]	lt+b	4 2 1

실행과정은 다음과 같다.

‒ main( ) 함수 : scanf("%d", &n); 키보드로 3 입력받음(문제에서 제시) n=3

num=(int*)malloc(sizeof(int) * n); num

[0]	[1]	[2]

a(n,num) 함수호출 a(3,num)

배열이름이자 시작주소

‒ void a (int n, int *num) {

for (int i=0; i<n; i++) 0부터 2까지 1씩 증가

scanf("%d", &(num[i])); 키보드 2, 1, 4 입력받아 num 배열에 저장

} num

2	1	4
[0]	[1]	[2]

‒ main( ) 함수 : b(n,num) 함수호출 b(3,num)

‒ void b(int n, int .lt) {

int a, b;

for (a=0; a<n-1; a++) 0부터 2까지 1씩증가

for (b=a+1; b<n; b++) 1부터 2까지 1씩증가

if (lt[a]>lt[b]) c (lt+a , lt+b) ;

2	1	4
lt[0]	lt[1]	lt[2]
lt+0	lt+1	lt+2

비교 : > 오름차순을 의미, 크면 c 함수 호출

‒ void c(int *a, int *b) {

int t;

t=*a; *a=*b; *b=t; a와 b 교환(실제 정렬이 되는 부분)

}

‒ main( ) 함수 : 배열에 있는 값 출력하고 종료(오름차순이므로 1 2 4 출력)

이론 더하기

코딩 결괏값 찾기의 경우 C언어부터 자바, 파이썬까지 여러 가지 언어가 출제되고 있다. 때문에 손코딩하기, 코딩 결괏값 찾기에 관한 다양한 문제를 풀어보고, 각 언어마다 기본적인 명령어는 정리해두어야 한다.

다음 중 회원(회원번호, 이름, 나이, 주소) 테이블에서 주소가 '인천'인 회원의 이름과 나이 필드만 검색하되 나이가 많은 순으로 검색하는 질의문으로 옳은 것은?

① SELECT 이름, 나이 FROM 회원 ORDER BY 나이 WHERE 주소='인천'
② SELECT 이름, 나이 FROM 회원 WHERE 주소='인천' ORDER BY 나이 ASC
③ SELECT 이름, 나이 FROM 회원 WHERE 주소='인천' ORDER·BY 나이 DESC
④ SELECT 이름, 나이 FROM 회원 ORDER BY 나이 DESC WHERE 주소='인천'
⑤ SELECT 이름 FROM 회원 ORDER BY 나이 DESC 주소='인천'

정답 ③
- SELECT 이름, 나이 : 이름과 나이를 검색한다.
- FROM 회원 : 회원 테이블에서 검색한다.
- WHERE 주소='인천' : 주소가 인천인 레코드를 검색한다.
- ORDER BY 나이 DESC : 나이가 많은 순으로 검색한다.

DDL(데이터 정의어)

스키마, 도메인, 테이블, 뷰, 인덱스를 정의하거나 변경 또는 삭제할 때 사용하는 언어이다.

① CREATE문 : 새로운 테이블을 만들며 스키마, 도메인, 테이블, 뷰, 인덱스를 정의할 때 사용한다.

> CREATE TABLE STUDENT ~; (STUDENT명의 테이블 생성)

② ALTER문 : 기존 테이블에 대해 새로운 열의 첨가, 값의 변경, 기존 열의 삭제 등에 사용한다.

> ALTER TABLE STUDENT ADD ~; (STUDENT명의 테이블에 속성 추가)

③ DROP문 : 스키마, 도메인, 테이블, 뷰, 인덱스의 전체 제거 시 사용한다.

> DROP TABLE STUDENT [CASCADE / RESTRICTED]; (STUDENT명의 테이블 제거)

DML(데이터 조작어)

데이터베이스 사용자가 응용 프로그램이나 질의어를 통하여 저장된 데이터를 처리하는 데 사용하는 언어이다.

① 검색(SELECT)문

> SELECT [DISTINCT] 속성 LIST(검색 대상) FROM 테이블명 [WHERE 조건식]
> [GROUP BY 열_이름 [HAVING 조건]] [ORDER BY 열_이름 [ASC or DESC]];

SELECT	질문의 결과에 원하는 속성을 열거하거나 테이블을 구성하는 튜플(행) 중에서 전체 또는 조건을 만족하는 튜플(행)을 검색한다(ALL이 있는 경우 모든 속성을 출력하므로 주로 생략하거나 * 로 표시).
FROM	검색 데이터를 포함하는 테이블명을 2개 이상 지정할 수 있다.
WHERE	조건을 설정할 때 사용하며, 다양한 검색 조건을 활용한다(SUM, AVG, COUNT, MAX, MIN 등의 함수와 사용 불가능).
DISTINCT	중복 레코드를 제거한다(DISTINCTROW 함수는 튜플 전체를 대상으로 함).
HAVING	• 추가 검색 조건을 지정하거나 행 그룹을 선택한다. • GROUP BY절을 사용할 때 반드시 기술한다(SUM, AVG, COUNT, MAX, MIN 등의 함수와 사용 가능).
GROUP BY	그룹 단위로 함수를 이용하여 평균, 합계 등을 구하며, 집단 함수 또는 HAVING절과 함께 기술한다(필드명을 입력하지 않으면 오류 발생).
ORDER BY	검색 테이블을 ASC(오름차순, 생략 가능), DESC(내림차순)으로 정렬하며, SELECT문의 마지막에 위치한다.

② 삽입(INSERT)문 : 기존 테이블에 행을 삽입하는 경우로 필드명을 사용하지 않으면 모든 필드가 입력된 것으로 간주한다.

> INSERT INTO 테이블[(열_이름...)] → 하나의 튜플을 테이블에 삽입
> VALUES(열 값_리스트); → 여러 개의 튜플을 테이블에 한번에 삽입

③ 갱신(UPDATE)문 : 기존 레코드의 열 값을 갱신할 경우 사용하며, 연산자를 이용하여 빠르게 레코드를 수정한다.

> UPDATE 테이블 SET 열_이름=식 [WHERE 조건];

④ 삭제(DELETE)문 : 테이블의 행을 하나만 삭제하거나 조건을 만족하는 튜플을 테이블에서 삭제할 때 사용한다.

> DELETE FROM 테이블 [WHERE 조건];

DCL(데이터 제어어)
① GRANT문 : 유저, 그룹 혹은 모든 사용자들에게 조작할 수 있는 사용 권한을 부여한다.

> GRANT 권한 ON 개체 TO 사용자 (WITH GRANT OPTION);

② REVOKE문 : 유저, 그룹 혹은 모든 유저들로부터 주어진 사용 권한을 해제한다.

> REVOKE 권한 ON 개체 FROM 사용자 (CASCADE);

③ CASCADE문 : Main Table의 데이터를 삭제할 때 각 외래 키에 부합되는 모든 데이터를 삭제한다(연쇄 삭제, 모든 권한 해제).
④ RESTRICTED문 : 외래 키에 의해 참조되는 값은 Main Table에서 삭제할 수 없다(FROM절에서 사용자의 권한만을 해제).

01 다음 중 Access Time이 빠른 순서로 나열된 것은?

㉠ Cache Memory	㉡ Register
㉢ Main Memory	㉣ Magnetic Disk

① ㉠ - ㉡ - ㉢ - ㉣   ② ㉡ - ㉠ - ㉢ - ㉣

③ ㉡ - ㉢ - ㉠ - ㉣   ④ ㉢ - ㉠ - ㉡ - ㉣

⑤ ㉢ - ㉡ - ㉠ - ㉣

02 다음에서 설명하는 디자인 패턴으로 옳은 것은?

클라이언트와 서브시스템 사이에 ○○○ 객체를 세워놓음으로써 복잡한 관계를 구조화한 디자인 패턴이다. ○○○ 패턴을 사용하면 서브시스템의 복잡한 구조를 의식하지 않고, ○○○에서 제공하는 단순화된 하나의 인터페이스만 사용하므로 클래스 간의 의존관계가 줄어들고 복잡성 또한 낮아지는 효과를 가져온다.

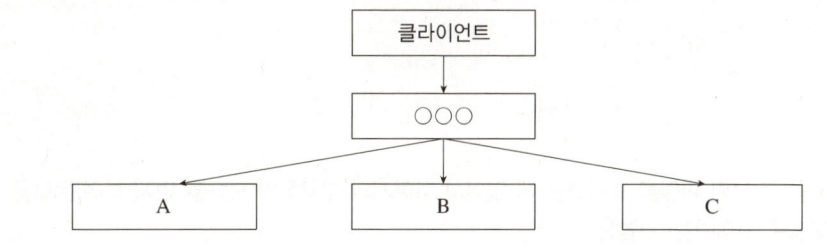

① MVC Pattern   ② Facade Pattern

③ Mediator Pattern   ④ Bridge Pattern

⑤ Builder Pattern

03 다음 중 언플러그드 컴퓨팅(Unplugged Computing)에 대한 설명으로 옳은 것은?

① 컴퓨터를 활용하지 않으면서 컴퓨터의 원리를 교육하는 것을 말한다.

② 컴퓨터의 활용하지 않으면서 컴퓨터 프로그램을 개발하는 것을 말한다.

③ 컴퓨터 접속장치를 전원에 연결하지 않은 상태로 사용하는 것을 말한다.

④ 컴퓨터 전원플러그 없이도 무선으로 충전이 가능하여 사용할 수 있는 컴퓨터를 말한다.

⑤ 컴퓨터 접속장치를 전원에 연결하지 않을 뿐만 아니라 컴퓨터의 사용 자체도 하지 않는 것을 말한다.

04 다음 밑줄 친 페이지랭크(Pagerank)와 가장 관련 있는 링크는?

> 페이지랭크란, 일정한 기준에 따라 웹사이트들의 등수를 측정하는 프로그램을 말하는데, 이때의 기준이란, 타 사이트에서 해당 사이트로의 접속이 이어질 수 있도록 하는 링크가 얼마나 많이 언급되었는지, 또 얼마나 많이 해당 링크가 클릭되는지 이다. 단, 링크의 언급횟수가 적더라도 검색 순위가 높은 사이트에서 언급된 경우에는 그렇지 않을 때보다 더 많은 점수를 얻게 되며, 이에 따라 총점이 가장 높은 순서대로 페이지랭크에서의 등수가 결정되게 된다.

① 핫링크(Hot Link)　　　　　　② 퍼머링크(Permalink)

③ 아웃링크(Ountlink)　　　　　④ 인바운드 링크(Inbound Link)

⑤ 라이브링크(Livelink)

05 다음 중 그림 파일을 표시하는 데 있어서 이미지의 대략적인 모습을 먼저 보여준 다음 점차 자세한 모습을 보여주는 기법은?

① 인터레이싱(Interlacing)　　　② 샘플링(Sampling)

③ 솔러리제이션(Solarization)　　④ 로토스코핑(Rotoscoping)

⑤ 모션캡처(Motion Capture)

06 다음 중 CASE(Computer – Aided Software Engineering)에 대한 설명으로 옳지 않은 것은?

① 소프트웨어 개발의 작업들을 자동화하는 것이다.
② 소프트웨어 도구와 방법론의 결합이다.
③ 소프트웨어의 생산성 문제를 해결할 수 있다.
④ 개발 과정이 빠른 대신 재사용성이 떨어진다.
⑤ 프로그램 유지 보수가 용이하다.

07 다음 소프트웨어 재공학의 주요 활동 중 역공학에 해당하는 것은?

① 소프트웨어 동작 이해 및 재공학 대상 선정
② 소프트웨어 기능의 변경 없이 소프트웨어 형태를 목적에 맞게 수정
③ 원시코드로부터 설계정보 추출 및 절차 설계표현, 프로그램과 데이터 구조 정보 추출
④ 기존 소프트웨어 시스템을 새로운 기술 또는 하드웨어 환경이 이식
⑤ 기존 소프트웨어의 구조를 재구성하며 기능과 외적인 동작은 변화 없음

08 다음 중 워크 쓰루(Walk – Through)의 특징으로 옳지 않은 것은?

① 발견된 오류는 문서화한다.
② 오류 검출에 초점을 두고 해결책은 나중으로 미룬다.
③ 검토를 위한 자료를 사전에 배포하여 검토하도록 한다.
④ 정해진 기간과 비용으로 프로젝트를 완성시키기 위한 대책을 수립한다.
⑤ 주임 프로그램제와 함께 인적 조직에 중점을 두는 소프트웨어 설계법이다.

09 다음 중 소프트웨어의 품질 목표 중 허용되지 않는 사용이나 자료의 변경을 제어하는 정도를 나타낸 것은?

① 무결성(Integrity)   ② 신뢰성(Reliability)
③ 사용 용이성(Usability)   ④ 유연성(Flexibility)
⑤ 가용성(Availability)

10 다음 중 자료 사전(Data Dictionary)에 사용되는 기호의 의미를 바르게 나타낸 것으로 짝지어진 것은?

① { } : 자료의 생략 가능, ( ) : 자료의 선택

② ( ) : 자료의 설명, ＊＊ : 자료의 선택

③ ＝ : 자료의 설명, ＊＊ : 자료의 정의

④ ＋ : 자료의 연결, ( ) : 자료의 생략 가능

⑤ ( ) : 자료의 선택, ＝ : 자료의 설명

11 다음 중 2명의 개발자가 5개월에 걸쳐 10,000라인의 코드를 개발하였을 때, 월별 생산성 측정을 위한 계산 방식으로 옳은 것은?

① $10,000 \div 2$ ② $10,000 \div 5$

③ $10,000 \div (5 \times 2)$ ④ $(2 \times 10,000) \div 5$

⑤ $10,000 \div 2 + 5 \times 2$

12 다음 중 소프트웨어의 품질 목표 중에서 옳고 일관된 결과를 얻기 위하여 요구된 기능을 수행할 수 있는 정도를 나타내는 것은?

① 유지보수성(Maintainability)   ② 신뢰성(Reliability)

③ 효율성(Efficiency)   ④ 무결성(Integrity)

⑤ 이식성(Portability)

13 다음 중 S/W Project 일정이 지연된다고 해서 Project 말기에 새로운 인원을 추가 투입하면 Project는 더욱 지연되게 된다는 내용과 관련되는 법칙은?

① Putnam의 법칙   ② Mayer의 법칙

③ Brooks의 법칙   ④ Boehm의 법칙

⑤ Gresham의 법칙

14 다음 중 CPM(Critical Path Method)에 대한 설명으로 옳지 않은 것은?

① 보통은 PERT / CPM이라 부르고 PERT 원리와 병용한다.

② 노드에서 작업을 표시하고, 간선은 작업 사이의 전후 의존 관계를 나타낸다.

③ 프로젝트의 완성에 필요한 작업을 나열하고, 작업에 필요한 소요 기간을 예측하는 데 사용한다.

④ 박스 노드는 프로젝트의 중간 점검을 뜻하는 이정표로 이 노드 위에서 예상 완료 시간을 표시한다.

⑤ 한 이정표에서 다른 이정표에 도달하기 전의 작업은 모두 완료되지 않아도 다음 작업을 진행할 수 있다.

15 다음 중 폭포수 모형(Waterfall Model)에 대한 설명으로 옳지 않은 것은?

① 단계적 정의가 분명하고, 전체 공조의 이해가 용이하다.

② 요구 분석 단계에서 프로토타입을 사용하는 것이 특징이다.

③ 제품의 일부가 될 매뉴얼을 작성해야 한다.

④ 각 단계가 끝난 후 결과물이 명확히 나와야 한다.

⑤ 하향식 접근 방법을 사용하여 높은 추상화 단계에서 낮은 추상화 단계로 옮겨 간다.

16 다음 중 시스템의 일부 혹은 시스템의 모형을 만드는 과정으로서 요구된 소프트웨어의 일부를 구현하여 추후 구현 단계에서 사용될 골격 코드가 되는 모형은?

① 폭포수 모형   ② 점층적 모형

③ 프로토타이핑 모형   ④ 계획 수립 모형

⑤ 민첩 개발 모형

17 다음 프로그램의 실행 결과로 옳은 것은?

```c
#include <stdio.h>
main()
{
        for (int i = 0; i < 5; i++) {
                for (int j = 0; j <= i; j++) {
                        printf("*");
                }
                printf("Wn");
        }
}
```

①
```
*
**
***
****
*****
```

②
```
*****
*****
*****
*****
*****
```

③
```
*****
****
***
**
*
```

④
```
*
***
***
*****
*****
```

⑤
```
*
**
***
****
```

```
#include <stdio.h>
void main()
{
  int i;

  for (i = 1; i <= 10; i++)

  {
    if (i % num == 0)
    {

        continue;

    }
    printf("%d", i);
  }
}
```

18 위 프로그램에서 값을 정상적으로 출력하기 위해 필요한 정수 num의 정의는?

① int num;   ② float num;
③ double num;   ④ long double num;
⑤ void num;

19 위 프로그램에서 정수 num을 2로 정의하고 실행하였을 때 결괏값은?

① 1 3 5 7 9   ② 2 4 6 8 10
③ 2 10   ④ 1 9
⑤ 0

20 위 프로그램에서 정수 num을 3으로 정의하고 실행하였을 때 결괏값은?

① 1 3 5 7 9   ② 2 4 6 8 10
③ 3 6 9   ④ 1 2 4 5 7 8 10
⑤ 1 2 3 4 5 6 7 8 9 10

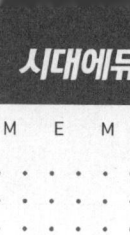

PART 3

최종점검 모의고사

NH농협은행 6급 온라인 필기전형		
도서 동형 온라인 실전연습 서비스	일반(2회분)	ATRH-00000-19F08
	IT(2회분)	ATRG-00000-89F5E

NH농협은행 6급 온라인 필기전형			
영역	문항 수	시간	출제범위
직무능력평가	45문항	80분	의사소통능력, 문제해결능력, 수리능력, 정보능력, 자원관리능력
직무상식평가	25문항		일반 공통 (농업·농촌 관련 상식 /디지털 상식) 금융·경제 분야 용어, 상식
			IT 소프트웨어 설계·개발, 데이터베이스 구축, 프로그래밍 언어 활용, 정보시스템 구축관리 등

※ 2024년도 상·하반기 NH농협은행 6급 신규직원 채용 안내문을 기준으로 구성하였습니다.

※ 직무상식평가는 지원한 분야에 해당하는 영역을 선택하여 응시하기 바랍니다.

📋 문항 수 : 70문항 🕐 응시시간 : 80분

정답 및 해설 p.056

01 직무능력평가

01 다음 글에서 제시된 표를 수정한 것으로 적절한 것을 〈보기〉에서 모두 고르면?

> ○○부는 철새로 인한 국내 야생 조류 및 가금류 조류인플루엔자(Avian Influenza, AI) 바이러스 감염 확산 여부를 추적 조사하고 있다. AI 바이러스는 병원성 정도에 따라 고병원성과 저병원성 AI 바이러스로 구분한다. 발표 자료에 따르면, 2020년 10월 25일 충남 천안시에서는 야생 조류 분변에서 고병원성 AI 바이러스가 검출되었으며 이는 2018년 2월 1일 충남 아산시에서 검출된 이래 2년 8개월 만의 검출 사례였다.
>
> 최근 야생 조류 고병원성 AI 바이러스 검출 사례는 2020년 10월 25일부터 11월 21일까지 경기도에서 3건, 충남에서 2건이 발표되었고, 가금류 고병원성 AI 바이러스 검출 사례는 전국에서 총 3건이 발표되었다. 같은 기간에 야생 조류 저병원성 AI 바이러스 검출 후 발표된 사례는 전국에 총 8건이다. 또한 채집된 의심 야생 조류의 분변 검사 결과, 고병원성·저병원성 AI 바이러스 모두에 해당하지 않아 바이러스 미분리로 분류된 사례는 총 7건이다. 야생 조류 AI 바이러스 검출 현황은 고병원성 AI, 저병원성 AI, 검사 중으로 분류하고 바이러스 미분리는 야생 조류 AI 바이러스 검출 현황에 포함하지 않는다. 야생 조류 AI 바이러스가 검출되고 나서 고병원성 여부를 확인하기 위해 정밀검사를 하는 데 상당한 기간이 소요되므로, 아직 검사 중인 것이 9건이다. 그중 하나인 제주도 하도리의 경우 11월 22일 고병원성 AI 바이러스 검출 여부를 발표할 예정이다.
>
> ○○부 주무관 갑은 2020년 10월 25일부터 11월 21일까지 발표된 야생 조류 AI 바이러스 검출 현황을 다음과 같이 표로 작성하였으나 검출 현황을 적절히 반영하지 않아 수정이 필요하다.
>
> **〈야생 조류 AI 바이러스 검출 현황〉**
>
> (단위 : 건)
>
> | 고병원성 AI | 저병원성 AI | 검사 중 | 바이러스 미분리 |
> | --- | --- | --- | --- |
> | 8 | 8 | 9 | 7 |
>
> ※ 기간 : 2020년 10월 25일 ~ 2020년 11월 21일

보기

ㄱ. 고병원성 AI 항목의 '8건'을 '5건'으로 수정한다.
ㄴ. 검사 중 항목의 '9건'을 '8건'으로 수정한다.
ㄷ. '바이러스 미분리' 항목을 삭제한다.

① ㄱ   ② ㄴ
③ ㄱ, ㄷ   ④ ㄴ, ㄷ
⑤ ㄱ, ㄴ, ㄷ

02 다음은 협동 조합법에 대한 내용의 일부이다. 이에 대한 설명으로 가장 적절한 것은?

제19조(조합원의 자격)

① 조합원은 지역농협의 구역에 주소, 거소나 사업장이 있는 농업인이어야 하며, 둘 이상의 지역농협에 가입할 수 없다.

② 영농조합법인과 농업회사법인으로 그 주된 사무소를 지역농협의 구역에 두고 농업을 경영하는 법인은 지역농협의 조합원이 될 수 있다.

③ 특별시 또는 광역시의 자치구를 구역의 전부 또는 일부로 하는 품목조합은 해당 자치구를 구역으로 하는 지역농협의 조합원이 될 수 있다.

④ 제1항에 따른 농업인의 범위는 대통령령으로 정한다.

⑤ 지역농협이 정관으로 구역을 변경하는 경우 기존의 조합원은 변경된 구역에 주소, 거소나 사업장, 주된 사무소가 없더라도 조합원의 자격을 계속하여 유지한다. 다만, 정관으로 구역을 변경하기 이전의 구역 외로 주소, 거소나 사업장, 주된 사무소가 이전된 경우에는 그러하지 아니하다.

제20조(준조합원)

① 지역농협은 정관으로 정하는 바에 따라 지역농협의 구역에 주소나 거소를 둔 자로서 그 지역농협의 사업을 이용함이 적당하다고 인정되는 자를 준조합원으로 할 수 있다.

② 지역농협은 준조합원에 대하여 정관으로 정하는 바에 따라 가입금과 경비를 부담하게 할 수 있다.

③ 준조합원은 정관으로 정하는 바에 따라 지역농협의 사업을 이용할 권리를 가진다.

④ 지역농협이 정관으로 구역을 변경하는 경우 기존의 준조합원은 변경된 구역에 주소나 거소가 없더라도 준조합원의 자격을 계속하여 유지한다. 다만, 정관으로 구역을 변경하기 이전의 구역 외로 주소나 거소가 이전된 경우에는 그러하지 아니하다.

제23조(지분의 양도 양수와 공유금지)

① 조합원은 지역농협의 승인 없이 그 지분을 양도할 수 없다.

② 조합원이 아닌 자가 지분을 양수하려면 가입신청, 자격심사 등 가입의 예에 따른다.

③ 지분양수인은 그 지분에 관하여 양도인의 권리의무를 승계한다.

④ 조합원의 지분은 공유할 수 없다.

---

① 준조합원은 가입금과 경비를 내야할 의무는 없다.

② 조합원은 농업에 반드시 종사하여야 하나, 준조합원은 그렇지 않다.

③ 조합원의 지분을 양수받는 자는 조합원의 권리와 의무도 승계 받아야 한다.

④ 지역농협 준조합원 자격을 유지하기 위해서는 지역농협의 구역에 주소 또는 거소가 두어야 한다.

⑤ 조합원이 소유하고 있는 지분을 양도하거나 공유하기 위해서는 지역농협의 승인이 필요하다.

다음은 금융통화위원회가 발표한 통화정책 의결사항이다. 〈보기〉의 설명 중 이에 대한 추론으로 옳지 않은 것을 모두 고르면?

〈통화정책방향〉

금융통화위원회는 다음 통화정책방향 결정 시까지 한국은행 기준금리를 현 수준(1.75%)에서 유지하여 통화정책을 운용하기로 하였다.

세계경제는 성장세가 다소 완만해지는 움직임을 지속하였다. 국제금융시장에서는 미 연방준비은행의 통화정책 정상화 속도의 온건한 조절 및 미·중 무역협상 진전에 대한 기대가 높아지면서 전월의 변동성 축소 흐름이 이어졌다. 앞으로 세계경제와 국제금융시장은 보호무역주의 확산 정도, 주요국 통화정책 정상화 속도, 브렉시트 관련 불확실성 등에 영향받을 것으로 보인다.

국내경제는 설비 및 건설투자의 조정이 이어지고 수출 증가세가 둔화되었지만 소비가 완만한 증가세를 지속하면서 잠재성장률 수준에서 크게 벗어나지 않는 성장세를 이어간 것으로 판단된다. 고용상황은 취업자 수 증가규모가 소폭에 그치는 등 부진한 모습을 보였다. 앞으로 국내경제의 성장흐름은 지난 1월 전망경로와 대체로 부합할 것으로 예상된다. 건설투자 조정이 지속되겠으나 소비가 증가 흐름을 이어가고 수출과 설비투자도 하반기로 가면서 점차 회복될 것으로 보인다.

소비자물가는 석유류 가격 하락, 농축수산물 가격 상승폭 축소 등으로 오름세가 0%대 후반으로 둔화되었다. 근원인플레이션율(식료품 및 에너지 제외 지수)은 1% 수준을, 일반인 기대인플레이션율은 2%대 초중반 수준을 나타내었다. 앞으로 소비자물가 상승률은 지난 1월 전망경로를 다소 하회하여 당분간 1%를 밑도는 수준에서 등락하다가 하반기 이후 1%대 중반을 나타낼 것으로 전망된다. 근원인플레이션율도 완만하게 상승할 것으로 보인다.

금융시장은 안정된 모습을 보였다. 주가가 미·중 무역 분쟁 완화 기대 등으로 상승하였으며, 장기 시장금리와 원/달러 환율은 좁은 범위 내에서 등락하였다. 가계대출은 증가세 둔화가 이어졌으며, 주택가격은 소폭 하락하였다.

금융통화위원회는 앞으로 성장세 회복이 이어지고 중기적 시계에서 물가상승률이 목표수준에서 안정될 수 있도록 하는 한편 금융안정에 유의하여 통화정책을 운용해 나갈 것이다. 국내경제가 잠재성장률 수준에서 크게 벗어나지 않는 성장세를 지속하는 가운데 당분간 수요 측면에서의 물가상승압력은 크지 않을 것으로 전망되므로 통화정책의 완화기조를 유지해 나갈 것이다. 이 과정에서 완화정도의 추가 조정 여부는 향후 성장과 물가의 흐름을 면밀히 점검하면서 판단해 나갈 것이다. 아울러 주요국과의 교역여건, 주요국 중앙은행의 통화정책 변화, 신흥시장국 금융·경제 상황, 가계부채 증가세, 지정학적 리스크 등도 주의 깊게 살펴볼 것이다.

보기

ㄱ. 미국 연방준비은행의 통화정책이 급변한다면 국제금융시장의 변동성은 증가할 것이다.

ㄴ. 소비자물가는 앞으로 남은 상반기 동안 1% 미만을 유지하다가 하반기가 되어서야 1%를 초과할 것으로 예상된다.

ㄷ. 국내산업의 수출이 하락세로 진입하였으나, 경제성장률은 잠재성장률 수준을 유지하는 추세를 보인다.

ㄹ. 수요측면에서 물가상승압력이 급증한다면 국내 경제성장률에 큰 변동이 없더라도 금융통화위원회는 기존의 통화정책 기조를 변경할 것이다.

① ㄱ, ㄴ   ② ㄱ, ㄷ

③ ㄴ, ㄷ   ④ ㄴ, ㄹ

⑤ ㄷ, ㄹ

※ 다음 글을 읽고 이어지는 질문에 답하시오. [4~5]

블록체인 기술은 익명의 '사토시 나카모토'란 인물이 'Bitcoin: A Peer-to-Peer Electronic Cash'라는 연구를 공개함으로써 대중에 알려졌다. 이 논문을 바탕으로 블록체인 기반의 비트코인이 만들어졌고, 이는 가상화폐 붐으로 이어졌다. 이러한 블록체인은 중개 기관에 의존적인 기존의 거래방식에서 벗어나 거래 당사자 간의 직접적인 거래를 통해 신뢰성을 보장한다. 이는 기존 중앙 통합형 거래시스템에서 발생하는 데이터 및 트랜잭션 관리 비용과 보안 문제를 개선시킬 수 있는 방안이 되었다.

블록체인은 P2P(Peer-to-Peer) 네트워크, 암호화, 분산장부, 분산합의의 크게 4가지 기반기술로 구성되어 있다. P2P 네트워크는 기존의 클라이언트-서버 방식에서 탈피한 동등한 레벨의 참여자들로 이루어지는 네트워크로, 모든 정보를 참여자들이 공통적으로 소유하고 있어 정보를 관리하고 있는 시스템 1대가 정지해도 시스템 운영에 영향을 주지 않는 특징을 가진다. 암호화는 데이터의 무결성을 검증하는 해시트리와 거래의 부인 방지를 위한 공개키 기반 디지털 서명 기법을 사용한다. 분산장부는 참여자들 간의 공유를 통해 동기화된 정보의 기록 저장소이다. 마지막으로 분산합의는 참여자 간의 합의를 통해서 발생하는 적합한 거래와 정보만 블록체인으로 유지하는 기술로, 대표적으로 비트코인의 작업증명(Proof-of-work)이 있다. 이는 참여자들의 거래 데이터를 블록으로 생성하기 위한 작업으로, 참여자 간의 블록에 대한 무결성을 이끌어낸다. 이 외에도 거래자 간의 계약조건이 자동으로 실행하는 스마트계약기술을 이용한 거래의 신뢰성 및 무결성 보장기술을 포함하고 있다.

이러한 블록체인 기술은 중개 기관을 배제한 거래에 적용할 수 있는 부분부터 그 활용이 확대되고 있다. 가상화폐 기능 및 거래수수료를 절감할 수 있는 금융거래에서 사물인터넷, 자율주행 자동차 등 다양한 응용 분야에서 화두로 부상하고 있다. 또한 에너지 분야에서도 다양한 프로젝트가 진행 중이며, 상용화될 경우 기존의 전력거래 및 공급 시스템의 많은 변화가 예상된다. 실제로 미국에서는 태양광 전력 생산 후 이에 대한 보상을 가상화폐(Solar Coin)로 보상하는 거래 시스템, 태양광 에너지를 생산하고 남은 전기를 이웃 간에 거래하는 프로슈머 거래 시스템, 전기차 충전소 인증 및 과금 체계에 블록체인 기반의 기술 적용이 연구 중에 있다.

04 다음 중 윗글의 주된 내용 전개 방식으로 가장 적절한 것은?

① 두 가지 상반되는 주장을 비교하여 제시하고 있다.
② 대상의 문제점을 제시하고 대책방안을 제시하고 있다.
③ 대상을 정의하고, 종류에 대해 열거하여 설명하고 있다.
④ 사건이 발생하게 된 배경을 시간적 흐름에 따라 설명하고 있다.
⑤ 등장 배경을 설명하고, 대상의 특징 및 활용 분야에 대해 제시하고 있다.

05 다음 중 윗글의 내용으로 가장 적절한 것은?

① 블록체인은 중개 기관 없이 거래 당사자 간의 직접적인 거래로 신뢰성이 떨어진다.
② 블록체인의 기반기술은 P2P 네트워크, 블록화, 분산장부, 분산거래로 구성된다.
③ P2P 네트워크는 해시트리와 공개키 기반 디지털 서명 기법을 사용한다.
④ 분산합의는 참여자 간의 합의를 통해서 발생하는 적합한 거래나 정보만 블록체인으로 유지한다.
⑤ 분산합의는 참여자들 간의 공유, 동기화된 정보의 기록 저장소이다.

※ 다음은 N사의 청탁금지법 위반에 따른 제재이다. 이어지는 질문에 답하시오. [6~7]

<청탁금지법>

적용법조		위반행위에 대한 제재
제5조 (부정청탁 금지)	징계	• 처음 부정청탁을 받고 거절하는 의사를 명확히 표시하지 않은 경우 • 거절의사를 명확히 표시하였음에도 다시 동일한 부정청탁을 받고도 신고를 하지 않은 경우 • 직접 자신을 위하여 하는 부정청탁을 한 경우
	과태료	• 제3자를 통하여 부정청탁을 한 경우
	형사 처벌	• 부정청탁을 받고 그에 따른 직무를 수행한 경우
제8~9조 (금품 등 수수 금지)	징계	• 신고 또는 반환・인도 의무 중 어느 하나라도 이행하지 않을 경우(신고 및 반환・인도하면 징계대상에서 제외)
	과태료	• 직무와 관련하여 1회 100만 원 이하의 금품 등을 받거나 요구 또는 약속한 경우 • 자신의 배우자가 공직자의 직무와 관련하여 1회 100만 원 이하의 금품 등을 받거나 요구 또는 제공받기로 약속한 사실을 알고도 신고하지 아니한 경우 • 직무와 관련하여 1회 100만 원 이하의 금품 등을 공직자나 그 배우자에게 제공하거나 약속 또는 의사표시를 한 경우
	형사 처벌	• 동일인으로부터 1회 100만 원을 초과하여 받거나 요구 또는 약속한 경우 • 자신의 배우자가 직무와 관련하여 1회 100만 원을 초과하여 받거나 요구 또는 제공받기로 약속한 사실을 알고도 신고하지 아니한 경우 • 1회 100만 원을 초과하는 수수 금지 금품 등을 공직자 또는 그 배우자에게 제공하거나 약속 또는 의사표시를 한 경우
제10조 (외부강의 등)	징계	• 사전 신고 의무를 불이행한 경우(국가 또는 지자체 요청 강의는 신고대상이 아님) • 초과사례금을 받고 반환했으나 신고 의무는 불이행한 경우 • 초과사례금을 받고 신고했으나 제공자에게 반환하지 않은 경우
	과태료	• 초과사례금을 받은 후 신고 및 반환 조치를 모두 하지 않은 경우
	형사 처벌	• 부정청탁을 받고 그에 따른 직무를 수행한 경우
제20조 (청탁방지담당관)	징계	• 준법관리인이 법에 따른 신고・신청의 접수, 처리 및 내용의 조사 업무를 부당하게 처리하거나 임직원의 위반행위를 발견했음에도 조치를 취하지 않은 경우
제22조 (벌칙)	형사 처벌	• 신고자의 인적사항 등을 다른 사람에게 알려주거나 공개한 자 • 위반행위 신고・조치 업무 담당 임직원이 업무처리 과정에서 알게 된 비밀을 누설한 경우 • 신고자에게 신고 등을 이유로 신분상 불이익조치를 한 자 • 신고 등을 방해하거나 신고 등을 취소하도록 강요한 자

06 A사원은 N사의 청탁금지법 위반행위에 대한 제재를 보고 직원의 의무에 대해 다음과 같은 추론을 하였다. 청탁금지법을 준수하기 위한 직원의 의무에 대한 추론으로 옳지 않은 것은?

① 초과사례금을 받은 경우 신고와 반환을 모두 하여야 한다.
② 직원은 동일한 부정청탁을 2번 이상 받은 경우 신고해야 한다.
③ 100만 원 이하의 금품이라도 직무와 관련된 것은 제재를 받게 된다.
④ 준법관리인이 청탁금지법을 위반하는 행위를 한 경우 반드시 형사처벌을 받는다.
⑤ 직무와 관련하여 공직자에게 금품 제공을 약속한 것만으로도 형사처벌 대상이 될 수 있다.

Hard

07 A주임, B주임, C대리, D과장은 N사의 직원이다. 각 직원이 다음과 같은 행위를 하였다고 할 때, 제재 대상인 직원과 제재의 내용이 바르게 연결된 것은?

> • N사의 경쟁입찰에 참여한 P건설업체 직원이 건설계약과 A주임의 아내에게 A주임이 P업체에 대해 긍정적으로 평가하도록 설득할 것을 요구하며 200만 원의 현금을 1회 제공하였고, 이 사실을 A주임은 모른 채 신고하지 않았다.
> • 인사관리과 B주임은 사업 관련 업체 직원인 K씨로부터 K씨의 동생인 L씨를 취직시켜달라는 청탁을 받고 L씨의 면접점수를 조작하였다.
> • 기획재정부와 협력 사업을 진행 중인 C대리는 해당 사업의 원활한 진행을 부탁하며 사업 담당관인 기획재정부의 S주무관에게 150만 원 상당의 보석을 1회 제공하였다.
> • D과장은 서대문구청에서 요청한 강의를 사전 신고하지 않고 강의를 하였으며, 초과사례금을 받아 반환하였고 이에 대해 신고는 하지 않았다.

	제재 대상인 직원	제재 내용
①	A주임	형사처벌
②	B주임	과태료
③	C대리	징계
④	C대리	과태료
⑤	D과장	징계

08 다음은 한국은행의 임직원 행동강령의 일부이다. 〈보기〉에 나타난 직원의 행동 중 임직원 행동강령을 위반한 것을 모두 고르면?

제9조(임원의 민간 분야 업무활동 내역 제출)

① 임원(총재, 금융통화위원회 위원, 감사, 부총재보를 말한다. 이하 같다)은 그 직위에 임명된 날 또는 임기를 개시한 날부터 30일 이내에 임명 또는 임기 개시 전 3년간의 민간 분야 업무활동 내역을 총재(총재가 업무활동 내역을 제출하는 경우에는 준법관리인을 말한다)에게 〈별지 제7호 서식〉에 따라 서면으로 제출하여야 한다.

② 제1항에 따른 민간 분야 업무활동 내역에는 다음 각 호의 사항이 포함되어야 한다.

   1. 재직하였던 법인·단체와 그 업무 내용

   2. 관리·운영하였던 사업 또는 영리행위의 내용

   3. 그 밖에 총재가 정하는 사항

③ 총재는 제1항에 따라 제출된 민간 분야 업무활동 내역을 보관·관리하여야 한다.

제10조(직무 관련 영리행위 등 금지)

① 임직원은 직무와 관련하여 다음 각 호의 행위를 해서는 아니 된다. 다만, 다른 규정에 따라 허용되는 경우에는 그러하지 아니하다.

   1. 직무관련자에게 사적으로 노무 또는 조언·자문을 제공하고 대가를 받는 행위

   2. 자신이 소속된 기관이 쟁송 등의 당사자가 되는 직무이거나 소속된 기관에게 직접적인 이해 관계가 있는 직무인 경우에 소속 기관의 상대방을 대리하거나 상대방에게 조언·자문 또는 정보를 제공하는 행위

   3. 외국의 정부·기관·법인·단체를 대리하는 행위. 다만, 총재가 승인한 경우는 제외한다.

   4. 직무와 관련된 다른 직위에 취임하는 행위. 다만, 제6조에 따라 겸직 승인을 받은 경우는 제외한다.

   5. 그 밖에 총재가 공정하고 청렴한 직무수행을 해칠 우려가 있다고 판단하여 정하는 직무 관련 행위

② 총재는 임직원의 행위가 제1항 각 호의 어느 하나에 해당한다고 인정하는 경우에는 그 행위를 중지하거나 종료하도록 해당 임직원에게 명하여야 한다.

제11조(인사 청탁·가족 채용 등 금지)

① 임직원은 자신의 임용·승진·이동 등 인사에 부당한 영향을 미치기 위하여 다른 사람으로 하여금 인사업무를 담당하는 직원에게 청탁을 하도록 해서는 아니 된다.

② 임직원은 직위·직책을 이용하여 다른 임직원의 임용·승진·이동 등 인사에 부당하게 개입해서는 아니 된다.

③ 임직원은 은행 또는 직무관련자가 소속된 기관에 자신의 가족이 채용되도록 지시하는 등 부당한 영향력을 행사해서는 아니 된다.

제12조(수의계약 체결 제한)

① 임원은 은행과 물품·용역·공사 등의 수의계약(이하 "수의계약"이라 한다)을 체결해서는 아니 되며, 자신의 가족이나 특수관계사업자가 은행과 수의계약을 체결하도록 해서는 아니 된다.

② 계약업무를 담당하는 직원은 은행과 수의계약을 체결해서는 아니 되며, 자신의 가족이 은행과 수의계약을 체결하도록 해서는 아니 된다.

ㄱ. 2023년 4월 1일부로 부총재보로 임명된 A는 2021년 2월부터 2022년 9월까지 민간은행에서 근무하였던 내역에 대하여 2023년 5월 3일 총재에게 서면으로 제출하였다.

ㄴ. B는 다음 분기에 있을 양적완화 정책의 세부사항에 대하여 금융업에 종사하는 자신의 동생에게 정보를 제공하고 2,000만 원 상당의 금품을 제공받았다.

ㄷ. 인사부장인 C는 인사부의 채용담당 실무자인 K에게 자신의 아들이 하반기 공채에서 채용될 수 있도록 해달라는 요구를 하였다.

ㄹ. 계약업무를 담당하는 D는 은행과의 수의계약 입찰에 자신의 아내가 운영하는 업체가 참여하려는 것을 만류하였다.

① ㄱ
② ㄹ
③ ㄱ, ㄷ
④ ㄱ, ㄴ, ㄷ
⑤ ㄴ, ㄷ, ㄹ

Easy

09 다음 중 (가) ~ (마) 문단을 논리적 순서대로 바르게 나열한 것은?

(가) 전라남도가 농민의 안정적인 영농을 지원하고자 올해 '농업인 월급제'를 도입한다. 도 단위 지방자치단체에서 처음으로 시행되는 농업인 월급제는 민선 7기 김영록 도지사의 핵심 공약사업 가운데 하나로, 18일 '전라남도 농업인 월급제 지원에 관한 조례'가 통과되면서 도입에 속도가 붙게 됐다.

(나) 전종화 도 농축산식품국장은 "이번 농업인 월급제 도입이 성공적으로 정착된다면 농민들이 영농철 월급 형태로 일정금액을 지급받을 수 있게 돼 계획적으로 가계를 꾸려나갈 수 있게 될 것"이라고 기대했다.

(다) 조례 통과 이후 농업인 월급제가 시행되면 농가는 벼 출하물량의 60%에 해당하는 금액을 매년 3월부터 10월까지 나눠 받을 수 있게 된다. 출하량에 따라 매월 받을 수 있는 금액은 최소 30만 원에서 최대 200만 원 사이로 책정된다. 이 기간 먼저 지급한 금액은 가을철 수확기 수매대금에서 빠져나가게 된다. 여기서 발생한 이자는 도와 참여 시·군에서 지원하기 때문에 농민은 별도의 비용이 들지 않는다.

(라) 사업참여를 희망하는 각 시·군과 지역농협 사이에 업무협약이 끝나는 1월 말부터 농민의 신청이 가능할 것이라는 도 관계자의 설명이다.

(마) 이번 사업에 참여할 도내 시·군은 목포·여수·함평·담양·화순·구례를 제외한 16개 시·군이다. 이들 시·군에 사는 농민 가운데 농업인경영체 등록 여부, 최소 재배면적 등의 기준을 넘은 사람이면 누구든지 지정된 지역농협을 방문해 신청할 수 있다.

① (가) – (나) – (라) – (다) – (마)
② (가) – (다) – (마) – (라) – (나)
③ (가) – (라) – (마) – (다) – (나)
④ (나) – (가) – (마) – (다) – (라)
⑤ (나) – (다) – (가) – (마) – (라)

※ 다음 글을 읽고 이어지는 질문에 답하시오. [10~11]

저작권은 저자의 권익을 보호함으로써 활발한 저작 활동을 촉진하여 인류의 문화 발전에 기여하기 위한 것이다. 그러나 이렇게 공적 이익을 추구하기 위한 저작권이 현실에서는 일반적으로 지나치게 사적 재산권을 행사하는 도구로 인식되고 있다. 저작물 이용자들의 권리를 보호하기 위해 마련한, 공익적 성격의 법 조항도 법적 분쟁에서는 항상 사적 재산권의 논리에 밀려 왔다.

저작권 소유자 중심의 저작권 논리는 실제로 저작권이 담당해야 할 사회적 공유를 통한 문화 발전을 방해한다. 몇 해 전의 '애국가 저작권'에 대한 논란은 이러한 문제를 단적으로 보여준다. 저자 사후 50년 동안 적용되는 국내 저작권법에 따라, 애국가가 포함된 「한국 환상곡」의 저작권이 작곡가 안익태의 유족들에게 2015년까지 주어진다는 사실이 언론을 통해 알려진 것이다. 누구나 자유롭게 이용할 수 있는 국가(國歌)마저 공공재가 아닌 개인 소유라는 사실에 많은 사람들이 놀랐다.

창작은 백지 상태에서 완전히 새로운 것을 만드는 것이 아니라 저작자와 인류가 쌓은 지식 간의 상호 작용을 통해 이루어진다. '내가 남들보다 조금 더 멀리보고 있다면, 이는 내가 거인의 어깨 위에 올라서 있는 난쟁이이기 때문이다.'라는 뉴턴의 겸손은 바로 이를 말한다. 이렇듯 창작자의 저작물은 인류의 지적 자원에서 영감을 얻은 결과이다. 그러한 저작물을 다시 인류에게 되돌려주는 데 저작권의 의의가 있다. 이러한 생각은 이미 1960년대 프랑스 철학자들에 의해 형성되었다. 예컨대 기호학자인 바르트는 저자의 죽음을 거론하면서 저자가 만들어 내는 텍스트는 단지 인용의 조합일 뿐 어디에도 '오리지널'은 존재하지 않는다고 단언한다. 전자 복제 기술의 발전과 디지털 혁명은 정보나 자료의 공유가 지니는 의의를 잘 보여주고 있다. 인터넷과 같은 매체 환경의 변화는 원본을 무한히 복제하고 자유롭게 이용함으로써 누구나 창작의 주체로서 새로운 문화 창조에 기여할 수 있도록 돕는다. 인터넷 환경에서 이용자는 저작물을 자유롭게 교환할 뿐 아니라 수많은 사람들과 생각을 나눔으로써 새로운 창작물을 생산하고 있다. 이러한 상황은 저작권을 사적 재산권의 측면에서보다는 공익적 측면에서 바라볼 필요가 있음을 보여준다.

10 다음 중 윗글의 내용으로 적절하지 않은 것은?

① 저작권의 의의는 전혀 새로운 문화를 창작한다는 데 있다.
② 창작은 이미 존재하는 지적 자원의 영향을 받아 이루어진다.
③ 매체 환경의 변화로 누구나 새로운 문화 창조에 기여할 수 있게 되었다.
④ 공적 이익 추구를 위한 저작권이 사적 재산권 보호를 위한 도구로 전락하였다.
⑤ 저작권 보호기간인 사후 50년이 지난 저작물은 누구나 자유롭게 이용할 수 있다.

11 다음 중 윗글의 주장에 대한 비판으로 가장 적절한 것은?

① 저작권의 사회적 공유에 대해 일관성 없는 주장을 하고 있다.
② 저작물이 개인의 지적, 정신적 창조물임을 과소평가하고 있다.
③ 저작권의 사적 보호가 초래한 사회적 문제의 사례가 적절하지 않다.
④ 인터넷이 저작권의 사회적 공유에 미치는 영향을 드러내지 못하고 있다.
⑤ 객관적인 사실을 제시하지 않고 추측에 근거하여 논리를 전개하고 있다.

12 A계열사와 B계열사의 제품 생산량의 비율은 3 : 7이고, 각각의 불량률은 2%, 3%이다. 신제품 생산을 위해서 부품을 선정하여 불량품이 나왔을 때, 그 불량품이 B계열사의 불량품일 확률은?

① $\dfrac{13}{21}$

② $\dfrac{7}{8}$

③ $\dfrac{7}{9}$

④ $\dfrac{13}{15}$

⑤ $\dfrac{15}{17}$

Easy
13 핸드폰에 찍힌 지문을 통해 비밀번호를 유추하려고 한다. 핸드폰 화면의 1, 2, 5, 8, 9번 위치에 지문이 찍혀 있었으며 면밀히 조사한 결과 지움 버튼에서도 지문이 발견되었다. 핸드폰 비밀번호는 네 자릿수이며 비밀번호 힌트로 가장 작은 수는 맨 앞에, 가장 큰 수는 맨 뒤라는 것을 알았다. 총 몇 번의 시도를 하면 비밀번호를 반드시 찾을 수 있는가?

① 8번

② 10번

③ 12번

④ 24번

⑤ 36번

14 K은행에 100만 원을 맡기면 다음 달에 104만 원을 받을 수 있다. 이번 달에 50만 원을 입금하여 다음 달에 30만 원을 출금했다면, 그 다음 달 찾을 수 있는 최대 금액은 얼마인가?

① 218,800원

② 228,800원

③ 238,800원

④ 248,800원

⑤ 258,800원

15 총 길이가 20km인 원형 트랙을 자동차로 4시간 동안 시계 방향으로 돌았다. 처음 2시간 동안 10회, 다음 1시간 동안 6회, 마지막 1시간 동안 4회 돌았다면, 4시간 동안의 자동차 평균 속력은 몇 km/h인가?

① 60km/h

② 70km/h

③ 80km/h

④ 90km/h

⑤ 100km/h

16 A대리는 새로운 개인용 노트북을 할부로 구입하고자 한다. 다음 정보와 카드별 할부수수료 부과방식에 따를 때, A대리가 노트북 구입에 사용할 신용카드와 이때의 총 할부수수료는?(단, 소수점 첫째 자리에서 반올림한다)

〈정보〉

- A대리는 120만 원인 노트북을 구입하고자 한다.
- 4개월 할부로 구입하고자 한다.
- 균등분할 할부방식이 적용된다.
- A대리는 K신용카드와 L신용카드를 사용할 수 있다.
- A대리는 L신용카드로 할부결제를 한 적이 없다.
- A대리는 할부수수료가 더 적은 카드를 이용해 구입한다.

〈할부수수료 부과방식〉

■ 신용카드별 할부수수료율

- K신용카드

구분	2개월	3 ~ 5개월	6 ~ 12개월	13 ~ 18개월	19 ~ 36개월
할부수수료율	연 10%	연 13%	연 16%	연 17%	연 19%

- L신용카드

구분	2개월	3 ~ 5개월	6 ~ 12개월	13 ~ 18개월	19 ~ 36개월
할부수수료율	연 12%	연 14%	연 17%	연 18%	연 20%

※ 본 카드로 첫 할부결제 시 마지막 납입회차 할부수수료 면제

■ 할부수수료 계산 방식

- (월 할부수수료)=(할부신용판매대금잔액)×(할부수수료율)÷12
- (월 납입액)=(할부이용대금)÷(월 할부기간)

	신용카드	총 할부수수료
①	K	31,000원
②	K	31,500원
③	K	32,500원
④	L	31,500원
⑤	L	32,500원

다음은 행정구역별 화재현황에 대한 자료이다. 이에 대한 설명으로 옳은 것은?

〈행정구역별 화재현황〉

(단위 : 건)

구분	2020년	2021년	2022년	2023년	2024년
전국	42,135	44,435	43,413	44,178	42,338
서울특별시	5,815	5,921	6,443	5,978	6,368
부산광역시	2,026	1,973	2,199	2,609	2,471
대구광역시	1,767	1,817	1,739	1,612	1,440
인천광역시	1,818	1,875	1,790	1,608	1,620
광주광역시	1,010	1,006	956	923	860
대전광역시	1,291	1,254	974	1,059	1,094
울산광역시	890	874	928	959	887
세종특별자치시	223	252	300	316	236
경기도	9,675	10,333	10,147	9,799	9,632
강원도	2,182	2,485	2,315	2,364	2,228
충청북도	1,316	1,373	1,379	1,554	1,414
충청남도	2,838	3,031	2,825	2,775	2,605
전라북도	1,652	1,962	1,983	1,974	2,044
전라남도	2,620	2,647	2,454	2,963	2,635
경상북도	2,803	3,068	2,651	2,817	2,686
경상남도	3,622	3,960	3,756	4,117	3,482
제주특별자치도	587	604	574	751	636

① 2024년 서울의 화재 건수는 전체의 20% 이상이다.
② 매년 화재 건수가 3번째로 많은 지역은 경상북도이다.
③ 충청북도는 매년 화재 건수가 증가하는 추이를 보인다.
④ 강원도의 2024년 화재 건수는 전년 대비 7% 이상 감소했다.
⑤ 전국의 화재 건수와 동일한 증감 추이를 보이는 지역은 총 5곳이다.

18 다음은 우리나라의 10대 수출 품목이 전체 수출 품목에서 차지하는 비중에 대한 자료이다. 이에 대한 설명으로 옳지 않은 것은?

〈우리나라의 10대 수출 품목과 비중〉

(단위 : %)

순위	2020년		2021년		2022년		2023년		2024년	
	품목	비중	품목	비중	품목	비중	품목	비중	품목	비중
1	반도체	10.9	선박류	10.2	석유제품	10.2	반도체	10.2	반도체	10.9
2	선박류	10.5	석유제품	9.3	반도체	9.2	석유제품	9.4	석유제품	8.9
3	자동차	7.6	반도체	9.0	자동차	8.6	자동차	8.7	자동차	8.5
4	평판 디스플레이	7.0	자동차	8.2	선박류	7.3	선박류	6.6	선박류	7.0
5	석유제품	6.8	평판 디스플레이	5.6	평판 디스플레이	5.7	평판 디스플레이	5.1	무선 통신기기	5.2
6	무선 통신기기	5.9	무선 통신기기	4.9	자동차부품	4.5	무선 통신기기	4.9	자동차부품	4.7
7	자동차부품	4.1	자동차부품	4.2	무선 통신기기	4.2	자동차부품	4.7	평판 디스플레이	4.6
8	합성수지	3.7	철강판	3.8	철강판	3.6	합성수지	3.8	합성수지	3.8
9	철강판	3.6	합성수지	3.5	합성수지	3.6	철강판	3.1	철강판	3.3
10	컴퓨터	2.0	컴퓨터	1.6	전자 응용기기	1.6	전자 응용기기	1.9	전자 응용기기	1.7
계		62.1		60.3		58.5		58.4		58.6

① 컴퓨터는 2021년 이후 합성수지에 밀려 10대 품목에서 제외되었다.

② 상위 3개 품목의 비중이 10대 품목 비중의 절반 이상을 차지한 해는 없다.

③ 전 기간에 걸쳐 10대 수출 품목은 전체 수출 품목의 절반 이상을 차지했다.

④ 10대 품목의 비중 중에서 전 기간에 걸쳐 순위 변동이 가장 적은 품목은 자동차이다.

⑤ 10대 품목의 비중 중에서 반도체의 비중이 가장 큰 해에는 철강판이 두 번째로 적은 비중을 차지했다.

19 다음은 2020년부터 2024년까지 20대 남녀의 흡연율과 음주율에 대한 그래프이다. 이에 대한 〈보기〉의 설명 중 옳은 것을 모두 고르면?

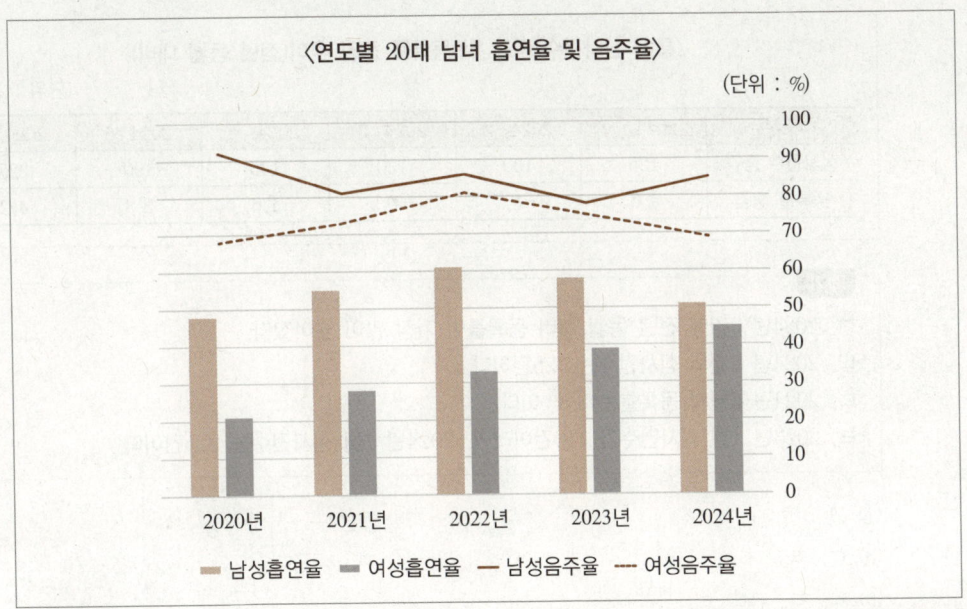

〈연도별 20대 남녀 흡연율 및 음주율〉

(단위 : %)

■ 남성흡연율 ■ 여성흡연율 ― 남성음주율 ---- 여성음주율

보기

ㄱ. 남성과 여성의 흡연율은 동일한 추이를 보인다.
ㄴ. 남성흡연율이 가장 낮은 연도와 여성흡연율이 가장 낮은 연도는 동일하다.
ㄷ. 남성은 음주율이 가장 낮은 해에 흡연율도 가장 낮다.
ㄹ. 2022년 남성과 여성의 음주율 차이는 10%p 이상이다.

① ㄱ
② ㄴ
③ ㄱ, ㄴ
④ ㄴ, ㄷ
⑤ ㄷ, ㄹ

20 다음은 전년 동월 대비 특허 심사건수 증감 및 등록률 증감 추이를 나타낸 자료이다. 이에 대한 〈보기〉의 설명 중 옳지 않은 것을 모두 고르면?

〈특허 심사건수 증감 및 등록률 증감 추이(전년 동월 대비)〉

(단위 : 건, %)

구분	2024. 1	2024. 2	2024. 3	2024. 4	2024. 5	2024. 6
심사건수 증감	125	100	130	145	190	325
등록률 증감	1.3	−1.2	−0.5	1.6	3.3	4.2

보기

ㄱ. 2024년 3월에 전년 동월 대비 등록률이 가장 많이 낮아졌다.
ㄴ. 2024년 6월의 심사건수는 325건이다.
ㄷ. 2024년 5월의 등록률은 3.3%이다.
ㄹ. 2023년 1월 심사건수가 100건이라면, 2024년 1월 심사건수는 225건이다.

① ㄱ
② ㄱ, ㄴ
③ ㄷ, ㄹ
④ ㄱ, ㄴ, ㄷ
⑤ ㄴ, ㄷ, ㄹ

21 다음은 N은행의 자동화기기 이용수수료를 나타낸 자료이다. 이에 대한 설명으로 옳은 것은?

〈자동화기기 이용수수료〉

구분			영업시간 내			영업시간 외		
			3만 원 이하	10만 원 이하	10만 원 초과	3만 원 이하	10만 원 이하	10만 원 초과
N은행 자동화기기 이용 시	출금		면제			250원	500원	
	이체	N은행계좌	면제			면제		
		타행계좌	400원	500원	900원	700원	800원	1,000원
	타행카드 입금		500원			1,000원		
타행 자동화기기 이용 시	출금		800원			1,000원		
	이체		500원		900원	800원		1,000원

※ N은행의 평일 영업시간은 9:00 ~ 18:00이며, 주말에는 영업을 하지 않음

① 평일 오후 8시에 N은행 자동화기기로 8만 원 출금 시 수수료는 면제된다.

② 일요일 오후 1시에 타행 자동화기기로 12만 원을 이체할 경우 900원의 수수료가 적용된다.

③ 평일 오후 3시에 N은행 자동화기기로 13만 원을 N은행계좌에 이체할 경우 900원의 수수료가 적용된다.

④ 토요일 오전 8시에 타행 자동화기기로 5만 원 출금 시 1,000원의 수수료가 적용된다.

⑤ 토요일 오전 10시에 N은행 자동화기기로 8만 원을 타행계좌에 이체할 경우 400원의 수수료가 적용된다.

22 다음은 시·군지역의 성별 비경제활동 인구에 대해 조사한 자료이다. 빈칸 (가), (다)에 들어갈 수로 바르게 연결된 것은?(단, 인구수는 백의 자리에서 반올림하고, 비중은 소수점 첫째 자리에서 반올림한다)

〈성별 비경제활동 인구〉

(단위 : 천 명, %)

구분	총계	남자	비중	여자	비중
시지역	7,800	2,574	(가)	5,226	(나)
군지역	1,149	(다)	33.5	(라)	66.5

	(가)	(다)			(가)	(다)
①	30	385		②	30	392
③	33	378		④	33	385
⑤	33	392				

다음은 실업자 및 실업률 추이에 대한 자료이다. 2023년 11월의 실업률은 2024년 2월 대비 얼마나 증감했는가?(단, 소수점 첫째 자리에서 반올림한다)

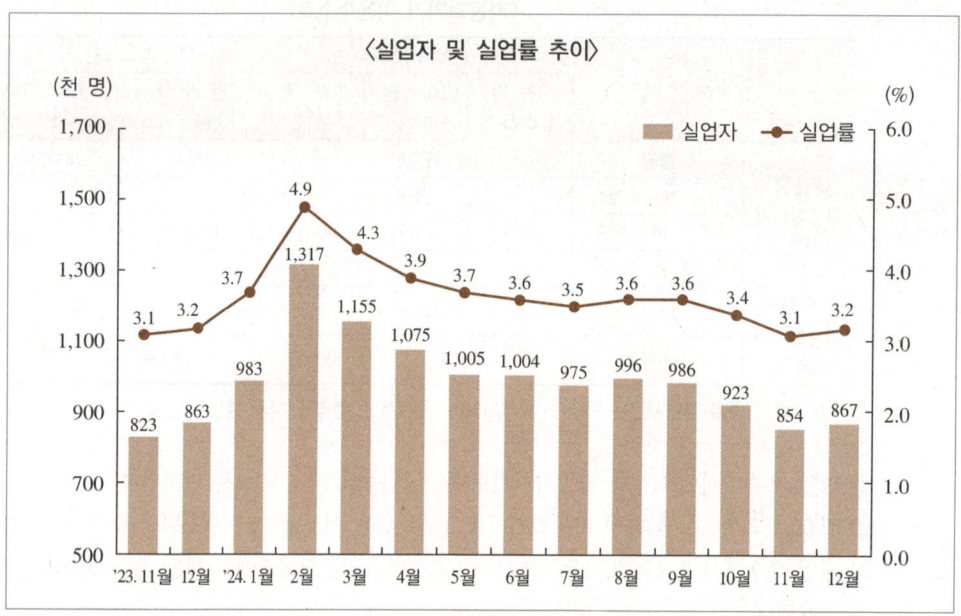

① -37% ② -36%

③ -35% ④ $+37\%$

⑤ $+38\%$

24 다음은 A ~ D 4개국의 정부신뢰에 대한 자료이다. 〈조건〉을 참고하여 A ~ D에 해당하는 국가를 바르게 나열한 것은?

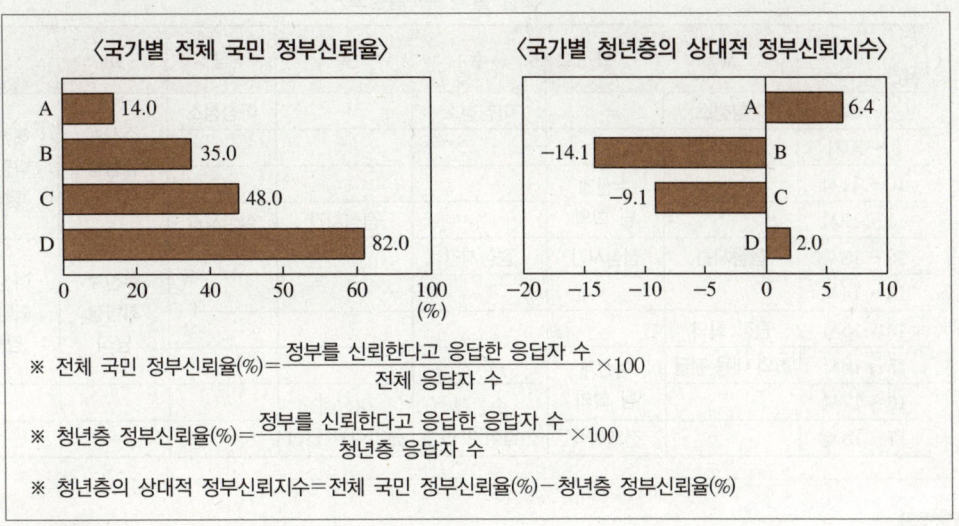

〈국가별 전체 국민 정부신뢰율〉

A 14.0
B 35.0
C 48.0
D 82.0

〈국가별 청년층의 상대적 정부신뢰지수〉

A 6.4
B −14.1
C −9.1
D 2.0

※ 전체 국민 정부신뢰율(%)= $\dfrac{\text{정부를 신뢰한다고 응답한 응답자 수}}{\text{전체 응답자 수}} \times 100$

※ 청년층 정부신뢰율(%)= $\dfrac{\text{정부를 신뢰한다고 응답한 응답자 수}}{\text{청년층 응답자 수}} \times 100$

※ 청년층의 상대적 정부신뢰지수=전체 국민 정부신뢰율(%)−청년층 정부신뢰율(%)

조건

• 청년층 정부신뢰율은 스위스가 그리스의 10배 이상이다.
• 영국과 미국에서는 청년층 정부신뢰율이 전체 국민 정부신뢰율보다 높다.
• 청년층 정부신뢰율은 미국이 스위스보다 30%p 이상 낮다.

① A − 그리스, B − 영국, C − 미국, D − 스위스
② A − 스위스, B − 영국, C − 미국, D − 그리스
③ A − 스위스, B − 미국, C − 영국, D − 그리스
④ A − 그리스, B − 미국, C − 영국, D − 스위스
⑤ A − 스위스, B − 그리스, C − 영국, D − 미국

〈2월 둘째 주 일정표〉

일자 시간	월	화	수	목	금	토	일
8 ~ 9시	아침청소		아침청소		아침청소	수신계 김팀장 당직	여신계 박팀장 당직
9 ~ 10시							
10 ~ 11시		수신계 팀 회의					
11 ~ 12시				점심시간	점심시간		
12 ~ 13시	점심시간	점심시간	점심시간			수신계 최팀장 당직	여신계 이팀장 당직
13 ~ 14시							
14 ~ 15시	팀장 회의						
15 ~ 16시	회의 내용 전달	여신계 팀 회의					
16 ~ 17시			수신계 신입직원 면접	여신계 신입직원 면접		–	–
17 ~ 18시		전체회식				–	–

Easy

25 다음 〈조건〉을 고려할 때, 수신계 김팀장의 출장일로 가능한 날짜와 출장 시작 시간부터 출장 내용 전달 종료 시간까지로 바르게 짝지어진 것은?(단, 출장 및 내용전달 소요시간 외에 소요되는 시간은 없다)

조건

• 출장은 총 3시간 소요되며, 업무시간은 가능한 한 빨리 시작해 오전 8시부터 오후 6시 안에 끝낼 수 있도록 한다.
• 출장 종료 후 복귀해 업무시간 내에 가능한 한 빨리 팀장들에게 출장 내용을 전달해야 하며 2시간이 소요된다.
• 아침청소와 점심시간은 출장시간과 겹치지 않는다.
• 당직 하루 전에는 출장을 가지 않는다.
• 팀 회의 또는 팀장 회의가 있는 날은 회의 전에는 출장을 가지 않는다.
• 전체회식이 있는 날과 그 다음 날은 출장을 가지 않는다.
• 신입직원 면접 1시간 전에 모든 팀장들은 모여 면접 준비를 한다.

① 수, 9 ~ 18시 　　　　　② 수, 8 ~ 16시
③ 목, 9 ~ 15시 　　　　　④ 목, 8 ~ 14시
⑤ 금, 12 ~ 17시

26 주간일정표의 일부 일정이 다음과 같이 변경되고 **25**의 〈조건〉과 동일할 때, 수신계 김팀장의 출장일로 가능한 날짜와 출장 시작 시간부터 출장 내용 전달 종료 시간까지 바르게 짝지어진 것은?

〈변경 후 내용〉

- 아침청소 : 월·목 오전 8 ~ 9시
- 점심시간 : 월 ~ 금 오후 12 ~ 13시
- 팀장회의 : 월 13 ~ 15시
- 수신계 팀 회의 : 화 15 ~ 17시
- 수신계·여신계 신입직원 면접 : 목 14 ~ 18시
- 전체회식 : 수 16 ~ 18시
- 당직 : 수신계 김팀장과 여신계 박팀장 일정 교체

① 화, 8 ~ 14시
② 수, 8 ~ 15시
③ 수, 8 ~ 14시
④ 금, 9 ~ 15시
⑤ 금, 8 ~ 14시

27 관광채용박람회의 해외채용관에는 8개의 부스가 마련되어 있다. A호텔, B호텔, C항공사, D항공사, E여행사, F여행사, G면세점, H면세점이 〈조건〉에 따라 8개의 부스에 각각 위치하고 있을 때, 다음 중 항상 참인 것은?

조건

- 같은 종류의 업체는 같은 라인에 위치할 수 없다.
- A호텔과 B호텔은 복도를 사이에 두고 마주 보고 있다.
- G면세점과 H면세점은 양끝에 위치하고 있다.
- E여행사 반대편에 위치한 H면세점은 F여행사와 나란히 위치하고 있다.
- C항공사는 제일 앞번호의 부스에 위치하고 있다.

[부스 위치]

1	2	3	4

복도

5	6	7	8

① A호텔은 면세점 옆에 위치하고 있다.
② B호텔은 여행사 옆에 위치하고 있다.
③ C항공사는 여행사 옆에 위치하고 있다.
④ D항공사는 E여행사와 나란히 위치하고 있다.
⑤ G면세점은 B호텔과 나란히 위치하고 있다.

28 다음 자료는 N공사의 고객의 소리 운영 규정의 일부이다. 고객서비스 업무를 담당하고 있는 1년 차 사원인 K씨는 7월 18일 월요일에 어느 한 고객으로부터 질의 민원을 접수받았다. 그러나 부득이한 사유로 기간 내 처리가 불가능할 것으로 보여 본사 총괄부서장의 승인을 받고 지연하였다. 해당 민원은 늦어도 언제까지 처리가 완료되어야 하는가?

제1조(목적)
이 규정은 N공사에서 고객의 소리 운영에 필요한 사항에 대하여 규정함을 목적으로 한다.

제2조(정의)
"고객의 소리(Voice Of Customer)"라 함은 N공사 직무와 관련된 행정 처리에 대한 이의신청, 진정 등 민원과 N공사의 제도, 서비스 등에 대하여 불만이나 불편사항, 건의·단순 질의 등 모든 고객의 의견을 말한다.

제7조(처리기간)
① 고객의 소리는 다른 업무에 우선하여 처리하여야 하며 처리기간이 남아있음 등의 이유로 처리를 지연시켜서는 아니 된다.
② 고객의 소리 처리기간은 24시간으로 한다. 다만, 서식민원은 별도로 한다.

제8조(처리기간의 연장)
① 부득이한 사유로 기간 내에 처리하기 곤란한 경우 중간답변을 하여야 하며, 이 경우 처리기간은 48시간으로 한다.
② 중간답변을 하였음에도 기간 내에 처리하기 어려운 사항은 1회에 한하여 본사 총괄부서장의 승인을 받고 추가로 연장할 수 있다. 이 경우 추가되는 연장시간은 48시간으로 한다.
③ 업무의 성격이나 중요도, 본사 총괄부서의 처리시간에 임박한 재배정 등으로 제1항 내지 제2항의 기간 내에 처리할 수 없는 사항은 부서장 또는 소속장이 본사 총괄부서장에게 특별 기간연장을 요구할 수 있다.

---

① 7월 19일   ② 7월 20일
③ 7월 21일   ④ 7월 22일
⑤ 7월 23일

29 같은 해에 입사한 동기 A ~ E 5명은 모두 N전자 소속으로 서로 다른 부서에서 일하고 있다. 이들이 근무하는 부서와 해당 부서의 성과급은 다음과 같다. 부서배치와 휴가에 대한 조건들을 참고했을 때, 다음 중 항상 옳은 것은?

〈부서별 성과급〉

(단위 : 만 원)

비서실	영업부	인사부	총무부	홍보부
60	20	40	60	60

※ 각 사원은 모두 각 부서의 성과급을 동일하게 받음

〈부서배치 조건〉

• A는 성과급이 평균보다 적은 부서에서 일한다.
• B와 D의 성과급을 더하면 나머지 3명의 성과급 합과 같다.
• C의 성과급은 총무부보다는 적지만 A보다는 많이 받는다.
• C와 D 중 1명은 비서실에서 일한다.
• E는 홍보부에서 일한다.

〈휴가 조건〉

• 영업부 직원은 비서실 직원보다 휴가를 더 늦게 가야 한다.
• 인사부 직원은 첫 번째 또는 제일 마지막으로 휴가를 가야 한다.
• B의 휴가 순서는 이들 중 3번째이다.
• E는 휴가를 반납하고 성과급을 2배로 받는다.

① D가 C보다 성과급이 많다.
② B는 A보다 휴가를 먼저 출발한다.
③ A의 3개월 치 성과급은 C의 2개월 치 성과급보다 많다.
④ C가 맨 먼저 휴가를 갈 경우, B가 맨 마지막으로 휴가를 가게 된다.
⑤ 휴가철이 끝난 직후, 급여명세서에 D와 E의 성과급 차이는 3배이다.

※ N회사는 물품을 효과적으로 관리하기 위해 매년 회사 내 물품 목록을 작성하고, 물품별로 코드를 생성하여 관리하고 있다. 이어지는 질문에 답하시오. **[30~31]**

〈2024년도 사내 보유 물품 현황〉

구분	책임 부서 및 책임자	구매연도	구매가격	유효기간	처분 시 감가 비율	중고 여부
A물품	고객팀 이대리	2024년	55만 원	11년	40%	×
B물품	총무팀 김사원	2022년	30만 원	7년	20%	×
C물품	영업팀 최사원	2021년	35만 원	10년	50%	×
D물품	생산팀 강부장	2019년	80만 원	12년	25%	○
E물품	인사팀 이과장	2023년	16만 원	8년	25%	○

※ 물품의 유효기간은 목록을 작성한 연도를 기준으로 함
※ 처분 시 감가 비율은 물품 구매가격을 기준으로 함

〈코드 생성 방법〉

• 구분에 따른 생성 코드

구분		코드
책임 부서	총무팀	GAT
	영업팀	SLT
	생산팀	PDT
	고객팀	CTT
	인사팀	PST
책임자 직급	사원	E
	대리	A
	과장	S
	부장	H
중고 여부	새 제품	1
	중고 제품	0

• 코드 순서 : 책임 부서 – 책임자 직급 – 뒤의 구매연도(2자리) – 유효기간(2자리) – 중고 여부
　　　　　[예] GAT-A-14-02-1

30 다음 중 2024년도 사내 보유 물품인 A ~ E물품의 코드로 옳지 않은 것은?

① A물품 : CTT-A-24-11-1

② B물품 : GAT-E-22-07-1

③ C물품 : SLT-E-21-10-0

④ D물품 : PDT-H-19-12-0

⑤ E물품 : PST-S-23-08-0

31 제휴 업체를 통해 유효기간이 10년 이상 남은 물품을 처분할 경우 구매가격의 80%를 받을 수 있다고 한다. 다음 중 유효기간이 10년 이상 남은 물품을 모두 처분한다고 할 때, 제휴 업체로부터 받을 수 있는 총금액은?

① 108만 원

② 112만 원

③ 122만 원

④ 132만 원

⑤ 136만 원

32 N기업에서 다음 면접방식으로 면접을 진행할 때, 심층면접을 할 수 있는 최대 인원수와 마지막 심층면접자의 기본면접 종료 시각을 올바르게 짝지은 것은?

〈면접방식〉

- 면접은 기본면접과 심층면접으로 구분된다. 기본면접실과 심층면접실은 각 1개이고, 면접대상자는 1명씩 입실한다.
- 기본면접과 심층면접은 모두 개별면접의 방식을 취한다. 기본면접은 심층면접의 진행 상황에 관계 없이 10분 단위로 계속되고, 심층면접은 기본면접의 진행 상황에 관계없이 15분 단위로 계속된다.
- 기본면접을 마친 면접대상자는 순서대로 심층면접에 들어간다.
- 첫 번째 기본면접은 오전 9시 정각에 실시되고, 첫 번째 심층면접은 첫 번째 기본면접이 종료된 시각에 시작된다.
- 기본면접과 심층면접 모두 낮 12시부터 오후 1시까지 점심 및 휴식 시간을 가진다.
- 각각의 면접 도중에 점심 및 휴식 시간을 가질 수 없고, 1인을 위한 기본면접 시간이나 심층면접 시간이 확보되지 않으면 새로운 면접을 시작하지 않는다.
- 기본면접과 심층면접 모두 오후 1시에 오후 면접 일정을 시작하고, 기본면접의 일정과 관련 없이 심층면접은 오후 5시 정각에는 종료되어야 한다.

※ 면접대상자의 이동 및 교체 시간 등 다른 조건은 고려하지 않음

    인원수   종료 시각

① 27명   오후 2시 30분

② 27명   오후 2시 40분

③ 28명   오후 2시 30분

④ 28명   오후 2시 40분

⑤ 29명   오후 2시 30분

33 A ~ D 네 팀이 참여하여 체육대회를 하고 있다. 순위 결정 기준과 각 팀의 현재까지 득점 현황에 근거하여 판단할 때, 〈보기〉에서 항상 옳은 추론을 모두 고르면?

〈순위 결정 기준〉

- 각 종목의 1위에게는 4점, 2위에게는 3점, 3위에게는 2점, 4위에게는 1점을 준다.
- 각 종목에서 획득한 점수를 합산한 총점이 높은 순으로 종합 순위를 결정한다.
- 총점에서 동점이 나올 경우에는 1위를 한 종목이 많은 팀이 높은 순위를 차지한다.
  - 만약 1위 종목의 수가 같은 경우에는 2위 종목이 많은 팀이 높은 순위를 차지한다.
  - 만약 1위 종목의 수가 같고, 2위 종목의 수도 같은 경우에는 공동 순위로 결정한다.

〈득점 현황〉

종목명＼팀명	A	B	C	D
가	4	3	2	1
나	2	1	3	4
다	3	1	2	4
라	2	4	1	3
마	?	?	?	?
합계	?	?	?	?

※ 종목별 순위는 반드시 결정되고, 동순위는 나오지 않음

보기

ㄱ. A팀이 종목 '마'에서 1위를 한다면 종합 순위 1위가 확정된다.
ㄴ. B팀이 종목 '마'에서 C팀에게 순위에서 뒤처지면 종합 순위에서도 C팀에게 뒤처지게 된다.
ㄷ. C팀은 종목 '마'의 결과와 관계없이 종합 순위에서 최하위가 확정되었다.
ㄹ. D팀이 종목 '마'에서 2위를 한다면 종합 순위 1위가 확정된다.

① ㄱ
② ㄹ
③ ㄱ, ㄴ
④ ㄴ, ㄷ
⑤ ㄷ, ㄹ

34 N사는 사내 요리대회를 진행하고 있다. 최종 관문인 협동심 평가는 이전 평가에서 통과한 참가자 A~D 4명이 한 팀이 되어 역할을 나눠 주방에서 제한시간 내에 하나의 요리를 만드는 것이다. 재료손질, 요리보조, 요리, 세팅 및 정리 4개의 역할이 있고, 협동심 평가 후 참가자별 기존 점수에 가산점을 더하여 최종 점수를 계산할 때, 참가자들의 의견을 모두 수렴하여 역할을 선정한 것은?

〈참가자별 점수 분포〉

(단위 : 점)

구분	A참가자	B참가자	C참가자	D참가자
기존 점수	90	95	92	97

〈각 역할을 성실히 수행 시 가산점〉

(단위 : 점)

구분	재료손질	요리보조	요리	세팅 및 정리
가산점	5	3	7	9

※ 협동심 평가의 각 역할은 한 명만 수행할 수 있음

조건

• C참가자는 주부습진이 있어 재료손질 역할을 원하지 않는다.
• A참가자는 깔끔한 성격으로 세팅 및 정리 역할을 원한다.
• D참가자는 손재주가 없어 재료손질 역할을 원하지 않는다.
• B참가자는 적극적인 성격으로 어떤 역할이든지 자신 있다.
• 최종점수는 100점을 넘을 수 없다.

	재료손질	요리보조	요리	세팅 및 정리
①	A	D	C	B
②	B	C	D	A
③	B	D	C	A
④	C	A	D	B
⑤	D	C	A	B

35 K씨는 인터넷뱅킹 사이트에 가입하기 위해 가입절차에 따라 정보를 입력하는데, 패스워드 만드는 과정이 까다로워 계속 실패 중이다. 사이트 가입 시 패스워드 〈조건〉이 다음과 같을 때, 패스워드로 옳은 것은?

조건

- 패스워드는 7자리이다.
- 알파벳 대문자와 소문자, 숫자, 특수기호를 적어도 하나씩 포함해야 한다.
- 숫자 0은 다른 숫자와 연속해서 나열할 수 없다.
- 알파벳 대문자는 다른 알파벳 대문자와 연속해서 나열할 수 없다.
- 특수기호를 첫 번째로 사용할 수 없다.

---

① a?102CB
② 7!z0bT4
③ #38Yup0
④ ssng99&
⑤ 6LI◇234

※ 다음은 N은행에서 판매하는 대출 상품에 대한 안내 자료이다. 이어지는 질문에 답하시오. **[36~37]**

<table>
<tr><td colspan="3" align="center">〈N은행 대출상품 안내〉</td></tr>
<tr><td>구분</td><td align="center">내용 및 조건</td><td align="center">금리</td></tr>
<tr>
<td>A</td>
<td>• 대학생, 취업준비생, 사회초년생 대상 저금리 대출 상품
 - 대학생 : 4년제 이상의 국내 대학 재학생
 - 취업준비생 : 4년제 이상의 국내 대학 졸업 후 3년 이내
  (단, 기간 내 1년 이상의 재직 경력이 있을 경우 제외)
 - 사회초년생 : 4년제 이상의 국내 대학 졸업 후 3년 이내로
  대출 당시 재직연수 1년 미만</td>
<td>• 기본금리 : 연 2.9%
• 우대금리
 - 현재 재학생일 경우 : 연 0.2%p
 - 수도권 소재 대학일 경우 : 연 0.3%p</td>
</tr>
<tr>
<td>B</td>
<td>• 대학생, 사회초년생(만 24세 이상 만 33세 이하) 대상 저금리 대출 상품
 - 대학생 : 잔여 재학연수가 1년 이상
 - 사회초년생 : 재직 중일 경우 4대보험이 적용되는 곳이어야 하며, 월급 통장에 급여내역이 3개월 이상</td>
<td>• 기본금리 : 연 2.8%
• 우대금리
 - 현재 재직 중일 경우 재직연수에 따라 차등 적용(1년 이내 연 0.1%p, 1년 초과 3년 이내 연 0.3%p, 3년 초과 연 0.5%p)
 - 신차 구매 관련 대출금일 경우 : 연 0.4%p</td>
</tr>
<tr>
<td>C</td>
<td>• 방문고객 전용 대출 상품
직접 N은행에 방문해야 하며, 본인 명의의 N은행 통장을 개설한 지 1년 이상으로 이용 건수 5건 이상</td>
<td>• 기본금리 : 연 3.0%
• 우대금리
 - 다자녀가구(자녀 2명 이상) : 연 0.2%p
 - 한부모가구 : 연 0.2%p
 - 자영업자 : 연 0.3%p</td>
</tr>
<tr>
<td>D</td>
<td>• 스마트폰 사용 고객 대출 상품
대출자 명의의 스마트폰 요금을 N은행을 통해 계좌이체 및 N은행 카드로 납부한 내역이 6개월 이상</td>
<td>• 기본금리 : 연 3.3%
• 우대금리(납부방법에 따라 차등 적용)
 - N은행 카드로 납부 시 : 연 0.2%p
 - N은행 계좌로 자동이체 시 : 연 0.5%p</td>
</tr>
<tr><td colspan="3">※ 상품별 우대금리는 조건 충족 시 중복하여 적용될 수 있음</td></tr>
</table>

36 다음은 N은행에 근무 중인 K사원이 받은 고객의 문의 내용이다. K사원이 해당 고객에게 추천할 상품과 상품의 적용금리로 가장 적절한 것은?

> 안녕하세요? 저는 만 26세 사회초년생입니다. 저는 최근 이혼을 하여 아이 둘을 혼자 키우고 있어요. 이번에 이사를 하게 되어 급하게 대출을 받으려 하는데요. 어떤 상품이 좋은지 몰라서요. 저는 국내 수도권 소재의 4년제 대학을 졸업했고, 졸업한 지 이제 2년이 지났는데, 졸업하자마자 취업해서 현재 2년째 재직 중이에요. 저희 회사는 4대보험이 적용되는 회사고, 급여는 N은행 통장으로 받고 있어요. 스마트폰을 사용하고 있긴 하지만, 요금은 다른 은행의 계좌에서 자동이체하고 있어요. 4시 이후에 은행을 방문하려고 하는데, 그 전에 문의 먼저 하려고요.

① A, 2.6% ② B, 2.5%
③ B, 2.7% ④ C, 2.6%
⑤ C, 2.8%

37 다음 N은행의 직원과 고객의 통화 내용을 참고할 때, 직원이 해당 고객에게 추천할 상품과 상품의 적용 금리로 가장 적절한 것은?

> 직원 : 안녕하세요. 고객님, 무엇을 도와드릴까요?
> 고객 : 안녕하세요. 제가 차가 필요해서요, 방문하지 않고 대출을 받고 싶은데요.
> 직원 : 실례지만, 나이와 직업이 어떻게 되시는지요?
> 고객 : 만 25세이며, 현재 지방 소재 4년제 대학의 2학년으로 재학 중입니다.
> 직원 : 혹시 결혼은 하셨는지요?
> 고객 : 아니요. 미혼입니다.
> 직원 : 혹시 저희 은행을 이용 중이신가요?
> 고객 : 네, 대학교 입학 당시 부모님께서 제 명의의 입출금통장을 만들어주셨고 이 통장으로 매달 생활비와 등록금을 받고 있습니다. 또한 대학교 입학 당시부터 이 통장을 통해 스마트폰 요금을 자동이체하고 있고요.
> 직원 : 아, 그러시군요. 그럼 제일 낮은 금리의 상품으로 알려드리겠습니다.

① A, 2.4% ② A, 2.7%
③ B, 2.4% ④ B, 2.8%
⑤ D, 2.8%

38 다음은 국내 최대 규모로 평가받는 N은행의 마케팅 전략을 수립하기 위해 SWOT 분석 결과를 정리한 것이다. 빈칸 ㉠ ~ ㉤에 들어갈 내용으로 적절하지 않은 것은?

<SWOT 분석 결과>

강점 (Strength)	• 전통적인 리테일(소매금융)의 강자로서 3,600만 명 이상의 고객 • 국내 최대의 규모와 높은 고객 만족도·충성도에서 비롯되는 확고한 시장 지배력, 우수한 수익성과 재무 건전성 • 양호한 총자산순이익률(ROA)과 시중은행 평균을 상회하는 순이자마진(NIM)을 유지하는 등 견고한 이익창출 능력 • 국내 최상위권의 시장 지위(예수금 및 대출금 기준 국내 1위)와 다각화된 포트폴리오를 토대로 하는 안정적인 영업 기반 유지 • 사업 기반 및 수익의 다각화를 위한 적극적인 해외 진출로 장기적인 성장 동력 확보 • ㉠
약점 (Weakness)	• 서민층·저소득층 위주의 개인고객 • 노조와 사용자 사이의 해묵은 갈등 • ㉡ • 조직의 비대화에 따른 비효율(점포당 수익 저조, 고정 비용 부담 증가) • ㉢
기회 (Opportunity)	• 빠르게 성장 중인 퇴직연금시장에 의한 자금 유입 증가세 • 유동성 지원 등 유사시 정부의 정책적인 지원 가능성이 높음 • 고령화에 따른 역모기지, 보험 상품 판매 증가로 인한 수익 개선 • ㉣ • 금융 규제 유연화 방안, 금융 시장 안정화 방안 등에 따른 정부 당국의 유동성 규제 완화 조치
위협 (Threat)	• 금융 개방, 국제화의 심화에 따른 경쟁자 증대 • 포화 상태에 도달한 국내 금융 시장의 저성장성 • 사이버 테러의 증가에 따른 고객 정보의 유출 위험 • 중앙은행의 기준금리 인상으로 인한 연체율의 급증과 건전성 악화 가능성 • 글로벌 금융위기 이후 경제 불안 심리의 확산에 따른 금융 시장의 성장성 둔화 지속 • ㉤

① ㉠ : 인공지능, 클라우드, 블록체인 등 첨단 ICT 기술을 적극 활용한 디지털 전환(DT)의 안정적인 진행

② ㉡ : 이자수익에 비해 상대적으로 저조한 비이자수익

③ ㉢ : 연착륙을 유도하는 금융 당국의 보수적인 정책으로 인한 부실여신비율 상승

④ ㉣ : 핀테크 기업과의 제휴를 통한 디지털 혁신에 따른 업무 효율성 향상

⑤ ㉤ : 인터넷전문은행의 영업 확대, 핀테크 활성화, ISA(개인종합자산관리계좌) 등의 등장으로 인한 경쟁 심화

39 다음 명제가 모두 참일 때, 빈칸에 들어갈 명제로 가장 적절한 것은?

> • 제시간에 퇴근을 했다면 오늘의 업무를 끝마친 것이다.
> • _____
> • 그러므로 업무를 끝마치지 못하면 저녁에 회사식당에 간다.

① 오늘의 업무를 끝마치면 저녁에 회사식당에 간다.
② 저녁에 회사식당에 가면 오늘의 업무를 끝마친다.
③ 저녁에 회사식당에 가지 않으면 제시간에 퇴근을 한다.
④ 제시간에 퇴근하지 않으면 저녁에 회사식당에 가지 않는다.
⑤ 저녁에 회사식당에 가지 않으면 오늘의 업무를 끝마치지 못한 것이다.

40 A ~ E 5명은 부산에 가기 위해 서울역에서 저녁 7시에 출발하여 대전역과 울산역을 차례로 정차하는 부산행 KTX 열차를 타기로 했다. 이들 중 2명은 서울역에서 승차하였고, 다른 2명은 대전역에서, 나머지 1명은 울산역에서 각각 승차하였다. 〈보기〉의 대화를 참고했을 때, 항상 참인 것은? (단, 같은 역에서 승차한 경우 서로의 탑승 순서는 알 수 없다)

> **보기**
> • A : 나는 B보다 먼저 탔지만, C보다 먼저 탔는지는 알 수 없어.
> • B : 나는 C보다 늦게 탔어.
> • C : 나는 가장 마지막에 타지 않았어.
> • D : 나는 대전역에서 탔어.
> • E : 나는 내가 몇 번째로 탔는지 알 수 있어.

① A는 대전역에서 승차하였다.
② B는 C와 같은 역에서 승차하였다.
③ C와 D는 같은 역에서 승차하였다.
④ D는 E와 같은 역에서 승차하였다.
⑤ E는 울산역에서 승차하였다.

다음 중 데이터베이스 제어어(DCL) 중 사용자에게 조작에 대한 권한을 부여하는 명령어는?

① COMMIT
② REVOKE
③ GRANT
④ SELECT
⑤ ROLLBACK

42 다음 〈보기〉의 (가) ~ (라)는 워드프로세서의 출력장치와 관련된 용어를 설명한 것이다. 용어에 대한 설명으로 옳지 않은 것을 모두 고르면?

> **보기**
>
> (가) 프린터 버퍼(Print Buffer) : 인쇄할 내용을 임시 보관하는 장소
> (나) 하드 카피(Hard Copy) : 화면에 표시된 문서나 내용을 그 상태 그대로 프린터에 출력하는 기능
> (다) 스풀(Spool) : 워드프로세서의 산출된 출력 값을 특정 프린터 모델이 요구하는 형태로 번역해 주는 소프트웨어
> (라) 폼피드(Form Feed) : 용지 넘김이라고 하며, 프린터에서 그 다음 페이지의 맨 처음 위치까지 종이를 밀어 올리는 것

① (가)
② (다)
③ (가), (나)
④ (다), (라)
⑤ (가), (나), (다)

43 다음 시트에서 [E10] 셀에 수식 「=INDEX(E2:E9,MATCH(0,D2:D9,0))」를 입력했을 때, [E10] 셀에 표시되는 결과로 옳은 것은?

	A	B	C	D	E
1	부서	직위	사원명	근무연수	근무월수
2	재무팀	사원	이수연	2	11
3	교육사업팀	과장	조민정	3	5
4	신사업팀	사원	최지혁	1	3
5	교육컨텐츠팀	사원	김다연	0	2
6	교육사업팀	부장	민경희	8	10
7	기구설계팀	대리	김형준	2	1
8	교육사업팀	부장	문윤식	7	3
9	재무팀	대리	한영혜	3	0
10					

① 1
② 2
③ 3
④ 4
⑤ 5

44 다음 시트에서 [D2:D7] 영역처럼 표시하려고 할 때, [D2] 셀에 입력할 수식으로 옳은 것은?

	A	B	C	D
1	성명	주민등록번호	생년월일	성별
2	문혜정	961208-2111112	961208	여성
3	김성현	920511-1222222	920511	남성
4	신미숙	890113-2333333	890113	여성
5	이승훈	901124-1555555	901124	남성
6	최문섭	850613-1666666	850613	남성
7	성은미	000605-4777777	000605	여성

① =IF(B2="1","여성","남성")

② =IF(LEFT(B2,1)="1","여성","남성")

③ =IF(TEXT(B2,1)="1","여성","남성")

④ =IF(MID(B2,8,1)="1","남성","여성")

⑤ =IF(RIGHT(B2,1)="2","여성")

45 다음 프로그램의 실행 결과로 옳은 것은?

```
#include <stdio.h>

Int main() {
    Int A = 10;
    Int B;

    B = A % 3;

    Printf("%d", B);

    Return 0;
}
```

① 1   ② 2

③ 3   ④ 4

⑤ 5

| 공통 |

01 다음 중 NH농협은행의 경영전략목표로 옳은 것은?

① 금융혁신 디지털 선도 은행

② 고객이 먼저 찾는 매력적인 은행

③ 지역사회와 함께 성장하는 따뜻한 은행

④ 고객의 미래를 함께 설계하는 동반자 은행

⑤ 신뢰와 투명성으로 인정받는 믿음직한 은행

Hard

02 다음 중 초기의 협동조합 역사에 대한 설명으로 옳지 않은 것은?

① 영국에서 처음 시작한 로치데일협동조합은 세계 최초의 근대적 협동조합이다.

② 영국의 사회주의자 로버트 오웬은 협동조합 운동의 사상적 근거를 제시했다.

③ 독일은 신용협동조합으로 근대적 협동조합이 시작되었다.

④ 우리나라는 판매협동조합이 근대적 협동조합의 시초이다.

⑤ 덴마크의 그룬트비그 협동조합은 세계 최초의 농업협동조합이다.

03 다음 중 국내 디지털 기술 혁신 유망 스타트업에 디지털 기술 개발에 대한 투자와 NH디지털혁신캠퍼스 공유를 지원하는 NH농협은행의 전문 엑설러레이팅 프로그램으로 옳은 것은?

① NH디지털 콕핏

② NH디지털Challenge$^+$

③ NH디지털트랜스포메이션

④ NH빅스퀘어2.0

⑤ NH디지털리딩뱅크

04 다음 중 농협의 윤리시스템 중 윤리규범에 해당하는 것을 모두 고르면?

> ㄱ. 농협중앙회 임직원 윤리헌장
> ㄴ. 농협중앙회 임직원 윤리강령
> ㄷ. 농협중앙회 임직원 청렴헌장
> ㄹ. 농협중앙회 임직원 행동강령

① ㄱ, ㄴ   ② ㄴ, ㄷ
③ ㄷ, ㄹ   ④ ㄱ, ㄴ, ㄹ
⑤ ㄴ, ㄷ, ㄹ

05 다음 중 정부가 수립한 지역농산물 이용촉진 및 직거래 활성화 기본계획에서 유통경로 확충을 위한 주요과제로 옳지 않은 것은?

① 직거래장터 활성화
② 로컬푸드직매장 경영안정 및 활성화
③ 온라인직거래 활성화
④ 홈쇼핑 활용 농산물 판매 확대
⑤ 대형마트 연계 직거래모델 구축

Easy
06 다음 빈칸에 들어갈 용어로 옳은 것은?

> 최근 _____ 기업들이 코로나19 이후, 역대 최고 실적을 경신할 수 있었던 이유는 '시장' 역할을 하는 유통 / 검색 / 소셜미디어 등의 플랫폼을 장악했기 때문이다. 많은 기업들이 채용을 동결하거나 줄이고 있는 가운데 _____ 기업에서는 데이터 전문가나 소프트웨어 엔지니어와 같은 고급인재들을 싹쓸이하고 있다. 이에 미국 정부는 이들을 규제하기 위해 칼을 빼들었다. 최근 구글의 모회사인 '알파벳'이 미국 정부로부터 고소를 당했고, 청문회에서는 구글, 아마존, 애플, 페이스북의 CEO가 최초로 한 자리에 모여 독점적 지위 악용이라는 비판을 받았다.

① 핀테크   ② 빅테크
③ 빅블러   ④ 베조노믹스
⑤ 유니콘

07 다음에서 설명하는 기술로 옳은 것은?

> 인간의 뇌 기능을 적극적으로 모방하려는 의도에 기초하고 있다. 제어 대상과 관련된 복수의 요인을 설정하고, 복수 요인의 결합과 그 경중을 판단하는 일종의 통계학적 학습 알고리즘이다. 병렬적 처리와 분석이 이루어진다는 점에서 생물학적 신경망과 유사하다.

① 슈퍼컴퓨터   ② 양자 컴퓨터
③ 뉴럴 네트워크   ④ 데이터 마이닝
⑤ 클라우드 컴퓨팅

08 다음 딥러닝 기술 중 적대관계생성신경망(GAN)을 이용하여 가짜 영상이나 음성을 생성하는 기술은?

① GIS   ② 딥페이크
③ 혼합현실   ④ 메타버스
⑤ 디지털 트윈

09 다음 중 블록체인(Block Chain)에 대한 설명으로 옳지 않은 것은?

① 블록은 모든 네트워크 참여자들이 확인 가능하다.
② 블록체인을 적용한 대표적인 화폐로 비트코인이 있다.
③ 블록체인 기술의 체인에는 일정 시간 동안의 거래 기술이 저장된다.
④ 하나의 노드가 해킹을 당하더라도 계속적으로 데이터를 보존하는 것이 가능하다.
⑤ 신용기반이 아니므로 제3자가 거래를 보증하지 않고도 거래 당사자끼리 교환 가능하다.

10 다음 중 로보어드바이저(Robo-advisor)에 대한 설명으로 옳지 않은 것은?

① 인간의 판단을 확인하고 검수하는 역할을 한다.
② 로보어드바이저에는 머신러닝 기술이 적용되었다.
③ 로봇(Robot)과 투자전문가(Advisor)의 합성어이다.
④ 국내에서는 'DNA'라는 회사에서 최초로 로보어드바이저 기술을 개발했다.
⑤ 인간 프라이빗 뱅커(PB)를 대신하여 모바일 기기나 PC를 통해 포트폴리오 관리를 수행하는 온라인 자산관리 서비스를 말한다.

11 다음 〈보기〉 중 예금자보호법에 따른 예금자 보호대상 상품이 아닌 것을 모두 고르면?

보기
㉠ 양도성예금증서   ㉡ 외화예금
㉢ CMA(어음관리계좌)   ㉣ 금현물거래예탁금

① ㉠, ㉡   ② ㉠, ㉣
③ ㉡, ㉢   ④ ㉡, ㉣
⑤ ㉢, ㉣

Hard
12 다음 중 선물과 옵션의 차이점에 대한 설명으로 옳지 않은 것은?

① 선물은 계약 시 프리미엄을 지불하지 않으나, 옵션은 계약 시 프리미엄을 지불한다.
② 선물 매도자는 무한대의 손실이 발생할 수 있으나, 옵션 매도자는 손실이 제한적이다.
③ 선물은 매수자, 매도자 모두에게 계약이행 의무가 있으나, 옵션은 매도자에게만 의무가 있다.
④ 선물은 주로 위험회피 목적으로 사용되나, 옵션은 위험회피 외에 더 다양한 목적으로 폭넓게 사용된다.
⑤ 선물 매수자는 자산 가격이 떨어질 경우 계약가격 전체를 손실로 보게 되나, 옵션 매수자는 옵션을 매수한 금액으로 손실이 제한된다.

13 다음 중 각국의 주요 은행을 묶어 컴퓨터 네트워크를 구성하고 은행 상호 간의 지급 · 송금업무 등을 위한 데이터 통신의 교환을 목표로 하는 협정은?

① CHIPS   ② CEDEL
③ SWIFT   ④ TARGET
⑤ BIS

14 다음 중 우리나라의 실업통계에서 실업률이 높아지는 경우는?

① 취업자가 퇴직하여 전업주부가 되는 경우
② 취업을 알아보던 해직자가 구직을 단념하는 경우
③ 직장인이 교통사고를 당해 2주간 휴가 중인 경우
④ 대학생이 군 복무 후 복학한 경우
⑤ 공부만 하던 대학생이 편의점에서 주당 10시간 아르바이트를 시작하는 경우

15 다음 중 도덕적 해이(Moral Hazard)를 해결하는 방안에 해당하는 것을 모두 고르면?

ㄱ. 스톡옵션(Stock Option)
ㄴ. 은행담보대출
ㄷ. 자격증 취득
ㄹ. 전자제품 다년간 무상수리
ㅁ. 사고 건수에 따른 보험료 할증

---

① ㄱ, ㄴ   ② ㄴ, ㄹ
③ ㄷ, ㅁ   ④ ㄱ, ㄴ, ㅁ
⑤ ㄴ, ㄹ, ㅁ

16 다음 중 주어진 물가수준에서, 총수요곡선을 오른쪽으로 이동시키는 원인으로 옳은 것을 모두 고르면?

ㄱ. 개별소득세 인하
ㄴ. 장래경기에 대한 낙관적인 전망
ㄷ. 통화량 감소에 따른 이자율 상승
ㄹ. 해외경기 침체에 따른 순수출의 감소

---

① ㄱ, ㄴ   ② ㄴ, ㄷ
③ ㄷ, ㄹ   ④ ㄱ, ㄴ, ㄷ
⑤ ㄴ, ㄷ, ㄹ

17 생산물시장과 생산요소시장이 완전경쟁일 때, 시장의 균형 임금은 시간당 2만 원이다. 어떤 기업이 시간당 노동 1단위를 추가로 생산에 투입할 때 산출물은 추가로 5단위 증가한다고 할 때, 이러한 상황에서 이윤을 극대화하는 기업의 한계비용은?

① 2,000원   ② 4,000원

③ 10,000원   ④ 20,000원

⑤ 100,000원

Hard

18 다음은 우리나라의 국내총생산(GDP)과 국민총생산(GNP) 간 관계를 나타낸 것이다. Ⓐ ~ Ⓒ에 해당하는 사례를 바르게 짝지은 것을 〈보기〉에서 모두 고르면?

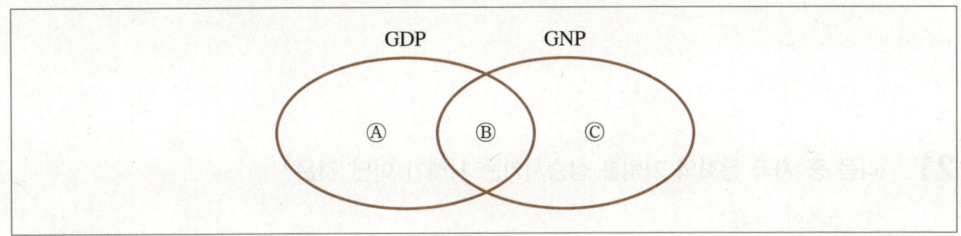

보기

가. Ⓐ – 우리나라 지점으로 발령받고 근무하는 프랑스 직원의 연봉
나. Ⓐ – 우리나라 기업이 독일에서 생산된 자동차를 수입하고 지불한 대금
다. Ⓑ – 우리나라 기업이 우리나라에서 생산한 자동차를 중국에 수출하고 받은 대금
라. Ⓒ – 미국 국적의 유학생이 우리나라에서 아르바이트를 하고 받은 급여
마. Ⓒ – 우리나라 국적의 유학생이 일본에서 아르바이트를 하고 받은 급여

① 가, 마   ② 나, 라

③ 가, 다, 라   ④ 가, 다, 마

⑤ 가, 나, 다, 마

19 주식시장에서 주가를 기술적으로 분석하여 예측하는 지표의 하나로 강세장으로 전환함을 나타내 주는 신호를 뜻하는 단어이다. 다음 중 정치에서는 지지율이 약세에서 강세로 전환되는 신호를 뜻하기도 하는 용어는?

① 골든 크로스   ② 데드 크로스

③ 실버 크로스   ④ 레드 크로스

⑤ 블랙 크로스

20 다음 중 완전경쟁시장에 대한 설명으로 옳지 않은 것은?(단, 모든 기업의 평균비용곡선은 U자형으로 동일하며, 생산요소시장도 완전경쟁이다)

① 자원배분의 효율성이 충족된다.

② 개별기업이 직면하는 수요곡선은 수평이다.

③ 비용체증산업의 경우 산업의 장기공급곡선은 우상향한다.

④ 평균가변비용곡선의 최저점이 단기에 조업중단점이 된다.

⑤ 비용불변산업의 경우 장기균형가격은 시장수요의 크기에 영향을 받는다.

21 다음 중 자국 통화의 가치를 상승시키는 사례가 아닌 것은?

① 수출의 증가

② 국외 여행객의 국내 방문 증가

③ 해외 투자에서 배당수익 발생

④ 국외 투자자의 국내 주식시장 투자 증가

⑤ 외환보유액을 늘리기 위한 중앙은행의 시장 개입

22 다음 중 정부의 지출과 조세정책 효과에 대한 설명으로 옳지 않은 것은?

① 인플레이션은 정부의 부채 부담을 더욱 크게 한다.

② 정부 부채는 일반적으로 미래의 조세 수입 증가를 통해 해소된다.

③ 조세를 일시적으로 변화시킬 경우 영속적으로 변화시킬 때보다 효과가 적다.

④ 정부가 지출을 증가시키면서도 세금을 늘리지 않는다면 정부 부채가 늘어날 수밖에 없다.

⑤ 정부가 지출을 늘리면 당장 재정적자는 불어나지만 결국 경제 회복으로 조세수입이 증가하게 되어 재정적자가 줄어들 수 있다.

23 다음 중 가격상한제와 가격하한제를 비교한 내용으로 옳지 않은 것을 모두 고르면?

구분	가격상한제	가격하한제
(가) 대상	공급자	수요자
(나) 가격	시장균형가격보다 낮음	시장균형가격보다 높음
(다) 효과	초과수요 발생	초과공급 발생
(라) 사례	실업률 증가	암시장 출현

① (라)
② (가), (다)
③ (나), (다)
④ (다), (라)
⑤ (가), (다), (라)

24 다음 중 소비자잉여에 대한 내용으로 옳은 것은?

① 공급이 감소하여 가격이 상승한 경우 소비자잉여는 감소한다.
② 수요가 증가하여 가격이 상승한 경우 소비자잉여는 감소한다.
③ 수요의 탄력성이 클수록 소비자잉여도 크다.
④ 공급의 탄력성이 클수록 소비자잉여도 크다.
⑤ 소비자잉여를 늘리는 정책은 자원배분의 효율성을 제고한다.

25 다음 중 무역수지에 대한 설명으로 옳지 않은 것은?

① 무역수지 흑자란 수출이 수입보다 클 때를 말하며, 이 때 순수출은 0보다 크다.
② 무역수지 흑자의 경우 국민소득이 국내지출(소비＋투자＋정부지출)보다 크다.
③ 무역수지 흑자의 경우 국내투자가 국민저축보다 크다.
④ 무역수지 적자의 경우 순자본유출은 0보다 작다.
⑤ 순수출은 순자본유출과 같다.

11 다음 중 누리소통망 이용자가 마케팅과 관련하여 업로드 한글·그림 등에 대한 대가로 지급받는 가상화폐는?

① 가상화폐(Virtual Currency)
② 소셜화폐(Social Currency)
③ 전자화폐(Electronic Currency)
④ 암호화폐(Cryptocurrency)
⑤ 디지털화폐(Digital Currency)

12 다음 중 많은 양의 데이터를 계속하여 덮어씌움으로써 기존의 데이터를 복구할 수 없도록 만드는 방법은?

① 디가우저(Degausser)
② 디가우징(Degaussing)
③ 디바이스 베이(Device Bay)
④ 인서트(Insert)
⑤ 오버라이트(Overwrite)

13 다음 중 $Y = (A + B)(\overline{A \cdot B})$와 같은 논리식으로 옳은 것은?

① $Y = \overline{A}A \cdot B\overline{B}$
② $Y = AB \cdot \overline{AB}$
③ $Y = \overline{A}B + \overline{AB}$
④ $Y = A\overline{B} + B\overline{A}$
⑤ $Y = \overline{AA} \cdot \overline{BB}$

Hard

14 HRN 스케줄링 방식에서 입력된 작업이 다음과 같을 때 우선순위가 가장 높은 것은?

작업	대기시간	서비스(실행)시간
A	5	20
B	40	20
C	15	45
D	20	2
E	30	5

① A
② B
③ C
④ D
⑤ E

15 다음 중 운영체제(OS)의 역할에 대한 설명으로 옳지 않은 것은?

① 컴퓨터와 사용자 사이에서 시스템을 효율적으로 운영할 수 있도록 인터페이스 역할을 담당한다.

② 사용자가 시스템에 있는 응용 프로그램을 편리하게 사용할 수 있다.

③ 하드웨어의 성능을 최적화할 수 있도록 한다.

④ 운영체제의 기능에는 제어기능, 기억기능, 연산기능 등이 있다.

⑤ 프로그램의 오류나 부적절한 사용을 방지하기 위해 실행을 제어한다.

16 다음 중 하나의 시스템을 여러 사용자가 공유하여 동시에 대화식으로 작업을 수행할 수 있으며, 시스템은 일정 시간 단위로 CPU 사용을 한 사용자에서 다음 사용자로 신속하게 전환함으로써 각 사용자들은 자신만이 컴퓨터를 사용하고 있는 것처럼 보이는 처리 방식의 시스템은?

① 오프라인 시스템(Off-Line System)

② 일괄 처리 시스템(Batch Processing System)

③ 시분할 시스템(Time Sharing System)

④ 분산 시스템(Distributed System)

⑤ 실시간 시스템(Real Time System)

17 다음 중 기존 관계형 데이터베이스의 한계를 벗어난 데이터베이스 NoSQL의 특징으로 옳지 않은 것은?

① 기존에 정의된 스키마 없이 데이터를 상대적으로 자유롭게 저장할 수 있다.

② 기존 관계형 데이터베이스의 SQL과 같은 질의 언어를 제공한다.

③ 데이터 항목을 클러스터 환경에 자동적으로 분할하여 적재한다.

④ PC 수준의 상용 하드웨어를 활용하여 데이터를 복제 또는 분산 저장할 수 있다.

⑤ 페타바이트 수준의 데이터를 처리할 수 있는 느슨한 데이터 구조를 제공한다.

18 다음 중 정규형에 대한 설명으로 옳지 않은 것은?

① BCNF는 강한 제3정규형이라고도 한다.

② 제2정규형은 반드시 제1정규형을 만족해야 한다.

③ 정규화하는 것은 테이블을 결합하여 종속성을 제거하는 것이다.

④ 제1정규형은 릴레이션에 속한 모든 도메인이 원자값만으로 되어 있는 릴레이션이다.

⑤ 제2정규형과 제3정규형은 제1정규형을 통합하여 좀 더 세부적으로 규정하는 것이다.

19 데이터베이스 관리 시스템의 필수 기능 중 다양한 응용 프로그램과 데이터베이스가 서로 인터페이스를 할 수 있는 방법을 제공하는 기능은?

① 정의 기능　　　　　　　　　② 조작 기능
③ 제어 기능　　　　　　　　　④ 저장 기능
⑤ 연산 기능

20 다음 중 DBMS(Data Base Management System)의 설명으로 옳지 않은 것은?

① 현실 세계의 자료 구조를 컴퓨터 세계의 자료 구조로 기술하는 시스템이다.
② 기존 파일 시스템이 갖는 데이터의 종속성과 중복성 문제를 해결하기 위해 제안된 시스템이다.
③ 응용 프로그램과 데이터의 중재자로서 모든 응용 프로그램들이 데이터베이스를 공유할 수 있도록 관리한다.
④ 데이터베이스의 구성, 접근 방법, 유지 관리에 대한 모든 책임을 진다.
⑤ 데이터의 추가, 변경, 삭제, 검색 등의 기능을 집대성한 것이다.

Easy

21 다음 중 데이터 통신의 특징으로 옳지 않은 것은?

① 거리와 시간상의 제약을 극복할 수 있다.
② 대형 시스템과 대용량 파일의 공동 이용이 가능하다.
③ 광대역 전송과 다방향 전달 체계를 갖는다.
④ 시간과 횟수에 제한을 받으며, 같은 내용을 한 번만 전송할 수 있다.
⑤ 고속 통신에 적합하다.

22 다음 중 25개의 구간을 망형으로 연결하면 필요한 회선의 수는 몇 회선인가?

① 250　　　　　　　　　　② 300
③ 350　　　　　　　　　　④ 500
⑤ 550

23 다음 중 암호화 기법인 RSA의 특징에 해당하지 않는 것은?

① 암호키와 복호키 값이 서로 다르다.

② 키의 크기가 작고 알고리즘이 간단하여 경제적이다.

③ 적은 수의 키만으로 보안 유지가 가능하다.

④ 데이터 통신 시 암호키를 전송할 필요가 없고, 메시지 부인 방지 기능이 있다.

⑤ 마이크로소프트 윈도우, 넷스케이프 브라우저를 비롯해 로터스 등 수백 개의 소프트웨어와 연동이 가능하다.

`Hard`
24 CPU 스케줄링 기법 중 하나인 SJF(Shortest Job First scheduling) 기법에서 작업 도착시간과 CPU 사용시간이 다음과 같을 때, 모든 작업들의 평균 대기시간은?

작업	도착시간	CPU 사용시간
A	0	23
B	3	25
C	8	10

① 10   ② 15

③ 25   ④ 35

⑤ 40

25 다음 중 머신러닝(Machine Learning)에 대한 설명으로 옳은 것을 모두 고르면?

> ㉠ 컴퓨터에 구체적인 작업 명령을 내림으로써, 해당 작업을 처리할 수 있게 한다.
> ㉡ 컴퓨터가 기존 데이터를 통해 학습하여 미래를 예측할 수 있도록 한다.
> ㉢ 머신러닝은 이미 알고리즘이 설계되어진 작업들을 수행하는데 사용되고 있다.
> ㉣ 빅데이터와 달리 사람이 아닌 컴퓨터 스스로가 데이터를 수집하고 분석하는 인공지능 기술이다.

① ㉠, ㉡   ② ㉠, ㉢

③ ㉡, ㉢   ④ ㉡, ㉣

⑤ ㉢, ㉣

문항 수 : 70문항　　응시시간 : 80분

정답 및 해설 p.075

01 　직무능력평가

01 다음 글을 읽고 보일 반응으로 가장 적절한 것은?

> 농협의 농가희망봉사단과 전북농협 봉사단원 35여 명은 전라북도 전주시와 김제시의 관내 경로당과 농가 총 7가구를 대상으로 '사랑의 집 고치기' 봉사활동을 실시하고, 우목마을 경로당에 냉장고, TV 등 전자제품과 생활용품을 기증했다.
> 이날 봉사활동과 함께 전주의 우목마을 경로당에서 실시된 2018년 전북지역 농가희망봉사단 발대식에는 국회의원, 농협 부회장 등이 참석하여 봉사단원을 격려하고, 관내 농가의 도색, 지붕 수선 등 봉사활동에도 동참했다.
> 농협의 농가희망봉사단은 건축・전기・기계 등 전문기술을 보유한 농협 직원들이 2005년 자발적으로 결성하여, 매월 전국을 순회하며 봉사활동을 하고 있다. 지금까지 총인원 7,400여 명이 621가구를 대상으로 노후 주택 수리, 보일러 및 급수 배관 교체, 전기배선・전등교체 등의 무료 봉사활동을 실시하여 고령 농업인, 다문화 가정, 소년・소녀 가정에 새로운 보금자리를 마련해줬다.
> 농협 부회장은 "농협은 창립 이후 농업인 복지증진과 지역사회 발전을 위해 사랑의 집 고치기 봉사활동을 비롯하여 농업인행복콜센터 운영, 농업인행복버스 운행, 농촌다문화가정 지원 등 농업인의 복지향상에 지속적으로 노력해왔다."며, "앞으로도 농업인과 지역주민이 피부로 느낄 수 있는 다양한 나눔경영 활동을 통해 농업인과 고객으로부터 신뢰받는 농협이 되도록 하겠다."고 말했다.

① 농협은 '사랑의 집 고치기' 봉사활동 외에 다른 봉사활동은 안 하는 것 같아.

② 농가희망봉사단은 농협에서 결성하여, 농협 각 지점마다 1명 이상의 직원을 모집했어.

③ 저런 겉보기식의 봉사활동보다 실질적으로 필요한 물품을 지원해주는 게 더 좋을 것 같아.

④ 경제적으로 어려워 집을 수리하지 못하는 주민들을 볼 때마다 안타까웠는데 정말 고마운 분들이네.

⑤ 농가희망봉사단은 집 고치기 외에도 무료 급식, 무료 도시락 제공 등의 봉사활동도 하고 있어.

02 다음은 우리나라 예금의 역사를 설명한 기사이다. 기사를 읽고 이해한 것으로 적절하지 않은 것은?

우리나라에서 예금업무를 보는 민족계 은행이 설립되기 시작한 것은 1894년(고종 31)의 갑오경장 이후이다. 그런데 우리나라에서는 민족계 은행이 설립된 뒤에도 예금이라는 용어는 사용되지 않았으며, 그 대신 임치(任置)라는 말이 사용되고 있었다. 이를테면 1906년 3월에 우리나라에서 제정된 최초의 조례로 은행법의 모체가 되는 '은행 조례'가 공포되었다. 은행 조례에서 '임치'라는 말이 사용되었으며, 당시 예금자는 임주(任主)라고 불렀다.

1912년 3월 은행설립에 관한 법령을 일원화하기 위하여 '은행령'이 공포되었는데, 여기서 임치 대신 예금이라는 용어가 등장하게 되었다. 일제강점기에는 중앙은행격인 조선은행이나 장기신용은행이라 할 수 있는 조선식산은행도 일반은행과 예금수수에 있어 경쟁적인 관계에 있었다.

1939년 이후 통계는 작성되지 않았으나, 일반은행의 예금에서 동업자·공공예금을 뺀 일반예금에 있어 1910 ~ 1938년간의 평균구성비를 보면 대체로 우리나라 사람이 21.6% 그리고 일본인이 74.4%, 그리고 기타 외국인이 4.0%를 차지하고 있었다. 이와 같이 우리 민족의 예금이 차지하는 구성비는 상대적으로 미약한 상태였다.

1945년 광복 이후 1950년대 초까지는 정치적·사회적 혼란과 경제적 무질서, 그리고 극심한 인플레이션뿐만 아니라 일반 국민의 소득도 적었고 은행금리가 실세금리보다 낮았기 때문에 예금실적은 미미한 상태였다. 1954년 '은행법'이 시행되었으며, 1961년 7월 예금금리의 인상과 예금이자에 대하여 면세조치가 이루어지고, 1965년 9월 금리기능의 회복을 도모하고 자금의 합리적인 배분을 도모하는 각종 조치가 수반됨에 따라 은행예금은 저축성예금을 위주로 증가하였다.

특히, 1960년대 경제개발계획의 추진으로 인하여 물자 동원에 예금이 중요한 비중을 차지한 관계로 각종 조치에 따라 1965년에 783억 원이던 예금은행의 총예금이 1970년에는 7,881억 원으로 증가하였다. 1970년대에는 통화공급억제와 몇 차례의 금리인하로 증가세가 다소 둔화되었다. 그런데 1972년 8월 '경제의 안정과 성장에 관한 긴급명령'에 따른 8·3조치로 사채동결, 금리대폭인하, 특별금융조치 등 대폭적인 개혁이 이루어져 1974년과 1979년을 제외하고 대체로 30% 이상의 신장세를 유지하였다.

1980년대에는 물가안정과 더불어 각종 우대금리의 확대에 따라 예금은행의 총예금이 1980년에 12조 4,219억 원, 1985년에는 31조 226억 원, 그리고 1990년에는 84조 2,655억 원에 이르렀다. 1991년부터 4단계로 나누어 실시된 금리자유화 조치와 1992년에 실시된 금융실명제는 금융자산의 흐름을 비금융권으로부터 금융권으로 바꾸어 놓아 1995년에는 예금은행의 총예금이 154조 3,064억 원으로 크게 신장되었다.

① 1945년 광복 이후 1950년대 초까지는 은행금리가 실세금리보다 낮았다.

② 예금 이전에 임치라는 용어가 은행 조례에서 사용되었다.

③ 물가안정과 각종 우대금리 확대로 1980년대에는 총예금이 지속적으로 증가했다.

④ 1972년 8월 8·3조치로 1970년대의 총예금은 매년 30% 이상의 신장세를 유지하였다.

⑤ 1965년에 비해 1970년에 총예금이 급속하게 상승했던 원인으로는 경제개발계획의 추진을 들 수 있다.

※ 다음 글을 읽고, 이어지는 질문에 답하시오. [3~4]

(가) 과학과 종교의 관계를 들여다보면 과학의 이름으로 종교를 비판하는 과학자들이 있는가 하면, 신의 뜻을 알기 위해 혹은 신의 세계를 이해하기 위해 연구를 하는 과학자들이 있다. 왜 종교라는 하나의 대상을 가지고 이렇게 나뉘는 것일까?

(나) 영적 측면은 종교와 과학이 통할 수 있는 부분이자 종교의 진정한 가치를 유지할 수 있는 부분이다. 보통 수많은 과학자가 발견을 할 때 '영감(Inspiration)'이라는 표현을 종종 하는 것을 생각해보면 이해할 수 있다. 예술에서 '영감'을 받았다는 부분과 과학에서 말하는 '영감'을 받았다고 표현하는 것은 같다고 할 수 있다. 이는 곧 종교에서 말하는 '영감'과도 다르지 않다. '영감'은 '믿음'과 관련이 있다. "이렇게 행동하면 어떤 결과가 나올까?"에 대한 질문에 "이렇게 되어야 한다."라는 예상이 곧 '믿음'에 해당된다.

(다) 실험이라는 것은 증명되지 않은 것을 밝히기 위한 과정이다. 자신이 세운 가설이 맞는지 확인하는 과정이라고 할 수 있다. 예상된 결과가 나올 것이라는 '믿음' 때문에 실험을 하는 것이라고 할 수 있다. 실험이 실패해도 계속 실험을 하는 것은 바로 '믿음' 때문이다. 이 '믿음'이 새로운 실험을 하게 하는 원동력이자 과학을 발전시키는 또 다른 힘이라고 할 수 있다. 물론 종교적 '믿음'과 과학적 '믿음'은 다르다. 과학자의 믿음은 자연의 법칙이나 우주의 원리를 알아내겠다는 '믿음'인 반면, 종교인들의 믿음은 신이라는 존재에 대한 '믿음'으로 믿음의 대상이 다르다고 할 수 있다. 그러나 '믿음'이라는 말 외에는 그 어떤 단어로도 대체하기 어려운 것이 사실이다.

(라) 아인슈타인이 종교성을 말한 것도 이런 맥락이라고 할 수 있다. 과학자들이 말하는 '우주에 대한 이해 가능성'은 증명되고 실험된 것은 아니다. 단지 이해 가능할 것이라는 '믿음'과 '영감' 때문에 연구를 하고 있는 것이다. 그래서 아인슈타인은 "과학은 종교에 의존하여 우주를 이해할 수 있는 '믿음'을 소유하고 종교는 과학에 의존하여 경이로운 우주의 질서를 발견한다."라고 주장했다.

(마) 그렇다면 두 영역이 서로 상생하기 위해서는 어떻게 해야 하는 것일까. 우선 편견으로부터 자유로워지는 것이 중요하다. 편견에서 벗어나야만 종교인 본연의 자세, 과학자 본래의 마음으로 돌아갈 수 있기 때문이다. 편견에서 자유로워지기 위해 과학자에게는 지성의 겸허함, 종교인에게는 영혼의 겸허함이 필요하고, 문제를 해결하기까지의 인내도 있어야 한다. 이 두 가지만 있다면 우리가 지동설을 인정하는 것 같이 진화론의 문제도 해결될 것이고, 다른 기타의 것들도 원만하게 풀어나갈 수 있을 것이다. 하지만 '겸허함과 인내'를 가지기 위해서는 무엇보다 _____이/가 우선시되어야 한다. 그래야만 함부로 서로 영역을 침범하면서 비난하는 일이 생겨나지 않을 수 있기 때문이다.

Easy

03 다음 중 (가) ~ (마) 문단의 핵심 화제로 적절하지 않은 것은?

① (가) – 종교에 대한 과학자의 상반된 입장

② (나) – 종교와 과학에서의 영감

③ (다) – 종교적 믿음과 과학적 믿음의 공통점

④ (라) – 종교에 대한 아인슈타인의 주장

⑤ (마) – 종교와 과학의 상생 조건

04 다음 중 윗글의 빈칸에 들어갈 말로 가장 적절한 것은?

① 두 영역의 상생 가능성에 대한 이해
② 서로의 영역에 대한 날카로운 평가
③ 전체의 관점에서 각 영역을 파악하려는 노력
④ 두 영역을 하나로 통합하려는 노력
⑤ 서로의 영역을 인정해주려는 노력

05 다음 문단을 논리적 순서대로 바르게 나열한 것은?

> (가) 둘째 날은 2018년 팜 스테이 최우수마을로 선정된 경기 연천군의 새 둥지 마을을 방문하여 농협에서 중점적으로 추진하고 있는 '깨끗하고 아름다운 농촌 마을 가꾸기 운동'에 동참하고자 꽃심기와 임진강 환경정화 활동에 구슬땀을 흘렸다. 이밖에 도농 교류가 지속적으로 확대되기를 기원하는 소망 등(燈) 만들기 행사와 연천에서 생산된 보리를 재료로 웰빙 보리 개떡 만들기 체험을 하며 농업의 소중함을 깨달았다.
>
> (나) '에너지와 여성' 단체의 회장은 연수 소감 발표에서 "이번 연수는 소비자 입장에서 우리 농산물의 소중함을 이해하고, 도농 교류의 참된 의미를 느끼는 뜻깊은 시간이었다."고 말했다. 도농협동연수원 원장은 "도농 어울림 과정은 도시 소비자와 농업인 간의 만남과 소통을 통해 농산물 직거래 기반을 구축하는 연수 과정이란 점에서 의미가 매우 크다."면서 "이번 연수를 통해 도농 간 교류가 더욱 활발해졌으면 한다."고 강조했다.
>
> (다) 도시민과 농업인은 연수 첫째 날 '공공재로서 농업·농촌의 가치 이해' 강의를 시작으로 주변에서 쉽게 구할 수 있는 우리 농산물의 우수성에 대한 '음식 속에 해답이 있다.'는 특강을 통해 우리 농산물의 우수성에 공감했다. 특히, 농심 토크 시간에는 안성 인처골마을의 농업인으로부터 10년 전 귀농하면서 겪었던 농촌 정착과정에서의 경험담과 시행착오 속에서 성공한 '유기농 포도의 재배와 효능'에 대한 설명을 듣고 우리 농산물의 소중함을 재인식하고, 현장에서 직거래에 대한 상담을 진행하기도 했다.
>
> (라) 농협의 도농협동연수원은 팜 스테이 마을에 대한 정보 제공과 생산농산물 소개를 통해 농가소득 증대를 위한 '도농 협동 CEO 리더 어울림 과정'을 이틀간 개최했다. 이날 연수에는 팜 스테이 운영 농업인 40명과 도농협동 국민운동 MOU 단체인 '에너지와 여성'의 도시소비자 40명 등 80여 명이 함께 참여하여 농업·농촌의 가치 이해, 농심(農心) 토크, 농촌 마을 가꾸기 등을 진행했다.

① (가) – (나) – (다) – (라) ② (가) – (라) – (나) – (다)
③ (나) – (다) – (가) – (라) ④ (라) – (가) – (다) – (나)
⑤ (라) – (다) – (가) – (나)

06 농협은행 교육지원팀 과장인 귀하는 신입사원들을 대상으로 청렴교육을 실시하면서, 사내 내부제보준칙에 대하여 설명하려고 한다. 다음은 내부제보준칙 자료의 일부이다. 귀하가 신입사원들에게 설명할 내용으로 적절하지 않은 것은?

제4조 임직원 및 퇴직일로부터 1년이 경과하지 않은 퇴직 임직원이 제보하여야 할 대상 행위는 다음과 같다.

① 업무수행과 관련하여 위법·부당한 행위, 지시 또는 직권남용

② 횡령, 배임, 공갈, 절도, 금품수수, 사금융 알선, 향응, 겸업금지 위반, 성희롱, 저축관련 부당행위, 재산국외도피 등 범죄 혐의가 있는 행위

③ 「금융실명거래 및 비밀보장에 관한 법률」 또는 「특정금융거래정보의 보고 및 이용 등에 관한 법률」 위반 혐의가 있는 행위

④ 제도 등 시행에 따른 위험, 통제시스템의 허점

⑤ 사회적 물의를 야기하거나 조직의 명예를 훼손시킬 수 있는 대내외 문제

⑥ 그 밖에 사고방지, 내부통제를 위하여 필요한 사항 등

제5조

① 임직원은 제4조에서 정한 임직원의 제보대상 행위를 인지한 경우 이를 지체없이 제보하여야 한다.

② 제1항을 위반하여 제보대상 행위를 인지하고도 제보하지 아니한 자는 행위자에 준하여 징계할 수 있다.

제6조

① 내부제보를 수집하고 제보의 집중관리를 위하여 준법감시담당부서에 "내부제보센터"를 둔다.

② 내부제보센터는 별도 공간 마련 등 다른 업무와 구분하여 운영하여야 한다.

③ 내부제보센터는 우편, 팩스, 전화, 인터넷망, 내부통신망 등의 다양한 방법으로 제보를 접수한다.

④ 내부제보센터 운영에 대한 세부사항은 준법감시담당부서장이 정한다.

⑤ 제보 시에는 제보의 내용을 육하원칙에 의거 구체적으로 적시하여야 하며, 제보는 실명을 원칙으로 하되 실명 사용으로 불이익이 예상되는 등 특별한 사정이 있는 경우에는 익명으로 할 수 있다.

… 생략 …

제8조

① 조사는 공정하고 독립적으로 수행하여야 하며 사건의 확대·행위자의 증거인멸을 방지하고 사고 관련자의 인권보호를 위하여 신속히 처리하여야 한다.

② 조사는 조사대상자가 소명할 수 있는 기회를 충분히 보장하되, 이의제기로 인한 재심의 청구, 소송 등 비능률적인 사례가 발생하지 않도록 정확하게 처리하여야 한다.

제9조

① 제보자에 대하여는 내부제보로 인하여 그의 이익이 침해되지 않도록 비밀을 유지하고 근무조건상 차별 등 인사상 일체의 불리한 대우를 하여서는 아니 된다.

② 제1항의 규정을 위반하는 자는 인사규정에 따라 징계할 수 있다.

③ 내부제보로 제보자 자신의 부정행위가 발견된 경우 그 제보자에 대한 징계처분을 정함에 있어서는 징계변상 관련 규정에 따라 감경 또는 면책할 수 있다.

④ 내부제보로 인하여 임직원이 징계받은 경우 징계받은 자의 소속 사무소에 대하여는 각종 시상이나 평가 시 불이익을 주어서는 아니 된다.

① 내부제보의 대상에는 직권남용과 명백한 위법행위, 조직의 명예를 실추시키는 행위, 업무상의 지장을 빚는 모든 행위나 제도가 포괄적으로 포함됩니다.

② 내부제보는 부당한 일을 고발할 수 있는 권리이기도 하지만, 동시에 그런 일을 보았을 때 꼭 실행해야 할 의무이기도 합니다.

③ 여러분은 항상 주변을 돌아보고 제보할 거리를 확인해야 하며, 같은 소속의 누군가가 징계의 대상이 되었을 때 본인에게도 피해가 갈 수 있음을 인지하고 경각심을 가져야 합니다.

④ 내부제도센터는 다른 업무와 독립적으로 운영하도록 함으로써 조사의 독립성을 확보하고 제보자를 보호할 수 있도록 하고 있습니다.

⑤ 본인에게 징계 사유가 있는 제보자에게는 징계처분을 일정 부분 제하여 줌으로써 자발적인 투명성을 유도하고 있습니다.

07 다음은 신입사원 A가 작성한 보고서의 일부이다. 신입사원 A의 보고서를 확인한 상사 B는 띄어쓰기가 적절하게 사용되지 않은 것을 보고, 신입사원 A에게 문서 작성 시 유의해야 할 띄어쓰기에 대해 조언을 하려고 한다. 다음 중 상사 B가 조언할 내용으로 적절하지 않은 것은?

> 국내의 한 운송 업체는 총 무게가 만톤에 달하는 고대 유적을 안전한 장소로 이전하는 해외 프로젝트에 성공하였습니다.
> 이번 프로젝트는 댐 건설로 인해 수몰 위기에 처한 지역의 고대 유적을 약 5km 가량 떨어진 문화공원으로 옮기는 문화유적 이송 프로젝트입니다.
> 운송 업체 관계자인 김민관 씨는 "글로벌 종합물류 기업에 걸맞은 시너지 효과를 창출하기 위해 더욱 더 노력하겠다."라고 말했습니다.

① 접사는 뒷말과 붙여 써야 하므로 '전체를 합한'의 뜻을 나타내는 접사인 '총'은 '총무게'와 같이 붙여 써야 합니다.

② 단위를 나타내는 명사는 앞말과 띄어 써야 하므로 '만톤'은 '만 톤'으로 띄어 써야 합니다.

③ '-여, -쯤, -가량'과 같은 접미사는 앞말과 붙여 써야 하므로 '5km 가량'은 '5km가량'으로 붙여 써야 합니다.

④ 성과 이름 그리고 이에 덧붙는 호칭어, 관직명 등은 모두 붙여 써야 하므로 '김민관 씨'는 '김민관 씨'와 같이 붙여 써야 합니다.

⑤ 한 단어는 붙여 써야 하므로 '더욱'을 강조하는 단어인 '더욱더'는 붙여 써야 합니다.

다음 글을 읽고, 〈보기〉의 ㉠~㉧의 순서를 바르게 나열한 것은?

농협의 온라인 거래소는 산지 농산물을 인터넷이나 모바일을 통해 경매나 정가·수의매매로 거래할 수 있는 농산물 공영유통시장이다. 기존의 도매시장처럼 경매나 정가·수의매매로 거래하되, 거래 방법은 출하처가 지정한다. 입찰 경매는 하루에 두 번, 오전과 오후에 진행되지만, 정가 거래는 별도의 시간 제약이 없다.

온라인 거래소는 생산자의 결정권이 강화되었다는 평가를 받는다. 정가 거래 시 출하처가 등록한 희망 가격으로만 거래할 수 있으며, 입찰 거래 시에도 출하처가 입찰 최저가격과 출하권역, 배송 최소물량 등을 미리 지정하기 때문이다. 구매자는 출하처가 제시한 최저가격과 물량으로만 입찰할 수 있다. 대신 가격 안정과 거래 활성화를 위해 입찰 거래는 낙찰자 제시가 중 최저가를 일괄 적용한다.

온라인 거래소는 일반 도매시장과 달리 출하 표준규격이 없다. 중도매인 외에 식자재 업체나 마트 바이어 등 다양한 구매자가 참여하는 만큼 특정 규격을 지정하기보다 주요 생산 품목을 다양하게 등록할 수 있도록 했다. 또한 낙찰 이후 배송이 지체되면 가격변동으로 인해 구매 의욕 저하가 발생할 수 있기 때문에 산지직송을 통한 익일배송을 원칙으로 한다.

온라인 거래소는 정산 주체의 역할도 수행한다. 출하처에 대금을 선지급하고, 차후 구매자가 결제하는 방식이다. 다만 클레임 발생으로 인한 재정산, 정산취소를 방지하기 위해 구매자 상품 수령과 검품 절차를 마친 거래 확정 건에 대해서만 정산한다.

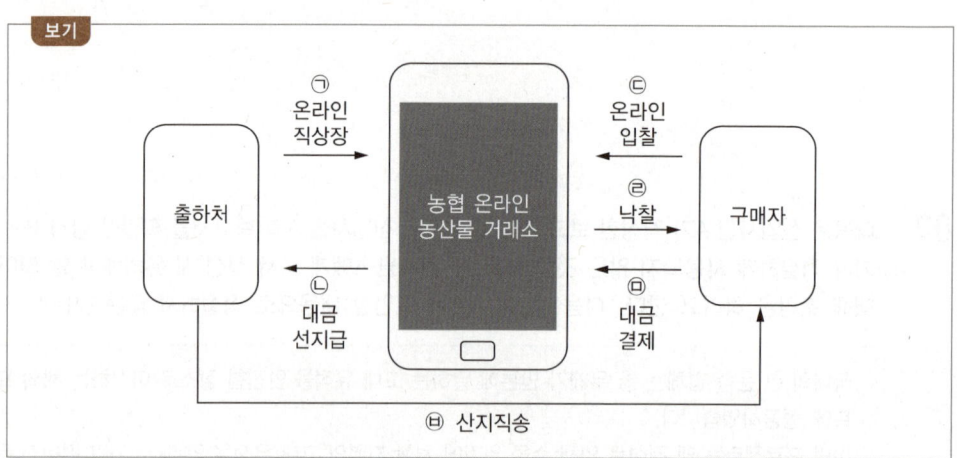

① ㉠-㉡-㉢-㉣-㉤-㉧

② ㉠-㉢-㉡-㉣-㉧-㉤

③ ㉠-㉢-㉣-㉤-㉡-㉧

④ ㉠-㉢-㉣-㉧-㉡-㉤

⑤ ㉢-㉠-㉣-㉧-㉤-㉡

Easy

09 A ~ E 5명이 일렬로 줄을 설 때 양 끝에 B, D가 서게 될 확률은?

① $\dfrac{1}{8}$　　　　　　　　　　② $\dfrac{1}{9}$

③ $\dfrac{1}{10}$　　　　　　　　　　④ $\dfrac{1}{11}$

⑤ $\dfrac{1}{12}$

10 A와 B가 운동장을 돌 때, 서로 반대 방향으로 돌면 12분 후에 다시 만난다. A의 속력은 100m/분, B의 속력은 80m/분이라면 운동장의 둘레는 몇 m인가?

① 1,960m　　　　　　　　　② 2,060m

③ 2,100m　　　　　　　　　④ 2,160m

⑤ 2,260m

11 5%의 소금물 400g이 있다. 여기에서 몇 g의 물을 증발시켜야 10%의 소금물을 얻을 수 있는가?

① 100g　　　　　　　　　　② 150g

③ 200g　　　　　　　　　　④ 250g

⑤ 300g

12 농협에 방문한 은경이는 목돈 5,000만 원을 정기예금에 맡기려고 한다. 은경이가 고른 상품은 월단리 예금상품으로 월이율 0.6%이며, 기간은 15개월이다. 은경이가 이 상품에 가입했을 경우 만기 시 받는 이자는 얼마인가?(단, 정기예금은 만기일시지급식이다)

① 4,500,000원   ② 5,000,000원

③ 5,500,000원   ④ 6,000,000원

⑤ 6,500,000원

13 A은행에서는 새로운 지점의 고객 유치를 위해 다음 〈조건〉과 같은 금융상품을 개발하였다. 해당 지점에서 고객이 개설할 수 있는 금융상품의 경우의 수는 몇 가지인가?(단, 동시에 여러 개 금융상품이 결합된 경우 별도의 경우의 수로 고려한다)

> **조건**
> • 금융 상품은 1번부터 10번까지 있다.
> • 예금 상품은 1 ~ 3번, 적금 상품은 4번, 5번이다.
> • 예금 또는 적금 상품 1 ~ 5번 내에서 중복해서 개설할 수 없고, 하나만 가입 가능하다.
> • 투자 상품은 6, 7번, 카드 상품은 8번, 기타 상품은 9, 10번이다.
> • 예금 또는 적금 상품을 개설할 경우에만 투자 상품이나 기타 상품을 개설할 수 있다.
> • 카드 상품은 예금 상품을 개설해야 만들 수 있다.
> • 투기를 막기 위해 각 고객은 투자 상품 또는 기타 상품을 최대 1개까지만 개설할 수 있다.

① 10가지   ② 15가지

③ 22가지   ④ 28가지

⑤ 32가지

14 다음은 지식경제부에서 발표한 산업경제지표 추이이다. 이에 대한 설명으로 옳지 않은 것은?

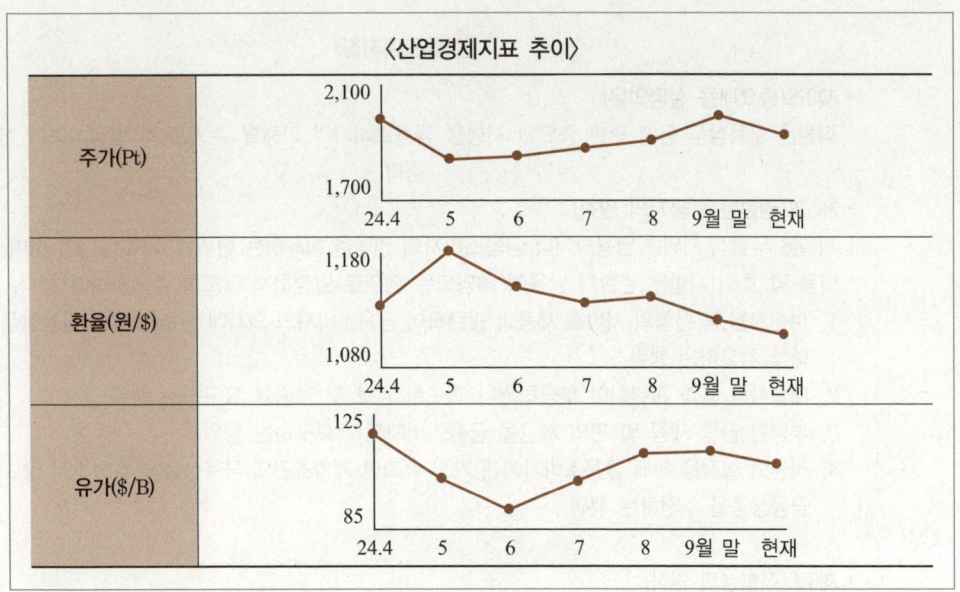

① 숫자상의 변동 폭이 가장 작은 것은 유가이다.

② 2024년 8월을 기점으로 세 지표 모두 하락세를 보이고 있다.

③ 환율은 5월 이후 하락세에 있으므로 원화가치는 높아질 것이다.

④ 유가는 6월까지는 큰 폭으로 하락했으나, 그 이후 9월까지 서서히 상승세를 보이고 있다.

⑤ 주가는 5월에 급락했다가 9월 말까지 서서히 회복세를 보였으나, 현재는 다시 하락해서 24년 4월선을 회복하지 못하고 있다.

15 다음은 N은행의 상품판매지침 중 일부이다. 상품판매지침에 대한 상담 내용으로 가장 적절한 것은?

〈상품판매지침〉

- 제3조(중요내용 설명의무)
  직원은 금융상품 등에 관한 중요한 사항을 금융소비자가 이해할 수 있도록 설명하여야 한다.
  … 중략 …
- 제5조(권한남용 금지의 원칙)
  직원은 우월적 지위를 남용하거나 금융소비자의 권익을 침해하는 행위를 하지 않아야 하며, 특히 다음 각 호의 사항은 권한의 남용에 해당되는 행위로 발생하지 않도록 주의하여야 한다.
  1. 여신지원 등 은행의 서비스 제공과 관련하여 금융소비자의 의사에 반하는 다른 금융상품의 구매를 강요하는 행위
  2. 대출상품 등과 관련하여 부당하거나 과도한 담보 및 보증을 요구하는 행위
  3. 부당한 금품 제공 및 편의 제공을 금융소비자에게 요구하는 행위
  4. 직원의 실적을 위해 금융소비자에게 가장 유리한 계약조건의 금융상품을 추천하지 않고 다른 금융상품을 추천하는 행위

- 제6조(적합성의 원칙)
  1. 직원은 금융소비자에 대한 금융상품 구매 권유 시 금융소비자의 성향, 재무상태, 금융상품에 대한 이해수준, 연령, 금융상품 구매목적, 구매경험 등에 대한 충분한 정보를 파악하여 금융소비자가 적합한 상품을 구매하도록 최선의 노력을 다한다.
  2. 직원은 취약한 금융소비자(65세 이상 고령층, 은퇴자, 주부 등)에 대한 금융상품 구매 권유 시 금융상품에 대한 이해수준, 금융상품 구매목적, 구매경험 등을 파악하여 취약한 금융소비자에게 적합하다고 판단되는 상품을 권유하여야 한다.

---

① Q : 제가 아파트를 구입하려는데 ○○차량을 담보로 약 2천만 원 정도를 대출하고 싶어요.
　 A : 지금 소유하신 ○○차량으로도 담보대출 진행이 가능하긴 한데, 시일이 좀 걸릴 수 있습니다. 대신에 우선 계약을 진행하시고 아파트를 담보로 하시면 훨씬 수월하게 대출 진행이 가능합니다.
　 Q : 2천만 원을 대출하는데 아파트를 담보로 진행하기에는 무리가 있지 않나요?
　 A : 하지만 담보물의 가격이 높을수록 대출 진행이 원활하기 때문에 훨씬 편하실 겁니다.
② Q : 저는 전업주부인데 급하게 돈이 필요해서 대출상품을 좀 알아보려고 해요.
　 A : 그러시면 저희 상품 중 '○○ 대출' 상품이 고객님께 가장 알맞습니다. 이걸로 진행해 드릴까요?
　 Q : 제가 금융상품을 잘 몰라서 여러 상품에 대한 설명을 좀 듣고 싶어요.
　 A : '○○ 대출' 상품이 그 어떤 상품보다 고객님께 유리하기 때문에 권해드리는 거예요.
③ Q : 제가 여러 상품을 종합적으로 판단했을 때, 'ㅁㅁ 적금'으로 목돈을 모아보려고 하는데 바로 신청이 되나요?
　 A : 고객님, 그 상품은 이율이 조금 떨어지는데 왜 그 상품을 가입하려고 하세요? '△△ 적금'으로 신청하는 게 유리하니까 그쪽으로 진행해 드릴게요.

④ Q : 직장에서 은퇴해서 가게를 차리려고 하는데, 대출상품에 대해 아는 게 없어서 추천을 좀
　　　해주실 수 있나요?

　　A : 고객님께서는 가게를 차리기 위해서 잔금을 위한 대출이 필요하시고, 이전에 대출상품을
　　　이용해 본 적이 없으시다는 말씀이시죠? 그렇다면 고객님의 우편 주소나 전자메일 주소를
　　　알려주시면 대출상품과 관련된 안내서와 추천 상품을 발송해 드릴게요.

⑤ Q : 저는 과거에 연체 이력이 있어서 신용도가 낮은데, 500만 원 정도의 소액 대출도 불가능할
　　　까요?

　　A : 전혀 문제없습니다. 제가 신용도 관계없이 진행할 수 있게 도와드릴게요. 제 개인 번호를
　　　따로 드릴 테니, 연락주시면 식사라도 하면서 이야기하시죠.

16 K씨는 개인이 사용할 목적으로 한정판 게임기를 미국 소재 인터넷 쇼핑몰에서 물품가격과 운송료
　　를 지불하고 구매했다. 다음 관세 관련 규정과 K씨의 구매 내역을 보고 K씨가 게임기 구매로 지출
　　한 원화금액을 구하면?

〈관세 관련 규정〉

• 물품을 수입할 경우 과세표준에 품목별 관세율을 곱한 금액을 관세로 납부해야 한다. 단, 과세표
　준이 15만 원 미만이고, 개인이 사용할 목적으로 수입하는 물건에 대해서는 관세를 면제한다.

• 과세표준은 판매자에게 지급한 물품가격, 미국에 납부한 세금, 미국 내 운송료, 미국에서 한국까
　지의 운송료를 합한 금액을 원화로 환산한 금액을 의미한다. 단, 미국에서 한국까지의 운송료는
　실제 지불한 운송료가 아닌 다음의 국제선편요금을 적용한다.

※ 과세표준 환산 시 환율은 관세청장이 정한 고시환율에 따름(현재 고시환율 : 1,100원/$).

〈국제선편요금〉

중량	0.5 ~ 1kg 미만	1 ~ 1.5kg 미만
금액(원)	10,000	15,000

〈K씨의 구매 내역〉

• 게임기 가격 : $120
• 미국에서 한국까지 운송료 : $35
• 구매 시 적용된 환율 : 1,200원/$
• 게임기 중량 : 950g
• 게임기에 적용되는 관세율 : 10%
• 미국 내 세금 및 운송료는 없다.

---

① 174,800원　　　　　　　　　　② 186,000원

③ 197,200원　　　　　　　　　　④ 208,400원

⑤ 216,400원

17 다음은 N은행의 금융상품에 대한 재구매 실적을 1,000명의 고객을 대상으로 정리한 자료이다. 이를 바탕으로 한 직원들의 대화 내용으로 옳지 않은 것은?

〈금융상품 재구매 실적〉

(단위 : 명)

구분		2차 판매				
		예금	적금	보험	펀드	비구매
1차 판매	예금	115	58	27	116	24
	적금	128	64	16	48	64
	보험	5	4	3	3	135
	펀드	38	53	10	57	32

우리 은행에서 교차판매하고 있는 금융상품을 구매한 고객 1,000명을 대상으로 조사한 자료입니다. 회의를 진행하는 목적은 2차 판매율을 높이는 방안을 마련하는 데 있습니다. 자료를 보고 자유롭게 의견을 제시해 주시면 감사하겠습니다.

① A : 1차에서 예금을 구매한 고객 중 2차에서 펀드를 구매한 고객은 약 34.12%로 다른 품목에 비해 2차 판매율이 높은데, 이는 목돈을 마련한 후 예금보다 높은 이익을 얻고자 하는 경향이 반영된 것 같습니다.

② B : 1차에서 적금을 구매한 고객이 2차에서 예금을 구매하는 경우가 그 반대의 경우보다 많습니다. 즉, 적금으로 목돈을 모아 예금으로 불려가는 재테크 방법을 선호하는 것 같습니다.

③ C : 1차와 동일한 품목으로 2차에서 구매하는 고객 수는 보험이 가장 적습니다. 아마도 가입기간이 장기간이기 때문에 다시 보험에 가입하는 것을 꺼리는 것 같습니다.

④ D : 전반적으로 예금을 구매하는 고객이 많습니다. 고객에게 보다 적합한 상품을 제공할 수 있도록 다양한 분석이 필요합니다.

⑤ E : 2차 판매가 이루어지지 않은 경우가 전체에서 약 $\frac{1}{5}$ 을 차지하고 있습니다. 만약 그 고객이 타사의 상품을 구매한 것이라고 본다면 본사의 큰 잠재손실이 될 것입니다.

18 N사는 신흥 투자국 두 곳을 선정하고자 한다. 각 후보 국가에 대한 정보는 다음과 같으며, 제시된 선정기준에 따라 투자국을 선정할 때, 신흥 투자국으로 선정될 국가들이 바르게 연결된 것은?

〈국가 산업 발전 정보〉

구분	시장매력도			수준	접근가능성
	시장규모 (백만 불)	성장률 (%)	인구규모 (십만 명)	전자정부순위	수출액 (백만 원)
A국	625	12	245	2	615
B국	91	21	57	4	398
C국	75	34	231	11	420
D국	225	18	48	32	445

〈투자국 선정기준〉

• 총점이 높은 두 국가를 투자국으로 선정한다. 총점은 시장규모, 성장률, 인구규모, 전자정부순위, 수출액에 대한 점수를 합산하여 산출한다.

• 시장규모가 큰 순서대로 후보국들의 각 순위에 따라 다음 점수를 부여한다.

(단위 : 점)

구분	1위	2위	3위	4위
점수	80	60	40	20

• 성장률이 높은 순서대로 후보국들의 각 순위에 따라 다음 점수를 부여한다.

(단위 : 점)

구분	1위	2위	3위	4위
점수	50	40	30	20

• 인구규모가 큰 순서대로 후보국들의 각 순위에 따라 다음 점수를 부여한다.

(단위 : 점)

구분	1위	2위	3위	4위
점수	50	40	30	20

• 전자정부순위가 높은 순서대로 후보국들의 각 순위에 따라 다음 점수를 부여한다.

(단위 : 점)

구분	1위	2위	3위	4위
점수	30	20	10	0

• 수출액이 많은 순서대로 후보국들의 각 순위에 따라 다음 점수를 부여한다.

(단위 : 점)

구분	1위	2위	3위	4위
점수	20	15	10	5

① A국, B국   ② A국, C국

③ B국, C국   ④ B국, D국

⑤ C국, D국

19 다음은 F-2 점수제 비자에 대한 안내 자료이다. F-2 점수제 비자를 받을 수 있는 경우는?

〈F-2 점수제 비자 안내〉

■ **F-2 점수제 비자란?**
한국 시민권자를 배우자로 뒀거나 5년 이상(단, 하루도 빠짐없이) 한국에 체류한 경우 받을 수 있는 비자로, 나이, 학력, 한국어능력, 현 소득 등 점수를 합산하여 120점 만점에 80점을 넘을 경우 연장이 가능한 2년 기한의 비자가 발급되며, 특별한 문제가 없으면 3년 뒤 영주자격을 신청할 수 있습니다.

■ **F-2 점수제 비자 점수 평가방법**
나이, 학력, 한국어능력시험, 연간 소득으로 구성되는 공통항목과 가·감점항목의 점수를 합산하여 평가됩니다. 가·감점항목의 경우 사회통합프로그램, 납세실적, 사회봉사 등으로 최대 30점의 가점을 받을 수 있으나, 동반가족 등이 불법체류이거나 기타 벌금 등의 처분을 받았다면 최대 5점이 감점될 수 있습니다. 공통항목에 대한 점수 평가표는 다음과 같습니다.

• 나이

(단위 : 점)

구분	18~24세	25~29세	30~34세	35~39세	40~44세	45~50세	51세 이상
배점	20	23	25	23	20	18	15

• 학력

(단위 : 점)

구분	박사		석사		학사		전문학사		고졸
	이공계	인문계	이공계	인문계	이공계	인문계	이공계	인문계	
배점	35	33	32	30	28	26	25	23	15

• 한국어능력시험

(단위 : 점)

구분	고급		중급		초급	
	6급	5급	4급	3급	2급	1급
배점	20	18	16	14	12	10

• 연간 소득

(단위 : 점)

구분	1억 원 이상	9천만 원 이상	8천만 원 이상	7천만 원 이상	6천만 원 이상	5천만 원 이상	4천만 원 이상	3천만 원 이상	2천만 원 이상	2천만 원 미만
배점	10	9	8	7	6	5	4	3	2	1

① 제 현재 나이는 32세입니다. 연간 소득은 3천 2백만 원이며 한국어능력시험 3급을 취득했습니다. 현재 석사 인문계 과정으로 졸업한 상태이고, 추가적으로 사회봉사활동으로 가점 20점을 확보하였습니다. 현재 독신이며 한국에서 체류한 지 3년 되었습니다.

② 저는 우수한 성적으로 한국어능력시험 5급을 취득했으며, 이공계 과정으로 학사를 졸업했습니다. 현재 나이는 36세로 한국인 배우자를 두었습니다. 연간 소득은 2천 4백만 원입니다. 사회통합프로그램에 참여하여 가점 5점을 확보했습니다.

③ 한국에서 지낸 지 8년이 되어가고 있으며, 현재 나이는 42세입니다. 저는 성실한 납세를 통해 가점 15점을 확보하였고, 한국어능력시험 6급을 취득한 상태입니다. 연간 소득은 1천 8백만 원으로 고졸 출신입니다.

④ 한국인 배우자를 둔 33세 남자입니다. 한국어를 좋아해서 한국어능력시험 6급을 취득하였고, 이공계 과정 석사로 졸업하였습니다. 사회봉사활동을 통해 가점 10점을 확보한 상태이며, 연간 소득은 2천 6백만 원입니다.

⑤ 저는 현재 연간 소득이 4천 3백만 원이며, 나이는 40세입니다. 한국에서 지낸 지 2년 되었고, 최근에 한국어능력시험 4급을 취득했습니다. 인문계 과정으로 박사 졸업했으며, 꾸준하게 사회통합프로그램에 참여하여 가점 15점을 받았습니다.

20 다음은 1인당 스팸 문자의 내용별 수신 수에 대한 자료이다. 이에 대한 설명으로 옳지 않은 것은?

〈1인당 스팸 문자의 내용별 수신 수〉

(단위 : 통)

구분	2023년 하반기	2024년 상반기	2024년 하반기
대출	5	6	10
성인	0	2	3
일반	11	5	7
합계	16	13	20

① 내용별 스팸 문자 수신 수에서 감소한 종류는 없다.

② 성인 관련 스팸 문자는 2024년부터 수신되기 시작했다.

③ 해당 기간 동안 가장 큰 폭으로 증가한 것은 대출 관련 스팸 문자이다.

④ 전년 동기 대비 2024년 하반기의 1인당 스팸 문자 전체의 수신 수 증가율은 25%이다.

⑤ 2024년 상·하반기 각각에서 가장 높은 비중을 차지하는 스팸 문자의 내용은 대출로 동일하다.

21 N은행의 차대리는 여름휴가를 맞아 남편과 함께 태국여행을 가기로 하였다. 출국 날짜 한 달 전에 예약을 하면 특가로 갈 수 있는 상품들이 있어 조사 중이다. 비즈니스석 또는 이코노미석으로 가기 원하며, 한국에서 출발 시각은 점심식사를 한 후 오후 1시 30분부터 오후 5시 사이였으면 한다. 다음은 차대리가 조사한 여행사별 상품에 대한 자료이다. 차대리 부부가 7월 또는 8월 여행으로 원하는 여행 상품을 선택할 때, 한국에서 비행기 출발 시각은 언제이며, 총금액은 얼마인가?(단, 가장 저렴한 상품을 고르고, 출발 시각은 선택한 여행 상품에서 제일 이른 시각으로 선택한다)

〈여행사별 태국여행 상품〉

구분	상품 금액	기간	좌석
A여행사	345,000원		이코노미, 비즈니스
B여행사	300,000원	2박 3일	이코노미, 퍼스트 클래스
C여행사	382,000원		이코노미, 비즈니스, 퍼스트 클래스
D여행사	366,000원		이코노미, 비즈니스

※ 상품 금액은 이코노미석일 때의 금액이며, 비즈니스석으로 변경하면 상품 금액의 3배, 퍼스트 클래스석으로 변경하면 상품 금액의 4배를 지불함

〈여행사별 출국 날짜 및 출발 시각〉

구분	출국 날짜	출발 시각
A여행사	7월 1일~8월 31일(매주 월, 수, 토)	오전 10시, 11시 / 오후 3시, 4시 30분
B여행사	6월 22일~9월 25일(매주 목, 금)	오후 5시 20분, 7시 15분
C여행사	8월 1일~9월 14일(매주 수)	오전 9시, 11시 / 오후 7시, 8시 30분
D여행사	6월 10일~8월 22일(매주 화, 수, 일)	오전 5시, 8시 / 오후 2시, 4시 30분

〈여행사별 할인 혜택〉

구분	할인 혜택
A여행사	출국 한 달 전까지 예약 시 10% 할인
B여행사	3인 이상 예약 시 자녀(초등학생) 1명 반값 초등학생 자녀 없을 시 성인 1인 20% 할인
C여행사	4인 이상 예약 시 동반 어린이 무료
D여행사	2인 이상 예약 시 상품 금액 5만 원씩 할인

	출발 시각	총금액
①	오후 2시	621,000원
②	오후 2시	632,000원
③	오후 3시	621,000원
④	오후 3시	632,000원
⑤	오후 3시	634,500원

22 다음은 N공장에서 근무하는 근로자들의 임금수준 분포를 나타낸 자료이다. 근로자 전체에게 지급된 임금(월 급여)의 총액이 2억 원일 때, 이에 대한 〈보기〉의 설명 중 옳은 것을 모두 고르면?

<공장 근로자의 임금수준 분포>

임금수준(만 원)	근로자 수(명)
월 300 이상	4
월 270 이상~300 미만	8
월 240 이상~270 미만	22
월 210 이상~240 미만	26
월 180 이상~210 미만	30
월 150 이상~180 미만	6
월 150 미만	4
합계	100

보기

ㄱ. 근로자 1명당 평균 월 급여액은 200만 원이다.

ㄴ. 절반 이상의 근로자들이 월 210만 원 이상의 급여를 받고 있다.

ㄷ. 전체 근로자 중 월 180만 원 미만의 급여를 받는 근로자가 차지하는 비율은 10% 미만이다.

① ㄱ
② ㄷ
③ ㄱ, ㄴ
④ ㄴ, ㄷ
⑤ ㄱ, ㄴ, ㄷ

23 다음은 어느 도서관에서 일정 기간 도서 대여 횟수를 작성한 자료이다. 이에 대한 설명으로 옳지 않은 것은?

<도서 대여 횟수>

(단위 : 회)

구분	비소설		소설	
	남자	여자	남자	여자
40세 미만	20	10	40	50
40세 이상	30	20	20	30

① 40세 미만보다 40세 이상의 전체 대여 횟수가 더 적다.

② 소설을 대여한 전체 횟수가 비소설을 대여한 전체 횟수보다 많다.

③ 남자가 소설을 대여한 횟수는 여자가 소설을 대여한 횟수의 70% 이하이다.

④ 40세 이상의 전체 대여 횟수에서 소설 대여 횟수가 차지하는 비율은 40% 이상이다.

⑤ 40세 미만의 전체 대여 횟수에서 비소설 대여 횟수가 차지하는 비율은 20%를 넘는다.

24 다음은 주중과 주말 교통상황에 대한 자료이다. 이에 대한 <보기>의 설명 중 옳은 것을 모두 고르면?

<주중 · 주말 예상 교통량>

(단위 : 만 대)

구분	전국	수도권 → 지방	지방 → 수도권
주중 예상 교통량	40	4	2
주말 예상 교통량	60	5	3

<대도시 간 예상 최대 소요시간>

구분	서울 – 대전	서울 – 부산	서울 – 광주	서울 – 강릉	남양주 – 양양
주중	1시간	4시간	3시간	2시간	1시간
주말	2시간	5시간	4시간	3시간	2시간

보기

ㄱ. 대도시 간 예상 최대 소요시간은 모든 구간에서 주중이 주말보다 적게 걸린다.

ㄴ. 주중 전국 예상 교통량 중 수도권에서 지방으로 가는 교통량의 비율은 10%이다.

ㄷ. 지방에서 수도권으로 가는 주말 예상 교통량은 주중 예상 교통량의 2배이다.

ㄹ. 서울 – 광주 구간 주중 예상 최대 소요시간은 서울 – 강릉 구간 주말 예상 최대 소요시간과 같다.

① ㄱ, ㄴ   ② ㄴ, ㄷ

③ ㄷ, ㄹ   ④ ㄱ, ㄴ, ㄹ

⑤ ㄴ, ㄷ, ㄹ

25 다음은 N기업의 분기별 매출이익, 영업이익, 순이익에 대한 자료이다. 매출이익 대비 순이익의 비가 가장 낮은 분기의 전분기 대비 영업이익 증감률은?

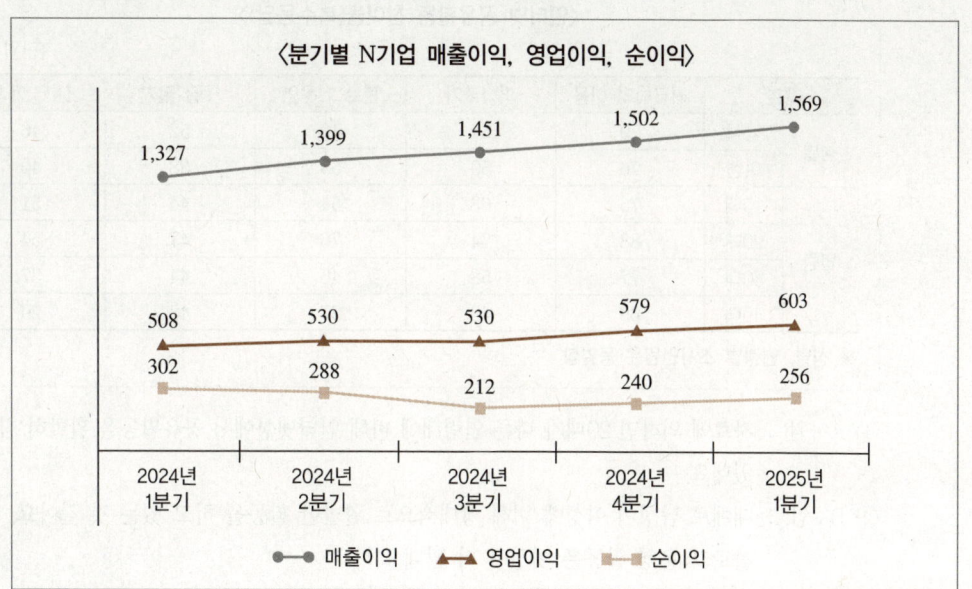

〈분기별 N기업 매출이익, 영업이익, 순이익〉

① 약 0%

② 약 4.1%

③ 약 4.3%

④ 약 9.2%

⑤ 약 9.5%

26 다음은 인터넷 공유활동 참여 현황을 정리한 자료이다. 이를 올바르게 이해하지 못한 사람은?

〈인터넷 공유활동 참여율(복수응답)〉

(단위 : %)

구분		커뮤니티 이용	퍼나르기	블로그 운영	댓글 달기	UCC 게시
성별	남성	79	64	49	52	46
	여성	76	59	55	38	40
연령	10대	75	63	54	44	51
	20대	88	74	76	47	54
	30대	77	58	46	44	37
	40대	66	48	27	48	29

※ 성별, 연령별 조사인원은 동일함

① A사원 : 자료에 의하면 20대가 다른 연령대에 비해 인터넷상에서 공유활동을 활발히 참여하고
있네요.
② B주임 : 대체로 남성이 여성에 비해 상대적으로 활발한 활동을 하고 있는 것 같아요. 그런데
블로그 운영 활동은 여성이 더 많네요.
③ C대리 : 남녀 간의 참여율 격차가 가장 큰 활동은 댓글 달기이네요. 반면에 커뮤니티 이용은
남녀 간의 참여율 격차가 가장 작네요.
④ D사원 : 10대와 30대의 공유활동 참여율을 큰 순서대로 나열하면 재미있게도 두 연령대의 활동
순위가 동일하네요.
⑤ E사원 : 40대는 대부분의 공유활동에서 모든 연령대의 참여율보다 낮지만, 댓글 달기에서는 가
장 높은 참여율을 보이고 있네요.

※ 다음은 N사의 인재 채용 조건과 N사에 입사를 지원한 A ~ E지원자에 대한 자료이다. 이어지는 질문에 답하시오. **[27~28]**

〈인재 채용 조건〉

- 직원의 평균 연령대를 고려하여 1986년 이후 출생한 지원자만 채용한다.
- 경영·경제·회계·세무학 전공자이면서 2년 이상의 경력을 지닌 지원자만 채용한다.
- 지원자의 예상 출퇴근 소요시간을 10분당 1점, 희망연봉을 100만 원당 1점으로 계산하여 평가 점수가 낮은 사람의 순으로 채용을 고려한다.

〈A ~ E지원자의 상세 정보〉

구분	A	B	C	D	E
출생연도	1988년	1982년	1993년	1990년	1994년
전공	경제학과	경영학과	회계학과	영문학과	세무학과
경력	5년	8년	2년	3년	1년
예상 출퇴근 소요시간	1시간	40분	1시간 30분	20분	30분
희망연봉	3,800만 원	4,200만 원	3,600만 원	3,000만 원	3,200만 원

Easy

27 A ~ E지원자 중 단 1명을 채용한다고 할 때, 다음 중 N사가 채용할 사람은?

① A ② B
③ C ④ D
⑤ E

28 N사의 인재 채용 조건이 다음과 같이 변경되어 A ~ E지원자 중 1명을 채용한다고 할 때, 다음 중 N사가 채용할 사람은?

〈인재 채용 조건〉

- 직원들과의 관계를 고려하여 1991년 이후 출생한 지원자만 채용한다.
- 2년 이상의 경력자라면 전공과 상관없이 채용한다(단, 2년 미만의 경력자는 경영·경제·회계·세무학을 전공해야만 한다).
- 지원자의 예상 출퇴근 소요시간을 10분당 3점, 희망연봉을 100만 원당 2점으로 계산하여 평가한다. 이때, 경력 1년당 5점을 차감하며, 경영·경제·회계·세무학 전공자의 경우 30점을 차감한다. 총평가 점수가 낮은 사람의 순으로 채용을 고려한다.

① A ② B
③ C ④ D
⑤ E

29 N기업은 3개 신문사(A~C)를 대상으로 광고비를 지급하기 위해 3가지 선정 방식을 논의 중이다. 3개 신문사의 정보와 선정 방식이 다음과 같을 때, 〈보기〉에서 옳은 것을 모두 고르면?

〈A ~ C신문사 정보〉

구분	발행부수(부)	유료부수(부)	발행기간(년)
A신문사	30,000	9,000	5
B신문사	30,000	11,500	10
C신문사	20,000	12,000	12

※ (발행부수)=(유료부수)+(무료부수)

〈선정 방식〉

• 방식 1 : 항목별 점수를 합산하여 고득점 순으로 500만 원, 300만 원, 200만 원을 광고비로 지급하되, 80점 미만인 신문사에는 지급하지 않는다.

구분	항목별 점수			
발행부수(부)	20,000 이상	15,000 ~ 19,999	10,000 ~ 14,999	10,000 미만
	50점	40점	30점	20점
유료부수(부)	15,000 이상	10,000 ~ 14,999	5,000 ~ 9,999	5,000 미만
	30점	25점	20점	15점
발행기간(년)	15 이상	12 ~ 14	9 ~ 11	6 ~ 8
	20점	15점	10점	5점

※ 항목별 점수에 해당하지 않을 경우 해당 항목을 0점으로 처리함

• 방식 2 : ㉠등급에 400만 원, ㉡등급에 200만 원, ㉢등급에 100만 원을 광고비로 지급하되, 등급별 조건을 모두 충족하는 경우에만 해당 등급을 부여한다.

구분	발행부수(부)	유료부수(부)	발행기간(년)
㉠등급	20,000 이상	10,000 이상	10 이상
㉡등급	10,000 이상	5,000 이상	5 이상
㉢등급	5,000 이상	2,000 이상	2 이상

• 방식 3 : 1,000만 원을 발행부수 비율에 따라 각 신문사에 광고비로 지급한다.

ㄱ. B신문사는 방식 3이 가장 유리하다.

ㄴ. C신문사는 방식 1이 가장 유리하다.

ㄷ. 방식 1로 선정할 경우, A신문사는 200만 원의 광고비를 지급받는다.

ㄹ. 방식 2로 선정할 경우, C신문사는 A신문사보다 두 배의 광고비를 지급받는다.

① ㄱ, ㄴ   ② ㄱ, ㄷ

③ ㄴ, ㄷ   ④ ㄴ, ㄹ

⑤ ㄷ, ㄹ

30 해외영업부에서 근무하는 K부장은 팀원과 함께 해외출장을 가게 되었다. 인천공항에서 대한민국 시간으로 7월 14일 09:00에 모스크바로 출발하고, 모스크바에서 일정시간 동안 체류한 후, 영국 시간으로 7월 14일 18:30에 런던에 도착하는 일정이다. 다음 중 모스크바에 체류한 시간으로 가장 적절한 것은?

구분	출발	도착	비행시간
인천 → 모스크바	7월 14일 09:00		9시간 30분
모스크바 → 런던		7월 14일 18:30	4시간

※ 시차정보(GMT기준) : 영국 0, 러시아 +3, 대한민국 +9

① 1시간   ② 2시간

③ 3시간   ④ 5시간

⑤ 7시간

※ 다음은 농협은행의 NH1934 월 복리 적금에 대한 자료이다. 이어지는 질문에 답하시오. [31~32]

〈NH1934 월 복리 적금〉

청년고객의 취업·창업을 응원하며 금융거래에 따라 높은 우대금리를 제공하는 월 복리 적금

• 가입대상 : 만 19 ~ 34세 개인 및 개인사업자(1인 1계좌)
• 가입기간 : 6 ~ 24개월
• 가입금액 : 1 ~ 50만 원(매월) 이내 자유적립
• 기본금리 : 계약기간별 금리를 적용(연 %)

가입기간	6개월 이상	12개월 이상
금리	1.45	1.50

• 우대금리 : 다음 우대조건을 만족하는 경우 가입일 현재 기본금리에 가산하여 만기해지 시에 적용(연 %p)

우대조건		우대금리
급여 실적	만기 전전월 말 기준, 가입기간에 따른 급여 실적이 있는 경우 – 가입기간 12개월 이하 : 급여 실적 3개월 – 가입기간 24개월 이하 : 급여 실적 12개월	1.0
개인사업자 계좌 실적	만기 전전월 말 기준, 농협은행 개인사업자계좌를 보유하고 3개월 평균 잔액이 50만 원 이상인 경우	
비대면 채널 이체 실적	만기 전전월 말 기준, 비대면 채널(인터넷 / 스마트 뱅킹, 올원뱅크)에서 월평균 2건 이상 이체 시(오픈뱅킹 이체 포함)	0.3
마케팅 동의	신규 시점에 개인(신용)정보 수집·이용·제공 동의(상품서비스 안내 등) 전체 동의한 경우	0.2

※ 급여 실적과 개인사업자계좌 실적 우대금리는 중복 적용 불가
※ 농업계고 및 청년농부사관학교 졸업자가 졸업증명서, 수료증 등을 제출한 경우 추가 우대금리 2.0%p 제공

---

31 다음 중 NH1934 월 복리 적금에 대한 설명으로 옳지 않은 것은?

① 연령에 따른 제한이 있는 상품이므로 퇴직을 앞두고 창업을 계획 중인 중장년층에게는 적합하지 않다.

② 월초에 10만 원을 입금하였더라도 한 달 내 40만 원 이하의 금액을 추가로 자유롭게 입금할 수 있다.

③ 이자는 매월 입금하는 금액마다 입금일부터 만기일 전까지의 기간에 대하여 약정금리에 따라 월 복리로 계산하여 지급된다.

④ 가입기간이 길수록 더 높은 기본금리가 적용될 수 있으나, 24개월을 초과하여 계약할 경우 가장 낮은 기본금리가 적용된다.

⑤ 가장 낮은 금리가 적용되는 고객과 모든 우대조건을 만족하여 최대 금리가 적용되는 고객과의 금리 차이는 3.55%p다.

32 다음은 은행고객과 직원의 대화이다. 빈칸에 들어갈 금리로 옳은 것은?

> 고객 : 안녕하세요. 적금 만기일이 다가와서 문의드릴 게 있습니다. 저는 현재 NH1934 월 복리 적금을 23회 차까지 입금한 상태인데요. 가입할 때 기본금리 외에도 우대조건을 만족하면 우대금리가 적용될 수 있다고 설명을 들었던 것 같은데, 정확히 적용되는 금리가 얼마인지 알 수 있을까요?
>
> 직원 : 네, 고객님. 확인해보도록 하겠습니다. 먼저 고객님께서 24개월의 기간으로 가입하셔서 기간에 따른 기본금리가 적용됩니다. 그리고 고객님께서 현재 저희 은행의 개인사업자계좌를 보유하고 있는 것으로 확인되어서 평균 잔액을 조회해봐야 할 것 같습니다.
>
> 고객 : 그 계좌는 작년에 처음 500만 원으로 개설한 뒤로 지금까지 단 한 번도 출금하지 않았어요.
>
> 직원 : 음… 그런데 저희 은행의 인터넷 뱅킹이나 앱은 사용한 적이 없으신가요? 조회 결과 거래 내역이 조회되지 않아 말씀드립니다.
>
> 고객 : 네, 제가 은행 업무는 꼭 영업점을 방문해서 하는 편이라 그렇습니다.
>
> 직원 : 네. 그러면 다른 정보도 확인해보겠습니다. 처음 상품 가입하실 때 개인정보 수집 및 이용 동의에 전체 동의해주신 것도 확인되었습니다. 그러면 적용되는 총금리가…
>
> 고객 : 아! 제가 N농업고등학교 출신이라 졸업증명서를 제출하면 우대금리를 받을 수 있다고 들었는데 혹시 적용 가능할까요?
>
> 직원 : 네, 맞습니다. 만기일 전에 영업점 방문하셔서 신청해주시면 적용받으실 수 있습니다. 그러면 고객님께서 적용받으실 수 있는 총금리는 ＿＿＿＿＿＿가 됩니다.

① 연 1.5% ② 연 2.7%
③ 연 3.8% ④ 연 4.7%
⑤ 연 4.8%

※ 다음 자료를 읽고, 이어지는 질문에 답하시오. [33~35]

<N은행 인기 금융상품 안내서>

■ 만능정기적금
1) 개요 : 가입자가 이율, 이자지급, 만기일 등을 직접 설계하여 저축할 수 있는 다기능 맞춤식 상품
2) 가입기간
  • 고정금리형 : 1개월 이상~3년 이내(월 단위)
  • 단위기간 금리연동형 : 12개월 이상~36개월 이내 월 단위로 가입기간을 정하고 금리연동(회전)
    단위기간은 1개월 이상~6개월 이내 월 단위로 정할 수 있음
3) 가입금액
  • 신규 최저 100만 원 이상(원 단위)
  • 건별 10만 원 이상 원 단위로 추가입금 가능(신규포함 30회까지)
■ 직장인우대적금
1) 개요 : 직장인의 재테크 스타일을 반영하여 급여이체를 하거나 보너스 등의 부정기적인 자금을 추가
  로 적립하는 경우 우대이율을 적용하고, 결혼・출산・이사 등 이벤트를 위한 중도해지 시 기본이율을
  제공하는 상품
2) 가입기간 : 1년 이상~3년 이내(연 단위)
3) 가입금액
  • 정액적립 : 1만 원 이상~3백만 원 이하(원 단위)
  • 추가적립 : 월 정액적립금액을 초과한 금액으로 최대 5백만 원 이하(원 단위)
    ※ 단, 저축일 현재 미납 회차가 없는 계좌로 분기별 1회, 만기 1개월 전까지 가능
■ 자녀행복적금
1) 개요 : 자녀의 미래를 위해 목돈을 마련해 줄 수 있고 다양한 우대이율과 부가서비스를 받을 수 있는
  유소년 전용상품
2) 가입기간 : 1년(1년마다 자동 재예치 가능)
3) 가입금액 : 초회 10만 원 이상, 2회 차 이후 3만 원 이상~500만 원 이하 자유저축
4) 분할인출 : 재예치된 계좌의 재예치금(이자 포함) 중 100만 원을 제외한 금액 범위 내에서 계약기간
  중 1회에 한하여 인출 가능
■ 금리 비교(지급방식 : 만기일시지급)

구분	가입기간	적용금리(연 %, 세전)	우대금리(연 %p, 세전)
만능정기적금 (만기지급, 확정금리)	1개월 이상	1.0	최고 0.3
	3개월 이상	1.1	
	6개월 이상	1.2	
	1년 이상	1.3	
	2년 이상	1.4	
	3년	1.5	
직장인우대적금	12개월	1.6	최고 0.5
	24개월	1.8	
	36개월	2.1	
자녀행복적금	12개월	1.6	최고 0.9

■ 위 3개의 금융상품은 예금자보호법에 따라 예금보험공사가 보호하며, 보호한도는 본 은행에 있는 모든
  예금 보호대상 금융상품의 원금과 소정의 이자를 합하여 1인당 '최고 1억 원'입니다.

33 귀하는 선임 행원으로부터 가장 인기가 있는 금융상품에 대해 알아두라고 위와 같은 자료를 받았다. 다음 중 귀하가 이해한 내용으로 가장 적절한 것은?

① 금융상품마다 불입해야 할 금액조건이 서로 상이하지만, 가입기간은 모두 3년으로 동일하다.

② 만능정기적금은 가입할 때 일정한 기간 단위로 금리가 변동할 수 있도록 설정이 가능하다.

③ 신규가입 시 일정금액을 예치하는 조건을 3가지 상품 모두 가지고 있다.

④ 직장인우대적금의 경우 회차당 적립하기로 한 금액 이외에도 연 1회 추가 적립이 가능하다.

⑤ 자녀행복적금은 신규가입 후 만기 이전의 예치금 중 100만 원을 제외한 금액 범위 내에서 3회 분할인출이 가능하다.

34 귀하는 N은행 홈페이지에서 3가지 금융상품을 안내하는 배너에 잘못 기재된 부분이 있다는 것을 알게 되었다. 다음 중 잘못된 정보는 무엇인가?

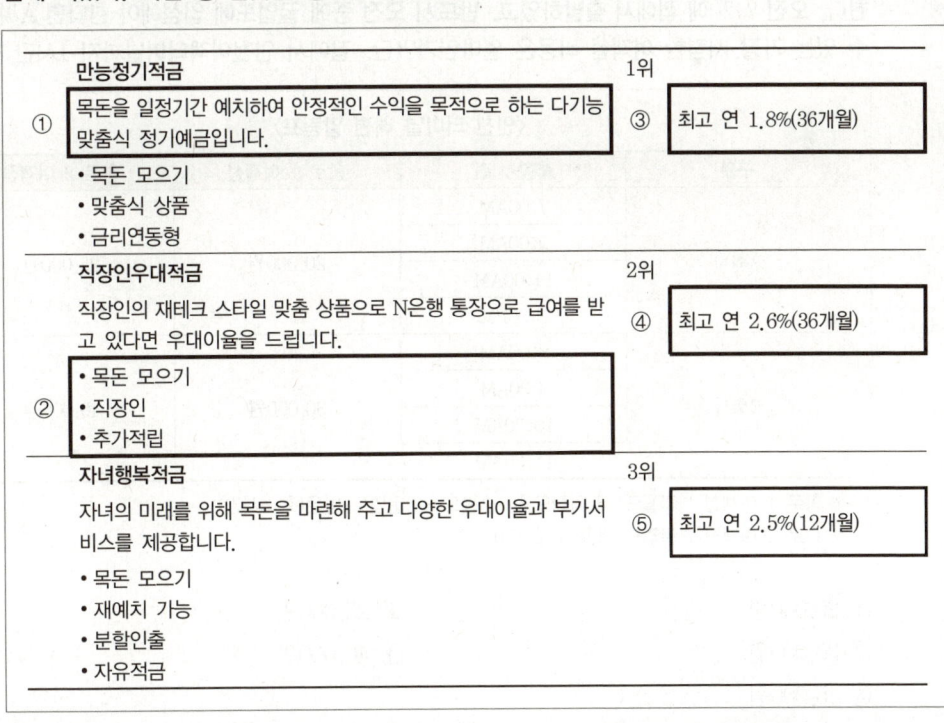

PART 3

35 귀하는 직장인우대적금에 가입한 고객으로부터 문의를 받았다. 다음 중 고객의 질문에 대한 답변으로 가장 적절한 것은?

> 고객 : 안녕하세요? 6개월 전에 직장인우대적금을 가입했었는데요. 이사 때문에 자금이 부족해서 적금을 해지해야 할 것 같습니다. 1년 만기로 가입했었고, 우대금리 조건은 모두 충족해서 최고금리를 받을 수 있는 것으로 알고 있습니다. 제가 중도해지하게 된다면 받을 수 있는 이율이 얼마인가요?

① 0.5% 이율이 적용됩니다.

② 0.9% 이율이 적용됩니다.

③ 1.6% 이율이 적용됩니다.

④ 2.1% 이율이 적용됩니다.

⑤ 2.3% 이율이 적용됩니다.

36 굴업도 백핑킹을 계획하던 A씨는 이른 아침 인천 여객터미널에 가서 배편으로 섬에 들어가려고 한다. 오전 7:20에 집에서 출발하였고, 반드시 오전 중에 굴업도에 입섬해야 한다면 A씨가 취할 수 있는 가장 저렴한 여객선 비용은 얼마인가?(단, 집에서 인천여객터미널까지 1시간 걸린다)

구분	출항 시간	항로 1 여객선	항로 2 여객선
〈인천 터미널 배편 알림표〉			
A회사	7:00AM	20,000원	25,000원
	9:00AM		
	11:00AM		
	1:00PM		
B회사	8:00AM	30,000원	40,000원
	9:30AM		
	10:30AM		
	11:30AM		

※ 항로 1 여객선 : 자월도 → 덕적도 → 승봉도 → 굴업도 방문(총 4시간)
※ 항로 2 여객선 : 굴업도 직항(총 2시간)

① 20,000원

② 25,000원

③ 30,000원

④ 40,000원

⑤ 45,000원

37 LH 한국토지주택공사에서 근무하는 A사원은 경제자유구역사업에 대한 SWOT 분석결과 자료를 토대로, SWOT 분석에 의한 경영전략에 맞추어 〈보기〉와 같이 판단하였다. 다음 중 A사원이 판단한 SWOT 분석에 의한 경영전략의 내용으로 적절하지 않은 것을 모두 고르면?

〈경제자유구역사업에 대한 SWOT 분석결과〉

구분	분석 결과
강점(Strength)	– 성공적인 경제자유구역 조성 및 육성 경험 – 다양한 분야의 경제자유구역 입주희망 국내기업 확보
약점(Weakness)	– 과다하게 높은 외자금액 비율 – 외국계 기업과 국내기업 간의 구조 및 운영상 이질감
기회(Opportunity)	– 국제경제 호황으로 인하여 타국 사업지구 입주를 희망하는 해외시장부문의 지속적 증가 – 국내진출 해외기업 증가로 인한 동형화 및 협업 사례 급증
위협(Threat)	– 국내거주 외국인 근로자에 대한 사회적 포용심 부족 – 대대적 교통망 정비로 인한 기성 대도시의 흡수효과 확대

〈SWOT 분석에 의한 경영전략〉

• SO전략 : 강점을 활용해 기회를 선점하는 전략
• ST전략 : 강점을 활용하여 위협을 최소화하거나 극복하는 전략
• WO전략 : 기회를 활용하여 약점을 보완하는 전략
• WT전략 : 약점을 최소화하고 위협을 회피하는 전략

보기

ㄱ. 성공적인 경제자유구역 조성 노하우를 활용하여 타국 사업지구로의 진출을 희망하는 해외기업을 유인 및 유치하는 전략은 SO전략에 해당한다.
ㄴ. 다수의 풍부한 경제자유구역 성공 사례를 바탕으로 외국인 근로자를 국내주민과 문화적으로 동화시킴으로써 원활한 지역발전의 토대를 조성하는 전략은 ST전략에 해당한다.
ㄷ. 기존에 국내에 입주한 해외기업의 동형화 사례를 활용하여 국내기업과 외국계 기업의 운영상 이질감을 해소하여 생산성을 증대시키는 전략은 WO전략에 해당한다.
ㄹ. 경제자유구역 인근 대도시와의 연계를 활성화하여 경제자유구역 내 국내·외 기업 간의 이질감을 해소하는 전략은 WT전략에 해당한다.

① ㄱ, ㄴ
② ㄱ, ㄷ
③ ㄴ, ㄷ
④ ㄴ, ㄹ
⑤ ㄷ, ㄹ

38

> • 도보로 걷는 사람은 자가용을 타지 않는다.
> • 자전거를 타는 사람은 자가용을 탄다.
> • 자전거를 타지 않는 사람은 버스를 탄다.

① 자가용을 타는 사람은 도보로 걷는다.
② 버스를 타지 않는 사람은 자전거를 타지 않는다.
③ 버스를 타는 사람은 도보로 걷는다.
④ 도보로 걷는 사람은 버스를 탄다.
⑤ 도보로 걷는 사람은 자전거를 탄다.

39

> • 창조적인 기업은 융통성이 있다.
> • 오래 가는 기업은 건실하다.
> • 오래 가는 기업이라고 해서 모두가 융통성이 있는 것은 아니다.

① 융통성이 있는 기업은 건실하다.
② 창조적인 기업이 오래 갈지 아닐지 알 수 없다.
③ 융통성이 있는 기업은 오래 간다.
④ 어떤 창조적인 기업은 건실하다.
⑤ 창조적인 기업은 오래 간다.

40 N은행에 다니고 있는 A행원은 새롭게 부서 비품관리를 맡게 되었다. 물적자원 관리과정에 맞춰 A행원의 행동을 순서대로 나열한 것은?

> **보기**
>
> ㄱ. 비품관리실 한쪽에 위치한 서랍 첫 번째 칸에 필기구와 메모지를 넣어두고 A4 용지는 습기가 없는 장소에 보관한다.
> ㄴ. 바로 사용할 비품 중 필기구와 메모지를 따로 분류한다.
> ㄷ. 기존에 있던 비품 중 사용할 사무용품과 따로 보관해둘 물품을 분리한다.

① ㄱ - ㄷ - ㄴ　　　　　　　　② ㄴ - ㄷ - ㄱ
③ ㄴ - ㄱ - ㄷ　　　　　　　　④ ㄷ - ㄱ - ㄴ
⑤ ㄷ - ㄴ - ㄱ

41 다음은 K중학교 2학년 1반 국어, 수학, 영어, 사회, 과학에 대한 학생 9명의 성적표이다. 학생들의 평균 점수를 가장 높은 순서대로 구하고자 할 때, [H2] 셀에 들어갈 함수식으로 옳은 것은?(단, G열의 평균 점수는 구한 것으로 가정한다)

〈2학년 1반 성적표〉

	A	B	C	D	E	F	G	H
1		국어	수학	영어	사회	과학	평균 점수	평균 점수 순위
2	강○○	80	77	92	81	75		
3	권○○	70	80	87	65	88		
4	김○○	90	88	76	86	87		
5	김△△	60	38	66	40	44		
6	신○○	88	66	70	58	60		
7	장○○	95	98	77	70	90		
8	전○○	76	75	73	72	80		
9	현○○	30	60	50	44	27		
10	황○○	76	85	88	87	92		

① = RANK(G2, G$2:G$10, 0) ② = RANK(G2, $G2$:G10, 0)

③ = RANK(G2, $B2$:G10, 0) ④ = RANK(G2, $B2$:$G$10, 0)

⑤ = RANK(G2, $B$2:FF10, 0)

42 다음과 같이 G마트에서 파는 물건을 상품코드와 크기에 따라 엑셀 프로그램으로 정리하였다. 상품 코드가 S3310897이고, 크기가 '중'인 물건의 가격을 구하는 함수식으로 옳은 것은?

	A	B	C	D	E	F
1						
2		상품코드	소	중	대	
3		S3001287	18,000	20,000	25,000	
4		S3001289	15,000	18,000	20,000	
5		S3001320	20,000	22,000	25,000	
6		S3310887	12,000	16,000	20,000	
7		S3310897	20,000	23,000	25,000	
8		S3311097	10,000	15,000	20,000	
9						

① = HLOOKUP(S3310897, $B$2:$E$8, 6, 0)

② = HLOOKUP("S3310897", $B$2:$E$8, 6, 0)

③ = VLOOKUP("S3310897", $B$2:$E$8, 2, 0)

④ = VLOOKUP("S3310897", $B$2:$E$8, 6, 0)

⑤ = VLOOKUP("S3310897", $B$2:$E$8, 3, 0)

43 다음 프로그램의 실행 결과로 옳은 것은?

```c
#include <stdio.h>

Int main( ) {
    Int i;
    Int sum =0;

    For(i=0; i<10; i++){
        sum += i;
    }
    Printf("최종합 : %d\n", sum);
}
```

① 40

② 45

③ 50

④ 55

⑤ 60

44 다음 파이썬 프로그램의 실행 결과로 옳은 것은?

```
>>> print(50/5)
```

① 50.0

② 5.0

③ 1.0

④ 10.0

⑤ 0.0

45 S사 영업2팀은 〈조건〉에 따라 이달의 성실사원을 선정하고자 한다. 영업2팀 구성원의 근무 현황을 다음과 같이 엑셀로 정리하였을 때, 이달의 성실사원을 선정하기 위해 [E2] 셀에 입력해야 할 함수로 옳은 것은?

◢	A	B	C	D	E
1	이름	매출 성과[원]	야근[회]	외근 수[회]	성실사원 여부
2		500,000	3	5	
3		0	4	8	
4		300,000	2	8	
5		50,000	0	0	
6		250,000	2	2	
7		150,000	0	10	

조건

• 매출 성과는 200,000원 이상이어야 한다.
• 야근 3회 이상 또는 외근 5회 이상이어야 한다.
• 위 두 조건을 모두 만족하면 성실사원으로 선정한다.

① =IF(OR(B2>=200000, AND(C2>=3, D2>=5)), "성실사원")
② =IF(OR(B2>=200000, NOT(C2>=3, D2>=5)), "성실사원")
③ =IF(AND(B2>=200000, NOT(C2>=3, D2>=5)), "성실사원")
④ =IF(AND(B2>=200000, OR(C2>=3, D2>=5)), "성실사원")
⑤ =IF(AND(B2>=200000, AND(C2>=3, D2>=5)), "성실사원")

| 공통 |

01 다음 중 농협에 대한 설명으로 옳지 않은 것은?

① 상호금융을 도입하여 농가들의 고리 사채 문제를 해소하였다.

② 농촌사랑운동, 1사1촌 자매결연 등 도농교류활동을 추진하였다.

③ 영농자재 공급 및 병충해방제 등 식량 증산을 위한 농촌지도사업을 전담하였다.

④ 우루과이라운드 협상으로 농축산물시장이 개방되자 국내 농축산물의 수출운동을 전개하였다.

⑤ 연쇄점 방식의 현대식 소매점을 개설해 농가가 생활물자를 저렴하게 구입할 수 있도록 하여 농촌 물가의 안정시켰다.

02 다음 중 'NH빅스퀘어'에 대한 설명으로 옳은 것은?

① 농협은행 내 비정형·대용량 데이터를 저장·분석한다.

② 청소년금융교육센터에 접근이 어려운 지역의 청소년에게 금융교육의 기회를 제공한다.

③ 창업 초기 스타트업이 사업모델을 구체화하도록 초기자본 투자와 홍보·법률 등의 컨설팅을 제공한다.

④ 각 부서에서 선발된 디지털 인재로 구성되며, 농업·농촌의 디지털 혁신을 위한 연구 과제를 발굴한다.

⑤ 농협의 농업금융컨설팅 노하우를 활용하여 기술력이 우수한 농가에게 대출과 경영지도 등의 컨설팅을 함께 제공한다.

03 다음 중 농협은행이 '농협 비전 2030'에서 제시한 핵심가치가 아닌 것을 모두 고르면?

ㄱ. 농업인을 위한 농협
ㄴ. 국민에게 사랑받는 농협
ㄷ. 농촌과 함께하는 농협
ㄹ. 경쟁력 있는 글로벌 농협
ㅁ. 따뜻한 동행, 함께하는 미래

① ㄱ, ㄷ
② ㄴ, ㄷ
③ ㄴ, ㅁ
④ ㄷ, ㅁ
⑤ ㄹ, ㅁ

04 다음 중 지역농협의 정관에 기재되어야 하는 사항이 아닌 것은?

① 설립 목적
② 주된 사무소의 소재지
③ 근무 직원 명단
④ 우선출자에 관한 사항
⑤ 회계연도와 회계에 관한 사항

Hard

05 다음 중 협동조합과 일반 기업의 차이로 옳은 것은?

① 주식회사는 경영자 소유이고, 협동조합은 조합장이 출자·소유하는 이용자 소유 기업이다.
② 주식회사와 협동조합은 원칙적으로 출자한도를 제한하지 않는다.
③ 협동조합과 주식회사는 사업과 투자의 규모에 따라 의결권이 주어진다.
④ 협동조합은 협동조합기본법에 근거를 두고, 주식회사는 상법에 근거를 두어 활동한다.
⑤ 수익이 발생했을 시 협동조합은 출자배당을 우선하고, 주식회사는 이용배당을 우선한다.

06 다음에서 설명하는 용어로 옳은 것은?

> 빠른 온라인 인증을 위한 기술로 ID나 비밀번호를 입력하지 않고, 생체인식 기술을 통해 개인 인증을 할 수 있는 기술이다.

① RPA
② FIDO
③ 오픈API
④ Mashup
⑤ OCR

07 다음 중 가상화폐 제작자가 특정 가상화폐를 소유한 사람에게 새로운 코인을 무료로 배분하는 것을 의미하는 용어는?

① 가상화폐공개
② 에어드랍
③ 스냅샷
④ 이더리움
⑤ 리플

08 다음에서 설명하는 용어로 옳은 것은?

> 햇빛이 들어오는 방향과 바람 방향 등을 센서로 감지해 식물에 최적화된 환경을 제공한다. 이는 사람의 손으로 제어하기 쉽지 않다. 서비스를 이용하는 농가가 늘어날수록 클라우드에 저장되는 생육조건은 더욱 다양해진다. 활용할 수 있는 데이터가 다양해지기 때문이다. 이에 따라 농업에 대한 기본지식은 물론이고, 각 식물에 최적화된 환경을 자동적으로 제공한다.

① 빈테크   ② 플랜테리어
③ 애그플레이션   ④ 팜테크
⑤ 애그리후드

09 다음에서 설명하는 용어로 옳은 것은?

> 스마트폰 등 첨단 정보기술의 보급으로 인해 디지털 기기가 우리의 일상생활에 깊이 파고듦에 따라, 디지털 홍수에 빠진 현대인들에게 전자기기를 멀리하고 명상과 독서 등을 통해 심신을 치유하자는 운동이다.

① 디지털 사이니지   ② 디지털 디톡스
③ 디지털 노마드   ④ 디지털 코쿠닝
⑤ 디지털 포렌식

Hard
10 다음 빈칸에 공통으로 들어갈 용어로 옳은 것은?

> _____은/는 희소성을 갖는 디지털 자산을 대표하는 토큰으로, 블록체인 기술을 활용하며 기존의 가상자산과 달리 디지털 자산에 별도의 일련번호를 부여해 상호 교환이 불가능하다. 또한 분실과 위조의 위험 없이 디지털 지갑에 소장해 어디서든 활용할 수 있다. _____은/는 미술품 거래, 게임, 스포츠, 음원 등 다양한 산업 분야에서 활용되고 있다. 또한 블록체인 기술을 적용해 _____을/를 발행하는 과정을 민팅(Minting)이라고 부른다. 그러나 소유권·저작권 침해할 우려가 있으므로 민팅을 통해 사업을 확장하려는 기업은 관련 법률에 저촉되지 않도록 사전에 주요 이슈를 점검하는 선제적 대응이 필수적이다.

① NFT   ② 페일 세이프
③ 유스케이스   ④ 데이터 마트
⑤ 필터버블

Hard

11 다음 중 자영업자의 고용보험 가입에 대한 설명으로 옳지 않은 것은?

① 신청방법은 방문, 인터넷, 우편 모두 가능하다.

② 근로자가 30명 미만인 자영업자가 신청할 수 있다.

③ 자영업자의 고용보험 가입은 근로복지공단에 신청한다.

④ 자영업자가 고용보험에 가입할 경우 실업급여 지원을 받을 수 있다.

⑤ 사업자등록증, 주민등록등본, 법인 등기부등본 등의 서류가 필요하다.

12 다음 중 성격이 다른 금융상품은 무엇인가?

① 주택청약저축   ② ISA

③ 양도성예금증서   ④ 퇴직연금

⑤ IRP

13 다음에서 설명하고 있는 금리는 무엇인가?

> • 금융기관 간 단기간 자금을 거래할 때 사용하는 이율을 말한다.
> • 우리나라 금리 중 가장 만기가 짧다.
> • 정책금리 조정 시 가장 먼저 영향을 받으며, 장단기 금리변동에 순차적으로 영향을 미친다.

① 여신금리   ② 실질금리

③ CP금리   ④ 리보(LIBOR)금리

⑤ 콜금리

14 다음 중 환매조건부채권(RP)에 대한 설명으로 옳지 않은 것은?

① 일정 기간 경과 후 일정한 가격으로 동일 채권을 다시 매수하거나 매도할 것을 조건으로 한 채권 매매방식이다.

② 자금의 수요자는 채권매각에 따른 자본손실 없이 단기간 필요한 자금을 보다 쉽게 조달할 수 있다.

③ 국공채나 특수채·신용우량채권 등을 담보로 발행하기 때문에 안정성이 높고, 예금자 보호도 받을 수 있다.

④ 환매조건부채권의 매도는 거래 상대방을 제한할 필요가 없으므로 일반법인 및 개인까지도 거래 상대방이 될 수 있다.

⑤ 발행 목적에 따라 여러 가지 형태가 존재하지만, 주로 중앙은행과 시중은행 사이의 유동성을 조절하는 수단으로 활용된다.

15 다음에서 설명하고 있는 것은 무엇인가?

- 미국의 중앙은행제도인 연방준비제도(FRS)에 있어서 연방준비제도이사회의 통화·금리 정책을 결정하는 기구
- 1년에 8차례 열리며 금융정책과 시중 통화량을 조절

① FOMC   ② FRB
③ FRS   ④ FDIC
⑤ FOSC

16 주식 투자자가 주식 담보대출 등을 위해 한국예탁결제원에 예탁된 주식을 인출한 뒤 본인 이름으로 명의를 고치지 않아 예탁결제원이 대신 수령한 배당금이나 주식 등을 말하는 휴면주식의 공식적인 표현으로 적절한 것은?

① 공매도   ② ISA
③ 실기주 과실   ④ 의무보호예수금
⑤ ELS

17 다음 중 금리인하요구권을 신청할 수 있는 대출상품에 해당하는 것은?

① 중도금대출 ② 단기카드대출
③ 신차할부 ④ 협약대출
⑤ 보험계약대출

18 다음 중 매일 마시는 물보다 다이아몬드의 가격이 비싸다는 사실을 통해 내릴 수 있는 결론으로 옳은 것은?

① 유용한 재화일수록 희소하다.
② 희소하지 않은 자원도 존재한다.
③ 희소하지 않지만 유용한 재화도 있다.
④ 재화의 가격은 희소성의 영향을 많이 받는다.
⑤ 재화의 사용가치가 높을수록 가격도 높아진다.

`Easy`

19 다음 중 펌뱅킹 이용 시 장점으로 볼 수 없는 것은?

① 자금 관련 업무처리를 효율적이고 편리하게 할 수 있다.
② 인력과 시간을 절감할 수 있다.
③ 은행이 제공하는 화면을 통해 거래할 수 있어 보안에 유리하다.
④ 직접 현금입금 또는 인출에 따른 위험을 회피할 수 있다.
⑤ 창구처리보다 수수료가 저렴하다.

20 다음 사례에서 설명하는 임금결정이론은?

> A기업이 직원채용 시 월 300만 원을 지급하여 10명을 채용할 경우 B등급의 인재가 100명 지원하고 A등급의 인재는 5명 지원한다고 가정하자. 합리적인 면접을 진행하더라도 A등급 인재를 최대 5명밖에 수용하지 못할 것이다. 그러나 만약 급여를 월 400만 원으로 인상하여 지원자 수가 B등급 200명, A등급 50명으로 증가한다고 가정하면 A등급 50명 중에서 채용인원 10명을 모두 수용할 수 있다.

① 한계생산성이론　　　　　　　　② 효율성임금이론
③ 보상적 임금격차이론　　　　　　④ 임금생존비이론
⑤ 노동가치이론

21 어느 마을에서는 사과가 오렌지보다 덜 귀하지만 사과의 가격이 오렌지의 가격보다 비싸다. 이로부터 추론할 수 있는 사실은?

① 이 마을에서는 사과가 오렌지보다 희소성이 더 높다.
② 이 마을 주민들이 비합리적인 선택을 한 결과이다.
③ 이 마을 주민들은 오렌지를 사과보다 선호한다.
④ 이 마을 주민들의 선호보다 공급의 크기에 의존하여 희소성이 나타난다.
⑤ 사과가 오렌지보다 영양분이 풍부하므로 더 중요하다.

22 다음 중 시장경제체제에서 나타나는 사회 현상으로 옳지 않은 것은?

① 자유경쟁에 의해 자원이 효율적으로 배분된다.
② 사유재산제도에 의해 생산이 증가하고 경제가 성장한다.
③ 가격이 생산자의 비용과 소비자의 편익에 관한 신호를 전달한다.
④ 경제력의 향상은 문화생활 수준 또한 향상시킬 수 있다.
⑤ 학연·지연·혈연에 의한 교환활동이 증가한다.

23 어떤 한 가지를 선택했기 때문에 포기해야 하는 다른 선택의 가치를 기회비용이라고 한다. 다음 중 기회비용의 예에 해당하지 않는 것은?

① 영화관람을 위해 포기해야 하는 공부시간
② 돈이 부족하여 구입을 포기한 자동차
③ 점심식사 메뉴로 자장면을 주문하면서 포기한 짬뽕
④ 주차장으로 사용하는 공터의 다른 이용 가능성
⑤ 전세보증금을 지불하기 위해 포기한 은행이자

24 다음에서 설명하고 있는 시장의 유형으로 옳은 것은?

- 주변에서 가장 많이 볼 수 있는 시장의 유형이다.
- 공급자의 수는 많지만, 상품의 질은 조금씩 다르다.
- 소비자들은 상품의 차별성을 보고 기호에 따라 재화나 서비스를 소비하게 된다. 미용실, 약국 등 이 속한다.

① 과점시장   ② 독점적 경쟁시장
③ 생산요소시장   ④ 완전경쟁시장
⑤ 독점시장

25 ㈜서울의 작년 매출액은 ₩3,000, 공헌이익률은 60%, 영업레버리지도(DOL)는 1.8이었다. 올해 매출이 50% 증가하였다면, ㈜서울의 올해 영업이익은 얼마인가?(단, 올해 제품의 가격 및 원가구조는 작년과 동일하다)

① ₩1,600   ② ₩1,800
③ ₩1,900   ④ ₩2,400
⑤ ₩2,500

11 다음 중 가상화폐 시스템이 기존에 갖고 있었던 문제점을 개선하거나 성능을 강화시키기 위해 업데이트 하는 것을 의미하는 용어는?

① 대시   ② 포크
③ 토큰   ④ 모네로
⑤ 블록체인

`Easy`

12 다음 빈칸에 공통으로 들어갈 내용으로 옳은 것은?

> _____로 이루어지는 경제활동을 디지털경제(Digital Economy)라 하는데, 실물경제와 디지털경제가 경제활동의 양대 축을 이루고 있다. _____는 정보통신기술과 정보시스템 개발기술의 발전으로 나타났으며, 이는 인간의 경제생활은 물론 의식구조와 사회구조의 변동을 초래하고 있다.

① 전자거래   ② 디지털거래
③ 전자상거래   ④ 디지털상거래
⑤ 전자시스템거래

13 다음 〈보기〉의 빈칸에 들어갈 내용이 순서대로 짝지어진 것은?

> 보기
> CPU는 _____에 저장된 명령어의 주소를 읽어 주기억장치로부터 해당 명령어를 명령어 레지스터로 가져오고 _____에 의해 명령어의 해독과 실행이 이루어진다.

① MBR, 연산장치
② 프로그램 카운터, 제어장치
③ 제어장치, 연산장치
④ 연산장치, MBR
⑤ MBR, 프로그램 카운터

14 다음 〈보기〉에서 스레드(Thread)의 특징으로 옳은 것을 모두 고르면?

　㉠ 시스템의 여러 자원을 할당받아 실행하는 프로그램의 단위이다.
　㉡ 프로세스의 자원과 메모리를 공유한다.
　㉢ 실행 환경을 공유시켜 기억 장소의 낭비를 줄인다.
　㉣ 응답 시간을 감소시킬 수 있다.

① ㉠

② ㉡, ㉢

③ ㉠, ㉡, ㉣

④ ㉠, ㉢, ㉣

⑤ ㉠, ㉡, ㉢, ㉣

Hard
15 선입선출(FIFO) 교체 알고리즘을 사용하고 참조하는 페이지 번호의 순서는 다음과 같다. 할당된 페이지 프레임의 수가 4개이고, 이들 페이지 프레임은 모두 비어 있다고 가정할 경우 몇 번의 페이지 부재가 발생하는가?

참조 페이지 번호 : 0 1 2 3 0 1 4 0 1 2 3 4

① 6

② 7

③ 8

④ 9

⑤ 10

16 다음에서 설명하는 분산 운영체제 구조는?

• 각 사이트는 정확히 다른 두 사이트와 물리적으로 연결되어 있다.
• 정보 전달 방향은 단방향 또는 양방향일 수 있다.
• 기본비용은 사이트의 수에 비례한다.
• 메시지가 링을 순환할 경우 통신비용은 증가한다.

① Ring Connection

② Hierarchy Connection

③ Star Connection

④ Partially Connection

⑤ Bus Connection

17 다음 SQL 명령에서 DISTINCT의 의미를 설명한 것으로 옳은 것은?

> SELECT DISTINCT 학과명 FROM 학생 WHERE 총점 > 80;

① 학과명이 중복되지 않게 검색한다.
② 중복된 학과명만 검색한다.
③ 동일한 총점을 가진 학생만 검사한다.
④ 학과명만 제외하고 검색한다.
⑤ 동일한 학과명을 가진 학생만 검사한다.

18 어떤 릴레이션 R이 2NF를 만족하면서 키에 속하지 않는 모든 애트리뷰트가 기본 키에 대하여 이행적 함수 종속이 아니면 어떤 정규형에 해당하는가?

① 제1정규형   ② 제2정규형
③ 제3정규형   ④ 제1, 2, 3정규형
⑤ 제2, 3정규형

19 다음 중 데이터 처리 시스템의 하나인 일괄처리시스템(Batch Processing System)에 대한 설명으로 옳지 않은 것은?

① 일정기간 동안 모은 일정량의 데이터를 한꺼번에 처리한다.
② 데이터를 수집·분류하는 사전 준비 작업이 필요하다.
③ 일정한 대기 시간이 필요하므로 즉각적인 처리가 불가능하다.
④ 주로 항공이나 철도 등의 좌석 예약 시스템에서 사용된다.
⑤ 변동 내용의 수정 절차가 복잡하고 어렵다.

20 다음 중 패치(Patch)의 정의로 옳은 것은?

① 프로그램의 일부를 빠르게 고치는 일
② 비정상적인 방법으로 데이터를 조작하는 행위
③ 일반적으로 어떤 목적을 위해 설계된 기계나 장치
④ 하드웨어나 소프트웨어의 성능을 기존 제품보다 뛰어난 새것으로 변경하는 일
⑤ 복사 방지나 등록 기술 등이 적용된 상용 소프트웨어를 복제 또는 파괴하는 행위

21 다음 중 스피어 피싱(Spear Phishing)에 대한 설명으로 옳은 것은?

① 공격 대상에 대한 정보를 수집하고, 이를 분석하여 정보를 불법적으로 알아낸다.

② 인터넷 등에서 무료 소프트웨어를 다운로드받을 때 설치되어 이용자의 정보를 빼간다.

③ 컴퓨터 사용자의 키보드 움직임을 탐지해 정보를 빼간다.

④ 임의로 구성된 웹 사이트를 통하여 이용자의 정보를 빼간다.

⑤ 네트워크의 중간에서 남의 패킷 정보를 도청한다.

Hard

22 다음은 트랜잭션(Transaction) 상태도이다. 각 상태에 대한 설명으로 옳지 않은 것은?

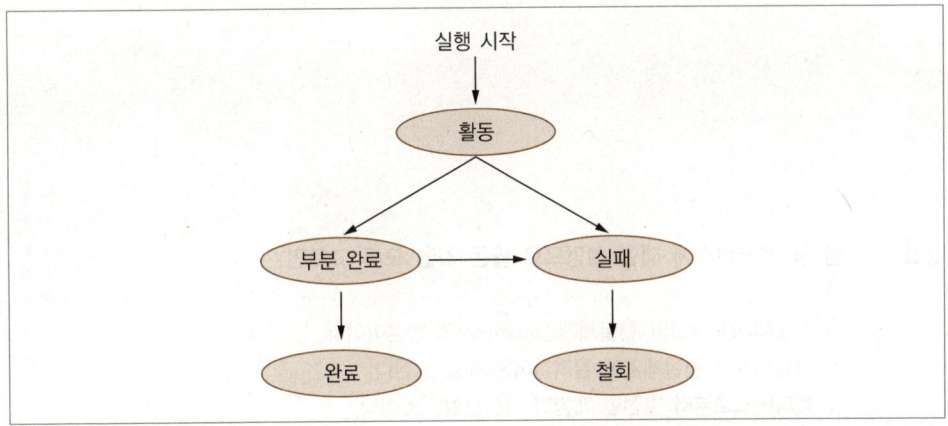

① 활동 : 초기 상태로 트랜잭션이 Begin_Trans에서부터 실행을 시작하였거나 실행 중인 상태

② 부분 완료 : 트랜잭션이 명령문 중 일부를 실행한 직후의 상태

③ 철회 : 트랜잭션이 실행에 실패하여 Rollback 연산을 수행한 상태

④ 완료 : 트랜잭션이 실행을 성공적으로 완료 연산을 수행한 상태

⑤ 실패 : 트랜잭션 실행에 오류가 발생하여 중단된 상태

23 다음 중 테이블을 삭제하기 위한 SQL 명령은?

① DROP
② DELETE
③ CREATE
④ ALTER
⑤ INSERT

24 다음 중 프로토타입의 특징으로 옳지 않은 것은?

① 점진적 모형이라고도 한다.
② 사용자와 시스템 사이의 인터페이스에 중점을 두어 개발한다.
③ 사용자의 모든 요구사항이 정확하게 반영할 때까지 계속해서 개선・보완 된다.
④ 프로토타입은 '정보시스템의 미완성 버전 또는 중요한 기능들이 포함되어 있는 시스템의 초기모델'이다.
⑤ 사용자의 요구사항을 파악하기 위해 실제 개발될 소프트웨어에 대한 견본품을 만들어 최종 결과물을 예측하는 모형이다.

25 다음 중 메타버스에 대한 설명으로 옳은 것을 모두 고르면?

> ㉠ 가상세계(Meta)와 현실세계(Universe)의 합성어이다.
> ㉡ 가상세계가 현실세계에 끌려들어온 것을 말한다.
> ㉢ 메타버스로부터 발전한 개념이 가상현실(VR)이다.
> ㉣ 메타버스로 대표적인 플랫폼 서비스로 세컨드 라이프, 제페토가 있다.
> ㉤ 메타버스 내에서의 세계는 현실보다 더 발전한 형태이다.

① ㉠, ㉣
② ㉡, ㉤
③ ㉢, ㉣
④ ㉠, ㉡, ㉣
⑤ ㉡, ㉢, ㉤

PART 4
인 · 적성평가

인 · 적성평가

개인이 업무를 수행하면서 능률적인 성과물을 만들기 위해서는 개인의 능력과 경험 그리고 회사에서의 교육 및 훈련 등이 필요하지만, 개인의 성격이나 성향 역시 중요하다. 여러 직무분석 연구에서 나온 결과들에 따르면, 직무에서의 성공과 관련된 특성들 중 최고 70% 이상이 능력보다는 성격과 관련이 있다고 한다. 따라서 최근 기업들은 인성검사의 비중을 높이고 있는 추세이다.

현재 기업들은 인성검사를 KIRBS(한국행동과학연구소)나 SHR(에스에이치알) 등의 전문기관에 의뢰해서 시행하고 있다. 전문기관에 따라서 인성검사 방법에 차이가 있고, 보안을 위해서 인성검사를 의뢰한 기업을 공개하지 않아 특정 기업의 인성검사를 정확하게 판단할 수 없지만, 지원자들이 후기에 올린 문제를 통해 인성검사 유형을 예상할 수 있다. 본서는 NH농협은행의 인성검사와 수검요령 및 검사 시 유의사항에 대해 간략하게 정리하였다. 또한 인성검사 모의연습을 통해 실제 시험 유형을 확인할 수 있도록 하였다.

01   NH농협은행 온라인 인 · 적성평가(Lv.2)

NH농협은행의 인재상과 적합한 인재인지 평가하는 테스트로, 각 문항에 대해 자신의 성격에 맞게 '아니다', '대체로 아니다', '대체로 그렇다', '그렇다'를 선택하는 유형이 출제된다.

구분		온라인 인 · 적성평가
1	문항 수	325문항
2	시간	45분
3	출제범위	직업윤리, 대인관계능력, 문제해결능력, 조직적합성, 성취잠재력 등

※ 온라인 인 · 적성평가는 2024년도 하반기 NH농협은행 신규직원 채용 안내문을 기준으로 구성하였습니다.

인성검사는 특별한 수검요령이 없다. 다시 말하면 모범답안이 없고, 정답이 없다는 이야기이다. 국어문제처럼 말의 뜻을 풀이하는 것도 아니다. 굳이 수검요령을 말하자면, 진실하고 솔직한 자신의 생각이 최고의 답변이라고 할 수 있을 것이다.

인성검사에서 가장 중요한 것은 첫째, 솔직한 답변이다. 지금까지의 경험을 통해서 축적되어온 자신의 생각과 행동을 거짓 없이 솔직하게 기재를 하는 것이다. 예를 들어, '나는 타인의 물건을 훔치고 싶은 충동을 느껴본 적이 있다.'란 질문에 지원자들은 많은 생각을 하게 된다. 생각해 보라. 유년기에 또는 성인이 되어서도 타인의 물건을 훔치는 일을 저지른 적은 없더라도, 훔치고 싶은 충동은 누구나 조금이라도 느껴보았을 것이다. 그런데 이 질문에 고민을 하는 사람이 간혹 있다. 이 질문에 '예'라고 대답하면 담당 검사관들이 나를 사회적으로 문제가 있는 사람으로 여기지는 않을까 하는 생각에 '아니요'라는 답을 기재하게 된다. 이런 솔직하지 않은 답변이 답변의 신뢰와 솔직함을 나타내는 타당성 척도에 좋지 않은 점수를 주게 된다.

둘째, 일관성 있는 답변이다. 인성검사의 수많은 질문 문항 중에는 비슷한 뜻의 질문이 여러 개 숨어있는 경우가 많이 있다. 그 질문들은 지원자의 솔직한 답변과 심리적인 상태를 알아보기 위해 내포되어 있는 문항들이다. 예컨대 '나는 유년시절 타인의 물건을 훔친 적이 있다.'라는 질문에 '예'라고 대답했는데, '나는 유년시절 타인의 물건을 훔쳐보고 싶은 충동을 느껴본 적이 있다.'라는 질문에는 '아니요'라는 답을 기재한다면 어떻겠는가. 일관성 없이 '대충 기재하자.'라는 식의 심리적 무성의성 답변이 되거나, 정신적으로 문제가 있는 사람으로 보일 수 있다.

인성검사는 많은 문항 수를 풀어야 하므로 지원자들은 지루함과 따분함, 반복된 뜻의 질문에 의한 인내력 상실 등이 나타날 수 있다. 인내를 가지고 솔직하게 내 생각을 대답하는 것이 무엇보다 중요한 요령이 될 것이다.

(1) 충분한 휴식으로 불안을 없애고 정서적인 안정을 취한다. 심신이 안정되어야 자신의 마음을 표현할 수 있다.

(2) 생각나는 대로 솔직하게 응답한다. 자신을 너무 과대포장하지도, 너무 비하하지도 마라. 답변을 꾸며서 하면 앞뒤가 맞지 않게끔 구성돼 있어 불리한 평가를 받게 된다. 무엇보다 제일 중요한 것은 솔직하게 답하는 것이다.

(3) 검사문항에 대해 지나치게 생각해서는 안 된다. 지나치게 몰두하면 엉뚱한 답변이 나올 수 있으므로 불필요한 생각은 삼간다.

(4) 검사시간에 너무 신경 쓸 필요는 없다. 인성검사는 시간제한이 없는 경우가 많으며 시간제한이 있다 해도 충분한 시간이다.

(5) 인성검사는 대개 문항 수가 많기에 자칫 건너뛰는 경우가 있는데, 가능한 모든 문항에 답해야 한다. 응답하지 않은 문항이 많을 경우 평가자가 정확한 평가를 내리지 못해 불리한 평가를 내릴 수 있기 때문이다.

※ 다음 질문을 읽고, '아니다', '대체로 아니다', '대체로 그렇다', '그렇다'에 체크하시오. **[1~325]**

※ 인성검사는 정답이 따로 없는 유형의 검사이므로 결과지를 제공하지 않습니다.

번호	질문	아니다	대체로 아니다	대체로 그렇다	그렇다
1	문화재 위원과 체육대회 위원 중 체육대회 위원을 하고 싶다.				
2	보고 들은 것을 문장으로 옮기기를 좋아한다.				
3	남에게 뭔가 가르쳐주는 일이 좋다.				
4	많은 사람과 장시간 함께 있으면 피곤하다.				
5	엉뚱한 일을 하기 좋아하고 발상도 개성적이다.				
6	전표 계산 또는 장부 기입 같은 일을 싫증내지 않고 할 수 있다.				
7	책이나 신문을 열심히 읽는 편이다.				
8	신경이 예민한 편이며, 감수성도 예민하다.				
9	연회석에서 망설임 없이 노래를 부르거나 장기를 보이는 편이다.				
10	즐거운 캠프를 위해 계획 세우기를 좋아한다.				
11	데이터를 분류하거나 통계내는 일을 싫어하지는 않는다.				
12	드라마나 소설 속의 등장인물의 생활과 사고방식에 흥미가 있다.				
13	자신의 미적 표현력을 살리면 상당히 좋은 작품이 나올 것 같다.				
14	화려한 것을 좋아하며 주위의 평판에 신경을 쓰는 편이다.				
15	여럿이서 여행할 기회가 있다면 즐겁게 참가한다.				
16	여행 소감을 쓰기를 좋아한다.				
17	상품전시회에서 상품 설명을 한다면 잘 할 수 있을 것 같다.				
18	변화가 적고 손이 많이 가는 일도 꾸준히 하는 편이다.				
19	신제품 홍보에 흥미가 있다.				
20	열차시간표 한 페이지 정도라면 정확하게 옮겨 쓸 자신이 있다.				
21	자신의 장래에 대해 자주 생각해본다.				
22	혼자 있는 것에 익숙하다.				
23	별 근심이 없다.				
24	나의 환경에 아주 만족한다.				
25	상품을 고를 때 디자인과 색에 신경을 많이 쓴다.				
26	연기학을 공부해보고 싶다는 생각을 한 적 있다.				
27	외출할 때 날씨가 좋지 않아도 그다지 신경을 쓰지 않는다.				
28	손님을 불러들이는 호객행위도 마음만 먹으면 할 수 있을 것 같다.				
29	신중하고 주의 깊은 편이다.				
30	잘못된 부분을 보면 그냥 지나치지 못한다.			.	
31	사놓고 쓰지 않는 물건이 많이 있다.				
32	마음에 들지 않는 사람은 만나지 않으려고 노력한다.				
33	스트레스 관리를 잘한다.				
34	악의 없이 한 말에도 화를 낸다.				

번호	질문	아니다	대체로 아니다	대체로 그렇다	그렇다
35	자신을 비난하는 사람은 피하는 편이다.				
36	깨끗이 정돈된 상태를 좋아한다.				
37	기분에 따라 목적지를 바꾼다.				
38	다른 사람들의 주목을 받는 것을 좋아한다.				
39	타인의 충고를 받아들이는 편이다.				
40	이유없이 기분이 우울해질 때가 있다.				
41	하루 종일 책상 앞에 앉아 있어도 지루해하지 않는 편이다.				
42	알기 쉽게 요점을 정리한 다음 남에게 잘 설명하는 편이다.				
43	생물 시간보다는 미술 시간에 흥미가 있다.				
44	남이 자신에게 상담을 해오는 경우가 많다.				
45	친목회나 송년회 등의 총무역할을 좋아하는 편이다.				
46	실패하든 성공하든 그 원인은 꼭 분석한다.				
47	실내장식품이나 액세서리 등에 관심이 많다.				
48	남에게 보이기 좋아하고 지기 싫어하는 편이다.				
49	대자연 속에서 마음대로 몸을 움직이는 일이 좋다.				
50	파티나 모임에서 자연스럽게 돌아다니며 인사하는 성격이다.				
51	무슨 일에 쉽게 구애받는 편이며 장인의식도 강하다.				
52	우리나라 분재를 파리에서 파는 방법 따위를 생각하기 좋아한다.				
53	하루 종일 돌아다녀도 그다지 피곤을 느끼지 않는다.				
54	컴퓨터의 키보드 조작도 연습하면 잘 할 수 있을 것 같다.				
55	자동차나 모터보트 등의 운전에 흥미를 갖고 있다.				
56	인기탤런트의 인기비결을 곧잘 생각해본다.				
57	과자나 빵을 판매하는 일보다 만드는 일이 나에게 맞을 것 같다.				
58	대체로 걱정하거나 고민하지 않는다.				
59	비판적인 말을 들어도 쉽게 상처받지 않았다.				
60	초등학교 선생님보다는 등대지기가 더 재미있을 것 같다.				
61	남의 생일이나 명절 때 선물을 사러 다니는 일이 귀찮게 느껴진다.				
62	조심스러운 성격이라고 생각한다.				
63	사물을 신중하게 생각하는 편이다.				
64	동작이 기민한 편이다.				
65	포기하지 않고 노력하는 것이 중요하다.				
66	일주일의 예정을 만드는 것을 좋아한다.				
67	노력의 여하보다 결과가 중요하다.				
68	자기주장이 강하다.				
69	장래의 일을 생각하면 불안해질 때가 있다.				
70	소외감을 느낄 때가 있다.				
71	훌쩍 여행을 떠나고 싶을 때가 자주 있다.				
72	대인관계가 귀찮다고 느낄 때가 있다.				
73	자신의 권리를 주장하는 편이다.				

번호	질문	아니다	대체로 아니다	대체로 그렇다	그렇다
74	낙천가라고 생각한다.				
75	싸움을 한 적이 없다.				
76	자신의 의견을 상대에게 잘 주장하지 못한다.				
77	좀처럼 결단하지 못하는 경우가 있다.				
78	하나의 취미를 오래 지속하는 편이다.				
79	한번 시작한 일은 반드시 마무리한다.				
80	내 방식대로 일하는 편이 좋다.				
81	부끄러움을 잘 탄다.				
82	상상력이 풍부하다.				
83	자신을 자신감 있게 표현할 수 있다.				
84	열등감은 좋지 않다고 생각한다.				
85	후회하는 일이 전혀 없다.				
86	매사를 태평하게 보는 편이다.				
87	한 번 시작한 일은 끝을 맺는다.				
88	행동으로 옮기기까지 시간이 걸린다.				
89	다른 사람들이 하지 못하는 일을 하고 싶다.				
90	해야 할 일은 신속하게 처리한다.				
91	병이 아닌지 걱정이 들 때가 있다.				
92	다른 사람의 충고를 기분 좋게 듣는 편이다.				
93	다른 사람에게 의존적이 될 때가 많다.				
94	타인에게 간섭받는 것은 싫다.				
95	자의식 과잉이라는 생각이 들 때가 있다.				
96	수다를 좋아한다.				
97	잘못된 일을 한 적이 한 번도 없다.				
98	모르는 사람과 이야기하는 것은 용기가 필요하다.				
99	끙끙거리며 생각할 때가 있다.				
100	다른 사람에게 항상 움직이고 있다는 말을 듣는다.				
101	매사에 얽매인다.				
102	잘하지 못하는 게임은 하지 않으려고 한다.				
103	어떠한 일이 있어도 출세하고 싶다.				
104	막무가내라는 말을 들을 때가 많다.				
105	신경이 예민한 편이라고 생각한다.				
106	쉽게 침울해한다.				
107	쉽게 싫증을 내는 편이다.				
108	옆에 사람이 있으면 싫다.				
109	토론에서 이길 자신이 있다.				
110	친구들과 남의 이야기를 하는 것을 좋아한다.				
111	푸념을 한 적이 없다.				
112	남과 친해지려면 용기가 필요하다.				

번호	질문	아니다	대체로 아니다	대체로 그렇다	그렇다
113	통찰력이 있다고 생각한다.				
114	집에서 가만히 있으면 기분이 우울해진다.				
115	매사에 느긋하고 차분하게 대처한다.				
116	좋은 생각이 떠올라도 실행하기 전에 여러모로 검토한다.				
117	누구나 권력자를 동경하고 있다고 생각한다.				
118	몸으로 부딪혀 도전하는 편이다.				
119	당황하면 갑자기 땀이 나서 신경 쓰일 때가 있다.				
120	친구들은 나를 진지한 사람으로 생각하고 있다.				
121	감정적으로 될 때가 많다.				
122	다른 사람의 일에 관심이 없다.				
123	다른 사람으로부터 지적받는 것은 싫다.				
124	지루하면 마구 떠들고 싶어진다.				
125	남들이 침착하다고 한다.				
126	혼자 있는 것을 좋아한다.				
127	한 자리에 가만히 있는 것을 싫어한다.				
128	시간이 나면 주로 자는 편이다.				
129	조용한 것보다는 활동적인 것이 좋다.				
130	맡은 분야에서 항상 최고가 되려고 한다.				
131	모임에서 책임 있는 일을 맡고 싶어 한다.				
132	영화를 보고 운 적이 많다.				
133	남을 도와주다가 내 일을 끝내지 못한 적이 있다.				
134	누가 시키지 않아도 스스로 일을 찾아서 한다.				
135	다른 사람이 바보라고 생각되는 경우가 있다.				
136	부모에게 불평을 한 적이 한 번도 없다.				
137	내성적이라고 생각한다.				
138	돌다리도 두들기고 건너는 타입이라고 생각한다.				
139	굳이 말하자면 시원시원하다.				
140	나는 끈기가 강하다.				
141	전망을 세우고 행동할 때가 많다.				
142	일에는 결과가 중요하다고 생각한다.				
143	활력이 있다.				
144	항상 천재지변을 당하지 않을까 걱정하고 있다.				
145	때로는 후회할 때도 있다.				
146	다른 사람에게 위해를 가할 것 같은 기분이 든 때가 있다.				
147	진정으로 마음을 허락할 수 있는 사람은 없다.				
148	기다리는 것에 짜증내는 편이다.				
149	친구들로부터 줏대 없는 사람이라는 말을 듣는다.				
150	사물을 과장해서 말한 적은 없다.				
151	인간관계가 폐쇄적이라는 말을 듣는다.				

번호	질문	아니다	대체로 아니다	대체로 그렇다	그렇다
152	매사에 신중한 편이라고 생각한다.				
153	눈을 뜨면 바로 일어난다.				
154	난관에 봉착해도 포기하지 않고 열심히 해본다.				
155	실행하기 전에 재확인할 때가 많다.				
156	리더로서 인정을 받고 싶다.				
157	어떤 일이 있어도 의욕을 가지고 열심히 하는 편이다.				
158	다른 사람의 감정에 민감하다.				
159	다른 사람들이 남을 배려하는 마음씨가 있다는 말을 한다.				
160	사소한 일로 우는 일이 많다.				
161	반대에 부딪혀도 자신의 의견을 바꾸는 일은 없다.				
162	누구와도 편하게 이야기할 수 있다.				
163	가만히 있지 못할 정도로 침착하지 못할 때가 있다.				
164	다른 사람을 싫어한 적은 한 번도 없다.				
165	그룹 내에서는 누군가의 주도하에 따라가는 경우가 많다.				
166	차분하다는 말을 듣는다.				
167	스포츠 선수가 되고 싶다고 생각한 적이 있다.				
168	모두가 싫증을 내는 일에도 혼자서 열심히 한다.				
169	휴일은 세부적인 계획을 세우고 보낸다.				
170	완성된 것보다 미완성인 것에 흥미가 있다.				
171	이성적인 사람 밑에서 일하고 싶다.				
172	작은 소리에도 신경이 쓰인다.				
173	끙끙거리며 생각할 때가 많다.				
174	컨디션에 따라 행동한다.				
175	항상 규칙적으로 생활한다.				
176	다소 감정적이라고 생각한다.				
177	다른 사람의 의견을 잘 수긍하는 편이다.				
178	결심을 하더라도 생각을 바꾸는 일이 많다.				
179	다시는 떠올리고 싶지 않은 기억이 있다.				
180	과거를 잘 생각하는 편이다.				
181	평소 감정이 메마른 것 같다는 생각을 한다.				
182	가끔 하늘을 올려다 본다.				
183	생각조차 하기 싫은 사람이 있다.				
184	멍하니 있는 경우가 많다.				
185	잘하지 못하는 것이라도 자진해서 한다.				
186	가만히 있지 못할 정도로 불안해질 때가 많다.				
187	자주 깊은 생각에 잠긴다.				
188	이유도 없이 다른 사람과 부딪힐 때가 있다.				
189	타인의 일에는 별로 관여하고 싶지 않다고 생각한다.				
190	무슨 일이든 자신을 가지고 행동한다.				

번호	질문	아니다	대체로 아니다	대체로 그렇다	그렇다
191	유명인과 서로 아는 사람이 되고 싶다.				
192	지금까지 후회를 한 적이 없다.				
193	의견이 다른 사람과는 어울리지 않는다.				
194	무슨 일이든 생각해 보지 않으면 만족하지 못한다.				
195	다소 무리를 하더라도 피로해지지 않는다.				
196	굳이 말하자면 장거리주자에 어울린다고 생각한다.				
197	여행을 가기 전에는 세세한 계획을 세운다.				
198	능력을 살릴 수 있는 일을 하고 싶다.				
199	시원시원하다고 생각한다.				
200	굳이 말하자면 자의식과잉이다.				
201	자신을 쓸모없는 인간이라고 생각할 때가 있다.				
202	주위의 영향을 쉽게 받는다.				
203	지인을 발견해도 만나고 싶지 않을 때가 많다.				
204	다수의 반대가 있더라도 자신의 생각대로 행동한다.				
205	번화한 곳에 외출하는 것을 좋아한다.				
206	지금까지 다른 사람의 마음에 상처준 일이 없다.				
207	다른 사람에게 자신이 소개되는 것을 좋아한다.				
208	실행하기 전에 재고하는 경우가 많다.				
209	몸을 움직이는 것을 좋아한다.				
210	나는 완고한 편이라고 생각한다.				
211	신중하게 생각하는 편이다.				
212	커다란 일을 해보고 싶다.				
213	계획을 생각하기보다 빨리 실행하고 싶어 한다.				
214	작은 소리도 신경 쓰인다.				
215	나는 자질구레한 걱정이 많다.				
216	이유도 없이 화가 치밀 때가 있다.				
217	융통성이 없는 편이다.				
218	나는 다른 사람보다 기가 세다.				
219	다른 사람보다 쉽게 우쭐해진다.				
220	신중하고 주의가 깊다.				
221	아는 사람에게 과도하게 친절하게 구는 편이다.				
222	사과를 잘하지 못한다.				
223	웃음이 많은 편이다.				
224	감수성이 예민한 편이다.				
225	후회하는 일이 많다.				
226	난관에 봉착해도 포기하지 않고 열심히 한다.				
227	잘못한 일이 있으면 먼저 인정하고 사과한다.				
228	관심 분야가 자주 바뀐다.				
229	좋아하는 연예인이 있다.				

번호	질문	아니다	대체로 아니다	대체로 그렇다	그렇다
230	어떤 일이 있어도 화를 내지 않는다.				
231	병이 아닌지 걱정이 많다.				
232	집에 가만히 있을 때 더 우울하다.				
233	자신이 쓸모없다고 생각한 적이 있다.				
234	다른 사람을 의심한 적이 한 번도 없다.				
235	어색해지면 입을 다무는 경우가 많다.				
236	하루의 행동을 반성하는 경우가 많다.				
237	격렬한 운동도 그다지 힘들어하지 않는다.				
238	새로운 일에 첫발을 좀처럼 떼지 못한다.				
239	앞으로의 일을 생각하지 않으면 진정이 되지 않는다.				
240	인생에서 중요한 것은 높은 목표를 갖는 것이다.				
241	무슨 일이든 선수를 쳐야 이긴다고 생각한다.				
242	다른 사람이 나를 어떻게 생각하는지 궁금할 때가 많다.				
243	침울해지면서 아무것도 손에 잡히지 않을 때가 있다.				
244	어린 시절로 돌아가고 싶을 때가 있다.				
245	아는 사람을 발견해도 피해버릴 때가 있다.				
246	굳이 말하자면 기가 센 편이다.				
247	성격이 밝다는 말을 듣는다.				
248	다른 사람이 부럽다고 생각한 적이 한 번도 없다.				
249	결점을 지적 받아도 아무렇지 않다.				
250	피곤하더라도 밝게 행동한다.				
251	실패했던 경험을 생각하면서 고민하는 편이다.				
252	언제나 생기가 있다.				
253	선배의 지적을 순수하게 받아들일 수 있다.				
254	매일 목표가 있는 생활을 하고 있다.				
255	열등감으로 자주 고민한다.				
256	남에게 무시당하면 화가 난다.				
257	무엇이든지 하면 된다고 생각하는 편이다.				
258	자신의 존재를 과시하고 싶다.				
259	사람을 많이 만나는 것을 좋아한다.				
260	사람들이 당신에게 말수가 적다고 하는 편이다.				
261	특정한 사람과 교제를 하는 타입이다.				
262	친구에게 먼저 말을 하는 편이다.				
263	친구만 있으면 된다고 생각한다.				
264	많은 사람 앞에서 말하는 것이 서툴다.				
265	반 편성과 교실 이동을 싫어한다.				
266	다과회 등에서 자주 책임을 맡는다.				
267	새 팀 분위기에 쉽게 적응하지 못하는 편이다.				
268	누구하고나 친하게 교제한다.				

번호	질문	아니다	대체로 아니다	대체로 그렇다	그렇다
269	남에게 뭔가를 가르치는 걸 좋아한다.				
270	사람과 대화하는 것이 피곤하다.				
271	신경이 예민한 편이라는 말을 듣는다.				
272	모임에서 리더가 되는 것이 불편하다.				
273	친구들에게 줏대 없다는 말을 듣는다.				
274	불쌍한 사람을 보면 그냥 지나치지 못한다.				
275	눈물이 많은 편이다.				
276	사람과 오래도록 알고 지내는 편이다.				
277	어디서든지 씩씩하게 행동할 수 있다.				
278	사람에 대한 정이 많은 편이다.				
279	연락하는 친구가 열 명 이상이다.				
280	사랑보다는 우정이라고 생각한다.				
281	다른 사람의 감정에 예민하다.				
282	주변 환경에 영향을 많이 받는다.				
283	충동구매는 절대 하지 않는다.				
284	컨디션에 따라 기분이 잘 변한다.				
285	옷 입는 취향이 오랫동안 바뀌지 않고 그대로이다.				
286	남의 물건이 좋아 보인다.				
287	광고를 보면 그 물건을 사고 싶다.				
288	자신이 낙천주의자라고 생각한다.				
289	에스컬레이터에서도 걷지 않는다.				
290	꾸물대는 것을 싫어한다.				
291	고민이 생겨도 심각하게 생각하지 않는다.				
292	반성하는 일이 거의 없다.				
293	남의 말을 호의적으로 받아들인다.				
294	혼자 있을 때가 편안하다.				
295	친구에게 불만이 있다.				
296	남의 말을 좋은 쪽으로 해석한다.				
297	남의 의견을 절대 참고하지 않는다.				
298	일을 시작할 때 계획을 세우는 편이다.				
299	경험으로 판단한다.				
300	부모님과 여행을 자주 간다.				
301	쉽게 짜증을 내는 편이다.				
302	사람을 상대하는 것을 좋아한다.				
303	컴퓨터로 일을 하는 것을 좋아한다.				
304	하루 종일 말하지 않고 지낼 수 있다.				
305	감정조절이 잘 안되는 편이다.				
306	혼자 사는 편이 편한다.				
307	승부욕이 강하여 게임에서 반드시 이겨야 한다.				

번호	질문	아니다	대체로 아니다	대체로 그렇다	그렇다
308	카리스마가 있다는 말을 들은 적이 있다.				
309	평소 꼼꼼한 편이다.				
310	다시 태어나고 싶은 순간이 있다.				
311	운동을 하다가 다친 적이 있다.				
312	다른 사람의 말보다는 자신의 믿음을 믿는다.				
313	귀찮은 일이 있으면 먼저 해치운다.				
314	정리 정돈하는 것을 좋아한다.				
315	다른 사람의 대화에 끼고 싶다.				
316	카리스마가 있다는 말을 들어본 적이 있다.				
317	미래에 대한 고민이 많다.				
318	친구들의 성공 소식에 씁쓸한 적이 있다.				
319	내가 못하는 것이 있으면 참지 못한다.				
320	계획에 없는 일을 시키면 짜증이 난다.				
321	화가 나면 물건을 집어 던지는 버릇이 있다.				
322	매일 아침 일찍 일어난다.				
323	다른 사람보다 잘하는 것이 있다.				
324	눈치를 보는 일이 많다.				
325	사람을 상대하는 것에 부담을 느끼는 경우가 많다.				

PART 5

면접

면접 유형 및 실전 대책

01   면접 주요사항

면접의 사전적 정의는 면접관이 지원자를 직접 만나보고 인품(人品)이나 언행(言行) 따위를 시험하는 일로, 흔히 필기시험 후에 최종적으로 심사하는 방법이다.

최근 주요 기업의 인사담당자들을 대상으로 채용 시 면접이 차지하는 비중을 설문조사했을 때, 50 ~ 80% 이상이라고 답한 사람이 전체 응답자의 80%를 넘었다. 이와 대조적으로 지원자들을 대상으로 취업 시험에서 면접을 준비하는 기간을 물었을 때, 대부분의 응답자가 2 ~ 3일 정도라고 대답했다.

지원자가 일정 수준의 스펙을 갖추기 위해 자격증 시험과 토익을 치르고 이력서와 자기소개서까지 쓰다 보면 면접까지 챙길 여유가 없는 것이 사실이다. 그리고 서류전형과 인적성검사를 통과해야만 면접을 볼 수 있기 때문에 자연스럽게 면접은 취업시험 과정에서 그 비중이 작아질 수밖에 없다. 하지만 아이러니하게도 실제 채용 과정에서 면접이 차지하는 비중은 절대적이라고 해도 과언이 아니다.

기업들은 채용 과정에서 토론 면접, 인성 면접, 프레젠테이션 면접, 역량 면접 등의 다양한 면접을 실시한다. 1차 커트라인이라고 할 수 있는 서류전형을 통과한 지원자들의 스펙이나 능력은 서로 엇비슷하다고 판단되기 때문에 서류상 보이는 자격증이나 토익 성적보다는 지원자의 인성을 파악하기 위해 면접을 더욱 강화하는 것이다. 일부 기업은 의도적으로 압박 면접을 실시하기도 한다. 지원자가 당황할 수 있는 질문을 던져서 그것에 대한 지원자의 반응을 살펴보는 것이다.

면접은 다르게 생각한다면 '나는 누구인가'에 대한 물음에 해답을 줄 수 있는 가장 현실적이고 미래적인 경험이 될 수 있다. 취업난 속에서 자격증을 취득하고 토익 성적을 올리기 위해 앞만 보고 달려온 지원자들은 자신에 대해서 고민하고 탐구할 수 있는 시간을 평소 쉽게 가질 수 없었을 것이다. 자신을 잘 알고 있어야 자신에 대해서 자신감 있게 말할 수 있다. 대체로 사람들은 자신에게 관대한 편이기 때문에 자신에 대해서 어떤 기대와 환상을 가지고 있는 경우가 많다. 하지만 면접은 제삼자에 의해 개인의 능력을 객관적으로 평가받는 시험이다. 어떤 지원자들은 다른 사람에게 자신을 표현하는 것을 어려워한다. 평소에 잘 사용하지 않는 용어를 내뱉으면서 거창하게 자신을 포장하는 지원자도 많다. 면접에서 가장 기본은 자기 자신을 면접관에게 알기 쉽게 표현하는 것이다.

이러한 표현을 바탕으로 자신이 앞으로 하고자 하는 것과 그에 대한 이유를 설명해야 한다. 최근에는 자신감을 향상시키거나 말하는 능력을 높이는 학원도 많기 때문에 얼마든지 자신의 단점을 극복할 수 있다.

1. 자기소개의 기술

자기소개를 시키는 이유는 면접자가 지원자의 자기소개서를 압축해서 듣고, 지원자의 첫인상을 평가할 시간을 가질 수 있기 때문이다. 면접을 위한 워밍업이라고 할 수 있으며, 첫인상을 결정하는 과정이므로 매우 중요한 순간이다.

(1) 정해진 시간에 자기소개를 마쳐야 한다.

쉬워 보이지만 의외로 지원자들이 정해진 시간을 넘기거나 혹은 빨리 끝내서 면접관에게 지적을 받는 경우가 많다. 본인이 면접을 받는 마지막 지원자가 아닌 이상, 정해진 시간을 지키지 않는 것은 수많은 지원자를 상대하기에 바쁜 면접관과 대기 시간에 지친 다른 지원자들에게 불쾌감을 줄 수 있다. 또한 회사에서 시간관념은 절대적인 것이므로 반드시 자기소개 시간을 지켜야 한다. 말하기는 1분에 200자 원고지 2장 분량의 글을 읽는 만큼의 속도가 가장 적당하다. 이를 A4 용지에 10point 글자 크기로 작성하면 반 장 분량이 된다.

(2) 간단하지만 신선한 문구로 자기소개를 시작하자.

요즘 많은 지원자가 이 방법을 사용하고 있기 때문에 웬만한 소재의 문구가 아니면 면접관의 관심을 받을 수 없다. 이러한 문구는 시대적으로 유행하는 광고 카피를 패러디하는 경우와 격언 등을 인용하는 경우, 그리고 지원한 회사의 CI나 경영이념, 인재상 등을 사용하는 경우 등이 있다. 지원자는 이러한 여러 문구 중에 자신의 첫인상을 북돋아 줄 수 있는 것을 선택해서 말해야 한다. 자신의 이름을 문구 속에 적절하게 넣어서 말한다면 좀 더 효과적인 자기소개가 될 것이다.

(3) 무엇을 먼저 말할 것인지 고민하자.

면접관이 많이 던지는 질문 중 하나가 지원동기이다. 그래서 성장기를 바로 건너뛰고, 지원한 회사에 들어오기 위해 대학에서 어떻게 준비했는지를 설명하는 자기소개가 대세이다.

(4) 면접관의 호기심을 자극해 관심을 불러일으킬 수 있게 말하라.

면접관에게 질문을 많이 받는 지원자의 합격률이 반드시 높은 것은 아니지만, 질문을 전혀 안 받는 것보다는 좋은 평가를 기대할 수 있다. 질문을 받기 위해 면접관의 호기심을 자극할 수 있는 가장 좋은 방법은 대학생활을 이야기하면서 자신의 장기를 잠깐 넣는 것이다. 물론 장기자랑에 자신감이 있어야 한다 (최근에는 장기자랑을 개인별로 시키는 곳이 많아졌다). 지원한 분야와 관련된 수상 경력이나 프로젝트 등을 말하는 것도 좋다. 이는 지원자의 업무 능력과 직접 연결되는 것이므로 효과적인 자기 홍보가 될 수 있다. 일부 지원자들은 자신만의 특별한 경험을 이야기하는데, 이때는 그 경험이 보편적으로 사람들의 공감대를 얻을 수 있는 것인지 다시 생각해봐야 한다.

(5) 마지막 고개를 넘기가 가장 힘들다.

첫 단추도 중요하지만, 마지막 단추도 중요하다. 하지만 왠지 격식을 따지는 인사말은 지나가는 인사말 같고, 다르게 하자니 예의에 어긋나는 것 같은 기분이 든다. 이때는 처음에 했던 자신만의 문구를 다시 한 번 말하는 것도 좋은 방법이다. 자연스러운 끝맺음이 될 수 있도록 적절한 연습이 필요하다.

2. 1분 자기소개 시 주의사항

(1) 자기소개서와 자기소개가 똑같다면 감점일까?

아무리 자기소개서를 외워서 말한다 해도 자기소개가 자기소개서와 완전히 똑같을 수는 없다. 자기소개서의 분량이 더 많고 회사마다 요구하는 필수 항목들이 있기 때문에 굳이 고민할 필요는 없다. 오히려 자기소개서의 내용을 잘 정리한 자기소개가 더 좋은 결과를 만들 수 있다. 하지만 자기소개서와 상반된 내용을 말하는 것은 적절하지 않다. 지원자의 신뢰성이 떨어진다는 것은 곧 불합격을 의미하기 때문이다.

(2) 말하는 자세를 바르게 익혀라.

지원자가 자기소개를 하는 동안 면접관은 지원자의 동작 하나하나를 관찰한다. 그렇기 때문에 바른 자세가 중요하다는 것은 우리가 익히 알고 있다. 하지만 문제는 무의식적으로 나오는 습관 때문에 자세가 흐트러져 나쁜 인상을 줄 수 있다는 것이다. 이러한 습관을 고칠 수 있는 가장 좋은 방법은 휴대폰 카메라 등으로 자신의 모습을 담는 것이다. 거울을 사용할 경우에는 시선이 자꾸 자기 눈과 마주치기 때문에 집중하기 힘들다. 하지만 촬영된 동영상은 제삼자의 입장에서 자신을 볼 수 있기 때문에 많은 도움이 된다.

(3) 정확한 발음과 억양으로 자신 있게 말하라.

지원자의 모양새가 아무리 뛰어나도, 목소리가 작고 발음이 부정확하면 큰 감점을 받는다. 이러한 모습은 지원자의 좋은 점에까지 악영향을 끼칠 수 있다. 직장을 흔히 사회생활의 시작이라고 말하는 시대적 정서에서 사람들과 의사소통을 하는 데 문제가 있다고 판단되는 지원자는 부적절한 인재로 평가될 수밖에 없다.

3. 대화법

전문가들이 말하는 대화법의 핵심은 '상대방을 배려하면서 이야기하라.'는 것이다. 대화는 나와 다른 사람의 소통이다. 내용에 대한 공감이나 이해가 없다면 대화는 더 진전되지 않는다.

『카네기 인간관계론』이라는 베스트셀러의 작가인 철학자 카네기가 말하는 최상의 대화법은 자신의 경험을 토대로 이야기하는 것이다. 즉, 살아오면서 직접 겪은 경험이 상대방의 관심을 끌 수 있는 가장 좋은 이야깃거리인 것이다. 특히, 어떤 일을 이루기 위해 노력하는 과정에서 겪은 실패나 희망에 대해 진솔하게 얘기한다면 상대방은 어느새 당신의 편에 서서 그 이야기에 동조할 것이다.

독일의 사업가이자, 동기부여 트레이너인 위르겐 힐러의 연설법 중 가장 유명한 것은 '시즐(Sizzle)'을 잡는 것이다. 시즐이란, 새우튀김이나 돈가스가 기름에서 지글지글 튀겨질 때 나는 소리이다. 즉, 자신의 말을 듣고 시즐처럼 반응하는 상대방의 감정에 적절하게 대응하라는 것이다.

말을 시작한 지 10 ~ 15초 안에 상대방의 '시즐'을 알아차려야 한다. 자신의 이야기에 대한 상대방의 첫 반응에 따라 말하기 전략도 달라져야 한다. 첫 이야기의 반응이 미지근하다면 가능한 한 그 이야기를 빨리 마무리하고 새로운 이야깃거리를 생각해내야 한다. 길지 않은 면접 시간 내에 몇 번 오지 않는 대답의 기회를 살리기 위해서 보다 전략적이고 냉철해야 하는 것이다.

4. 차림새

(1) 구두

면접에 어떤 옷을 입어야 할지를 며칠 동안 고민하면서 정작 구두는 면접 보는 날 현관을 나서면서 즉흥적으로 신고 가는 지원자들이 많다. 특히, 남자 지원자들이 이러한 실수를 많이 한다. 구두를 보면 그 사람의 됨됨이를 알 수 있다고 한다. 면접관 역시 이러한 것을 놓치지 않기 때문에 지원자는 자신의 구두에 더욱 신경을 써야 한다. 스타일의 마무리는 발끝에서 이루어지는 것이다. 아무리 멋진 옷을 입고 있어도 구두가 어울리지 않는다면 전체 스타일이 흐트러지기 때문이다.

정장용 구두는 디자인이 깔끔하고, 에나멜 가공처리를 하여 광택이 도는 페이턴트 가죽 소재 제품이 무난하다. 검정 계열 구두는 회색과 감색 정장에, 브라운 계열의 구두는 베이지나 갈색 정장에 어울린다. 참고로 구두는 오전에 사는 것보다 발이 충분히 부은 상태인 저녁에 사는 것이 좋다. 마지막으로 당연한 일이지만 반드시 면접을 보는 전날 구두 뒤축이 닳지는 않았는지 확인하고 구두에 광을 내 둔다.

(2) 양말

양말은 정장과 구두의 색상을 비교해서 골라야 한다. 특히 검정이나 감색의 진한 색상의 바지에 흰 양말을 신는 것은 시대에 뒤처지는 일이다. 일반적으로 양말의 색깔은 바지의 색깔과 같아야 한다. 또한 양말의 길이도 신경 써야 한다. 남성의 경우에 의자에 바르게 앉거나 다리를 꼬아서 앉을 때 다리털이 보여서는 안 된다. 반드시 긴 정장 양말을 신어야 한다.

(3) 정장

지원자는 평소에 정장을 입을 기회가 많지 않기 때문에 면접을 볼 때 본인 스스로도 옷을 어색하게 느끼는 경우가 많다. 옷을 불편하게 느끼기 때문에 자세마저 불안정한 지원자도 볼 수 있다. 그러므로 면접 전에 정장을 입고 생활해 보는 것도 나쁘지는 않다.

일반적으로 면접을 볼 때는 상대방에게 신뢰감을 줄 수 있는 남색 계열의 옷이나 어떤 계절이든 무난하고 깔끔해 보이는 회색 계열의 정장을 많이 입는다. 정장은 유행에 따라서 재킷의 디자인이나 버튼의 개수가 바뀌기 때문에 특히 남성 지원자의 경우, 너무 오래된 옷을 입어서 아버지 옷을 빌려 입고 나온 듯한 인상을 주어서는 안 된다.

(4) 헤어스타일과 메이크업

헤어스타일에 자신이 없다면 미용실에 다녀오는 것도 좋은 방법이다. 그리고 여성 지원자의 경우에는 자신에게 어울리는 메이크업을 하는 것도 괜찮다. 메이크업은 상대에 대한 예의를 갖추는 것이므로 지나치게 화려한 메이크업이 아니라면 보다 준비된 지원자처럼 보일 수 있다.

5. 첫인상

취업을 위해 성형수술을 받는 사람들에 대한 이야기는 더 이상 뉴스거리가 되지 않는다. 그만큼 많은 사람이 좁은 취업문을 뚫기 위해 이미지 향상에 신경을 쓰고 있다. 이는 면접관에게 좋은 첫인상을 주기 위한 것으로, 지원서에 올리는 증명사진을 이미지 프로그램을 통해 수정하는 이른바 '사이버 성형'이 유행하는 것과 같은 맥락이다. 실제로 외모가 채용 과정에서 영향을 끼치는가에 대한 설문조사에서도 60% 이상의 인사담당자들이 그렇다고 답변했다.

하지만 외모와 첫인상을 절대적인 관계로 이해하는 것은 잘못된 판단이다. 외모가 첫인상에서 많은 부분을 차지하지만, 외모 외에 다른 결점이 발견된다면 그로 인해 장점들이 가려질 수도 있다. 이러한 현상은 아래에서 다시 논하겠다.

첫인상은 말 그대로 한 번밖에 기회가 주어지지 않으며 몇 초 안에 결정된다. 첫눈에 들어오는 생김새나 복장, 표정 등에 의해서 결정되는 것이다. 면접을 시작할 때 자기소개를 시키는 것도 지원자별로 첫인상을 평가하기 위해서이다. 첫인상이 중요한 이유는 만약 첫인상이 부정적으로 인지될 경우, 지원자의 다른 좋은 면까지 거부당하기 때문이다. 이러한 현상을 심리학에서는 초두효과(Primacy Effect)라고 한다. 첫인상이 나중에 들어오는 정보까지 영향을 주기 때문에 한 번 형성된 첫인상은 여간해서 바꾸기 힘들다. 첫인상의 정보가 나중에 들어오는 정보 처리의 지침이 되는 것을 심리학에서는 맥락효과(Context Effect)라고 한다. 따라서 평소에 첫인상을 좋게 만들기 위한 노력을 꾸준히 해야만 하는 것이다.

좋은 첫인상이 반드시 외모에만 집중되는 것은 아니다. 오히려 깔끔한 옷차림과 부드러운 표정 그리고 말과 행동 등에 의해 전반적인 이미지가 만들어진다. 누구나 이러한 것 중에 한두 가지 단점을 가지고 있다. 요즈음은 이미지 컨설팅을 통해서 자신의 단점들을 보완하는 지원자도 있다. 특히, 표정이 밝지 않은 지원자는 평소 웃는 연습을 의식적으로 하여 면접을 받는 동안 계속해서 여유 있는 표정을 짓는 것이 중요하다. 성공한 사람들은 인상이 좋다는 것을 명심하자.

1. 면접의 유형

과거 천편일률적인 일대일 면접과 달리 면접에는 다양한 유형이 도입되어 현재는 "면접은 이렇게 보는 것이다."라고 말할 수 있는 정해진 유형이 없어졌다. 그러나 삼성그룹 면접에서는 현재까지는 집단 면접과 다대일 면접이 진행되고 있으므로 어느 정도 유형을 파악하여 사전에 대비가 가능하다. 면접의 기본인 단독 면접부터, 다대일 면접, 집단 면접의 유형과 그 대책에 대해 알아보자.

(1) 단독 면접

단독 면접이란 응시자와 면접관이 1대1로 마주하는 형식을 말한다. 면접위원 한 사람과 응시자 한 사람이 마주 앉아 자유로운 화제를 가지고 질의응답을 되풀이하는 방식이다. 이 방식은 면접의 가장 기본적인 방법으로 소요시간은 10 ~ 20분 정도가 일반적이다.

① 장점

필기시험 등으로 판단할 수 없는 성품이나 능력을 알아내는 데 가장 적합하다고 평가받아 온 면접방식으로 응시자 한 사람 한 사람에 대해 여러 면에서 비교적 폭넓게 파악할 수 있다. 응시자의 입장에서는 한 사람의 면접관만을 대하는 것이므로 상대방에게 집중할 수 있으며, 긴장감도 다른 면접방식에 비해서는 적은 편이다.

② 단점

면접관의 주관이 강하게 작용해 객관성을 저해할 소지가 있으며, 면접 평가표를 활용한다 하더라도 일면적인 평가에 그칠 가능성을 배제할 수 없다. 또한 시간이 많이 소요되는 것도 단점이다.

> **단독 면접 준비 Point**
>
> 단독 면접에 대비하기 위해서는 평소 1대1로 논리 정연하게 대화를 나눌 수 있는 능력을 기르는 것이 중요하다. 그리고 면접장에서는 면접관을 선배나 선생님 혹은 부모님을 대하는 기분으로 면접에 임하는 것이 부담도 훨씬 적고 실력을 발휘할 수 있는 방법이 될 것이다.

(2) 다대일 면접

다대일 면접은 일반적으로 가장 많이 사용되는 면접방법으로 보통 2 ~ 5명의 면접관이 1명의 응시자에게 질문하는 형태의 면접방법이다. 면접관이 여러 명이므로 다각도에서 질문을 하여 응시자에 대한 정보를 많이 알아낼 수 있다는 점 때문에 선호하는 면접방법이다.

하지만 응시자의 입장에서는 질문도 면접관에 따라 각양각색이고 동료 응시자가 없으므로 숨 돌릴 틈도 없게 느껴진다. 또한 관찰하는 눈도 많아서 조그만 실수라도 지나치는 법이 없기 때문에 정신적 압박과 긴장감이 높은 면접방법이다. 따라서 응시자는 긴장을 풀고 한 시험관이 묻더라도 면접관 전원을 향해 대답한다는 기분으로 또박또박 대답하는 자세가 필요하다.

① 장점

면접관이 집중적인 질문과 다양한 관찰을 통해 응시자가 과연 조직에 필요한 인물인가를 완벽히 검증할 수 있다.

② 단점

면접시간이 보통 10 ~ 30분 정도로 좀 긴 편이고 응시자에게 지나친 긴장감을 조성하는 면접방법이다.

> **다대일 면접 준비 Point**
>
> 질문을 들을 때 시선은 면접위원을 향하고 다른 데로 돌리지 말아야 하며, 대답할 때에도 고개를 숙이거나 입속에서 우물거리는 소극적인 태도는 피하도록 한다. 면접위원과 대등하다는 마음가짐으로 편안한 태도를 유지하면 대답도 자연스러운 상태에서 좀 더 충실히 할 수 있고, 이에 따라 면접위원이 받는 인상도 달라진다.

(3) 집단 면접

집단 면접은 다수의 면접관이 여러 명의 응시자를 한꺼번에 평가하는 방식으로 짧은 시간에 능률적으로 면접을 진행할 수 있다. 각 응시자에 대한 질문내용, 질문횟수, 시간배분이 똑같지는 않으며, 모두에게 같은 질문이 주어지기도 하고, 각각 다른 질문을 받기도 한다.

또한 어떤 응시자가 한 대답에 대한 의견을 묻는 등 그때그때의 분위기나 면접관의 의향에 따라 변수가 많다. 집단 면접은 응시자의 입장에서는 개별 면접에 비해 긴장감은 다소 덜한 반면에 다른 응시자들과의 비교가 확실하게 나타나므로 응시자는 몸가짐이나 표현력·논리성 등이 결여되지 않도록 자신의 생각이나 의견을 솔직하게 발표하여 집단 속에 묻히거나 밀려나지 않도록 주의해야 한다.

① 장점

집단 면접의 장점은 면접관이 응시자 한 사람에 대한 관찰시간이 상대적으로 길고, 비교 평가가 가능하기 때문에 결과적으로 평가의 객관성과 신뢰성을 높일 수 있다는 점이며, 응시자는 동료들과 함께 면접을 받기 때문에 긴장감이 다소 덜하다는 것을 들 수 있다. 또한 동료가 답변하는 것을 들으며, 자신의 답변 방식이나 자세를 조정할 수 있다는 것도 큰 이점이다.

② 단점

응답하는 순서에 따라 응시자마다 유리하고 불리한 점이 있고, 면접위원의 입장에서는 각각의 개인적인 문제를 깊게 다루기가 곤란하다는 것이 단점이다.

> **집단 면접 준비 Point**
>
> 너무 자기 과시를 하지 않는 것이 좋다. 대답은 자신이 말하고 싶은 내용을 간단명료하게 말해야 한다. 내용이 없는 발언을 한다거나 대답을 질질 끄는 태도는 좋지 않다. 또 말하는 중에 내용이 주제에서 벗어나거나 자기중심적으로만 말하는 것도 피해야 한다. 집단 면접에 대비하기 위해서는 평소에 설득력을 지닌 자신의 논리력을 계발하는 데 힘써야 하며, 다른 사람 앞에서 자신의 의견을 조리 있게 개진할 수 있는 발표력을 갖추는 데에도 많은 노력을 기울여야 한다.
> • 실력에는 큰 차이가 없다는 것을 기억하라.
> • 동료 응시자들과 서로 협조하라.
> • 답변하지 않을 때의 자세가 중요하다.
> • 개성 표현은 좋지만 튀는 것은 위험하다.

(4) 집단 토론식 면접

집단 토론식 면접은 집단 면접과 형태는 유사하지만 질의응답이 아니라 응시자들끼리의 토론이 중심이 되는 면접방법으로 최근 들어 급증세를 보이고 있다. 이는 공통의 주제에 대해 다양한 견해들이 개진되고 결론을 도출하는 과정, 즉 토론을 통해 응시자의 다양한 면에 대한 평가가 가능하다는 집단 토론식 면접의 장점이 널리 확산된 데 따른 것으로 보인다. 사실 집단 토론식 면접을 활용하면 주제와 관련된 지식 정도와 이해력, 판단력, 설득력, 협동성은 물론 리더십, 조직 적응력, 적극성과 대인관계 능력 등을 쉽게 파악할 수 있다.

토론식 면접에서는 자신의 의견을 명확히 제시하면서도 상대방의 의견을 경청하는 토론의 기본자세가 필수적이며, 지나친 경쟁심이나 자기 과시욕은 접어두는 것이 좋다. 또한 집단 토론의 목적이 결론을 도출해 나가는 과정에 있다는 것을 감안하여 무리하게 자신의 주장을 관철시키기보다 오히려 토론의 질을 높이는 데 기여하는 것이 좋은 인상을 줄 수 있다는 점을 알아야 한다. 취업 희망자들은 토론식 면접이 급속도로 확산되는 추세임을 감안해 특히 철저한 준비를 해야 한다. 평소에 신문의 사설이나 매스컴 등의 토론 프로그램을 주의 깊게 보면서 논리 전개방식을 비롯한 토론 과정을 익히도록 하고, 친구들과 함께 간단한 주제를 놓고 토론을 진행해 볼 필요가 있다. 또한 사회・시사문제에 대해 자기 나름대로의 관점을 정립해두는 것도 꼭 필요하다.

(5) PT 면접

PT 면접, 즉 프레젠테이션 면접은 최근 들어 집단 토론 면접과 더불어 그 활용도가 점차 커지고 있다. PT 면접은 기업마다 특성이 다르고 인재상이 다른 만큼 인성 면접만으로는 알 수 없는 지원자의 문제해결 능력, 전문성, 창의성, 기본 실무능력, 논리성 등을 관찰하는 데 중점을 두는 면접으로, 지원자 간의 변별력이 높아 대부분의 기업에서 적용하고 있으며, 확산되는 추세이다.

면접 시간은 기업별로 차이가 있지만, 전문지식, 시사성 관련 주제를 제시한 다음, 보통 20 ~ 50분 정도 준비하여 5분가량 발표할 시간을 준다. 면접관과 지원자의 단순한 질의응답식이 아닌, 주제에 대해 일정 시간 동안 지원자의 발언과 발표하는 모습 등을 관찰하게 된다. 정확한 답이나 지식보다는 논리적 사고와 의사표현력이 더 중시되기 때문에 자신의 생각을 어떻게 설명하느냐가 매우 중요하다.

PT 면접에서 같은 주제라도 직무별로 평가요소가 달리 나타난다. 예를 들어, 영업직은 설득력과 의사소통 능력에 중점을 둘 수 있겠고, 관리직은 신뢰성과 창의성 등을 더 중요하게 평가한다.

> **PT 면접 준비 Point**
> - 면접관의 관심과 주의를 집중시키고, 발표 태도에 유의한다.
> - 모의 면접이나 거울 면접을 통해 미리 점검한다.
> - PT 내용은 세 가지 정도로 정리해서 말한다.
> - PT 내용에는 자신의 생각이 담겨 있어야 한다.
> - 중간에 자문자답 방식을 활용한다.
> - 평소 지원하는 업계의 동향이나 직무에 대한 전문지식을 쌓아둔다.
> - 부적절한 용어 사용이나 무리한 주장 등은 하지 않는다.

(6) 합숙 면접

합숙 면접은 대체로 1박 2일이나 2박 3일 동안 해당 기업의 연수원이나 수련원 등에서 이루어지는 면접으로, 평가 항목으로는 PT 면접, 토론 면접, 인성 면접 등을 기본으로 새벽등산, 레크리에이션, 게임 등 다양한 형태로 진행된다. 경쟁자들과 함께 생활하고 협동해야 하는 만큼 스트레스도 많이 받는 경우가 허다하다.

모든 지원자를 하루 동안 평가하게 되므로 지원자 1명을 평가하는 데 걸리는 시간은 짧게는 5분에서 길게는 1시간 이상 정도인데, 이 시간으로는 지원자를 제대로 평가하기에는 한계가 있다. 합숙 면접은 24시간 이상을 지원자와 면접관이 함께 생활하면서 다양한 프로그램을 통해 지원자의 역량을 폭넓게 평가할 수 있기 때문에 기업에서는 합숙 면접을 선호한다. 대체로 은행, 증권 등 금융권에서 합숙 면접을 통해 지원자의 의도되고 꾸며진 모습 외에 창의력, 의사소통 능력, 협동심, 책임감, 리더십 등 다양한 모습을 평가하였지만, 최근에는 기업에서도 많이 실시되고 있다.

합숙 면접에서 좋은 점수를 얻기 위해서는 무엇보다 팀워크를 중시하는 모습을 보여야 한다. 합숙 면접은 일반 면접과는 달리 개인보다는 그룹별로 과제가 주어지고 해결해야 하므로 조원 또는 동료와 얼마나 잘 어울리느냐가 중요한 평가기준이 된다. 장시간에 걸쳐 평가하기 때문에 힘든 부분도 있지만, 지원자들이 지쳐 있거나 당황하고 있는 사이에도 면접관들은 지원자들의 조직 적응력, 적극성, 사회성, 친화력 등을 꼼꼼하게 체크하기 때문에 잠시도 긴장을 늦춰서는 안 된다.

2. 면접의 실전 대책

(1) 면접 대비사항

① 지원 회사에 대한 사전지식을 충분히 준비한다.

필기시험에서 합격 또는 서류전형에서의 합격통지가 온 후 면접시험 날짜가 정해지는 것이 보통이다. 이때 수험자는 면접시험을 대비해 사전에 자기가 지원한 계열사 또는 부서에 대해 폭넓은 지식을 준비할 필요가 있다.

> **지원 회사에 대해 알아두어야 할 사항**
>
> • 회사의 연혁
> • 회장 또는 사장의 이름, 출신학교, 관심사
> • 회장 또는 사장이 요구하는 신입사원의 인재상
> • 회사의 사훈, 사시, 경영이념, 창업정신
> • 회사의 대표적 상품, 특색
> • 업종별 계열회사의 수
> • 해외지사의 수와 그 위치
> • 신 개발품에 대한 기획 여부
> • 자기가 생각하는 회사의 장단점
> • 회사의 잠재적 능력개발에 대한 제언

② 충분한 수면을 취한다.

충분한 수면으로 안정감을 유지하고 첫 출발의 상쾌한 마음가짐을 갖는다.

③ 얼굴을 생기 있게 한다.

첫인상은 면접에 있어서 가장 결정적인 당락요인이다. 면접관에게 좋은 인상을 줄 수 있도록 화장하는 것도 필요하다. 면접관들이 가장 좋아하는 인상은 얼굴에 생기가 있고 눈동자가 살아 있는 사람, 즉 기가 살아 있는 사람이다.

④ 아침에 인터넷 뉴스를 읽고 간다.

그날의 뉴스가 질문 대상에 오를 수가 있다. 특히 경제면, 정치면, 문화면 등을 유의해서 볼 필요가 있다.

> **출발 전 확인할 사항**
>
> 이력서, 자기소개서, 지갑, 신분증(주민등록증), 볼펜, 메모지, 예비스타킹 등을 준비하자.

(2) 면접 시 옷차림

면접에서 옷차림은 간결하고 단정한 느낌을 주는 것이 가장 중요하다. 색상과 디자인 면에서 지나치게 화려한 색상이나, 노출이 심한 디자인은 자칫 면접관의 눈살을 찌푸리게 할 수 있다. 단정한 차림을 유지하면서 자신만의 독특한 멋을 연출하는 것, 지원하는 회사의 분위기를 파악했다는 센스를 보여주는 것 또한 코디네이션의 포인트이다.

> **복장 점검**
>
> • 구두는 잘 닦여 있는가?
> • 옷은 깨끗이 다려져 있으며 스커트 길이는 적당한가?
> • 손톱은 길지 않고 깨끗한가?
> • 머리는 흐트러짐 없이 단정한가?

(3) 면접요령

① 첫인상을 중요시한다.

상대에게 인상을 좋게 주지 않으면 어떠한 얘기를 해도 이쪽의 기분이 충분히 전달되지 않을 수 있다. 예를 들어, '저 친구는 표정이 없고 무엇을 생각하고 있는지 전혀 알 길이 없다.'처럼 생각되면 최악의 상태이다. 우선 청결한 복장, 바른 자세로 침착하게 들어가야 한다. 건강하고 신선한 이미지를 주어야 하기 때문이다.

② 좋은 표정을 짓는다.

얘기를 할 때의 표정은 중요한 사항의 하나다. 거울 앞에서 웃는 연습을 해본다. 웃는 얼굴은 상대를 편안하게 하고, 특히 면접 등 긴박한 분위기에서는 천금의 값이 있다 할 것이다. 그렇다고 하여 항상 웃고만 있어서는 안 된다. 자기의 할 얘기를 진정으로 전하고 싶을 때는 진지한 얼굴로 상대의 눈을 바라보며 얘기한다. 면접을 볼 때 눈을 감고 있으면 마이너스 이미지를 주게 된다.

③ 결론부터 이야기한다.

자기의 의사나 생각을 상대에게 정확하게 전달하기 위해서 먼저 무엇을 말하고자 하는가를 명확히 결정해 두어야 한다. 대답을 할 경우에는 결론을 먼저 이야기하고 나서 그에 따른 설명과 이유를 덧붙이면 논지(論旨)가 명확해지고 이야기가 깔끔하게 정리된다.

한 가지 사실을 이야기하거나 설명하는 데는 3분이면 충분하다. 복잡한 이야기라도 어느 정도의 길이로 요약해서 이야기하면 상대도 이해하기 쉽고 자기도 정리할 수 있다. 긴 이야기는 오히려 상대를 불쾌하게 할 수가 있다.

④ 질문의 요지를 파악한다.

면접 때의 이야기는 간결성만으로는 부족하다. 상대의 질문이나 이야기에 대해 적절하고 필요한 대답을 하지 않으면 대화는 끊어지고 자기의 생각도 제대로 표현하지 못하여 면접자로 하여금 수험생의 인품이나 사고방식 등을 명확히 파악할 수 없게 한다. 무엇을 묻고 있는지, 무슨 이야기를 하고 있는지 그 요점을 정확히 알아내야 한다.

면접에서 고득점을 받을 수 있는 성공요령

1. 자기 자신을 겸허하게 판단하라.
2. 지원한 회사에 대해 100% 이해하라.
3. 실전과 같은 연습으로 감각을 익히라.
4. 단답형 답변보다는 구체적으로 이야기를 풀어나가라.
5. 거짓말을 하지 말라.
6. 면접하는 동안 대화의 흐름을 유지하라.
7. 친밀감과 신뢰를 구축하라.
8. 상대방의 말을 성실하게 들으라.
9. 근로조건에 대한 이야기를 풀어나갈 준비를 하라.
10. 끝까지 긴장을 풀지 말라.

02 NH농협은행 6급 실제 면접

01 NH농협은행 6급 면접 안내

NH농협은행 6급 면접은 철저한 블라인드 면접이다. 즉, 면접관이 지원자의 이름, 출신 학교, 현재 농협 계약직 근로 여부 등을 알지 못한 채 면접이 실시된다. 따라서 지원자는 면접 시 자신의 신상공개를 하면 안 된다.

2023년부터 PT 면접＋집단 면접으로 바뀌면서, 지원자의 순발력과 적극성이 중요한 변수로 작용하게 되었다. PT 면접은 주로 농협은행 상품의 마케팅 방안에 대한 발표로 진행되며, 집단 면접은 다대다(多對多) 인성ㆍ직무 면접으로 진행된다.

1. PT 면접

별도의 공간으로 이동하여 15분간 발표 준비시간을 갖는다. 농협은행 금융상품(적금, 펀드, 보험 등)의 특징을 파악한 후 주어진 상황에 적절한 상품 판매 확대 방안에 대해 발표한다. PPTㆍ한글ㆍ워드 중 선호하는 프로그램을 자유롭게 선택하여 발표 자료를 제작한다. 발표 준비시간 내에 USB에 옮기지 못할 시 발표를 하지 못하므로, 반드시 주어진 시간 내에 발표 자료를 저장해야 한다. 발표 장소로 이동하면 대형 TV(또는 스크린)와 레이저 포인터가 준비되어 있다. 발표 10분＋질의응답 5분, 총 15분간 3명의 면접관 앞에서 단독으로 발표를 진행한다. 발표를 마친 후에 면접관이 발표에 소요된 시간을 알려준다. 10분 미만으로 발표를 진행했다면 질의응답 시간이 그만큼 늘어난다.

PT 면접은 지원자가 농협은행의 일원으로서 마케팅 역량과 커뮤니케이션 능력이 있는지 검증한다. 주요 내용과 준비사항은 사전 공지되므로 농협은행의 금융상품에 대해 미리 공부하고 실제 은행직원들의 세일즈 기술을 연습해두어야 한다. 또한 PT 면접을 효과적으로 준비하기 위해서는 지원자 본인이 지원한 직무를 확실하게 파악하고 있어야 하며, 어떤 역량이 요구되는지를 이해하고 있어야 한다. 그리고 문제를 해결하는 해결력과 주어진 과제를 무리 없이 소화할 수 있는 대응력을 키워야 한다.

- '걸으면 걸을수록 우대금리가 생기는 적금' 상품을 어필할 수 있는 고객층을 제시하고, 상품 판매를 활성화할 수 있는 방안을 제시하시오.
- 농협은행의 새로운 대출상품의 판매량을 높이기 위해 어떤 타깃층을 중점으로 마케팅을 진행할 것인지 보고서를 작성하시오.
- 가상의 농협은행 상품에 대한 특징과 관련 기사에 따라 효율적인 판매 전략 및 타깃층을 수립하시오.

2. 집단 면접

5~6명이 한 조가 되어 50분가량 다대다(多對多) 면접방식으로 진행된다. 면접관들은 지원자 모두에게 1~2분가량 자기소개를 시키고 질문을 시작한다. 자기소개서 내용을 바탕으로 한 인성 관련 질문이 주를 이룬다. 또한 최근 경제신문에서 다루고 있는 시사용어 또는 경제용어를 묻기도 한다. 따라서 농협과 관련한 회사상식, 경제ㆍ시사상식을 미리 정리해두고 인성과 관련된 질문도 사전에 확인해보는 것이 좋다.

[인성 질문]
- 1분 자기소개
- 1억 원을 모아야 한다면 어떤 방법으로 모을 것인가?
- 첫 월급을 100만 원으로 받았을 때 전체 금액으로 선물을 한다면 누구에게 무엇을 할 것인가?
- 금융권에서 가장 중요하게 생각하는 덕목과 역량은?
- 사람을 평가한 경험이 있는가? 무엇을 가장 중요하게 생각하는가?
- 고객이 전화에 대고 막 화를 내는 클레임이 생긴다면?
- 이전 회사를 그만둔 사유는 무엇인가?
- 본인의 단점은 무엇인가?
- 은행원이 갖춰야 할 역량은 무엇이라고 생각하는가?
- 본인만의 영업전략은?
- 마지막으로 하고 싶은 말은?
- 상사와의 업무 시 의견충돌이 있을 때 어떤 식으로 본인의 의견을 관철시킬 것인가? 그리고 주변 사람들에게 어떤 식으로 제시할 것인가?
- 단순한 업무의 반복을 하는 은행의 업무는 매너리즘에 빠지기 쉬운 환경에서 본인이 과거에 단순한 업무의 반복을 하면서 매너리즘에 빠진 경험과 그때 느꼈던 점 그리고 본인의 가치관을 연결해서 말해 보시오.
- 본인의 친화력으로 사람의 마음을 움직였던 경험을 말해 보시오.
- 10년 후, 30년 후 농협은행의 방향성이 어떻게 바뀔지 말해 보시오.

[회사ㆍ경제ㆍ시사 관련 질문]
- PF가 무엇인지 아는가?
- 블랙컨슈머에 대한 기업의 대응 방안은?
- DTI가 무엇인가?
- LTV를 설명하시오.
- BIS 비율을 설명하시오.
- ABS를 설명하시오.
- BIB와 BWB가 무엇인가?
- 금융복합점포의 단점에 대해 이야기 해 보시오.
- 개인회생제도가 무엇인가?
- 세계에서 유통되고 있는 3가지 원유를 설명하시오.
- 기술금융이 무엇인가?
- 인터넷은행이 무슨 뜻인가?
- 저금리 시대에 은행과 농협의 대응 방안은?
- 내가 CEO인데 회사가 어려워졌다. 인원을 감축할 것인가, 전체 임금을 삭감할 것인가?
- 은행업의 미래와 농협의 방향성을 말하고, 본인의 기여 방안에 대해 말해 보시오.

- 핀테크와 인터넷전문은행은 무엇인가?
- 노조에 대해 어떻게 생각하는가?
- PEF가 무엇인지 설명해 보시오.
- 농협이 하고 있는 일을 말해 보시오.
- 농협의 장점과 단점을 말해 보시오.
- 주택 대출 관련 용어 몇 개를 말해 보시오.
- 본인이 팔고 싶은 금융상품 그리고 그 상품에 대한 장, 단점을 말해 보시오.
- 알고 있는 금융 상식을 설명해 보시오.
- 미국 금리가 인상되면 농협 매출이 어떻게 될 것 같은가?
- 사모펀드의 장·단점은 무엇인가?

02 지역별 면접 기출질문

1. 서울농협

1. 시사상식
- 최저임금에 대해서 찬성하는지 반대하는지 의견을 말해 보시오.
- 국내 지역별 전기사용료(kw당 단가) 차등적 부과제 도입에 대해 찬성하는지 반대하는지 말해 보시오.
- 유동성함정의 구체적 예를 들고, 해결 방안을 제시해 보시오.
- 파생금융상품이란 무엇인가?
- 보이스피싱이란 무엇인가?

2. 인성
- 자기소개를 해 보시오.
- 실수했던 경험이 있다면 말해 보시오.
- 최근 농협은행과 관련된 기사가 있다면 말해 보시오.
- 농협은행이 나아가야 할 방향에 대해서 말해 보시오.
- 자신이 꺼리는 사람에게 다가가거나 자기 사람으로 만드는 자신만의 노하우가 있다면 말해 보시오.
- 지금까지 살면서 이룬 가장 큰 성취 3가지만 말해 보시오.
- 농협의 사회적 역할에 대해 말해 보시오.
- 농협에서는 팀별로 목표 실적이 주어지는데, 그것을 달성하려면 팀워크가 좋아야 한다. 좋은 팀워크를 유지하기 위해서 가장 중요한 점이 무엇이라고 생각하는가?
- 농협에 입사해서 10년쯤 지났을 때, 자신은 어떤 모습일 것 같은가?
- 지원자가 만약 상품개발부서에 배치된다면 예금 상품을 새롭게 개발할 수 있는데, 혹시 지금 생각해 둔 상품이 있는가?
- 타깃 고객을 선정해서 상품을 개발한다면 어떤 방안이 있겠는가?
- 농협상품을 홈쇼핑에서 팔아 보시오.
- 고객이 앞에 왔다고 생각하고 예금을 팔아 보시오.
- 효율적이지 못한 리더와 가장 좋은 리더에 대해 설명해 보시오.

2. 경기농협

1. 시사상식
- 블랙스완이란 무엇인가?
- 서브프라임 모기지란 무엇인가?
- 삼강오륜이란 무엇인가?
- 저축은행 '88클럽'이란 무엇인가?
- IFRS가 도입되면 농협이 받는 영향은 무엇인가?
- 애그플레이션이란? 애그플레이션을 극복하기 위한 농협의 방안은 무엇인가?
- 재스민 혁명이 무엇을 뜻하고, 어디에서 일어났는지 설명하시오.
- 일본 대지진과 리비아 공격에 따른 국제경제 변화를 어떻게 보는가?

2. 인성
- 자기소개를 해 보시오.
- 농협과 시중은행의 차이점은 무엇인가?
- 만약 자신의 신념과 상충된다고 생각하는 지시를 상사가 내렸을 경우에 어떻게 하겠는가?
- 농협의 예금 종류 5가지만 말해 보시오.
- 농협의 신용등급은 무엇인가?
- 농협의 문제점이 무엇이라고 생각하는가?
- 농협 홈페이지에서 '경영' 앞에 쓰여 있는 두 글자가 무엇인지 얘기해 보시오.
- 농협이 고객에게 더 어필할 수 있는 방법은 무엇인지 설명해 보시오.
- 나이 어린 상사를 잘 대할 수 있겠는가?
- 조직 관리의 가장 어려운 점을 말해 보시오.
- 타 금융기관에 비해 농협의 장점을 꼽으면 무엇이 있겠는가?
- 마지막으로 하고 싶은 말을 해 보시오.

3. 인천농협

1. 시사상식
- 모기지론에 대해 말해 보시오.
- 신용위험, 시장위험, 운영위험 3가지를 추론해서 말해 보시오.
- IMF와 2008년 미국발 금융위기의 공통점과 차이점은 무엇인가?
- BIS 자기자본비율이란 무엇인가?
- DTI란 무엇인가?

2. 인성

- 자기소개를 해 보시오.
- 꼴등 지점에 배치되면 단합 자리에서 어떻게 분위기를 띄울 것인가?
- 상사가 됐을 때 팀을 어떻게 이끌어나갈 것인가?
- 지점장 A와 B가 각각 3억씩 투자했는데, A는 한 곳에 모두 투자해 1억, B는 열 군데 투자해서 1억의 수익을 냈다. 누가 옳다고 생각하는가?
- 한국경제의 문제점에 대해 말해 보시오.
- 어떤 상사를 바라는가?
- 어떤 부하 직원이 될 것인가?
- NH농협은행의 인재상에 대해 말해 보시오.
- 마지막으로 하고 싶은 말을 해 보시오.

4. 대전 · 충남농협

1. 시사상식

- 수신금리 관련 최근 이슈에 대해 말해 보시오.
- 수쿠크법이란 무엇인가?
- 라마단이란 무엇인가?
- 타임오프제란 무엇인가?
- 세계 7대 자연경관에는 무엇이 있는가?
- 우루과이라운드란 무엇인가?
- WTO협정이란 무엇인가?

2. 인성

- 자기소개를 해 보시오.
- 악성 고객에 대처하는 자신만의 방법이 있다면 말해 보시오.
- 합격 후 원하는 직무에 배정되지 않는다면 어떻게 할 것인지 말해 보시오.
- 조직 내에서 목표달성을 위해 노력했던 경험이 있다면 말해 보시오.
- 조직 내에서 갈등 때문에 목표달성을 실패했던 경험이 있다면 말해 보시오.
- 농협이 이번에 신경분리를 했는데, 은행으로 성공하기 위하여 어떻게 해야 하는가?
- 농협이 신경분리(신용사업과 경제사업의 분리)되었는데 신용 쪽이 발전하려면 어떤 노력을 해야 하는가?
- 농협법 개정안으로 2012년부터 농협중앙회는 NH농협은행으로 바뀌었다. 만약 지원자가 농협은행장이 된다면 농협은행의 발전을 위해 어떤 부분을 바꾸겠는가?
- 상사와의 충돌이 생길 때 어떻게 할 것인가?
- 마지막으로 하고 싶은 말을 해 보시오.

5. 충북농협

1. 시사상식
- 바이럴 마케팅에 대해 말해 보시오.
- CMA에 대해 말해 보시오.
- 미스터리 쇼퍼에 대해 말해 보시오.
- 변액보험에 대해 설명해 보시오.
- 대강 사업에 대한 자신의 생각을 말해 보시오.
- FTA로 인해 특혜를 받는 종목은 무엇이 있는가?

2. 인성
- 자기소개를 해 보시오.
- 자신에게 할당된 실적을 달성하지 못했을 때 어떻게 할 것인가?
- 자신의 신념을 어쩔 수 없이 어겼던 경험이 있으면 말해 보시오.
- 배우자의 어떤 면을 보고 선택할 것인가?
- 한국 사람이 고쳐야 할 점이 무엇인가?
- 농협의 발전을 위해 사업을 한다면 어떤 것을 했으면 좋겠는가?
- 마지막으로 하고 싶은 말을 해 보시오.

6. 부산농협

1. 시사상식
- 서킷브레이커란 무엇인가?
- 더블딥이란 무엇인가?
- 경제5단체란 무엇인가?
- 사회적 기업에 대해 말해 보시오.
- 다우지수란 무엇인가?
- 세계 3대 신용평가기관을 말해 보시오.
- 임금피크제란 무엇인가?

2. 인성
- 자기소개를 해 보시오.
- 농협에 지원한 특별한 이유는 무엇인가?
- 농협에 입사해서 10년쯤 지났을 때, 자신은 어떤 모습일 것 같은가?
- 마지막으로 하고 싶은 말을 해 보시오.

7. 광주 · 전남농협

1. 시사상식

- 세계 3대 신용평가기관과 농협의 신용도에 대해 말해 보시오.
- FTA에서 ISD 조항에 대해 말해 보시오.
- 유가 상승 시 농협은 어떻게 대처해야 하는가?
- 트리플 위칭데이란 무엇인가?
- 스파게티볼 효과란 무엇인가?
- 2012년 4·11 총선에 대해 어떻게 생각하는가?
- 오늘의 환율에 대해 알고 있는가?
- CRM이란 무엇인가?
- 20 : 80 법칙이란 무엇인가?
- 콜금리란 무엇인가?
- 배드뱅크란 무엇인가?
- 코스피 200이란 무엇인가?
- 환율이란 무엇인가?
- 평가절하란 무엇인가?

2. 인성

- 자기소개를 해 보시오.
- 본인이 상사인데, 부하직원이 일을 잘 못한다. 어떻게 할 것인가?
- 좋아하는 운동은 무엇인가?
- 존경하는 인물은 누구인가?
- 천안함 사건 또는 연평도 포격 사건이 일어났을 때 자신이 합참의장이라면 어떻게 했겠는가?
- 대기업의 사회적 역할에 대해 말해 보시오.
- 감명 깊게 읽은 책을 말해 보시오.
- 펀드를 판매했는데 가입자가 손실을 입고 따지러 왔다. 어떻게 해야 하는가?
- 동료애란 무엇인가?
- 농협의 기업문화는 어떠한가?
- 농협의 인터넷 뱅킹을 써보았다면 어땠는지 말해 보시오.
- 타 금융기관에 비해 농협의 장점을 꼽으면 무엇이 있겠는가?
- 마지막으로 하고 싶은 말을 해 보시오.

8. 전북농협

1. 시사상식
- 유네스코 지정 세계문화유산에 대해 아는 대로 말해 보시오.
- 새만금 사업의 장단점에 대해 말해 보시오.
- 신용카드, 직불카드, 체크카드의 차이점에 대해 말해 보시오.
- 님비현상과 핌피현상의 차이점에 대해 말해 보시오.
- 콜금리란 무엇인가?
- 한미 FTA의 장단점과 농협의 대처 방안에 대해 말해 보시오.
- 사회적 기업에 대해 말해 보시오.
- 4대강 사업에 대한 자신의 생각을 말해 보시오.
- 서브프라임모기지론에 대해 말해 보시오.

2. 인성
- 자기소개를 해 보시오.
- NH농협은행에 입사하기 위해 어떠한 노력을 해왔는지 말해 보시오.
- 국기에 대한 맹세를 외울 수 있다면 말해보시오.
- 신경(信經)분리에 대해 아는 대로 말해 보시오.
- 마지막으로 하고 싶은 말을 해 보시오.
- 사회봉사경험이 있는가?
- 자연과 발전 중 어느 것이 더 중요하다고 생각하는가?

9. 경남농협

1. 시사상식
- 체리피커란 무엇인가?
- 20 : 80 법칙에 대해 설명해 보시오.
- 나라별 종합주가지수 명칭을 아는 대로 말해 보시오.
- 백세세대란 무엇인가?
- 랩어카운트란 무엇인가?
- 스타지수란 무엇인가?
- 전환사채란 무엇인가?
- 서브프라임모기지론에 대해 말해 보시오.
- BIS 자기자본비율이란 무엇인가?
- DTI란 무엇인가?
- 일본 엔고현상이란 무엇인가?
- 고령화 사회의 해법에 대해 말해 보시오.

2. 인성

- 자기소개를 해 보시오.
- 취미는 무엇인가?
- 맛집을 아는 데가 있으면 소개해 보시오.
- 회의 시 지루할 때 동료들에게 힘을 북돋아 주려고 한다면 어떻게 할 것인가?
- 농협에 대해 아는 대로 말해 보시오.
- 신경(信經)분리에 대해 아는 대로 말해 보시오.
- 농협의 경쟁력은 무엇이라고 생각하는가?
- 농협중앙회 회장님 성함, 은행장님 성함, 경남지역본부장님 성함, 영업본부장님 성함 중 아는 것이 있는가?
- 상사로부터 성희롱 당했을 때 어떻게 대처할 것인가?
- 은행원으로서 갖춰야 할 자질이 뭐라고 생각하는가?
- 현 정부의 경제정책에 대해 어떻게 생각하는가?
- 본인이 옆 사람보다 더 강점이라고 생각하는 것을 말해 보시오.
- NH농협은행이 앞으로 나아가야 할 방향에 대해 말해 보시오.
- 다른 곳을 면접 본 적이 있는가?
- 자격증이 많은데, 취득하는 데 얼마나 소요되었는가?
- 직업을 가지는 목적이 무엇인가?
- 최근에 읽은 책과 작가 이름, 내용에 대해 말해 보시오.
- 농촌의 문제점은 무엇이라고 생각하는가?
- 자신의 장점을 말해 보시오.

10. 대구 · 경북농협

1. 시사상식

- DTI란 무엇인가?
- 파생금융상품이란 무엇인가?
- 도덕적 해이란 무엇인가?
- '88클럽'이란 무엇인가?
- 역모기지론이란 무엇인가?
- 뱅크런이란 무엇인가?
- 스태그플레이션에 대해 말해 보시오.
- 방카슈랑스 자사 25% 혜택에 대해 말해 보시오.
- 저축은행 피해보상 사태에 대한 자신의 생각은 어떠한가?

2. 인성

- 자기소개를 해 보시오.
- 신경(信經)분리에 대해 아는 대로 말해 보시오.

- 자신의 장단점에 대해 말해 보시오.
- 자신의 이상형에 대해 말해 보시오.
- 농협에 들어와서 하고 싶은 업무는 무엇인가?
- 자신이 NH농협은행 경영자가 된다면 어떻게 운영할 것인가?
- 자신의 특기를 말해 보시오.
- 본인 인생의 멘토는 누구인가?
- 농협 이미지의 장단점에 대해 말해 보시오.
- 농협에 들어와서 이루고 싶은 것은 무엇인가?
- 펀드 손실이 나서 항의하러 고객이 온다면 어떻게 할 것인가?
- 만약 1억 원이 생긴다면 어떻게 할 것인가?
- 외진 지역에 근무하게 된다면 어떻게 할 것인가?
- 나만의 경쟁력에 대해 말해 보시오.
- 삼성과 농협의 차이는 무엇인가?
- 마지막으로 하고 싶은 말을 해 보시오.

11. 울산농협

1. 시사상식
- MMF란 무엇인가?
- 하이리스크와 하이리턴에 대해 설명해 보시오.
- 변액보험에 대해 설명해 보시오.
- 뱅크런이란 무엇인가?
- 수쿠크법이란 무엇인가?
- BIS 자기자본비율이란 무엇인가?
- 재할인율이란 무엇인가?

2. 인성
- 자기소개를 해 보시오.
- NH농협은행에 입사하기 위해 어떠한 노력을 해왔는지 말해 보시오.
- 자신의 특기를 말해 보시오.
- 가장 존경하는 인물은 누구인가?
- 농협에 들어와서 10년 후의 자신의 모습을 상상해 보시오.
- 상사와의 충돌이 생길 때 어떻게 할 것인가?
- 사업분리 후 농협의 발전 방향에 대해 말해 보시오.
- 누군가에게 무엇을 가르치게 되었을 때 어떤 것을 가장 잘할 수 있겠는가?
- 농협과 시중은행의 차이점은 무엇인가?
- 농협에 대해 얼마나 알고 있는가?
- 마지막으로 하고 싶은 말을 해 보시오.

12. 강원농협

1. 시사상식
- BIS 자기자본비율이란 무엇인가?
- DTI란 무엇인가?
- 역모기지론이란 무엇인가?
- IFRS가 도입되면 농협이 받는 영향은 무엇인가?

2. 인성
- 자기소개를 해 보시오.
- 농협과 시중은행의 차이점은 무엇인가?
- 다른 사람이 자신을 어떻게 평가하는가?
- 리더십이란 무엇이며, 자신이 지향하는 리더십은 어떤 것인가?
- 만약 농협에 합격하면 오지로 갈 수도 있는데, 불편하지 않겠는가?
- 농협이 젊은 층을 확보하기 위한 방안은 무엇인가?
- 마지막으로 하고 싶은 말을 해 보시오.

앞선 정보 제공! 도서 업데이트

언제, 왜 업데이트될까?

도서의 학습 효율을 높이기 위해 자료를 추가로 제공할 때!
공기업 · 대기업 필기시험에 변동사항 발생 시 정보 공유를 위해!
공기업 · 대기업 채용 및 시험 관련 중요 이슈가 생겼을 때!

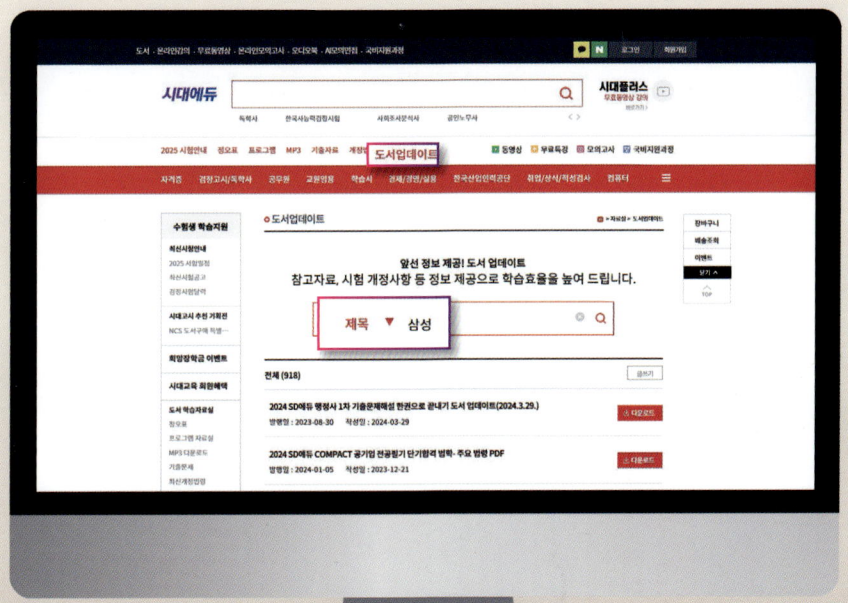

01 시대에듀 도서
www.sdedu.co.kr/book
홈페이지 접속

02 상단 카테고리
「도서업데이트」
클릭

03 해당
기업명으로
검색

참고자료, 시험 개정사항 등 정보 제공으로 학습효율을 높여 드립니다.

시대에듀

금융권 필기시험
시리즈

알차다!
꼭 알아야 할 내용을
담고 있으니까

친절하다!
핵심내용을 쉽게
설명하고 있으니까

명쾌하다!
상세한 풀이로 완벽하게
익힐 수 있으니까

핵심을 뚫는다!
시험 유형과 흡사한
문제를 다루니까

"신뢰와 책임의 마음으로 수험생 여러분에게 다가갑니다."

"농협" 합격을 위한 시리즈

농협 계열사 취업의 문을 여는
Master Key!

2026 최신판

| 도서 동형 온라인 실전연습 서비스 · NCS 핵심이론 및 대표유형 무료 PDF · 온라인 모의고사 무료쿠폰

통합기본서

NH
농협은행 6급

농협중앙회 | NH농협캐피탈 | NH농협저축은행 | NH농협생명 | NH농협손해보험

정답 및 해설

편저 | SDC(Sidae Data Center)

SDC

SDC는 시대에듀 데이터 센터의 약자로 약 30만 개의 NCS · 적성 문제 데이터를
바탕으로 최신 출제경향을 반영하여 문제를 출제합니다.

NCS 직무능력평가 ╋ 직무상식평가 ╋ 모의고사 5회 ╋ 무료 NCS 특강

대표기출유형 및 기출응용문제로 필기전형 대비!

온라인 필기전형 최신 출제경향 전면 반영!
직무능력평가(45문항) + 직무상식평가(25문항) / 80분

시대에듀

PART 1

직무능력평가

끝까지 책임진다! 시대에듀!

QR코드를 통해 도서 출간 이후 발견된 오류나 개정법령, 변경된 시험 정보, 최신기출문제, 도서 업데이트 자료 등이 있는지 확인해 보세요! **시대에듀 합격 스마트 앱**을 통해서도 알려 드리고 있으니 구글 플레이나 앱 스토어 에서 다운받아 사용하세요. 또한, 파본 도서인 경우에는 구입하신 곳에서 교환해 드립니다.

대표기출유형 01 기출응용문제

01

정답 ③

(가) : 빈칸 뒤의 저금리 상황에서는 이자가 적기 때문에 사람들이 저축을 신뢰하지 못한다는 내용을 통해 빈칸에는 저금리가 유지되고 있는 사회에서 저축에 대한 사람들의 인식이 회의적이라는 내용의 ⓒ이 적절함을 알 수 있다.

(나) : 빈칸 앞 문단에서는 '저금리 시대의 저축률은 줄어드는 것이 당연하다.'고 하였는데, 빈칸 뒤에서는 오히려 가계 저축률이 상승한 사례를 제시하고 있다. 따라서 빈칸에는 금리가 낮은 수준에 머물고 있을 때에도 저축률이 상승하였다는 내용의 ㉠이 적절함을 알 수 있다.

(다) : 빈칸 앞 문장에서는 '저금리 상황에서 저축을 하지 않는 것이 경제적 이득을 얻는 것처럼 보일 수 있다.'고 하였으나, 빈칸 뒤의 내용에서는 저축을 하지 않으면 사회 전반의 불안감을 높일 수 있으므로 저축이 가지는 효용 가치를 단기적인 측면으로 한정해서 바라보아서는 안 된다고 하였다. 따라서 빈칸에는 저축을 하지 않을 경우의 부정적인 측면을 설명하는 ⓒ이 적절함을 알 수 있다.

02

정답 ④

(가) : 계몽의 작업이 공포를 몰아내는 작업이라는 것이 명시되어 있듯이, ⓒ은 인간의 계몽 작업이 왜 이루어져 왔는지를 요약하는 문장이다.

(나) : 이해가 역사 속에서 가능하다는 ㉠은 제시문의 두 번째 입장을 잘 요약하고 있는 문장이다.

(다) : 권력과 지식의 관계가 대립이 아니라는 제시문의 세 번째 입장에 비추어 볼 때, ⓒ이 들어가는 것이 적절하다.

03

정답 ④

보기의 내용은 감각이 아닌 산술 혹은 기하학 등 단순한 것의 앎에 대한 의심으로 특히 '하느님과 같은 어떤 전능자가 명백하다고 여겨지는 것들에 대해서도 속을 수 있는 본성을 나에게 줄 수 있다.'라는 마지막 문장을 주시해야 한다. 또한 (라) 시작 부분에 '누구든지 나를 속일 수 있거든 속여 보라.'라는 문장을 보면, 보기의 마지막과 (라)의 시작 부분이 연결됨을 알 수 있다.
따라서 보기의 내용이 들어갈 위치로 가장 적절한 곳은 (라)이다.

04

정답 ①

(가) 문단에서 피타고라스학파가 '근본적인 것'으로 '수(數)'를 선택했음을 알 수 있다. 이후 전개될 내용으로는 피타고라스학파가 왜 '수(數)'를 가장 '근본적인 것'으로 생각했는지의 이유가 나와야 한다. 따라서 수(數)의 중요성과 왜 근본적인지에 대한 내용의 보기는 (가) 문단의 뒤에 오는 것이 가장 적절하다.

대표기출유형 02 기출응용문제

01

정답 ④

제시문은 오브제의 정의와 변화 과정에 대한 글이다. 네 번째 문단의 빈칸 앞에서는 예술가의 선택에 의해 기성품 그 본연의 모습으로 예술작품이 되는 오브제를, 빈칸 이후에는 나아가 진정성과 상징성이 제거된 팝아트에서의 오브제 기법에 대하여 서술하고 있다. 따라서 빈칸에 들어갈 내용으로 예술가의 선택에 의해 기성품 본연의 모습으로 오브제가 되는 ④의 사례가 가장 적절하다.

02

정답 ②

제시문은 태양의 온도를 일정하게 유지해 주는 에너지원에 대한 설명이다. 태양의 온도가 일정하게 유지되는 이유는 태양 중심부의 온도가 올라가 핵융합 에너지가 늘어나면 에너지의 압력으로 수소를 밖으로 밀어내 중심부의 밀도와 온도를 낮춰주기 때문이다. 즉, 태양 내부에서 중력과 핵융합 반응의 평형 상태가 유지되기 때문에 태양은 50억 년간 빛을 낼 수 있었고, 앞으로도 50억 년 이상 더 빛날 수 있는 것이다. 따라서 빈칸에 들어갈 내용으로 '태양이 오랫동안 안정적으로 빛을 낼 수 있게 된다.'가 가장 적절하다.

03

정답 ②

2024년과 2025년의 신청 자격이 동일하다고 하였으며, 2024년에 A보조금을 수령한 민원인의 자격 요건에 변동 사항이 없다고 하였으므로 농업인과 토지 요건은 모두 충족하고 있음을 확인할 수 있다. 따라서 남은 것은 부정 수령과 관련된 사항이며, 이를 정리하면 다음과 같다.
ⅰ) 2024년 부정 수령 판정 여부 : No(신청 가능), Yes(ⅱ)
ⅱ) 이의 제기 여부 : No(신청 불가), Yes(ⅲ)
ⅲ) 이의 제기 결과 : 기각(신청 불가), 인용 or 심의 절차 진행 중(신청 가능)
따라서 2024년 A보조금 부정 수령 판정 여부, 이의 제기 여부, 이의 제기 기각 여부만 알면 민원인이 B보조금의 신청 자격이 있는지 확인 가능하다.

04

정답 ②

제시문은 아담 스미스의 '보이지 않는 손'에 대해 반박하기 위해 정부가 개인의 이익 활동을 제한하지 않으면 발생할 수 있는 문제점을 예를 들어 설명하고 있다. 수용 한계가 넘은 상황에서 개인의 이익을 위해 상대방의 이익을 침범한다면, 상대방도 자신의 이익을 늘리기 위해 사육 두수를 늘릴 것이다. 이러한 상황이 장기화된다면 두 번째 문단에서 언급된 것과 같이 '목초가 줄어들어 그 목초지에서 양을 키워 얻을 수 있는 전체 생산량이 줄어든다.' 따라서 ㉠ '농부들의 총이익은 기존보다 감소할 것'이고 이는 ㉡ '한 사회의 전체 이윤이 감소하는' 결과를 초래한다. 따라서 정답은 ②이다.

01

정답 ①

ㄱ. 제6조에 따르면 지역본부장은 부당이득 관리를 수관한 1월 3일에 납입고지를 하여야 하며, 이 경우 납부기한은 1월 13일에서 2월 2일 중에 해당될 것이므로 A는 늦어도 2월 2일에는 납부하여야 한다.

[오답분석]

ㄴ. 제7조에 따르면 지역본부장은 4월 16일 납부기한 내에 완납하지 않은 B에 대하여 납부기한으로부터 10일 이내인 4월 26일까지 독촉장을 발급하여야 한다. 이 독촉장에 따른 납부기한은 5월 6일에서 5월 16일 중에 해당될 것이므로 B는 늦어도 5월 16일까지 납부하여야 한다.

ㄷ. 제9조에 따르면 체납자가 주민등록지에 거주하지 않는 경우, 관계공부열람복명서를 작성하거나 체납자 주민등록지 관할 동장의 행방불명확인서를 발급받는 것은 지역본부장이 아닌 담당자이다.

ㄹ. 제10조 제1항에 따르면, 관할 지역본부장은 체납정리의 신속을 도모하고 업무폭주 등을 방지하기 위하여 재산 및 행방에 대한 조사업무를 체납 발생 시마다 수시로 실시하여야 한다.

02

정답 ④

상품설명 내 '가입금액'란에 따르면 '계약기간 3/4 경과 후 적립할 수 있는 금액은 이전 적립누계액의 1/2 이내'라고 했기 때문에 12개월의 3/4인 9개월을 경과하지 않은 8개월째는 조건에 해당하지 않는다.

03

정답 ④

비정규직 중 시간제업무보조원을 폐지하고 일반직이 아닌 단순 파트타이머로 대체·운용한다.

04

정답 ⑤

제10조 제3항에 따르면 차주등급은 '정상차주에 대하여 7개 이상, 부도차주에 대하여 1개 이상'으로 등급을 세분화하므로, 정상차주와 부도차주 모두 7개로 동일할 수도 있다. 따라서 적절하지 않은 설명이다.

[오답분석]

① 제7조 제2항에 따르면 '비소매 신용평가자는 경기변동이 반영된 1년 이상의 장기간을 대상으로 신용평가를 실시'하므로 적절한 설명이다.

② 제8조 제2항에 따라 적절한 설명이다.

③ 제9조 제3항에 따라 적절한 설명이다.

④ 제9조 제2항에 따라 적절한 설명이다.

05

정답 ⑤

문서작성 원칙의 제7항 제1호에 따르면 본문에 붙임이 있는 경우에는 붙임의 마지막 글자에서 한 글자 띄우고 "끝" 표시를 한다. 따라서 ⑩은 문서작성 원칙에 따라 적절하게 사용되었으므로 수정이 필요하지 않다.

[오답분석]

① 제5항에 따르면 문서에 쓰는 날짜는 숫자로 표기하되, 연·월·일의 글자는 생략하고 그 자리에 온점을 찍어 표시해야 한다. 따라서 ㉠은 '2025. 07. 29.'로 수정해야 한다.

② 제5항에 따르면 시·분은 24시각제에 따라 숫자로 표기하되, 시·분의 글자는 생략하고 그 사이에 쌍점(:)을 찍어 구분해야 한다. 따라서 ㉡은 '09:30부터 18:30까지'로 수정해야 한다.

③ 제2항에 따르면 문서의 내용은 일반화되지 않은 약어와 전문용어 등의 사용을 피하여 이해하기 쉽게 작성하여야 한다. 따라서 공적인 문서에서 ㉢과 같은 줄임말의 사용은 적절하지 않다.

④ 제7항 제1호에 따르면 본문의 내용의 마지막 글자에서 한 글자 띄우고 "끝" 표시를 해야 하지만 본문에 붙임이 있는 경우에는 붙임 다음에 한 글자 띄우고 끝 표시를 한다.

01

정답 ②

수직 계열화에서 사용자 중심으로 산업 패러다임이 변화되고 있음을 제시하는 (나) 문단이 가장 먼저 오는 것이 적절하며, 그 다음으로 가스 경보기를 예로 들어 수평적 연결에 대해 설명하는 (다) 문단이 적절하다. 그 뒤를 이어 이러한 수평적 연결이 사물인터넷 서비스로 새롭게 성장한다는 (가) 문단이, 마지막으로는 다양해지는 사물인터넷 서비스에 대해 설명하는 (라) 문단이 적절하다.

02

정답 ④

제시문은 임베디드 금융에 대한 정의와 장점 및 단점 그리고 이에 대한 개선 방안을 설명하는 글이다. 따라서 (라) 임베디드 금융의 정의 - (나) 임베디드 금융의 장점 - (다) 임베디드 금융의 단점 - (가) 단점에 대한 개선 방안 순으로 나열하는 것이 적절하다.

03

정답 ③

제시된 글에서는 국내 산업 보호를 위해 정부가 사용하는 관세 조치와 비관세 조치를 언급하고 있다. 따라서 '먼저'라고 언급하며 관세 조치의 개념을 설명하는 (나) 문단이 제시된 글 뒤에 오는 것이 적절하다. 그다음으로 관세 조치에 따른 부과 방법으로 종가세 방식을 설명하는 (가) 문단과 종량세 방식을 설명하는 (다) 문단이 차례대로 오는 것이 적절하다. 그 뒤를 이어 종가세와 종량세를 혼합 적용한 복합세 부과 방식을 설명하는 (마) 문단이 오는 것이 적절하고, 마지막으로 정부의 비관세 조치를 설명하는 (라) 문단이 오는 것이 적절하다. 따라서 이어질 단락은 (나) - (가) - (다) - (마) - (라) 순으로 나열하는 것이 적절하다.

04

정답 ⑤

(나)의 첫 번째 문장에 등장하는 '이러한 유럽 선진국의 정책'에 주목한다. '이러한'이란 지시어가 사용되었다는 것은 이와 관련한 내용이 이미 앞에 언급되었다는 의미이다. 따라서 유럽 선진국의 정책에 대한 내용이 포함된 문장인 (다)가 (나) 앞에 오게 된다. 다음, (가)의 마지막 문장 '국민에게 희망을 주는 새 활력 산업으로 우리 농업의 미래를 열어 가자.'에 담긴 뉘앙스를 보면 글 전체를 끝내는 마무리 문장에 해당한다는 것을 알 수 있다. 따라서 (가)가 가장 마지막에 와야 하므로 이어질 단락은 (다) - (나) - (가) 순으로 나열하는 것이 적절하다.

01

정답 ③

제시문에서는 현대 사회의 소비 패턴이 '보이지 않는 손' 아래의 합리적 소비에서 벗어나 과시 소비가 중심이 되었으며, 그 이면에는 소비를 통해 자신의 물질적 부를 표현함으로써 신분을 과시하려는 욕구가 있다고 설명하고 있다. 따라서 제시문의 제목으로 ③이 가장 적절하다.

02

정답 ②

재무현황 안내에 대한 설명은 제시된 자료에서 찾아볼 수 없다.

오답분석
① 빈칸 (나)에 해당한다.
③ 빈칸 (가)에 해당한다.
④ 빈칸 (다)에 해당한다.
⑤ 빈칸 (라)에 해당된다.

03

정답 ②

마지막 문단에서 '농민운동을 근대 이행을 방해하는 역사의 반역으로 왜곡할 소지가 있다는 것이다.'라고 하였다. 따라서 제시문의 논거로 ②가 가장 적절하다.

오답분석
① 제시문은 근대 이행의 절대적 특징으로 공론장의 형성을 드는 것이 옳지 않다는 것일 뿐, 『독립신문』이 근대적 공론장의 역할을 하지 못하였음을 말하고자 하는 것은 아니므로 적절하지 않은 내용이다.
③ 근대적 공론장에 기반한 근대국가가 수립되었을지라도 제국주의 열강들의 위협을 극복할 수 있었겠는지 의문이라고는 하였지만, 제국주의 열강의 위협이 한국의 근대 공론장 형성을 가속화하였다고는 하지 않았으므로 적절하지 않은 내용이다.
④ 고종이 만민공동회의 주장을 수용하여 입헌군주제나 공화제를 채택했더라면 국권박탈이라는 비극은 면할 수 있었으리라는 것을 비약이라고 하였으므로 적절하지 않은 내용이다.
⑤ 제시문에서는 근대적 공론장 이론의 한국적 적용이 한계들로 인해 근대 이행의 문제를 설득력 있게 답하지 못하고 있다고 하였으므로 적절하지 않은 내용이다.

04

정답 ②

제시문은 유전자 치료를 위해 프로브와 겔 전기영동법을 통해 비정상적인 유전자를 찾아내는 방법을 설명하고 있다. 따라서 제시문의 주제로 ②가 가장 적절하다.

01
정답 ③

제시문에서는 인간의 생각과 말은 깊은 관계를 가지고 있으며, 생각이 말보다 범위가 넓고 큰 것은 맞지만 그것을 말로 표현하지 않으면 그 생각이 다른 사람에게 전달되지 않는다고 주장한다. 즉, 생각은 말을 통해서만 다른 사람에게 전달될 수 있다는 것이다. 따라서 이러한 주장에 대한 반박으로 ③이 가장 적절하다.

02
정답 ②

제시문의 '나'는 세상의 사물이나 현상을 선입견에 사로잡히지 않은 채 본질을 제대로 파악하여 이해해야 한다고 말하고 있다. 따라서 ㄱ·ㄷ·ㄹ은 '나'의 비판을 받을 수 있다.

03
정답 ⑤

제시문의 전통적인 경제학에서는 미시 건전성 정책에 집중하는데 이러한 미시 건전성 정책은 가격이 본질적 가치를 초과하여 폭등하는 버블이 존재하지 않는다는 효율적 시장 가설을 바탕으로 한다. 따라서 제시문에 나타난 주장에 대한 비판으로 이러한 효율적 시장 가설에 대해 반박하는 ⑤가 가장 적절하다.

04
정답 ②

제시문은 기계화·정보화의 긍정적인 측면보다는 부정적인 측면을 부각시키고 있다. 따라서 기계화·정보화가 인간의 삶의 질 개선에 기여하고 있음을 경시한다고 지적할 수 있다.

01

정답 ②

㉠의 '깨끗하고 아름다운 농촌 마을 가꾸기' 캠페인은 농업·농촌을 둘러싼 공간 전체를 가꾸는 개념으로, 농업·농촌을 살기 좋은 공간으로 가꾸고 안전한 먹거리 생산을 위한 청정 환경으로 만들겠다는 취지를 가진다. 그러나 '농지에 상가를 유치'하는 것은 농촌 경관을 해치며 개발하는 것으로 이러한 캠페인의 취지와 어울리지 않으므로 ㉠의 사례로 적절하지 않다.

02

정답 ③

장독립성은 사물을 인식할 때 그 사물을 둘러싼 배경, 즉 장의 영향을 별로 받지 않는 인지 양식으로, 장독립적인 사람은 분석적 능력이 뛰어나다. 반면 장의존성은 장의 영향을 많이 받는 인지 양식을 말한다. 따라서 장의존적인 사람보다 장독립적인 사람이 숨은 그림 찾기에서 더 뛰어난 능력을 보여줄 것이라 추측할 수 있다.

03

정답 ④

ㄴ. FD 방식은 입자가 구별되지 않고 하나의 양자 상태에 하나의 입자만 있을 수 있으므로 두 개의 입자는 항상 다른 양자 상태에 존재하며 양자 상태의 수를 n이라고 할 때, 경우의 수는 $\dfrac{n(n-1)}{2}$이다. 따라서 양자 상태의 가짓수가 많아지면 두 입자가 서로 다른 양자 상태에 각각 있는 경우의 수는 커진다.

ㄷ. BE 방식에서는 두 입자가 구별되지 않고 하나의 양자 상태에 여러 개의 입자가 있을 수 있으므로 이때의 경우의 수는 $n(n-1)$이다. 또한 MB 방식에서는 두 입자가 구별 가능하고 하나의 양자 상태에 여러 개의 입자가 있을 수 있으므로 이때의 경우의 수는 n^2이다. 따라서 BE 방식에서보다 MB 방식에서의 경우의 수가 더 크다.

오답분석

ㄱ. 두 개의 입자에 대해 양자 상태가 두 가지인 경우 BE 방식이라면 두 입자가 구별되지 않고 하나의 양자 상태에 여러 개의 입자가 있을 수 있으므로, 경우의 수는 3이다.

04

정답 ④

환차손은 환율의 변동으로 인하여 발생하는 손해를 말하며, 지난 3년간 A국의 달러당 환율은 31.7Tm, 32.5Tm, 33.0Tm으로 계속해서 증가하였다. 환율이 오를 때는 수입 회사가 손해를 보고, 수출 회사는 이익을 얻는다. 따라서 A국에서 외국으로 수출하는 기업들은 환차손이 아닌 환차익을 냈을 것이다.

오답분석

① 인프라 확충에도 투자가 많이 집행되어 경제 성장이 지속되어 왔다는 내용을 통해 추론할 수 있다.

② 집권 여당이 재집권에 성공하면서 집권당 분열 사태는 발생하지 않을 것이라 전망하는 내용과 빈부격차의 심화로 인한 불안 요인은 잠재되어 있는 편이라는 내용을 통해 추론할 수 있다.

③ 6.1~6.6%인 경제성장률에 비해 3.2~3.4%로 낮은 물가상승률과 A국 중앙은행의 적절한 대처로 A국 통화 가치의 급격한 하락이 나타나지 않을 것이라 전망하는 내용을 통해 추론할 수 있다.

⑤ 최근 세계 천연가스의 공급 초과 우려가 제기되면서 해외 투자자들이 관망을 지속하는 중이라는 내용을 통해 추론할 수 있다.

문제해결능력

대표기출유형 01 　기출응용문제

01
정답 ④

B를 주문한 손님들만 D를 추가로 주문할 수 있으므로 A를 주문한 사람은 D를 주문할 수 없다. 따라서 빈칸에 들어갈 명제는 'D를 주문한 손님은 A를 주문하지 않았다.'이다.

02
정답 ①

'환율이 하락하다.'를 A, '수출이 감소한다.'를 B, 'GDP가 감소한다.'를 C, '국가 경쟁력이 떨어진다.'를 D라 하면 첫 번째 명제는 A → D, 세 번째 명제는 B → C, 마지막 명제는 B → D이다. 마지막 명제가 참이 되려면 C → A라는 명제가 필요하다. 따라서 빈칸에 들어갈 명제는 C → A의 대우 명제인 '환율이 상승하면 GDP가 증가한다.'이다.

03
정답 ⑤

제시된 명제들을 기호로 간단히 정리하면 다음과 같다.
• A : 연차를 쓸 수 있다.
• B : 제주도 여행을 한다.
• C : 회를 좋아한다.
• D : 배낚시를 한다.
• E : 다른 계획이 있다.
이를 연립하면 A → B, D → C, E → ~D, ~E → A이고, 두 번째 명제를 제외한 후 연립하면 D → ~E → A → B가 되므로 D → B가 성립한다. 따라서 반드시 참인 명제는 그 대우 명제인 '제주도 여행을 하지 않으면 배낚시를 하지 않는다.'이다.

04
정답 ①

제시된 명제를 정리하면 '어떤 마케팅팀 사원 → 산을 좋아함 → 여행 동아리 → 솔로'이므로, '어떤 마케팅팀 사원 → 솔로'가 성립한다. 따라서 반드시 참인 명제는 '어떤 마케팅팀 사원은 솔로이다.'이다.

05

제시된 조건을 정리하면 다음과 같다.

구분	미국	영국	중국	프랑스
올해	D	C	B	A
작년	C	A	D	B

따라서 항상 참인 것은 ⑤이다.

06

A씨는 2020년 상반기에 입사하였으므로 A씨의 사원번호 중 앞의 두 자리는 20이다. 또한 A씨의 사원번호는 세 번째와 여섯 번째 자리의 수가 같다고 하였으므로 세 번째와 여섯 번째 자리의 수를 x, 나머지 네 번째, 다섯 번째 자리의 수는 차례로 y, z라고 하면 다음과 같다.

구분	첫 번째	두 번째	세 번째	네 번째	다섯 번째	여섯 번째
사원번호	2	0	x	y	z	x

사원번호 여섯 자리의 합은 9이므로 $2+0+x+y+z+x=9$이다. 이를 정리하면 $2x+y+z=7$이다.

A씨의 사원번호 자리의 수는 세 번째와 여섯 번째 자리의 수를 제외하고 모두 다르다는 것을 주의하며 1부터 대입해보면 다음과 같다.

구분	x	y	z
경우 1	1	2	3
경우 2	1	3	2
경우 3	2	0	3
경우 4	2	3	0
경우 5	3	0	1
경우 6	3	1	0

네 번째 조건에 따라 y와 z자리에는 0이 올 수 없으므로 경우 1, 경우 2만 성립하며, A씨의 사원번호는 '201231'이거나 '201321'이다. 따라서 세 번째 자리의 수는 '1'이다.

[오답분석]
① '201321'은 가능한 사원번호이지만 문제에서 항상 참인 것을 고르라고 하였으므로 답이 될 수 없다.
② A씨의 사원번호는 '201231'이거나 '201321'이다.
④ 사원번호 여섯 자리의 합이 9가 되어야 하므로 A씨의 사원번호는 '211231'이 될 수 없다.
⑤ A씨의 사원번호 네 번째 자리의 수가 다섯 번째 자리의 수보다 작다면 '201231'과 201321' 중 A씨의 사원번호로 적절한 것은 '201231'이다.

대표기출유형 02 | 기출응용문제

01

B의 진술에 따르면 A가 참이면 B도 참이므로, A와 B는 모두 참을 말하거나 모두 거짓을 말한다. 또한 C와 E의 진술은 서로 모순되므로 2명 중에 1명의 진술은 참이고, 다른 1명의 진술은 거짓이 된다. 만약 A와 B의 진술이 모두 거짓일 경우 A, B, E 3명의 진술이 거짓이 되므로 2명의 학생이 거짓을 말한다는 조건에 맞지 않는다. 그러므로 A와 B의 진술은 모두 참이다. 나머지 C, D, E의 진술이 거짓일 경우를 정리하면 다음과 같다.
ⅰ) C와 D의 진술이 거짓인 경우
   C와 E의 진술에 따라 범인은 C이다.
ⅱ) D와 E의 진술이 거짓인 경우
   C의 진술에 따르면 A가 범인이나, A와 B의 진술에 따르면 A는 양호실에 있었으므로 성립하지 않는다.
따라서 범인은 C이다.

02

5명 중 단 1명만이 거짓말을 하고 있으므로 C와 D 중 1명은 반드시 거짓을 말하고 있다.
ⅰ) C의 진술이 거짓일 경우
   B와 C의 말이 모두 거짓이 되므로 1명만 거짓말을 하고 있다는 조건이 성립하지 않는다.
ⅱ) D의 진술이 거짓일 경우

구분	A	B	C	D	E
출장지역	잠실		여의도	강남	

   이때, B는 상암으로 출장을 가지 않는다는 A의 진술에 따라 상암으로 출장을 가는 사람은 E임을 알 수 있다.
따라서 ⑤는 반드시 거짓이 된다.

03

A나 C가 농구를 한다면 진실만 말해야 하는데, 모두 다른 사람이 농구를 한다고 말하고 있으므로 거짓을 말한 것이 되어 모순이 된다. 그러므로 농구를 하는 사람은 B 또는 D이다.
ⅰ) B가 농구를 하는 경우 : C는 야구, D는 배구를 하고 남은 A가 축구를 한다. A가 한 말은 모두 거짓이고, C와 D는 진실과 거짓을 1개씩 말하므로 모든 조건이 충족된다.
ⅱ) D가 농구를 하는 경우 : B은 야구, A는 축구, C는 배구를 한다. 이 경우 A가 진실과 거짓을 함께 말하고, B와 C는 거짓만 말한 것이 되므로 모순이 된다. 그러므로 D는 농구를 하지 않는다.
따라서 A는 축구, B는 농구, C는 야구, D는 배구를 한다.

04

A가 참을 말하는 경우와 A가 거짓을 말하는 경우로 나눌 수 있는데, 만약 A의 진술이 거짓이라면 B와 C가 모두 범인인 경우와 모두 범인이 아닌 경우로 나눌 수 있고, A의 진술이 참이라면 B가 범인인 경우와 C가 범인인 경우로 나눌 수 있다.
• A의 진술이 거짓이고 B와 C가 모두 범인인 경우
  B, C, D, E의 진술이 모두 거짓이 되어 5명이 모두 거짓말을 한 것이 되므로 조건에 모순된다.
• A의 진술이 거짓이고 B와 C가 모두 범인이 아닌 경우
  B의 진술이 참이 되므로 C, D, E 중 1명만 거짓, 나머지는 참을 말한 것이 되어야 한다. C의 진술이 참이면 E도 반드시 참, C의 진술이 거짓이면 E도 반드시 거짓이므로 D가 거짓, C, E가 참을 말하는 것이 되어야 한다. 따라서 이 경우 D와 E가 범인이 된다.
• A의 진술이 참이고 B가 범인인 경우
  B의 진술이 거짓이 되기 때문에 C, D, E 중 1명만 거짓, 나머지는 참이 되어야 하므로 C, E가 참, D가 거짓이 된다. 따라서 이 경우 B와 E가 범인이 된다.

• A의 진술이 참이고 C가 범인인 경우

  B의 진술이 참이 되기 때문에 C, D, E 중 1명만 참, 나머지는 거짓이 되어야 하므로 C, E가 거짓, D가 참이 된다. 따라서 범인은 A와 C가 된다.

따라서 선택지 중 'D, E'만 동시에 범인이 될 수 있다.

05

정답 ①

㉠의 경우 B, C의 진술이 모두 참이거나 거짓일 때 영업팀과 홍보팀이 같은 층에서 회의를 할 수 있다. 그러나 B, C의 진술은 동시에 참이 될 수 없으므로, A·B·C 진술 모두 거짓이 되어야 한다. 따라서 기획팀은 5층, 영업팀과 홍보팀은 3층에서 회의를 진행하고, E는 5층에서 회의를 하는 기획팀에 속하게 되므로 ㉠은 항상 참이 된다.

오답분석

• ㉡의 경우

  기획팀이 3층에서 회의를 한다면 A의 진술은 항상 참이 되어야 한다. 이 때 B와 C의 진술은 동시에 거짓이 될 수 없으므로, 둘 중 하나는 반드시 참이어야 한다. 또한 2명만 진실을 말하므로 D와 E의 진술은 거짓이 된다. 따라서 D와 E는 같은 팀이 될 수 없으므로 ㉡은 참이 될 수 없다.

• ㉢의 경우

  – 두 팀이 5층에서 회의를 하는 경우 : (A·B 거짓, C 참), (A·C 거짓, B 참)

  – 두 팀이 3층에서 회의를 하는 경우 : (A·B 참, C 거짓), (A·C 참, B 거짓), (A·B·C 거짓)

  따라서 두 팀이 5층보다 3층에서 회의를 하는 경우가 더 많으므로 ㉢은 참이 될 수 없다.

06

정답 ③

C업체가 참일 경우 나머지 미국과 서부지역 설비를 다른 업체가 맡아야 한다. 이때, 두 번째 정보에서 B업체의 설비 구축지역은 거짓이 되고, 첫 번째 정보와 같이 A업체가 맡게 되면 4개의 설비를 구축해야 하므로 A업체의 설비 구축계획은 참이 된다. 따라서 '장대리'의 말은 참이 됨을 알 수 있다.

오답분석

• 이사원 : A업체가 참일 경우에 A업체가 설비 3개만 맡는다고 하면, B업체 또는 C업체가 5개의 설비를 맡아야 하므로 나머지 정보는 거짓이 된다. 하지만 A업체가 B업체와 같은 곳의 설비 4개를 맡는다고 할 때, B업체는 참이 될 수 있으므로 옳지 않다.

• 김주임 : B업체가 거짓일 경우에 만약 6개의 설비를 맡는다고 하면, A업체는 나머지 2개를 맡게 되므로 거짓이 될 수 있다. 또한 B업체가 참일 경우 똑같은 곳의 설비 하나씩 4개를 A업체가 구축해야 하므로 참이 된다.

01

제시된 조건에 따라 좌석을 무대와 가까운 순서대로 나열하면 '현수 – 형호 – 재현 – 지연 – 주현'이므로 형호는 현수와 재현 사이의 좌석을 예매했음을 알 수 있다. 한편 제시된 조건만으로 정확한 좌석의 위치를 알 수 없으므로 서로의 좌석이 바로 뒤 또는 바로 앞의 좌석인지는 추론할 수 없다.

02

제시된 조건에 따라 A ~ D의 사무실 위치를 정리하면 다음과 같다.

구분	2층	3층	4층	5층
경우 1	부장	B과장	대리	A부장
경우 2	B과장	대리	부장	A부장
경우 3	B과장	부장	대리	A부장

따라서 A는 대리가 아니고, B가 과장이므로 A는 부장의 직위를 가진다.

오답분석
① C의 직책은 알 수 없다.
③ B과장은 2층 또는 3층에 근무한다.
④ 대리는 3층 또는 4층에 근무한다.
⑤ A부장 외의 또 다른 부장은 2층, 3층 또는 4층에 근무한다.

03

원탁 자리에 다음과 같이 임의로 번호를 지정하고, 기준이 되는 C를 앉히고 나머지를 배치한다.

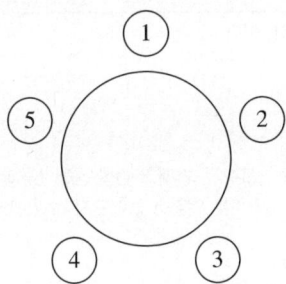

C를 1번에 앉히면, 첫 번째 조건에서 C 바로 옆에 E가 앉아야 하므로 E는 5번 또는 2번에 앉는다. 만약 E가 2번에 앉으면 세 번째 조건에 따라 D가 A의 오른쪽에 앉아야 한다. A, D가 4번과 3번에 앉으면 B가 5번에 앉게 되어 첫 번째 조건에 부합하지 않는다. 또한 A가 5번, D가 4번에 앉는 경우 B는 3번에 앉게 되지만 두 번째 조건에서 D와 B는 나란히 앉을 수 없어 불가능하다. E를 5번에 앉히고 A는 3번, D는 2번에 앉히게 되면 B는 4번에 앉아야 하므로 모든 조건을 만족하게 된다. 따라서 C를 첫 번째로 하여 시계 방향으로 세 번째에 앉는 사람은 A이다.

04

정답 ③

두 번째 조건에 따라 회장실의 위치를 기준으로 각 팀의 위치를 정리하면 다음과 같다.
ⅰ) A에 회장실이 있을 때
세 번째 조건에 따라 회장실 맞은편인 E는 응접실이다. 네 번째 조건에 따라 B는 재무회계팀이고, F는 홍보팀이다. 다섯 번째 조건에 따라 G는 법무팀이고 일곱 번째 조건에 따라 C는 탕비실이다. 여섯 번째 조건에 따라 H는 연구개발팀이므로 남은 D가 인사팀이다.
ⅱ) E에 회장실이 있을 때
세 번째 조건에 따라 회장실 맞은편인 A는 응접실이다. 네 번째 조건에 따라 F는 재무회계팀이고, B는 홍보팀이다. 다섯 번째 조건에 따라 C는 법무팀이고 일곱 번째 조건에 따라 G는 탕비실이다. 여섯 번째 조건에 따라 H는 연구개발팀이므로 남은 D가 인사팀이다.
따라서 인사팀의 위치는 D이다.

05

정답 ③

먼저 마지막 정보에 따라 D는 7호실에 배정되었으므로, B와 D의 방 사이에 3개의 방이 있다는 네 번째 정보에 따라 B의 방은 3호실임을 알 수 있다. 이때, C와 D의 방이 나란히 붙어 있다는 세 번째 정보에 따라 C는 6호실 또는 8호실에 배정될 수 있다.
ⅰ) C가 6호실에 배정된 경우
두 번째 정보에 따라 B와 C의 방 사이의 거리는 D와 E의 방 사이의 거리와 같으므로 E는 4호실 또는 10호실에 배정될 수 있다. 그러나 E가 10호실에 배정된 경우 A와 B의 방 사이에는 모두 빈방만 있거나 C와 D 두 명의 방이 있게 되므로 첫 번째 정보와 모순된다. 그러므로 E는 4호실에 배정되며, A ~ E가 배정받은 방은 다음과 같다.

1	2	3	4	5	6	7	8	9	10
		B		E		A		C	D

ⅱ) C가 8호실에 배정된 경우
두 번째 정보에 따라 B와 C의 방 사이의 거리는 D와 E의 방 사이의 거리와 같으므로 E는 2호실에 배정된다. 또한 첫 번째 정보에 따라 A와 B의 방 사이의 방에는 반드시 1명이 배정되어야 하므로 A는 1호실에 배정된다.

1	2	3	4	5	6	7	8	9	10
A	E	B				D	C		

따라서 항상 참이 되는 것은 '9호실은 빈방이다.'이다.

06

정답 ④

첫 번째 조건에 따르면 A는 3등 이상임을 알 수 있고, 두 번째 조건을 통해 1등과 2등은 D나 E이므로 A는 3등임을 알 수 있다. 따라서 남은 4등 ~ 6등 중 세 번째 조건에 따라 B와 F는 연달아 들어오지 않았으므로 4등과 6등은 B나 F이며, 남은 5등은 C임을 알 수 있다.

01

정답 ④

가입기간이 24개월이기 때문에 '스마트폰 적금'은 제외된다. 또한 현재 군 복무 중이 아니기 때문에 '나라지킴이 적금'도 될 수 없다. '우리 아이 정기예금'의 경우 처음 예치할 때 1,000만 원 이상부터 가능하지만 500만 원밖에 없다고 했으므로 불가능하다. 따라서 추천할 상품으로 해당 은행 계열사 카드 전월 실적 30만 원 이상과 은행 신규 고객에 속하며, 통장에 300만 원 이상 보유한 조건을 갖춰 우대금리를 적용받을 수 있고 가입기간을 24개월로 할 수 있는 '우리 집 만들기 예금'이 가장 적절하다.

02

정답 ③

• (1일 평균임금)=(4월+5월+6월 임금총액)÷(근무일수)
  → (160만 원+25만 원)+[(160만 원÷16일)×6일]+(160만 원+160만 원+25만 원)÷(22일+6일+22일)=118,000원
• (총근무일수)=31일+28일+31일+22일+6일+22일=140일
• (퇴직금)=118,000원×30일×$\frac{140일(총근무일수)}{360일}$≒1,376,667원

따라서 1,376,000원(∵ 1,000원 미만 절사)이다.

03

정답 ①

통화수수료를 제외한 수수료[(송금수수료)+(전신료)]는 C은행이 3,500+7,000=10,500원으로 가장 비싸지만 통화수수료를 고려하지 않은 금액이기 때문에 옳지 않다. 따라서 총수수료는 30,500원이다.

[오답분석]
② 두 개 은행 모두 송금수수료 면제로 가장 저렴하다.
③ 통화수수료를 고려하지 않을 때 다른 은행의 송금수수료는 2~3만 원이며, C은행이 1.5만 원으로 가장 저렴하다. 또한 전신료는 차이가 최대 1,000원이므로 C은행의 총수수료는 42,000원으로 가장 저렴하다.
④ D은행과 F은행의 창구에서 송금할 경우 수수료의 최댓값이 나온다. D은행과 F은행 모두 3만 원의 송금수수료, 6천 원의 전신료, 2만 원의 통화수수료를 합치면 56,000원이 나온다.
⑤ 송금수수료만 고려하면 세 은행 모두 15,000원으로 가장 저렴하다.

04

정답 ④

7,000달러를 카드별로 창구 송금할 경우 각각의 총수수료는 다음과 같다.

(단위 : 만 원)

구분	A은행	B은행	C은행	D은행	E은행	F은행
송금수수료	2	2	1.5	3	1.5	1.5
전신료	0.7	0.7	0.7	0.6	0.7	0.6
통화수수료	2	2	2	2	2	2
할인액	−0.6	−	−1	−0.12	−2	−0.4
총수수료	4.1	4.7	3.2	5.48	2.2	3.7

따라서 D은행이 가장 높고 E은행이 가장 낮다.

05

A은행과 E은행은 인터넷 이용 시 송금수수료가 면제이므로 제외하고, 나머지 은행들을 계산하면 다음과 같다.

(단위 : 만 원)

구분	B은행	C은행	D은행	F은행
창구 송금수수료	2	1.5	3	1.5
인터넷 송금수수료	0.4	0.35	0.35	0.4
전신료	0.7	0.7	0.6	0.6
통화수수료	2	2	2	2
총수수료	5.1	4.55	5.95	4.5

따라서 F은행이 45,000원으로 가장 저렴한 것을 알 수 있다.

대표기출유형 05 기출응용문제

01

©의 '인터넷전문은행의 활성화 및 빅테크의 금융업 진출 확대 추세'는 강력한 경쟁 상대의 등장을 의미하므로 조직 내부의 약점(W)이 아니라 조직 외부로부터의 위협(T)에 해당한다.

[오답분석]
① 조직의 목표 달성을 촉진할 수 있으며 조직 내부의 통제 가능한 강점(S)에 해당한다.
② 조직의 목표 달성을 방해할 수 있으며 조직 내부의 통제 가능한 약점(W)에 해당한다.
④ 조직 외부로부터 비롯되어 조직의 목표 달성에 도움이 될 수 있는 통제 불가능한 기회(O)에 해당한다.
⑤ 조직 외부로부터 비롯되어 조직의 목표 달성을 방해할 수 있는 통제 불가능한 위협(T)에 해당한다.

02

보유한 글로벌 네트워크를 통해 해외시장에 진출하는 것은 강점을 활용하여 기회를 포착하는 SO전략이다.

[오답분석]
① SO전략은 강점을 활용하여 외부환경의 기회를 포착하는 전략이므로 적절하다.
② WO전략은 약점을 보완하여 외부환경의 기회를 포착하는 전략이므로 적절하다.
④ ST전략은 강점을 활용하여 외부환경의 위협을 회피하는 전략이므로 적절하다.
⑤ WT전략은 약점을 보완하여 외부환경의 위협을 회피하는 전략이므로 적절하다.

03

[오답분석]

① 필리핀의 높은 전기요금은 원료비가 적게 드는 신재생에너지를 통해 낮출 수 있다. 또한 열악한 전력 인프라는 분석 결과에 나타나 있지 않다.

② 자사는 현재 중국 시장에서 풍력과 태양광 발전소를 운영 중에 있으므로 중국 시장으로의 진출은 대안으로 적절하지 않다. 또한 중국 시장이 경쟁이 적은지 알 수 없다.

③ 체계화된 기술 개발 부족은 자사가 아닌 경쟁사에 대한 분석 결과이므로 적절하지 않다.

⑤ 자사는 필리핀 화력발전사업에 진출한 이력을 지니고 있으며, 현재 필리핀의 태양광 발전소 지분을 인수하였으므로 중국 등과 협력하기보다는 필리핀 정부와 협력하는 것이 바람직하다.

04

ⓒ 특허를 통한 기술 독점은 기업의 내부환경으로 볼 수 있다. 따라서 내부환경의 강점(Strength) 사례이다.

ⓓ 점점 증가하는 유전자 의뢰는 기업의 외부환경(고객)으로 볼 수 있다. 따라서 외부환경에서 비롯된 기회(Opportunity) 사례이다.

[오답분석]

ⓐ 투자 유치의 어려움은 기업의 외부환경(거시적 환경)으로 볼 수 있다. 따라서 외부환경에서 비롯된 위협(Threat) 사례이다.

ⓔ 높은 실험 비용은 기업의 내부환경으로 볼 수 있다. 따라서 내부환경의 약점(Weakness) 사례이다.

대표기출유형 01 기출응용문제

01

정답 ③

터널의 길이를 xm라 하면 다음과 같은 식이 성립한다.

$\dfrac{x+200}{60} : \dfrac{x+300}{90} = 10 : 7$

$\dfrac{x+300}{90} \times 10 = \dfrac{x+200}{60} \times 7$

→ $600(x+300) = 630(x+200)$

→ $30x = 54,000$

∴ $x = 1,800$

따라서 터널의 길이는 1,800m이다.

02

정답 ④

340km를 속력 100km/h로 달리면 3.4시간이 걸린다. 휴게소에서 쉬는 시간 30분(0.5시간)을 더해 원래 예정에는 3.9시간 뒤에 서울 고속터미널에 도착해야 한다.

하지만 도착 예정시간보다 2시간 늦게 도착했으므로 실제 걸린 시간은 5.9시간이 된다. 휴게소에서 예정인 30분보다 6분(0.1시간)을 더 쉬었으니 쉬는 시간 36분(0.6시간)을 제외한 버스의 이동시간은 5.3시간이다.

따라서 실제 경언이가 탄 버스의 평균 속력은 $\dfrac{340}{5.3} \fallingdotseq 64$km/h이다.

03

정답 ④

철수가 출발하고 나서 영희를 따라잡은 시간을 x분이라고 하자.

철수와 영희는 5 : 3 비율의 속력으로 간다고 했으므로 철수의 속력을 $5am$/분이라고 할 때 영희의 속력은 $3am$/분이다.

→ $5am$/분×x분=$3am$/분×30분+$3am$/분×x분

→ $5ax = 90a + 3ax$

→ $2ax = 90a$

∴ $x = 45$

따라서 철수가 영희를 따라잡은 시간은 철수가 출발하고 나서 45분 만이다.

01

B사원이 마시는 녹차의 농도를 구하는 식은 다음과 같다.

$$\frac{(50-35)}{(200-65)+(50-35)}\times100$$

$$\rightarrow \frac{15}{135+15}\times100=10\%$$

따라서 B사원이 마시는 녹차의 농도는 10%이다.

02

처음 설탕물의 농도를 $x\%$라 하면, 다음과 같은 식이 성립한다.

$$\frac{\left(\dfrac{x}{100}\times200\right)+5}{200-50+5}\times100=3x$$

$$\rightarrow 200x+500=465x$$

$$\therefore x=\frac{100}{53}\fallingdotseq 1.9\%$$

따라서 처음 설탕물의 농도는 약 1.9%이다.

03

증발하기 전 농도가 15%인 소금물의 양을 xg이라고 하면, 소금의 양은 $0.15x$g이고 5% 증발했으므로 증발한 후의 소금물의 양은 $0.95x$g이다. 또한, 농도가 30%인 소금물의 소금의 양은 $200\times0.3=60$g이다.

$$\frac{0.15x+60}{0.95x+200}\times100=20$$

$$\rightarrow 0.15x+60=0.2(0.95x+200)$$

$$\rightarrow 0.15x+60=0.19x+40$$

$$\rightarrow 0.04x=20$$

$$\therefore x=500$$

따라서 증발 전 농도가 15%인 소금물의 양은 500g이다.

01

한 팀이 15분 작업 후 도구 교체에 걸리는 시간이 5분이므로 작업을 새로 시작하는 데 걸리는 시간은 20분이다. 다른 한 팀은 30분 작업 후 바로 다른 작업을 시작하므로 작업을 새로 시작하는 데 걸리는 시간은 30분이다. 따라서 두 팀은 60분마다 작업을 동시에 시작하므로 오후 1시에 작업을 시작해서 세 번째로 동시에 작업을 시작하는 시각은 3시간 후인 오후 4시이다.

02

물통에 물을 가득 채웠을 때의 물의 양을 X, A호스와 B호스로 1분간 채울 수 있는 물의 양을 각각 x, y라 하면 다음과 같은 식이 성립한다.

$5(x+y)+3x=\text{X} \cdots \text{㉠}$

$4(x+y)+6y=\text{X} \cdots \text{㉡}$

㉠과 ㉡을 정리하면 다음과 같다.

$8x+5y=\text{X} \cdots \text{㉠}'$

$4x+10y=\text{X} \cdots \text{㉡}'$

㉠'과 ㉡'을 연립하면 다음과 같다.

$15y=\text{X} \rightarrow y=\dfrac{\text{X}}{15}$

$\therefore x=\text{X} \times \left(1-\dfrac{5}{15}\right) \times \dfrac{1}{8}=\dfrac{\text{X}}{12}$

따라서 A호스로만 물통을 가득 채우는 데 걸리는 시간은 12분이다.

03

전체 일의 양을 1이라 하면, 박주임과 정대리가 하루 동안 처리하는 일의 양은 다음과 같다.

• 박주임이 하루 동안 처리하는 일의 양 : $\dfrac{1}{10}$

• 정대리가 하루 동안 처리하는 일의 양 : $\dfrac{1}{10} \times \dfrac{10}{8}=\dfrac{1}{8}$

• 정대리와 박주임이 하루 동안 함께 처리하는 일의 양 : $\dfrac{1}{10}+\dfrac{1}{8}=\dfrac{9}{40}$

따라서 함께 일을 마치는 데 $1 \div \dfrac{9}{40}=\dfrac{40}{9}$ 일이 소요된다.

01

2회에 낸 금액이 준우가 효민이보다 5,000원 많았으므로 1회에 효민이가 준우보다 많이 낸 것을 알 수 있다.

1회에 효민이가 낸 금액을 x원, 준우가 낸 금액을 y원이라 하면 2, 3회에 효민이가 낸 금액은 $(1-0.25)x=0.75x$원, 준우가 낸 금액은 $(y+2,000)$원이다.

효민이와 준우가 각각 부담한 총액이 같다고 했으므로 다음과 같은 식이 성립한다.

$x+0.75x\times2=y+(y+2,000)\times2 \rightarrow 2.5x-3y=4,000 \cdots \bigcirc$

2회에 준우가 낸 금액이 효민이보다 5,000원 많다고 했으므로 다음과 같은 식이 성립한다.

$0.75x=(y+2,000)-5,000 \rightarrow 0.75x-y=-3,000 \cdots \bigcirc$

$\bigcirc-3\times\bigcirc$을 하면 $0.25x=13,000$

$\therefore x=52,000$

따라서 제습기 가격은 $(x+0.75x\times2)\times2=260,000$원이다.

02

작년 비행기 왕복 요금을 x원, 작년 1박 숙박비를 y원이라 하면, 다음과 같은 식이 성립한다.

$-\dfrac{20}{100}x+\dfrac{15}{100}y=\dfrac{10}{100}(x+y) \cdots \bigcirc$

$\left(1-\dfrac{20}{100}\right)x+\left(1+\dfrac{15}{100}\right)y=308,000 \cdots \bigcirc$

$\bigcirc$, $\bigcirc$을 정리하면 다음과 같다.

$y=6x \cdots \bigcirc'$

$16x+23y=6,160,000 \cdots \bigcirc'$

$\bigcirc'$, $\bigcirc'$을 연립하면 다음과 같다.

$16x+138x=6,160,000$

$\therefore x=40,000, \ y=240,000$

따라서 올해 비행기 왕복 요금은 $40,000-\left(40,000\times\dfrac{20}{100}\right)=32,000$원이다.

03

• 0 ~ 100kW까지 10분당 내야 하는 비용 : $300\div6=50$원
• 100 ~ 200kW까지 10분당 내야 하는 비용 : $50\times1.7=85$원
• 200 ~ 240kW까지 10분당 내야 하는 비용 : $85\times1.7=144.5$원

10분에 20kW씩 증가하므로 증가한 비용을 적용하면 다음과 같다.

• 0 ~ 100kW까지 비용 : $50\times5=250$원
• 100 ~ 200kW까지 비용 : $85\times5=425$원
• 200 ~ 240kW까지 비용 : $144.5\times2=289$원

$\therefore 250+425+289=964$

따라서 240kW까지 전기를 사용하면 964원을 내야 한다.

01

선웅이는 $4+1=5$일마다 일을 시작하고 정호는 $5+3=8$일마다 일을 시작하므로 두 사람은 5와 8의 최소공배수인 40일마다 동시에 일을 시작한다.

한편, 선웅이의 휴무일은 $5n$일이고 정호의 휴무일은 $(8m-2)$일, $(8m-1)$일, $8m$일이다(단, n, m은 자연수이다)

· $m=2$일 때, $8\times2-1=15=5\times3$이므로 동시에 일을 시작한 후 15일 후 동시에 쉰다.
· $m=4$일 때, $8\times4-2=30=5\times6$이므로 동시에 일을 시작한 후 30일 후 동시에 쉰다.
· $m=5$일 때, $8\times5=40=5\times8$이므로 동시에 일을 시작한 후 40일 후 동시에 쉰다.

처음으로 동시에 일을 시작한 후 다시 동시에 일을 시작하기까지 휴무일이 같은 날은 모두 3일이다.

$500=40\times12+20$이므로 500일 동안 두 사람의 휴무일은 $12\times3=36$일에 남은 20일 동안 휴무일이 같은 날이 하루 더 있다.

따라서 500일 동안 휴무일이 같은 날은 $36+1=37$일이다.

02

휴일이 5일, 7일 간격이기 때문에 각각 6번째 날과 8번째 날이 휴일이 된다.

두 회사 휴일의 최소공배수는 24이므로 두 회사는 24일마다 함께 휴일을 맞는다.

4번째로 함께하는 휴일은 $24\times4=96$이므로 $96\div7=13 \cdots 5$이다.

따라서 금요일이 4번째로 함께하는 휴일이다.

03

서진, 현미, 주희가 쉬는 날은 각각 $9+1=10$일, $11+1=12$일, $14+1=15$일이다.

〈4월〉

일	월	화	수	목	금	토
	1	2	3	4	5	6
7	8	9	10	11	12	13
14	15	16	17	18	19	20
21	22	23	24	25	26	27
28	29	30				

〈5월〉

일	월	화	수	목	금	토
			1	2	3	4
5	6	7	8	9	10	11
12	13	14	15	16	17	18
19	20	21	22	23	24	25
26	27	28	29	30	31	

따라서 10, 12, 15의 최소공배수는 60이므로, 세 사람이 동시에 영화를 볼 수 있는 날은 4월 1일로부터 60일 후인 5월 31일이다.

01

1부터 9까지 자연수 중 합이 9가 되는 두 수의 쌍은 (1, 8), (2, 7), (3, 6), (4, 5)이다.

이 4개의 쌍 중 하나를 택하고 9개의 숫자 중 이미 택한 2개의 숫자를 제외한 7개의 숫자 중 하나를 택하여 3개의 숫자를 얻는다.

이렇게 얻은 3개의 숫자를 일렬로 나열하는 경우의 수는 $4 \times 7 \times (3 \times 2 \times 1) = 168$가지이고, 1부터 9까지 자연수 중 3개의 숫자를 택하는 경우의 수는 $9 \times 8 \times 7 = 504$가지이다.

따라서 구하는 세 자리 자연수의 개수는 $504 - 168 = 336$개이다.

02

ⅰ) 2명 다 호텔 방을 선택하는 경우 : $_3P_2 = 3 \times 2 = 6$가지

ⅱ) 2명 중 1명만 호텔 방을 선택하는 경우 : 호텔 방을 선택하는 사람은 A, B 2명 중에 1명이고, 1명이 호텔 방을 선택할 수 있는 경우의 수는 3가지이므로 $2 \times 3 = 6$가지

따라서 2명이 호텔 방을 선택하는 경우의 수는 2명 다 선택 안 하는 경우까지 총 $6 + 6 + 1 = 13$가지이다.

03

2명씩 짝을 지어 한 그룹으로 보고 원탁에 앉는 방법을 구하기 위해서 원순열 공식 $(n-1)!$을 이용한다.

2명씩 3그룹이므로 $(3-1)! = 2 \times 1 = 2$가지이다. 또한 그룹 내에서 2명이 자리를 바꿔 앉을 수 있는 경우는 2가지씩이다.

따라서 6명이 원탁에 앉을 수 있는 경우의 수는 $2 \times 2 \times 2 \times 2 = 16$가지이다.

01

정답 ②

N사가 A사와 B사로부터 공급받는 부품의 개수와 불량률, 선별률을 정리하면 다음과 같다.

구분	A사	B사
부품 개수(개)	x	x
불량률(%)	0.1	0.2
선별률(%)	50	80

N사가 선별한 A사 부품의 개수는 $0.5x$개, B사 부품의 개수는 $0.8x$개이다.

N사가 선별한 부품 중 불량품의 개수는 A사는 $(0.5x \times 0.001)$개, B사는 $(0.8x \times 0.002$개$)$이므로 N사가 선별한 부품 중 불량품의 개수는 $0.0005x + 0.0016x = 0.0021x$개이다.

따라서 하자가 있는 제품이 B사 부품일 확률은 $\dfrac{0.0016x}{0.0021x} = \dfrac{16}{21}$이다.

02

정답 ②

A과목과 B과목을 선택한 학생의 비율이 각각 전체의 40%, 60%이고,

A과목을 선택한 학생 중 여학생은 30%, B과목을 선택한 학생 중 여학생은 40%이다.

그러므로 A과목을 선택한 여학생의 비율은 $0.4 \times 0.3 = 0.12$이고, B과목을 선택한 여학생의 비율은 $0.6 \times 0.4 = 0.24$이다.

따라서 구하고자 하는 확률은 $\dfrac{0.24}{0.12 + 0.24} = \dfrac{2}{3}$이다.

03

정답 ③

X바이러스의 감염률과 예방접종률을 정리하면 다음과 같다.

구분	예방접종 O	예방접종 X	합계
감염 O	$0.8 \times 0.005 = 0.004$	$0.2 \times (1-0.95) = 0.01$	$0.004 + 0.01 = 0.014 = 1.4\%$
감염 X	$0.8 \times (1-0.005) = 0.796$	$0.2 \times 0.95 = 0.19$	$0.796 + 0.19 = 0.986 = 98.6\%$

따라서 전체 감염률은 1.4%이다.

대표기출유형 08   기출응용문제

01

각 국가의 환율을 적용한 농구화 가격은 다음과 같다.
- 미국 : 210달러×1,100원/달러=231,000원
- 중국 : 1,300위안×160원/위안=208,000원
- 일본 : 21,000엔×960원/100엔=201,600원
- 프랑스 : 200유로×1,200원/유로=240,000원
- 영국 : 170파운드×1,400원/파운드=238,000원

따라서 철수는 일본에서 농구화를 구입하는 것이 가장 저렴하다.

02

파운드화를 유로화로 환전할 때 이중환전을 해야 하므로 파운드화에서 원화, 원화에서 유로화로 두 번 환전해야 한다.
- 파운드화를 원화로 환전 : 1,400파운드×1,500원/파운드=2,100,000원
- 원화를 유로화로 환전 : 2,100,000원÷1,200원/유로=1,750유로

03

A씨가 태국에서 구매한 기념품 금액은 환율과 해외서비스 수수료까지 적용하여 구하면 15,000×38.1×1.002=572,643원이다. 따라서 십 원 미만은 절사하므로 카드 금액으로 내야 할 기념품 비용은 572,640원이다.

대표기출유형 09   기출응용문제

01

월복리 적금 상품의 연이율이 1.8%이므로 월이율은 $\frac{0.018}{12}=0.0015=0.15\%$이다.

만기 시 원리합계를 구하는 식은 다음과 같다.

$$\frac{60\times1.0015\times(1.0015^{12}-1)}{1.0015-1}$$

$$=\frac{60\times1.0015\times(1.018-1)}{0.0015}$$

$$=721.08$$

따라서 한결이가 만기 시 받는 이자는 721.08−(60×12)=721.08−720=1.08만 원, 즉 10,800원이다.

02

정답 ③

매년 말에 천만 원씩 입금할 경우 원금에 대한 단리이자를 정리하면 다음과 같다.

(단위 : 만 원)

1년 말	2년 말	3년 말	4년 말	5년 말
1,000				$1,000\times0.08\times4=320$
	1,000			$1,000\times0.08\times3=240$
		1,000		$1,000\times0.08\times2=160$
			1,000	$1,000\times0.08\times1=80$
				1,000

따라서 5년 동안의 원금은 5,000만 원이며, 마지막 5년 말에 입금한 천만 원에는 이자가 없고, 나머지 4년 동안 납입한 4,000만 원에 대한 총 이자는 $320+240+160+80=800$만 원이므로 A씨가 가입 후 6년 초에 받는 금액은 $5,000+800=5,800$만 원이다.

03

정답 ①

단리 예금 이자$=$(원금)$\times$(기간)$\times\dfrac{(이율)}{12}$

따라서 만기 시 이자를 계산하면 $20,000,000\times24\times\dfrac{0.008}{12}=320,000$원이다.

04

정답 ①

- A씨의 월 급여 : $3,480\div12=290$만 원
- 국민연금, 건강보험료, 고용보험료를 제외한 금액
  290만 원$-\{$290만 원$\times(0.045+0.0312+0.0065)\}$
  → 290만 원$-($290만 원$\times0.0827)$
  → 290만 원$-239,830$원$=2,660,170$원
- 장기요양보험료 : (290만 원$\times0.0312)\times0.0738\fallingdotseq6,670$원($\because$ 십 원 단위 미만 절사)
- 소득세 : 68,000원
- 지방세 : $68,000\times0.1=6,800$원

따라서 월 실수령액은 $2,660,170-(6,670+68,000+6,800)=2,578,700$원, 연 실수령액은 $2,578,700\times12=30,944,400$원이다.

05

정답 ②

예치금을 기준으로 보면 2,000만 원 또는 3,000만 원이다.

우선, 금리가 매우 높지 않는 이상, 예금액의 차이인 1,000만 원을 넘어설 수 없으므로 을 예금과 정 예금이 첫 번째, 두 번째로 최종 금액이 많을 것이다. 그리고 예치금이 2,000만 원인 예금들 중에서 이자가 가장 높은 예금을 구하면 된다.

같은 단리식 갑 예금과 병 예금을 비교하면 이자율은 갑 예금이 높을 것이므로 최종적으로 갑 예금과 무 예금을 비교하면 된다. 각각의 계산식을 적용하면 만기 시 금액은 다음과 같다.

- 갑 : $2,000\times(1+\dfrac{0.05}{12}\times12)=2,000\times1.05=2,100$만 원

- 무 : $2,000\times(1+0.03)^{\frac{36}{12}}=2,000\times1.1=2,200$만 원

따라서 무 예금이 2,200만 원으로 만기 시 세 번째로 많이 받을 수 있는 예금상품이며, 현재가치는 3년 후에 찾는 것으로 $2,200\times(0.95)^3=2,200\times0.85=1,870$만 원이다.

01

신용카드 민원 건수를 제외한 자체민원의 전분기 민원 건수[71－(가)]를 a라 할 때, 전분기와 비교하여 금분기 자체민원의 민원 건수 증감률은 다음과 같다.

$\dfrac{90-a}{a} \times 100 = 80 \rightarrow 9{,}000-100a=80a$

$\rightarrow 180a=9{,}000$

$\therefore a=50$

$50=71-$(가)이므로 (가)=21이다.

신용카드 민원 건수를 제외한 대외민원의 금분기 민원 건수[8－(나)]를 b라 할 때, 전분기와 비교하여 금분기 대외민원의 민원 건수 증감률은 다음과 같다.

$\dfrac{b-10}{10} \times 100 = -40 \rightarrow 100b-1{,}000=-400$

$\rightarrow 100b=600$

$\therefore b=6$

$6=8-$(나)이므로 (나)=2이다.

따라서 (가)＋(나)=21＋2=23이다.

02

문제에서 총할부수수료를 물어보았기 때문에 조건의 가장 마지막 산출식을 이용하면 된다.

할부원금은 600,000원이고, 할부수수료율은 7개월 기준 연 15%이다.

따라서 지수의 총할부수수료는 $\left(600{,}000 \times 0.15 \times \dfrac{7+1}{2}\right) \div 12 = 30{,}000$원이다.

03

매년 A, B, C 각 학과의 입학자와 졸업자의 차이는 13명으로 일정하다. 따라서 빈칸에 들어갈 값은 58－13=45이다.

04

각 부서의 2024년 하반기 입사자 수와 2025년 상반기 입사자 수를 표로 정리하면 다음과 같다.

(단위 : 명)

구분	2024년 하반기 입사자 수	2025년 상반기 입사자 수
마케팅	50	100
영업	a	$a+30$
상품기획	100	$100 \times (1-0.2)=80$
인사	b	$50 \times 2=100$
합계	320	$320 \times (1+0.25)=400$

• 2025년 상반기 입사자 수의 합 : $400=100+(a+30)+80+100 \rightarrow a=90$

• 2024년 하반기 입사자 수의 합 : $320=50+90+100+b \rightarrow b=80$

따라서 2024년 하반기 대비 2025년 상반기 인사팀 입사자 수의 증감률은 $\dfrac{100-80}{80} \times 100 = 25\%$이다.

05

- 투자규모가 100만 달러 이상인 투자금액 비율 : $19.4+69.4=88.8\%$
- 투자규모가 50만 달러 미만인 투자건수 비율 : $28+20.9+26=74.9\%$

대표기출유형 11 | 기출응용문제

01

2023년 1/4 ~ 4/4분기의 전년 동분기 대비 증가폭을 구하면 다음과 같다.
- 1/4분기 : $109,820-66,541=43,279$건
- 2/4분기 : $117,808-75,737=42,071$건
- 3/4분기 : $123,650-89,571=34,079$건
- 4/4분기 : $131,741-101,086=30,655$건

따라서 2023년 중 전년 동분기 대비 확정기여형 퇴직연금을 도입한 사업장 수가 가장 많이 증가한 시기는 1/4분기이다.

오답분석
① 자료에서 합계를 통해 확인할 수 있다.
② 분기별 확정급여형과 확정기여형 취급실적을 비교하면 확정기여형이 항상 많은 것을 확인할 수 있다.
③ · ④ 주어진 자료를 통해 확인할 수 있다.

02

26 ~ 30세 응답자 수는 50명으로, 그중 4회 이상 방문한 응답자 수는 $5+3=8$명이다. 따라서 비율은 $\frac{8}{50}\times100=16\%$로 10% 이상이다.

오답분석
① 주어진 자료는 방문횟수를 구간으로 구분했기 때문에 31 ~ 35세 응답자의 1인당 평균 방문횟수를 정확히 구할 수 없다. 그러나 구간별 최솟값으로 평균을 계산해보면 {1, 1, 1, 2, 2, 2, 2, 4, 4, 6} → (평균)$=\frac{25}{10}=2.5$이므로 1인당 평균 방문횟수가 2회 이상이라는 것을 알 수 있다.

② 전체 응답자 수는 120명이고, 그중 20 ~ 25세 응답자 수는 60명이다. 따라서 비율은 $\frac{60}{120}\times100=50\%$이다.

④ 전체 응답자 수는 120명이고, 그중 직업이 학생 또는 공무원인 응답자 수는 54명이다. 따라서 비율은 $\frac{54}{120}\times100=45\%$로 50% 미만이다.

⑤ 31 ~ 35세 응답자 중 1회 방문한 응답자 비율은 $\frac{3}{10}\times100=30\%$로, 26 ~ 30세 응답자 중 1회 방문한 응답자 비율인 $\frac{12}{50}\times100=24\%$보다 6%p 높다.

03

- 희수 : 상품수지는 기간 내에 항상 흑자였으므로 옳은 해석이다.
  또한 소득수지는 항상 흑자였으므로 만약 대외 금융자산 및 부채와 관련된 투자소득을 0이라고 할 때, 우리나라에 있는 외국인
- 소정 : 노동자에게 지급되는 임금 총량보다 외국에 있는 우리나라 노동자에게 지급되는 임금 총량이 더 크다고 할 수 있으므로 옳은 해석이다.

오답분석

- 난정 : 개인송금에 해당하므로 경상이전수지에 해당한다.
- 만호 : 무역수지는 항상 흑자였다. 무역수지와 관련된 수치는 왼쪽 축이 아닌 오른쪽 축에 있으므로 유의해서 보아야 한다. 따라서 꺾은선 그래프가 단 한 번도 0 미만이었던 적이 없으므로, 무역수지는 항상 흑자이다.

04

정답 ②

- ㄱ. 영어 관광통역 안내사 자격증 취득자 수는 2023년에 345명으로 전년 대비 감소하였으며, 스페인어 관광통역 안내사 자격증 취득자 수는 2023년에 전년 대비 동일하였고, 2024년에 3명으로 전년 대비 감소하였다.
- ㄹ. 2022년에 불어 관광통역 안내사 자격증 취득자 수는 전년 대비 동일한 반면, 독어 관광통역 안내사 자격증 취득자 수는 전년 대비 감소하였다.

오답분석

- ㄴ. 2024년 중국어 관광통역 안내사 자격증 취득자 수는 일어 관광통역 안내사 자격증 취득자 수의 $\frac{1,350}{150}=9$배이다.
- ㄷ. 2021년과 2022년의 태국어 관광통역 안내사 자격증 취득자 수 대비 베트남어 관광통역 안내사 자격증 취득자 수의 비율은 다음과 같다.

  - 2021년 : $\frac{4}{8}\times100=50\%$

  - 2022년 : $\frac{14}{35}\times100=40\%$

  따라서 2021년과 2022년의 차이는 $50-40=10\%p$이다.

대표기출유형 12 기출응용문제

01

정답 ①

2023년 11월과 12월에 가입금액이 자료보다 낮다.

02

정답 ④

자료 내 두 번째 표는 2024년 각국의 가계 금융자산 구성비를 나타낸 것이다. 따라서 2024년 각국의 가계 총자산 대비 예금 구성비와는 일치하지 않는다.

03

㉠ 연도별 층간소음 분쟁은 2021년 430건, 2022년 520건, 2023년 860건, 2024년 1,280건이다.

㉡ 2022년 전체 분쟁신고에서 각 항목이 차지하는 비중을 구하면 다음과 같다.

- 2022년 전체 분쟁신고 건수 : 280+60+20+10+110+520=1,000건

- 관리비 회계 분쟁 : $\dfrac{280}{1,000} \times 100 = 28\%$

- 입주자대표회의 운영 분쟁 : $\dfrac{60}{1,000} \times 100 = 6\%$

- 정보공개 관련 분쟁 : $\dfrac{20}{1,000} \times 100 = 2\%$

- 하자처리 분쟁 : $\dfrac{10}{1,000} \times 100 = 1\%$

- 여름철 누수 분쟁 : $\dfrac{110}{1,000} \times 100 = 11\%$

- 층간소음 분쟁 : $\dfrac{520}{1,000} \times 100 = 52\%$

오답분석

㉢ 연도별 분쟁신고 건수를 구하면 다음과 같다.
- 2021년 : 220+40+10+20+80+430=800건
- 2022년 : 280+60+20+10+110+520=1,000건
- 2023년 : 340+100+10+10+180+860=1,500건
- 2024년 : 350+120+30+20+200+1,280=2,000건

전년 대비 아파트 분쟁신고 증가율이 잘못 입력되어 있어, 바르게 구하면 다음과 같다.

- 2022년 : $\dfrac{1,000-800}{800} \times 100 = 25\%$

- 2023년 : $\dfrac{1,500-1,000}{1,000} \times 100 = 50\%$

- 2024년 : $\dfrac{2,000-1,500}{1,500} \times 100 ≒ 33\%$

㉣ 2022년 아파트 분쟁신고 건수가 2021년 값으로 잘못 입력되어 있다.

대표기출유형 01 기출응용문제

01

정답 ⑤

SQL과 NoSQL의 차이점

SQL	NoSQL
• 관계형 데이터베이스이다.	• 비관계형 데이터베이스이다.
• 구조화된 쿼리 언어를 사용하며 미리 정의된 스키마가 있다.	• 구조화되지 않은 데이터를 위한 동적 스키마가 있다.
• 수직적 확장이 가능하다.	• 수평적 확장이 가능하다.
• 테이블 기반이다.	• 문서, 키 – 값, 그래프, 또는 와이드 컬럼 스토어이다.
• 다중 행 트랜잭션에 적합하다.	• 문서, JSON과 같은 비정형 데이터에 적합하다.

02

정답 ①

제시문은 유비쿼터스(Ubiquitous)에 대한 설명이므로, 빈칸에 공통으로 들어갈 용어는 유비쿼터스이다.

오답분석

② AI(Artificial Intelligence) : 컴퓨터에서 인간과 같이 사고하고, 생각하고, 학습하고, 판단하는 논리적인 방식을 사용하는 인간의 지능을 본 딴 고급 컴퓨터 프로그램을 말한다.
③ 딥 러닝(Deep Learning) : 컴퓨터가 여러 데이터를 이용해 마치 사람처럼 스스로 학습할 수 있게 하기 위해 인공 신경망(ANN; Artificial Neural Network)을 기반으로 구축한 기계 학습 기술을 의미한다.
④ 블록체인(Block Chain) : 누구나 열람할 수 있는 장부에 거래 내역을 투명하게 기록하고, 여러 대의 컴퓨터에 이를 복제해 저장하는 분산형 데이터 저장기술이다.
⑤ P2P(Peer to Peer) : 기존의 서버와 클라이언트 개념이나 공급자와 소비자 개념에서 벗어나 개인 컴퓨터끼리 직접 연결하고 검색함으로써 모든 참여자가 공급자인 동시에 수요자가 되는 형태이다.

01
정답 ⑤

"=ROUND(인수,정수)" 함수는 인수를 소수의 정수 번째 자리에서 반올림하는 함수이다. 이때, 함수 반올림 자리수를 정하는 정수가 음수라면 소수점이 아닌 자연수 자리 수를 반올림한다. 따라서 "=ROUND(D2, −1)"함수는 [D2] 셀의 자연수 부분의 일의 자리에서 반올림을 하는 함수이므로 120이다.

02
정답 ②

VLOOKUP 함수는 목록 범위의 첫 번째 열에서 세로 방향으로 검색하면서 원하는 값을 추출하는 함수이고, HLOOKUP 함수는 목록 범위의 첫 번째 행에서 가로 방향으로 검색하면서 원하는 값을 추출하는 함수이다. 따라서 [F2:G9] 영역을 이용하여 업무지역별 코드번호를 입력할 경우 VLOOKUP 함수가 적절하다. VLOOKUP 함수의 형식은 「=VLOOKUP(찾을 값,범위,열 번호,찾기 옵션)」이므로, [D2] 셀에 입력된 수식은 「=VLOOKUP(C2,$F$2:$G$9,2,0)」이 옳다.

오답분석
⑤ INDEX 함수는 지정된 범위에서 행 번호와 열 번호에 해당하는 데이터를 표시하는 함수이다.

03
정답 ⑤

COUNTIF 함수는 지정한 범위 내에서 조건에 맞는 셀의 개수를 구할 때 사용한다.
2024년 하반기는 7월부터이므로 사용해야 할 함수식은 「=COUNTIF(D3:D10,">=2024-07-01")」이다.

오답분석
① COUNT : 범위에서 숫자가 포함된 셀의 개수를 구한다.
② COUNTA : 범위가 비어있지 않은 셀의 개수를 구한다.
③ SUMIF : 주어진 조건에 따라 지정된 셀들의 합을 구한다.
④ MATCH : 배열에서 지정된 순서상의 지정된 값에 일치하는 항목의 상대 위치 값을 찾는다.

04
정답 ④

오답분석
①・② AND 함수는 인수의 모든 조건이 참(TRUE)일 경우에 성별을 구분하여 표시할 수 있으므로 옳지 않다.
③ 함수식에서 "2"와 "3"이 아니라, "1"과 "3"이 들어가야 한다.
⑤ 함수식에서 "남자"와 "여자"가 바뀌었다.

05
정답 ④

오답분석
㉠ [G4] 셀은 '=AVERAGE(B4:F4)'로 구할 수 있다.
㉢ [I4] 셀은 '=IF(H4<=3, "우수 사원", "")'로 구할 수 있다.

01

if(i%2==1) continue;는 짝수의 값만 sum에 누적하라는 의미이므로, sum은 2+4+6+8+10=30이다.

02

바깥쪽 i-for문이 4번 반복되고 안쪽 j-for문이 6번 반복되므로 j-for문 안에 있는 문장은 총 24번 반복된다.

03

x값을 1 증가하여 x에 저장하고, 변경된 x값을 y값에 저장한 후 y값을 1 증가하여 y값에 저장한다. 이후 x값과 y값을 더하여 p에 저장한다.
따라서 x=10+1=11, y=x+1=12 → p=x+y=23이다.

04

a라는 변수에 0을 저장한다. range 함수는 'range(start, stop, step)'로 표시되기 때문에 'range(1, 11, 2)'를 입력하면 1부터 10까지 생성된 수를 2씩 증가시켜 합을 출력한다(range 함수의 2번째 파라미터는 출력되지 않는 값이다). 따라서 누적된 a의 값인 25가 출력된다.

05

i가 4기 때문에 case 4부터 시작한다.
k는 2이고, k+=5를 하면 7이 된다.
case 5에서 k-=20을 하면 -13이 되고,
default에서 1이 증가하여 결과값은 -12가 된다.

대표기출유형 01 기출응용문제

01
정답 ③

한국(A)이 오전 8시일 때, 오스트레일리아(B)는 오전 10시(시차 : +2), 아랍에미리트(C)는 오전 3시(시차 : -5), 러시아(D)는 오전 2시(시차 : -6)이다. 그러므로 업무가 시작되는 오전 9시를 기준으로 오스트레일리아는 이미 2시간 전에 업무를 시작했고, 아랍에미리트는 5시간 후, 러시아는 6시간 후에 업무를 시작한다. 이를 표로 정리하면 다음과 같다.

한국시각 국가	7am	8am	9am	10am	11am	12pm	1pm	2pm	3pm	4pm	5pm	6pm
A사(서울)												
B사(캔버라)												
C사(두바이)												
D사(모스크바)												

따라서 화상회의가 가능한 시간은 한국시각으로 오후 3 ~ 4시이다.

02
정답 ④

모든 팀원의 10:00 ~ 19:00의 일정을 표로 정리하면 다음과 같다.

〈영업팀 근무 일정〉

구분	10:00~ 11:00	11:00~ 12:00	12:00~ 13:00	13:00~ 14:00	14:00~ 15:00	15:00~ 16:00	16:00~ 17:00	17:00~ 18:00	18:00~ 19:00
강부장		외근							
성과장					미팅				
양과장		반차							
김주임		회의		점심					
민사원		회의		점심					
신사원				점심				외근	
한사원				점심					외근

따라서 모든 구성원의 시간이 비어있는 16:00 ~ 17:00에 회의실을 예약하는 것이 적절하다.

03

먼저 시간 외 근로를 동의하지 않은 김상형을 제외하면 ①을 소거할 수 있으며, 출산 이후 1년이 지나지 않은 전지연은 이미 1주 동안 6시간의 시간 외 근로를 하였으므로 제외하여 ④, ⑤를 소거할 수 있다. 이제 남은 것은 ②와 ③뿐인데 조경은의 경우 A프로젝트를 완수하기 위해 5시간이 소요되어 야간근로가 필요한 상황이지만 여성의 경우 야간근로에 대해 별도의 동의를 요한다고 하였으므로 제외한다. 따라서 답은 ②가 된다.

04

임유리 직원은 첫째 주 일요일 6시간, 넷째 주 토요일 5시간으로 월 최대 10시간 미만인 당직 규정을 어긋나므로 당직 일정을 수정해야 한다.

[오답분석]
① 유지선 : 첫째 주 토요일 4시간+셋째 주 일요일 3시간=7시간
② 이준혁 : 첫째 주 일요일 3시간+셋째 주 일요일 5시간=8시간
④ 서유진 : 첫째 주 일요일 3시간+넷째 주 토요일 6시간=9시간
⑤ 길민성 : 둘째 주 토요일 2시간+넷째 주 일요일 4시간=6시간

대표기출유형 02 　기출응용문제

01

정규시간 외에 초과근무가 있는 날의 시간외근무시간을 구하면 다음과 같다.

구분	초과근무시간			1시간 공제
	출근	야근	합계	
1～15일	−	−	−	770분
18(월)	−	70분	70분	10분
20(수)	60분	20분	80분	20분
21(목)	30분	70분	100분	40분
25(월)	60분	90분	150분	90분
26(화)	30분	160분	190분	130분
27(수)	30분	100분	130분	70분
합계	−	−	−	1,130분

∴ 1,130분=18시간 50분
따라서 1시간 미만은 절사하므로 7,000원×18시간=126,000원이다.

02

김대리는 특수직에 해당되므로 성과평가 구성 중 특수직 구분에 따른다.
김대리에 대한 평가등급에 따라 가중치와 구성비를 고려한 항목별 점수는 다음과 같다.

구분	분기실적	직원평가	연수내역	조직기여도	총점
점수	0.6×8=4.8	0.4×10=4.0	0.2×5=1.0	0.3×6=1.8	4.4+1.0+1.8=7.2
	{0.5×(4.8+4.0)}=4.4				

따라서 김대리는 6.8 이상 7.6 미만 구간에 해당되므로, 100만 원의 성과급을 지급받게 된다.

03

정답 ④

보증료는 대지비와 건축비 부분으로 구성되며, 대지비 부분은 금액 및 보증료율이 동일하기 때문에 계산할 필요가 없으므로 건축비 부분 보증료만 계산하여 비교하면 된다.

건축비 부분에서 보증금액은 2명 모두 3억이며, 보증료율은 K씨는 0.215(A+, 3등급)−0.050(2군 할인요율)=0.165%이고, Q씨는 0.404(C, 1등급)−0.042(3군 할인요율)=0.362%이다.

따라서 K씨와 Q씨의 보증료율 차이는 0.362−0.165=0.197%이고, 보증료 차이는 3억×0.197%×365÷365=591,000원이다.

대표기출유형 03 ┃ 기출응용문제

01

정답 ①

첫 번째 조건에서 '맛, 메뉴' 점수에서 다섯 카페의 평균은 (3.84+3.7+3.61+3.65+3.42)÷5=3.644점이므로 평균보다 높은 카페는 A, B, D카페이다.

또한 두 번째 조건에서 '매장접근성' 평균은 (3.96+3.87+3.87+3.76+3.81)÷5=3.854점이며, A, B, D카페 중 A카페와 B카페만이 조건에 충족된다. 그러므로 A, B카페의 종합만족도만 비교하면 다음과 같다.

- A카페 : $(3.97+3.96+3.72+3.84+3.17+3.71)÷6=\dfrac{22.37}{6}≒3.73$점

- B카페 : $(3.85+3.87+3.73+3.7+3.16+3.64)÷6=\dfrac{21.95}{6}≒3.66$점

따라서 N사원은 종합만족도가 3.73점으로 더 높은 A카페에 갈 것이다.

02

정답 ⑤

각 업체의 선정점수를 항목별로 동일한 가중치로 합산하여 계산하면 다음과 같다.

구분	A업체	B업체	C업체	D업체	E업체
선정점수	67	75	72	72	73

입찰가격 점수가 10점 미만인 B업체가 제외되며, 건축안정성 점수가 17점 미만인 업체는 없으므로 이로 인해 제외되는 업체는 없다. 그러나 C업체는 내진설계를 포함하지 않아 제외된다.

따라서 나머지 업체인 A, D, E업체 중 선정점수가 가장 높은 E업체가 선정된다.

03

정답 ②

제시된 조건별로 각 노트북의 점수를 계산하면 다음과 같다.

구분	A	B	C	D	E
저장용량	4	2+3=5	5	2+3=5	3+3=6
배터리 지속시간	2	5	1	4	3
무게	2	5	1	4	3
가격	2	5	1	3	4
합계	4+2+2+2 =10	5+5+5+5 =20	5+1+1+1 =8	5+4+4+3 =16	6+3+3+4 =16

따라서 최대리가 고른 노트북은 점수가 가장 높은 B노트북이다.

01

C대리의 2024년 업무평가 점수는 직전연도 업무평가 점수인 89점에서 지각 1회에 따른 5점, 결근 1회에 따른 10점을 제한 74점이다. 따라서 승진 대상에 포함되지 않으므로 그대로 대리일 것이다.

오답분석
① A사원은 근속연수가 3년 미만이므로 승진 대상이 아니다.
② B주임은 출산휴가 35일을 제외하면 근속연수가 3년 미만이므로 승진 대상이 아니다.
④·⑤ 승진 대상에 대한 자료이므로 과장과 차장은 대리가 될 수 없다.

02

A ~ E의 조건별 점수를 구하면 다음과 같다.

(단위 : 점)

구분	직급	직종	근속연수	부양가족 수	주택 유무	합계
A	3	5	3	–	10	21
B	1	10	1	4	10	26
C	4	10	4	4	–	22
D	2	3	1	6	10	22
E	5	5	5	6	–	21

C과장과 D주임의 경우 동점으로, 부양가족 수가 더 많은 D주임이 우선순위를 가진다.
따라서 가장 높은 점수인 B사원과 D주임이 사택을 제공받을 수 있다.

03

1차 투표 후보자들의 득표 현황을 정리하면 다음과 같다.

구분	선호 부서	득표수
A	기획개발과(7명/1순위)	7
B	경영지원과(9명/1순위)	9
C	아동청소년과(4명/1순위)+대외협력과(6명/1순위)	10
D	–	0
E	보육지원과(5명/1순위)	5

1차 투표 결과 A, B, C가 2차 투표 후보자로 선출된다.
2차 투표 후보자들의 득표 현황을 정리하면 다음과 같다.

구분	선호 부서	득표수
A	기획개발과(7명/1순위)	7
B	경영지원과(9명/1순위)+보육지원과(5명/2순위)	14
C	아동청소년과(4명/1순위)+대외협력과(6명/1순위)	10

2차 투표 결과 B, C가 2차 투표 후보자로 선출된다.

최종 투표 후보자들의 득표 현황을 정리하면 다음과 같다.

구분	선호 부서	득표수
B	경영지원과(9명/1순위)+보육지원과(5명/2순위)	14
C	기획개발과(7명/2순위)+아동청소년과(4명/1순위)+대외협력과(6명/1순위)	17

따라서 대표로 C가 최종 선출된다.

PART 2
직무상식평가

농업·농촌 및 디지털 상식

| 농업·농촌 상식 |

01	02	03	04	05	06	07	08	09	10
④	④	⑤	④	②	③	②	⑤	③	③

01
정답 ④

청년농부사관학교의 모집대상은 만 39세 이하(당해 연도 1월 1일 기준) 창농 희망자이다.

02
정답 ④

몸이나 마음이 불편한 사람들이 보살핌을 받으며 재활의 목적으로 일을 할 수 있는 농장인 치유농장인 케어팜에 대한 설명이다.

오답분석

① 시범농장이란 영업의 개선과 증수를 목적으로 개량된 관개와 농업기술을 농민들에게 시범을 보이고 권장하기 위해 세워지는 농장을 의미한다.
② 집단농장이란 농지의 소유권을 공동으로 하고, 농업경영도 공동으로 하는 농장으로 공산주의 국가에서의 농업조직을 의미한다.
③ 협동농장이란 농민들의 자발적 뜻에 따라 토지를 비롯한 생산 수단을 통합하고 공동 노동에 기초하여 농업 생산을 하는 사회주의적 집단 경영의 농장을 의미한다.
⑤ 케이팜이란 지역 농어촌 기업들이 자유무역협정을 활용해 농수산물을 수출할 수 있도록 지원하는 사업을 의미한다.

03
정답 ⑤

맞춤형 금융상품을 통해 서민금융 활성화에 기여하는 것은 농협이 하는 일 중 금융 부문에 속하는 일이다. 농협은 농업인과 서민 등 국민을 위한 금융기관으로서 사회적 책임을 다하고자 근로자생계자금·햇살론 등 다양한 상품 출시를 통해 서민금융을 확대·지원하고 있다.

오답분석

① 농협은 생산자조직 구축과 연합사업 활성화를 통해 산지유통을 혁신하고 있다. 또한 미곡종합처리장과 농산물 산지유통센터의 규모화·전문화로 상품성 제고에 기여하고 있다.

② 농협은 대량구매를 통해 비료·농약·농기계·유류 등 영농에 필요한 농자재를 저렴하고 안정적으로 공급하고 있다. 이를 통해 농업 경영비를 절감함으로써 농업인 소득 증대 및 생활안정에 기여하고자 최선을 다한다.
③ 농협은 안성농식품물류센터와 전국 단위 복합물류센터 구축 등 혁신적인 농산물 도매유통 시스템을 갖춤으로써 물류비 절감의 혜택을 농업인과 소비자 모두에게 제공한다.
④ 농협은 '산지에서 소비지까지(Farm to Table)' 체계적인 농식품 관리와 교육을 통해 안전하고 우수한 국산 농식품을 공급한다.

04
정답 ④

제시문은 전국단위 단일거래체계를 구축하여 중간유통비용을 절감하고, 농산물을 거래하기 위한 시스템인 온라인농산물거래소에 대한 설명이다.

오답분석

① 농협몰이란 하나로마트 상품부터 백화점 상품까지 농협중앙회가 직접 운영하는 인터넷 종합쇼핑몰을 말한다.
② 농민마켓이란 농림축산식품부 인증 및 농업교육을 수료한 농업인이 국산 농산물을 이용해 만든 상품을 온라인으로 직접 판매하는 것으로 농협몰의 사업 중 하나를 말한다.
③ 로컬푸드 직매장이란 지역에서 생산한 먹거리를 장거리 이동과 다단계 유통과정을 거치지 않고, 지역에서 직접 대면으로 판매하는 매장을 말한다.
⑤ 농수산물사이버거래소란 기존의 사이버거래소를 확대 개편한 비대면 방식의 ICT 기반 농식품 유통 사업으로, 농수산물 기간간 거래, 단체급식전자조달, 소상공인 직거래시스템이 이에 해당한다.

05
정답 ②

범농협 NH멤버스는 2019년 2월 11에 출범하였다.

06
정답 ③

농협은 신뢰받는 조직으로 발돋움하기 위하여 다음과 같이 인재상을 정립하였다.
• 시너지 창출가 : 항상 열린 마음으로 계통 간, 구성원 간에 존경과 협력을 다하여 조직 전체의 성과가 극대화될 수 있도록 시너지 제고를 위해 노력하는 인재

- 행복의 파트너 : 프로다운 서비스 정신을 바탕으로 농업인과 고객을 가족처럼 여기고 최상의 행복 가치를 위해 최선을 다하는 인재
- 최고의 전문가 : 꾸준히 자기계발을 통해 자아를 성장시키고, 유통·금융 등 맡은 분야에서 최고의 전문가가 되기 위해 지속적으로 노력하는 인재
- 정직과 도덕성을 갖춘 인재 : 매사에 혁신적인 자세로 모든 업무를 투명하고 정직하게 처리하여 농업인과 고객, 임직원 등 모든 이해관계자로부터 믿음과 신뢰를 받는 인재
- 진취적 도전가 : 미래지향적 도전의식과 창의성을 바탕으로 새로운 사업과 성장동력을 찾기 위해 끊임없이 변화와 혁신을 추구하는 역동적이고 열정적인 인재

07   정답 ②

국가중요농업유산의 지정 기준은 문제에서 제시된 4가지 외에 '특별한 경관, 생물다양성, 주민참여' 등이 포함되어 모두 7가지이다.

오답분석

①·③ 농림축산식품부장관은 농업인이 해당 지역의 환경·사회·풍습 등에 적응하면서 오랫동안 형성시켜 온 유형·무형의 농업자원 중에서 보전할 가치가 있는 농업자원을 국가중요농업유산으로 지정할 수 있다.

④

지정 번호	지정 연도	명칭
제1호	2013년	청산도 구들장 논
제2호		제주 밭담길
제3호	2014년	구례 산수유 농업
제4호		담양 대나무 밭
제5호	2015년	금산 인삼농업
제6호		하동 전통 차농업
제7호	2016년	울진 금강송 산지농업
제8호	2017년	부안 유유동 양잠농업
제9호		울릉 화산섬 밭농업
제10호	2018년	의성 전통수리 농업시스템
제11호		보성 전통차 농업시스템
제12호		장흥 발효차 청태전 농업시스템
제13호	2019년	완주 생강 전통 농업시스템
제14호		고성 해안지역 둠벙 관개시스템
제15호		상주 전통곶감
제16호	2021년	강진 연방죽 생태순환수로
제17호	2022년	창원 독뫼 감 농업
제18호		서천 한산모시 전통농업
제19호	2023년	청양 구기자 전통농업

⑤ 시장·군수는 국가중요농업유산의 보전 및 활용계획을 수립·시행하여야 하며, 농림축산식품부장관은 보전 및 활용계획의 원활한 시행을 위하여 필요한 지원을 할 수 있다.

08   정답 ⑤

농약의 안전사용기준 또는 취급제한기준을 위반하여 농약을 사용하거나 취급한 방제업자는 200만 원 이하의 벌금에 처한다(농약관리법 제35조 제2호).

오답분석

① 법에서 정하는 농약의 종류는 살균제, 살충제, 제초제, 농작물의 생리 기능을 증진하거나 억제하는 데에 사용하는 약제, 기피제, 유인제, 전착제 등이 있다(농약관리법 제2조 제1호 및 동법 시행규칙 제2조 제2항).
② 제시된 내용 외에도 자연계에서 생성된 유기화합물 또는 무기화합물을 유효성분으로 하여 제조한 농약도 '천연식물보호제'에 포함된다(농약관리법 제2조 제1의 나목).
③ 영업의 등록을 하지 않고 농약을 판매해 사람에게 위해를 가한 자는 3년 이하의 징역 또는 3,000만 원 이하의 벌금에 처한다. 또한 이로 인해 사람을 사상(死傷)에 이르게 한 자는 10년 이하의 징역 또는 1억 원 이하의 벌금에 처한다(농약관리법 제31조의3).
④ 판매업자가 농약을 판매한 경우에는 구매자의 이름·주소·연락처, 농약의 품목명·수량 등 판매정보, 품목별 판매일자 및 판매량, 구매자의 사용 대상 농작물의 사항을 전자적으로 기록 및 보존하여야 한다. 다만 용기·포장의 크기가 50mL 이하인 소포장 농약은 제외한다(농약관리법 제23조의2 제1항 및 동법 시행규칙 제24조의4 제1항).

09   정답 ③

농약허용기준 강화제도에 대한 설명이다. Positive List System의 약자인 PLS라고도 한다.

오답분석

①·⑤ PLS가 도입되기 전 농약 잔류허용기준이 없었을 때 적용되었던 기준이다.
② 수입식품의 잔류허용기준의 명칭이다.
④ PPM은 잔류허용기준의 단위인 mg/kg과 동일한 용어이다.

10

협동조합 기본법 제2조 제3항에 따라 사회적협동조합은 협동조합의 기본 정의에 따른 조직이며, 협동조합 중 지역주민들의 권익·복리 증진과 관련된 사업을 수행하거나 취약계층에게 사회서비스 또는 일자리를 제공하는 등의 영리를 목적으로 하지 않는 협동조합을 말한다.

오답분석

① 협동조합 기본법 제2조 제1항을 통해 알 수 있다.
② 협동조합 기본법 제2조 제2항을 통해 알 수 있다.
④ 협동조합 기본법 제3조 제2항을 통해 알 수 있다.
⑤ 협동조합 기본법 제3조 제4항을 통해 알 수 있다.

| 디지털 상식 |

01	02	03	04	05	06	07	08	09	10
③	③	②	④	②	②	②	②	②	④

01

제시문은 농업을 의미하는 'Agriculture'와 기술을 의미하는 'Technology'의 합성어인 애그테크(AgTech)에 대한 설명이다.

오답분석

① 리걸테크 : 법률(Legal)과 기술(Technology)의 결합한 용어로, 초기에는 법률서비스를 제공하는 기술이나 소프트웨어를 말했으며, 최근에는 새로운 법률서비스를 제공하는 스타트업과 산업으로 의미가 확장됐다. 리걸테크의 장점은 자동화, 양질의 법률서비스 제공, 고객 경험 변화에 있다. 해외에서 시작해 국내에서도 리걸테크 움직임이 보이나, 관련 법·규제로 인해 발전 속도가 느린 편이다.
② 섭테크 : 감독(Supervision)과 기술(Technology)의 합성어로 최신 기술을 활용해 금융감독 업무를 효율적으로 수행하기 위한 기법이다.
④ 프롭테크 : 부동산(Property)과 기술(Technology)을 결합한 용어로, 정보 기술을 결합한 부동산 서비스 산업을 말한다.
⑤ 레그테크 : 규제를 뜻하는 레귤레이션(Regulation)과 기술을 의미하는 테크놀로지(Technology)의 합성어로, 금융회사로 하여금 내부통제와 법규 준수를 용이하게 하는 정보기술이다.

02

챗GPT를 개발한 미국 오픈AI가 2024년 2월 15일 공개한 영상제작 AI시스템인 AI 소라(Sora)는 기존의 이미지를 활용하거나 텍스트로 간단히 명령어를 입력하면 고화질 영상을 제작해준다. 또한 '소라'는 일본어로 '하늘'이라는 뜻이며, 오픈AI는 '무한한 잠재력을 의미한다.'고 밝혔다.

오답분석

① AI 동맹 : 메타와 IBM을 비롯해 50개 이상 인공지능 관련 기업과 기관이 결성한 연합체로 2023년 12월 5일 출범했다.
② AI 워싱(Washing) : '워싱'은 눈가림하다는 비유로, 인공지능과 무관하거나 관련성이 적지만 AI 소프트웨어를 사용한 제품이나 서비스인 것처럼 홍보하는 행위를 말한다.
④ AI 얼라이언스(Alliance) : 인공지능(AI) 분야의 개방성 향상과 업계 간 협력 촉진을 위한 국제단체로 2023년 12월 출범했으며, 누구나 AI 기술을 활용할 수 있는 개방형 AI 생태계를 구축하고 보안을 강화해 신뢰할 수 있는 AI 기술을 만드는 것을 목표로 한다.
⑤ AI 챗봇(Chatbot) : 인공지능 챗봇으로 사람이 사용한 언어 자료를 인공 지능을 통해 스스로 학습하여 채팅하는 소프트웨어 프로그램을 말한다.

03

스푸핑(Spoofing)은 승인받은 사용자인 것처럼 위장해 시스템에 접근하거나 네트워크상에서 허가된 주소로 가장해 접근 제어를 우회·회피하는 해킹 수법을 뜻한다.

오답분석

① 팹리스 : 실리콘 웨이퍼를 제조하는 설비(Fabrication Facility)가 없다(less)는 뜻으로, 반도체를 만들 때 하드웨어 소자를 설계하고 파는 일만을 주로 수행하는 회사로서, 반도체 제조 설비가 없기 때문에 다른 회사에 생산을 위탁한다.

③ 온톨로지 : 일반적으로 언어로 표현된 개념 간 연관 관계 지식이 드러나는 망을 뜻하며, 정보통신 부문에서는 존재하는 사물과 사물 간의 관계 및 여러 개념을 컴퓨터가 처리할 수 있는 형태로 표현하는 것을 뜻한다.

④ 에고서핑 : 자신의 정보를 인터넷에 검색했을 때 자신의 정보가 검색되면 자랑스러워하고, 그렇지 않으면 정보가 안전하게 보호되고 있다고 생각하는 이중적 행태를 뜻한다.

⑤ 맵리듀스 : 대용량의 정보를 안전하고 빠르게 처리하기 위해서 분산 컴퓨팅에서 데이터를 병렬 처리할 수 있는 소프트웨어 프레임워크 또는 프로그래밍 모델을 뜻한다.

04

ㄱ. 대칭 암호화 기법은 비대칭 암호화 기법보다 키의 길이가 훨씬 짧고 암호화·복호화 속도가 빨라서 효율적인 암호 시스템을 구축할 수 있다. 반면에 비대칭 암호화 기법은 키 길이가 매우 길기 때문에 훨씬 더 많은 연산 능력이 요구된다.

ㄷ. 데이터를 암호화·복호화할 때 대칭 암호화 기법이 동일한 하나의 비밀키를 사용하는 것과 달리 비대칭 암호화 기법은 공개키와 개인키(사설키)라는 1쌍의 키를 사용한다.

ㅁ. 대칭 암호화 기법은 데이터의 송수신자 간에 동일한 키를 공유해야 하므로 데이터를 교환할 때 암호화와 복호화에 필요한 키를 생성·전달·교환·공유·관리해야 하는 어려움이 뒤따른다. 즉, 키를 교환·배송하는 과정에서 키가 탈취될 수 있는 우려가 있고, 참여자가 증가할수록 전부 따로따로 키를 교환해야 하기 때문에 관리해야 할 키가 방대하게 많아지는 한계가 있다. 반대로 비대칭 암호화 기법은 공개키를 공개하기 때문에 키 교환이나 분배를 할 필요가 없을 뿐만 아니라 다수의 사용자와 데이터를 공유해야 하는 경우에 대칭 암호화 방식보다 유리하다.

오답분석

ㄴ. 대칭 암호화 기법은 알고리즘의 내부 구조가 간단한 치환(대치)과 전치(뒤섞기)의 조합으로 되어 있기 때문에 알고리즘을 쉽게 개발할 수 있다.

ㄹ. 비대칭 암호화 기법에서는 공개키에 대응하는 개인키를 가지고 있어야만 암호문을 복호화할 수 있기 때문에, 동일한 하나의 비밀키로 복호화가 가능한 대칭 암호화 기법보다 기밀성이 더 높다. 또한 A가 자신의 개인키로 데이터를 암호화해 B에게 보내면 B는 A의 공개키로 암호문을 복호화함으로써 해커가 아니라 A가 보낸 데이터라는 것을 확인할 수 있다. 이는 A의 개인키는 A만 가지고 있고 A의 개인키로 암호화한 것은 A의 개인키에 상응하는 A의 공개키로만 복호화할 수 있기 때문이다.

05

제시문은 오픈뱅킹에 대한 설명이다. 오픈뱅킹은 OS나 웹브라우저에 관계없이 사용할 수 있는 인터넷뱅킹 서비스이다.

> **오픈뱅킹(Open Banking)**
> 오픈뱅킹은 은행이 보유한 결제 기능과 고객 데이터를 타 은행과 핀테크 기업 등 제3자에게 공유하여 이용하도록 허용하는 제도이다. 기존의 인터넷뱅킹 서비스는 윈도우 OS에서 익스플로러가 있어야 했고, 여러 보안 프로그램이 설치되어 있어야 가능했다. 그러나 태블릿 PC나 스마트폰의 발전으로 금융환경 변화의 필요성이 대두되었고, 신생 핀테크 기업이 성장하면서 은행의 위기감이 커졌다. 이에 따라 금융 서비스를 한 곳에 집중할 수 있는 오픈뱅킹 서비스가 개발되었다.

06

디지털 포렌식(Digital Forensic)이란 디지털 증거를 수집·보존·처리하는 과학적·기술적인 기법으로, 각종 디지털 데이터 및 통화기록, 이메일 접속기록 등의 정보를 수집·분석하여 범행과 관련된 증거를 확보한다.

오답분석

① 딥 페이크(Deep Fake) : 딥 러닝(Deep Learning)과 가짜(Fake)의 혼성어로, 인공지능을 기반으로 한 이미지 합성 기술

③ 리버스 엔지니어링(Reverse Engineering) : 소프트웨어 공학의 한 분야로, 이미 만들어진 시스템을 역으로 추적하여 처음의 문서나 설계기법 등의 자료를 얻어내는 일

④ 디지털 노마드(Digital Nomad) : 일과 주거에 있어 유목민(Nomad)처럼 자유롭게 이동하면서도 창조적인 사고방식을 갖춘 사람

⑤ 안티 포렌식(Anti Forensics) : 디지털 정보를 분석하지 못하도록 삭제하는 기술

07

정답 ②

딥 러닝(Deep Learning)은 스스로 학습하는 능력이 있는 컴퓨터로 많은 데이터를 스스로 분류하여 상하 관계를 파악한다. 따라서 인간이 가르치지 않아도 방대한 데이터를 기반으로 스스로 학습하고, 이를 바탕으로 미래를 예측한다.

08

정답 ②

싱귤래리티(Singularity)는 '특이성'을 의미하는 영어 단어로, 미래학자이자 발명가인 커즈와일이 인공지능이 인류의 지능을 넘어서는 순간을 정의할 때 사용했다.

09

정답 ②

미국의 네트워크장비업체 3COM의 설립자인 밥 메칼프가 주장한 메칼프의 법칙에 따르면 인터넷 통신망이 지니는 가치는 사용자 수의 제곱에 비례한다.

오답분석

① 무어의 법칙(Moore's Law)에 대한 설명이다.
③ 가치사슬을 지배하는 법칙에 대한 설명이다.
④ 닐슨의 법칙(Nielsen Law)에 대한 설명이다.
⑤ 90대 9대 1 법칙에 대한 설명이다.

10

정답 ④

오답분석

ㄷ. 통계패키지(SAS), 데이터 마이닝, 관계형 데이터베이스 등은 기존 환경에서의 대표적인 소프트웨어 분석 방법이며, 빅데이터 환경의 소프트웨어 분석 방법에는 텍스트 마이닝, 온라인 버즈 분석, 감성 분석 등이 있다.

| 금융 상식 |

01	02	03	04	05	06	07	08	09	10	11	12	13	14	15					
③	④	③	③	③	③	⑤	①	③	②	②	③	②	①	②					

01
정답 ③

공매도와 숏 커버링에 대한 설명이다. 특정 주식이 향후 하락될 것으로 예상되면 주식을 공매도하고, 실제로 주가가 하락하면 싼값에 숏 커버링하여(되사들여) 빌린 주식을 갚음으로써 차익을 얻는 매매 기법이다. 이때 공매도가 단기적으로 상승한다면 주가가 하락하고, 반대로 숏 커버링이 단기적으로 상승한다면 주가가 상승하게 된다. 보통 공매도는 주가 하락을 유발하고, 숏 커버링은 주가 상승 요인으로 작용하여 시세 조정을 유발한다. 따라서 공매도는 주식을 빌려서 매도를 하는 것이기 때문에, 주가가 하락하지 않고 지속적으로 상승하게 되면 결제 불이행 가능성이 발생하여 채무불이행 상태에 빠질 수 있다.

02
정답 ④

이자율평가설에 따르면, 현물환율(S), 선물환율(F), 자국의 이자율(r), 외국의 이자율(r_f) 사이에 다음과 같은 관계가 존재한다.

$$(1+r)=(1+r_f)\frac{F}{S}$$

공식의 좌변은 자국의 투자수익률, 우변은 외국의 투자수익률을 의미한다. 즉, 균형에서는 양국 간의 투자수익률이 일치하게 된다. 문제에 주어진 자료를 공식에 대입해보면 $1.03 < 1.02 \times \frac{1,200}{1,000}$ 로서, 미국의 투자수익률이 더 큰 상태이다. 이 상태에서 균형을 달성하기 위해서는 좌변이 커지거나 우변이 작아져야 한다.

따라서 한국의 이자율이 상승하거나, 미국의 이자율·선물환율이 하락, 현물환율이 상승해야 한다. 또한 현재 미국의 투자수익률이 더 큰 상태이므로 미국에 투자하는 것이 유리하다.

03
정답 ③

고전학파 화폐수량설의 교환방정식 MV=PY를 증가율로 나타내면 다음과 같다.

$$\frac{\triangle M}{M}+\frac{\triangle V}{V}=\frac{\triangle P}{P}+\frac{\triangle Y}{Y}$$

→ 통화량증가율+화폐유통속도 증가율=인플레이션율+실질경제성장률
→ 30%+0%=인플레이션율+20%
→ 인플레이션율=10%

따라서 피셔효과에 의하면 '명목이자율=실질이자율+인플레이션율'이므로 '명목이자율=10%+10%=20%'로 도출된다.

04

정답 ③

본원적예금 7,000원이 유입된 후 예금과 대출과정을 거치면서 도출되는 신용창조는 다음과 같다.

시중은행		A은행	B은행	C은행	D은행
	예금	7,000	4,200	2,520	1,512
	지급준비금 (40%)	2,800	1,680	1,008	604.8
	대출	4,200	2,520	1,512	907.2
민간보유		7,000	4,200	2,520	1,512	907.2

$$총예금창조액 = 7,000 + (1-0.4) \times 7,000 + (1-0.4)^2 \times 7,000 + (1-0.4)^3 \times 7,000$$
$$= 7,000 + 4,200 + 2,520 + 1,512$$
$$= 15,232원$$

05

정답 ③

환율하락을 방지하기 위해 중앙은행이 외환시장에 개입하는 경우 달러는 매입하고 원화를 매도하기 때문에 본원통화는 증가하게 된다.

06

정답 ③

자본의 한계생산이 증가하면 기업의 수익성이 높아지고 주가가 상승하여 q값이 증가할 것이다.

07

정답 ⑤

총저축은 민간저축과 정부저축의 합으로 구성된다. 정부가 조세를 감면하면 정부저축은 감소하게 되는데, 민간저축이 동액만큼 증가하면 대부자금의 공급은 변하지 않는다. 따라서 대부자금 공급곡선이 이동하지 않으므로 균형이자율과 대부자금의 거래량도 변하지 않는다.

08

정답 ①

BIB는 기존 금융회사 점포 일부에 별도로 다른 금융회사가 영업소나 부스 형태로 들어와 운영하는 소규모 점포를 뜻하는 용어이다.

오답분석

② CDD(고객확인제도) : 금융회사가 자신의 서비스가 자금세탁 등 불법행위에 이용되지 않도록 고객의 신원, 실제 당사자 여부 및 거래목적 등을 확인하는 제도이다.
③ CTR(고액현금거래보고제도) : 불법 자금 거래를 효과적으로 차단하기 위해 금융회사가 고객과 일정 기준금액 이상의 고액현금 거래를 할 경우 금융위원회 금융정보분석원에 자동으로 보고되는 제도이다.
④ EDD(강화된 고객확인제도) : CDD보다 강화된 고객확인 의무제도이다.
⑤ STR(혐의거래 보고제도) : 금융기관이 고객과의 거래에서 자금세탁 등 의심스러운 사항을 발견하는 경우 이를 금융정보분석원에 보고하는 제도이다.

09

정답 ③

주당 배당금은 (배당수익률)×(주가)이므로 10%×20,000원=2,000원이다.

10

정답 ②

구매력평가설(PPP)은 한 재화 가격은 어디에서나 같아야 한다는 일물일가의 법칙에 입각한 것이다.

11

정답 ②

비참가적 우선주는 우선 배당률에 의한 배당금이 지급된 후에는 배당 가능 이익이 있을 때에도 그 배당을 받을 수 없는 우선주를 의미한다. 따라서 이익이 많은 경우에는 보통주보다 불리하므로 실제로는 거의 발행하지 않는다.

12

정답 ③

주식시장은 발행시장과 유통시장으로 나누어진다. 발행시장이란 주식을 발행하여 투자자에게 판매하는 시장이고, 유통시장은 발행된 주식이 제3자 간에 유통되는 시장을 의미한다. 따라서 자사주 매입은 유통시장에서 이루어지며, 주식배당, 주식분할, 유·무상증자, 기업공개 등은 발행시장과 관련이 있다.

13

정답 ②

오답분석

① 표면이자율이 낮을수록 현재로부터 가까운 시점에 발생하는 현금흐름의 비중이 상대적으로 낮아지고 현재로부터 먼 시점에 발생하는 현금흐름의 비중이 상대적으로 높아지므로, 이자율 변동에 따른 가격변동률이 크게 나타난다.
③ 채권가격은 시장이자율과 역의 관계이므로 시장이자율이 상승하면 채권가격은 하락하고, 시장이자율이 하락하면 채권가격은 상승한다.
④ 만기가 정해진 상태에서 이자율 하락으로 인한 채권가격 상승폭이 이자율의 상승으로 인한 채권가격 하락폭보다 크다.
⑤ 다른 조건이 동일하다면, 만기가 길어질수록 일정한 이자율 변동에 따른 채권가격 변동폭이 커진다.

14

정답 ①

달러를 현재 정한 환율로 미래 일정 시점에 팔기로 계약하면 선물환 매도, 금융회사가 달러를 현재 정한 환율로 미래 일정 시점에 사기로 계약하면 선물환 매수라고 한다. 따라서 달러화 가치가 앞으로 상승할 것으로 예상되면 선물환을 매수하게 된다.

15

정답 ②

서로 다른 통화를 약정된 환율에 따라 일정한 시점에서 상호 교환하는 외환거래인 통화스와프(Currency Swap)에 대한 설명이다.

오답분석

① 금리스와프(Interest Rate Swap) : 금융시장에서 두 채무자가 금융차입비용을 절감하기 위해 일정 기간 동안 원금은 바꾸지 않은 채 동일 통화의 이자지급 의무만을 서로 바꾸는 거래로, 가장 일반적인 금리스와프는 고정금리와 변동금리의 교환이다. 또한, 두 채무자가 각각 상대방보다 자금 차입 비용상 비교우위에 있는 시장에서 자금을 빌려 이자지급의무를 교환함으로써 이익을 얻으려는 기법을 말한다.
③ 스윙서비스(Swing Service) : 종합통장과 연결계좌를 개설한 고객에 대해 일정 기준을 정해놓고 높은 금리혜택을 볼 수 있도록 상황에 따라 예금을 자동으로 전환해 주는 금융서비스이다.
④ 외환스와프(Foreign Exchange Swap) : 외환스와프거래는 환리스크의 회피와 금리재정거래 등을 위하여 거래방향이 서로 반대되는 현물환거래와 선물환거래 또는 선물환거래와 선물환거래를 동시에 행하는 일종의 환포지션 커버거래이다.
⑤ 통화옵션(Currency Option) : 미래의 특정 시점(만기일)에 특정 통화를 미리 약정한 가격(행사가격)으로 사고팔 수 있는 권리가 부여된 파생상품이다.

| 경제 상식 |

01	02	03	04	05	06	07	08	09	10	11	12	13	14	15					
④	⑤	④	①	③	②	①	④	③	④	①	②	①	④	④					

01
정답 ④

• 헥셔 – 오린 정리 : 비교우위의 원인을 각국의 생산요소 부존량의 차이에서 설명하며, 생산요소의 상대가격이 국제 간에 균등화하는 경향이 있다는 일련의 이론이다.
• 스톨퍼 – 사무엘슨 정리 : 2상품 2요소로 이루어진 완전경쟁 시장에서 한쪽 상품의 가격이 상승하면 그 상품의 생산을 위해 집약적으로 이용된 생산요소의 가격이 상승하는 한편, 다른 요소의 가격은 하락한다는 이론이다.
• 레온티에프 역설 : 미국이 노동집약적 상품을 수출하고 자본집약적 상품을 수입하고 있다는 분석 결과 발표이다(헥셔 – 오린 정리와 모순됨).

오답분석
립진스키의 정리에 따르면 한 생산요소의 부존량이 증가하면 그 생산요소를 집약적으로 사용하는 재화의 생산은 증가하지만, 공급이 고정된 생산요소를 집약적으로 사용하는 재화의 생산은 감소한다. 즉, 천연가스 부존량이 증가하면 천연가스를 많이 사용하는 부문의 생산은 증가하지만, 공급이 고정된 다른 생산요소를 집약적으로 사용하는 부문의 생산은 감소한다.

02
정답 ⑤

구매자는 전체 매물 중 성능이 좋은 차와 성능이 나쁜 차의 비율만 알고 있으므로 임의의 자동차에 대해 차종별 최대지불용의액의 기댓값에 해당하는 금액을 지불하려 할 것이다. 즉, 구매자는 1,500×0.7+800×0.3=1,290만 원을 판매자에게 제시할 것이다. 만약 구매자가 선택한 자동차가 성능이 좋은 차라면, 구매자가 제시한 1,290만 원은 판매자의 최소요구금액인 1,400만 원에 미달하므로 판매자는 거래에 응하지 않는다. 결국 성능이 좋은 차들은 시장에서 퇴출되고 시장에는 성능이 나쁜 차들만 남게 된다. 따라서 성능이 나쁜 차에 대해서는 구매자가 800만 원까지 지불할 용의가 있으나, 판매자는 최소 1,000만 원의 금액을 요구하므로 성능이 나쁜 차들 또한 거래가 이루어지지 않는다.

03
정답 ④

오답분석
ㄱ. 솔로우 모형에서 총요소 생산성의 증가, 인구성장율의 증가, 감가상각율의 변화는 성장률의 항구적인 변화를 낳는다. 체화된 기술진보는 균형성장에서 일인당 국민소득증가율이 양이 되게 한다. 또한 지속적인 성장은 지속적인 기술진보에 의해서 가능하다.

04
정답 ①

중첩임금계약(Staggered Wage Contracts)은 명목임금이 경직적인 이유를 설명한다. 케인스학파는 화폐에 대한 착각현상으로 임금의 경직성이 나타난다고 설명하며, 새케인스학파는 노동자가 합리적인 기대를 가지나, 현실적으로는 메뉴비용 등의 존재로 임금 경직성이 발생한다고 설명한다.

05
정답 ③

X재 생산기술의 향상은 X재의 단위당 생산비용을 절감시키기 때문에 동일한 생산비용으로 더 많은 상품을 공급할 수 있게 해준다. 따라서 공급량이 늘어나게 되면 공급곡선이 우측으로 이동하게 되어 시장균형에서 X재의 가격은 하락하게 된다.

06

정답 ②

[오답분석]

ㄴ. 케인스 모형에서 재정정책의 효과는 강력한 반면 금융정책의 효과가 미약하다. 따라서 (가)에서 $Y_0 → Y_1$ 의 크기는 (나)에서 $Y_a → Y_b$ 의 크기보다 크다.

ㄹ. 케인스는 승수효과를 통해 정부가 지출을 조금만 늘리면 국민의 소득은 지출에 비해 기하급수적으로 늘어난다고 주장하였다. 또한 케인스 학파에서는 소비를 미덕으로 여기므로 소득이 증가하면 소비 또한 증가하여 정부지출의 증가는 재고의 감소를 가져온다.

07

정답 ①

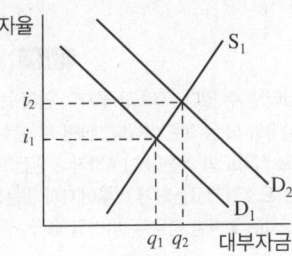

기업들에 대한 투자세액공제가 확대되면, 투자가 증가하므로 대부자금에 대한 수요가 증가($D_1 → D_2$)한다. 이렇게 되면 실질이자율이 상승($i_1 → i_2$)하고 저축이 늘어난다. 그 결과 대부자금의 균형거래량은 증가($q_1 → q_2$)한다.

08

정답 ④

애덤 스미스가 말한 '보이지 않는 손'에 따르면 시장을 통해서 효율적인 자원배분이 이루어지기 때문에 인위적인 개입이나 조정은 필요하지 않다. 따라서 시장에서 거래되어야 하는 서비스를 국가가 개입해서 무료로 제공하는 것은 시장경제체제의 특징으로 옳지 않다.

09

정답 ③

$$실업률 = \frac{실업자 \ 수}{경제활동인구} \times 100 = \frac{실업자 \ 수}{취업자 \ 수 + 실업자 \ 수} \times 100$$

ㄴ. 실업자가 비경제활동인구로 전환되면 분자와 분모 모두 작아지게 되는데 이때 분자의 감소율이 더 크므로 실업률은 하락한다.

ㄷ. 비경제활동인구가 취업자로 전환되면 분모가 커지게 되므로 실업률은 하락한다.

[오답분석]

ㄱ. 취업자가 비경제활동인구로 전환되면 분모가 작아지므로 실업률은 상승한다.

ㄹ. 비경제활동인구가 실업자로 전환되면 분자와 분모 모두 커지게 되는데 이때 분자의 상승률이 더 크므로 실업률은 상승한다.

10

정답 ④

열등재(Inferior Goods)는 소득효과가 음(−)인 경우의 재화이므로 소득이 증가하면 수요가 감소한다. 그러므로 우하향하고 원점에 대해 볼록한 통상적인 무차별곡선을 갖는 소비자를 가정했을 때, X재 가격이 하락할 때 X재 수요량이 변하지 않았다면, 가격소비곡선(PCC)은 수직이다. 이 경우 X재의 가격변화로 인한 대체효과는 항상 플러스이지만 총효과가 0이므로 소득효과는 대체효과를 상쇄할 만큼의 마이너스로 나타나야 한다. 따라서 X재는 열등재이고, 효용 극대화를 위해 X재의 가격하락에 따른 소득효과로 Y재의 소비량이 증가하여 Y재는 정상재이다.

11

MR＝MC가 성립되는 생산량은 손실 극대화점과 이익 극대화점으로 2개가 존재한다. 따라서 이윤 극대화가 성립되기 위해서는 MR＝MC가 충족되면서 TR＞TC도 성립하여야 한다.

12

자연독점이란 규모가 가장 큰 단일 공급자를 통한 재화의 생산 및 공급이 최대 효율을 나타내는 경우 발생하는 경제 현상을 의미하고, 최소효율규모란 평균비용곡선상에서 평균비용이 가장 낮은 생산 수준을 나타낸다. 자연독점 현상은 최소효율규모의 수준 자체가 매우 크거나 생산량이 증가할수록 평균총비용이 감소하는 '규모의 경제'가 나타날 경우에 발생한다.

13

경상수지와 저축 및 투자의 관계는 순수출(X－M)＝총저축(S_p－I)＋정부수입(T－G)으로 나타낼 수 있다. 저축과 투자의 양이 동일하여 총저축이 0이 되는 경우에는 재정흑자(T－G)와 경상수지적자의 합이 0이 되지만 항상 0이 되는 것은 아니다. 한편, 경상수지와 자본수지의 합은 항상 0이므로 경상수지가 적자이면 자본수지는 흑자가 되어야 한다. 요소집약도의 역전이 발생하거나 완전특화가 이루어지는 경우 그리고 각국의 생산기술이 서로 다르거나 중간재가 존재하는 경우에는 요소가격균등화가 이루어지지 않는다. 규모의 경제가 발생하는 경우 각국이 동일한 산업 내에서 한 가지 재화생산에 특화하여 이를 서로 교환할 경우 두 나라의 후생수준이 모두 증가한다. 따라서 규모에 대한 수확체증이 이루어지면 산업 내 무역이 활발해진다.

14

2023년 GDP디플레이터＝$\dfrac{\text{명목GDP}_{2023}}{\text{실질GDP}_{2023}}\times100=\dfrac{100}{\text{실질GDP}_{2023}}\times100=100 \rightarrow$ 2023년 실질GDP＝100

2024년 GDP디플레이터＝$\dfrac{\text{명목GDP}_{2024}}{\text{실질GDP}_{2024}}\times100=\dfrac{150}{\text{실질GDP}_{2024}}\times100=120 \rightarrow$ 2024년 실질GDP＝125

따라서 2024년의 전년 대비 실질GDP 증가율은 $\dfrac{125-100}{100}\times100=25\%$이다.

15

ㄱ・ㅁ. 2020년에서 2024년으로 갈수록 직접세 비중은 낮아지는 반면 간접세 비중이 높아지고 있다. 이를 통해 조세부담의 역진성이 강화되고 있다는 사실을 추론할 수 있으며, 소득분배 지표를 변화시키는 하나의 요인으로 작용하였을 것이라고 추측할 수 있다.

ㄴ. 2020년에서 2024년으로 갈수록 지니계수는 증가하고 10분위분배율은 감소하고 있다. 지니계수의 값이 작을수록, 10분위분배율의 값이 클수록 균등에 가까워지는 것인데, 반대의 증감을 보이고 있으므로 소득불평등이 심해진다고 할 수 있다.

ㄹ. 상위 20% 계층의 소득에 대한 하위 40% 계층 소득의 비율은 지니계수가 아닌 10분위분배율을 통해 알 수 있다. 따라서 2024년에 상위 20% 계층의 소득은 하위 40% 계층 소득의 $\dfrac{5}{3}$배이고, 2024년은 2배이다.

[오답분석]

ㄷ. 2020년에는 상위 20% 계층의 소득이 하위 40% 계층 소득의 $\dfrac{5}{3}$배이다.

01	02	03	04	05	06	07	08	09	10
②	②	①	④	①	④	③	④	①	④
11	12	13	14	15	16	17	18	19	20
③	②	③	⑤	②	③	①	①	①	④

01
정답 ②

기억장치의 처리 속도(고속 → 저속)
ⓛ 레지스터 → ㉠ 캐시 메모리 → 연관 기억장치 → ㉢ 주기억장치(RAM → ROM → 자기 코어) → ㉣ 보조기억장치(HDD → DVD → CD-ROM → FDD)

02
정답 ②

Facade Pattern(퍼사드 패턴)
소프트웨어 공학 디자인 패턴 중 하나이며 객체 지향 프로그래밍 분야에서 자주 사용한다. 단순화된 인터페이스를 통해서 서브시스템을 더 쉽게 사용할 수 있도록 하기 위한 용도로 쓰인다. Facade는 '건물의 정면'을 의미하고, 클래스 라이브러리 같은 어떤 소프트웨어의 다른 커다란 코드 부분에 대한 간략화된 인터페이스를 제공하는 객체를 말한다.

오답분석
① MVC Pattern(모델 – 뷰 – 컨트롤러 패턴) : 소프트웨어 디자인 패턴으로 사용자 인터페이스로부터 비즈니스 로직을 분리하여 애플리케이션의 시각적 요소나 그 이면에서 실행되는 비즈니스 로직을 서로 영향 없이 쉽게 고칠 수 있는 애플리케이션을 만들 수 있으며 모델은 애플리케이션 정보를 의미하고 뷰는 텍스트, 체크박스 항목 등과 같은 사용자 인터페이스 요소이며 컨트롤러는 데이터와 비즈니스 로직 사이의 상호동작을 관리한다.
③ Mediator Pattern(중재자 패턴) : 소프트웨어 공학에서 어떻게 객체들의 집합이 상호작용하는지를 함축해놓은 것으로, 객체를 정의하고 이 패턴은 프로그램의 실행 행위를 변경할 수 있기 때문에 행위 패턴으로 간주되며 객체 간 통신은 중재자 객체 안에서 함축된다.
④ Bridge Pattern(브리지 패턴) : 구현부에서 추상층을 분리하여 각자 독립적으로 변형이 가능하고 확장이 가능하며, 기능과 구현에서 두 개를 별도의 클래스로 구현한다.

⑤ Builder Pattern(빌더 패턴) : 복잡한 인스턴스를 조립하여 만드는 구조로, 복합 객체를 생성할 때 객체를 생성하는 방법과 객체를 구현하는 방법을 분리한다.

03
정답 ①

언플러그드(Unplugged)란 컴퓨터 접속장치를 전원에 연결하지 않을 뿐만 아니라 컴퓨터의 사용 자체도 하지 않는 것을 말한다. 따라서 언플러그드 컴퓨팅이란 언플러그인 상태로 즉, 컴퓨터 사용 없이도 컴퓨터의 원리를 교육하는 것을 말한다.

04
정답 ④

인바운드 링크(Inbound Link)란 타 사이트에서의 링크를 통해 해당 사이트로 접속될 수 있도록 하는 링크를 말한다. 따라서 페이지랭크와 가장 관련이 있는 링크에 해당한다.

오답분석
① 핫링크(Hot Link) : 둘 이상의 프로그램을 연결시켜 하나의 프로그램에서의 데이터가 변경될 경우 연결된 타 프로그램에서의 데이터도 자동적으로 변경되도록 하는 것을 말한다.
② 퍼머링크(Permalink) : 각 사이트에서의 페이지마다 부여받는 고유 URL 주소로 변경되지 않는 것을 말한다.
③ 아웃링크(Outlink) : 인터넷이용자가 검색사이트를 통해 찾은 정보를 클릭하면, 해당 정보를 보유하고 있는 사이트로 이동시킨 후 해당 정보를 제공하는 것을 말한다.
⑤ 라이브링크(Livelink) : 핫링크와 동일한 기능을 수행하는 링크이다.

05

정답 ①

오답분석

② 샘플링(Sampling) : 모집단의 전체를 조사하기에는 시간과 비용이 너무 많이 들기 때문에 일부 데이터를 선택하여 전체를 대표하도록 만드는 기법이다.

③ 솔러리제이션(Solarization) : 필름에 빛이 들어가 나타나는 색채의 반전 효과를 주는 기법이다.

④ 로토스코핑(Rotoscoping) : 실제 장면을 촬영한 후 캐릭터나 물체의 윤곽선을 추적하여 애니메이션의 기본형을 만들고, 여기에 수작업으로 컬러를 입히거나 형태를 변형시키는 기법이다.

⑤ 모션캡처(Motion Capture) : 사람, 동물 또는 기계 등의 사물에 센서를 달아 그 대상의 움직임 정보를 인식해 애니메이션, 영화, 게임 등의 영상 속에 재현하는 기술이다.

06

정답 ④

CASE를 이용하면 개발 과정이 빠르기 때문에 생산성을 높일수 있고, 수정이 용이하므로 다른 프로젝트에 일부 혹은 전부를 삽입하여 재사용에 효과적이다.

07

정답 ③

오답분석

① 분석(Analysis) : 소프트웨어 동작 이해 및 재공학 대상을 선정한다.

②·⑤ 재구성(Restructuring) : 소프트웨어 기능 변경 없이 소프트웨어 형태를 목적에 맞게 수정한다.

④ 이식(Migration) : 기존 소프트웨어를 다른 운영체제 또는 하드웨어 환경에서 사용할 수 있도록 변환한다.

08

정답 ④

소프트웨어 계획 수립에 대한 설명이며, 워크 쓰루(Walk - Through)는 소프트웨어에 대한 재검토 회의 방식으로 비용 절약의 품질 관리 활동을 한다.

09

정답 ①

오답분석

② 신뢰성(Reliability) : 정확하고 일관된 결과를 얻기 위해 요구된 기능을 수행하는 정도이다.

③ 사용 용이성(Usability) : 쉽게 배울 수 있고, 사용할 수 있는 정도이다.

④ 유연성(Flexibility) : 새로운 기능의 추가나 다른 환경에 적응하기 쉽게 수정될 수 있는 정도이다.

⑤ 가용성(Availability) : 컴퓨터 시스템 등이 이용자의 입장에서 보아 어느 정도 사용할 수 있는가 하는 것을 표시하는 것이다.

10

정답 ④

오답분석

- { } : 자료 반복
- * * : 자료 주석
- = : 자료 정의

11

정답 ③

(월별 생산성)=(KLOC)÷[(인)×(월)]
→ (월별 생산성)=10,000÷(5×2)

12

정답 ②

오답분석

① 유지보수성(Maintainability) : 변경 및 오류 사항의 교정에 대한 노력을 최소화하는 정도이다.

③ 효율성(Efficiency) : 요구되는 기능을 수행하기 위해 필요한 자원의 소요 정도이다.

④ 무결성(Integrity) : 허용되지 않은 사용이나 자료의 변경을 제어하는 정도이다.

⑤ 이식성(Portability) : 다른 하드웨어 환경에서도 운용 가능하도록 쉽게 수정하여 이식할 수 있는 정도이다.

13

정답 ③

Brooks의 법칙(브룩스의 법칙)

지연된 소프트웨어 프로젝트에 인원을 추가 투입하면 일정이 더 늦어짐을 의미하는 법칙이다. 인원을 추가할 경우 일정이 더 늦어지는 이유는 기존 인력이 충원 인력의 교육을 담당해야 하므로 개발 시간이 감소하고, 충원 인원은 적응기간이 필요해서 업무속도가 저하되기 때문이다. 또한, 업무의 상관도가 높은 경우 분업이 불가능하므로 업무의 속도가 더 느려진다.

14

정답 ⑤

CPM(Critical Path Method)은 주 공정(Critical Path)에 비중을 두기 때문에 주 공정을 나타내는 경로(굵은 화살표)의 흐름이 지연되면 다른 공정도 모두 지연되므로 주 공정이 완전히 해소될 때 진행한다.

15

정답 ②

프로토타입을 사용하는 것은 요구 분석 중심의 프로토타이핑(Prototyping) 모형에 대한 설명이다.

16

정답 ③

프로토타이핑(Prototyping) 모형은 요구 분석의 어려움을 해결하기 위해 실제 개발될 소프트웨어의 일부분을 미리 만들어서 의사소통의 도구로 삼기 위한 모형이다.

17

정답 ①

i에 0을 저장하고, i 값이 5보다 작을 때까지 i에 1을 더한다. j에는 0부터 i 값과 같거나 작을 때까지 j값에 1을 더하여 *를 출력한다. 따라서 *는 5개가 될 때까지 다음 줄에 출력되어 ①처럼 출력된다.

18

정답 ①

num는 정수형으로 정의를 해주어야 한다.

[오답분석]

②·③·④의 float, double, long double는 실수형이고, ⑤의 void는 포인터이다.

19

정답 ①

```c
#include <stdio.h>
void main()
{
    int i;
    int num=2;
    for (i = 1; i <=10; i++)

    {
        if (i % num==0)
        {

            continue;

        }
        printf("%d", i);
    }
}
```

1부터 10까지의 정수 중에서 num값의 배수를 제외하고 출력되는 프로그램으로, num에 2를 넣어 프로그램을 실행하면 1 3 5 7 9로 출력된다.

20

정답 ④

```c
#include <stdio.h>
void main()
{
    int i;
    int num=3;
    for (i=1; i <=10; i++)

    {
        if (i % num==0)
        {

            continue;

        }
        printf("%d", i);
    }
}
```

1부터 10까지의 정수 중에서 num값의 배수를 제외하고 출력되는 프로그램으로, num에 3을 넣어 프로그램을 실행하면 1 2 4 5 7 8 10이 출력된다.

PART 3

최종점검 모의고사

01 직무능력평가

01	02	03	04	05	06	07	08	09	10	11	12	13	14	15	16	17	18	19	20
③	②	③	⑤	④	④	⑤	④	②	①	②	③	②	②	⑤	②	⑤	①	②	④
21	22	23	24	25	26	27	28	29	30	31	32	33	34	35	36	37	38	39	40
④	④	①	④	④	⑤	④	④	①	③	⑤	①	②	③	②	②	③	③	③	⑤
41	42	43	44	45															
③	②	②	④	①															

01
정답 ③

ㄱ. 제시문에 따르면 고병원성 AI 바이러스는 경기도에서 3건, 충남에서 2건이 발표되었으므로 총 5건으로 수정해야 한다.
ㄷ. 제시문에 따르면 바이러스 미분리는 야생 조류 AI 바이러스 검출 현황에 포함하지 않는다고 하였으므로 표에서 삭제해야 한다.

[오답분석]
ㄴ. 제시문에 따르면 검사 중인 사례가 9건이라고 하였으므로 수정할 필요가 없다.

02
정답 ②

제19조(조합원의 자격) 제1항에 따르면, 조합원은 지역농협의 구역에 주소, 거소나 사업장이 있는 농업인이어야 하나, 제20조(준조합원) 제1항에 따르면, 준조합원은 지역농협의 구역에 주소나 거소를 둔 자로서 그 지역농협의 사업을 이용함이 적당하다고 인정되는 자이므로 반드시 농업에 종사할 필요는 없다.

[오답분석]
① 제20조(준조합원) 제2항에 따르면, 준조합원은 정관에서 정할 시, 가입금과 경비를 내야할 의무를 가진다.
③ 제23조(지분의 양도 양수와 공유금지) 제3항에 따르면, 조합원의 지분을 양수받는 자는 조합원의 권리와 의무가 아닌, 양수받는 지분에 대한 권리와 의무만을 승계 받는다.
④ 제20조(준조합원) 제1항과 제4항에 따르면, 준조합원 자격을 취득하기 위해서는 지역농협의 구역에 주소 또는 거소가 두어야하며 이미 취득한 자라고 하더라도 지역농협이 구역을 변경한 것이 아니라면, 그 구역에 주소 또는 거소를 두어야한다. 하지만 만일 지역농협이 구역을 변경해 이미 준조합원의 자격을 취득한 자가 변경된 지역농협 구역 안에 주소나 거소가 없다면, 이는 예외적으로 준조합원의 자격을 유지해준다. 따라서 준조합원 자격을 유지하기 위해서 반드시 지역농협의 구역에 주소 또는 거소가 두어야하는 것은 아니다.
⑤ 제23조(지분의 양도 양수와 공유금지) 제1항과 제4항에 따르면, 조합원이 지분을 양도하는 것은 지역농협의 승인으로 가능하나, 지분을 공유하는 것은 그 자체로 불가능하다.

03

ㄴ. 네 번째 문단에 따르면 소비자물가가 아니라 소비자물가의 상승률이 남은 상반기 동안 1% 미만의 수준에서 등락하다가 하반기에 들어 1%대 중반으로 상승할 것이라고 하였다.

ㄷ. 세 번째 문단에 따르면 국내의 수출이 하락세로 진입한 것이 아니라 수출의 증가세가 둔화된 것뿐이다.

[오답분석]

ㄱ. 두 번째 문단에 따르면 미 연방준비은행의 통화정책 정상화가 온건한 속도로 이루어짐에 따라 국제금융시장의 변동성이 축소되는 경향이 지속되었음을 알 수 있다. 그러므로 미 연준의 통화정책의 변동성이 커진다면 국제금융시장의 변동성도 확대될 것임을 예측할 수 있다.

ㄹ. 마지막 문단에 따르면 금융통화위원회는 국내 경제가 잠재성장률 수준에서 크게 벗어나지 않으면서 수요측면의 물가상승압력도 크지 않기 때문에 통화정책 기조를 유지할 것이라고 하였다. 따라서 국내 경제성장률은 잠재성장률 수준을 유지하더라도, 수요 측면에서의 물가상승압력이 급증한다면 완화기조를 띠고 있는 통화정책 기조를 변경할 수 있을 것이라 추론할 수 있다.

04

제시문은 블록체인 기술이 등장하게 된 배경을 설명하고, 이어 비트체인의 기반기술과 여러 활용 분야를 설명하고 있다. 따라서 글의 전개 방식으로 ⑤가 가장 적절하다.

05

분산합의는 참여자 간의 합의를 통해서 발생하는 적합한 거래와 정보만 블록체인으로 유지한다.

[오답분석]

① 블록체인은 중개 기관에 의존적인 기존의 거래방식에서 벗어나 거래 당사자 간의 직접적인 거래를 통해 신뢰성을 보장한다.
② 블록체인은 P2P 네트워크, 암호화, 분산장부, 분산합의의 크게 4가지 기반기술로 구성되어 있다.
③ 해시트리와 공개키 기반 디지털 서명 기법 사용은 암호화에 해당하는 특징이다.
⑤ 참여자들 간의 공유를 통해 동기화된 정보의 기록 저장소를 분산장부라 한다.

06

제20조에 따라 준법관리인이 법에 따른 신고·신청의 접수, 처리 및 내용의 조사 업무를 부당하게 처리하거나 임직원의 위반행위를 발견했음에도 조치를 취하지 않은 경우에는 형사처벌이 아닌 징계를 받는다.

[오답분석]

① 제10조에 따라 초과사례금을 받은 경우 신고와 반환을 모두 하여야 한다. 만일, 둘 중 하나를 하지 않으면 징계, 둘 다 하지 않으면 과태료를 부과받게 된다.
② 제5조에 따라 직원은 동일한 부정청탁을 2번째 받았을 경우에 신고하지 않으면 징계를 받는다.
③ 제8～9조에 따라 100만 원 이하의 금품이라도 직무와 관련된 것은 제재받게 된다.
⑤ 제8～9조에 따라 직무와 관련하여 공직자에게 1회 100만 원을 초과하는 수수 금지 금품의 제공을 약속한 것만으로도 형사처벌을 받게 된다.

07

D과장의 경우 지자체의 요청 강의이므로 사전 신고 대상은 아니지만, 초과사례금에 대해서는 반환뿐만 아니라 신고도 할 의무가 있다. 그러나 초과사례금에 대한 신고는 하지 않았으므로 징계 대상이다.

[오답분석]
① A주임의 경우 배우자가 관련 업체 직원으로부터 100만 원을 초과한 금품을 받았으나, A주임이 이를 알지 못 한 경우이므로 A주임은 제재 대상이 되지 않는다.
② B주임은 K씨로부터 부정청탁을 받고 그에 따라 직무를 수행하였으므로 제5조 위반에 따른 제재에 따라 형사처벌된다.
③·④ C대리의 경우 공직자에게 1회 100만 원을 초과하는 금품 등을 제공하였으므로 제8~9조 위반에 따른 제재에 따라 형사처벌 대상이다.

08

ㄱ. 제9조 제1항에 따르면 부총재보로 임명된 A는 민간 분야 업무활동 내역 제출 대상이며, 민간 분야 업무활동 내역은 임명된 날로부터 30일 이내에 제출하여야 하므로 제출기한을 위반한 행위이다.
ㄴ. 이는 금융업에 종사하는 직무관련자인 자신의 동생에게 사적으로 정보를 제공하고 대가를 받은 것으로서 제10조 제1항 제1호에 해당되는 행위이므로 행동강령을 위반한 행위이다.
ㄷ. 제11조 제3항에 해당되는 내용으로서 자신의 가족인 아들의 채용을 지시하는 행위이므로 행동강령을 위반한 행위이다.

[오답분석]
ㄹ. 제12조 제2항에 따라 계약업무를 담당하는 D는 자신의 가족이 은행과 수의계약을 체결하도록 해서는 안 되므로 이를 만류한 D의 행동은 행동강령을 준수한 행동이다.

09

(가) 농업인 월급제 개념 – (다) 농업인 월급제 개념 상세 설명 – (마) 농업인 월급제 참여대상 및 신청 – (라) 농업인 월급제 신청기간 – (나) 농업인 월급제 도입 전망 순으로 나열되는 것이 적절하다.

10

세 번째 문단에 따르면 저작권의 의의는 인류의 지적 자원에서 영감을 얻은 결과물을 다시 인류에게 되돌려주는 데 있다고 하였으므로 제시문의 내용으로 적절하지 않은 것은 ①이다.

11

제시문에서는 저작권 소유자 중심의 저작권 논리를 비판하며 저작권이 의의를 가지려면 저작물이 사회적으로 공유되어야 한다고 주장하고 있다. 따라서 제시문에 대한 비판으로 가장 적절한 것은 ②이다.

12

- A계열사의 제품이 불량일 확률 : $\dfrac{3}{10} \times \dfrac{2}{100} = \dfrac{6}{1,000}$
- B계열사의 제품이 불량일 확률 : $\dfrac{7}{10} \times \dfrac{3}{100} = \dfrac{21}{1,000}$
- 불량품인 부품을 선정할 확률 : $\dfrac{6}{1,000} + \dfrac{21}{1,000} = \dfrac{27}{1,000}$

따라서 B계열사의 불량품일 확률은 $\dfrac{21}{27} = \dfrac{7}{9}$ 이다.

13

정답 ②

5개의 숫자 중 4개의 숫자를 뽑는 경우의 수는 $_5C_4=5$가지이다. 따라서 뽑힌 4개의 숫자 중 가장 큰 숫자와 가장 작은 숫자 2개를 제외하고 나머지 숫자 2개의 순서만 정하면 되므로 총 경우의 수는 $5\times2=10$가지이다.

14

정답 ②

100만 원을 맡겨서 다음 달 104만 원이 된다는 것은 이자율이 4%라는 것을 의미한다.

50만 원을 입금하면 다음 달에는 (원금)+(이자액)=52만 원이 된다. 따라서 다음 달 잔액은 $52-30=22$만 원이고, 그 다음 달 총 잔액은 $220,000\times1.04=228,800$원이다.

15

정답 ⑤

$$(평균 \ 속력) = \frac{(전체 \ 이동 \ 거리)}{(전체 \ 소요 \ 시간)}$$

• 전체 이동 거리 : $(20\times10)+(20\times6)+(20\times4)=400\text{km}$
• 전체 소요 시간 : 4시간

따라서 평균 속력은 $\dfrac{400}{4}=100\text{km/h}$이다.

16

정답 ②

A대리가 K신용카드를 이용하여 지불하는 경우의 할부수수료를 나타내면 다음과 같다.

(단위 : 원)

구분	이용원금 상환액	할부수수료	할부 잔액
1회	300,000	$1,200,000\times0.13\div12=13,000$	900,000
2회	300,000	$900,000\times0.13\div12=9,750$	600,000
3회	300,000	$600,000\times0.13\div12=6,500$	300,000
4회	300,000	$300,000\times0.13\div12=3,250$	0
합계	1,200,000	32,500	—

A대리가 L신용카드를 이용하여 지불하는 경우의 할부수수료를 나타내면 다음과 같다.

(단위 : 원)

구분	이용원금 상환액	할부수수료	할부 잔액
1회	300,000	$1,200,000\times0.14\div12=14,000$	900,000
2회	300,000	$900,000\times0.14\div12=10,500$	600,000
3회	300,000	$600,000\times0.14\div12=7,000$	300,000
4회	300,000	면제	0
합계	1,200,000	31,500	—

A대리는 L신용카드를 이용한 할부결제가 처음이므로 마지막 납입회차인 4회차의 할부수수료가 면제된다.

따라서 A대리는 K신용카드 사용 시 총 할부수수료는 32,500원, L신용카드 사용 시 총 할부수수료는 31,500원이므로 L신용카드를 사용한다.

17

전국의 화재 건수 증감 추이는 '증가 – 감소 – 증가 – 감소'이다. 전국과 같은 증감 추이를 보이는 지역은 강원도, 전라남도, 경상북도, 경상남도, 제주특별자치도로 총 5곳이다.

[오답분석]

① 2024년 서울의 화재 건수는 전체의 $\frac{6,368}{42,338} \times 100 = 15\%$이므로 20% 미만이다.

② 매년 화재 건수가 많은 지역은 '경기도 – 서울 – 경상남도' 순서이다. 따라서 3번째로 화재 건수가 많은 지역은 경상남도이다.

③ 충청북도의 화재 건수는 매년 증가하다가 2024년에 감소하였다.

④ 강원도의 2024년 화재 건수는 전년 대비 $\frac{2,364 - 2,228}{2,364} \times 100 = 5.8\%$ 감소하였으므로 7% 미만으로 감소하였다.

18

2022년 컴퓨터가 제외된 자리에 전자응용기기가 포함되었다.

[오답분석]

② · ③ · ④ 자료를 통해 쉽게 확인할 수 있다.

⑤ 반도체 비중이 가장 큰 해는 2024년이며, 2024년에는 철강판이 전자응용기기에 이어 두 번째로 적은 비중을 차지했다.

19

남성흡연율이 가장 낮은 연도는 50% 미만인 2020년이고, 여성흡연율이 가장 낮은 연도도 약 20%인 2020년이다.

[오답분석]

ㄱ. 남성흡연율은 2022년까지 증가하다가 그 이후 감소하지만, 여성의 흡연율은 매년 꾸준히 증가하고 있다.

ㄷ. 남성의 음주율이 가장 낮은 해는 80% 미만인 2023년이지만, 흡연율이 가장 낮은 해는 50% 미만인 2020년이다.

ㄹ. 2022년 남성의 음주율과 여성 음주율이 모두 80% 초과 90% 미만이므로 두 비율의 차이는 10%p 미만이다.

20

ㄱ. 2024년 2월에 가장 많이 낮아졌다.

ㄴ. 제시된 수치는 전년 동월, 즉 2023년 6월보다 325건 높아졌다는 뜻이므로, 실제 심사건수는 알 수 없다.

ㄷ. 2023년 5월에 비해 3.3% 증가했다는 뜻이므로, 실제 등록률은 알 수 없다.

[오답분석]

ㄹ. 전년 동월 대비 125건이 증가했으므로, 100+125=225건이다.

21

토요일 오전 8시는 영업시간 외이므로 타행 자동화기기로 5만 원 출금 시 1,000원의 수수료가 적용된다.

[오답분석]

① 평일 오후 8시는 영업시간 외이므로 N은행 자동화기기로 8만원 출금 시 수수료는 500원이 적용된다.

② 일요일은 영업시간 외이므로 타행 자동화기기로 12만 원을 이체할 경우 1,000원의 수수료가 적용된다.

③ 평일 오후 3시는 영업시간 내이며 N은행 자동화기기를 이용하여 N은행계좌에 이체 시 수수료는 면제된다.

⑤ 토요일 오전 10시는 영업시간 외이며 N은행 자동화기기를 이용하여 8만 원을 타행계좌에 이체 시 수수료는 800원이 적용된다.

22

정답 ④

빈칸 (가)와 (다)를 구하면 다음과 같다.

- (가) : $\frac{2,574}{7,800} \times 100 = 33\%$

- (다) : $1,149 \times 0.335 ≒ 385$천 명

23

정답 ①

실업률 증감을 구하는 식은 다음과 같다.

$$[\text{실업률 증감}(\%)] = \frac{(\text{11월 실업률}) - (\text{2월 실업률})}{(\text{2월 실업률})} \times 100 = \frac{3.1 - 4.9}{4.9} \times 100 ≒ -37\%$$

따라서 2023년 11월의 실업률은 2024년 2월 대비 37% 감소했다.

24

정답 ④

A ~ D 4개국의 청년층 정부신뢰율을 구하면 다음과 같다.

- A : $14 - 6.4 = 7.6\%$
- B : $35 - (-14.1) = 49.1\%$
- C : $48.0 - (-9.1) = 57.1\%$
- D : $82.0 - 2.0 = 80.0\%$

– 첫 번째 조건

  $7.6 \times 10 < 80$이므로 A는 그리스, D는 스위스이다.

– 두 번째 조건

  B, C의 청년층 정부신뢰율은 전체 국민 정부신뢰율보다 높으므로 B와 C는 영국과 미국(또는 미국과 영국)이다.

– 세 번째 조건

  $80.0 - 30 = 50.0\%$로, 미국의 청년층 정부신뢰율은 50% 이하여야 하므로 B는 미국, C는 영국이다.

따라서 A는 그리스, B는 미국, C는 영국, D는 스위스이다.

25

정답 ④

출장은 총 3시간 소요되며, 복귀 후 업무시간 내에 팀장급에게 출장 내용 전달을 위해 2시간이 걸리므로 총 5시간이 필요하다. 그러므로 화요일, 수요일에는 여섯 번째 조건에 따라 출장가지 않고, 다섯 번째 조건에서 팀장 회의가 있어 회의 전에 출장을 못 가므로 월요일도 제외된다. 또한, 금요일은 네 번째 조건에 따라 김팀장은 토요일 당직이므로 불가능하다.

따라서 가능한 날은 목요일이며, 마지막 조건인 신입직원 면접 1시간 전에는 면접 준비가 있어 15시 전에 출장과 내용 전달을 끝내야 하므로 오전 8시부터 11시에 출장을 다녀오고, 가능한 한 빨리 팀장들에게 출장 내용을 전달해야 하므로 점심시간 후인 12시부터 14시에 내용을 전달하면 된다.

26

일정 변경 내용을 주간 일정표에 적용하면 다음과 같다.

시간＼일자	월	화	수	목	금	토	일
8～9시	아침청소			아침청소		여신계 박팀장 당직	수신계 김팀장 당직
9～10시							
10～11시							
11～12시							
12～13시	점심시간	점심시간	점심시간	점심시간	점심시간	수신계 최팀장 당직	여신계 이팀장 당직
13～14시	팀장회의			수신계, 여신계 신입직원 면접			
14～15시							
15～16시	회의내용 전달	수신계, 여신계 팀 회의					
16～17시			전체회식			－	－
17～18시						－	－

25의 다섯 번째 조건에서 팀장 회의 또는 팀 회의가 있는 월요일과 화요일은 안 되고, 여섯 번째 조건에 따라 전체회식이 있는 날과 다음 날인 수요일과 목요일도 불가능하다. 김팀장은 당직날을 일요일로 박팀장과 바꿨기 때문에 금요일은 출장 및 출장 내용을 전달하는 날짜로 가능하다. 따라서 김팀장은 첫 번째, 두 번째 조건에 따라 금요일에 출장시간은 오전 8시부터 11시에 다녀오고, 출장 내용은 11시부터 14시에 전달한다.

27

다섯 번째 조건에 따라 C항공사는 제일 앞번호인 1번 부스에 위치하며, 세 번째 조건에 따라 G면세점과 H면세점은 양끝에 위치한다. 이때 네 번째 조건에서 H면세점 반대편에 E여행사가 위치한다고 하였으므로 5번 부스에는 H면세점이 올 수 없다. 그러므로 5번 부스에는 G면세점이 위치한다.

또한 첫 번째 조건에 따라 같은 종류의 업체는 같은 라인에 위치할 수 없으므로 H면세점은 G면세점과 다른 라인인 4번 부스에 위치하고, 4번 부스 반대편인 8번 부스에는 E여행사가, 4번 부스 바로 옆인 3번 부스에는 F여행사가 위치한다. 나머지 조건에 따라 부스의 위치를 정리하면 다음과 같다.

• 경우 1

C항공사	A호텔	F여행사	H면세점

복도

G면세점	B호텔	D항공사	E여행사

• 경우 2

C항공사	B호텔	F여행사	H면세점

복도

G면세점	A호텔	D항공사	E여행사

따라서 항상 참이 되는 것은 ④이다.

28

우선 민원이 접수되면 제7조 제1항에 따라 주어진 처리기간은 24시간이다. 그 기간 내에 처리하기 곤란할 경우에는 제8조 제1항에 의해 민원인에게 중간답변을 한 후 48시간으로 연장할 수 있다. 또한 제8조 제2항에 따라 연장한 기간 내에서도 처리하기 어려운 사항일 경우 1회에 한하여 본사 총괄부서장의 승인에 따라 48시간을 추가 연장할 수 있다. 따라서 해당 민원은 늦어도 48시간+48시간=96시간=4일 이내에 처리하여야 하므로 7월 18일에 접수된 민원은 늦어도 7월 22일까지는 처리가 완료되어야 한다.

29
정답 ①

- 부서배치
  - 성과급 평균은 48만 원이므로, A는 영업부 또는 인사부에서 일한다.
  - B와 D는 비서실, 총무부, 홍보부 중에서 일한다.
  - C는 인사부에서 일한다.
  - D는 비서실에서 일한다.

  따라서 A – 영업부, B – 총무부, C – 인사부, D – 비서실, E – 홍보부에서 일한다.
- 휴가
  - A는 D보다 휴가를 늦게 간다. 따라서 C – D – B – A 또는 D – A – B – C 순으로 휴가를 간다.
- 성과급
  - D사원 : 60만 원
  - C사원 : 40만 원

[오답분석]
② C가 제일 마지막에 휴가를 갈 경우, B는 A보다 늦게 출발한다.
③ A의 성과급은 20×3=60만 원이고, C의 성과급은 40×2=80만 원이다.
④ C가 제일 먼저 휴가를 갈 경우, A가 제일 마지막으로 휴가를 가게 된다.
⑤ 휴가를 가지 않은 E는 2배의 성과급을 받기 때문에 총 120만 원의 성과급을 받게 되고, D의 성과급은 60만 원이기 때문에 두 사람의 성과급 차이는 2배이다.

30
정답 ③

코드 생성 방법에 따른 A~E물품의 코드는 다음과 같다.
- A물품 : CTT–A–24–11–1
- B물품 : GAT–E–22–07–1
- C물품 : SLT–E–21–10–1
- D물품 : PDT–H–19–12–0
- E물품 : PST–S–23–08–0

따라서 C물품의 경우 중고가 아닌 새 제품으로 구매하였으므로 SLT–E–21–10–1이 되어야 한다.

31
정답 ⑤

유효기간이 10년 이상 남은 물품은 A, C, D이며, 이를 제휴 업체를 통해 처분할 경우 구매가격의 총합인 55+35+80=170만 원의 80%에 해당하는 170×0.8=136만 원을 받을 수 있다.

32
정답 ①

오전 심층면접은 9시 10분에 시작하므로 12시까지 170분의 시간이 있다. 한 명당 15분씩 면접을 볼 때, 가능한 면접 인원은 170÷15≒11명이다. 오후 심층면접은 1시부터 바로 진행할 수 있으므로 종료시간까지 240분의 시간이 있다. 1명당 15분씩 면접을 볼 때 가능한 인원은 240÷15=16명이다. 즉, 심층면접을 할 수 있는 최대 인원수는 11+16=27명이다. 27번째 면접자의 기본면접이 끝나기까지 걸리는 시간은 10×27+60(점심·휴식 시간)=330분이다. 따라서 마지막 심층면접자의 기본면접 종료 시각은 오전 9시+330분=오후 2시 30분이다.

33
정답 ②

팀별·종목별 득점의 합계는 다음과 같다.

팀명	A	B	C	D
합계	11	9	8	12

종목 가 ~ 라에서 팀별 1, 2위를 차지한 횟수는 다음과 같다.

순위 \ 팀명	A	B	C	D
1위	1	1	0	2
2위	1	1	1	1

ㄹ. D팀이 종목 '마'에서 2위를 한다면 1위 2번, 2위 2번으로 종합 순위 1위가 된다.

[오답분석]

ㄱ. A팀이 종목 '마'에서 1위를 한다면 총점 15점에 1위 2번, 2위 1번을 한 것이 된다. 이때 만약 종목 '마'에서 D팀이 2위를 하게 된다면, 총점 15점에 1위 2번, 2위 2번을 하게 되는 것이므로 2위 종목이 많은 D팀이 1위가 된다.

ㄴ. B팀과 C팀의 종목 '가 ~ 라'의 득점 합계의 차이는 1이고 B팀이 C팀보다 1위를 차지한 횟수가 더 많다. 따라서 B팀이 종목 '마'에서 C팀에게 한 등급 차이로 순위에서 뒤처지면 득점의 합계는 같게 되지만 순위 횟수에서 B팀이 C팀보다 우수하므로 종합 순위에서 B팀이 C팀보다 높게 된다.

ㄷ. C팀이 2위를 하고 B팀이 4위를 하거나, C팀이 1위를 하고 B팀이 3위 이하를 했을 경우에는 B팀이 최하위가 된다.

34

정답 ③

제시된 조건에 따르면 C참가자는 재료손질 역할을 원하지 않고, A참가자는 세팅 및 정리 역할을 원하며 D참가자 역시 재료손질 역할을 원하지 않는다. A참가자가 세팅 및 정리 역할을 하면 A참가자가 받을 수 있는 가장 높은 점수는 90+9=99점이고, C·D참가자는 요리보조, 요리 두 역할을 나눠하면 된다. 마지막으로 B참가자는 어떤 역할이든지 자신 있으므로 재료손질을 담당하면 된다. 또한, C·D참가자가 요리보조와 요리 역할을 나눠가질 때, D참가자는 기존 점수가 97점이다. 그러므로 요리를 선택할 경우 97+7=104점이 되어 100점이 넘어가서 요리 역할을 선택할 수 없다. 따라서 A참가자는 세팅 및 정리, B참가자는 재료손질, C참가자는 요리, D참가자는 요리보조 역할을 담당하면 모든 참가자들의 의견을 수렴하면서 지원자 모두 최종점수가 100점을 넘지 않는다.

35

정답 ②

[오답분석]

① 숫자 0을 다른 숫자와 연속해서 나열했고(세 번째 조건 위반), 알파벳 대문자를 다른 알파벳 대문자와 연속해서 나열했다(네 번째 조건 위반).
③ 특수기호를 첫 번째로 사용했다(다섯 번째 조건 위반).
④ 알파벳 대문자를 사용하지 않았다(두 번째 조건 위반).
⑤ 알파벳 소문자를 사용하지 않았고(두 번째 조건 위반), 알파벳 대문자를 연속해서 나열했다(네 번째 조건 위반).

36

정답 ②

해당 고객의 경우 현재 2년째 재직 중이므로 재직연수 1년 미만의 사회초년생을 대상으로 하는 A상품은 적절하지 않다. 또한 스마트폰 요금을 N은행이 아닌 다른 은행의 계좌를 통해 납부하고 있으므로 D상품 역시 적절하지 않다.
나머지 B, C상품을 선택할 경우 적용받을 수 있는 금리를 계산하면 다음과 같다.
• B상품 : 2.8(기본금리)-0.3(재직연수에 따른 우대금리)=2.5%
• C상품 : 3.0(기본금리)-0.2(다자녀가구 우대금리)-0.2(한부모가구)=2.6%
따라서 K사원이 추천할 상품으로는 2.5%의 금리가 적용되는 B상품이 가장 적절하다.

37

해당 고객의 경우 은행을 직접 방문하지 않고 대출을 받고자 하므로 방문고객 전용 대출상품인 C상품은 적절하지 않다. C상품을 제외한 A, B, D상품을 선택할 경우 적용받을 수 있는 금리를 계산하면 다음과 같다.

• A상품 : 2.9(기본금리)−0.2(재학생 우대금리)=2.7%
• B상품 : 2.8(기본금리)−0.4(신차 구매 대출금 우대금리)=2.4%
• D상품 : 3.3(기본금리)−0.5(계좌 자동이체 우대금리)=2.8%

따라서 직원이 추천할 상품으로는 2.4%의 금리가 적용되는 B상품이 가장 적절하다.

38

연착륙은 경기가 과열될 기미가 있을 때에 경제 성장률을 적정한 수준으로 낮추어 불황을 방지하는 일을 뜻하며, 부실여신비율의 상승을 초래할 수 있는 금융 당국의 보수적인 정책은 조직 외부로부터 비롯되는 요인으로, 조직의 목표 달성에 방해가 되는 위협(T)에 해당한다.

오답분석

㉠ 디지털 전환(DT)의 안정적인 진행은 조직의 내부로부터 비롯되는 요인으로서, 조직의 목표 달성에 활용할 수 있는 강점(S)에 해당한다.
㉡ 수익 구조의 편중성은 조직의 내부로부터 비롯되는 요인으로서, 조직의 목표 달성에 방해가 될 수 있는 약점(W)에 해당한다.
㉣ 다른 기업과의 제휴 등의 협업은 조직 외부로부터 비롯되는 요인으로서, 조직의 목표 달성에 활용할 수 있는 기회(O)에 해당한다.
㉤ 인터넷전문은행의 영업 확대 등에 따른 경쟁은 조직 외부로부터 비롯되는 요인으로서, 조직의 목표 달성에 방해가 되는 위협(T)에 해당한다.

39

'제시간에 퇴근을 한다.'를 A, '오늘의 업무를 끝마친다.'를 B, '저녁에 회사식당에 간다.'를 C라고 하면, 첫 번째 명제는 A → B, 마지막 명제는 ~B → C이다. 첫 번째 명제의 대우가 ~B → ~A이므로 ~B → ~A → C가 성립하기 위해서 필요한 두 번째 명제는 ~A → C나 그 대우인 ~C → A이다. 따라서 빈칸에 들어갈 명제는 '저녁에 회사식당에 가지 않으면 제시간에 퇴근을 한다.'이다.

40

A ~ E의 진술을 차례대로 살펴보면, A는 B보다 먼저 탔으므로 서울역 또는 대전역에서 승차하였다. 이때, A는 자신이 C보다 먼저 탔는지 알지 못하므로 C와 같은 역에서 승차하였음을 알 수 있다. 다음으로 B는 A와 C보다 늦게 탔으므로 첫 번째 승차역인 서울역에서 승차하지 않았으며, C는 가장 마지막에 타지 않았으므로 마지막 승차 역인 울산역에서 승차하지 않았다. 한편, D가 대전역에서 승차하였으므로 같은 역에서 승차하는 A와 C는 서울역에서 승차하였음을 알 수 있다. 또한 마지막 역인 울산역에서 혼자 승차하는 경우에만 자신의 정확한 탑승 순서를 알 수 있으므로 자신의 탑승 순서를 아는 E가 울산역에서 승차하였다. 이를 표로 정리하면 다음과 같다.

구분	서울역		대전역		울산역
탑승객	A	C	B	D	E

따라서 'E는 울산역에서 승차하였다.'는 항상 참이 된다.

오답분석

① A는 서울역에서 승차하였다.
② B는 대전역, C는 서울역에서 승차하였으므로 서로 다른 역에서 승차하였다.
③ C는 서울역, D는 대전역에서 승차하였으므로 서로 다른 역에서 승차하였다.
④ D는 대전역, E는 울산역에서 승차하였으므로 서로 다른 역에서 승차하였다.

41

정답 ③

GRANT는 사용자에게 조작 또는 역할에 대한 권한을 부여하기 위한 명령어이다.

[오답분석]

① COMMIT : 작업한 결과를 물리적 디스크로 저장하고, 조작 작업이 정상적으로 완료되었음을 관리자에게 알려주는 명령어이다.
② REVOKE : GRANT 명령어로 적용한 권한을 해제해주는 명령어이다.
④ SELECT : 생성되어 있는 테이블에서 원하는 값을 선택하여 가져오고 싶을 때 사용하는 명령어이다.
⑤ ROLLBACK : 작업했던 내용을 원래의 상태로 복구하기 위한 명령어이다.

42

정답 ②

(다)는 프린터 드라이버(Printer Driver)에 대한 설명으로, 스풀(Spool)은 고속의 CPU와 저속의 프린터 장치의 속도차이를 극복하기 위한 기법으로 인쇄를 하면서 동시에 다른 작업이 가능한 기능을 말한다.

43

정답 ②

INDEX 함수는 「=INDEX(배열로 입력된 셀의 범위, 배열이나 참조의 행 번호, 배열이나 참조의 열 번호)」로, MATCH 함수는 「=MATCH(찾으려고 하는 값, 연속된 셀 범위, 되돌릴 값을 표시하는 숫자)」로 표시되기 때문에 「=INDEX(E2:E9,MATCH(0,D2:D9,0))」를 입력하면 근무연수가 0인 사람의 근무월수가 셀에 표시된다. 따라서 2가 표시된다.

44

정답 ④

'=IF(판정될 값이나 식, TRUE일 때 돌려주는 값, FALSE일 때 돌려주는 값)'으로, '=MID(돌려줄 문자들이 포함된 문자열, 돌려줄 문자열에서 첫째 문자의 위치, 돌려줄 문자 개수)' 표시된다. [B2] 셀의 8번째 자리의 숫자로 성별을 판단하기 때문에 '=IF(MID(B2,8,1)="1","남성","여성")'가 옳다.

45

정답 ①

%연산자는 나머지 연산자로, 10%3의 경우 결과가 1이 된다.
따라서 A가 10이고 3으로 나눴을 때의 나머지가 B가 되므로 B의 값은 1이다.

| 공통 |

01	02	03	04	05	06	07	08	09	10
②	④	②	④	⑤	②	③	②	③	①

01 정답 ②

NH농협은행의 경영전략목표는 고객이 먼저 찾는 매력적인 은행으로 플랫폼·기업금융·WM(자산관리) 경쟁력 강화와 체계적인 인재육성을 통해 고객이 먼저 찾는 매력적인 은행으로 진화하는 것이다.
따라서 경영전략목표로 옳은 것은 고객이 먼저 찾는 매력적인 은행이다.

02 정답 ④

기록상으로 확인할 수 있는 한국 최초의 근대적 협동조합은 1920년에 자발적으로 설립된 경성소비조합과 목포소비조합이며, 1921년에 조선노동공제회의 부속기관으로 소비조합이 조직되었다. 또한 1927년 천도교가 주축이 되어 설립된 농민공생조합은 고무신 공장을 만들어 조합원에게 판매했다.

03 정답 ②

NH디지털Challenge$^+$는 AI, 블록체인, 클라우드, 빅데이터 등 신기술을 기반으로 디지털 혁신을 이끌어갈 스타트업을 육성하는 전문 액셀러레이팅 프로그램으로, 유망 스타트업을 선발하여 업무 공간 제공 및 성장 단계별 맞춤형 서비스를 지원한다.

[오답분석]
① NH디지털혁신캠퍼스 내 위치한 농협은행장의 집무실
③ NH농협의 디지털 혁신 선포식
④ NH농협은행의 빅데이터 플랫폼
⑤ NH농협은행의 경영비전

04 정답 ④

농협의 윤리시스템 중 윤리규범은 농협중앙회 임직원 윤리헌장, 농협중앙회 임직원 윤리강령, 농협중앙회 임직원 행동강령이다.

05 정답 ⑤

대형마트가 아닌 전통시장과 연계한 직거래모델 구축을 주요과제로 한다.

> **지역농산물 이용촉진 및 직거래 활성화 기본계획 세부 추진과제**
> • 직거래 등 新 유통경로 확충
> 가. 로컬푸드직매장 경영안정 및 활성화
> 나. 직거래장터 활성화
> 다. 온라인직거래 활성화
> 라. 꾸러미 / 공동체지원농업(CSA) 활성화
> 마. 홈쇼핑 활용 농산물 판매 확대
> 바. 전통시장 연계 직거래모델 구축

06

빅테크(Big Tech)의 원래 의미는 대형 정보기술 기업을 뜻하는 말이지만, 국내 금융산업에서는 네이버와 카카오 등 온라인 플랫폼 제공 사업을 핵심으로 하다가 금융시장에 진출한 업체를 지칭한다.

오답분석

① 핀테크(Fin Tech) : '금융(Finance)'과 '기술(Technology)'이 결합한 서비스 또는 그런 서비스를 하는 회사를 가리키는 말로, 금융서비스 및 산업의 변화를 칭하는 말이다.
③ 빅블러(Big Blur) : 경계 융화가 일어나는 현상을 의미하는 말로, 변화의 속도가 빨라지면서 기존에 존재하던 것들의 경계가 뒤섞이는 현상을 말한다.
④ 베조노믹스(Bezonomics) : 세계 최대 인터넷 쇼핑몰인 아마존의 혁신적인 사업 모델로 아마존의 창업주인 제프 베조스의 실천적 경영이론이다.
⑤ 유니콘 기업 : 기업 가치가 10억 달러 이상인 스타트업 기업을 전설 속의 동물인 유니콘에 비유하여 지칭하는 말이다.

07

오답분석

① 슈퍼컴퓨터(Super Computer) : 현재 사용되는 PC보다 계산 속도가 수백, 수천 배 빠르고 많은 자료를 오랜 시간 동안 꾸준히 처리할 수 있는 컴퓨터로, 과학기술 계산을 초고속으로 처리하여 1970년대 이후 상업용으로 활발히 개발되고 있다.
② 양자 컴퓨터(Quantum Computer) : 양자역학의 원리에 따라 작동되는 미래형 첨단 컴퓨터이다.
④ 데이터 마이닝(Data Mining) : 대용량의 데이터 속에서 유용한 정보를 발견하는 과정이며, 기대했던 정보뿐만 아니라 기대하지 못했던 정보를 찾을 수 있는 기술을 의미한다.
⑤ 클라우드 컴퓨팅(Cloud Computing) : 인터넷상의 서버를 통하여 데이터 저장, 네트워크, 콘텐츠 사용 등 IT 관련 서비스를 한 번에 사용할 수 있는 컴퓨터 환경이다.

08

딥페이크는 '딥러닝'과 '페이크(fake)'의 합성어로, 딥러닝 기술을 활용하여 사람의 얼굴이나 음성 등을 모방·조작하여 실제와 같은 영상이나 음성을 생성하는 기술을 말한다. 이를 악용하여 정보의 혼란 및 사기와 명예훼손, 사생활 침해 등의 문제가 발생되어 사회적인 이슈가 되고 있다.

오답분석

① GIS : 지리정보를 디지털화하여 분석과 가공을 할 수 있는 기술이다.
③ 혼합현실 : 증강현실(AR)과 가상현실(VR)의 장점을 이용한 기술로 현실세계와 가상의 정보를 결합하였다.
④ 메타버스 : 3차원에서 실제 생활과 법적으로 인정되는 활동인 직업, 금융, 학습 등이 연결된 가상 세계를 의미한다.
⑤ 디지털 트윈 : 현실세계의 사물 등을 가상세계에 구현한 기술이다.

09

블록체인 기술의 블록에는 일정 시간 동안의 거래 내역이 담겨있다. 따라서 온라인에서 거래 내용이 담긴 블록이 형성되고, 이 블록은 모든 거래 참여자에게 전달된다.

10

로보어드바이저는 인간의 개입을 최소화하고, 개인투자성향에 따라 포트폴리오를 만들어 투자자에게 제공하기 때문에 저렴한 수수료로 수익을 낼 수 있다.

11	12	13	14	15	16	17	18	19	20	21	22	23	24	25					
②	②	③	①	④	①	②	④	①	⑤	⑤	①	①	①	③					

11 정답 ②

예금자 보호 제도란 금융 회사 파산 등으로 인해 고객의 예금을 지급하지 못하게 될 경우 예금보험공사에서 예금자 1인당 예금 원리금 합계 최고 1억 원까지 보장해주는 제도를 말한다. 이 중 양도성예금증서와 금현물거래예탁금은 예금자 보호대상 상품에 해당하지 않는다.

12 정답 ②

자산 가격이 하락할 경우, 선물 매도자, 옵션 매도자 모두 무한대의 손실이 발생할 수 있다.

오답분석
① 선물은 프리미엄 대신 증거금을 납부하며, 옵션은 프리미엄만 지불하면 된다.
③ 옵션 매수자는 권리만 존재하고, 옵션 매도자는 의무만 존재한다.
④ 선물은 자산 가격 변동 위험을 회피하기 위한 목적이 크나, 옵션은 위험을 어느 정도 회피하면서 시장상황에 맞는 다양한 전략을 구사하는데 폭넓게 사용된다.
⑤ 옵션 매수자는 자산 가격 변동으로 옵션가치가 0이 된 경우, 해당 옵션의 매수금액만큼 손실처리하면 된다.

13 정답 ③

오답분석
① CHIPS : 뉴욕어음교환소가 운영하는 민간결제 시스템이다.
② CEDEL : 유러클리어와 함께 유로채의 인도와 결제를 담당하여 유로 본드 성장에 기여하고 있는 기관이다.
④ TARGET : 유럽이 단일통화권이 됨에 따라 유럽 각국의 자금결제를 수행하기 위해 도입된 국제결제시스템의 하나이다.
⑤ BIS : 1930년 1월 헤이그협정에 의거 설립된 중앙은행 간의 협력기구인 국제결제은행으로, 현존하는 국제금융기구 중 가장 오래된 기구이다.

14 정답 ①

$$\text{실업률} = \frac{\text{실업자 수}}{\text{경제활동인구}} \times 100 = \frac{\text{실업자 수}}{\text{취업자 수} + \text{실업자 수}} \times 100$$

• 실업자는 경제활동인구 중 일할 뜻이 있는데도 일자리를 갖지 못한 사람이다. 따라서 일할 능력이 있어도 의사가 없다면 실업률 계산에서 제외되며, 학생이나 주부는 원칙적으로 실업률 통계에서 빠지지만 수입을 목적으로 취업하면 경제활동인구에 포함된다. 또한 군인, 수감자 등은 대상에서 제외한다.
• 취업자가 퇴직하여 전업주부가 되는 경우는 취업자가 빠져나가 경제활동인구가 감소, 즉 분모 값이 작아지게 되는 것을 의미하므로 실업률이 높아지게 된다.

15 정답 ④

오답분석
ㄷ · ㄹ. 역선택의 해결방안에 해당한다.

16

정답 ①

IS곡선 혹은 LM곡선이 오른쪽으로 이동하면 총수요곡선도 우측으로 이동한다.
개별소득세가 인하되면 투자가 증가하며, 장래경기에 대한 전망이 낙관적이면 미래소득 및 미래소비심리의 상승에 영향을 미치기 때문에 소비가 증가하여 IS곡선이 오른쪽으로 이동한다.
• IS곡선의 우측이동 요인 : 소비 증가, 투자 증가, 정부지출 증가, 수출 증가
• LM곡선의 우측이동 요인 : 통화량 증가

17

정답 ②

기업이 이윤을 극대화하기 위해서는 한계생산물가치와 임금이 같아질 때까지 고용량을 증가시켜야 한다. 한계생산물은 노동 1단위를 추가로 투입해서 얻는 생산물의 증가분이므로 5이고 임금과 같아지기 위해서는 5×(한계생산물가치)=20,000원이 되어야 하므로 한계생산물가치는 4,000원이다. 따라서 완전경쟁에서 이윤극대화의 조건은 한계수입생산과 한계요소비용, 즉 한계수입과 한계비용이 같아야 하므로 한계비용도 4,000원이 된다.

18

정답 ④

국내총생산(GDP)은 일정기간 동안 '자국 영토 내에서' 생산된 모든 최종 재화와 서비스의 시장가치의 합으로 정의된다. 반면 국민총생산(GNP)은 일정기간 동안 '자국민'이 생산한 모든 최종 재화와 서비스의 시장가치의 합이다.
• ⓐ : 자국 영토 내에서 생산된 모든 시장가치의 합에서 자국민이 자국 영토 내에서 생산한 모든 시장가치의 합을 차감한 것을 의미한다. 즉, 외국인이 우리나라에서 노동하고 벌어들인 임금 등이 포함된다.
• ⓑ : 자국 영토 내에서 자국민이 생산한 모든 시장가치의 합을 의미한다.
• ⓒ : 자국민이 생산한 모든 시장가치의 합에서 자국 영토 내에서 생산한 모든 시장가치의 합을 차감한 것을 의미한다.

19

정답 ①

골든 크로스(Golden Cross)는 주가나 거래량의 단기 이동평균선이 중장기 이동평균선을 아래에서 위로 돌파해 올라가는 현상을 의미한다.

[오답분석]
② 데드 크로스(Dead Cross) : 골든 크로스의 반대용어로 주식이 하향세로 전환되는 상황을 나타낼 때 쓰인다.

20

정답 ⑤

비용불변산업에서 장기균형가격은 시장수요의 크기에 영향을 받지 않는다. 비용불변산업은 아무리 많은 기업이 진입해도 투입요소의 가격이 변하지 않는 경우, 즉 비용이 변하지 않는 경우이다. 이때는 어떤 가격 P에서 공급량 Q가 무한대가 되므로 산업의 장기공급곡선은 수평선 모양이 된다.

21

정답 ⑤

중앙은행이 시장에 개입하여 외환보유액을 늘리게 되면 외환의 수요가 증가하여 자국 통화의 가치가 하락하게 된다.

22

정답 ①

인플레이션은 실질화폐가치를 하락하게 만드는데, 정부의 부채는 화폐의 명목가치를 기준으로 산정되므로 인플레이션은 정부의 부채 부담을 더욱 작게 한다.

23

암시장 출현은 가격상한제에 따른 사례이며, 실업률 증가는 최저임금제에 따른 노동시장 수요부족(실업)에 따른 사례이다.

오답분석

(가) 가격상한제는 공급자에 대한 가격규제이며, 가격하한제는 수요자에 대한 가격규제이다.

(다) 가격상한제는 공급이 줄어들게 되어 초과수요가 발생하고, 가격하한제는 수요가 감소하여 초과공급이 발생한다.

24

공급이 감소하면 가격이 상승할 뿐만 아니라 거래량도 감소하므로 소비자잉여가 감소한다.

오답분석

② 수요가 증가하여 가격이 상승한 경우에는 거래량도 늘어나므로 소비자잉여가 증가할 가능성이 크다.

③·④ 소비자잉여는 공급의 가격탄력성과는 직접적인 관계가 없으나 수요가 탄력적이면 소비자가 지불할 용의가 있는 금액이 낮으므로 소비자잉여는 작아진다.

⑤ 최고가격제를 실시하거나 단위당 일정액의 보조금을 지급하면 소비자잉여가 증가할 수 있으나 자원배분은 보다 더 비효율적이 된다. 따라서 소비자잉여를 늘리는 정책을 실시한다고 해서 반드시 자원배분의 효율성이 높아지는 것은 아니다.

25

국민소득(GDP) 항등식에 의하면 $Y=C+I+G+(X-M)$이 성립한다. 경상수지가 흑자이면 순수출$(X-M)$이 0보다 크므로 국민소득도 국내지출$(C+I+G)$보다 크다. 국내투자가 국내총저축을 상회하는 경우에는 경상수지가 적자이다. 경상수지와 자본수지의 합은 0이므로 경상수지가 적자이면 자본수지는 흑자이므로 순자본유입이 0보다 크다. 또한 경상수지 흑자액(순수출)과 자본수지 적자액(순자본유출)의 크기는 동일하다.

| IT 상식 |

11	12	13	14	15	16	17	18	19	20	21	22	23	24	25					
②	⑤	④	④	④	③	②	③	①	①	④	②	②	②	④					

11

소셜화폐(Social Currency)란 누리소통망 이용자가 작업활동을 함으로써 그에 상응하는 대가로 지급받는 온라인상의 가상화폐를 말한다.

오답분석

① 가상화폐(Virtual Currency) : 발행주체가 일반 기업으로, 기업과 관련한 온·오프라인 서비스 내에서만 사용이 가능한 화폐이다.

③ 전자화폐(Electronic Currency) : 발행주체가 금융회사 또는 전자금융업자로, 현금과 동일한 가치를 지니는 화폐를 말하며 대표적인 전자화폐로는 삼성페이가 있다.

④ 암호화폐(Cryptocurrency) : 화폐의 가치가 수요와 공급에 따라 유동적 변화하는 화폐를 말하며 대표적인 암호화폐로는 비트코인이 있다.

⑤ 디지털화폐(Digital Currency) : 컴퓨터상에서 사용하는 금전가치가 있는 화폐를 말하며 가상화폐, 소셜화폐, 전자화폐 등을 통칭하는 용어로 쓰인다.

12

오버라이트(Overwrite)는 저장매체에 저장되어 있는 데이터 위에 대용량 데이터를 덮어씌어 기존의 데이터를 복구하지 못하도록 소멸시키는 방법을 말한다.

오답분석

① 디가우저(Degausser) : 자기장을 이용하여 장치에 저장된 내부 데이터를 모두 제거하는 기기를 말한다.
② 디가우징(Degaussing) : 자기장을 이용하여 장치에 저장된 내부 데이터를 모두 제거해 복원할 수 없도록 하는 기술을 말한다.
③ 디바이스 베이(Device Bay) : 개인용 컴퓨터에서 주변 장치를 추가하고자 할 때 이용하는 추가적인 슬롯을 말한다.
④ 인서트(Insert) : 기존의 저장매체에 저장되어 있는 데이터가 소실되지 않도록 기존 데이터를 뒤로 보내고 새로운 데이터를 기록하는 방법을 말한다.

13

$$Y = (A+B)(\overline{A \cdot B}) = (A+B)(\overline{A}+\overline{B})$$
$$= A\overline{A} + A\overline{B} + \overline{B}A + B\overline{B}$$
$$= A\overline{B} + B\overline{A}$$

14

HRN 스케줄링 공식은 [(대기시간)+{서비스(실행)시간}]÷{서비스(실행)시간}이며, 가장 높은 결괏값이 우선순위가 높다.
• A : $(5+20) \div 20 = 1.25$
• B : $(40+20) \div 20 = 3$
• C : $(15+45) \div 45 ≒ 1.34$
• D : $(20+2) \div 2 = 11$
• E : $(30+5) \div 5 = 7$
따라서 우선순위가 가장 높은 것은 D이다.

15

운영체제의 기능에는 프로세스 관리, 메모리 관리, 기억장치 관리, 파일 관리, 입출력 관리, 리소스 관리 등이 있다.

16

오답분석

① 오프라인 시스템 : 컴퓨터가 통신 회선 없이 사람을 통하여 자료를 처리하는 시스템이다.
② 일괄 처리 시스템 : 데이터를 일정량 또는 일정 기간 모아서 한꺼번에 처리하는 시스템이다.
④ 분산 시스템 : 여러 대의 컴퓨터를 통신망으로 연결하여 작업과 자원을 분산시켜 처리하는 시스템이다.
⑤ 실시간 시스템 : 실시간장치가 시스템을 계속 감시하여 장치의 상태가 바뀔 때 그와 동시에 제어동작을 구동시키는 시스템이다.

17

NoSQL은 기존 관계형 데이터베이스의 SQL과 같은 질의 언어를 제공하지 않고, 간단한 API Call 또는 HTTP를 통한 단순한 접근 인터페이스의 CLI(Call Level Interface)를 제공한다.

> **NoSQL의 특징**
> • 유연한 스키마 사용
> • 높은 가용성 제공
> • 저렴한 클러스터 구성
> • 대용량 데이터 처리

18

정규화는 테이블을 결합하는 것이 아니라 분해해 가면서 종속성을 제거해 가는 것이다.

19

[오답분석]
② 조작 기능 : 사용자의 요구에 따라 검색, 갱신, 삽입, 삭제 등의 인터페이스를 지원한다.
③ 제어 기능 : 데이터베이스의 내용을 항상 정확하고, 안전하게 유지한다.

20

①은 데이터 모델에 대한 설명으로, DBMS는 사용자와 데이터베이스 사이에서 사용자의 요구에 따라 정보를 생성해 주고, 데이터베이스를 관리해 주는 소프트웨어이다(데이터베이스를 운용하는 소프트웨어).

21

데이터 통신은 고도의 에러 제어 기능으로 신뢰성이 높고, 응용 범위가 넓다. 또한, 시간과 횟수에 관계없이 같은 내용을 여러 번 반복하여 전송할 수 있다.

22

망형(Mesh) 통신 회선(링크)의 수는 $\dfrac{N(N-1)}{2}=\dfrac{25\times24}{2}=300$이다.

23

키의 크기가 작고 알고리즘이 간단하여 경제적인 것은 DES 암호 알고리즘의 특징이다.

> **DES(대칭키)**
> • 암호키와 복호키 값이 서로 동일하며, 암호문 작성과 해독 과정에서 개인키를 사용한다.
> • 여러 사람과 정보 교환 시 다수의 키를 유지하며, 사용자 증가에 따른 키의 수가 많다.
> • 알고리즘이 간단하여 암호화 속도가 빠르고, 파일의 크기가 작아 경제적이다.

24

SJF(Shortest Job First scheduling) 기법은 준비상태에 대기 중인 작업 중에 CPU 사용시간이 가장 적은 프로세스부터 처리하는 기법이다. 작업 A가 준비상태에 도착했을 때 아무런 작업도 준비상태 큐에 없으므로 곧바로 CPU를 사용하므로 대기시간은 0이다. 작업 A의 CPU 사용시간은 23인데 작업 B의 도착시간은 3, 작업 C의 도착시간은 8이므로 작업 A가 종료되기 전에 작업 B와 작업 C가 준비상태에 도착해 있다. 이때 SJF 스케줄링 기법에 의해 CPU 사용시간이 적은 작업을 먼저 수행하게 되므로 작업 C의 수행이 끝난 후 작업 B가 수행하게 된다. 그러므로 평균 대기시간을 구하는 방식은 다음과 같다.

→ 작업 A 대기시간 : 도착 즉시 수행되므로 0

→ 작업 B 대기시간(작업 A의 CPU 사용시간+작업 C의 CPU 사용시간−도착시간) : 23+10−3=30(∵ 작업 A를 수행한 다음 작업 C가 수행된 후 실행)

→ 작업 C 대기시간(작업 A의 CPU 사용시간−도착시간) : 23−8=15(∵ 작업 A의 수행 후 실행)

따라서 평균 대기시간은 (0+30+15)÷3=15이다.

25

ⓒ 머신러닝은 사람이 컴퓨터에 직접 알려주지 않아도, 기존의 데이터를 바탕으로 컴퓨터 스스로 학습하여 미래를 예측할 수 있도록 하는 기술이다.

ⓔ 빅데이터는 사람이 수집한 데이터를 분석하지만, 머신러닝은 컴퓨터 스스로가 데이터를 수집하고 분석한다.

[오답분석]

㉠ 사람이 학습하는 능력을 컴퓨터에 부여하며, 구체적인 작업 명령 없이도 컴퓨터가 스스로 학습하여 작업을 처리할 수 있도록 하는 분야이다.

ⓒ 머신러닝은 알고리즘이 없거나 또는 생성하기 어려운 작업들을 수행하는 데 사용되고 있다.

01 직무능력평가

01	02	03	04	05	06	07	08	09	10	11	12	13	14	15	16	17	18	19	20
④	④	③	⑤	⑤	③	④	④	③	④	③	①	④	②	④	②	⑤	①	④	①
21	22	23	24	25	26	27	28	29	30	31	32	33	34	35	36	37	38	39	40
③	③	③	④	①	④	①	⑤	④	③	④	②	①	③	②	④	④	④	②	⑤
41	42	43	44	45															
①	⑤	②	④	④															

01 정답 ④

오답분석

① 농협은 '사랑의 집 고치기' 봉사활동을 비롯하여 농업인행복콜센터 운영, 농업인행복버스 운행, 농촌다문화가정 지원 등 다양한 노력을 하고 있다.
② 농가희망봉사단은 건축, 전기, 기계 등 전문기술을 보유한 농협 직원들이 자발적으로 결성하였다.
③ 농협의 농가희망봉사단은 '사랑의 집 고치기' 봉사활동을 실시하고, 경로당에 냉장고, TV 등 전자제품과 생활용품을 기증했다.
⑤ 농가희망봉사단은 노후 주택 수리, 보일러 및 급수 배관 교체, 전기배선·전등교체 등 무료 봉사활동을 하고 있지만, 무료 급식이나 도시락 제공 등의 봉사활동을 하고 있는지는 알 수 없다.

02 정답 ④

1972년 8월 8·3조처로 1970년대에 대체로 30% 이상의 신장세를 유지하였으나, 1974년과 1979년에는 제외되었다.

오답분석

① 1945년 광복 이후 1950년대 초까지는 정치적·사회적 혼란과 경제적 무질서, 그리고 극심한 인플레이션뿐만 아니라 일반 국민의 소득도 적었고 은행금리가 실세금리보다 낮았기 때문에 예금실적은 미미한 상태였다.
② 은행 조례에서 '임치'라는 말이 사용되었으며, 당시 예금자는 임주(任主)라고 불렀다.
③ 1980년대에는 물가안정과 각종 우대금리의 확대에 따라 예금은행의 총예금이 1980년에 12조 4,219억 원, 1985년에는 31조 226억 원, 그리고 1990년에는 84조 2,655억 원에 이르렀다.
⑤ 1960년대 경제개발계획의 추진으로 인하여 물자 동원에 예금이 중요한 비중을 차지한 관계로 각종 조치에 따라 1965년에 783억 원이던 예금은행의 총예금이 1970년에는 7,881억 원으로 증가하였다.

03 정답 ③

(다) 문단에서는 자연의 법칙이나 우주의 원리를 알아내겠다는 과학자의 '믿음'과 신이라는 존재에 대한 종교인의 '믿음'을 이야기하며 이들이 믿는 대상이 서로 다름을 설명하고 있다. 따라서 (다) 문단의 핵심 화제는 종교적 믿음과 과학적 믿음의 공통점이 아닌 차이점임을 알 수 있다.

04

정답 ⑤

빈칸 바로 뒤의 문장에서는 빈칸의 내용이 우선시되어야 서로의 영역을 침범하는 일이 생겨나지 않을 것이라고 이야기하고 있으므로 빈칸에 들어갈 말은 서로의 영역을 인정한다는 내용의 ⑤가 가장 적절하다.

05

정답 ⑤

농협의 도농협동연수원이 개최한 '도농 협동 CEO 리더 어울림 과정' 연수에 대해 언급하는 (라) 문단이 처음 문단으로 오고, 연수의 첫째 날 일정을 설명하는 (다) 문단과 둘째 날 일정을 설명하는 (가) 문단이 차례대로 오는 것이 적절하다. 마지막으로는 연수에 참여한 단체인 '에너지와 여성'의 회장이 밝히는 연수 소감과 연수원 원장의 바람이 드러난 (나) 문단 순으로 나열하는 것이 가장 적절하다.

06

정답 ③

제9조 제4항에서 임직원 징계 시 소속 사무소에 대해서는 각종 시상이나 평가 시 불이익을 주어서는 안 된다는 내용이 있으므로, 같은 소속의 직원이 징계대상이 되었을 때 본인에게 피해가 갈 수 있다는 설명은 적절하지 않다.

07

정답 ④

성과 이름은 붙여 쓰고 이에 덧붙는 호칭어, 관직명 등은 띄어 써야 하므로 '김민관 씨'가 올바른 표기이다. 따라서 ④는 신입사원 A에 대한 상사 B의 조언으로 적절하지 않다.

08

정답 ④

먼저 출하처가 농협의 온라인 거래소에 입찰 최저가격과 배송 최소물량 등을 지정하여 상장하면 구매자는 출하처가 제시한 최저가격과 물량으로 입찰을 한다. 경매를 통한 낙찰 이후에는 익일배송을 원칙으로 하므로 출하처에서 바로 구매자에게 직접 배송을 하게 된다. 이후 온라인 거래소가 구매자 상품 수령과 검품 절차를 마친 거래 확정 건에 대하여 출하처에 대금을 선지급하고, 구매자가 최종적으로 온라인 거래소에 대금을 결제함으로써 거래가 완료된다. 따라서 온라인 거래소를 통한 입찰 경매는 ㉠ − ㉢ − ㉣ − ㉥ − ㉡ − ㉤의 순으로 이루어진다.

09

정답 ③

5명이 일렬로 줄을 서는 경우와 B, D가 양 끝에 서는 경우의 수를 구하면 다음과 같다.
• 5명이 일렬로 줄을 서는 경우의 수 : 5!=120가지
• B, D가 양 끝에 서는 경우의 수 : 2×(A, C, E가 일렬로 줄을 서는 경우)=2×3!=12가지

따라서 B, D가 양 끝에 서게 될 확률은 $\frac{12}{120}=\frac{1}{10}$ 이다.

10

정답 ④

A와 B가 서로 반대 방향으로 돌면, 둘이 만났을 때 A가 걸은 거리와 B가 걸은 거리의 합이 운동장의 둘레와 같다.
따라서 운동장의 둘레는 (100×12)+(80×12)=2,160m이다.

11

정답 ③

5%의 소금물 400g에 들어있는 소금의 양은 $\frac{5}{100}×400=20$g이다.

증발을 시키면 소금의 양은 그대로이고, 소금물의 양과 농도만 변화하므로 다음과 같은 식이 성립한다.

$$\frac{10}{100}\times(400-x)=20$$

$$\therefore x=200$$

따라서 10%의 소금물을 얻으려면 200g 물을 증발시켜야 한다.

12

정답 ①

단리예금에서 이자는 예치금에 대해서만 발생하므로 이자 공식은 다음과 같다.

(단리예금 이자)$=a\times r\times n$ (a는 예치금, r은 월 이자율, n은 기간)

따라서 공식에 대입하여 구하면 은경이가 받을 이자는 $5,000\times\frac{0.6}{100}\times15=450$만 원이다.

13

정답 ④

경우의 수는 크게 3가지로 나뉜다.
1. 예·적금 상품만 개설하는 경우 : 예·적금 상품의 종류는 총 5가지로 하나만 개설이 가능하다.
2. 예금 상품을 들고 카드 상품에 가입하는 경우 : 예금 상품 1~3번 중 하나를 개설해야 카드 상품을 개설할 수 있기 때문에 3가지이다.
3. 예·적금 상품을 들고 투자 상품 또는 기타 상품에 가입하는 경우 : 예·적금 상품은 5가지이고, 투자 상품 또는 기타 상품의 종류는 4가지이므로 $5\times4=20$가지이다.

따라서 고객이 금융상품에 가입할 수 있는 경우의 수는 모두 $5+3+20=28$가지이다.

14

정답 ②

9월 말 이후의 그래프가 모두 하향곡선을 그리고 있다.

오답분석

① 유가 범위는 85~125 사이의 변동 폭을 보이고 있다.
③ 환율이 하락하면 반대로 원화가치가 높아진다.
④·⑤ 자료를 통해 쉽게 확인할 수 있다.

15

정답 ④

오답분석

① 차량 담보로도 진행할 수 있는 대출에 아파트라는 과도한 담보를 요구하고 있으므로 제5조 제2호에 어긋난다.
② 취약한 금융소비자에 대한 이해수준 등을 파악하지 않고 일방적으로 상품 가입을 권유하고 있으므로 제6조 제2호에 어긋난다.
③ 소비자가 충분히 고민하고 결정한 상품을 부정하고, 다른 상품을 강제로 권유하고 있으므로 제5조 제1호에 어긋난다.
⑤ 신용도가 떨어지는 소비자에게 대출이 가능하게 해주겠다는 것을 명분으로 사적인 만남을 제안하고 있으므로, 제5조 제3호에 어긋난다.

16

정답 ②

K씨가 구매한 게임기는 미국 내 세금 및 운송료가 없고, 미국에서 한국까지의 운송료는 국제선편요금을 적용하므로 판매자에게 지급한 물품가격을 원화로 환산한 뒤 해당 국제선편요금을 더해 과세표준을 구한다.
• 게임기의 원화 환산 가격 : $120\times1,100=132,000$원($\because$ 고시환율)
• 국제선편요금 : 10,000원($\because$ 게임기 중량 : 950g)
  $\therefore$ 과세표준 : $132,000+10,000=142,000$원
즉, 과세표준이 15만 원 미만이고 개인이 사용할 목적으로 수입했기 때문에 관세는 면제된다.
따라서 K씨가 게임기 구매로 지출한 원화금액은 $(120+35)\times1,200=186,000$원이다.

17

2차 판매가 이루어지지 않은 고객의 수는 24+64+135+32=255명으로, 전체 1,000명 중 25.5%를 차지한다.

따라서 전체에서 약 $\frac{1}{4}$을 차지하고 있다.

18

정답 ①

전자정부순위는 숫자가 낮을수록 순위가 높은 것임에 유의한다.

항목별로 국가들의 순위에 따라 점수를 부여하여 총점을 계산하면 다음과 같다.

(단위 : 점)

구분	시장매력도			수준	접근가능성	총점
	시장규모	성장률	인구규모	전자정부순위	수출액	
A국	80	20	50	30	20	200
B국	40	40	30	20	5	135
C국	20	50	40	10	10	130
D국	60	30	20	0	15	125

따라서 총점이 가장 높은 A국과 그 다음으로 높은 B국이 선정된다.

19

정답 ④

나이 25점, 한국어능력시험 20점, 학력 32점, 가점 10점, 연간 소득 2점으로 총 89점이다. 따라서 F-2 점수제 비자를 받을 수 있다.

오답분석

①·⑤ 한국 시민권자를 배우자로 뒀거나 5년 이상 한국에 체류한 경우에만 F-2 점수제 비자를 받을 수 있다.

② 한국어능력시험 18점, 학력 28점, 나이 23점, 연간 소득 2점, 가점 5점으로 총 76점이다.

③ 나이 20점, 가점 15점, 한국어능력시험 20점, 연간 소득 1점, 학력 15점으로 총 71점이다.

20

정답 ①

일반 스팸 문자는 2023년 하반기 11통에서 2024년 상반기에 5통으로 감소했다.

오답분석

② 제시된 자료에 따르면 2024년부터 성인 관련 스팸 문자 수신이 시작되었다.

③ 해당 기간 동안 대출 관련 스팸 문자 수신 수가 가장 큰 폭(5통)으로 증가하였다.

④ 전년 동기 대비 2024년 하반기의 1인당 스팸 문자 전체의 수신 수 증가율은 $\frac{20-16}{16} \times 100 = 25\%$이므로 옳은 설명이다.

⑤ 2024년 상반기에는 6통, 2024년 하반기에는 10통으로 대출 관련 스팸 문자가 가장 높은 비중을 차지했다.

21

정답 ③

A~D여행사 상품의 출국 날짜는 모두 차대리 부부가 원하는 날짜 7월 또는 8월이 포함되어 있으며, 좌석도 비즈니스석 또는 이코노미석 둘 중에 하나 이상이 모든 여행사에 포함되어 있다. 출발 시각을 보면 B여행사와 C여행사는 오후 1시 30분부터 오후 5시 사이에 출발하는 비행기는 없으므로, A여행사와 D여행사 상품 중 차대리가 선택할 이코노미석 여행 상품(∵ 가장 저렴한 것 선택)으로 부부가 지불해야 할 금액을 비교하면 다음과 같다.

• A여행사 : 345,000×2×0.9=621,000원
• D여행사 : (366,000−50,000)×2=632,000원

따라서 차대리가 남편과 선택할 여행 상품은 A여행사의 이코노미석 상품이고 출발 시각은 오후 3시이며, 지불해야 할 총금액은 621,000원이다.

22

정답 ③

ㄱ. 근로자가 총 100명이고 전체에게 지급된 임금의 총액이 2억 원이므로 근로자 1명당 평균 월 급여액은 $\frac{2억\ 원}{100명}=200$만

원이므로 옳은 설명이다.

ㄴ. 월 210만 원 이상 급여를 받는 근로자 수는 26+22+8+4=60명이다. 따라서 총 100명의 절반인 50명보다 많으므로 옳은
설명이다.

[오답분석]

ㄷ. 월 180만 원 미만의 급여를 받는 근로자 수는 6+4=10명이다. 따라서 전체 근로자 중 $\frac{10}{100}\times100=10\%$의 비율을 차지하고
있으므로 옳지 않은 설명이다.

23

정답 ③

남자가 소설을 대여한 횟수는 60회이고, 여자가 소설을 대여한 횟수는 80회이므로 $\frac{60}{80}\times100=75\%$이다.

[오답분석]

① 40세 미만의 전체 대여 횟수는 120회, 40세 이상의 전체 대여 횟수는 100회이므로 옳다.

② 소설 전체 대여 횟수는 140회, 비소설 전체 대여 횟수는 80회이므로 옳다.

④ 40세 이상의 전체 대여 횟수는 100회이고, 그중 소설 대여는 50회이므로 $\frac{50}{100}\times100=50\%$이다.

⑤ 40세 미만의 전체 대여 횟수는 120회이고, 그중 비소설 대여는 30회이므로 $\frac{30}{120}\times100=25\%$이다.

24

정답 ④

ㄱ. 자료를 통해 대도시 간 예상 최대 소요시간은 모든 구간에서 주중이 주말보다 적게 걸림을 알 수 있다.

ㄴ. 주중 전국 예상 교통량 중 수도권에서 지방으로 가는 교통량의 비율은 $\frac{4}{40}\times100=10\%$이다.

ㄹ. 서울 – 광주 구간 주중 예상 최대 소요시간과 서울 – 강릉 구간 주말 예상 최대 소요시간은 3시간으로 같다.

[오답분석]

ㄷ. 지방에서 수도권으로 가는 주말 예상 교통량은 주중 교통량의 $\frac{3}{2}=1.5$배이다.

25

정답 ①

분기별 매출이익 대비 순이익의 비는 다음과 같다.

- 2024년 1분기 : $\frac{302}{1,327}≒0.228$
- 2024년 2분기 : $\frac{288}{1,399}≒0.206$
- 2024년 3분기 : $\frac{212}{1,451}≒0.146$
- 2024년 4분기 : $\frac{240}{1,502}≒0.160$
- 2025년 1분기 : $\frac{256}{1,569}≒0.163$

따라서 매출이익 대비 순이익의 비가 가장 낮은 때는 2024년 3분기이며, 영업이익은 전분기 대비 동일하므로 증감률은 0%이다.

26

10대의 인터넷 공유활동을 참여율이 큰 순서대로 나열하면 '커뮤니티 이용 → 퍼나르기 → 블로그 운영 → UCC 게시 → 댓글 달기'이다. 반면 30대는 '커뮤니티 이용 → 퍼나르기 → 블로그 운영 → 댓글 달기 → UCC 게시'이다.
따라서 활동 순위가 서로 같지 않다.

오답분석

① 20대가 다른 연령에 비해 참여율이 비교적 높은 편임을 자료에서 쉽게 확인할 수 있다.
② 남성이 여성보다 참여율이 대부분의 활동에서 높지만, 블로그 운영에서는 여성의 참여율이 더 높다.
③ 남녀 간의 참여율 격차가 가장 큰 활동은 14%p로 댓글 달기이며, 격차가 가장 작은 활동은 3%p로 커뮤니티 이용이다.
⑤ 40대는 다른 영역과 달리 댓글 달기 활동에서는 다른 연령대보다 높은 참여율을 보이고 있다.

27
정답 ①

첫 번째 조건에 따라 1982년생인 B는 채용에서 제외되며, 두 번째 조건에 따라 영문학과 출신의 D와 1년의 경력을 지닌 E도 채용에서 제외된다.
세 번째 조건에 따라 A와 C의 평가 점수를 계산하면 다음과 같다.

구분	A	C
예상 출퇴근 소요시간 점수	6점	9점
희망연봉 점수	38점	36점
총점	44점	45점

따라서 평가 점수가 낮은 사람의 순으로 채용을 고려하므로 점수가 더 낮은 A를 채용한다.

28
정답 ⑤

첫 번째 조건에 따라 1988년생인 A와 1982년생인 B, 1990년생인 D가 모두 제외된다.
세 번째 조건에 따라 나머지 C와 E의 평가 점수를 계산하면 다음과 같다.

구분	C	E
예상 출퇴근 소요시간 점수	27점	9점
희망연봉 점수	72점	64점
경력 점수	−10점	−5점
전공 점수	−30점	−30점
총평가 점수	59점	38점

따라서 총평가 점수가 낮은 사람의 순으로 채용을 고려하므로 점수가 더 낮은 E를 채용한다.

29
정답 ④

• 방식 1로 선정할 때

구분		A신문사	B신문사	C신문사
발행부수	부수	30,000부	30,000부	20,000부
	점수	50점	50점	50점
유료부수	부수	9,000부	11,500부	12,000부
	점수	20점	25점	25점
발행기간	기간	5년	10년	12년
	점수	0점	10점	15점
점수 합계		70점	85점	90점

따라서 C신문사에 500만 원, B신문사에 300만 원을 광고비로 지급하고 A신문사는 80점 미만이므로 광고비를 지급하지 않는다.

- 방식 2로 선정할 때

구분		A신문사	B신문사	C신문사
발행부수	부수	30,000부	30,000부	20,000부
	등급	㉠	㉠	㉠
유료부수	부수	9,000부	11,500부	12,000부
	등급	㉡	㉠	㉠
발행기간	기간	5년	10년	12년
	등급	㉡	㉠	㉠
최종 등급		㉡	㉠	㉠

따라서 B신문사와 C신문사는 A등급 조건을 모두 충족하므로 두 신문사에 광고비 400만 원을 지급한다. A신문사의 경우 ㉠등급 조건은 모두 충족하지 않고 ㉡등급 조건은 모두 만족하므로 ㉡등급을 부여하고 광고비 200만 원을 지급한다.

- 방식 3으로 선정할 때

  – A신문사의 발행부수 비율 : $\dfrac{30,000}{30,000+30,000+20,000}=\dfrac{3}{8}$

  – B신문사의 발행부수 비율 : $\dfrac{30,000}{30,000+30,000+20,000}=\dfrac{3}{8}$

  – C신문사의 발행부수 비율 : $\dfrac{20,000}{30,000+30,000+20,000}=\dfrac{1}{4}$

따라서 A신문사와 B신문사에 각각 $1,000\times\dfrac{3}{8}=375$만 원을, C신문사에 $1,000\times\dfrac{1}{4}=250$만 원을 광고비로 지급한다.

ㄴ. 방식 1로 선정할 때, C신문사가 지급받는 광고비는 500만 원으로 가장 유리하다.
ㄹ. 방식 2로 선정할 때, C신문사는 400만 원, A신문사는 200만 원을 지급받으므로 옳은 설명이다.

오답분석

ㄱ. 방식 2로 선정할 때, B신문사가 지급받는 광고비는 400만 원으로 가장 유리하다.
ㄷ. 방식 1로 선정할 때, A신문사는 80점 미만이므로 광고비를 지급받지 못한다.

30 정답 ④

모스크바에서의 체류시간을 구하기 위해서는 모스크바에 도착하는 시각과 모스크바에서 런던으로 출발하는 시각을 알아야 한다. 우선 각국의 시차를 알아보면, 러시아는 한국보다 6시간이 느리고(GMT+9−GMT+3), 영국보다는 3시간이 빠르다(GMT+0− GMT+3). 이를 참고하여 모스크바의 도착 및 출발시각을 구하면 다음과 같다.
- 모스크바 도착시간 : 7/14 09:00(대한민국 기준)+09:30(비행시간)−06:00(시차)=7/14 12:30(러시아 기준)
- 모스크바 출발시간(런던행) : 7/14 18:30(영국 기준)−04:00(비행시간)+03:00(시차)=7/14 17:30(러시아 기준)
따라서 모스크바에서는 총 5시간(12:30~17:30)을 체류한다.

31 정답 ④

가입기간이 12개월 이상일 경우 적용되는 기본금리는 1.50%로 6개월 이상의 1.45%보다 높지만, 상품의 가입기간은 6개월부터 24개월까지이므로 24개월을 초과하여 계약할 수 없다.

오답분석

① 만 19~34세의 청년고객을 대상으로 한 상품이므로 창업을 계획 중이더라도 연령이 높은 중장년층에게는 적합하지 않다.
② 매월 1~50만 원 이내의 자유적립 상품이므로 월초에 10만 원을 입금하였더라도 한 달 내 40만 원 이하의 금액을 추가로 입금할 수 있다.
③ 월 복리 상품은 매월 입금하는 금액마다 입금일부터 만기일 전까지의 기간에 대하여 월별로 이자를 원금에 가산하여 이자를 정산한다.
⑤ 모든 우대조건을 만족할 경우 최대 5.0%의 금리가 적용되지만, 우대금리 없이 가장 낮은 기본금리가 적용될 경우 1.45%의 금리가 적용된다. 따라서 최대 금리와 최소 금리의 차이는 5.0−1.45=3.55%p다.

32

정답 ④

먼저 해당 고객의 경우 24개월의 기간으로 상품에 가입하였으므로 기본금리는 12개월 이상인 1.5%가 적용된다. 다음으로 보유하고 있는 개인사업자계좌의 잔액은 변동 없이 500만 원을 유지하고 있으므로 개인사업자계좌 실적의 우대조건을 만족한다. 상품에 가입할 때 개인정보 수집 및 이용에 있어 전체 동의하였으므로 마케팅 동의 우대조건도 만족한다. 그러나 인터넷 뱅킹이나 앱 등의 비대면 채널에서 이체 실적이 없으므로 비대면 채널 이체 실적의 우대조건은 만족하지 않는다. 한편, 농업계고 졸업자가 졸업증명서를 제출할 경우 추가 우대금리 2.0%p가 제공되므로 해당 고객은 기본금리 1.5%에 1.0+0.2+2.0=3.2%p의 우대금리를 적용받을 수 있다. 이를 정리하면 다음과 같다.

- 기본금리 : 1.5%
- 우대금리 : 1.0(개인사업자계좌 실적)+0.2(마케팅 동의)+2.0(농업계고 졸업자)=3.2%p
- 총금리 : 1.5+3.2=4.7%

따라서 고객이 적용받을 수 있는 총금리는 4.7%이다.

33

정답 ②

오답분석

① 만능정기적금은 1개월 이상 ~ 3년 이내에 월 단위로 설정이 가능하고, 직장인우대적금은 1년 이상 ~ 3년 이내에 연 단위로 설정이 가능하다. 또한, 자녀행복적금은 가입기간이 1년으로 정해져 있다.
③ 직장인우대적금과 자녀행복적금의 경우 신규가입 시 일정금액을 예치하는 조건이 없다.
④ 직장인우대적금은 분기별 1회 추가적립이 가능하다.
⑤ 자녀행복적금은 재예치된 계좌의 재예치금 중 100만 원을 제외한 금액 범위 내에서 1회 분할인출이 가능하다.

34

정답 ①

적금에 대한 안내가 아닌 예금에 대한 안내가 표기되어 있다.

35

정답 ③

직장인우대적금 개요를 살펴보면 결혼·출산·이사 등의 이벤트를 위한 중도해지 시 기본이율을 제공하고, 우대금리는 적용되지 않는다고 하였으므로 가입기간 1년에 해당하는 금리인 1.6%가 중도해지이율이 된다.

36

정답 ②

8:20에 터미널에 도착하여 A회사 9:00AM 항로 2 여객선을 선택하면 총 25,000원의 비용이 든다. 따라서 오전 중에 가장 저렴한 비용으로 섬에 들어갈 수 있다.

37

정답 ④

ㄴ. 다수의 풍부한 경제자유구역 성공 사례를 활용하는 것은 강점에 해당되지만, 외국인 근로자를 국내주민과 문화적으로 동화시키려는 시도는 위협을 극복하는 것과는 거리가 멀다. 따라서 해당 전략은 ST전략으로 부적절하다.
ㄹ. 경제자유구역 인근 대도시와의 연계를 활성화하면 오히려 인근 기성 대도시의 산업이 확장된 교통망을 바탕으로 경제자유구역의 사업을 흡수할 위험이 커진다. 또한 인근 대도시와의 연계 확대는 경제자유구역 내 국내·외 기업 간의 구조 및 운영상 이질감을 해소하는 데 직접적인 도움이 된다고 보기 어렵다.

오답분석

ㄱ. 경제호황으로 인해 자국을 벗어나 타국으로 진출하려는 해외기업이 증가하는 기회상황에서, 성공적 경험에서 축적된 우리나라의 경제자유구역 조성 노하우로 이들을 유인하여 유치하는 전략은 SO전략으로 적절하다.
ㄷ. 기존에 국내에 입주한 해외기업의 동형화 사례를 활용하여 국내기업과 외국계 기업의 운영상 이질감을 해소하여 생산성을 증대시키는 전략은 WO전략에 해당한다.

38

p='도보로 걸음', q='자가용 이용', r='자전거 이용', s='버스 이용'이라고 하면 $p \to \sim q$, $r \to q$, $\sim r \to s$이며, 두 번째 명제의 대우인 $\sim q \to \sim r$이 성립함에 따라 $p \to \sim q \to \sim r \to s$가 성립한다. 따라서 '도보로 걷는 사람은 버스를 탄다.'는 명제는 반드시 참이다.

39

창조적인 기업은 융통성이 있고, 융통성이 있는 기업 중의 일부는 오래간다. 따라서 창조적인 기업이 오래 갈지 아닐지 알 수 없다.

40

물적자원의 관리과정
1. 사무 용품과 보관 물품의 구분
   – 반복 작업 방지, 물품 활용의 편리성
2. 동일 및 유사 물품으로 분류
   – 동일성, 유사성의 원칙
3. 물품 특성에 맞는 보관 장소 선정
   – 물품의 형상 및 소재

따라서 물적자원 관리 과정에 따라 A행원의 행동을 나열한다면 ㄷ. 기존 비품 중 바로 사용할 사무용품과 따로 보관해둘 물품을 분리 – ㄴ. 동일 및 유사 물품으로 분류 – ㄱ. 물품의 형상 및 소재에 따라 보관 장소를 선정하는 순으로 나열하는 것이 적절하다.

41

학생들의 평균 점수는 G열에 있고 가장 높은 순서대로 구해야 하므로 RANK 함수를 이용하여 오름차순으로 순위를 구하면 [H2]셀에 들어갈 식은 「=RANK(G2,$G$2:$G$10,0)」이다. 이때, 참조할 범위는 고정해야 하므로 행과 열 앞에 '$'를 붙여야 하는데, G열은 항상 고정이므로 행만 고정시켜도 된다. 따라서 「=RANK(G2,G$2:G$10,0)」를 사용하여도 같은 결과가 나온다.

42

VLOOKUP 함수는 열의 첫 열에서 수직으로 검색하여 원하는 값을 출력하는 함수이다. 함수의 형식은 「=VLOOKUP(찾을 값,범위,열 번호,찾기 옵션)」이며 이 중 근사값을 찾기 위해서는 찾기 옵션에 1을 입력하고, 정확히 일치하는 값을 찾기 위해서는 0을 입력해야 한다. 상품코드 S3310897의 값을 일정한 범위에서 찾아야 하는 것이므로 범위는 절대참조로 지정해야 하며, 크기 중은 범위 중 3번째 열에 위치하고, 정확히 일치하는 값을 찾아야 하므로 입력해야 하는 함수식은 「=VLOOKUP("S3310897",$B$2:$E$8,3,0)」 이다.

오답분석
①・② HLOOKUP 함수를 사용하려면 찾고자 하는 값은 '중'이고, [B2:E8] 범위에서 찾고자 하는 행 'S3310897'은 6번째 행이므로 「=HLOOKUP("중",$B$2:$E$8,6,0)」을 입력해야 한다.
③・④ '중'은 테이블 범위에서 3번째 열이다.

43

i가 0부터 10 미만일 때까지 sum에 더하는 코드이다.
1부터 9까지의 합은 45이다.

44

화면의 문장을 출력하는 print로 50 나누기 5를 하므로 10.0이 출력된다.

45

AND 함수는 함수의 인수가 모두 참일 때 TRUE를 반환하며, OR 함수는 함수의 인수 중 하나가 참일 때 TRUE를 반환한다. 매출 성과가 200,000원 이상이어야 하고 야근 3회 이상 또는 외근 5회일 때 성실사원으로 선정한다. 그러므로 C2, D2 중 하나가 참일 때 TRUE를 반환하고 이 값이 B2와 모두 참일 때 TRUE를 반환해야 한다.

따라서 「=IF(AND(B2>=200000, OR(C2>=3, D2=5)), "성실사원")」를 입력하는 것이 적절하다.

02　직무상식평가

| 공통 |

01	02	03	04	05	06	07	08	09	10
④	①	④	③	④	②	②	④	②	①

01

정답 ④

농협은 1990년대 우루과이라운드 협상으로 농축산물 시장이 개방되자, 1911년 쌀 수입 개방 반대 범국민 서명운동 및 신토불이와 농도불이 운동을 통해 국내 농업 및 국산 농축산물 살리기 운동을 전개하였다. 따라서 국내 농축산물의 수출운동을 전개하였다는 것은 옳지 않은 내용이다.

오답분석

① 1969년 농협은 조합원의 영세한 자금을 예탁받아 이를 다른 조합원에게 융자함으로써 조합원 상호 간의 원활한 자금 융통을 꾀하는 상호부조적 금융, 상호금융을 도입해 농가들의 고리 사채 문제를 해소하는 데 힘썼다.
② 농협은 농산물 수입이 확대되자 우리 농업의 중요성에 대한 재인식의 필요성을 느껴, 범국민적으로 농업·농촌문제를 해결하고자 농촌사랑운동을 전개하였다. 또한 농업인과 도시민의 삶의 질 향상을 위한 도농상생운동으로 1사1촌 자매결연 운동도 전개하였다.
③ 1962년 정부는 농협을 통해 비료·농약은 물론 영농자재 공급 및 병충해방제 등 식량 증산을 위한 농촌지도사업을 전담하도록 하여 식량증산을 달성하였다.
⑤ 연쇄점 방식이란 지역에 같은 제품을 취급하는 소매점을 두고 중앙부의 운영방식을 따르는 조직 형태로, 농협은 오늘날 농협하나로마트의 전신인 현대식 소매점을 개설해 농가가 생활물자를 저렴하게 구입할 수 있도록 하여 농가의 가계비 절감에 기여하였다.

02

정답 ①

NH빅스퀘어는 농협은행 내 다양하고 방대한 데이터가 모여 있는 장소라는 의미로, 기존에 활용이 어려웠던 비정형·대용량 데이터를 저장·분석하고 머신러닝 및 시각화 분석까지 가능한 농협은행의 빅데이터 플랫폼이다.

오답분석

② 행복채움금융교실
③ NH디지털Challenge$^+$
④ D.N.A.(Digital & Agriculture) 스마트리더
⑤ 스마트팜 종합자금대출

03

정답 ④

ㄷ. '농촌과 함께하는 농협'이 아니라 '지역농축협과 함께하는 농협'이다.
ㅁ. '따뜻한 동행, 함께 만드는 미래'는 농협손해보험의 비전이다.

04 　　　　　　　　　　　　　　　　　　　　　　　　　　　　　정답 ③

농업협동조합법 제16조(정관기재사항)에 따르면 근무 직원 중 간부직원의 임면에 대한 사항이 기재되어야 한다.

농업협동조합법 제16조(정관기재사항)
1. 목적
2. 명칭
3. 구역
4. 주된 사무소의 소재지
5. 조합원의 자격과 가입, 탈퇴 및 제명(除名)에 관한 사항
6. 출자(出資) 1좌(座)의 금액과 조합원의 출자좌수 한도 및 납입 방법과 지분 계산에 관한 사항
7. 우선출자에 관한 사항
8. 경비 부과와 과태금(過怠金)의 징수에 관한 사항
9. 적립금의 종류와 적립 방법에 관한 사항
10. 잉여금의 처분과 손실금의 처리 방법에 관한 사항
11. 회계연도와 회계에 관한 사항
12. 사업의 종류와 그 집행에 관한 사항
13. 총회나 그 밖의 의결기관과 임원의 정수, 선출 및 해임에 관한 사항
14. 간부직원의 임면에 관한 사항
15. 공고의 방법에 관한 사항
16. 존립 시기 또는 해산의 사유를 정한 경우에는 그 시기 또는 사유
17. 설립 후 현물출자를 약정한 경우에는 그 출자 재산의 명칭, 수량, 가격, 출자자의 성명·주소와 현금출자 전환 및 환매특약 조건
18. 설립 후 양수를 약정한 재산이 있는 경우에는 그 재산의 명칭, 수량, 가격과 양도인의 성명·주소
19. 그 밖에 이 법에서 정관으로 정하도록 한 사항

05 　　　　　　　　　　　　　　　　　　　　　　　　　　　　　정답 ④

협동조합은 협동조합기본법에 근거를 두고 있고 주식회사(상장회사)는 상법에 근거를 둔다.

오답분석
① 주식회사는 투자자 소유이고, 협동조합은 조합원들이 출자·소유하는 이용자 소유 기업이다.
② 주식회사는 원칙적으로 출자한도를 제한하지 않으며, 협동조합은 개인의 출자한도를 제한한다.
③ 협동조합은 조합원 모두에게 1인 1표의 의결권이 주어지며, 주식회사는 1주 1표의 의결권이 주어진다.
⑤ 수익이 발생했을 시 협동조합은 이용배당을 우선하고, 주식회사는 출자배당을 우선한다.

06 　　　　　　　　　　　　　　　　　　　　　　　　　　　　　정답 ②

FIDO(Fast Identity Online)는 빠른 온라인 인증을 뜻하며, 기존의 ID와 비밀번호를 입력하지 않아도 지문 등의 생체 인식을 통해 인증할 수 있는 기술이다.

① RPA(Robotic Process Automation) : 로봇 프로세스 자동화로, 업무에서 반복적으로 하는 것을 로봇 소프트웨어를 활용하여 자동화하는 기술
③ 오픈API(OPEN Application Programming Interface) : 인터넷을 사용하는 자가 직접 응용 프로그램, 서비스 등을 개발 가능하도록 공개되어 있는 API
④ Mashup : 웹서비스 업체가 다양한 콘텐츠를 조합하여 새로운 서비스를 만드는 것
⑤ OCR(Optical Character Reader) : 광학식 문자 판독장치로 빛을 이용해 종이 등에 인쇄되거나 사람이 손으로 쓴 문자, 기호 등을 읽을 수 있는 기술

07 　　　　　　정답　②

에어드랍(Airdrop)이란 '공중에서 투하한다.'는 뜻으로, 가상화폐 시장에서 특정 가상화폐를 소유한 사람에게 코인을 무료로 지급하는 것을 의미하며 주로 신규 코인을 상장시킬 때 이벤트나 마케팅의 한 요소로 사용한다.

08 　　　　　　정답　④

팜테크는 농업(Farm)과 기술(Technology)의 합성어로 농업, 양식업, 축산업 등에 정보통신기술(ICT)을 결합해 부가가치를 높이는 신개념 기술이다.

① 빈테크 : 가난할 빈(貧)과 기술(Technology)의 합성어로, 절약이나 단기적인 자금 융통을 목적으로 활용하는 것을 의미한다.
② 플랜테리어 : 식물(Plant)과 인테리어(Interior)의 합성어로, 식물로 실내를 꾸며 자연스러운 인테리어를 추구하고, 공기정화 효과와 심리적 안정 효과를 추구하는 인테리어 방법이다.
③ 애그플레이션 : 농업을 뜻하는 영어 '애그리컬처(Agriculture)'와 '인플레이션(Inflation)'을 합성한 신조어로, 곡물가격이 상승한 영향으로 물가도 함께 상승하는 현상을 말한다.
⑤ 애그리후드 : 농업을 뜻하는 영어 '애그리컬처(Agriculture)'와 이웃을 뜻하는 '네이버후드(Neighborhood)'의 합성어로, 자연 속에서 편리함을 누리며 살고 싶어하는 도시인을 겨냥한 주택사업이다.

09 　　　　　　정답　②

디지털 디톡스란 디지털(Digital)과 '독을 해소하다'라는 뜻의 디톡스(Detox)가 결합된 말로, 디지털 중독에서 벗어나 심신을 치유하는 것을 말한다.

10 　　　　　　정답　①

NFT(Non-Fungible Token)는 블록체인의 토큰을 다른 토큰으로 대체하는 것이 불가능한 암호화폐, 즉 일종의 '디지털 등기권리증'이다. 각각의 NFT마다 고유한 인식 값이 부여되어 있고, 최초 발행자와 소유권 이전 등 모든 거래 내역이 투명하게 공개되며 원천적으로 위조·복제가 불가능하다.

② 페일 세이프(Fail Safe) : 시스템 또는 시스템을 구성하는 기기에서 고장, 조작 실수, 사고 등이 발생했을 때 악영향을 받아 더 큰 피해로 이어지는 것을 막고 안전을 확보하는 장치를 말한다. 예컨대 복수의 서브시스템으로서 전체 시스템을 구성해 1개의 서브시스템에 장해가 발생하더라도 정상 작동하는 다른 서브시스템을 활용해 종전의 기능을 계속하게 할 수 있다.
③ 유스케이스(Use Case) : 시스템 사이에서 교환되는 메시지의 중요도에 따라 클래스나 시스템에 제공되는 고유 기능 단위로서, 상호 행위자 밖의 하나 또는 그 이상의 것이 시스템에 의해서 실행되는 행위를 함께 한다.
④ 데이터 마트(Data Mart) : 특정한 목적을 위해 유용성과 접근의 용이성을 강조하여 만들어진 비교적 소규모의 데이터 저장소로서, 일반적인 데이터베이스 형태로 갖고 있는 다양한 정보를 이용자의 요구에 따라 체계적으로 분석하는 시스템을 말한다.
⑤ 필터버블(Filter Bubble) : 이용자의 관심사에 맞춰 필터링된 인터넷 정보로 인해 편중된 정보에 갇히는 현상을 말한다. 이는 이용자의 취향까지 반영된 개인화된 정보를 얻는다는 장점이 있지만, 인터넷 정보 제공자가 개인이 좋아하는 것 위주로 정보를 보여줘 고정관념과 편견이 강화될 수 있다는 것이다.

| 금융 · 경제 상식 |

11	12	13	14	15	16	17	18	19	20	21	22	23	24	25					
②	③	⑤	③	①	③	②	④	③	②	①	⑤	②	②	③					

11
정답 ②

자영업자의 고용보험 가입대상은 본인 명의의 사업자등록증을 보유하고 있으며, 근로자가 50명 미만인 자영업자가 신청할 수 있다.

12
정답 ③

주택청약저축, ISA, 퇴직연금, IRP 등은 단기적인 자금운용 목적의 금융상품이 아닌 중장기적인 목표를 가지고 자금을 운용하는 금융상품에 해당한다. 반면 양도성예금증서는 시장성 예금으로 단기적인 자금운용에 적합한 상품이다. 이외에도 환매조건부채권, 표지어음 등이 시장성 예금에 해당한다.

13
정답 ⑤

제시문은 콜금리에 대한 설명이다.

[오답분석]
① 은행에서 개인들에게 돈을 빌려줄 때의 이율
② 물가상승률을 반영한 이율
③ 기업어음 이율
④ 국제금융시장의 주요 기준금리로 런던 주요 은행 간 단기자금 조달 시 사용하는 이율

14
정답 ③

환매조건부채권은 예금자 보호 대상에 해당되지 않지만, 판매기관 및 보증기관의 지급보증과 우량채권의 담보력 등으로 안정성이 높은 편이다.

15
정답 ①

제시문은 FOMC(Federal Open Market Committee)에 대한 설명이다.

[오답분석]
② FRB(Federal Reserve Board of Governors) : 미국 연방준비제도의 중추적 기관으로, 12개 연방준비은행을 관할하는 역할 등을 한다.
③ FRS(Federal Reserve System) : 1913년에 제정된 연방준비법(Federal Reserve Act)에 의해서 창설된 미국의 중앙은행제도를 말한다.
④ FDIC(Federal Deposit Insurance Corporation) : 미국연방예금보험공사로 은행이 중대한 금융난에 빠졌을 때 예금자에 대한 예금지불을 보증하는 동시에 휴업한 국립은행이나 주법은행의 관재인이 된다.
⑤ FOSC(Financial Stability Oversight Council) : 미국 금융시스템의 잠재적인 위협을 포착하고 대응전략을 마련함과 동시에 정책 당국 간 정보공유 및 분쟁해결을 지원하는 역할을 한다.

16
정답 ③

실기주 과실이란 명의개서를 하지 않은 실기주에 대해 발생한 배당금 혹은 주식을 가리킨다.

17

정답 ②

금리인하요구권을 신청할 수 있는 대출은 가계대출 또는 기업대출 중 신용상태가 금리산정에 영향을 미치는 상품에 해당되어야 한다.

오답분석

①·③·④·⑤ 신용상태가 금리에 영향을 미치는 상품이 아니므로 금리요구인하권을 신청할 수 있는 대출에 해당하지 않는다.

18

정답 ④

물은 우리 삶에 필수적으로 필요한 유용하고 사용가치가 높은 재화이지만 다이아몬드의 가격이 더 비싸다. 이는 다이아몬드가 물보다 희소성이 크기 때문이다. 여기서 희소성이란 인간의 욕망에 비해 그것을 충족시키는 수단이 질적으로나 양적으로 한정되어 있거나 부족한 상태를 의미한다.

19

정답 ③

인터넷뱅킹은 은행이 제공하는 화면을 통해 거래하는 반면, 펌뱅킹은 은행과 약속된 전자문서 교환을 통해 거래를 진행한다.

오답분석

①·②·④·⑤ 펌뱅킹의 편리성, 효율성, 자금관리, 비용에 대한 장점으로 볼 수 있다.

20

정답 ②

효율성임금이론이란 평균임금보다 높은 임금을 지급해주는 것을 유인으로, 생산성 높은 노동자를 채용하여 생산성을 결정짓는 이론이다.

21

정답 ①

이 마을 사람들은 오렌지보다 사과를 더 선호한다. 재화의 희소성은 절대적인 양이 부족함을 의미하는 것이 아니라 욕망에 비해 상대적으로 부족하다는 의미이다.

22

정답 ⑤

시장경제는 사적재산권 보호와 자유경쟁에 의해 자원이 효율적으로 배분되게 한다. 각 경제주체는 이기심으로 행동하지만 애덤 스미스가 말한 '보이지 않는 손'에 의해 경제 전체적으로 도움이 되는 결과를 가져오며, 시장경제제제하의 경제 발전은 문화수준의 향상과 정치의 민주화에 기여하는 측면이 있다. 따라서 학연·지연·혈연에 의한 교환활동은 시장경제체제와 무관하다.

23

정답 ②

기회비용이란 하나의 재화를 선택했을 때 그로 인해 포기한 다른 재화의 가치를 말한다. 따라서 자동차를 구입할 돈이 부족한 경우에는 자동차를 선택할 수가 없는 상황이므로 구입을 포기한 자동차는 기회비용이라고 할 수 없다.

24

독점적 경쟁시장은 다수의 공급자, 상품 차별화, 어느 정도의 시장 지배력 등의 특징을 갖고 있는 시장이다. 반면, 과점시장은 소수의 기업이나 생산자가 시장을 장악하고 비슷한 상품을 제조하며 동일한 시장에서 경쟁하는 시장형태로, 우리나라 이동통신회사가 대표적인 예이다.

25

ⅰ) 공헌이익＝매출액×공헌이익률

작년의 공헌이익률이 60%이므로 작년의 공헌이익은 3,000×0.6＝1,800이다.

ⅱ) 영업레버리지도(DOL)＝공헌이익÷영업이익

DOL은 영업이익이 매출액 변화 대비 얼마나 변화하는지를 나타내는 지표이다.

DOL이 1.8이므로 작년의 영업이익은 $1,000\left(=\dfrac{1,800}{1.8}\right)$이다.

ⅲ) 매출액 변화에 따른 영업이익의 변화＝기존 영업이익×(1＋매출액 변화율×DOL)

따라서 올해 매출액이 50% 증가하였다면, 올해 영업이익은 1,000×(1＋0.5×1.8)＝1,900이다.

PART 3

11
정답 ②

기존 가상화폐 시스템이 가진 문제점을 개선하거나 보안 등의 성능을 강화시키기 위해 업데이트하는 것을 '포크'라고 한다. 이때 기존의 시스템과 호환가능하게 업데이트 하는 것을 소프트포크, 호환이 불가능하게 하는 것을 하드포크라고 한다.

[오답분석]
①·③·④ 암호화폐의 종류 중 하나이다.
⑤ 가상화폐상에서의 해킹을 막기 위한 보안기술을 의미한다.

12
정답 ③

전자상거래는 종이에 의한 문서를 사용하지 않고 표준 전자문서를 컴퓨터 간에 교환해 즉시 업무에 활용하도록 하는 전자문서교환으로, 팩시밀리 전자게시판, 전자우편(E-mail), 전자자금이체 등과 같은 전자 매체를 이용한 상거래이다.

13
정답 ②

• 프로그램 카운터(PC) : CPU에서 다음에 실행될 명령어의 주소를 기억하는 레지스터이다.
• 제어장치 : 주기억장치에서 읽어 들인 명령어를 해독하여 해당 장치에 제어 신호를 보내고 정확하게 수행하도록 지시하며, 프로그램 카운터와 명령 레지스터를 이용하여 명령어의 처리 순서를 제어한다.

[오답분석]
• MBR(메모리 버퍼 레지스터) : 기억장치의 읽거나 저장할 데이터를 일시적으로 기억하는 레지스터이다.
• 연산장치 : 누산기, 가산기, 보수기, 시프터, 데이터 레지스터, 상태 레지스터, 인덱스 레지스터, 주소 레지스터로 구성된다.

14
정답 ⑤

스레드는 ㉠, ㉡, ㉢, ㉣의 특징 외에도 자신만의 스택(Stack)과 레지스터(Register)로 독립된 제어 흐름을 유지하며, 각각의 스레드가 서로 다른 프로세서상에서 병렬로 작동하는 것이 가능하다.

15
정답 ⑤

• 페이지 결합(부재)은 참조 페이지가 페이지 프레임에 없을 경우 발생된다. 처음에는 모든 페이지 프레임이 비어 있으므로 처음 '0, 1, 2, 3' 페이지 적재 시 부재가 발생된다.
• FIFO 방식은 가장 먼저 들어와서 가장 오래 있었던 페이지를 교체하는 방법이다.

참조 페이지	0	1	2	3	0	1	4	0	1	2	3	4
페이지프레임	0	0	0	0	0	0	4	4	4	4	3	3
		1	1	1	1	1	1	0	0	0	0	4
			2	2	2	2	2	2	1	1	1	1
				3	3	3	3	3	3	2	2	2
페이지 부재 발생	○	○	○	○			○	○	○	○	○	○

따라서 참조 페이지 4를 참조할 때에는 0을 제거한 후 4를 가져오게 된다. 이와 같은 방법으로 모든 페이지 요청을 처리하고 나면 총페이지 부재 발생 횟수는 10회이다.

16

정답 ①

링형 연결(Ring Connection)은 근거리 네트워크(LAN) 구조로 가장 많이 사용되며, 노드와의 연결이 고장 나면 우회할 수 있고, 새로운 노드를 추가할 경우 통신 회선을 절단해야 한다. 또한, 각 노드가 공평한 서비스를 받으며, 전송 매체와 노드의 고장 발견이 쉽다.

17

정답 ①

SELECT문에 DISTINCT를 입력하면 검색 결과가 중복되는 레코드는 한 번만 표시된다.

18

정답 ③

제3정규형(3NF)은 어떤 릴레이션 R이 2NF이고, 키가 아닌 모든 속성들이 비이행적으로 기본 키에 종속되어 있을 때 릴레이션은 제3정규형에 속한다(이행적 함수 종속이 제거).

19

정답 ④

항공이나 철도 등의 좌석 예약 시스템에서는 실시간으로 데이터를 처리하는 온라인처리시스템(On-line Processing System)이 사용되며, 일괄처리시스템은 주로 급여나 성적, 공과금 처리 시스템에 사용된다.

20

정답 ①

패치는 프로그램의 일부를 빠르게 고치는 일로, 소프트웨어가 발매된 이후 버그 등이 나타났을 때 사용자에게 제공하는 해결책이다.

오답분석

② 치트(Cheat)
③ 디바이스(Device)
④ 업그레이드(Upgrade)
⑤ 크랙(Crack)

21

정답 ①

스피어 피싱은 특정한 개인이나 회사를 대상으로 한 피싱(Phishing) 공격으로, 공격 성공률을 높이기 위해 공격 대상에 대한 정보를 수집하고 이를 분석하여 피싱 공격을 수행한다.

오답분석

② 스파이웨어(Spyware)
③ 키로거 공격(Key Logger Attack)
④ 스푸핑(Spoofing)
⑤ 스니핑(Sniffing)

22

트랜잭션(Transaction)의 상태

활동(ACTIVE)	트랜잭션이 실행 중인 상태
부분 완료(PARTIALLY COMMIT)	트랜잭션의 마지막 연산까지 실행했지만, Commit 연산이 실행되기 직전의 상태
실패(FAILED)	트랜잭션 실행에 오류가 발생하여 중단된 상태
완료(COMMIT)	트랜잭션이 성공적으로 종료되어 Commit 연산을 실행한 후의 상태
철회(ABORTED)	트랜잭션이 비정상적으로 종료되어 Rollback 연산을 수행한 상태

23

정답 ①

DROP은 스키마, 도메인, 테이블, 뷰, 인덱스의 전체 제거 시 사용한다.

오답분석

② DELETE : 테이블 내의 레코드를 삭제한다.

24

정답 ①

프로토타입은 원형모형으로 불리며, 점진적 모형은 나선형을 의미한다. 나선형 모델이란 나선을 따라 돌듯이 여러 번의 소프트웨어 개발 과정을 거쳐 점진적으로 완벽한 최종 소프트웨어를 개발하는 모형이다.

25

정답 ④

메타버스(Metaverse)란 가상세계가 현실세계로 들어온 것으로 가상을 의미하는 '메타(Meta)'와 현실을 의미하는 '유니버스(Univerce)'가 합해진 단어로, 국내의 대표적인 메타버스로는 '제페토'가 있으며, 미국은 '세컨드 라이프'가 있다.

오답분석

ⓒ 가상현실(VR)이 발전한 개념이 메타버스이다.

ⓓ 메타버스 내의 세계는 현실과 동일한 형태를 띄고 있다.

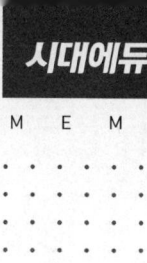

MEMO

2026 최신판 시대에듀 NH농협은행 6급 온라인 필기전형 통합기본서

개정16판1쇄 발행	2025년 10월 20일 (인쇄 2025년 09월 16일)
초 판 발 행	2012년 02월 20일 (인쇄 2012년 01월 18일)
발 행 인	박영일
책 임 편 집	이해욱
편 저	SDC(Sidae Data Center)
편 집 진 행	안희선 · 신주희
표지디자인	김지수
편집디자인	유가영 · 장성복
발 행 처	(주)시대고시기획
출 판 등 록	제10-1521호
주 소	서울시 마포구 큰우물로 75 [도화동 538 성지 B/D] 9F
전 화	1600-3600
팩 스	02-701-8823
홈 페 이 지	www.sdedu.co.kr

I S B N	979-11-434-0007-9 (13320)
정 가	25,000원

금융권 필기시험 "기본서" 시리즈

최신 기출유형을 반영한 NCS와 직무상식을 한 권에! 합격을 위한
Only Way!

금융권 필기시험 "봉투모의고사" 시리즈

실제 시험과 동일하게 구성된 모의고사로 마무리! 합격으로 가는
Last Spurt!

NEXT STEP

시대에듀가 합격을 준비하는
당신에게 제안합니다.

성공의 기회
시대에듀를 잡으십시오.

시대에듀

기회란 포착되어 활용되기 전에는 기회인지조차 알 수 없는 것이다.
- 마크 트웨인 -